Bernd Birgmeier · Eric Mührel (Hrsg.)

Die Sozialarbeitswissenschaft und ihre Theorie(n)

D1720937

Bernd Birgmeier
Eric Mührel (Hrsg.)

Die Sozialarbeitswissenschaft und ihre Theorie(n)

Positionen, Kontroversen, Perspektiven

VS VERLAG FÜR SOZIALWISSENSCHAFTEN

Bibliografische Information der Deutschen Nationalbibliothek
Die Deutsche Nationalbibliothek verzeichnet diese Publikation in der
Deutschen Nationalbibliografie; detaillierte bibliografische Daten sind im Internet über
<http://dnb.d-nb.de> abrufbar.

1. Auflage 2009

Alle Rechte vorbehalten
© VS Verlag für Sozialwissenschaften | GWV Fachverlage GmbH, Wiesbaden 2009

Lektorat: Monika Mülhausen

VS Verlag für Sozialwissenschaften ist Teil der Fachverlagsgruppe Springer Science+Business Media.
www.vs-verlag.de

Umschlaggestaltung: KünkelLopka Medienentwicklung, Heidelberg
Druck und buchbinderische Verarbeitung: Krips b.v., Meppel
Gedruckt auf säurefreiem und chlorfrei gebleichtem Papier
Printed in the Netherlands

ISBN 978-3-531-16137-2

Inhaltsverzeichnis

Teil II
Stand und Entwicklung sozialarbeitswissenschaftlicher Theorien im Kontext wissenschafts- und erkenntnistheoretischer Diskurse

Einführung

Die Sozialarbeitswissenschaft und ihre Theorie(n)

Positionen, Kontroversen, Perspektiven

Bernd Birgmeier und Eric Mührel

Im Hinblick auf aktuelle Diskussionen und vielfach erschienene Publikationen zur Sozialarbeitswissenschaft stehen vor allem Fragen nach der wissenschaftlichen und theoretischen Grundlegung dieser Wissenschaft im Raum. Dieser Umstand ist einerseits der vergleichsweise noch sehr jungen Entwicklungsgeschichte dieser Wissenschaft geschuldet, andererseits der begrifflichen Unschärfen, ob es sich bei dieser Wissenschaft nun um eine Wissenschaft von/für Sozialarbeit und/oder Sozialer Arbeit handeln soll und was wir generell unter Sozialarbeit, Soziale Arbeit, Sozialpädagogik, social work etc. verstehen wollen; drittens: der diffusen Rolle(n) der Bezugswissenschaften der Sozialarbeitswissenschaft(en) und damit der Frage nach dem Gegenstand/Objektbereich dieser Wissenschaft(en); viertens: dem Zusammenspiel bzw. dem Auseinanderdriften disziplinärer und/oder professionsbezogener Funktionen der Sozialen Arbeit und schließlich – fünftens und auf die eben genannten Diskursebenen rückbezogen – der Heterogenität unterschiedlichster wissenschaftstheoretischer und disziplinärer Positionen, die die einzelnen Experten zur Verwissenschaftlichung von Sozialarbeit/Sozialer Arbeit favorisieren. So wurden z.B. in der „Newcomer-Debatte"[1] zur Sozialarbeitswissenschaft in den sog. „wilden 1990er Jahren"[2] sehr viele unterschiedliche Bestimmungsversuche dieser Disziplin vorgelegt. Demnach soll(te) sie sein: eine Verhaltens-, Interventions-, Querschnitts-, Handlungs-, Praxis-, Sozialwissenschaft; eine Wissenschaft mit und für die Praxis; eine Theorie der Praxis; eine clinical science; eine reflexive Theorie; eine Wissenschaft von der Lebensführung der Menschen und/oder eine lebenspraktische, interdisziplinäre bzw. transdisziplinäre, integrative, internationale, reflexive, interventionsorientierte, handlungsorientierte, angewandte bzw. anwendungsbezogene, pragmatische, praxeologische, technologische, synoptische, kritische, normative, topische … Wissenschaft[3] (vgl. dazu: Birgmeier 2003).

Sämtliche dieser vielfach nebeneinander stehenden Positionen erfordern eine kritische Bestandsaufnahme zum Status quo einer Sozialarbeitswissenschaft, auch um den Bestand an Theorien dieser Disziplin zu analysieren und zu systematisieren und vor allem, um neue, innovative Wege zur theoretischen Fundierung und Identitätsfindung sowie -stiftung der Sozialarbeitswissenschaft anzudenken. Daher haben wir eine Reihe namhafter Experten dazu eingeladen, gemeinsam die Frage nach der *Sozialarbeitswissenschaft und ihrer Theorie(n)* neu aufzurollen und aktuelle Antworten auf die oben angeführten Fragen zu finden. Selbstverständlich waren und sind wir uns dessen bewusst, dass ein solcher Untersuchungsgegenstand wie die *Sozialarbeitswissenschaft und ihre Theorie(n)* ein überaus heterogenes, beinahe unüberschaubares Feld impliziert, das nur durch ein ebenso vielfältiges

---

1   Staub-Bernasconi, S. (2006): Theoriebildung in der Sozialarbeit. Stand und Zukunftsperspektiven einer handlungswissenschaftlichen Disziplin – ein Plädoyer für „integrierten Pluralismus". In: Schweizerische Zeitschrift f. Soziale Arbeit 1/2006. S. 10-36.

2   Birgmeier, B. (2003): Soziale Arbeit: „Handlungswissenschaft", „Praxiswissenschaft" oder „Praktische Wissenschaft"? Eichstätt

3   Vgl. ebd.; insbesondere S. 65-81 und S. 106-108.

und differenziertes Betrachten aus unterschiedlichen Perspektiven einigermaßen erschlossen werden kann. Dementsprechend bilden die in diesem Band enthaltenen Beiträge die große Bandbreite der Theorien der Sozialarbeit/Sozialen Arbeit ab. Dass sich darunter nicht nur bekannte und bestens begründbare Theorien befinden, liegt wohl am Wesen der Theorie auf der einen, an der Brisanz des Themas Sozialarbeitswissenschaft auf der anderen Seite und liefert zurecht die Begründung des Untertitels im vorliegenden Band, in dem sowohl die *Positionen* als auch die *Kontroversen* zur Sprache kommen, um hierüber die *Perspektiven* von Theorien der Sozialarbeitswissenschaften abschätzen zu können.

Selbst wenn jeder einzelne Diskussionsbeitrag für sich allein spricht und jeweils eine spezifische Perspektive auf die Frage nach der *Sozialarbeitswissenschaft und ihrer Theorie(n)* darstellt, werden systematische Konturen deutlich, mit Hilfe derer einer inhaltlichen Strukturierung aller Beiträge Rechnung getragen werden soll. So kristallisieren sich im Rahmen eines ersten Hauptteils thematisch verwandte und miteinander verzahnte Diskussions- und Argumentationsebenen heraus, die sich einerseits vorwiegend auf die Darstellung des Stands und der historiographischen Entwicklung der Sozialarbeitswissenschaft beziehen, andererseits werden in einem zweiten Hauptteil hauptsächlich Fragen nach der sozialarbeitswissenschaftlichen Theorie und der Theorieentwicklung aus der Perspektive wissenschafts- und erkenntnistheoretischer Vorannahmen und Positionierungen diskutiert.

Wie eng verzahnt beide großen Teilbereiche – trotz dieser Strukturierung – sind, beweist die Tatsache, dass das hier im Fokus stehende erkenntnisleitende Interesse der Suche nach Antworten auf die Frage nach der *Sozialarbeitswissenschaft und ihrer Theorie(n)* sowohl mit einer Bestimmung, Begründung und Verortung dieser Wissenschaft im System der Wissenschaften als auch mit einer Auseinandersetzung über das „richtige" Verständnis von Forschung und Theoriebildung einherzugehen hat. Mit anderen Worten: Sozialarbeitswissenschaftliche Identitätsfindungsprozesse hängen ebenso unmittelbar ab von der Art, Qualität und inhaltlich-thematischen Reichweite sozialarbeitswissenschaftlicher Theorien wie es – umgekehrt – mit Hilfe sozialarbeitswissenschaftlicher Theorien überhaupt erst möglich wird, den spezifischen Typus und die Form einer (Sozialarbeits-)Wissenschaft zu bestimmen und zu konkretisieren. Die Reziprozitäten beider Themenhorizonte spiegeln sich demnach in allen der hier versammelten Aufsätze wider; eine Unterteilung der einzelnen Diskussionsbeiträge ergibt sich lediglich aufgrund unterschiedlicher Ausgangsfragen, denen die Autoren konkret nachgehen.

Im Sinne dieser grundlegenden Vorannahmen und im Blick auf die hohe Qualität und Aussagekraft der einzelnen Beiträge verbietet es sich demnach, quasi eine „Rangfolge", die ja immer auch mit dem Problem von einer Über- oder Unterordnung einhergeht, aufzustellen. Und doch haben wir beschlossen, diesbezüglich eine einzige Ausnahme zuzulassen und einen Beitrag gewissermaßen *über* die anderen Beiträge – als Einführungstext – zu stellen. Die Gründe für diese Entscheidung sind zweierlei: einerseits nimmt dieser Beitrag sehr fundiert Stellung zu sämtlichen relevanten Diskussionsebenen in Bezug auf den Stand der Sozialarbeitswissenschaft und ihrer Theorien, andererseits möchten wir auch dem Autor einen besonderen Dank im Blick auf sein Lebenswerk und für seine richtungweisenden Arbeiten zur Sozialen Arbeit im Allgemeinen, zur Frage nach der Wissenschaft der Sozialen Arbeit im Spezifischen aussprechen. Mit dem Beitrag von *Hans Pfaffenberger* wird demnach sozusagen der Grundstein für den gesamten Themenkomplex zur *Sozialarbeitswissenschaft und ihrer Theorie(n)* gelegt und der „rote Faden" für alle übrigen Diskussionsbeiträge aus der Blütezeit der Debatte um eine autonome Sozialarbeitswissenschaft, den 1990er Jahren, wieder aufgenommen. Sein bereits 1996 publizierter und hier freundlicherweise zur Verfügung gestellter Aufsatz fokussiert all diejenigen Problemhorizonte, die aus heutiger Sicht mit dem Fokus auf Weiterentwicklungserfolge der Sozialarbeitswissenschaft zur Überprüfung anstehen.

Im Blick auf die historiographischen Entwicklungsphasen und -tendenzen der Sozialarbeitswissenschaft sehen eine ganze Reihe von Autoren eine der zentralsten Hauptfragen zunächst darin, eine Klärung des Wissenschaftsverständnisses voranzutreiben, um hierüber die Sozialarbeitswissenschaft im System der Wissenschaften verorten zu können. *Richard Sorg* schlägt beispielsweise vor, ein Verständnis von Wissenschaft zu präferieren, das vorwiegend bestimmt ist durch einen ontologisch materialistischen und epistemologisch (erkenntnis- und wissenschaftstheoretisch) realistischen Ansatz. Eine erneute kritische Rezeption und Auseinandersetzung mit wissenschaftlichen Traditionen und ihren Befunden, die durch die materialistische und dialektische Herangehensweise enttarnt würden, bieten seines Erachtens eine wichtige Quelle für grundlegende Herangehensweisen an die wissenschaftliche Erschließung der Wirklichkeit. Demgegenüber favorisiert *Konrad Maier* eine dezidiert integrative, praktische Wissenschaft Soziale Arbeit, deren Aufgabe vor allen Dingen darin besteht, kohärente Aussagesysteme zur Deutung und Erklärung der spezifischen Probleme, die der Profession Soziale Arbeit zugewiesen sind, und zu den Verfahren, mit denen sie diese Aufgaben bearbeitet, zu gewinnen. Im Rekurs auf die jüngsten Entwicklungen in der Wissenschaft der Sozialen Arbeit und in Reflexion seines eigenen Ansatzes plädiert *Herbert Effinger*, der in Anlehnung an ein heuristisches Wortspiel über Begriffe, Bahnsteige und Gebietsansprüche alte und neue, vor allem gegenstandsbezogene Fragen zur disziplinären Reichweite des „Projekts" Sozialarbeitswissenschaft stellt, abermals für eine Metawissenschaft von den sozialen personenbezogenen Dienstleistungen, die von der Anlage weit über die bisherigen Diskurse zur Dienstleistungs- und Kundenorientierung hinausgeht. Ebenso ausgehend von Sozialer Arbeit als personenbezogenen Dienstleistungsberuf zeichnet *Wilfried Ferchhoff* die Prozesse der Professionalisierung in Sozialer Arbeit nach und konzipiert – insbesondere im Blick auf die „Eigenlogiken der Praxis" – einen neuen disziplinären und vor allem professionellen Wissens- und Handlungstypus für Soziale Arbeit, der auch für die sog. „alten" Professionen wegweisend sein könnte. In einem hier dankenswerterweise zur Verfügung gestellten Vortragsmanuskript nimmt *Albert Mühlum* Stellung zur Entwicklung der Sozialen Arbeit und verweist in bildhafter Sprache auf den Wandel von Praxis, Lehre und Wissenschaft Sozialer Arbeit im Kaleidoskop des Alltags und die Folgen für das sozialarbeitswissenschaftliche Wissenschaftsverständnis und ihrer Theorien. Dass die Sozialarbeitswissenschaft diesbezüglich vor allem eine sozialwissenschaftliche Disziplin ist bzw. zu sein hat, steht für *Antonin Wagner* im Fokus seiner Argumentationen, die er einerseits im Blick auf die Struktur von Sozialwissenschaften, andererseits im Rekurs auf die Besonderheiten methodologischer Fragestellungen begründet. Ein ausgereiftes Konzept für eine postmoderne Theorie der Sozialen Arbeit, die der Profession und der Disziplin gleichermaßen Rechnung trägt, legt anschließend *Heiko Kleve* vor. Vor dem Hintergrund professionsbezogener Zusammenhänge präsentiert der Beitrag mit dem sog. „Modell des negierten Tetralemmas" einerseits ein Verfahren, das dabei helfen kann, in akzeptierender Form konstruktiv mit den zahlreichen sozialarbeiterischen Ambivalenzen umzugehen; andererseits werden vier, die Disziplin betreffende Orientierungshilfen vorgestellt, mit denen das unübersichtliche Feld der sozialarbeitsrelevanten Theorien systematisiert und analysiert werden kann. Einer Analyse des gegenwärtigen Stands der Sozialarbeitswissenschaft widmet sich auch *Werner Obrecht*, der jedoch vorwiegend zu den Problemen der Sozialen Arbeit als Handlungswissenschaft Stellung nimmt und Bedingungen ihrer kumulativen Entwicklung vorschlägt. Ausgangspunkt seiner Überlegungen ist die Skepsis darüber, dass es bis dato noch kaum zur Herausbildung eines breiter geteilten, klaren und kohärenten Verständnisses der Sozialarbeitswissenschaft und zu einer auf ihm beruhenden Systematisierung des reichhaltigen, aber verstreuten Wissens der Sozialarbeit/Sozialpädagogik gekommen ist. Daran anschließend stellt *Silvia Staub-Bernasconi* ihren Ansatz einer Sozialen Arbeit als Handlungswissenschaft vor. Ihr Beitrag beginnt mit der Sorge darüber, dass die Chancen des Bolognareformprozesses zur Klärung von Disziplin und Profession sowie ihres Verhältnisses vertan werden könnten. Zudem zeigt die Autorin auf, welche erkenntnis- und handlungsleitenden Fragen relevant sind, um die Inhalte einer Sozialarbeitswissenschaft zu klären und eine Phänomenologie zur – unterschiedliche wissensbezogene Kompetenzen umfassende – Figur des „reflektierenden Praktikers/der reflektierenden Praktikerin" im Rahmen der Interaktionsbeziehung zwischen SozialarbeiterInnen und AdressatInnen zu konturieren. Ebenso auf einem systemtheoretisch-systemischem Wissenschaftsverständnis beruhend und die Adressaten in das Blickfeld sozialarbeitswissenschaftlichen Interesses rückend, stellt *Tilly Miller* einen innovativen Ansatz vor, der Soziale Arbeit als Wissenschaft von Entwicklungsprozessen begreift. Hierzu ist es nach Ansicht der Autorin zunächst einmal notwendig, den Entwicklungsbegriff theoretisch zu erschließen, um ihn dann in sozialarbeitswissenschaftliche Bedeutungszusammenhänge zu überführen. Daran anschließend beschäftigt sich *Wolfgang Preis* mit der Frage, wie eine Praxeologie Sozialer Arbeit beschaffen sein müsste, um zu einer Verbesserung der Leistungsfähigkeit professionellen Handelns beizutragen. Er skizziert vier Grundrichtungen methodischen Handelns und untersucht vor dem Hintergrund handlungstheoretischer Überlegungen, inwieweit sich ein methodenintegratives Modell praktisch und theoretisch begründen lässt. Last not least und gewissermaßen als Brücke von diesem ersten zum zweiten, dezidiert die Theorien und Theorienentwicklung der Sozialarbeitswissenschaft thematisierenden Hauptteil, stellt *Ueli Mäder* das Thema der sozialen Differenzierung im Kontext der Globalisierung zu Diskussion. Vor allem die Zunahme der sozialen Ungleichheit und die soziale Differenzierung, die durch Prozesse der Globalisierung gezeitigt werden, erhöhe – so der Autor – die soziale Brisanz, die seitens sozialarbeitswissenschaftlicher Theorien zu fokussieren und durch innovative Forschung zu ergründen sei.

Im Kontext all dieser Fragen und Antworten zum Stand und zur Entwicklung einer Sozialarbeitswissenschaft rücken nun im zweiten Teil des vorliegenden Bandes die sozialarbeitswissenschaftlichen Theorien, vorwiegend aus dem Blickwinkel wissenschafts- und erkenntnistheoretischer Vorannahmen und Positionierungen, in den Vordergrund der Überlegungen einer Reihe von Autoren. Wenn wir den Diskussionsrahmen zum Stand und zur Entwicklung der sozialarbeitswissenschaftlichen Theorien vor dem Hintergrund wissenschafts- und erkenntnistheoretischer Vorgaben aufspannen wollen, sind – und dies liegt wohl in der „Natur" der Sozialarbeitswissenschaft, die sich ebenso wie die Wissenschafts- und Erkenntnistheorie in einem immerwährenden und niemals vollständig abzuschließenden Begründungsprozess befindet – Annahmen und Statements zur Theorie und Theorieentwicklung einer ständigen Kritik ausgesetzt, die der Wissenschaftsbetrieb nun einmal einfordert und die als eines der zentralen Kennzeichen von Wissenschaftlichkeit gilt. Kritische Beiträge zur Theorie der Sozialarbeitswissenschaft – dies sei an dieser Stelle betont – sind demnach allenfalls als wissenschaftstheoretisch verbürgte Verweise für ein (nochmaliges und erneutes, ergänzendes und weiterführendes) Nachdenken und -forschen zu sehen, nicht jedoch als spezifische „Praxis" einer scientific community, um etwaige – wie auch immer geartete – wissenschaftspolitische Interessen voranzutreiben. Und dennoch kann die

Suche nach den „richtigen" Theorien auch schnell in die Irre führen – so *Johannes Herwig-Lempp*. Denn was ist, wenn die Frage nach den „richtigen Theorien" einfach falsch gestellt ist – weil es sie möglicherweise nicht gibt und auch gar nicht geben kann? Demnach könnte es hilfreich sein, Theorie als Werkzeuge zu betrachten und sie nicht nach ihrer „Richtigkeit" und Wahrheit zu beurteilen, sondern nach ihrer Nützlichkeit, die je nach Situation und Handelndem unterschiedlich beurteilt werden kann. Ebenso kritisch setzt sich *Dieter Röh* mit der Frage nach der Richtigkeit oder Relevanz einzelner Theorien auseinander. Er formuliert mit Hilfe der Idee einer Trajektivität metatheoretische Konturen für eine integrative Theorie der Sozialen Arbeit und verbindet diese mit dem kritischen Realismus. Die besondere Expertise der Sozialen Arbeit – die in der gleichzeitigen Sicht auf die Person und die Umwelt besteht – könne seiner Ansicht nach nur durch ein integratives Theorieverständnis gestützt und für den Gebrauch in Lehre und Forschung beschrieben werden. Auf die Fülle der unterschiedlichen Theorien und Theoriekonzepte in der Sozialen Arbeit macht *Christian Spatscheck* aufmerksam. Er attestiert den sozialarbeitswissenschaftlichen Theorien angesichts mannigfaltiger und vielschichtiger Entwicklungen in den letzten Jahren eine positive Entwicklung; nichtsdestotrotz bestehen hinsichtlich der systematischen Theorieentwicklung, der empirischen Forschung, dem Theorie-Praxis-Transfer, der Internationalität und des (selbst-)kritischen Einsatzes der Theorien noch viele offene Fragen, die u.a. im Bereich der Lehre systematisch aufgegriffen werden könnten. Mit der Frage nach der Aussagekraft und Relevanz einer Handlungstheorie der Profession oder einer Theorie der Wohlfahrt befasst sich *Wolf Rainer Wendt* in seinen Erörterungen zum Gegenstandsbereich der Wissenschaft Sozialer Arbeit. Er zeigt auf, dass der Gegenstandsbereich der Wissenschaft Sozialer Arbeit unabhängig vom professionellen Handeln begriffen werden muss, nicht zuletzt um dessen Position gegenüber den Zuständigkeiten oder Ansprüchen anderer Humanberufe bestimmen zu können. Dass Theorie und Praxis zwei Seiten einer Medaille sind, die getrennt voneinander zu untersuchen und zu bestimmen sind und jeweils spezifische theoretische und praktische „Lebensformen" produzieren, stellt *Bernd Birgmeier* anschließend in einer Matrix zu wissenschaftstheoretischen Skeptizismen und seinem Programm für einen philosophisch-wissenschaftlichen Neustart zur Diskussion. Unterschiedliche wissenschaftstheoretische Verständnisse führen seiner Ansicht nach ebenso zu unterschiedlichen Verständnissen sozialarbeitswissenschaftlicher Theorie(bildung), die sich jedoch nicht gegenseitig ausschließen müssen, sondern – besonders im Verständnis handlungstheoretisch-sozialarbeitswissenschaftlicher Zugänge – gegenseitig ergänzen. Auch *Hans-Jürgen Göppner* beklagt, dass in der Diskussion um Sozialarbeitswissenschaft bislang zu wenig wissenschaftstheoretische Argumentationen und die Relevanz empirischer Forschung berücksichtigt worden sind. Eine Rechtfertigung der Sozialarbeitswissenschaft über die Profession allein führe zu praxeologischen Verkürzungen und Engführungen, die aus der Befangenheit in nicht begründbaren objekttheoretischen bzw. wissenschaftstheoretischen Vorfestlegungen entstehen; notwendig ist daher eine Begründung der Sozialarbeitswissenschaft über ein Formalobjekt. Im Anschluss daran stellt *Eric Mührel* im Kontext seiner Überlegungen und theoretischen Reflexionen zur Begründung der Sozialarbeitswissenschaft in den Sozialwissenschaften ebenso die Forderung auf, die bis dato nur unzureichend ausgewiesene Wissenschaftlichkeit der Sozialarbeitswissenschaft zu forcieren, um das Ziel einer langfristigen Etablierung im Wissenschaftssystem erreichen zu können. Die Sozialarbeitswissenschaft wird sich zukünftig daher konkret wissenschaftstheoretisch zu verorten und dabei ihre vielfältigen erkenntnistheoretischen Zugänge aufzuzeigen und zu diskutieren haben. Eine Skizze des bisherigen Wegs des sozialarbeiterischen Wissens zur

Sozialarbeitswissenschaft legt *Jenö Bango* mit Blick auf die Frage vor, welches Wissen die Soziale Arbeit in der postmodernen Wissensgesellschaft schafft. Er beschreibt und kommentiert die allgemeinen Merkmale des Wissenschaftssystems und der Wissensbasis der Sozialarbeitswissenschaft und fordert dazu auf Werte, Normen und Regeln in der Sozialarbeitswissenschaft neu zu buchstabieren und dabei den konstruktivistischen und systemtheoretischen Minimalprämissen einen Vorrang zu geben. Demgegenüber ist *Markus Hundeck* skeptisch gegenüber den wissenschaftlichen „Gehalten" von Systemtheorien. In seinem Beitrag über die Angst vor der Unverfügbarkeit und dem Anspruch auf Autopoiesis lässt er uns teilhaben an seinem Nachdenken zum Diktum der Selbstreferentialität der Systemtheorie und darüber, ob der Trend der Systemtheorien in der Sozialen Arbeit einer Diskussion, die um ein Menschenbild und um Konzepte einer Handlungs- und Wertetheorie ringt, nicht nur zuwiderläuft, sondern auch eine Logik installiert, die eine Debatte und Argumente über Inhalte nur schwer möglich macht. Auch *Timm Kunstreich* nimmt in seinen Anmerkungen zu einer dialogischen Sozialwissenschaft eine kritische Position gegenüber system(ist)ischen Theorie-Ansätzen ein und verweist darauf, dass im sozialen Alltag alle Wissensdomänen aus kulturanalytischer Sicht gleichwertig sind, eine Dominanz bestimmter Wissensdomänen entsprechend nicht aus deren inneren Struktur, sondern aus deren hegemonialen Verortung im Herrschaftssystem herrührte. Es gelte deshalb, eine disziplinäre Engführung in der Diskussion um eine wissenschaftlich begründete Soziale Arbeit zu vermeiden. Mit den Aporien der Theorieentwicklung Sozialer Arbeit beschäftigt sich *Susanne Dungs*, die – ausgehend vom Testat eines Bedeutungsverlustes soziozentrischer Erklärungsmuster und konstruktivistischer Anschauungen gegenüber bio- und neurowissenschaftlich ausgerichteten Konzepten in den Sozialwissenschaften – einen Weg aufzeigt, mit dem theoretische Engführungen für die Soziale Arbeit vermieden und unterschiedliche Theorieentwicklungen zueinander vermittelt werden können. Im abschießenden Beitrag expliziert *Anton Schlittmaier* die normativen Gehalte zentraler sozialarbeitswissenschaftlicher Theorien. Zum einen zeigt er auf, dass Sozialarbeitswissenschaft normative Aspekte de facto enthält, andererseits legt er die Denkweisen der praktischen Philosophie dar, um die reflexive Selbstaufklärung der Sozialarbeitswissenschaft voranzubringen und so zur Klärung des Selbstverständnisses der Sozialarbeitswissenschaft beizutragen.

Wir danken allen in diesem Band versammelten Autoren ganz herzlich für ihre Mitwirkung und hoffen, dass durch ihre Arbeit eine konstruktive und fruchtbare Diskussion in die Wege geleitet wird, die der wissenschaftlichen und theoretischen Orientierung des Fachgebiets der Sozialarbeit/Sozialen Arbeit dienlich ist.

Gibt es eine Sozialarbeitswissenschaft?

Welches ist ihr Stand?[*/**]

Hans Pfaffenberger

Als Thema ist mir eine Doppelfrage gestellt, tatsächlich aber enthält das Thema viel mehr Fragen von großer Komplexität. Wird die erste Frage genauer so formuliert: Gibt es die Sozialarbeitswissenschaft als eigenständige, etablierte wissenschaftliche Disziplin, so lautet die Antwort eindeutig: nein, gemessen an Kriterien wie: Identität als Disziplin im Selbst- und Fremdverständnis, institutionalisierte Präsenz an wissenschaftlichen Hochschulen und als Hauptfach eines wissenschaftlichen Studienganges, Existenz einer scientific community usw.

Andererseits gibt es, wie etwa Engelke[1] aufweist, reiches empirisches und theoretisches Material, weit zurückreichende historische Traditionslinien wissenschaftlichen Nachdenkens und viele Theorien, Theorieansätze und Theoriefragmente zum Gegenstand Sozialwesen, die als Bausteine und Komponenten einer eigenständigen wissenschaftlichen Disziplin aufgefasst werden können, wenn sie unter ein einigendes Prinzip als Gegenstandsbestimmung gestellt, entsprechend systematisiert und weiterentwickelt werden.

Ich handle deshalb hier von der Wissenschaft der sozialpädagogisch/sozialen Arbeit als Desideratum, als Projekt, das es zu verwirklichen gilt, in Abwandlung eines Juristendictums handle ich: de disciplina ferenda, nicht de disciplina lata.

Wenn wir die Frage nach der Existenz und dem Stand stellen und diskutieren, diskutieren wir über ein Projekt bzw. über die Vorstellungen derer, die dieses Projekt befürworten oder betreiben wollen. Diese Vorstellungen aber sind sehr unterschiedlich, was Ziel und Absicht, Inhalte, anzustrebende Erscheinungsformen und Abgrenzung gegen andere, Bezeichnung und terminologische Klärung, Gründe für die Notwendigkeit oder Wünschbarkeit eines solchen Projektes usw. angeht. Ebenso unterschiedlich sind freilich die Gründe und Argumente derer, die dieses Projekt für nicht machbar oder nicht wünschbar halten.

Was hat die Diskussion um eine eigenständige wissenschaftliche Disziplin vom Sozialwesen, die schon einmal in der Zwischenkriegszeit und dann wieder nach dem zweiten Weltkrieg aktuell war, neuerdings wieder in Gang gebracht?

Weniger innerwissenschaftliche Entwicklungsprozesse und Fragenkomplexe als vielmehr ausbildungspolitische, studiengangspezifische und didaktische Probleme und Dilemmata. Akut wurde die Frage nach wissenschaftlichen Gehalten der Sozialarbeiter-/Sozialpädagogen-Ausbildung und nach der Produktion solcher wissenschaftlichen Gehalte im

---

*   Vortrag vor der Bundesarbeitsgemeinschaft der Hochschullehrer des Rechts an Fachhochschulen für Sozialwesen (BAGHR) am 13.05.1995 in Nürnberg.

**   ursprünglich erschienen in: Zeitschrift für Sozialreform, 42. Jahrgang, Heft 8/1996, S. 507-517; mit freundlicher Genehmigung der Herausgeber dieser Zeitschrift und des Autors hier – leicht verändert – abgedruckt.

1   Engelke, Sozialarbeit als Wissenschaft, Freiburg 1992, vgl. auch: Engelke (Hrsg.), Sozialarbeit als Ausbildung, Freiburg 1996 (Kritische Darstellung des Reformprozesses der Sozialarbeiter/Sozialpädagogenausbildung, einzelner Reformschritte und Projekte „innerer Reform", die auch Zusammenhänge und Wechselwirkungen zwischen Ausbildungsreform und Disziplinentwicklung aufzeigt.)

Zuge der Diskussion um Verwissenschaftlichung[2] und Professionalisierung der sozialen Arbeit: Das warf nicht nur Fragen nach dem Profil als Profession, sondern auch Fragen nach der wissenschaftlichen Basis dafür auf: War und ist die wissenschaftlich Basis bloßes additives Mosaik, wie es die Fächervielfalt der Ausbildungsgänge erscheinen ließ oder strukturiertes und zentriertes wissenschaftliches Wissen?

Besonders dringend wurde die Beantwortung dieser Frage, als die Ausbildung für Sozialarbeit/Sozialpädagogik im Zuge dieses Prozesses der Professionalisierung und Verwissenschaftlichung[3] 1969/71 in das tertiäre Bildungssystem einrückte:

- 1969 als Studienrichtung Sozialarbeit/Sozialpädagogik der neu geschaffenen Rahmenordnung Diplompädagogik, die einen berufsqualifizierenden Studienabschluss für diesen Bereich brachte, und
- 1971 mit der Aufnahme von Fachbereichen oder Fachhochschulen Sozialwesen (oder Sozialarbeit/Sozialpädagogik) in den Kreis der neu geschaffenen Fachhochschulen als tertiäre Bildungsinstitutionen.

Die Dringlichkeit ergab sich deshalb, weil für das tertiäre Bildungssystem das Ensemble von Produktion, Vermittlung und Lehre der beruflichen Verwendung wissenschaftlichen Wissens – im Unterschied zum sekundären Bildungssystem – konstitutiv ist.

Dieser gewaltige Schritt in Richtung Verwissenschaftlichung und Professionalisierung: „Einrücken in das tertiäre Bildungssystem" änderte zunächst inhaltlich und qualitativ nicht allzu viel, da die Umstellung bzw. Neugründung der Fachbereiche und die starke quantitative Expansion der Studentenzahlen alle Kräfte beanspruchte. Die mit dem neuen institutionellen Status verbundenen Qualifikationsvoraussetzungen für neu einzustellende Fachhochschullehrer freilich machte das hier thematisierte Problem in aller Schärfe deutlich: Für zentrale Aufgaben und Inhalte der Sozialarbeiter-/Sozialpädagogen-Ausbildung gab es keinen wissenschaftlichen Ausbildungs- und Studiengang, so dass die Fachhochschullehre in diesem Bereich von sog. Lehrenden Sozialarbeitern wahrgenommen werden musste. So zeigte sich das Fehlen einer eigenen Disziplin deutlich in der Ausbildung bei Curriculum- und Studienorganisation und bei der Suche nach einem „Zentralfach" bei der Neugestaltung von Studienordnungen, das sich in der Praxis seit jeher in der misslichen Situation geäußert hatte, dass Sozialarbeiter/Sozialpädagogen (fast) immer unter berufsfremden Vorgesetzten arbeiten (mussten).

Diese defizitäre Situation bezüglich einer wissenschaftlichen Disziplin und eines akademischen, universitären Studienganges Sozialwesen wurde auch nicht durch die Einrichtung einer Studienrichtung Sozialarbeit/Sozialpädagogik als einer von fünf berufsqualifizierenden Schwerpunkten der Rahmenordnung Diplompädagogik behoben, da dies eben nur eine von fünf (tatsächlich aber sogar vierzehn an Universitäten eingeführten) Studienrichtungen und kein eigenständiger Studiengang war; die Absolventen der Berufsbezeichnung nach Diplompädagogen waren und sich meist allgemein als Erziehungswissenschaftler verstanden und deshalb bei Einstellungen in der Fachhochschule meist das Fach Erziehungswissenschaft als eines unter vielen andern Fächern vertraten. Erziehungswissenschaft

---

2   s. Pfaffenberger, Professionalisierung und Verwissenschaftlichung als Momente der Entwicklung einer Profession/Disziplin Sozialpädagogik/Sozialarbeit(-swissenschaft), in: Pfaffenberger/Schenk (Hrsg.), Sozialarbeit zwischen Berufung und Beruf, Münster 1993 (S. 224-243).

3   S. FN 2.

in diesem Verständnis ist auch nur eine unter anderen sog. Bezugswissenschaften und kaum als Leitwissenschaft geeignet; Sozialpädagogik als Subdisziplin der Pädagogik verstanden wiederum, kann nicht die gesuchte eigenständige wissenschaftliche Disziplin vom Sozialwesen sein, sondern höchstens werden, wenn sie ihre subdisziplinären erziehungswissenschaftlichen Begrenzungen überwindet.

Diese Sondersituation der Sozialarbeit/Sozialpädagogik gegenüber anderen Berufen und Disziplinen – keine fachliche, disziplinäre Identität über Ausbildungsstufen und Ausbildungsinstitutionen (Fachhochschule und Universität) hinweg in gleich benannten Studiengängen und Abschlüssen zu haben –, bezeichne ich als „gebrochene Zweistufigkeit"[4]. Sie ist u. a. bedingt durch das Fehlen einer wissenschaftlichen Disziplin vom Sozialwesen[5] und behindert ihrerseits rückwirkend deren Entwicklung. Ihre Überwindung durch Herstellen der für andere Berufsausbildungen „normalen Zweistufigkeit" an Fachhochschule und Universität ist eines der gewichtigsten Argumente für das Projekt Sozialarbeitswissenschaft/Sozialpädagogik.

Gegenstand der angepeilten wissenschaftlichen Disziplin ist der Teil gesellschaftlicher Praxis, den wir mit Sozialwesen oder Sozialarbeit/Sozialpädagogik bezeichnen., also eine (der Wissenschaft vorgängige) gesellschaftliche Praxis, mit der sich historisch eine Anzahl verschiedener Wissenschaften mit ihren jeweiligen Methoden befasst und sie aus ihrer jeweiligen Sichtweise dargestellt hat. Solche „Leitwissenschaften" waren in verschiedenen Phasen der Entwicklung und in verschiedenen Ländern (hier: Deutschland, USA) die Nationalökonomie (Klumker, Scherpner), die Pädagogik und Sozialpädagogik (Nohl, Bäumer), die Psychoanalyse (und dies besonders in den USA und im Deutschland der Nachkriegszeit), die Sozialwissenschaften und besonders die Sozialpolitikwissenschaft[6] usw., die die Inhalte der Lehre bestimmten oder als sog. Bezugswissenschaften wesentliche Grundlage und Beiträge zum Professionswissen lieferten, so etwa die Rechtswissenschaft.

Es ist also sicher nicht so, dass sich die Wissenschaften nicht mit Problemen der sozialpädagogisch/sozialen Arbeit und den ihr zugrunde liegenden Problemlagen befasst hätten, aber eben aus der jeweiligen disziplinären und zeitgebundenen Situation heraus sozusagen von außen her, als mit einem Gegenstand unter anderen Gegenständen und hauptsächlich mit disziplinimmanenten Fragestellungen, den „Rätseln der Normalwissenschaft", wie Kuhn[7] sagt, und nicht zentriert um Kernprobleme und Fragestellungen, wie sie sich aus der gesellschaftlichen Praxis dieses Sektors und dieser Profession ergeben.

Aus diesen Defiziten, Missverständnissen, Selbstbegrenzungen und aus Nichtzentrierung und Nichtidentität folgte die Nichtlösung des Problems: Auf den Entwicklungsschritt „Einrücken in das tertiäre Bildungssystem" folgten anstelle eines zielgerichteten Weiterentwicklungsprozesses, der Bestrebungen und Bemühungen bündeln und auch die nötige

---

4   s. FH 2.
5   Zur Konstitution einer wissenschaftlichen Disziplin vom Sozialwesen und eines wissenschaftlichen Studienganges Sozialwesen, vgl.: Zacher, Fachhochschulen für Sozialwesen in freier Trägerschaft, in: Caritas 92/4, S. 174-183, Zacher, Stand und Perspektiven in der Forschung und Lehre auf dem Gebiet der Sozialarbeit, in: Halfar/Plaschke (Hrsg.), Sozialpolitik und Wissenschaft. Positionen zur Theorie und Praxis der sozialen Hilfen, Stuttgart 1992 (S. 361-379). H. Pfaffenberger, Plädoyer zur Errichtung eines wissenschaftlichen Studienganges Sozialwesen, in: Caritas 93/4, S. 156-165.
6   Zur Beziehung von Sozialpolitik und Sozialpädagogik/Sozialarbeit, vgl. H. Pfaffenberger, Sozialpolitik und Sozialpädagogik, in: Klages/Merten (Hrsg.), Sozialpolitik durch soziale Dienste, Berlin 1981 (S. 25-40) und H. Pfaffenberger, Sozialpolitik – Sozialpädagogik, in: Halfar/Plaschke (Hrsg.), Sozialpolitik und Wissenschaft. Positionen zur Theorie und Praxis der sozialen Hilfen, Frankfurt 1992 (S. 246-259).
7   T. Kuhn, Die Struktur wissenschaftlicher Revolutionen, Frankfurt 1967.

politische und materielle Unterstützung von außen finden würde: Auseinanderentwicklungen und Interessenkonflikte, die einerseits die für Entwicklung einer eigenen Disziplin notwendigen Kräfte banden, andererseits mangelnde Identität und Selbstverständnis der Disziplin- und Berufsvertreter offen legten und nach außen Unübersichtlichkeit und Unsicherheit über Profession und Disziplin verbreiteten.

Das ist m. E. der „Stand" einer sog. Sozialarbeitswissenschaft: Ein bestimmtes Entwicklungsstadium eines Projektes, in dem die Befürworter selbst sehr unterschiedliche bis kontroverse Positionen einnehmen, unterschiedliche Ziele verfolgen und unterschiedliche Entwicklungswege gehen wollen, über die es zunächst Klarheit zu schaffen und Konsens herzustellen gilt, ohne die das Projekt nie gegen alle möglichen fachlichen und politischen Widerstände, konzeptionellen Schwierigkeiten und mangelnde Unterstützung weiter auf den Weg gebracht werden kann. Sicher kann ein solches Projekt nicht auf einmal und aus einem Guss entstehen, sondern nur aus den Anstrengungen vieler Wissenschaftler, die auf verschiedenen Wegen auf das Ziel zugehen, dabei aber um Profil und Identität dieser neuen Disziplin bemüht sind.

Die größte Gefahr für das Projekt ist die Spaltung der an dem Projekt notwendig Beteiligten und zu Beteiligenden in „Lager" mit Sonderinteressen, die gegeneinander ausgespielt werden können und häufig gegeneinander ausgespielt werden: So etwa Sozialarbeit vs. Sozialpädagogik, Praxis vs. Wissenschaft, Universität vs. Fachhochschule, Ausbildung von Praktikern vs. Ausbildung von Wissenschaftlern u. ä. Besonders brisant werden diese Spaltungen und Zweiteilungen, wenn sie anschließend wieder einseitig gekoppelt werden, also z. B.: Sozialarbeit und Fachhochschule bzw. Sozialarbeit an die Fachhochschule – Sozialpädagogik und Universität bzw. Sozialpädagogik an der Universität; oder Sozialpädagogik und Universität – Sozialarbeitswissenschaft und Fachhochschule. Lassen sich die Akteure auf diese Weise auseinander dividieren, ist das angestrebte Projekt tot, bevor es geboren wird und sich richtig entwickeln kann: eine Totgeburt; was im übrigen den jetzigen Stand als embryonal charakterisiert.

Bei der laufenden Argumentation für und wider die sog. Sozialarbeitswissenschaft handelt es sich oft und weithin um einen Streit um Worte, nicht einmal um Begriffe, geschweige denn um die mit den Begriffen gemeinten Objekte und Sachen. Wegen der negativen Wirkung und Bedeutung, die terminologische Unklarheiten und Unschärfen bei der Entstehung, Konstituierung und Etablierung einer wissenschaftlichen Disziplin haben, behandle ich die bisher implizit und „behelfsmäßig" angegangenen Fragen ausdrücklich in diesem terminologischen Exkurs: Um welche Sache handelt es sich? Um eine oder zwei oder mehr verschiedene Sachen? Wie sollen wir diese Sache oder diese Sachen am besten bezeichnen?

Termini und Definitionen sind Konventionen, sie sind nicht wahr oder falsch, sondern zweckmäßig, präzise, vom Konsens der Sprach- oder Wissenschaftlergemeinschaft getragen oder sie sind unklar, vieldeutig, verwirrend, unsachgemäß usw.

Was ist Sache? Ich meine, wir handeln von einer Sache, einem Gegenstand in zwei Dimensionen oder Ebenen:

a. Sozialwesen als einem Bereich, einem Teilsystem gesellschaftlicher Praxis und
b. einer Wissenschaft – ebenfalls Teilsystem gesellschaftlicher Praxis –, die dieses Teilsystem Sozialwesen zu ihrem Gegenstands- oder Untersuchungsbereich macht.

Ich habe oben zur Bezeichnung für diesen Teilbereich hilfsweise zunächst das neuere Kunstwort Sozialwesen gebraucht, das wohl für alle Hörer und Leser, vor allem fachkundigen, am eindeutigsten das hier Gemeinte, ohne dass weitere Explikationen nötig wären, bezeichnet. Es bietet sich auch an als Pendant zu Gesundheitswesen und Erziehungswesen als Bezeichnungen für benachbarte Institutionen und Praxisbereiche. Aber außer seiner Neuheit, das Beziehung und Zusammenhang mit anderen gebräuchlicheren, traditionellen Bezeichnungen zu explizieren erfordert, ist es sprachlich nur schwer und oft unschön in adjektivische, genitivische und Bindestrich-Formen bzw. Wortkombinationen zu bringen: Sozialwesenwissenschaft: ein Wortungetüm! Wissenschaft vom Sozialwesen – zu umständlich als Eigenname. Versuchen wir ein Adjektiv zu bilden, eine adjektivische Beifügung (so wie sozialpädagogisch oder [schon weniger schön und weniger gebräuchlich:] sozialarbeiterisch) kommen wir ebenfalls nicht weiter, denn eine adjektivische Form ist sprachlich zum Substantiv Sozialwesen nicht möglich. Deshalb verwende ich es gleichbedeutend mit sozialpädagogisch/soziale Arbeit, Sozialarbeit/Sozialpädagogik in der Schrägstrich-Notation für die Praxis und Sozialarbeitswissenschaft/Sozialpädagogik für die Wissenschaft. Schwieriger wird es bei der Bezeichnung der Wissenschaft, die sich die Praxis Sozialarbeit/ Sozialpädagogik zum (Untersuchungs-)Gegenstand nimmt, denn: Sozialpädagogik bezeichnet Praxis und Wissenschaft, Sozialarbeit nur Praxis, deshalb die ergänzende Wortbildung: Sozialarbeitswissenschaft, mit Sozialpädagogik (wie bei der Praxis-Bezeichnung) in der Schrägstrich-Notation verbunden zu: Sozialarbeitswissenschaft/Sozialpädagogik (ohne dass die Reihenfolge der Reihung mit Schrägstrich Über- oder Unterordnung bedeutet).

Manche Autoren verwenden den einen, andere den anderen Begriff als Oberbegriff unter Verdrängung des anderen oder den anderen als Unterbegriff. Um diese Hierarchisierung durch Verdrängung oder Unterordnung zu vermeiden, wähle ich die Schrägstrich-Notation als Zeichen der Nichtunterdrückung und Nichthierarchisierung.

Sozialarbeit oder soziale Arbeit steht nur für Praxis, die Wissenschaft, deren Gegenstand Sozialarbeit ist, kann nur als „Wissenschaft der Sozialarbeit" oder „Wissenschaft sozialer Arbeit" oder Sozialarbeitswissenschaft bezeichnet werden: Damit entsteht auch hier das Problem der Unterschlagung oder Verdrängung der anderen Komponente, nämlich Sozialpädagogik.

Für diese Doppelung der Traditionen und Sichtweisen hat H. L. Schmidt[8] die den Sachverhalt m. E. gut verbildlichende Metapher der „Janusköpfigkeit" gefunden und expliziert: Der Januskopf aber ist kein (bayerischer) Doppelkopf, sondern ein Kopf mit zwei Blickrichtungen und zwei Sichtweisen, einer mehr sozialpädagogischen und einer mehr sozialpolitischen! Dafür nun scheint mir die Schrägstrich-Notation als Ausdruck der Einheit aus verschiedenen historischen Traditionen und Entwicklungssträngen in Übereinstimmung mit dem Konvergenztheorem[9] terminologisch am angemessensten. Dies gilt ganz besonders, weil eben die Bevorzugung eines der beiden Begriffe und Traditionslinien gegenüber dem anderen nicht nur als Verdrängung, sondern als Unterdrückung, gewollte Dominanz

---

8   So H. L. Schmidt, Die janusköpfige Sozialpädagogik. Auseinandersetzung mit der Widersprüchlichkeit ihres Selbstverständnisses, in: Fell u. a. (H.), Erziehung-Bildung-Recht, Berlin 1994, und schon C. Marzahn, in: Pfaffenberger/Schenk (Hrsg.), Sozialarbeit zwischen Berufung und Beruf, Münster 1993 (S. 23-33, hier: S. 30 f.).

9   Über Konvergenz und Integration als Programm und Prozess der Wissenschaftsentwicklung (statt Teilung, Trennung und Grenzziehungen innerhalb des Gesamtbereiches sozialpädagogisch/sozialer Arbeit) als Kriterien der Gegenstandsadäquatheit, des wissenschaftlichen und theoretischen Entwicklungsgrades und der Praxisrelevanz, vgl. H. Pfaffenberger, Das Theorie- und Methodenproblem der sozialpädagogischen und sozialen Arbeit, in: H. Röhrs (Hrsg.), Die Sozialpädagogik und ihre Theorie, Frankfurt 1968, S. 30-52, (hier Kap. VI S. 46 ff.); zum Konvergenztheorem, vgl. H. Tuggener, Social Work. Versuch einer Darstellung und Deutung im Hinblick auf das Verhältnis von Sozialarbeit und Sozialpädagogik, Weinheim 1971 (s. bes. S. 24 f.), und H. Pfaffenberger, Konvergenztheorie, in: Schwendtke (H), Wörterbuch der Sozialarbeit und Sozialpädagogik, 2. Aufl., Heidelberg 1980.

verstanden werden könnte, verstanden wird, ja von manchen Autoren offensichtlich gezielt als Kampfbegriff gegen den anderen Begriff bzw. gegen damit (fälschlich) identifizierte Sonderinteressen eingeführt wird.

Auf die Gefahr solcher Spaltertendenzen und Spalterinteressen habe ich schon hingewiesen: Wer den Kampf um eine wissenschaftliche Disziplin Sozialarbeitswissenschaft/ Sozialpädagogik als interne spalterische Auseinandersetzung, d. h. als Bürgerkrieg führt, orientiert sich nicht am Ziel einer eigenständigen wissenschaftlichen Disziplin vom Sozialwesen, sondern gibt dieses Ziel preis. Stark formuliert könnte man sagen: Er übt Verrat am Ziel einer eigenständigen wissenschaftlichen Disziplin vom Sozialwesen zugunsten von fachlich und beruflich begrenzten Partikularinteressen. Im Anschluss an diesen sprachlich-terminologischen Exkurs expliziere ich meinen Vorschlag für eine Gegenstandsbestimmung von Sozialarbeit/Sozialpädagogik als Praxis und entsprechend für Sozialpädagogik/Sozialarbeitswissenschaft als wissenschaftliche Disziplin.

Die sozialpädagogisch/soziale Arbeit der Moderne ist in dieser modernen Form gesellschaftliche und politische Reaktion auf die negativen Folgen und Auswüchse der Modernisierung: Industrialisierung, Urbanisierung, kapitalistisch organisiertes Lohnarbeitssystem usw. Vorläufer und Frühformen[10] sehe ich in den Umgangsweisen mit vergleichbaren Erscheinungsformen von Armut, Behinderung, Verwaisung, Verwitwung, Verwahrlosung usw. in der Vormoderne.

Die grundlegende Not-Hilfe-Relation war historisch lange für spezifische Situationen an spezifische Reaktionsformen gebunden, von daher deren vielfältiges Nebeneinander, das ursprünglich nicht dem Zweiteilungsschema Sozialpädagogik : Sozialarbeit unterworfen wurde. Im Zuge der Modernisierung wirken verschiedene Veränderungsprozesse auf die Vorläufer- und Frühformen der Not-Hilfe-Relation ein:

- Von familialen und kleingruppenhaften „gemeinschaftlichen" Formen der Hilfe zur Vergesellschaftung und Verstaatlichung der Daseinsvorsorge, gleichlaufend mit der Transformation staatlicher Strukturen vom Obrigkeitsstaat zum demokratischen Sozialstaat und zur sozialstaatlichen Demokratie;
- in der arbeitsteiligen Ausdifferenzierung der modernen Gesellschaften wurde auch dieser Sektor gesellschaftlicher Praxis dem Prozess der Verberuflichung unterworfen, der seinerseits mit Ausbildung einherging und sich in dem heute noch laufenden Prozess der Verwissenschaftlichung und Professionalisierung der sozialpädagogisch/sozialen Arbeit fortsetzt[11];

---

10   Zu einer Vorläufer- und Frühform, vgl. z. B. G. Gey, Die Armenfrage im Werk Jeremias Gotthelfs. Zu einer Frühform christlichen sozialpolitischen und sozialpädagogischen Denkens und Handelns, Münster 1994 (vgl. auch das Vorwort von Pfaffenberger/Seiler).

11   Zur Frage der Theoretisierung und Methodisierung als Prozesse und Programm gegen den „Modernitätsrückstand" der Sozialarbeit/Sozialpädagogik im Nachkriegs-Deutschland, vgl.: H. Pfaffenberger, Das Theorie- und Methodenproblem in der sozialen und sozialpädagogischen Arbeit, in: Friedländer/Pfaffenberger (Hrsg.), Grundbegriffe und Methoden der Sozialarbeit, Neuwied 1966 (1974, 1976), (S. XV-XXXVI), Zur Verwissenschaftlichung und Professionalisierung der Sozialarbeit/Sozialpädagogik als Prozess und Programm der Wissenschaftsentwicklung, vgl.: H. Pfaffenberger, Professionalisierung und Verwissenschaftlichung als Momente in der Entwicklung einer Profession/Disziplin Sozialpädagogik/Sozialarbeit (-swissenschaft), in: Pfaffenberger/ Schenk (Hrsg.), Sozialarbeit zwischen Berufung und Beruf. Professionalisierungs- und Verwissenschaftlichungsprobleme der Sozialarbeit/Sozialpädagogik, Münster 1993 (S. 223-243) und H. Pfaffenberger, Entwicklung der Sozialarbeit/Sozialpädagogik zur Profession und zur wissenschaftlichen und hochschulischen Disziplin, in: Archiv für Wissenschaft und Praxis der sozialen Arbeit 3/93, S. 196-208.

- das damit auch verbundene bzw. sie begleitende wissenschaftliche Nachdenken über diese gesellschaftliche Praxis führte zur Systematisierung und Generalisierung der Sichtweisen auf die auslösenden Notsituationen und die gegen sie angehenden gesellschaftlichen Praktiken. Dadurch trug wissenschaftliche Reflexion nicht nur zur Weiterentwicklung der Praktiken von Vorläufer- und Frühformen zu den Formen und Arbeitsweisen moderner Sozialarbeit/Sozialpädagogik bei, sondern auch zur Konvergenz, d. h. zur Erkenntnis gemeinsamer Nenner, gemeinsam anschlussfähiger Theorien und gemeinsam tragfähiger Prinzipien und Wert- und Zielvorstellungen.

Das Konvergenztheorem behauptet in meinem Verständnis also nicht nur das naturwüchsige Zusammenwachsen verschiedener Traditionsstränge und Handlungsfelder der Praxis, sondern auch die dazu beitragende Erkenntnis- und Systematisierungsleistung der Wissenschaft. Konvergenz fand nicht nur in der Praxis naturwüchsig statt, sondern wurde auch durch Systematisierung und Generalisierung im Verwissenschaftlichungs- und Theoretisierungsprozess[12] erkannt, geschaffen und vorangebracht.

Ein ähnlicher Integrations- oder Konvergenzprozess wie bei der Zusammenlegung der Ausbildung für vorher getrennte Arbeitsfelder (Kindergarten – Hort, Vorschulerziehung – Heimerziehung, Jugendfürsorge – Jugendpflege) vollzog sich seinerzeit bei den sog. drei Methoden[13]. Ursprünglich als drei verschiedene Berufe und drei getrennte Ausbildungen in den USA entstanden und in verschiedenen Berufsverbänden organisiert, wurden auch sie nach und nach in Ausbildung, Berufspraxis und in der Berufsorganisation zusammengeführt und auch konzeptionell und methodisch integriert. Und auch hier leistete die wissenschaftliche Bearbeitung durch Klärung gemeinsamer Ziele, Prinzipien und Wertvorstellungen, gemeinsamer Wissenskerne usw. wichtige Beiträge zur Konvergenz. Dabei verlief dieser Prozess in den Bereichen Praxis – Ausbildung – Wissenschaft und in verschiedenen Ländern durchaus unterschiedlich und ist durch uneinheitliche Terminologie z. T. bis heute intransparent und verwirrend.

Die später als „sozialpädagogisch" bezeichneten Ausbildungen begannen mit einer Ausbildung für vorschulische Kleinkinderziehung, zur Kindergärtnerin, der dann die zur nebenschulischen Tätigkeit ausgebildete Hortnerin folgte. Später entstand die Aufbauausbildung zur Jugendleiterin und die Ausbildungen zur Kindergärtnerin und zur Hortnerin wurden zu einer [sozialpädagogischen] verbunden und integriert. Die Bezeichnung Sozialpädagogik bzw. Sozialpädagoge für Ausbildungsstätte und Beruf erfolgte überhaupt erst mit Einführung einer grundständigen Ausbildung für Sozialpädagogik an Höheren Fachschulen 1966. Die Ausbildung für Sozialarbeit begann um die Jahrhundertwende unter der Bezeichnung Fürsorge, Wohlfahrtspflege und später Volkspflege. Erst nach dem zweiten Weltkrieg wurde die für Tätigkeit oder Beruf schon in den zwanziger Jahren übliche Bezeichnung Sozialarbeit oder soziale Arbeit in Anlehnung und Übersetzung des englischamerikanischen social work als Bezeichnung für Ausbildungsstätte und Beruf eingeführt.

Daneben bestand eine Reihe von Spezialausbildungen, z. B. für Heimerziehung, Jugendpflege usw., die nach und nach in die Generalistenausbildungen für Sozialarbeit oder

---

12   s. FN 11.
13   vgl. H. Pfaffenberger, Die drei Methoden der Sozialarbeit, in: Neues Beginnen 63/5 und 6, H. Pfaffenberger, Zur Anwendung der modernen Methoden in der deutschen Sozialarbeit, in: Neues Beginnen 65/2, H. Pfaffenberger, Die Methoden der Sozialarbeit in ihrer Bedeutung und wechselseitigen Beziehung, in: NDV 65/4, H. Pfaffenberger, Gemeinsamkeiten und Unterschiede der drei Methoden der Sozialarbeit, (Scriptum 138/64), Victor-Gollancz-Stiftung, Frankfurt 1964.

Sozialpädagogik überführt und integriert wurde. Der Angleichungs- und Integrationsprozess der sozialpädagogischen Ausbildung setzte sich fort, als sie 1966 in den Status der Höheren Fachschulen überführt und damit den Höheren Fachschulen für Sozialarbeit angeglichen wurden. Mit der Entstehung der Fachhochschulen 1971 wurden die beiden Ausbildungszweige an einer Ausbildungsstätte, nämlich der Fachhochschule für Sozialarbeit/Sozialpädagogik oder in einem Fachbereich Sozialwesen, z. T. in einem Studiengang mit einer Berufsbezeichnung integriert. Dieser Entwicklungsstand hat sich mit dem Neuaufbau von Fachhochschulen für Sozialwesen in den neuen Bundesländern verstärkt und durchgesetzt: Heute führen die Fachhochschulen in 12 Bundesländern einen Studiengang Sozialarbeit/Sozialpädagogik, in nur drei Bundesländern zweigetrennte Studiengänge Sozialarbeit und Sozialpädagogik und in einem Bundesland verfahren die Fachhochschulen teils nach dem einen, teils nach dem anderen Muster.

Dieser generelle Entwicklungstrend der Ausbildung, obwohl nicht einheitlich von allen Ausbildungsstätten übernommen, wurde exemplarisch und maßgebend für die Praxis: Die Berufsbezeichnung und Stellenangebote gehen meistens von einem Beruf (in der Schrägstrich-Notation) Sozialarbeiter/Sozialpäda-goge aus. Obwohl dieser in der Richtung eindeutige Entwicklungsprozess bis heute nicht abgeschlossen ist, da es immer noch Fachhochschulen mit zwei Studiengängen und zwei unterschiedlichen Berufsbezeichnungen gibt, sollte doch die Wissenschaft, die zu dieser Entwicklung der Integration und Konvergenz viel beigetragen hat, ebenfalls nicht mehr zögern, sich als eine eigenständige Disziplin zu verstehen, eben als Sozialarbeitswissenschaft/Sozialpädagogik.

Die Formierung moderner Berufe und Professionen und Wissenschaftsdisziplinen erfolgte nicht nur, wie häufig angenommen, durch Ausdifferenzierung (so entstanden die einzelwissenschaftlichen Disziplinen der Psychologie und Pädagogik durch Ausgliederung aus der Theologie und Philosophie), sondern auch durch Konvergenz und Integration, wie bei den sozialpädagogischen Ausbildungen und Berufen Kindergärtnerin und Hortnerin und der Integration von Spezialausbildungen für Jugendpflege und Heimerziehung gezeigt wurde. Ähnliche Entwicklungen gab es auch in der Medizin bei der Einbeziehung der Geburtshilfe und Chirurgie in die ärztliche Ausbildung und Berufsdomäne. In verschiedenen Ländern verlaufen solche Prozesse unterschiedlich und ungleichzeitig aufgrund unterschiedlicher Kultur- und Denktraditionen und Bildungssysteme.

Das höhere Ausbildungsniveau sozialer und sozialpädagogischer Berufe in anderen westlichen Industriestaaten und die erforderliche Angleichung im EG-isierungsprozess war in den 60er Jahren der Anstoß zur Schaffung der Fachhochschulen und zur Einbeziehung der sozialpädagogisch/sozialen Ausbildungen in die Fachhochschulen. Die Konvergenz von Sozialarbeit und Sozialpädagogik und die Einbeziehung von Spezialausbildungen hat umgekehrt in anderen Ländern zum Teil noch nicht stattgefunden, sollte aber bei der Weiterentwicklung bei uns nicht als Argument verwendet werden, da es sich hier verglichen mit der deutschen Entwicklung um einen ungleichzeitigen Entwicklungsstand handelt, der auf keinen Fall als Vorbild zur Nachahmung empfohlen werden kann.

Bei der Entwicklung einer Profession und einer wissenschaftlichen Disziplin sind Studentenzahlen und Größe und Einheit des Arbeitsmarktes wesentliche Entwicklungsfaktoren; deshalb sollten Spaltungen und Aufsplitterungen von Studiengängen, Berufsbezeichnungen und Ausbildungsstufen auch unter diesem Gesichtspunkt gesehen und deshalb vermieden oder beseitigt werden. Das Projekt einer eigenständigen Disziplin und eines eigenständigen Studienganges über die Ausbildungsinstitutionen hinweg – die sog. Ungebrochene, normale Zweistufigkeit – ist Voraussetzung und Folge der Konstitution einer solchen wissenschaftlichen Disziplin und begründet zugleich das Profil einer Profession Sozialarbeit/Sozialpädagogik.

Gegenstand dieser wissenschaftlichen Disziplin kann nur das Gesamtfeld sozialpädagogisch/sozialer Arbeit (oder Sozialwesen) als Teilsektor gesellschaftlicher Praxis sein, so wie Rechtswissenschaft die Rechtspraxis zum Gegenstand hat und Medizin alle Krankheit und Gesundheit betreffenden gesellschaftlichen Praktiken. Während diese beiden Disziplinen und Professionen (zusammen mit der Theologie) am Anfang europäischer Wissenschaft und Universitätsgründungen standen und als Fakultäten konstitutiv waren, ist die Sozialarbeitswissenschaft/Sozialpädagogik ein winziger junger Spross am Baum der Wissenschaften, der nicht nur nach eigener Identität suchen, sondern diese auf anderem Wege als dem der Ausdifferenzierung der Einzelwissenschaften finden muss.

Der andere Weg ist der einer bewussten Konstituierung als Handlungswissenschaft (oder „handlungsorientierten Wissenschaft", wie Zacher[14] sagt), während die existierenden ursprünglichen Handlungswissenschaften, die für die genannten Ur-Professionen und -Fakultäten grundlegend waren und sind, und die neuerdings entstehenden handlungswissenschaftlichen Ansätze und Komponenten in den Einzelwissenschaften mehr oder weniger naturwüchsig und wenig reflektiert entstanden sind. Wissenschaft vom Typus Handlungswissenschaft[15] mit dem Gegenstand „gesellschaftlicher Praxis" ist gegenüber den Einzelwissenschaften (Disziplinen i. e. S.) auf lebensweltliche Probleme dieser Praxis gerichtet und nicht, wie die Einzelwissenschaften, auf innerwissenschaftliche „Rätsel" der Normalwissenschaft[16] erzogen. So sieht z. B. Zacher für die von ihm konzipierte Wissenschaft vom Sozialwesen[17] als eine der Hauptaufgaben die wissenschaftliche, „rationale Aufarbeitung der Probleme sozialer Dienste". Das Spezifikum der Handlungswissenschaft Sozialpädagogik/Sozialarbeitswissenschaft ist die wissenschaftliche Erarbeitung und Bearbeitung der dienstleistenden und pädagogischen Intervention (besser: Funktion) im Rahmen, den sozialstaatliche Sozialpolitik bildet und setzt, und die indirekte, intermediäre Mitwirkung bei der umverteilenden Intervention (besser: Funktion), z. B. im Rahmen der Ausführung des BSHG, und der umweltgestaltenden, ökologischen Intervention, hier vor allem der Infrastruktur für soziale Dienstleistungen.

Damit ist zugleich die Frage nach dem Verhältnis wissenschaftliche Disziplin und Profession aufgeworfen und geklärt: Beide sind hier deckungsgleich, was die Abgrenzung zu anderen Disziplinen bzw. Professionen angeht, und diese formal-inhaltliche Deckungsgleichheit macht ihre Identität aus, so wie die medizinische Wissenschaft Berufs- oder Professionswissenschaft der Ärzte ist und damit wechselseitig ihre Identität bestimmt. Insoweit ist die Arbeitsteiligkeit zwischen Wissenschaftler und Praktiker = Professioneller unvermeidlich, da wissenschaftliche Produktion vom unmittelbaren Handlungsdruck entlastet sein muss. Sie wird von mir aber trotz dieser Differenz nicht im Modell hierarchisch-

14 Zacher, Stand und Perspektiven der Forschung und Lehre auf dem Gebiet der Sozialarbeit, in: Halfar/Plaschke (Hrsg.), Sozialpolitik und Wissenschaft. Positionen zur Theorie und Praxis der sozialen Hilfen, Stuttgart 1992 (S. 361-379). Zacher, Fachhochschulen für Sozialwesen in freier Trägerschaft, in: Caritas 92/4, S. 174-183, Pfaffenberger, Plädoyer zur Errichtung eines wissenschaftlichen Studienganges Sozialwesen, in: Caritas 93/4, S. 156-165.

15 Sozialpädagogik/Sozialarbeitswissenschaft als Handlungswissenschaft habe ich zuerst bestimmt und expliziert in: H. Pfaffenberger, Sozialpädagogik/Sozialarbeitswissenschaft, in: M. Timmermann (Hrsg.), Sozialwissenschaften. Eine multidisziplinäre Einführung, Konstanz o. J. (1976), S. 97-115.

16 s. FN 7.

17 s. FN 14.

technokratischer Berufsrollen gesehen, wie es etwa Rössner[18] mit den getrennten, unterschiedlichen Berufsrollen: Praktiker – Metapraktiker – Theoretiker – Metatheoretiker sich vorstellt, oder andere Modelle, die von Rezeptentwicklern und Rezeptanwendern sprechen. Dies mag im Bereich technologischer Wissenschaften angemessen sein, nicht aber im Verhältnis von Wissenschaftlern und Professionellen in den Humanwissenschaften, wo es nicht um die wissenschaftliche Entwicklung von Technologie oder die pure Anwendung wissenschaftlichen Wissens gehen kann. Hier wäre die Aufteilung von Funktionen oder Berufsrollen auf verschiedene Institutionen, Fachhochschule – Universität, und entsprechend unterschiedliche Studienabschlüsse und Berufsbezeichnungen etwa: Sozialarbeiter und Sozialarbeitswissenschaftler, mit der Wissenschafts- und Berufsethik dieses Bereiches und dem Wissenschaftsverständnis unverträglich.

Mit dem Projekt Entwicklung der Sozialarbeitswissenschaft/Sozialpädago-gik zur eigenständigen wissenschaftlichen Disziplin[19] ist deshalb die Klärung des Wissenschaftsverständnisses und des Professionsverständnisses und -Selbstver-ständnisses eng verbunden, ihre Reflexion ist ebenso konstitutiv und funktional für das Projekt wie die handlungsorientierende und praxisfundierende Funktion.

---

18   vgl. Rössner, Erziehungswissenschaft, Erziehung – Metapraxis – Erziehungspraxis, in: Archiv für Wissenschaft und Praxis der sozialen Arbeit 1978 (S. 29-52), und in: Alisch/Rössner (Hrsg.), Erziehungswissenschaft und Erziehungspraxis, München 1981.

19   Die Literaturhinweise dienen vor allem dem Nachweis, dass es sich beim Diskurs „Sozialarbeitswissenschaft" zwar um ein aktuelles, sozusagen „modisches" Thema, aber mit langer Vorgeschichte über die Nachkriegsentwicklung der Sozialarbeit/Sozialpädagogik hin handelt. Die Re-Aktualisierung und wieder gewonnene Aktualität im Fachdiskurs darf die Gefahr der Instrumentalisierung für partikulare Interessen nicht vergessen lassen, sondern muss sie durch historische und soziale Verortungen und Standortbestimmungen bannen.

Teil I
Stand und Entwicklung der Sozialarbeitswissenschaft im System der Wissenschaften – Positionen, Kontroversen und Perspektiven

Welches Wissenschaftsverständnis braucht die Sozialarbeitswissenschaft?

Richard Sorg

Zur Einführung

Auch wenn die Notwendigkeit einer wissenschaftlichen Fundierung Sozialer Arbeit heute weitgehend auf Zustimmung stoßen dürfte, ist nach wie vor umstritten, an welchem Verständnis von Wissenschaft sich eine Wissenschaft der Sozialen Arbeit orientieren sollte. Die zu dieser Frage beigesteuerten Überlegungen gehen davon aus, dass Wissenschaft eine spezifische Form der menschlichen Arbeit darstellt und dass, sobald bei einer bestimmten Komplexität der Probleme und Ziele das an praktischem Erfahrungswissen orientierte Handeln – was auch für die Soziale Arbeit gilt – an seine Grenzen stößt, wissenschaftliches Wissen erforderlich wird. Worin dieses besteht und ob ein allgemeiner Wissenschaftsbegriff auch für die Soziale Arbeit Gültigkeit hat, wird diskutiert. Argumentiert wird gegen eine Aufspaltung in einander prinzipiell entgegen gesetzte wissenschaftliche Kulturen (z.B. verstehende versus erklärende Wissenschaften), unbeschadet der notwendigen Berücksichtigung der sich unterscheidenden Gegenstände der jeweiligen wissenschaftlichen Disziplinen.

Obwohl die Wissenschaft der Sozialen Arbeit oder Sozialarbeitswissenschaft (= SAW) eine noch junge Entwicklungsgeschichte hat, sofern man vom *Terminus* ausgeht (vgl. hierzu u.a. die Arbeiten von Pfaffenberger schon in den 1960er/70er Jahren sowie Pfaffenberger/Scherr/Sorg 2000), hat sie, was die *Sache* selbst betrifft, schon eine über hundertjährige Geschichte, wenn man die frühen Theorieversuche von Jane Addams, Alice Salomon u.a. einbezieht (vgl. z.B. Staub-Bernasconi 2007).

Grob lassen sich folgende Phasen der Entwicklung einer Wissenschaft der Sozialen Arbeit unterscheiden:

1. Mit der Entstehung der Sozialen Arbeit als Beruf um die *Wende vom 19. zum 20. Jh.* und der beginnenden Ausbildung an beruflichen Fachschulen finden sich erste Formen von Theoriebildung.
2. Mit dem Übergang der Ausbildung zur Sozialarbeit und Sozialpädagogik in den Hochschulsektor in den *1970er* Jahren in Deutschland (1969 Einführung der Rahmenordnung Diplomstudiengang Erziehungswissenschaft mit Sozialpädagogik als Studienschwerpunkt bzw. Studienrichtung an wissenschaftlichen Hochschulen; 1970/71 Umwandlung der höheren Fachschulen in Fachhochschulen mit Fachbereichen und Studiengängen Sozialwesen bzw. Sozialpädagogik/Sozialarbeit) tauchen erste Forderungen nach der Entwicklung einer SAW auf – unter Benutzung des Terminus. In Deutschland war es vor allem Hans Pfaffenberger, der die Forderung vor allem in einem hochschulstrukturellen und wissenschaftspolitischen Begründungskontext verankerte.
3. In den *1980er* Jahren beginnt eine zweite, stärker angewachsene Welle der Forderung nach SAW. *Fachlich* wurden diese Bestrebungen nicht zuletzt befördert durch den gesellschaftlichen Bedeutungszuwachs der Sozialen Arbeit und die zunehmende Komplexität der sozialen Probleme als Gegenstand der Sozialen Arbeit sowie durch die damit steigenden Ansprüche an die Aufgaben der Sozialen Arbeit im Verbund von Praxis,

Ausbildung und Forschung; im Zuge eines gewachsenen Selbstbewusstseins in den Fachhochschulen führte das *hochschulpolitisch* zum Streit mit den Sozialpädagogik-Repräsentanten der Universitäten, die vor allem fachlich-wissenschaftstheoretische Einwendungen vortrugen.

4. In den *1990er* Jahren erfolgt dann allmählich die terminologische und institutionelle Durchsetzung der SAW bis hinein in die Verankerung in Studien- und Prüfungsordnungen.[1] Der Streit darüber, was genau unter SAW zu verstehen sei, dauert freilich an.

Ein Streitpunkt u.a. war, welches *Wissenschaftsverständnis* einer solchen neuen (handlungs-)wissenschaftlichen Disziplin zugrunde zu legen sei. Hier gab und gibt es ein breites Spektrum an Positionen. Bislang steht eine zufrieden stellende und konsensuelle Klärung noch aus. Daher sollen zu dieser unabgeschlossenen Debatte hier einige Überlegungen beigesteuert werden über einen für SAW angemessenen Begriff von Wissenschaft.

1   Annäherungen über den Begriff der Arbeit

Die menschliche Spezies hat sich bekanntlich in einem langen, hunderttausende von Jahren zählenden Prozess der Evolution herausgebildet, in dem sie die besonderen Fähigkeiten entwickelt hat, die ihr Überleben ermöglichten. Im Zusammenwirken von organisch-biotischen und sozial-gesellschaftlichen Faktoren (vor allem aufrechter Gang, Freisetzung der Hand, Entwicklung des Gehirns, Zusammenleben in Sozialverbänden) hat sich als die spezifische Überlebensform und als der charakteristische Weg zur Befriedigung der Bedürfnisse der nur in Gesellschaft überlebensfähigen menschlichen Individuen die *Arbeit* herausgebildet.[2] Arbeit ist, so der materialistisch argumentierende Sozialwissenschaftler Karl Marx, ein „Prozeß, worin der Mensch seinen Stoffwechsel mit der Natur durch seine eigne Tat vermittelt, regelt und kontrolliert" (MEW 23: 192). Im *Arbeitsprozess* wird der *Arbeitsgegenstand* mit Hilfe von *Arbeitsmitteln* (vom einfachen Werkzeug und Arbeitsverfahren bis zum PC mit seinen Software-Programmen) umgestaltet und dadurch etwas Neues geschaffen. Die Erhaltung und (zunehmend erweiterte) Reproduktion des gesellschaftlichen Menschen erfolgt durch *Veränderung* der vorgefundenen Natur (der außermenschlichen wie der menschlichen sowie der von Menschen geschaffenen sog. ,zweiten Natur', der Kultur). Ein wichtiges Charakteristikum menschlicher Arbeit ist die *ideelle Vorwegnahme* des Arbeitsergebnisses: die Bestimmung des *Ziels* des Arbeitsprozesses als leitende Orientierung der Tätigkeit.[3]

---

1   Vgl. z.B. das „Kerncurriculum Soziale Arbeit/Sozialarbeitswissenschaft für Bachelor- und Masterstudiengänge in Sozialer Arbeit", das am 28.01.2005 von der Deutschen Gesellschaft für Sozialarbeit (DGfS) vorgelegt wurde, erarbeitet von einer Arbeitsgruppe der Sektion „Theorie und Wissenschaftsentwicklung in der Sozialen Arbeit" mit den Mitgliedern Ernst Engelke, Manuela Leideritz, Konrad Maier, Richard Sorg, Silvia Staub-Bernasconi.

2   Vgl. dazu schon die Arbeit von Friedrich Engels, Der Anteil der Arbeit an der Menschwerdung des Affen, MEW 20, 444-455.

3   „Eine Spinne verrichtet Operationen, die denen des Webers ähneln, und eine Biene beschämt durch den Bau ihrer Wachszellen manchen menschlichen Baumeister. Was aber von vornherein den schlechtesten Baumeister vor der besten Biene auszeichnet, ist, daß er die Zelle in seinem Kopf gebaut hat, bevor er sie in Wachs baut. Am Ende des Arbeitsprozesses kommt ein Resultat heraus, das beim Beginn desselben schon in der Vorstellung des Arbeiters, also schon ideell vorhanden war. Nicht daß er nur eine Formveränderung des

Mit diesem ideellen oder *kognitiven* Element im Arbeitsprozess ist bereits in nuce die Möglichkeit von Wissenschaft angelegt. Denn wenn ich das Ziel meiner auf den Gegenstand (auf einen Ausgangszustand) einwirkenden, ihn verändernden Tätigkeit erreichen will, muss ich dessen Beschaffenheiten und Eigenschaften möglichst genau kennen, muss ich *Wissen* über dessen Gesetzmäßigkeiten sowie über die Gesetzmäßigkeiten und zu erwartenden Folgen meines unter bestimmten situativen Bedingungen erfolgenden Einwirkens haben bzw. mir verschaffen. Bei vergleichsweise einfachen Arbeitsgegenständen und Arbeitszielen mag dabei das erworbene *praktische Erfahrungswissen* ausreichen. Je komplizierter und komplexer aber die Gegenstände, Zusammenhänge und Ziele der Arbeitstätigkeit sind, umso eher werden die praktischen Routinen des Erfahrungshandelns auf Grenzen stoßen, umso weniger wird sich bloßes Erfahrungswissen als hinreichend erweisen, umso mehr wird *wissenschaftliches Wissen* erforderlich. Schwierigkeiten und Grenzen der bisherigen Praxis veranlassen die Suche nach den über den Einzelfall hinaus reichenden allgemeineren Ursachen und Folgen, das Aufspüren von Regelmäßigkeiten, von gesetzmäßigen Zusammenhängen, schließlich die Entwicklung von Theorien als systematischen Beschreibungs- und Erklärungssystemen, von denen (in gewissen Grenzen) auch einigermaßen verlässliche prognostische Aussagen erhofft werden. Kurz: Konfrontiert mit den Grenzen bloßen Erfahrungshandelns des ‚gesunden Menschenverstands‘, der alltäglichen wie auch der beruflichen Routinen, entsteht das Bedürfnis und Bestreben nach einer tragfähigen, rationalen Begründungen folgenden *wissenschaftlichen Fundierung des Handelns*. Eine Verwissenschaftlichung wird erforderlich, weil Handeln systematisch geplant und an gesetzmäßigen Zusammenhängen orientiert werden muss, wenn es wirksam sein soll.

2 Überlegungen zur Spezifik wissenschaftlichen Wissens und zu einem allgemeinen Wissenschaftsbegriff

Das Alltagswissen und der Alltagsverstand stoßen auch deshalb an Grenzen, weil die an der Oberfläche sichtbaren *Erscheinungen* oft nicht mit dem ‚*Wesen*‘ der in Frage stehenden Phänomene, mit den *tatsächlichen Ursachen* übereinstimmen. In einer Kritik der Vulgärökonomie seiner Zeit schreibt Karl Marx: „...alle Wissenschaft wäre überflüssig, wenn die Erscheinungsform und das Wesen der Dinge unmittelbar zusammenfielen" (MEW 25, S. 825, vgl. auch ebd. S. 324). Und er bezeichnet es als „ein Werk der Wissenschaft..., die sichtbare, bloß erscheinende Bewegung auf die innere wirkliche Bewegung" zurückzuführen.

Geschichtlich hat sich Wissenschaft und ein allgemeiner Wissenschaftsbegriff herausgebildet im Kontext der Entstehung der Philosophie, die nach rationalen, statt magisch-mythischen Erklärungen der Welt suchte (mitunter auch charakterisiert als eine Bewegung „vom Mythos zum Logos"), ausgehend von der griechischen Antike (wenn man sich unter Absehung von anderen, außereuropäischen Kulturen hier auf die abendländische Entwicklung beschränkt), forciert dann insbesondere zu Beginn der Neuzeit mit dem Aufstieg der *empirischen Wissenschaften*, insbesondere den Naturwissenschaften, die zunehmend religiöse Weltdeutungen zurückdrängten. Für wissenschaftliches Wissen wurde konstitutiv, dass es sich ausschließlich auf Vernunftgründe bezog und die Heranziehung übernatürlicher Erklärungen aus dem Bereich der Wissenschaft ausschloss.

Natürlichen bewirkt; er verwirklicht im Natürlichen zugleich seinen Zweck, den er weiß, der die Art und Weise seines Tuns als Gesetz bestimmt und dem er seinen Willen unterordnen muß" (MEW 23, 193).

Wissenschaftliches Wissen ist, so Jürgen Mittelstraß (2004: 717f), im Unterschied zu *Meinen* und *Glauben* „die auf Begründungen bezogene und strengen Überprüfungspostulaten unterliegende Kenntnis, institutionalisiert im Rahmen der Wissenschaft." Wenn man von „Wissenschaft" spricht, kann man drei Aspekte unterscheiden. Sie ist 1. eine *Tätigkeit*, hervorgegangen aus der praktischen, produktiven Auseinandersetzung des Menschen mit der Natur, insofern eine besondere Art menschlicher Arbeit, deren Spezifik darin liegt, „problemlösende Erkenntnistätigkeit" (Kröber 1990: 953) zu sein; 2. ein als Resultat der Erkenntnistätigkeit geschaffenes *System kognitiver Strukturen*, bestehend aus Begriffen, Gesetzesaussagen, Theorien, methodischen Regeln etc.; 3. ein als Produkt der gesellschaftlichen Arbeitsteilung ausdifferenziertes und institutionalisiertes *soziales System* (z.B. in Gestalt von Hochschulen), das Erkenntnisse nicht nur zu produzieren (Forschung), sondern auch zu reproduzieren, zu tradieren und zu vermitteln hat im Rahmen von Bildung, Aus- und Weiterbildung (Lehre) sowie mitzuwirken hat an der Überführung der Ergebnisse in die Praxis (Anwendung).[4]

Ein *allgemeiner Wissenschaftsbegriff*, einschließlich dessen, was als *wissenschaftliche Methode* verstanden wird, ist bis heute Gegenstand der wissenschaftstheoretischen Diskussion.[5] Einer der Problempunkte ist dabei die Frage nach der jeweiligen Spezifik und Differenz nicht nur zwischen Grundlagen- und angewandten, Basis- und Handlungswissenschaften, sondern auch – entsprechend ihren verschiedenen Gegenständen als unterschiedlichen Teilbereichen der Wirklichkeit – zwischen Naturwissenschaften, Sozial- und Geisteswissenschaften, wobei die letzten beiden auch gelegentlich zusammengefasst werden unter dem Begriff Kulturwissenschaften. So entstand bereits Ende des 19. Jahrhunderts in der Debatte über Wissenschaft und Wissenschaften das *Konzept der „zwei Kulturen"*, wobei z.B. „nomothetische" versus „idiographische", „erklärende" versus „verstehende" Wissenschaften unterschieden wurden (so Wilhelm Windelband, Heinrich Rickert, Wilhelm Dilthey, Max Weber; vgl. auch Charles Percy Snow mit seiner These von der Kluft zwischen der geisteswissenschaftlich-literarischen und der naturwissenschaftlich-technischen Kultur, Snow 1959).

Gegen diese Spaltung der Wissenschaften entstand im Umfeld des sog. „*Wiener Kreises*" und der wissenschaftstheoretischen Debatte innerhalb der empirischen Wissenschaften in den 1920er/30er Jahren die Forderung nach einer *Einheitswissenschaft* als Entsprechung zur Annahme der Einheit der Welt und Wirklichkeit (vgl. dazu z.B. Engler 2007: 11 ff, wonach im folgenden zitiert wird). So plädierte Rudolf Carnap (in seinem Buch: „Der logische Aufbau der Welt", 1928) für eine den intersubjektiven Austausch unter verschiedenen Wissenschaften ermöglichende *physikalistische Universalsprache*: „Haben wir in der Wissenschaft eine einheitliche Sprache, so verschwindet die Zerspaltung; die Wissenschaft selbst wird einheitlich. So ergibt sich aus der These des Physikalismus die *These der ‚Einheitswissenschaft'*" (zit. nach Engler 2007: 14). Angestrebt wurde vom Wiener Kreis ein erfahrungswissenschaftliches Gesamtsystem, in dem sich alle empirischen Tatsachen erklären lassen. In dessen Programmschrift wurde die Einheitswissenschaft als Ziel propagiert

---

4   Die Produkte und Resultate der Wissenschaft besitzen eine gleichsam allgemeine Form, die sie zu Instrumenten für einen weiteren theoretischen oder praktischen Gebrauch befähigt, so wie Werkzeuge, die für unterschiedliche Zwecke genutzt werden können. So kann Marx die Wissenschaft als „allgemeine Arbeit" fassen: „Allgemeine Arbeit ist alle wissenschaftliche Arbeit, alle Entdeckung, alle Erfindung. Sie ist bedingt teils durch Kooperation mit Lebenden, teils durch Benutzung der Arbeiten Früherer" (MEW 25, 113f). Die Tragfähigkeit und Fruchtbarkeit dieser Bestimmung von Wissenschaft als „allgemeiner Arbeit" wäre weiter zu prüfen (vgl. auch Laitko 1979).

5   Siehe z.B. Mittelstraß (Hg.) 2004.

zur Betonung der Kollektivarbeit der Wissenschaftler, des intersubjektiv Erfassbaren. Aus dieser Zielsetzung entspringe „das Suchen nach einem neutralen Formelsystem, einer von den Schlacken der historischen Sprachen befreiten Symbolik; hieraus auch das Suchen nach einem Gesamtsystem der Begriffe. Sauberkeit und Klarheit werden angestrebt, dunkle Fernen und unergründliche Tiefen abgelehnt" (Otto Neurath, Hans Hahn, Rudolf Carnap, Wissenschaftliche Weltauffassung. Der Wiener Kreis, Wien 1929, 305, zit. nach Engler 2007: 85). „Für den ‚*Physikalismus*' ist wesentlich, dass *eine* Art der *Ordnung* allen Gesetzen zugrunde liegt, ob es sich nun um geologische, chemische oder soziologische Gesetze handelt." (O. Neurath, Physikalismus, 1931: 419, zit. nach ebd.)

Erkennbar dominierte hier das Ideal der Physik als Prototyp der exakten Wissenschaften. Der Reduktionismus dieser Debatte erwies sich als ein Holzweg, weil die Besonderheiten der anderen Wissenschaften mit ihren von der Physik unterschiedenen Gegenständen unzureichend berücksichtigt wurden. So wurde z.B. nicht bedacht, dass die im Prozess der Evolution herausgebildeten komplexeren Formen der Natur nicht auf Physikalisches reduziert werden können. Man denke etwa an die Entwicklungslinie von physikalischen, chemischen, biotischen bis hin zu psychischen, sozialen und kulturellen Erscheinungen der Realität, die zwar aus Komponenten der vorangegangenen Entwicklungsstufen bestehen, aber darüber hinaus neue, ‚emergente' Eigenschaften besitzen, die nicht durch eine Reduktion z.B. auf die physikalischen begriffen werden können, will man die Spezifik des Neuen nicht verfehlen.

So sehr dieser reduktionistische Versuch, eine (physikalistische) Einheitswissenschaft zu entwickeln, zum Scheitern verurteilt war, so blieb dennoch in der Wissenschaftstheorie die Debatte und die Suche nach einem verbindlichen, wenn nicht einheitlichen Wissenschaftsbegriff virulent. Jedoch: Auch wenn man von bestimmten *allgemeinen Merkmalen* von Wissenschaft ausgeht (z.B. dass Annahmen prinzipiell rational begründet werden müssen, dass sie einer empirischen Überprüfung zugänglich sein müssen, intersubjektive Geltung beanspruchen etc.), wird man die *Besonderheit* der unterschiedlichen Gegenstände der verschiedenen Wissenschaften zu beachten haben, was sich entsprechend auch in *unterschiedlichen Methoden* ihrer Erforschung niederschlägt. Diese Debatte dauert an.

3   Besonderheiten des Arbeitsprozesses in der Sozialen Arbeit

Bevor wir die Spezifik des für die Soziale Arbeit und ihre Gegenstände zugeschnittenen Wissenschaftskonzepts näher untersuchen, soll zunächst gefragt werden, ob der oben skizzierte Arbeitsbegriff auch auf die Soziale Arbeit anwendbar ist.

Obwohl Marx den nicht nur für die Politische Ökonomie, sondern für die Gesellschaftswissenschaften insgesamt zentralen Begriff an der zitierten Stelle aus seinem Hauptwerk, dem „Kapital", im Kontext vor allem der Produktion von Gebrauchswerten in Gestalt von Gütern entwickelt hat, erweist der Begriff seine heuristische Fruchtbarkeit auch in anderen Bereichen. Beschreibt man Soziale Arbeit in ökonomischen Begriffen, so kann man ihre ‚Produkte' als personenbezogene Dienstleistungen bezeichnen. Das hat sie mit Professionen wie der ärztlichen Praxis, der Pflege oder der Psychotherapie, um nur einige zu nennen, gemeinsam, auch wenn es zu beachtende Unterschiede bei der jeweils spezifischen Art dieser ‚Humandienstleistungen' gibt, weil sie sich auf je bestimmte, unterschiedene Seiten oder Aspekte menschlicher Bedürfnisse und Probleme ihrer Befriedigung beziehen. Angewandt auf die Soziale Arbeit kann man die Kategorien des Marx'schen Arbeitsbegriffs wie folgt konkretisieren: *Gegenstand* Sozialer Arbeit (ihr ‚Arbeitsgegenstand') sind – und hier kann man sich auf die für viele sicher einsichtigen Definitionen von Staub-Bernasconi oder Obrecht[6] beziehen – Individuen (verstanden als Mitglieder sozialer Systeme) und soziale Systeme (wie Familien, Gruppen, Organisationen, Gemeinwesen mit Individuen als Mitgliedern oder als ‚Komponenten', wie man es systemtheoretisch ausdrücken könnte). *Arbeitsmittel* sind die diversen, je nach der zu bearbeitenden Problematik unterschiedenen Verfahren, Methoden, Konzepte etc.[7] *Antizipiertes Ziel* und angestrebtes Resultat Sozialer Arbeit ist, allgemein gesprochen, die Lösung oder Linderung des entsprechenden sozialen Problems.[8]

Entsprechend der Besonderheit des ‚Arbeitsgegenstands' und des angestrebten ‚Arbeitsziels' gewinnt auch der konkrete *‚Arbeitsprozeß'* seine darauf bezogene Spezifik. So muss das Ziel der Veränderung eines gegebenen Zustands, eines gegebenen Verhaltens etc. unter Beachtung ethischer Normen und in enger Kooperation mit den Hilfesuchenden, in einem deren persönliche Integrität und (relative) Autonomie respektierenden Aushandlungsprozess gemeinsam vereinbart werden. Die Mitwirkung der Hilfesuchenden an der Problemlösung ist von konstitutiver Bedeutung, sollen sie eine Erweiterung ihrer Handlungsfähigkeit, eine gewachsene Realitätskontrolle erreichen. Es versteht sich, dass dazu – entgegen dem Vorwurf einer bloßen Problem- oder ‚Defizitorientierung' – wesentlich auch an den Ressourcen und Stärken der Hilfesuchenden anzuknüpfen ist. Das alles gehört zur Spezifik des Arbeitsprozesses der Professionellen in der Sozialen Arbeit. Und je nach Zielgruppen und Problemarten wird es weitere Differenzierungen geben. So wird z.B. die Arbeit mit Strafgefangenen unter anderen Bedingungen erfolgen als etwa in einem Treff der Offenen Jugendarbeit. Diese Differenzierungen, die übrigens auch zu beachten sind bei den verschiedenartigen Formen der Produktion von Gütern im Unterschied zu Humandienstleistungen, widersprechen nicht der allgemeinen Grundstruktur des von Marx beschriebenen Arbeitsprozesses.[9]

---

6   Vgl. zu dieser Gegenstandsbestimmung Staub-Bernasconi 1998 sowie Obrecht 2001.
7   Vgl. zu diesen verschiedenen ‚Arbeitsweisen' z.B. Staub-Bernasconi 1998.
8   Ziel Sozialer Arbeit ist „die Verhinderung möglicher oder drohender und die Verminderung oder Lösung existierender kumulativer biopsychosozialer Probleme durch präventive oder kurative Verfahren", die entweder „i. die Steuerungsfähigkeit der Individuen (interner Aspekt), ii. die strukturellen Rahmenbedingungen und die physischen Ressourcen (externer Aspekt) oder iii. beides gleichzeitig und in koordinierter Weise, zu verbessern trachten" (Obrecht 2001: 95). Das Wie orientiert sich an einer entsprechenden Handlungstheorie, die Obrecht (1996) detailliert ausgearbeitet hat. Ähnlich auch bei Staub-Bernasconi in zahlreichen Publikationen, z.B. 1998, 12ff. Ein soziales Problem in der Sicht der SAW ist nach Obrecht 2001: 63ff: „a) ein praktisches Problem, das b) ein sozialer Akteur c) mit seiner interaktiven Einbindung und Position (Rollenstatus) in die sozialen Systeme hat, deren Mitglied er faktisch ist" (ebd.: 63f). Beispiele sind etwa: Isolation, Einsamkeit, Machtlosigkeit, versagte soziale Anerkennung, soziale Deklassierung und Ausgrenzung etc. (ebd.: 64). An anderer Stelle schreibt er: Probleme sind „a) praktische (biopsycho)soziale Probleme von Individuen", verstanden als deren Unvermögen, ihre „Bedürfnisse innerhalb ihrer sozialen Umgebungen in einem für ihre nachhaltige Entwicklung hinreichenden Maß und in einer für sie und andere ethisch angemessenen Weise durch eigene Anstrengungen zu befriedigen [...] oder b) die Struktur sozialer Systeme, die eine angemessene Bedürfnisbefriedigung für strukturell marginale Gruppen von meist tiefrangigen Mitgliedern nicht ermöglicht" (ebd.: 94).
9   Vgl. z.B. Schaarschuch 1996, der das Erbringen von Humandienstleistungen im „uno-actu-Prinzip" der Gleichzeitigkeit von Produktion und Konsumtion als ein Produktionsverhältnis von professionellem Produzenten zum Klienten als Ko-Produzenten konzipiert.

4 Zur wissenschaftlichen Fundierung der Sozialen Arbeit

Da Soziale Arbeit in der jeweiligen Gesellschaft spezifische Aufgaben zu erfüllen hat, allgemein gesprochen: die Lösung sozialer Probleme, muss sie, wie schon erwähnt, dafür spezifisches Wissen gewinnen und spezifische Mittel (Methoden) entwickeln. Je nach Komplexität der Aufgaben werden das in zunehmendem Maße wissenschaftliches Wissen und wissenschaftlich entwickelte und geprüfte Methoden sein. Es gilt, die Eigenart der zu bearbeitenden sozialen Probleme zu erfassen, nach Regularitäten und Gesetzmäßigkeiten zu forschen, sowohl nach denjenigen Ursachen und Mechanismen, die die betrachteten Probleme erzeugen, wie nach jenen, die für ihre Lösung relevant sind. Vorrangiges Ziel einer solchen wissenschaftlichen Bemühung ist es also, ausgehend von Hypothesen, die aus Theorien entwickelt werden, solche Gesetze und Mechanismen durch Forschung (hier kommt je nach Problem das ganze Spektrum empirischer Forschungsmethoden zum Einsatz wie Beobachtungen, Tests, Experimente etc.) herauszufinden, die dann zur kognitiven Orientierung dienen können bei den praktischen Versuchen zur Lösung der Probleme, indem die allgemeinen Einsichten konkretisiert und spezifiziert werden auf die besonderen Bedingungen und Situationen einzelner Fälle.[10]

Das dafür erforderliche wissenschaftliche Wissen wird einerseits durch die Soziale Arbeit selbst, z.B. durch die kritische Analyse und Erforschung der jeweiligen Praxis der Professionellen (im engen Verbund und Austausch von ‚Theoretikern' und ‚Praktikern') selbst zu generieren sein (‚Praxisforschung'), andererseits aber in erheblichem Maße auch aus anderen Disziplinen zu integrieren sein, so wie das für alle Handlungswissenschaften gilt, die mit komplexen Problemen zu tun haben, die Disziplingrenzen überschreiten, weshalb Handlungswissenschaften immer auch interdisziplinär bzw. transdisziplinär vorgehen müssen. Um welche Art Wissen bzw. Bezugswissenschaften es sich dabei handelt, ist abhängig von der Art der Probleme und ihren Bearbeitungserfordernissen.[11]

Dies ließe sich konkretisieren, indem man verschiedene soziale Probleme und ihre bisherigen bzw. künftig zu entwickelnden Bearbeitungsformen daraufhin untersucht, welche Arten von Wissen zur Bearbeitung dieser Problematiken erforderlich sind. Solche Probleme sind z.B. Armut und der Umgang mit von Armut geprägten Lebensbedingungen durch die Betroffenen (ihre Überlebensstrategien[12]), die Unterstützungsformen durch professionelle Helfer, aber ebenso auch die Nutzung entsprechender fachlich-wissenschaftlicher Expertisen in Gestalt von Stellungnahmen zur Einwirkung auf die öffentliche Wahrnehmung und Definition der Problematik wie zu fachlich begründeten Vorschlägen an die politisch Verantwortlichen. Ähnliche Beispiele für eine Konkretisierung sozialarbeitswissenschaftlichen Wissens könnten sein: die Arbeit mit Drogenabhängigen, wobei z.B. chemisches, medizinisches, psychologisches und sozialwissenschaftliches Wissen zu integrie-

---

10 Die Differenz von allgemeinem Gesetz und Besonderheit des Einzelfalls hat ihre Wurzel darin, dass z.B. in Experimenten künstliche Bedingungen geschaffen werden, um Gesetze, Ursache-Wirkungs-Zusammenhänge herauszufinden. Da die Bedingungen sich immer unterscheiden, muss auch das Wirken der Gesetze sich unterscheiden. Dennoch ist es wichtig, allgemeine Gesetze zu kennen, zugleich aber zu berücksichtigen, dass für deren Wirken die besonderen Randbedingungen präzise bestimmt und bedacht werden müssen.

11 Zu der Art, wie eine solche Integration von Wissen aus unterschiedlichen Disziplinen strukturell und systematisch anzugehen ist, siehe Obrecht 2001: 20. Hier erläutert er in einem Schaubild überzeugend die Struktur der SAW und die Weise, wie welche Wissensformen aus welchen Disziplinen (Bezugswissenschaften) in den Kontext der Sozialen Arbeit zu integrieren sind.

12 Vgl. dazu die bemerkenswerte Studie von Norbert Preußer 1989, eine Forschungsarbeit am Beispiel der Wiesbadener Obdachlosensiedlung Mühltal in den 1960/70er Jahren.

ren ist, um eine angemessene Bearbeitung der Problematik zu erreichen. Beim Problem der Integration von MigrantInnen wäre z.B. Wissen erforderlich, das soziale und kulturelle Probleme zu unterscheiden vermag und eine Kulturalisierung oder Ethnisierung bei der Wahrnehmung und Bearbeitung von Konflikten vermeidet (siehe z.B. Staub-Bernasconi 1995b sowie Sorg 2004). Die Reihe ließe sich beliebig fortsetzen von Problematiken wie den Formen frühkindlicher Erziehung (,Krippenstreit'), der Vernachlässigung von Kindern und Kindesmissbrauch, der Fragen von Rassismus, über die sog. Jugendgewalt, bis zur Arbeit mit älteren Menschen etc.

Wie bei anderen empirischen oder Real-Wissenschaften (ob Natur-, Sozial-, Kultur- oder Humanwissenschaften) geht es auch bei der SAW um die zentrale Aufgabe von Wissenschaft, neben der Ordnung, Systematisierung und Beschreibung von Erscheinungen der Wirklichkeit Erklärungen und Prognosen zu ermöglichen, also Gesetze und Mechanismen[13] aufzufinden, um mit ihrer Hilfe und Kenntnis erfolgversprechend und wirksam handeln, bestimmte Zustände zielorientiert verändern zu können. Daher kann es nicht überzeugen, bestimmten Wissenschaftsdisziplinen nur das „Erklären" und anderen nur das „Verstehen" zuzuordnen – so wie es etwa bei der bereits erwähnten Zwei-Kulturen-These geschieht, welche die existierenden, durch die Differenz der Gegenstände bedingten, relativen Unterschiede verabsolutiert. „Erklärende" ebenso wie „verstehende" oder hermeneutische Aspekte finden sich in allen Wissenschaftsdisziplinen. Wollte man hermeneutisches „Fallverstehen" und „stellvertretende Deutung" als alleinige Spezifik der Nutzung von Wissenschaft im Bereich der Sozialen Arbeit behaupten, wäre das eine inakzeptable Einseitigkeit, die auf den ganzen Reichtum des für die Handlungsorientierung wichtigen Erkenntnisgewinns einer Wissenschaft der Sozialen Arbeit verzichtet. Ähnlich problematische Positionen, die sich auf postmoderne oder radikalkonstruktivistische Theoreme beziehen, kritisiert mit Recht Staub-Bernasconi (2007: 227ff). Solche Positionen zu vertreten, wäre gleichbedeutend mit dem Ende des Versuchs, die Profession Sozialer Arbeit durch eine wissenschaftliche Fundierung zu qualifizieren. Und es wäre zudem eine provinzialistische Abschottung von den übrigen Disziplinen im Professionsbereich sozialer, personenbezogener Dienstleistungen, die ihre Professionalisierung nicht zuletzt durch die wissenschaftsgestützte Qualifizierung ihrer Praxis vorangebracht haben und weiter entwickeln.

5   Ein allgemeiner Wissenschaftsbegriff auch für die Soziale Arbeit?

Einerseits erscheint ein allgemeiner Wissenschaftsbegriff als unabdingbar, wenn man auf rationale (,diesseitige') Weise die Welt und Wirklichkeit analysieren, erklären und verstehen will, wozu einige allgemeine Merkmale gehören, die oben bereits angedeutet wurden. Andererseits ist es ohne Zweifel auch notwendig, dass die Spezifik der jeweiligen Gegenstände bei den wissenschaftlichen Weltzugängen angemessen berücksichtigt wird. Dies gilt nicht nur für die Differenz von Grundlagen- und Handlungswissenschaften, sondern auch innerhalb der Handlungswissenschaften, je nach dem, ob man es mit Gegenständen des sog. Humanbereichs zu tun hat oder mit ,dinglich-technischen' Gegenständen und Verfahren (wie etwa in den Technik- oder Ingenieurwissenschaften). Auch innerhalb der ,humanbezogenen' Handlungswissenschaften, welche Professionen wie die ärztlichen Tätigkeiten,

---

13   Zu Mechanismen im Kontext von Erklärungen siehe Bunge 2006: 119-144; Bunge 2003: 175-176; Bunge 1996: 137f, 159f. u.ö.

die Psychotherapie, die Pädagogik oder die Soziale Arbeit wissenschaftlich fundieren, sind die jeweiligen Gegenstände und Problematiken zu bedenken; man kann also z.B. nicht einfach die Medizin oder die Pädagogik als Leitbild für die Soziale Arbeit propagieren, sondern muss die jeweiligen Spezifika genau zu bestimmen versuchen. Weiter kompliziert wird die Problematik durch die diversen Überschneidungen und Schnittstellen zwischen den Wissenschaften, also etwa dadurch, dass auch in den Humandisziplinen immer auch ‚technische Bestandteile' enthalten sind, deren Verhältnis zu den ‚eigentlichen', den dominierenden Spezifika einer professionellen Tätigkeit und ihrer wissenschaftlichen Basierung zu bestimmen sind. All diese Differenzierungen sind zu berücksichtigen beim Verständnis dessen, was die wissenschaftliche Spezifik der SAW ausmacht oder ausmachen sollte.

Bei allem wissenschaftstheoretischen Streit sollte nicht der zentrale Punkt aus den Augen verloren werden, dass es nicht um einen Selbstzweck dabei geht, nicht um eine Legitimation der Tätigkeit der ‚Theoretiker'. Vielmehr muss zentrales Kriterium für die Entwicklung einer angemessenen SAW sein: Wie, durch welche Art von wissenschaftlichem Vorgehen kann die Lösung der praktischen Probleme des Berufs (also die Bearbeitung sozialer Probleme) verbessert oder optimiert werden? Wie kann, einfacher ausgedrückt, eine wirksame, eine erfolgversprechende, eine ‚gute' Soziale Arbeit durch Wissenschaft unterstützt und gefördert werden?

Hier stellen sich sofort als weitere Fragen solche nach den Kriterien für wirksame, für gute Soziale Arbeit. Es sind Fragen nach Qualitätsmerkmalen, incl. Qualitätsmanagementfragen, nach dem Grad der Zielerreichung – individuumsbezogen wie gesellschaftsbezogen, ganz zu schweigen von ökonomischen Effizienzkriterien, ethischen Orientierungen, gesellschaftlichen und politischen Zielbestimmungen, z.B. die Förderung sozialer Gerechtigkeit und Chancengleichheit, von humanen Lebensbedingungen, die Befriedigung der Lebensbedürfnisse der Menschen – oder auch: soziale Befriedung. Kurz, die Frage nach wirksamer oder guter Sozialer Arbeit ist offenbar nicht unabhängig davon zu beantworten, welche *Ziele* man mit ihr verbindet. Hier kommt man nicht ohne normative Überlegungen aus. Möglicherweise konsensuell ist für die Zielbestimmung der Sozialen Arbeit die bekannte Definition der *International Federation of Social Workers (IFSW)*: „Soziale Arbeit als Beruf fördert den sozialen Wandel und die Lösung von Problemen in zwischenmenschlichen Beziehungen, und sie befähigt die Menschen, in freier Entscheidung ihr Leben besser zu gestalten. Gestützt auf wissenschaftliche Erkenntnisse über menschliches Verhalten und soziale Systeme greift soziale Arbeit dort ein, wo Menschen mit ihrer Umwelt in Interaktion treten. Grundlagen der Sozialen Arbeit sind die Prinzipien der Menschenrechte und der sozialen Gerechtigkeit."[14]

6   Fazit

Wie schon erwähnt, fangen wir bezüglich der SAW nicht bei Null an, sondern können bereits auf eine Reihe von wichtigen Erkenntnissen und Theorieangeboten zurückgreifen. So gibt es über den allgemeinen Wissenschaftsbegriff hinaus bereits diverse Ansätze für die Konkretisierung der Wissenschaftsproblematik auf die Soziale Arbeit. Hier sind vor allem *Silvia Staub-Bernasconi* und *Werner Obrecht* von der sog. „Zürcher Schule" zu nennen, die

---

14   Siehe http://www.ifsw.org/en/p38000409.html. Letztes Update der Seite: *17.10.2005.*

von einem materialistischen, aber nicht reduktionistischen Ansatz ausgehen.[15] Die „Zürcher Schule" hat, was die Ausarbeitung eines tragfähigen Ansatzes der SAW betrifft, m.E. das bislang überzeugendste, elaborierteste Konzept vorgelegt.

Von hier ausgehend kann dann auch nach Weiterentwicklungen der vorliegenden Ansätze gefragt werden. Zu dem erreichten Stand, hinter den man nicht mehr zurückgehen sollte, – wiewohl dies bekanntlich in der SAW-Debatte umstritten ist, – zähle ich ein Verständnis von Wissenschaft, das bestimmt ist durch einen ontologisch materialistischen und epistemologisch (erkenntnis- und wissenschaftstheoretisch) realistischen Ansatz. Einen solchen legen heute mindestens die meisten Naturwissenschaften faktisch als quasi selbstverständliche Basis ihres Forschens zugrunde, man denke etwa an die quer durch fast alle Disziplinen geteilte Orientierung an der Evolutionstheorie, – auch wenn manche Naturwissenschaftler bei philosophischen Äußerungen über das, was sie tatsächlich tun, davon abweichende Deutungen vorbringen mögen, z.B. religiöse. Im Unterschied zu den RepräsentantInnen der „Zürcher Schule" erscheint es für mich auch notwendig zu prüfen, was heutige Wissenschaft incl. der SAW gewinnen kann durch eine erneute kritische Rezeption und Auseinandersetzung mit denjenigen wissenschaftlichen Traditionen und ihren Befunden, die durch die materialistische und dialektische Herangehensweise z.B. eines *Karl Marx* (wie das hier schon in Anknüpfung an dessen Arbeits- und Wissenschaftsbegriff versucht wurde) und seines, trotz kritisierter idealistischer Grundposition wichtigsten Lehrers in Sachen Dialektik: *Georg Wilhelm Friedrich Hegel*. Dabei geht es – mehr noch als um die Rezeption konkreter wissenschaftlicher Befunde, die mehr oder weniger stark vom sich verändernden Wissensstand der jeweiligen Zeit abhängig sind – vor allem um grundlegende Herangehensweisen an die wissenschaftliche Erschließung der Wirklichkeit, wie dies z.B. das materialistisch-dialektische Denken darstellt. Hier scheint mir eine Möglichkeit und Notwendigkeit für einen fruchtbaren Streit zu liegen, der auch für die SAW Früchte tragen könnte. Dies wäre freilich eher eine bestimmte Konkretisierung, denn ein allgemeiner Beitrag zur SAW – und damit ein anderes, neues Thema.

Literatur

Bunge, Mario (1996): Finding Philosophy in Social Science, Yale University Press: New Haven/ London

Bunge, Mario (2003): Artikel: Mechanism, in: Ders., Philosophical Dictionary, New York: Prometheus, S. 175-176.

Bunge, M./Mahner, M. (2004): Über die Natur der Dinge. Materialismus und Wissenchaft, Hirzel: Stuttgart/Leipzig

Bunge, Mario (2006): Chasing Reality: Strife over Realism, Toronto/Buffalo/London: University of Toronto Press

Engelke, Ernst (2004): Die Wissenschaft Soziale Arbeit. Werdegang und Grundlagen. Lambertus Verlag (Freiburg). 2. Aufl.

Engler, Fynn Ole (2007): Realismus und Wissenschaft. Der empirische Erfolg der Wissenschaft zwischen metaphysischer Erklärung und methodologischer Beurteilung, Mohr Siebeck: Tübingen

Kröber, Günter (1990): Artikel: Wissenschaftstheorie, in: Europäische Enzyklopädie zu Philosophie und Wissenschaften, Hrsg. Hans-Jörg Sandkühler, Hamburg: Meiner, Bd. 4, 952-965

---

15   Sie orientieren sich, was ihre philosophisch-metatheoretischen Grundlagen betrifft, an den Arbeiten des argentinisch-kanadischen Wissenschaftsphilosophen *Mario Bunge*.

Laitko, Hubert (1979): Wissenschaft als allgemeine Arbeit. Zur begrifflichen Grundlegung der Wissenschaftswissenschaft. Berlin: Akademie.

Marx, Karl/Engels, Friedrich: Werke [ca. 40 Bände], Hrsg. vom Institut für Marxismus-Leninismus beim Zentralkomitee der SED, Berlin: Dietz, 1. Aufl. 1956 (= MEW)

Merten, Roland/Sommerfeld, Peter/Koditek, Thomas (Hrsg.)(1996): Sozialarbeitswissenschaft. Kontroversen und Perspektiven. Neuwied, Kriftel, Berlin: Luchterhand

Mittelstraß, Jürgen (Hg.): Enzyklopädie Philosophie und Wissenschaftstheorie, Metzler: Stuttgart und Weimar, 2004, Bd. 4. (Artikel: Wissen 717-719, Wissenschaft 719-721, Wissenschaftstheorie 738-746)

Mühlum, Albert/Bartholomeyczik, Sabine/Göpel, Eberhard (1997): Sozialarbeitswissenschaft, Pflegewissenschaft, Gesundheitswissenschaft. Freiburg/Br.: Lambertus

Obrecht, Werner (1996): Ein normatives Modell rationalen Handelns. Theoretisches Wissen im professionellen Handeln der Sozialen Arbeit. in: Verein zur Förderung der Sozialen Arbeit als akademische Disziplin: Symposium Soziale Arbeit. Beiträge zur Theoriebildung und Forschung in Sozialer Arbeit. Köniz, S. 109-202

Obrecht, Werner (2001): Das Systemtheoretische Paradigma der Disziplin und der Profession der Sozialen Arbeit. Zürcher Beiträge zur Theorie und Praxis Sozialer Arbeit, Bd. 4.

Obrecht, Werner/Staub-Bernasconi, Silvia (1996): Vom additiven zum integrativen Studienplan. Studienreform als Verknüpfung der Profession der Sozialen Arbeit mit der Disziplin der Sozialarbeitswissenschaft an der Hochschule für Soziale Arbeit in Zürich/Schweiz. In: Engelke, Ernst (Hg.): Soziale Arbeit als Ausbildung, S. 264-294

Pfaffenberger, Hans/Scherr, Albert/Sorg, Richard (Hg.) (2000): Von der Wissenschaft des Sozialwesens. Standort und Entwicklungschancen der Sozialpädagogik/Sozialarbeits-wissenschaft. Rostock: Neuer Hochschulschriftenverlag

Preußer, Norbert (1989): Not macht erfinderisch. Überlebensstrategien der Armenbevölkerung in Deutschland seit 1807, München: SPAK

Puhl, Ria (Hg.)(1996): Sozialarbeitswissenschaft. Neue Chancen für theoriegeleitete Soziale Arbeit Weinheim, München: Juventa

Schaarschuch, Andreas (1996): Dienst-Leistung und Soziale Arbeit, in: „Widersprüche", Heft 59.

Snow, P. C.: Die zwei Kulturen, 1959. In: Kreuzer, Helmut (Hg.): Die zwei Kulturen. Literarische und naturwissenschaftliche Intelligenz. C. P. Snows Thesen in der Diskussion, München: dtv, 1987

Sorg, Richard: Sozialarbeitswissenschaft? In: „standpunkt: sozial". Hamburger Forum für Soziale Arbeit, zwölfteilige Artikelserie von Heft 1/1996 bis Heft 3/2000

Sorg, Richard (2000): Zum Verhältnis von Sozialer Arbeit, neoliberaler Sozialpolitik und Sozialarbeitswissenschaft, in: Pfaffenberger, Hans/Scherr, Albert/Sorg, Richard (Hg.): 192-209

Sorg, Richard (2004): „Soziale Arbeit unter Globalisierungsbedingungen oder: Wie das Schweizer ‚TikK' interkulturelle Konflikte gemeinwesenorientiert bearbeitet". Festschrift für Dieter Oelschlägel, München: SPAK, 279-299

Staub-Bernasconi, Silvia (1983): Soziale Probleme – Dimensionen ihrer Artikulation: Umrisse einer Theorie sozialer Probleme als Beitrag zu einem theoretischen Bezugsrahmen Sozialer Arbeit. Diessenhofen: Rüegger

Staub-Bernasconi, Silvia (1998): Soziale Probleme – Soziale Berufe – Soziale Praxis. In: Heiner, Maja/Meinhold, Marianne/von Spiegel, Hiltrud/Staub-Bernasconi, Silvia (1998): Methodisches Handeln in der Sozialen Arbeit. Freiburg: Lambertus, 2. Aufl.

Staub-Bernasconi, Silvia (1995a): Systemtheorie, soziale Probleme und Soziale Arbeit: lokal, national, international. Haupt, Bern

Staub-Bernasconi, Silvia (1995b): Ethnospezifische, interkulturelle, transkulturelle Soziale Arbeit – mehr als ein Verwirrspiel?, in: Staub-Bernasconi, Silvia (1995a), 303-317.

Staub-Bernasconi, Silvia (2007): Soziale Arbeit als Handlungswissenschaft. Systemtheoretische Grundlagen und professionelle Praxis – Ein Lehrbuch, Bern/Stuttgart/Wien: Haupt

Wendt, W.R. (Hg.)(1994): Sozial und wissenschaftlich arbeiten. Status und Positionen der Sozialarbeitswissenschaft. Freiburg/Br.: Lambertus

Für eine integrative, praktische Wissenschaft Soziale Arbeit

Konrad Maier

Die Herausbildung der Wissenschaft Soziale Arbeit in Deutschland

Im Zuge der quantitativen und qualitativen Ausdehnung der Sozialen Arbeit wurde die Ausbildung von SozialarbeiterInnen/SozialpädagogInnen 1970 auf das Hochschulniveau angehoben, seither entwickelte sich Soziale Arbeit zu einer veritablen Wissenschaft:

- In den Studiengängen Soziale Arbeit waren im Jahr 2006 938 Professuren registriert, davon 83 an Universitäten, die übrigen an Fachhochschulen (Statistisches Bundesamt 2007; vgl. Amthor 2008, S. 63f). Wenn man die Hochschulen in Österreich und der deutschsprachigen Schweiz hinzurechnet, so erhöht sich die Zahl der Scientific Community Soziale Arbeit im deutschen Sprachraum auf ca. 1300 Professuren und eine zunehmende Zahl von wissenschaftlichen MitarbeiterInnen.

- Der Vorwurf, dass „eine nicht zu vernachlässigende Zahl der ProfessorInnen (…) den Fachbereich Sozialwesen als Nische für sich entdeckt und dort eine Professur angestrebt (hat), weil sie den Titel und das Gehalt, die Pension und die Zeit für Nebentätigkeiten haben wollten" und keinerlei Bereitschaft zeigen, sich auf den Diskurs um Soziale Arbeit einzulassen (Engelke 2003, S. 463; Engelke/Borrmann/Spatschek 2008, S. 382) ist sicherlich nicht mehr haltbar (wenn er in dieser Verallgemeinerung je legitim war). Die „BezugswissenschaftlerInnen" haben erheblich beigetragen zur Entwicklung spezieller Handlungstheorien und insbesondere beträchtliche Forschungsleistungen in die Soziale Arbeit eingebracht (vgl. Maier 2009; Maier 2007) – Zugleich hat sich nach meiner Wahrnehmung das Selbstverständnis der „lehrenden SozialarbeiterInnen" an den Fachhochschulen grundlegend verändert: sie definieren sich zunehmend als SozialarbeitswissenschaftlerInnen, die ihre besondere Aufgabe nicht mehr in der Praxisorientierung sondern in der Entwicklung einer Wissenschaft Soziale Arbeit sehen.

- Seit Anfang der 1990er Jahre ist ein intensiver Diskurs darüber entstanden, was Gegenstand, spezifische Fragestellung und Aufgabe der Wissenschaft Soziale Arbeit sei (exempl. Engelke 1992; Staub-Bernasconi 1995; Feth 1997; Göppner/Hämäläinen 2004, S. 84ff; Engelke 2003, S. 141ff; Klüsche u.a. 1999, S. 62ff; Staub-Bernasconi 2007; Kleve 2000). Obwohl diese Diskussionen, insbesondere um den Gegenstand einer Wissenschaft mit vielfältigen methodologischen und erkenntnistheoretischen Problemen behaftet sind[1], sind sie offensichtlich von hoher Bedeutung für die interne Verständigung wie auch die Präsentation nach außen. Töricht wäre es jedoch, die Existenz einer Wissenschaft bzw. Disziplin davon abhängig zu machen, ob sie über einen klar definierten Gegenstand, Fragenstellung und spezifische Aufgabendefinition verfügt. Auch in den

---

[1] So zeigt Sidler auf, dass die Gegenstandbeschreibungen wie auch die Aufgabendefinitionen „als deskriptive Aussagen (…) daherkommen, aber häufig präskriptiv gemeint" sind (Sidler 2004, S. 29). Bei der Diskussion um den Gegenstand der Soziologie hat Ralf Dahrendorf bereits in den 1960er Jahren festgestellt: „Die Vorstellung systematischer Gegenstände von wissenschaftlichen Fächern müsste ja bedeuten, dass die Welt der Erfahrung sich in eine endliche Menge von Bereichen zerschneiden lässt, die den bestimmten Disziplinen gewissermaßen notwendig zugeordnet sind." (Dahrendorf 1986, S. 43)

etablierten Wissenschaften wie Geschichtswissenschaft, Soziologie, Literaturwissenschaft oder Politikwissenschaft finden immer wieder Paradigmenwechsel statt mit neuen Gegenstandsbeschreibungen und je neuen Begrifflichkeiten; und gerade derartige Paradigmenwechsel befördern Fortschritte in der wissenschaftlichen Erkenntnis (Popper 1993). So definiert Rudolph Stichweh auf dem Hintergrund von Untersuchungen über die Entstehung der modernen Physik Disziplin primär als „Sozialsystem" (Stichweh 1984, S. 50). Disziplin erscheint damit als Kommunikationszusammenhang und Fachkultur, innerhalb deren durchaus kontrovers über die Definition von Gegenstand, Fragestellungen und spezifischen Methoden diskutiert wird.

- In diesem Sinne ist in den letzten 40 Jahren eine durchaus lebendige Scientific Community im Bereich Sozialer Arbeit entstanden in Form von unterschiedlichen Organisationen (Deutsche Gesellschaft für Erziehungswissenschaft DGfE, Sektion Sozialpädagogik, Deutsche Gesellschaft für Sozialarbeit bzw. seit 2006 Soziale Arbeit DGSA, Fachbereichstag Soziale Arbeit, Bundeskongress Sozialer Arbeit), Fachzeitschriften und einer kontinuierlich wachsenden Buchproduktion, bei der sich in jüngster Zeit ein harter Konkurrenzkampf von namhaften Verlagen um dieses offensichtlich zukunftsträchtige Marktsegment abzeichnet.

- Neben den Promotionen an den universitären Lehrstühlen für Sozialpädagogik ist es in den letzten Jahren einer zunehmenden Zahl von FachhochschulabsolventInnen gelungen – teilweise in Kooperationsverfahren von Fachhochschulen und Hochschulen – zu promovieren. Zunehmend werden auch an Fachhochschulen konsekutive Masterstudiengänge mit dem Schwerpunkt Forschung im Bereich Sozialer Arbeit angeboten. Im Rahmen des Bolognaprozesses zeichnet sich eine neue Bereitschaft der Kooperation von Fachhochschulen und Universitäten ab bei der Förderung wissenschaftlichen Nachwuchses (Otto 2007). Damit wird einmal ein für alle Wissenschaften wichtiges Potential an wissenschaftlicher Forschung erschlossen, zum anderen öffnen sich auch in dem praxisorientierten Studiengang Soziale Arbeit Möglichkeiten einer wissenschaftlichen Karriere.

Die Proklamation einer Sozialarbeitswissenschaft im Umkreis der Deutschen Gesellschaft für Soziale Arbeit DGSA Ende der 1980er Jahre (vgl. Mühlum 2004, S. 9ff; Kraus 2007) leistete einen wichtigen Beitrag zur Entwicklung einer Wissenschaft Soziale Arbeit im deutschen Sprachraum:

- In dem Bemühen, eine eigenständige Sozialarbeitswissenschaft gegenüber der universitären Sozialpädagogik zu begründen, wurde – insbesondere durch Silvia Staub-Bernasconi und Wolf-Rainer Wendt – der internationale Diskurs von Social Work rezipiert. Inzwischen wurden die unterschiedlichen Entwicklungsstränge, die zur Wissenschaft Soziale Arbeit führten, unter dem Label „Theorien der Sozialen Arbeit" zusammengeführt (Engelke/Borrmann/Spatschek 2008; vgl. Maier 2008).

- Die Abwehr des Anspruchs der universitären SozialpädagogInnen, dass an den Universitäten geforscht und wissenschaftliche Erkenntnisse produziert werden und es Aufgabe der Fachhochschulen sei, diese weiterzugeben in der Lehre wie in einem Wissenstransfer an die Praxis, führte zu verstärkten Bemühungen um eine eigene wissenschaftliche Theorieentwicklung und zur Entwicklung einer bemerkenswerten Forschung an Fachhochschulen (vgl. Maier 1999; Engelke u.a. 2007).

- Die interdisziplinäre Zusammensetzung der Professorenkollegien an den Fachhochschulen führte – trotz aller Klagen über „ein bis zu einem Dutzend Wissenschaftsfächer zersplittertes Hochschulsystem" (Amthor 2008, S. 68; vgl. Engelke 2003, S. 41ff) – dazu, dass qualifizierte SoziologInnen, JuristInnen, PsychologInnen, MedizinerInnen, PolitikwissenschaftlerInnen, EthikerInnen und andere „BezugswissenschaftlerInnen" sich mit den Fragestellungen der Sozialen Arbeit beschäftigen und insbesondere bei der Entwicklung von „speziellen Handlungstheorien" (Staub-Bernasconi) für die unterschiedlichen Arbeitsfelder der Sozialen Arbeit enorme Fortschritte bewirkten (was häufig bei den Protagonisten einer eigenen „Fachdisziplin Sozialarbeit", die überwiegend auf eine Metatheorie fixiert sind, nicht wahrgenommen wird).

- Die zunehmende Konkurrenz der Fachhochschulen und Professoren der an den Fachhochschulen angesiedelten „Sozialarbeitswissenschaft" sowohl in der Lehre, wie in der Forschung und der wissenschaftlichen Theorieproduktion trug wesentlich bei zu einer Öffnung der traditionellen Sozialpädagogik auf die Fragestellungen einer umfassenden „Sozialen Arbeit".[2]

Zweifellos gibt es nach wie vor Abgrenzungsversuche, unterschiedliche Sprachregelungen und Zitierkartelle, aber dies ist auch bei etablierten Wissenschaften und Disziplinen eher die Regel als die Ausnahme, und erbitterte Paradigmenkämpfe wie auch eitle Positionskämpfe sind vermutlich geradezu ein Kennzeichen für die Wissenschaft (vgl. Bourdieu 1992).

Insgesamt hat sich auf diese Weise auch in Deutschland eine veritable Wissenschaft Soziale Arbeit entwickelt. Wenig hilfreich ist es, im Vergleich zu den klassischen Disziplinen der Medizin, der Rechtswissenschaft und der Theologie und ihrem Ansehen im Rahmen einer klassischen Profession Defizite zu beklagen.[3] Das überkommene Bild der klassischen Professionen wird zunehmend zu einer Ideologie, mit der ständische Professionsvorstellungen und Privilegien ins 21. Jahrhundert hinein fortgeschrieben werden, obwohl sich die konkrete Praxis dieser Wissenschaften wie auch der Berufsbezüge radikal verändert haben. Die Grenzen dieser klassischen Professionen werden dadurch deutlich, dass sich aus der Rechtswissenschaft die Verwaltungswissenschaft und aus der Medizin die Gesundheitswissenschaft emanzipiert haben, die grundsätzlich interdisziplinär angelegt sind und keine „Leitwissenschaft" Recht oder Medizin kennen. In diesem Sinne erscheint für die Soziale Arbeit der Vergleich mit den Wissenschaften, die sich mit der Herausbildung neuer akademischer Berufsgruppen entwickelt haben nahe liegend, wie z.B. der Verwaltungswis-

---

2   Eine Durchsicht des Titelverzeichnisses des von Otto und Thiersch herausgegebenen Handbuchs Sozialarbeit/Sozialpädagogik zeigt, dass zumindest verbal „Sozialpädagogik" zunehmend durch „Soziale Arbeit" ersetzt wurde (Otto/Thiersch 2005); eine „Entgrenzung" der Sozialpädagogik und der Problemhorizont von „Sozialer Arbeit" insgesamt wird deutlich in Böhnisch/Schröer/Thiersch 2005, S. 95ff, S. 225ff. Damit ist die alte Klage, dass Soziale Arbeit nur an Fachhochschulen vertreten und damit von der Wissenschaft und der Forschung ausgeschlossen sei, weil die universitäre Sozialpädagogik eine ganz andere Disziplin darstelle (Engelke 1992, S. 153) nicht mehr haltbar und transportiert heute – wo sie noch gepflegt wird – primär Minderwertigkeitskomplexe. Bei der Herbsttagung 2006 hat sich die DGS in 'Deutsche Gesellschaft für Soziale Arbeit' umbenannt.

3   Die Herausbildung der bildungsbürgerlichen Professionen der Juristen, der Mediziner und der Theologen/Seelsorger ist ein einmaliges Spezifikum des aufgeklärten Absolutismus in Deutschland, wo den bildungsbürgerlichen Funktionseliten der „Aufbau einer auf Expertenwissen gegründeten Problemlösungskapazität" und „die Teilnahme an wichtigen Entscheidungsprozessen" gelang, „ohne dass ihre Angehörigen ihre ständisch korporativen Merkmale im Rechtswesen oder in der Selbst- und Fremdschätzung verloren" (Wehler 1987, S. 210f).

senschaft, der Sportwis-senschaft, der Umweltwissenschaft/Umweltkommunikation, der Ökotrophologie, der Gesundheitswissenschaft oder auch der sich gerade entwickelnden Polizeiwissenschaft.[4]

Für eine integrative Wissenschaft Soziale Arbeit

Die offene Diskussion und Kooperation in der Wissenschaft Soziale Arbeit wird durch zwei Konfliktlinien erschwert, die in hohem Maße durch Statuskonflikte geprägt sind: Der alte Konflikt zwischen der universitären Sozialpädagogik und der an Fachhochschulen angesiedelten Sozialarbeitswissenschaft bzw. der Wissenschaft Soziale Arbeit erscheint auf der inhaltlichen Ebene weithin überwunden (vgl. Anmerkung 3). Trotz des verbalen Bekenntnisses zu *einer* Wissenschaft Soziale Arbeit wird die alte Konfliktlinie jedoch immer wieder sichtbar. So wird im Zuge des Bolognaprozesses in der universitären Sozialpädagogik immer wieder gefragt „Wie gelingt es uns, den Abstand zu den Fachhochschulen zu halten?" (Riemann 2005). Zu diesem Zweck wird immer wieder die Tradition der universitären Sozialpädagogik angeführt, etwa durch die Gründung der „Zeitschrift für Sozialpädagogik" unter Federführung von Christian Niemeyer im Jahre 2003 oder durch die Jahrestagung der „Kommission Sozialpädagogik" der Deutschen Gesellschaft für Erziehungswissenschaft im Jahre 2003 unter dem Thema „Sozialpädagogik als forschende Disziplin". In dem entsprechenden Berichtsband (Schweppe/Thole 2005) wird die Forschung an Fachhochschulen an keiner Stelle erwähnt. Demgegenüber sind in dem unter Federführung von Otto herausgegebenen Band „Empirische Forschung und Soziale Arbeit" in bemerkenswertem Umfang inhaltliche Beiträge und Forschungsprojekte von Fachhochschulvertretern aufgenommen (Otto/Oelerich/Micheel 2003).

Inzwischen hat sich im Bereich der Fachhochschulen eine neue Konfliktlinie herausgebildet mit der Proklamation einer „Fachwissenschaft Soziale Arbeit" (Rahmenordnung für die Diplomprüfungsordnung im Studiengang Soziale Arbeit an Fachhochschulen, hg. vom Sekretariat der Ständigen Konferenz der Kultusminister der Länder in der BRD 2001), die wiederum den Anspruch einer „Leitdisziplin" beansprucht und die anderen Disziplinen auf ihren Status als „Bezugswissenschaften" verweist (vgl. Engelke 2003, S. 334ff)[5]. Neuerdings hat Amthor die generalisierenden Vorwürfe von Engelke, die Studiengänge Soziale Arbeit glichen „Orientalischen Basaren" und böten „beliebige kunterbunte Lehrangebote. Wissen aller Art und aus unterschiedlichen Disziplinen werde ohne Verknüpfung unter einander und ohne Bezugnahme auf die berufliche Tätigkeit einer Sozialarbeiterin oder

---

4   Gegenwärtig vollzieht sich im Bereich der Polizei eine Entwicklung und eine entsprechende Diskussion, die in verblüffender Weise derjenigen der Sozialen Arbeit ähnelt: Es werden Bachelor- und Masterstudiengänge entwickelt, die „Polizeiführungs-Akademie" für die Ausbildung im höheren Dienst wurde zur „Deutschen Hochschule der Polizei", 2007 wurde die erste Professur für Polizeiwissenschaft eingeführt (Frevel 2008, S. 7f). Ähnlich wie im Bereich der Sozialen Arbeit unterrichten JuristInnen, PolitikwissenschaftlerInnen, SoziologInnen, PsychologInnen, HistorikerInnen und von den MitarbeiterInnen und deren Standesvertretungen wird gefordert, dass privilegiert PolizistInnen auf Professuren berufen werden. Dieselbe Entwicklung mit den gleichen Diskussionen ist im Bereich der Arbeitsverwaltung zu verzeichnen.

5   Eine derartige Unterscheidung ist in der Wissenschaftslandschaft einmalig. Zwar gibt es in zahlreichen Studienfächern „Nebenfächer", die Unterscheidung zwischen Leitdisziplin und Kerndisziplin und Bezugswissenschaften ist jedoch in keiner anderen Wissenschaft üblich. Die aus der Rechtswissenschaft bzw. Medizin entstandenen Verwaltungswissenschaften wie auch die Gesundheitswissenschaft zeichnen sich gerade dadurch aus, dass Vertreter verschiedener Disziplinen gleichberechtigt den Diskurs und die Lehre bestimmen.

einer Sozialpädagogin vorgetragen" (Engelke 2003, S. 461f) wieder aufgewärmt und die Forderung aufgestellt, dass in den Studiengängen Soziale Arbeit an allen deutschen Hochschulen „die Lehre und Forschung (...) in der Hand von promovierten Sozialarbeitern liegen" müsse (Amthor 2008, S. 70). Seine Vision für die Hochschule für Soziale Arbeit in 20 Jahren: Die Professorin „ist Absolventin eines Bachelor- und Masterstudiengangs einer national und international renommierten deutschen Hochschule für Soziale Arbeit, hat in diesem Fach promoviert, war im Anschluss daran sowohl beruflich als Sozialarbeiterin in unterschiedlichen Arbeitsfeldern als auch auf Grund der internationalen Kooperation im Hochschulbereich in verschiedenen Forschungseinrichtungen im In- und Ausland tätig" (ebenda). Wenn man zugleich mit bedenkt, dass die Probleme der Sozialen Arbeit aus sozialwissenschaftlicher, psychologischer, juristischer, pädagogischer, ökonomischer, politikwissenschaftlicher und ethischer Perspektive (wobei diese Aufzählung keinesfalls Vollständigkeit beansprucht) adäquat bearbeitet werden müssen, so drängt sich der Vergleich zu der sprichwörtlichen „Eier legenden Woll-Milch-Sau" auf. Hier ist „Barfussforschung" (Steinert 1998, S. 181) und wissenschaftlicher Dilettantismus vorprogrammiert.

Keine Geringere als Jane Addams stellte 1930 fest: „Im Umgang mit sozialen Problemen stützen sich die Settlement Häuser einmal auf die Soziologen, dann auf die Psychiater; sie suchen die Dienste des Künstlers, Ökonomen, Turn-lehrers, Case Workers, Dramaturgen wie der ausgebildeten Krankenschwester; an einem Tag benötigen sie den Anthropologen, um einen Hinweis über die Eigenarten einer neuen Immigrantengruppe zu erhalten (...) selbst wenn der Vorwurf der Zersplitterung stimmen sollte, so antworten wir, dass wir noch immer viel weniger differenziert und komplex als das Leben selber sind" (zit. nach Staub-Bernasconi 2007, S. 67). Und Silvia Staub-Bernasconi stellt fest: „Es gibt kein soziales Problem, das nur unter Bezug auf eine einzige Disziplin beschrieben und erklärt werden könnte" (Staub-Bernasconi 2007, S. 246). Die Formel von der „Transdisziplinalität" (Wendt 2007, S. 35ff; Mittelstraß 2001; Nowotny u.a. 2001) erscheint durchaus hilfreich zur Kennzeichnung der Handlungswissenschaft Soziale Arbeit und zur Abgrenzung zu einer unverbindlichen interdisziplinären Zusammenarbeit, sie wird jedoch zur leeren Ideologie, wenn Transdisziplinarität zur Kennzeichnung des wissenschaftlichen Arbeitens der einzel-nen SozialarbeitswissenschaftlerInnen wird. Hier erweisen sich die verständlichen Statusinteressen der SozialarbeiterInnen/SozialpädagogInnen und die Orientierung an ständischen Berufs- und Professionsvorstellungen als Fallstricke sowohl für eine angemessene Ausbildung als auch für eine effektive wissenschaftliche Bearbeitung der Problemstellungen der Sozialen Arbeit. Einerseits überfordern sich die „SozialarbeitswissenschaftlerInnen" durch die postulierte All-Zuständigkeitsforderung hoffnungslos, andererseits werden die „BezugswissenschaftlerInnen" aus der Beschäftigung mit den Themen der Sozialen Arbeit herausdrängt und auf ihre „Bezugswissenschaft" verwiesen.[6]

Die Gründung von „Schools of Social Work" in den amerikanischen Universitäten zu Beginn der 20. Jahrhunderts erfolgte in der Tradition der „Professional Schools". Diese sind vergleichbar mit den im französischen Absolutismus gegründeten „Grandes Ecoles" oder auch mit den berühmten „Business Schools" (z.B. der bereits im ausgehenden 19. Jh.

---

6   Dieser Prozess der Exklusion der „BezugswissenschaftlerInnen" ist sowohl bei der Besetzung der zentralen Fächer der Sozialen Arbeit wie auch bei der Berufung neuer ProfessorInnen zu beobachten. Gegenwärtig zeichnet sich bei der Deutschen Gesellschaft für Soziale Arbeit eine Tendenz ab, dass sie zunehmend eine Organisation der „lehrenden SozialarbeiterInnen" wird. Die spezifische Qualität dieser Organisation als Ort des Diskurses zwischen den für die Soziale Arbeit relevanten Wissenschaften würde mit dieser Entwicklung aufgegeben.

gegründeten Hochschule St. Gallen) oder auch der Sporthochschule Köln. Im Gegensatz zu den klassischen Fakultäten, die der reinen Wissensproduktion bzw. dem neuhumanistischen Bildungsideal verpflichtet sind, orientieren sich die Professional Schools daran, welches Wissen für neue Berufe, die aus den Ausdifferenzierungsprozessen der Moderne entstanden sind, zur Verfügung gestellt und vermittelt werden muss.[7] Die klassischen, den ständisch orientierten Professionen der Medizin, der Rechtswissenschaft oder auch der Theologie verpflichteten Disziplinen wurden weder der Dynamik der Entwicklung der modernen Berufe gerecht, noch einer immer wieder mehr auf Interdisziplinarität ausgerichteten Wissenschaftsentwicklung.

Auch wenn die Fachhochschulstudiengänge dem Eliteanspruch der Professional Schools nicht gerecht werden, bieten sie mit ihren interdisziplinär zusammengesetzten Kollegien vermutlich viel bessere Voraussetzungen für das Studium und die Forschung im Bereich der Wissenschaft Soziale Arbeit als einzelne Universitätslehrstühle für Sozialpädagogik, auch wenn diese die Bezeichnung Soziale Arbeit übernehmen würden. Die Modularisierung des Studiums im Rahmen des Bolognaprozesses fordert die interdisziplinäre Kooperation heraus, konsekutive Master- und Promotionsstudiengänge ermöglichen ein forschungsorientiertes Studium und damit auch eine notwendige interdisziplinäre Forschung. Die Verankerung einer eigenen „Fachdisziplin" Soziale Arbeit mit dem Anspruch auf exklusive Zuständigkeiten für Soziale Arbeit bedeutet – wie Dahrendorf im Zusammenhang mit dem Diskurs um spezifische Gegenstände einer Disziplin festgestellt hat – „immer einen Mauerbau, einen Prozess der Einfriedung" (Dahrendorf 1986, S. 43) und damit eine Barriere für die Entwicklung einer lebendigen Scientific Community Soziale Arbeit.

Einen viel versprechenden Weg, wie die leidige Unterscheidung von „SozialarbeitswissenschaftlerInnen" und „BezugswissenschaftlerInnen" überwunden werden kann, zeigt die aus dem Zusammenschluss mehrere kleinerer Fachhochschulen entstandene Fachhochschule Nordwest-Schweiz, wo die Professorenstellen nicht mehr einer Disziplin sondern einem inhaltlich definierten Institut (für „Kinder- und Jugendhilfe", „Soziale Arbeit und Gesundheit", „Sozialplanung und Stadtentwicklung", „Beratung, Coaching und Sozialmanagement" u.ä.) zugeordnet werden und Stellenausschreibungen unter dem Gesichtspunkt erfolgen, welches Qualifikationsprofil für die jeweilige Aufgabe erforderlich erscheint.

Für eine praktische Wissenschaft Soziale Arbeit

Eine historische Belastung ganz anderer Art stellt das Max Weber´sche Werturteils-Verbot dar, das der konsequenten Entwicklung einer Handlungswissenschaft immer wieder im Wege steht.

Bis in die 1960er Jahre hinein wurde die Soziale Arbeit überwiegend zurückgeführt auf das christliche Liebesgebot in Form des Gleichnisses vom Barmherzigen Samariter – C.W. Müller spricht in seinem Standardwerk „Wie Helfen zum Beruf wurde" von einer „klassischen" Deutung der Sozialarbeit (Müller 1982, S. 29) – oder das philanthropische Motiv der Aufklärung (vgl. Böhnisch/Schröer/Thiersch 2005); Fürsorge, Sozialpädagogik und Sozialarbeit wurden also geschichtlich immer moralisch bzw. theologisch/ethisch be-

---

7   Eine aussagekräftige Darstellung der Business Schools bietet Fritz Schütze im Rahmen von Überlegungen, die Gesamthochschule Kassel zu einem System von Business Schools weiterzuentwickeln (Schütze 1988). Die Bedeutung der Professional Schools in Amerika wird gegenwärtig deutlich durch die Rolle der „Harvard School for Public Health" im Diskurs um die Reform des amerikanischen Gesundheitswesens.

gründet. Die Ende der 1960er Jahre einsetzende marxistische „kritische Theorie" entlarvte diese Moral bzw. die bisherige Philosophie oder Theorie der Sozialpädagogik und der Sozialarbeit als ideologischen Überbau über kapitalistische Produktionsbedingungen (vgl. Hollstein/Meinhold 1973); so deutet C.W. Müller die Begründung und bisherige Entwicklung der Sozialen Arbeit in Anlehnung an Sachße/Tennstedt als groß angelegten Lehrprozess zur „Zurichtung eines neuen Menschentypus, der über die Fähigkeiten und die Motivationen des Lohnarbeiters verfügt und damit um die Schaffung einer unerlässlichen Voraussetzung für die Entfaltung bürgerlicher Produktion" (Müller 1982, S. 14). Die vieldiskutierte Theorie der „hilflosen Helfer" (Schmidbauer 1995) hat sicherlich dazu beigetragen, Moral und Ethik im Rahmen der Sozialen Arbeit zu diskreditieren.

Folgerichtig hat Lutz Rössner in den 1970er Jahren eine „wertfreie" Theorie der Sozialen Arbeit nach den erkenntnistheoretischen Maximen des kritischen Rationalismus von Popper und Albert entwickelt: Da jede Gesellschaft darauf angewiesen ist, dass die sie kennzeichnenden Regeln, Überzeugungen und Verhaltensmuster zuverlässig von Generation zu Generation weitertradiert werden, muss mit der Sozialen Arbeit eine Institution für eine tertiäre Sozialisation geschaffen werden, die nachträglich diese Sozialisationsleistung erbringt, wenn die familiale (primäre) und die schulische (sekundäre) Sozialisation dies nicht leistet (Rössner 1975). In ähnlicher Weise wird die Funktion der Sozialen Arbeit auf dem Hintergrund der Luhmann'schen Systemtheorie bestimmt als „Inklusion, Exklusionsvermeidung und Exklusionsverwaltung" (Bommes/Scherr 2000). Angesichts der zunehmenden Komplexität der gesellschaftlichen Verhältnisse und zunehmender Anforderung an die Selbststeuerung wird die Funktion der Sozialen Arbeit als „Hilfe beim Zurechtkommen mit sich, mit anderen und der Umwelt" (Wendt) oder auch als Hilfe zur „biographischen Lebensbewältigung" (Böhnisch) gedeutet. Auch Silvia Staub-Bernasconi und Werner Obrecht gehen davon aus, dass sich soziale Probleme als der zentrale Gegenstand der Sozialen Arbeit nicht auf Grund einer Differenz zwischen Ist und Soll ergeben, also Wertentscheidungen implizieren/voraussetzen, sondern sich wertneutral von der Bunge'schen Bedürfnistheorie herleiten und empirisch überprüfen lassen (Obrecht 1998, Staub-Bernasconi 1995, S. 129f).

Nikolaus Sidler zeigt auf, dass bereits in die Gegenstandsbeschreibungen der Sozialen Arbeit und erst recht in die vielfältigen Handlungstheorien immer wieder Wertentscheidungen einfließen, die nicht als solche ausgewiesen und erst recht nicht als solche reflektiert werden (Sidler 2004, S. 23ff). Vor dem Hintergrund einer wertfreien Wissenschaft im Sinne von Max Weber fordert er eine klare Unterscheidung zwischen wissenschaftlicher Analyse und Exploration einerseits und der „teleologischen" Ziel- und Aufgabenbestimmung Sozialer Arbeit andererseits. Da letztere für die Soziale Arbeit unabdingbar sei, aber nicht wissenschaftlich geleistet werden könne, folgert der Soziologe (und gelernte Theologe), dass es keine Sozialarbeitswissenschaft sondern nur verschiedene „Sozialarbeitslehren" geben könne. Damit würde sich aber alles Handeln, das die Frage nach dem „Guten" und „Gesollten" einschließt, einer wissenschaftlichen Reflexion entziehen und wäre bestenfalls wissenschaftlich beschreibbar (Sidler 2004, S. 108ff; ähnlich: Göppner/Hämäläinen 2004, S. 282).

Mit einem solchen Ausschluss wissenschaftlicher Reflexion des Gesollten wäre weder Pädagogik noch Politikwissenschaft möglich, noch die vielfältigen professionbezogenen Wissenschaften, die den Professional Schools zuzuordnen sind. Aristoteles hat neben der theoretischen Wissenschaft, die auf wahre und exakte Erkenntnis zielt und der poietischen Wissenschaft, die auf die Hervorbringung eines Werkes gerichtet ist (und mit Verfahrenswissen oder technologischem Wissen gleichgesetzt werden kann), eine „praktische Wissenschaft" postuliert, die auf das Handeln des Menschen ausgerichtet ist. Handeln oder „Praxis" schließt immer Wertentscheidungen ein. Die hier geforderte „praktische Vernunft" erreicht nicht die Evidenz und „Richtigkeit" theoretischer und technologischer Aussagen. „Denn man darf nicht bei allen Fragen die gleiche Präzision verlangen (…) es kennzeichnet den Gebildeten, in jedem Gebiet nur so viel Präzision zu verlangen als es die Natur des Gegenstandes zulässt" (Aristoteles 1991, S. 23ff).

Da die Wissenschaft Soziale Arbeit sich nicht auf eine „angewandte Wissenschaft" im Sinne der Ingenieurwissenschaft bzw. einer Sozialtechnologie beschränken kann, sondern die Sinnhaftigkeit des sozialarbeiterischen Handelns insgesamt thematisieren muss, wird Sozialarbeitswissenschaft „praktische" Wissen-schaft im Sinne des klassischen Praxisbegriffs der griechischen Philosophie. An diese wurde bereits mit bemerkenswertem Erfolg beim Aufbau der Politikwissenschaft in Deutschland durch die „Freiburger Schule" im Umkreis von Arnold Bergstraesser angeknüpft (einen kritischen Überblick gibt Schmitt 1995). Konstitutivum für die Politikwissenschaft wurde auf diesem Hintergrund „die Frage nach dem wünschbar Guten angesichts des historisch Möglichen" (Oberdörfer 1962, S. 9). In Anlehnung an diese Formel habe ich als Konstitutivum der Sozialarbeitsforschung formuliert: „Wie kann angesichts der gegebenen Verhältnisse und der in ihnen enthaltenen Ressourcen individuelles Wohlergehen (Welfare/Well-Being) gesteigert und optimiert werden" (Maier 1998, S. 64). Damit gilt es drei Arten von Wissen zu produzieren und mit einander in Beziehung zu setzen:

- die Reflexion des Guten und Gesollten (normative Aussagen),
- die Analyse der Verhältnisse/der Probleme und der vorhandenen Ressourcen (nomologische Aussagen) und
- die Analyse/Entwicklung von Methoden/Verfahren des professionellen Handelns im Sinne technologischer Aussagen (vgl. Schaubild).

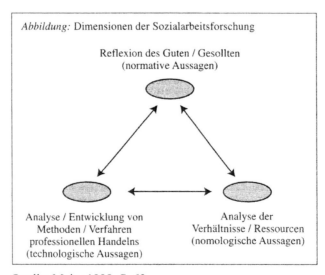

Quelle: Maier 1998, S. 63

Ohne Berufung auf Aristoteles hat Hans Thiersch dafür plädiert, Erziehungswissenschaft – und er meint damit immer auch „Soziale Arbeit" – als „praktische Sozialwissenschaft" zu verstehen (Thiersch 1978, S. 80ff).

Die von Max Weber und auch noch vom kritischen Rationalismus Poppers und Alberts angenommenen qualitativen Unterschiede zwischen diesen Aussageformen müssen auf dem Hintergrund der jüngsten Entwicklung der Wissenschaftstheorie relativiert werden. Nachdem nicht nur die Beweisbarkeit von nomologischen Aussagen (Theorien, Gesetzmäßigkeiten) radikal in Frage gestellt worden sind (Popper), sondern auch deren Falsifizierbarkeit fragwürdig geworden ist, gewannen in den letzten Jahren kohärentistische Begründungstheorien in den empirischen Wissenschaften zunehmend an Bedeutung. Entscheidend für die Gültigkeit einer Begründung ist bei den Kohärenztheorien, ob sich das zu Begründende durch abduktives Schließen in ein kohärentes Überzeugungssystem integrieren lässt (Bartelborth 1996, S. 140ff; Badura 2002, S. 95ff; vgl. Kreutner 2007, S. 309). Ebenso sind im ethischen Diskurs „fundamentistische" Ansätze (z.B. Kantianismus oder Utilitarismus) ähnlich wie der klassische Rationalismus im Bereich der empirischen Wissenschaften in Kritik geraten. Inzwischen feiern begründungsmethodische Ethikansätze unter der Chiffre des „ethischen Kohärentismus" Hochkonjunktur (Bayertz 1999, S. 84; vgl. Kreutner 2007, S. 310).

Im Diskurs der Sozialen Arbeit tauchte „Ethik" nur unter dem irreführenden Label von „Berufsethik" als ein Katalog von moralischen Prinzipien und Normen auf, im Sinne von allgemeinen Richtlinien und Verhaltenskodices für das berufliche Handeln von SozialarbeiterInnen und SozialpädagogInnen, ohne dass eine Begründung der normativen Basis geleistet wurde (Kreutner 2007, S. 311; zur Kritik vgl. Schlittmaier 2006). Inzwischen haben sich im Diskurs der Sozialen Arbeit verstärkt ethische Betrachtungsweisen zu Wort gemeldet: In kurzen Abständen sind zwei wichtige Sammelwerke zum Thema Ethik in der Sozialen Arbeit erschienen (Dungs u.a. 2006; Lob-Hüdepohl 2007). Zugleich hat sich im Rahmen der DGSA eine Sektion „Ethik" gebildet. Auf dem Hintergrund unserer Überlegungen gilt es nun, diese ethischen Reflexionen in die Theoriebildung und Forschung der Sozialen Arbeit im Sinne der „Transdisziplinarität" zu integrieren.

Folgerungen für die Theoriebildung

Ob für eine solche Handlungswissenschaft Soziale Arbeit, die notwendig interdisziplinär und transdisziplinär angelegt ist und eine ethische Reflexion des „wünschbaren Guten" einschließt, eine umfassende Metatheorie der Sozialen Arbeit nötig ist, kann durchaus bezweifelt werden. Notwendigerweise ist eine solche Theorie so abstrakt, dass sie nur eine geringe Aussagekraft hat für die immer komplexen Gegenstände der Sozialen Arbeit und damit nur einen sehr begrenzten Erkenntnisgewinn bringt. Das Bedürfnis, mitteilbar zu machen, was denn Soziale Arbeit sei und womit sich die Wissenschaft Soziale Arbeit befasst, ist sicherlich für die Entwicklungs- und Suchphase der letzten 30 Jahre verständlich und sinnvoll, die Frage nach einer umfassenden Metatheorie ins Zentrum dieser Wissenschaft zu stellen erscheint jedoch wenig viel versprechend. Dies gilt auch für Versuche, ein kontingentes Paradigma für die Wissenschaft Soziale Arbeit zu begründen wie das systemische oder das alltagsorientierte oder – neuerdings – das konstruktivistische Paradigma (vgl. Schuhmacher 2008; vgl. Staub-Bernasconi 2007, S. 133ff).

Hilfreich für den Umgang mit wechselnden und konkurrierenden Paradigmen und Metatheorien erscheint die „Scheinwerfertheorie", die Karl Raimund Popper in seinem Spätwerk entwickelt hat (Popper 1993; vgl. Waschkuhn 1999, S. 151ff). Danach sind Theorien und Paradigmen vergleichbar mit Scheinwerfern, die die komplexe Wirklichkeit aus jeweils *einer* Perspektive beleuchten. Zwar ist es durchaus notwendig, die einzelnen

„Schweinwerfer" auf ihre Stimmigkeit hin zu überprüfen (also die Theorien und Paradigmen kritisch zu diskutieren), Ziel muss es jedoch sein, die Wirklichkeit aus ganz unterschiedlichen Perspektiven – also mit möglichst vielen Scheinwerfern – zu beleuchten.

Für die Wissenschaft Soziale Arbeit bedeutet dies, dass sie möglichst viele (tendenziell: alle) Wissensbestände und Theorien heranziehen muss, die für die Deutung der anstehenden Probleme und die Entwicklung (und Überprüfung) von Verfahren hilfreich sind (sein können). Hans Thiersch spricht in diesem Zusammenhang von einem notwendigen „Ekklektizismus" (Thiersch 1978, S. 33ff); Silvia Staub-Bernasconi spricht von einem „wissenschaftlichen Realismus" im Sinne einer „Inanspruchnahme aller menschlichen Erkenntniskompetenzen zur Entwicklung und Überprüfung von Wissen" (Staub-Bernasconi 2007, S. 236). Dabei kann es nicht um ein beliebiges Nebeneinander im Sinne eines Wissenschaftspluralismus gehen, sondern um eine „integrierende Verarbeitung relevanter wissenschaftlicher Ergebnisse" (Thiersch 1978, S. 33). Auf dem Hintergrund der neueren erkenntnistheoretischen Diskussion lässt sich die Aufgabe einer solchen Wissenschaft am ehesten definieren als die Gewinnung kohärenter Aussagesysteme zur Deutung und Erklärung der spezifischen Probleme, die der Profession Soziale Arbeit zugewiesen sind, und zu den Verfahren, mit denen sie diese Aufgaben bearbeitet.

Literatur

Amthor, R. C. (2008): A world out of balance, in: Sozialmagazin Heft 7-8/2008, S. 62-73.

Aristoteles (1991): Die nikomachische Ethik, München

Bartelborth, T. (1996): Begründungsstrategien. Ein Weg durch die analytische Erkenntnistheorie, Berlin

Badura, J. (2002): Die Suche nach Angemessenheit. Praktische Philosophie als ethische Beratung, Münster/Hamburg/London

Bayertz, K. (1999): Moral als Konstruktion. Zur Selbstaufklärung der angewandten Ethik, in: P. Kampits/A. Weiberg (Hg): Angewandte Ethik, Wien, S. 73-89

Böhnisch, L. (1999): Sozialpädagogik der Lebensalter. Eine Einführung, 2. Aufl., Weinheim/München (1. Aufl. 1997)

Böhnisch, L./Schröer, W./Thiersch, H. (2005): Sozialpädagogisches Denken. Wege zu einer Neubestimmung, Weinheim/München

Bommes, M./Scherr, A. (2000): Soziologie der Sozialen Arbeit. Eine Einführung in Formen und Funktionen organisierter Hilfe, Weinheim/München

Bourdieu, P. (1992): Homo academicus, Frankfurt/M.

Dahrendorf, R. (1986): Pfade aus Utopia. Zur Theorie und Methode der Soziologie, 4. Aufl, München/Zürich

Dungs, S. u.a. (2006): Soziale Arbeit und Ethik im 21. Jahrhundert. Ein Handbuch, Leipzig

Engelke, E. u.a. (Hg) (2007): Forschung für die Praxis. Zum gegenwärtigen Stand der Sozialarbeitsforschung, Freiburg

Engelke, E. (2003): Die Wissenschaft Soziale Arbeit. Werdegang und Grundlagen, Freiburg i.Br.

Engelke, E. (1992): Soziale Arbeit als Wissenschaft. Eine Orientierung, Freiburg

Engelke, E./Borrmann, S./Spatscheck, C. (2008): Theorien der Sozialen Arbeit. Eine Ein-führung, 4. überarbeitete und erweiterte Auflage, Freiburg

Feth, R. (1997): Sozialarbeitswissenschaft. Eine Sozialwissenschaft neuer Prägung – Ansätze einer inhaltlichen Konturierung, in: D. Kreft/W.-R. Wendt (Hg): Wissenschaft von der Sozialen Arbeit oder Sozialarbeitswissenschaft? – Ergebnisse eines Werkstattgesprächs am Institut für Sozialarbeit und Sozialpädagogik in Frankfurt/M., Frankfurt/M., S. 15-44

Frevel, B. (2008): Polizei, Politik und Wissenschaft, in: Aus Politik und Zeitgeschichte 48/2008, S. 3-9

Göppner, H.-J./Hämäläinen, J. (2004): Die Debatte um Sozialarbeitswissenschaft. Auf der Suche nach Elementen für eine Programmatik, Freiburg

Hering, S./Münchmeier, R. (2000): Geschichte der Sozialen Arbeit. Eine Einführung, Weinheim/ München

Hollstein, W./Meinhold, M. (Hg.) (1973): Sozialarbeit unter kapitalistischen Produktionsbedingungen, Frankfurt a.M.

Kleve, H. (2000): Die Soziale Arbeit ohne Eigenschaften. Fragmente einer postmodernen Profession und Wissenschaftstheorie Sozialer Arbeit Freiburg/Br.

Klüsche, W. (Hg) (1999): Ein Stück weitergedacht... Beiträge zur Theorie und Wissenschaftsentwicklung der Sozialen Arbeit, Freiburg

Kraus, B. (2007): Wissenschaft der Sozialen Arbeit – Sozialarbeitswissenschaft: Eine Einführung, in: Thomas Klie/Paul-Stefan Roß (Hg): Sozialarbeitswissenschaft und angewandte Forschung in der Sozialen Arbeit. Festschrift für Konrad Maier, Freiburg, S. 13-28

Kreutner, K. (2007): Mit Handschuhen und Pinzette?! Zum Umgang mit Moral und Ethik in der Sozialarbeitsforschung, in: Ernst Engelke et al (Hg) (2007): Forschung für die Praxis. Zum gegenwärtigen Stand der Sozialarbeitsforschung, Freiburg, S. 305-313

Lob-Hüdepohl, A. (Hg) (2007): Ethik Sozialer Arbeit. Ein Handbuch, Paderborn/Mün-chen/Wien

Maier, K. (2009): Soziale Arbeit braucht qualifizierte Grundlagenforschung, in: Blätter der Wohlfahrtspflege 3/2009 *im Erscheinen*

Maier, K. (2008): „Verbesserungsfähig, aber unverzichtbar. Kritische Bemerkungen zur Neuauflage des Standardwerks von Ernst Engelke ‚Theorien der Sozialen Arbeit', in: Sozialmagazin 12/2008, S. 24-27

Maier, K. (2007): Wer forscht was unter welchen Bedingungen?, in: Ernst Engelke u.a. (2007): Forschung für die Praxis. Zum gegenwärtigen Stand der Sozialarbeitsforschung, Freiburg, S. 271-279

Maier, K. (Hg.) (1999): Forschung an Fachhochschulen für Soziale Arbeit. Bestandsaufnahme und Perspektiven, Freiburg

Maier, K. (1998): Zur Abgrenzung der Sozialarbeitsforschung von der Forschung in den Nachbardisziplinen, in: Steinert, Erika et al (1998): Sozialarbeitsforschung: Was sie ist und leistet, Freiburg, S. 51-66

Maier, K. (1996): Überlegungen zur Etablierung einer Sozialarbeitswissenschaft auf dem Hintergrund der Entwicklung der Politikwissenschaft, in: Rita Puhl (Hg) (1996): Sozialarbeitswissenschaft. Neue Chancen für theoriegeleitete Soziale Arbeit, Weinheim; S. 137-148

Maier, K./Spatschek, C. (2006): Wider das ritualisierte Klagelied über die schlechten Arbeitsmarktchancen für SozialarbeiterInnen, in: Sozial extra Heft 11/2006, S. 26-33

Mittelstraß, J. (2001): Wissen und Grenzen. Philosophische Studien, Frankfurt/M.

Mühlum, A. (Hg) (2004): Sozialarbeitswissenschaft. Wissenschaft der Sozialen Arbeit, Freiburg

Mühlum, A. (1996): Sozialpädagogik und Sozialarbeit: ein Vergleich, 2. Auflage, Frankfurt

Müller, W. C. (1982): Wie Helfen zum Beruf wurde. Eine Methodengeschichte der Sozialen Arbeit, Weinheim/Basel

Nowotny, H. u.a. (2001): Rethinking Science. Knowledge and the Public in an Age of Uncertainty, Oxford

Oberdörfer, D. (Hg) (1962): Wissenschaftliche Politik. Eine Einführung in Grundfragen ihrer Tradition und Theorie, Freiburg

Obrecht, W. (1998): Umrisse einer biopsychologischen Theorie menschlicher Bedürfnisse. Geschichte, Probleme, Struktur, Funktion. Skript zur gleichnamigen Lehrveranstaltung im ISMOS der Wirtschaftsuniversität Wien, Wien

Otto, H.-U. (2007): Die Jahrhundertchance – Ein Zeitfenster zur Selbstbestimmung und Neuordnung von Studium und Professionalität in der Sozialen Arbeit, in: Neue Praxis 1/2007, S. 107-109

Otto, H.-U./Thiersch, H. (Hg.) (2005): Handbuch Sozialarbeit, Sozialpädagogik, 3. Auflage, München/Basel

Otto, H.-U./Oelerich, G./Micheel, H.-G. (Hg.) (2003): Empirische Forschung und Soziale Arbeit . Ein Lehr- und Arbeitsbuch, München

Popper; K. R. (1993): Objektive Erkenntnis : ein evolutionärer Entwurf,1. Aufl., dt. Fassung d. 4. verb. u. erg. Aufl, Hamburg

Rauschenbach, T. (1999): Das sozialpädagogische Jahrhundert. Analysen zur Entwicklung Sozialer Arbeit in der Moderne, Weinheim/München

Riemann, G. (2005): Unzeitgemäße Überlegungen zur Überwindung von Denkverboten und Berührungsängsten in der Sozialpädagogik und Sozialen Arbeit – oder auch: Wer sind „wir"?, in: Der pädagogische Blick 13. Jg. 2005, Heft 2, S. 101-108

Rössner, Lutz (1975): Theorie der Sozialen Arbeit. Ein Entwurf, 2. Aufl., München

Schlittmaier, A. (2006): Ethik und Soziale Arbeit, in: Sozialmagazin 2/2006, S. 43-51

Schmidbauer, W. (1995): Die hilflosen Helfer: über die seelische Problematik der helfenden Berufe, vollst. überarb. und erw. Neuausg., Reinbek bei Hamburg

Schmitt, H. (1995): Politikwissenschaft und freiheitliche Demokratie. Eine Studie zum politischen Forschungsprogramm der „Freiburger Schule", Baden-Baden

Schuhmacher, T. (2008): Konstruktion und Wirklichkeit. Vom Sinn und Unsinn einer konstruktivistischen Erkenntnishaltung in der Sozialen Arbeit, in: Neue Praxis 3/2008, S. 287-295

Schütze, F. (1988): Professionals schools. Ein Entwicklungspotential für die Zukunft der GhK?, Manuskript hg. vom Präsidenten der Gesamthochschule Kassel

Schweppe, C./Thole, W. (Hg) (2005): Sozialpädagogik als forschende Disziplin, Weinheim/München

Sidler, N. (2004): Sinn und Nutzen einer Sozialarbeitswissenschaft. Eine Streitschrift, Freiburg

Statistisches Bundesamt (2007): Personal an Hochschulen. Bildung und Kultur. Fachserie 11/Reihe 4.4, Wiesbaden; www.destatis.de

Staub-Bernasconi, S. (2007): Soziale Arbeit als Handlungswissenschaft.

Systemtheoretische Grundlagen und professionelle Praxis – Ein Lehrbuch, Bern/Stuttgart/ Wien

Staub-Bernasconi, S. (1995): Systemtheorie, soziale Probleme und Soziale Arbeit: lokal, national, international oder: vom Ende der Bescheidenheit, Bern/Stuttgart/Wien

Steinert, E. u.a. (1998): Sozialarbeitsforschung: was sie ist und leistet, Freiburg

Stichweh, R. (1984): Zur Entstehung des modernen Systems wissenschaftlicher Disziplinen, Frankfurt a.M.

Thiersch, H. (1997): Wissenschaft von der Sozialen Arbeit oder Sozialarbeitswissenschaft?, in: Dieter Kreft/Wolf Rainer Wendt (Hg) (1997): Wissenschaft von der Sozialen Arbeit oder Sozialarbeitswissenschaft? Ergebnisse eines Werkstattgesprächs am Institut für Sozialarbeit und Sozialpädagogik in Frankfurt a.M., Frankfurt/M., S. 45-54

Thiersch, H. (1978): Alltagshandeln und Sozialpädagogik, in: Neue Praxis 1/1978, S. 33ff

Thiersch, H. (1978): Die hermeneutisch-pragmatische Tradition der Erziehungswissenschaft, in: Hans Thiersch/Horst Ruprecht/Ulrich Herrmann: Die Entwicklung der Erziehungswissenschaft, München, S. 11-108

Thiersch, H./Ruprecht, H./Herrmann, U. (1978): Die Entwicklung der Erziehungswissenschaft, München

Waschkuhn, A. (1999): Kritischer Rationalismus: Sozialwissenschaftliche und politiktheoretische Konzepte einer liberalen Philosophie der offenen Gesellschaft, München

Wehler, H.-U. (1987): Deutsche Gesellschaftsgeschichte. Erster Band: Vom Feudalismus des Alten Reiches bis zur Defensiven Modernisierung der Reformära 1700-1815, München

Wendt, W.-R. (2007): Erstreckungen Sozialer Arbeit – Ihre Handlungsräume und ihre praktischen und theoretischen Übergänge in Ökonomie und Politik, in: Thomas Klie/Paul-Stefan Roß (Hg) (2007): Sozialarbeitswissenschaft und angewandte Forschung in der Sozialen Arbeit. Festschrift für Prof. Dr. Konrad Maier, Freiburg, S. 29-50

Züchner, I. (2003): Die Entwicklung der sozialen Berufe – quantitative Befunde und qualitative Schlussfolgerungen, in: NDV Heft 11/2003, S. 454-463

Begriffe, Bahnsteige und Gebietsansprüche bei der Erklärung und Bearbeitung sozialer Probleme

Alte und neue Fragen zur disziplinären Reichweite des Projektes Sozialarbeitswissenschaft

Herbert Effinger

Einleitung

In meinem Aufsatz über die Perspektiven der Sozialarbeitswissenschaft von 1996 vertrat ich die Ansicht, dass es sich bei dem „Projekt Sozialarbeitswissenschaft" noch um programmatische Absichtserklärungen und Entwicklungsaufträge handeln würde, das sich bisher erst in Etiketten und in einem Flächennutzungsplan niedergeschlagen habe. Die konkreten ‚Bebauungspläne' auf der Basis konkreter ‚Umweltverträglichkeitsanalysen' und notwendiger ‚Ausgleichsmaßnahmen' müssen erst noch erarbeitet und politisch durchgesetzt werden. (…) Es müsste geklärt werden, welche Gewerke an der Errichtung und Unterhaltung des neuen Hauses für die Soziale Arbeit als Wissenschaft und als Profession beteiligt werden sollten."

Damals habe ich dafür plädiert, die Sozialarbeitswissenschaft, neben der Pflege- und Gesundheitswissenschaft, der Erziehungswissenschaft und der Wissenschaft von der Erwachsenenbildung/Weiterbildung, der Psychotherapie u.a. (…) unter dem Dach einen neuen Metadisziplin von den personenbezogenen sozialen Dienstleistungen" anzusiedeln. Ich ging davon aus, dass es zu einem neuen Verhältnis von Generalisierung und Spezialisierung kommen müsse, „damit in der Ausbildung auch geeignete und identifizierbare Handlungskonzepte, -methoden und -techniken vermittelt und erlernt werden können. (…) Ein Studium allein auf (…) Generalisierungen und Abstraktionen aufzubauen, ohne den Studierenden ausreichende Möglichkeiten zu bieten, sich in bestimmten praktischen Feldern Sozialer Arbeit oder dem Management Sozialer Arbeit bzw. in der Forschung und Planung zu qualifizieren und darin auch einen Schwerpunkt ihrer Ausbildung zu legen, muss die Studierenden letztendlich frustrieren, bekräftigt das Image von voll ausgebildeten DilettantInnen und von der nutzlosen Theorie, behindert die Herausbildung einer beruflich-professionellen Identität und treibt die AbsolventInnen nur in teure und manchmal auch recht zweifelhafte Fort- und Weiterbildungsmaßnahmen auf dem freien Markt." (Effinger 1996: 203 ff)

Was hat sich in den letzten 10 bis 20 Jahren verändert? Wo stehen die Soziale Arbeit, ihre Wissenschaft und ihre Ausbildung heute? Hat es diesbezüglich Fortschritte in der Theoriebildung gegeben? Ist das Verhältnis zu anderen Disziplinen und Professionen, die sich auch um die Erklärung und Bearbeitung sozialer Probleme als dem zentralen Gegenstand Sozialer Arbeit bemühen (Klüsche u.a. 1999) inzwischen geklärter?

Diesen Fragen möchte ich hier thesenartig nachgehen und zeigen, dass weder die disziplinäre Verortung bzw. Rahmung Sozialer Arbeit noch deren professioneller Status abgeschlossen ist.[1] Zwar konnten inzwischen leitende Begriffe relativ erfolgreich in der wissen-

---

1   Es ist auch nicht realistisch anzunehmen, dass dieser Prozess jemals gänzlich abgeschlossen wird, denn schließlich handelt es sich hier ja auch um eine Reaktion auf einen sozialen Wandel, dessen Dynamik von

schaftlichen Gemeinschaft besetzt und etabliert werden, dennoch blieb weitgehend ungeklärt, wer sich noch alles auf diesem Begriffs-Bahnsteig tummeln darf und wie die Domänen auf diesem Bahnsteig sinnvoll abgesteckt bzw. wer den Zug der Sozialarbeitswissenschaft in welchen Abteilen und Klassen – mit oder ohne Reservierung – betreten darf.
Schwierig scheint das vor allem auch deswegen zu sein, weil es dabei in der Wahrnehmung
der beteiligten Akteure offensichtlich nicht nur um Zuordnungs- sondern auch um Über-
und Unterordnungsprobleme geht.

Ein Symptom dafür sind die anhaltenden Legitimationsdiskurse der Sozialen Arbeit als
eigenständiger Disziplin in den Fachhochschulen für das Sozialwesen und an den Universitäten. Zwar wird nicht mehr mit der Inbrunst wie vor 10 oder 20 Jahren gestritten, dennoch
ähnelt dies vielfach – ähnlich wie in dem Verhältnis von universitärer Sozialpädagogik und
der Sozialarbeitswissenschaft an den Fachhochschulen – eher einem Burgfrieden als einem
gemeinsamen Projekt.

Ich gehe nach wie vor davon aus, dass sich diese Probleme nur lösen lassen, wenn es zu
einer metatheoretischen Verständigung aller das Feld der sozialen Probleme bearbeitenden
Disziplinen kommt und keine dieser Disziplinen einen hierarchischen Leitanspruch formuliert. Diesen metatheoretischen Rahmen für die Handlungswissenschaften sehe ich, jenseits
der Eignung grundlagenwissenschaftlicher, metatheoretischer Zugänge wie beispielsweise
der Systemtheorie, nach wie vor in einer Handlungstheorie personenbezogener sozialer
Dienstleistungen.[2]

Ich nähere mich dieser These in folgenden Schritten. Zunächst werde ich kurz auf die
Gegenstandsproblematik der Sozialen Arbeit eingehen, anschließend charakteristische
Phänomene des Wandels dieses Gegenstandes beschreiben und versuchen, meine These am
Beispiel der Veränderungen im Handlungsfeld und in der Ausbildung ein wenig zu plausi-
bilisieren. Am Ende werde ich kurz ein paar Entwicklungsperspektiven des wissenschaftli-
chen und theoretischen Diskurses benennen.

Zur Gegenstandsproblematik

Innerhalb der Wissenschaftsgemeinschaft besteht noch weitgehend Konsens darüber, dass
sich eine Wissenschaft über die Festlegung eines Gegenstandes definiert. Uneinigkeit besteht
aber darüber, wie sich dieser „Gegenstand" beschreiben lässt. Eine Arbeitsgruppe um Klüsche (1999, 16 ff) schlug vor, die Wissenschaft der Sozialen Arbeit als „die Lehre von den
Definitions- und Bearbeitungsprozessen gesellschaftlich und professionell als relevant ange-

---

noch ganz anderen und gewichtigeren Faktoren abhängt als „nur" der disziplinären und professionellen
Selbstvergewisserung. Insofern geht es hier nicht um die Frage eines endgültigen Standortes, sondern um
die Suche nach einem vorübergehend sicheren Quartier auf einer insgesamt noch ungewissen Reise.

2   Dies ist zugegebenermaßen ein ziemlich sperriger Begriff. Der Begriff von Hilfe und Erziehung oder den
helfenden Berufen bzw. Professionen hat sich allerdings auch als nicht besonders hilfreich erwiesen, da hier
die Grenze zwischen erwerbsförmig-professioneller Dienstleistung und nichterwerbsförmigen Diensten zu
unscharf bleibt. Nun könnte man auch sagen, dass die Gemeinsamkeit aller dieser Bereiche in einer Art von
humanitärer Sorge (Fürsorge, Vorsorge, Versorgung u.ä.) liegt. Aber auch dieser Begriff ist wie der entsprechende englische Begriff care z.T. negativ bzw. schon anders besetzt, so dass er sich kaum als eine Alternative anbietet. Allenfalls könnte von Sorgeleistungen sprechen. Dieser Begriff hätte evtl. den Vorteil, dass er
verständlicher ist und sowohl einen Hinweis auf die Gemeinsamkeit dieser Tätigkeiten als auch auf deren
Verfasstheit als professionelle Dienstleistung und eben nicht nur als Dienst oder Nächstenliebe liefert. (vgl.
Effinger 2009)

sehener Problemlagen" zu bestimmen. Dieser an sich inhaltslose Vorschlag zur Gegenstandsbestimmung grenzt sich sowohl von rein praxeologisch-objekttheoretischen und materialen als auch von anthropologisch-bedürfnistheoretisch geleiteten (Staub-Bernasconi 2007) Gegenstandsbestimmungen ab, die sich, vereinfacht gesprochen, entweder auf das bzw. die empirisch vorhandenen Handlungsfelder Sozialer Arbeit bzw. die beruflich-professionelle Form Sozialer Arbeit oder aber auf ontologisch-anthropolo-gisch begründete Grundkonstante und Wesensmerkmale, wie unveräußerbare menschliche Bedürfnisse bzw. Menschenrechte, beziehen.

Das von Klüsche u.a. vorgestellte Konzept ermöglicht demgegenüber eine funktionalistische Gegenstandsbestimmung und damit einen Zugriff auf Bereiche und Problemstellungen, die durchaus auch von anderen analysiert und bearbeitet werden, aber eben nicht unter dieser spezifischen Funktionsbestimmung. So gesehen sind eben nicht die für die Sozialen Arbeit relevanten (sozialen) Probleme an sich, sondern deren spezifische Bearbeitung oder Bewältigung und ein darauf bezogener Auftrag bzw. eine gesellschaftlich, professionell und von den Adressaten akzeptierte und legitimierte Zielsetzung, wie beispielsweise soziale Integration oder Inklusion in relevante soziale Systeme der Gegenstand dieser Handlungswissenschaft. Etwas anders gelagert, aber auch von einer funktionalen Sicht ausgehend, lassen sich beispielsweise Konzepte interpretieren, welche die Bewältigung schwieriger Lebensbedingungen, die Ermöglichung „gelingenderen Lebens" (Thiersch) oder die Lebensführung in den Mittelpunkt stellen. Ein solch funktionaler Ansatz ist an sich nichts Besonderes und kennzeichnet durchaus auch andere Handlungswissenschaften. So ist beispielsweise der Gegenstand der Medizin als Handlungswissenschaft ja nicht die Krankheit, sondern es ist der Auftrag zur Heilung bzw. und die Bedingungen der Gesundwerdung. An diesem Prozess sind dann ganz verschiedene Grundlagenwissenschaften und andere Handlungswissenschaften beteiligt.

Zu klären bleibt dennoch, was die spezifische Funktion Sozialer Arbeit, sozusagen ihr Alleinstellungsmerkmal ist. Darüber wurde und wird durchaus viel nachgedacht und geschrieben, ohne dass es hier allerdings bisher zu einer Konsensbildung geführt hat. Die jüngsten Versuche bedienen sich dabei überwiegend des Inklusions- bzw. Exklusionstheorems der Luhmannschen Systemtheorie. (vgl. beispielhaft Merten 1996, Bommes/Scherr 2000)

Wie schwierig es ist, hier Klarheit zu schaffen, lässt sich phänomenologisch beispielsweise ganz gut an folgender Beobachtung zeigen. An den meisten Fachbereichen für das Sozialwesen werden mittlerweile neben dem Studiengang Soziale Arbeit, weitere Studiengänge wie Pflegewissenschaft, Frühpädagogik, Sozialmanagement u.a. angeboten. Dabei sind die Lehrenden zu einem überwiegenden Teil identisch, d.h., dass der weit überwiegende Teil des Studiums dieser unterschiedlichen Studiengänge mit einer unterschiedlichen fachwissenschaftlichen Ausrichtung von Inhalten geprägt ist, die nur mittelbar auf den zentralen Gegenstand des jeweiligen Studiengangs bzw. dieser Fachwissenschaft bezogen sind. Hier wie dort stellt sich dann immer wieder die Frage nach dem disziplinären Profil bzw. danach, welche disziplinäre Perspektive und Eigenlogik sich „durchsetzt" und ob die Problematik inter- oder multidisziplinär unterschiedlicher Zugänge und Begrifflichkeiten durch einen transdisziplinären Blick aufgefangen werden kann. (vgl. Klüsche u.a. 1999; Engelke 2004, 287 ff; Erath 2006, 33ff; Staub-Bernasconi 2007, 245ff)

Dies scheint mir zunächst ein empirisches Indiz dafür zu sein, dass sich der Gegenstand der Sozialen Arbeit und ihrer benachbarten Disziplinen nicht objekttheoretisch auf eine bestimmte Zielgruppe oder ein monopolisiertes Handlungsfeld mit spezifischen Institutionen beschränken lässt. Deutlich wird dies auch, wenn man sich beispielsweise die

Beschäftigtenstruktur der Freien Wohlfahrt betrachtet. Hier bilden Sozialarbeiter und Sozialarbeiterinnen in der Regel immer nur eine deutliche Minderheit neben Pflegekräften, Erziehern, Medizinern, Juristen, Heilpädagogen, Ökonomen, Psychologen, Theologen u.a..

Das Feld, auf dem die Soziale Arbeit tätig ist, wird also parallel zumeist auch von anderen Disziplinen analytisch beobachtet und von anderen Professionen bestellt. Dennoch unterscheiden sich die Aufgaben dieser unterschiedlichen Gruppen in diesem Feld. Als für die „Grenzziehung" erschwerend kommt in der Sozialen Arbeit die Tatsache hinzu, dass auf diesem Feld in der Regel auch unbezahltes, freiwilliges soziales Engagement von Ehrenamtlern bzw. Angehörigen geleistet wird.

Ich schlage also vor, das Besondere der Sozialen Arbeit nicht in der Zuständigkeit für ein bestimmtes Feld, sondern in einer besonderen Funktion innerhalb dieses Feldes, die so von anderen nicht wahrgenommen wird, zu sehen. (vgl. Merten 1997, Bommes/Scherr 2000). Diese Funktion lässt sich als ein Interventionsauftrag beschreiben, der sich einerseits auf die Intervention in psychische als auch in soziale Systeme bezieht und andererseits auf bestimmte normative Ziele, wie beispielsweise soziale Integration oder Inklusion in relevante soziale Systeme ausgerichtet und mit noch genauer zu definierenden Ansprüchen von einem menschenwürdige Leben und sozialer Gerechtigkeit, verbunden ist. Stärker als beispielsweise in der Psychotherapie oder in der Pädagogik stellen soziale Systeme in der Sozialen Arbeit nicht nur relevante Kontexte oder Umweltbedingungen der Interventionsbemühungen dar, sondern sie sind beide gleichermaßen Ziel direkte Interventionen, die unmittelbar Veränderungen in beiden Systemen ansteuern (ob das immer gelingt, ist eine ganz andere Frage). Es geht also einerseits um die Anregung von Bewusstseins- und Verhaltensänderungen in psychischen Systemen und andererseits um Veränderung von Funktionsmustern bzw. -logiken innerhalb von bzw. zwischen sozialen Systemen (z.B. in Familien, Gruppen, dem Gemeinwesen, und formellen Institutionen wie der Heimerziehung, der Strafjustiz usw.). Die Funktion Sozialer Arbeit lässt sich daher im Kern auch mit intermediären Aufgaben bzw. Prozessen der Moderation, Mediation und sytemübergreifenden Ressourceneerschließung beschreiben.

Natürlich spielen Umwelt- und Kontextbedingungen auch für andere Disziplinen und Professionen eine Rolle, meist aber nur im Sinne grundalgenwissenschaftlicher Erklärungen über die Genese bestimmter Phänomene und Probleme, die dann beispielsweise zu einer Therapie- oder Pflegebedürftigkeit geführt haben. Der Therapeut oder die Pflegerin selbst beschränken sich meist auf die Intervention in bio-psychische Systeme. Soziale Netzwerke stellen zwar eine relevante Umwelt da, sind aber in der Regel nicht unmittelbares Ziel der professionellen Intervention. Dennoch unterscheiden sie sich aber nicht absolut, sondern eher relativ von der Interventionsperspektive der Sozialen Arbeit. Das erklärt, warum wir es in der Praxis und in der Theorie meist mit sehr fließenden Übergängen zu tun haben (beispielsweise die therapeutische oder beraterischere Arbeit von Sozialarbeiterinnen in Erziehungs- oder Suchtberatungsstellen). Von einer solchen Unterscheidung ausgehend ist es auch von nachrangiger Bedeutung, wer einen solchen sozialarbeiterischen Auftrag ausfüllt. Beispielsweise könnte das ja auch ein Pädagoge oder Psychologe sein, der im Allgemeinen Sozialdienst tätig ist.

Darum erscheint es mir besonders wichtig, immer zwischen Profession, Disziplin und Funktion zu unterscheiden.

Der Status Quo und die Dynamik des Feldes

In der jüngsten Vergangenheit hat es deutliche Veränderungen im Handlungsfeld und in der Praxis Sozialer Arbeit gegeben. Diese Veränderungen zeigen sich vor allem auf der Ebene des institutionellen Gefüges der Träger- und Ausbildungslandschaft sowie in den Beschäftigungsverhältnissen (vgl. Lutz 2008). Diese Entwicklung vollzog und vollzieht sich allerdings wenig linear und als Ergebnis einer gezielten Strategie und schon gar nicht immer eindeutig positiv, sondern sehr ambivalent und vielfach äußerst prekär. Manchmal sind diese Entwicklungen in der Sozialen Arbeit auch nur ein Beiprodukt, sozusagen eine unbeabsichtigte Nebenfolge von Strategien und Interventionen aus anderen Politikfeldern. Darin findet sich die Soziale Arbeit dann häufig eher als Objekt anderer, mächtiger gesellschaftlicher Kräfte, denn als eigenes, das Soziale aktiv gestaltende Subjekt wieder. Diese Verflechtung und die Abhängigkeit von anderen gesellschaftlichen Systemen und Akteuren zeugen von der begrenzten Autonomie des Professionssystems und spiegelt sich nicht zuletzt in einem dramatischen Umbruch des Ausbildungssystems wider.

Ich möchte hier nur einige, mir besonders wichtig erscheinende Veränderungen und Trends auf den Ebenen der Sozialpolitik, der Menschenbilder, der Beschäftigung und der Ausbildung nennen:

1.   Sozialpolitik und die neuen Rollen öffentlicher Hilfesysteme
Seit etwa Mitte der achtziger Jahre des 20 Jahrhundert beobachten wir den Umbau sozialstaatlicher Sicherungssysteme und der Trägersysteme durch eine Orientierung an marktförmigen Regulations- und Steuerungsformen. Dieser oft mit dem Begriff der Ökonomisierung belegte und mit kommunitaristischen und neoliberalen Ideologien begründete Trend ist für die Adressaten mit einer Verlagerung von sozialer zu individueller Verantwortung für die Bewältigung von Lebensaufgaben und Lebensrisiken und für die professionellen Akteure mit einem Prozess der Deprofessionalisierung und Prekarisierung der Beschäftigungsverhältnisse verbunden (siehe auch 3.). Die Stichworte dafür lauten beispielsweise: Neue Steuerung, aktivierender Sozialstaat, zivilgesellschaftliche Regulierung und neues Ehrenamt, neue Selbständigkeit.

2.   Neue Menschen- und Weltbilder und neue Anforderungen an die Adressaten
Die vom neoliberalen und kommunitären Umbau der sozialen Sicherungssysteme ausgelöste Ökonomisierung des Sozialen und damit einhergehende Transformation staatlich-kommunaler Daseinsvor- und -fürsorge in Instrumente marktwirtschaftlicher Regulation erforderte auch eine Neupositionierung der Adressaten, die einerseits mit einer Stärkung der Adressatenautonomie durch den Abbau obrigkeitsstaatlicher und fürsorglicher Regulation, andererseits aber auch mit deren Schwächung durch die Verlagerung struktureller Risiken in mehr individuelle Verantwortung bei der Vermeidung und Bekämpfung dieser Risiken verbunden ist. Die Relationen der Verantwortung für soziale Probleme und deren Bearbeitung werden zwischen Gemeinschaft, Staat und Einzelnen (neue Leit- und Menschenbilder) zu(un)gunsten der Adressaten neu verteilt. Die Stichworte dafür sind beispielsweise: Mündiger Bürger, Selbstunternehmer, Ich-AG, jeder ist seines eigen Glückes Schmied u.ä..

Bisherige, vom gesellschaftlichen Konsens breit geteilte Leitideen, wie die Herstellung oder Erhaltung sozialer Gerechtigkeit oder die soziale Partizipation aller Menschen an den gesellschaftlichen Ressourcen jenseits ihres individuellen Leistungsvermögens, geraten dabei zugunsten kurzfristiger und pragmatischer Befriedungsstrategien immer mehr in den Hintergrund oder erfordern neue, utilitaristische Legitimationskonzepte und führen zur Kündigung alter Gesellschaftsverträge zwischen Jungen und Alten oder zwischen Starken und Schwachen. Stichworte dafür sind beispielsweise der mit dem demografischen Wandel verbundene Generationenkonflikt, das Prinzip von „Fordern und Fördern" oder die so genante Kundenorientierung.

3.   Neue Professionen, Berufe, Beschäftigungsformen und Qualifikationsgefüge

Mit der Zunahme von Komplexität und Individualität der Problemlagen entstehen auch neue Inter – Professionen, die einerseits eine Spezialisierung bestimmter Interventionsformen in psychischen Systemen im unmittelbaren Kontakt mit Adressaten darstellen (z. B. Suchtberatung, Familientherapie, Coaching, Supervision, klinische Sozialarbeit) und andererseits eine Art paradoxer Spezialisierung von eigentlich generalistisch ausgerichteten Verfahrenskonzepten und Hilfesystemen, wie beispielsweise dem Case Management, Betreuungsmanagement, Pflegemanagement, Bildungsmanagement oder dem Gesundheitsmanagement, darstellen. Die neuen Formen der Intervention bilden sich einerseits innerhalb der klassischen Felder der Sozialen Arbeit und andererseits aber auch an den Schnittstellen zu den Handlungsfeldern anderer Professionen und Berufe. Meist bilden sich diese dann im Kontext bestimmter Zielgruppen, Problemlagen sowie rechtlicher und institutioneller Zuständigkeiten heraus (z.B. Modelle integrierter Versorgung im Rahmen des SGB V). Teilweise lösen sie sich dabei aus der Vorherrschaft anderer Professionen (beispielsweise die Berufsbetreuer von der Justiz), ohne aber ein eindeutiges Handlungssystem im Kernbereich der Sozialen Arbeit zu besetzen. So sind die Berufsangehören dieser Sparte denn auch nur gut zur Hälfte ausgebildete Sozialarbeiterinnen. Ähnliches gilt beispielsweise für die Schuldnerberatung. Begleitet wir diese Entwicklung mit dem Versuch, handlungsfeldspezifische Standardisierungen und Diagnostiksysteme zu etablieren, welche eine Evidenzbasierung und gezielte Evaluation nach Fallgruppen zulassen (vgl. Brühl 2004; Sommerfeld/Hüttemann 2007). Ein wesentliches Merkmal ist die Verschiebung der Arbeitsanteile von der reinen, unmittelbar adressatenbezogenen Beziehungsarbeit hin zum Management oder Steuerung des Falles innerhalb eines oder mehrerer Hilfesysteme (vgl. Wendt/Löcherbach 2006). Tätigkeiten wie Netzwerken und Verhandeln gewinnen dabei gegenüber dem unmittelbaren Beziehungsarbeit an Gewicht. Damit verlagern sich auch die kommunikativen Kompetenzanforderungen. Die professionellen Akteure müssen nicht mehr nur Verständnis und Verständigung (Empathie) gegenüber den unmittelbare Adressaten aufbringen, sondern vielmehr auch in der Lage sein, Hilfesysteme zu steuern und sich mit anderen professionellen Akteuren auf Augenhöhe zu begegnen und mit ihnen über beispielsweise über die Ressourcenzugänge und deren Verteilung zu verhandeln.

Die anhaltende Verberuflichung und Professionalisierung (Akademisierung) von personenbezogenen sozialen Dienstleistungen (z.B. der frühkindlichen Erziehung, der Pflege, der Betreuung und der Physio- und Ergotherapie) vollzieht sich trotz der Rede vom neuen Ehrenamt oder der Bürgerarbeit und ist aufgrund des ökonomischen Druckes gleichwohl mit Deprofessionalisierungstendenzen in einigen Bereichen verbunden. Dies zeigt sich in Form der Flexibilisierung und Prekarisierung der Beschäftigungsverhältnisse und in einem Ausbau selbständiger Tätigkeit und einer Verlagerung des Beschäftigungsrisikos von den Kostenträgern auf die Beschäftigten und Leistungsträger (Helfer als Unternehmer auf dem Sozialmarkt). Die Folge davon ist wiederum, dass die Angehörigen dieser Berufsgruppen, zu den gesellschaftlichen Gruppen mit einer der höchsten psychischen Belastung gehören.

Neben der horizontalen Ausdifferenzierung der Sozialen Arbeit in verschiedene Spezialfelder und neue Joint Ventures mit anderen Professionen lässt sich gleichzeitig auch eine für die Soziale Arbeit eher untypische Vertikalisierung und Einführung neuer Hierarchien beobachten. So nimmt der Anteil derjenigen, die über ein Qualifikationsniveau unterhalb akademischer Abschlüsse verfügen immer noch zu und auch unter den akademisch Qualifizierten lässt sich , abgesichert durch neue tarifvertragliche Regelungen des TVöD oder TVL, eine weitere Spreizung der Kompetenz- und Leistungsstufen feststellen.

4.   Ein neues Ausbildungssystem und neue Ausbildungsgänge
Die Veränderungen im Beschäftigungssystem gehen Hand in Hand einher mit Veränderungen im Ausbildungs- und Weiterbildungssystem. Der so genannte Bologna-Prozess führte zu einem Umbau des tertiären Ausbildungssystems und zu einer Orientierung an mehr durch berufliche Kompetenzen gestuften Ausbildungsniveaus (Bachelor, Master), und soll auch zu mehr Durchlässigkeit zwischen sekundärem und tertiären Bildungs- bzw. Ausbildungssystem führen. Das brachte die Arbeitsmarktfähigkeit der Ausbildungsabschlüsse gegenüber den primär auf persönliche Bildung oder wissenschaftlicher Qualifizierung ausgerichteten Studiengängen, insbesondere an den Universitäten, mehr in den Vordergrund. Hierbei handelt es sich m.E. aber keineswegs um eine neue, neoliberale politische Strategie als um einen notwendigen Anpassungsprozess der deutschen Hochschullandschaft an Anforderungen des Arbeitsmarktes und die Bedürfnisse der Studierenden. Ausdruck davon sind beispielsweise auch die verschiedenen europäischen, nationalen und disziplinären Qualifikationsrahmen.

Die bisher mangelnde Passung an die Bedürfnisse des Arbeitsmarktes spiegelt sich weiterhin in der Wiederbelebung arbeitgeber- bzw. trägernaher bzw. trägereigener Ausbildungsgänge und Hochschulen wider (z.B. Fachhochschulen des DRK in Göttingen, der Diakonie in Bethel, des CVJM in Kassel, des Rehakonzerns SRH oder durch den Ausbau dualer Studiengänge an Berufsakademien und dualer Studiengangskonzepte an FHs, wie z.B. in Dresden).

Angestoßen durch die PISA-Studien und neuere Ergebnisse der Hirnforschung kam es zudem zu einer Art Renaissance der Bildungspolitik und führte zusammen mit Gleichstellungspostulaten und dem immer breiter werdenden gesellschaftlichen Konsens nach einer besseren Vereinbarkeit von Familie und Beruf zu einer Fokussierung auf Bildung und Erziehung in der frühen Lebensphase und dafür geeigneter institutioneller und professioneller Arrangements. Dafür entstanden einerseits mehr oder weniger neue, sozialpädagogisch ausgerichtete Studiengänge der Elementar- und Primarpädagogik sowie anderseits neue Forderungen nach „lebenslangen Lernen" insbesondere für Menschen in den späteren Lebensphasen, die auch zu neuen gerontologisch ausgerichteten Studienangeboten führten.

Bei fast allen diesen Phänomenen lassen sich mehr oder weniger direkt Verschiebungen in der Verteilung von Lasten (Verantwortung) und Freiheiten (Autonomie und Heteronomie) innerhalb moderner Wohlfahrtsproduktion mit einer gleichzeitig verlaufenden Ausdifferenzierung (Spezialisierung) und Ausweitung (Generalisierung) der Handlungssphären beobachten.

Im Folgenden möchte ich einige dieser Entwicklungen im Hinblick auf die Herausforderungen einer Sozialarbeitswissenschaft ein wenig beleuchten und daraus thesenartig Konsequenzen im Kontext einer Wissenschaft von den personenbezogenen Dienstleistungen ableiten. Dabei konzentriere ich mich vor allem auf die in den Punkten 3. und 4. der oben genannten Trends.

Ausdifferenzierung und Akademisierung des Sozialen – neue Experten und generalistische Schlüsselqualifikationen

Betrachtet man den das Handlungsfeld Soziale Arbeit und seine gesellschaftliche Funktion und versucht die aufgezeigte Veränderungsdynamik der letzten Jahre zu bewerten, so fällt das Urteil recht ambivalent aus. Zum einen hat sich der Begriff der Sozialarbeitswissenschaft oder der Wissenschaft Soziale Arbeit (Engelke 2004), bzw. Fachwissenschaft Soziale Arbeit (KMK) weiter etabliert und in entsprechenden Studienordnungen niedergeschlagen. Dies scheint ein Beleg für die These Heiner Geislers zu sein, der einmal gesagt haben soll, wenn man heute in Deutschland Revolution machen wolle, dass müsse man Begriffe und nicht Bahnsteige besetzen. Nun, inzwischen sind die Begriffs-Bahnsteige (Gegenstands- und Handlungsbereiche, Denominationen von Professuren, Schriftenreihen u.ä.) besetzt worden. Nun sollte man die Besetzung von Begriffen noch nicht mit der Revolution verwechseln. Dies ist nur eine von mehren Voraussetzungen für deren Erfolg.

Gleichwohl tummeln sich auf den Begriffs-Bahnsteigen nach wie vor Angehörige anderer Disziplinen. Da gibt es ganz unterschiedlich sortierte Abschnitte für unterschiedliche Klassen und in den Zügen neben den reservierten Plätzen und Komfortbereichen auch Stehplätze für Spätbucher. Auch wenn das Verhältnis der Fahrgäste untereinander inzwischen etwas entspannter zu sein scheint, so stellt sich doch immer wieder die Frage, wer wie in diesem Zug um welchen Preis mitfahren darf oder sollte.

Der wissenschaftlichen Gemeinschaft der Sozialen Arbeit als Ganzes – egal ob Sie unter dem Label Sozialarbeitswissenschaft, Wissenschaft Soziale Arbeit oder Sozialpädagogik) firmieren – ist es bisher nur bedingt gelungen, die theoretische Eingrenzung ihres Gegenstandes konsensual zu präzisieren und sowohl spezifische als auch übergreifende Theorieansätze und übergreifende Handlungskonzepte zu entwickeln, welche die Gemeinsamkeiten und die Unterschiede zu den Bezugs- oder Nachbardisziplinen und -professionen befriedigend genügend scharf konturieren. Als Beleg dafür könnte – zumindest oberflächlich betrachtet – das Warenhaus neuer Masterstudiengänge herhalten (Nodes 2007; Merten 2008). Angesichts der Spezialisierung und Vielfalt entsprechender Abschlüsse kann einem regelrecht schwindelig werden. Ein eindeutiges sozialarbeitswissenschaftliches Profil ist nicht zu erkennen. Nun sind das im Moment zwar meist nur curriculare Programme und Projekte, deren tatsächliche Inhalte und disziplinäre Ausrichtung durch solche Kurzbeschreibungen noch nicht erkennbar sind. Sie sind wohl dem gleichzeitigen Bemühen geschuldet, einerseits genügend konturierte Kompetenzversprechungen für eine spezialisierte Praxis auf dem Weiterbildungsmarkt und andererseits den Anspruch der Fachhochschulen nach Gleichstellung mit universitären Abschlüssen zu demonstrieren. Dabei handelt es sich wahrscheinlich mehr um eine Form der Begriffs- und Gebietsbesetzung im Handlungsfeld der Wissenschaftspraxis oder -politik als dass dies schon als Ausdruck eines neuen Wissenschaftsverständnisses selbst zu werten wäre. Jedenfalls ist so nicht ohne weiteres zu erkennen, ob diese neuen professionellen und disziplinären Konturen aus einem in sich konsistenten, handlungswissenschaftlichen Konzept abgeleitet wurden. Es lässt sich aber auch nicht das Gegenteil behaupten und man läuft ziemlich in die Irre, wollte man von solchen Etiketten auf die Wissenschaft als solche oder deren disziplinäre Qualität schließen (Merten 2008). Vielleicht handelt es sich dabei ja auch nur um ein notwendiges Chaos, was jeder künftigen Ordnung vorausgeht. Der Berufsverband (DBSH) kritisiert diese Entwicklung zu recht, legt aber gleichzeitig mit seinen 125 Seiten umfassenden „Schlüsselkompetenzen" einen schier unüberschaubaren und kaum konturierten Katalog unterschiedlichster Qualifikationsmerkmale vor, die sicher auch kein klareres Bild vom „Kern" der Sozialen Arbeit ergeben als die besagten Masterstudiengänge (Maus/Nodes/Röh 2008). Allenfalls kommt hier wieder der berühmt-berüchtigte und kaum hilfreiche Allzuständigkeitsanspruch bestimmter Teile in Disziplin und Profession zum Ausdruck.

In der Gesellschaft und auch im Bereich des Sozial-, Bildungs- und Gesundheitswesens entstehen tatsächlich laufend neue Berufe und Professionen, deren Handlungsgrundlage aus interdisziplinär zusammengesetzten Wissensbeständen besteht, die meist quer zu Logiken und Domänen der klassischen Professionen und Disziplinen verlaufen. Beispielhaft für diese Entwicklung möchte ich hier das Case Management, das Betreuungsmanagement oder die Beratung nennen. In allen diesen Bereichen gibt es sowohl eigenständige Bemühungen zur disziplinären Konstituierung (z.B. als Beratungswissenschaft, Buchinger 2008) oder Konturierung von Handlungsfeldern, die quer zu den klassischen Professionen liegen und immer eine multi- bzw. interdisziplinäre Grundlage haben.

Diesen Weiterungen an den Schnittstellen zwischen den tradierten Berufen und Professionen stehen aber auch Engführungen innerhalb der traditionellen Professionen und Disziplinen, wie beispielsweise die Kommunikationspsychologie, die Elementar- oder Frühpädagogik, die Hospizpädagogik, die Schulsozialarbeit u.a., gegenüber. Generalisierung und Spezialisierung scheinen also Hand in Hand zu gehen und sind möglicherweise nur zwei Seiten ein und derselben Entwicklung. Auf diese hat die Sozialarbeitswissenschaft und das Ausbildungssystem in meiner Wahrnehmung bisher noch keine befriedigende Antwort gefunden.

Die Soziale Arbeit und ihre Wissenschaft, die traditionell immer generalistisch ausgerichtet war, auch als Sozialarbeit und Sozialpädagogik eher noch getrennte Wege gingen, befinden sich seit einiger Zeit unter einem enormen Spezialisierungsdruck und in einem sehr dynamischen Prozess der Ausdifferenzierung. Dies ist ein Trend, der sich schön länger abzeichnet und in der Vergangenheit vor allem über die außerhochschulische Fort- und Weiterbildung als in den Ausbildungsgängen selbst abgebildet hat. Diese Ausdifferenzierungsprozesse verlaufen zumeist quer zu den traditionellen disziplinären Zuschnitten. Darin zeichnet sich insgesamt weniger ein Bedeutungsverlust der klassischen Disziplinen als Grundlagenwissenschaften als eine Verschiebung in der quantitativen Relation von den Grundlagen- zu den Handlungswissenschaften ab.[3] Letztere haben mit der zunehmenden Akademisierung von Berufen an Bedeutung zugenommen und stellen damit die zentrale Ausrichtung universitärer Studiengänge auf die Rekrutierung ihres wissenschaftlichen Nachwuchses und damit auch das traditionelle, disziplinäre Profil in Frage. In allen Handlungswissenschaften, egal ob es sich beispielsweise um die Ingenieurwissenschaften (z.B. bei den Wirtschaftsingenieuren) die Wirtschafts- und Verwaltungswissenschaften (z.B. dem Sozialmanagement) oder die Gesundheitswissenschaften (z.B. dem Pflegemanagement) handelt, immer bilden verschiedene Grundlagendisziplinen die Wissens- und Kompetenzbasis und stellen die Lehrenden und Studierenden vor das Problem, wie sich in solchen interdisziplinären Kontexten relativ eindeutige Identitäten herausbilden können.

Die Soziale Arbeit, deren disziplinäre Anbindung im tertiären Bildungssystem – zumindest in Deutschland – immer unsicher war und noch immer ist, weist in diesem Zusammenhang allerdings einige Besonderheiten auf. Während die Ausdifferenzierung und

---

3 Wenn heute ca. 60 Prozent aller Studiengänge von Universitäten und nur 40 Prozent von Fachhochschulen oder Berufsakademien angeboten werden, dann kann man davon ausgehen, dass sich dieses Verhältnis deutlich zugunsten der Fachhochschulen verlagern wird, wenn sich die Hochschullandschaft in Zukunft nicht eh jenseits dieser Aufteilung neu ordnen wird.

Neuvermessung der Zuschnitte im Bereich der traditionellen Disziplinen vielfach mit einer Abwertung dieser „Spezialisten" z.B. als Wirtschaftsjuristen oder Wirtschaftspsychologen verbunden ist und sich als eine Öffnung dieser Disziplinen und Professionen nach unten verstehen lässt, kann dies in der Sozialen Arbeit eher als ein Versuch der Öffnung nach oben gewertet werden (z.B. der Versuch der Anerkennung als gleichwertige Kinder- und Jugendpsychotherapeuten).

Das ist sicherlich auch eine Folge der Komplexität von Handlungsanforderungen und der außerordentlichen Weite des Handlungsfeldes bzw. der großen Heterogenität in der Trägerlandschaft. Im Folgenden möchte ich dies an einem Schaubild verdeutlichen. Diese Schaubild ist ein exemplarischer Versuch meine Zeitdiagnose zu illustrieren und die Position der Sozialen Arbeit zwischen ihren eher präventiven und eher kurativen Aufgaben sowie zwischen den eher auf psychische Systeme (individuelles Bewusstsein, Denken, Fühlen, Verhalten und Handeln) einerseits und soziale Systeme (Interaktionen in Familien, Gruppen, Gemeinschaften, informellen Netzwerken, Gesellschaft, Organisationen) ausgerichteten Interventionen andererseits im Kontext benachbarter Berufe, Professionen und Disziplinen zu verorten. Im Feld der Sozialen Arbeit bestehen ganz unterschiedliche Aufgaben und erfordern ganz unterschiedliche Kompetenzen.

Deutlich wird aber auch, dass alle Bereiche neben ihren gemeinsamen wissenschaftlichen auch gemeinsame, normativ-ethische Grundlagen benötigen und von diesen entscheidend mitgeprägt werden, denn die jeweiligen Funktionen und Interventionen sind bestimmte Ziele wie soziale Gerechtigkeit, ein menschenwürdiges Leben, Chancengleichheit u.ä. nicht zu konzipieren und zu erreichen. Diese Ziele aber lassen sich eben nicht wissenschaftlich begründen oder ableiten. Nun gibt es in der Sozialen Arbeit immer wieder Bemühungen, das Gemeinsame weniger in den disziplinären als in den normativen Grundlagen oder einer gemeinsamen Haltung zu suchen bzw. zu bestimmen. Das erscheint mir aber als wenig hilfreich und die Konturen der Sozialen Arbeit eher zu verwischen als zu stärken.

Betrachtet man dagegen die jeweiligen Handlungsfelder im Einzelnen, dann lässt sich durchaus zeigen, dass sie sich mehr oder weniger auf die gleichen Grundlagen- und Bezugswissenschaften an der Schnittstelle von Leib, Seele und Gemeinschaft/Gesellschaft beziehen. Allerdings tun sie dies mit unterschiedlicher Ausrichtung und Schwerpunktsetzung. Das Medium der Interventionen für die jeweiligen spezifischen Problemlagen ist dabei immer Kommunikation und die Person als Träger dieses Mediums. Es sind die professionellen Beziehungen in unterschiedlichen Kontexten der Produktion sozialer personenbezogener Dienstleistungen.

Wenn dem so ist, dann müsste sich daraus auch eine gemeinsame, quasi supradisziplinäre Handlungstheorie entwickeln lassen, die sich mit der Frage nach der Bedeutung und Wechsel-Wirkung kommunikativer bzw. koproduktiver Prozesse zur Regulierung präventiver und kurativer Funktionen durch die Intervention in psychischen, z. T. auch biologischen und sozialen Systemen beschäftigt. Der Fokus sozialarbeitswissenschaftlicher Analyse, Reflexion und Intervention liegt dann vor allem in einer von einem besonderen Kontext bestimmten Ausprägung dieser personenbezogenen sozialen Dienstleistung. Dieser besondere (Zwangs)Kontext wird vielfach mit dem Begriff vom Doppelten oder Dreifachen Mandat bzw. der Gleichzeitigkeit von Hilfe und Kontrolle umschrieben. (vgl. Kähler 2005) Im Zentrum steht dann die Interdependenz der Interventionsbemühungen in und zwischen beiden Systemebenen und die Frage, wie durch Veränderungen in dem einen Veränderungen in dem anderen System effizient, effektiv und ethisch akzeptabel vermieden bzw. herbeigefügt werden können.

Schaubild: Die Soziale Arbeit im Kontext personenbezogener sozialer Dienstleistungen (exemplarische Darstellung) und ihre wissenschaftlichen Grundlagen[*]

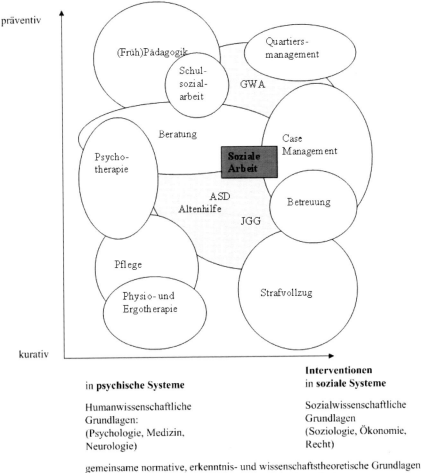

* Auswahl, Platzierung und Größe sind eher zufällig ausgewählt. Die Felder sollen lediglich die Vielfalt und die Vielfältigkeit der Schnittmengen illustrieren.

Schaut man sich das Schaubild weiter an, lässt sich erkennen, dass nicht nur die Soziale Arbeit, sondern auch andere Professionen in diesem Feld sowohl kurative wie präventive Funktionen erfüllen und in psychischen und sozialen Systemen intervenieren, um Bewusstseins- und Verhaltensmodifikationen bei einzelnen Menschen und Funktionsmodifikationen von sozialen Systemen zu erreichen. Damit wir deutlich, dass die Profession Soziale Arbeit über kein Alleinstellungsmerkmal und die Disziplin über keinen exklusiven Zugang zu diesem Feld (Gegenstand) verfügt. Betrachtet man sich die Genese einzelner Felder oder im internationalen Vergleich wird auch deutlich, dass die Ausdifferenzierungen innerhalb des gesamten Feldes von Wissenschaft und Praxis häufig von besonderen historischen, politischen, kulturellen und rechtlichen Konstellationen und manchmal wohl auch von Zufällen oder Personen abhängen und nur höchst selten durch wissenschaftliche Kriterien oder Expertise herbeigeführt wurde. Im Gegenteil, auf diesem Gebiet läuft die Wissenschaft der Praxis eher hinterher, sie versucht das, was sich als ein gesellschaftlicher Realprozess vollzieht, im Nachhinein zu erklären oder zu begründen bzw. zu kritisieren. Insofern ist der Versuch, durch die Wissenschaft gesellschaftliche Realität vorausschauend zu gestalten, in aller Regel eher zum Scheitern verurteilt.[4]

Unabhängig davon, welchen Wissenschafts- und Professionsbegriff man bevorzugt, lässt sich empirisch zeigen, dass nur jene Wissenschaften und Professionen über Anerkennung, Autonomie und gefragte Expertise verfügen, die auf ihrem Gebiet als Experten oder Spezialisten angesehen werden. So ist davon auszugehen, dass die anhaltende Tendenz zur Professionalisierung und Akademisierung sozialer Berufe auch zu weiteren Spezialisierungen führen wird. Würde die Wissenschaft der Sozialen Arbeit diesen Realprozess nicht auch Formen disziplinärer Spezialisierung z.B. in Form von Fachsozialarbeit (beispielsweise die klinische Sozialarbeit; siehe Geißler-Piltz/Mühlum/Pauls 2005; Gahleitner/Hahn 2008) nachvollziehen, dann würde auch die wissenschaftliche Basis der Sozialen Arbeit als Ganzes immer unschärfer und sie würde eher an Reputation verlieren als hinzuzugewinnen.

Aus all diesem müssten nun nicht nur nachhaltige Konsequenzen für die Wissenschaft, ihre Theoriebildung und -vermittlung, sondern auch für ihre Lehre und das Ausbildungssystem gezogen werden. In dem, was gewöhnlich als Bologna-Prozess beschrieben und intendiert wird, sehe ich trotz einiger sehr fragwürdiger Entwicklungen eher positive Ansätze.

Bologna und die Folgen für die Wissenschaft und die Ausbildung Sozialer Arbeit

Der so genannte Bolognaprozess führte bisher nicht nur zu einem Wandel der Studiengangs- und Hochschullandschaft, sondern er ist vor allem auch mit einem Perspektivenwechsel auf die in einem Studium zu erwerbenden Kompetenzen und die darauf zu beziehenden Inhalte verbunden. Dabei wird der Verwertbarkeit des Wissenserwerbs im beruflichen Kontext gegenüber rein wissenschaftlicher Betrachtung, unabhängig von ihrem Ort an Fachhochschulen, Berufsakademien oder Universitäten, ein größerer Stellenwert eingeräumt und er scheint die Prinzipien der humboldtschen Universität vom Kopf auf die Füße zu stellen. Entgegen der Meinung, dass es sich hier nur noch um die Anpassung von Wissenschaft und Profession an die unmittelbaren Verwertungsinteressen der Praxis handelt, bin ich der Auffassung, dass Persönlichkeit und Persönlichkeitsbildung oder Kreativität, die sich nicht unmittelbar funktionalisieren und instrumentalisieren lässt, nach wie vor einen hervorragenden Platz einnimmt und einnehmen sollte. Jedenfalls gilt dies für alle Handlungsfelder der Wohlfahrtsproduktion, die wesentlich von Kommunikation und professioneller Beziehungsgestaltung abhängen und deren Werkzeug die Person bzw. die Persönlichkeit ist. Gleichwohl lässt sich darüber noch

---

4   Was keineswegs bedeuten soll, dass man sich als Wissenschaftler von den Bemühungen zur Herstellung und Gestaltung einer gerechten Gesellschaft oder einem menschenwürdigen Leben fernhalten sollte. Ganz im Gegenteil: Die Kenntnis des Gegenstandes verlangt dies m.E. von jedem Sozial(arbeits)wissenschaftler in besonderer Weise. Die Grundlage dafür kann aber nur eine professionsethische Position und nicht eine wissenschaftliche Theorie bzw. Erkenntnis liefern. Erst durch die Bewertung solcher Erkenntnisse lässt sich auch eine politische Position bestimmen.

kein empirisch fundiertes Urteil fällen, da es bisher noch kaum in der Praxis erprobte Absolventen und Absolventinnen dieser neuen, modularisierten Studiengänge gibt.

Wenn nun aber die professionellen Kompetenzen zur Bewältigung der Aufgaben in den Mittelpunkt gerückt werden, dass müsste sich auch der Forschungsfokus auf die Frage nach den Bedingungen des Kompetenzerwerbs, die Bedingungen ihres Einsatzes und deren Wirksamkeit bei der Erreichung ihrer Handlungsziele konzentrieren. Wenn man die Soziale Arbeit also als Handlungswissenschaft versteht und ihr Gegenstand in der Analyse von Interventionsprozessen an, mit und in psychischen und sozialen Systemen besteht, dann müsste sich die Theoriebildung und die Forschung auf die Probleme und Fragen der Wechselwirkungen zwischen diesen konzentrieren. Im Mittelpunkt müssten Fragen der Evaluation und Wirkung dieser spezifischen Prozesse stehen. Anders ausgedrückt, die Sozialarbeitswissenschaft und Sozialarbeitsforschung sollte nicht der Versuchung unterliegen, mit der Soziologie um die bessere Gesellschaftsanalyse oder mit der Psychologie um die bessere Persönlichkeitsanalyse zu streiten, sondern sich auf die handlungswissenschaftlichen Besonderheiten ihrer Aufgaben konzentrieren. Hierin hat sie dann allerdings viele Gemeinsamkeiten mit anderen Teildisziplinen einer Wissenschaft von den personenbezogenen sozialen Dienstleistungen. So könnte es aus meiner Sicht durchaus ein gemeinsames Grundlagenstudium (gemeinsame Module) von Bachelor Studierenden der Sozialen Arbeit, der Pädagogik, der Psychotherapie und der Pflege geben. Eine Ausdifferenzierung erfolgt dann erst nach dem ersten Semester bzw. über das Masterstudium. Für die Soziale Arbeit hieße dass u. U. den generalistischen Anspruch der Bachelorstudiengänge, für alle Handlungsfelder der Sozialen Arbeit in gleicher Weise zu qualifizieren, aufzugeben oder zu relativieren. Ob eine solche Ausdifferenzierung dann zu einer Wiederbelebung einer auf kurative und rehabilitative Funktionen konzentrierte Sozialarbeit einerseits und auf präventive Funktionen konzentriere Sozialpädagogik andererseits hinausläuft oder aber zu völlig neuen Zuschnitten führt, lässt sich heute nicht eindeutig sagen. Letztlich hängt dies auch von der institutionellen Zu-Ordnung des gesamten Feldes ab.

Resümee

Ich plädiere also für ein neues Verhältnis von Generalisierung und Spezialisierung in Wissenschaft und Ausbildung Sozialer Arbeit. Wahrscheinlich müssen dabei die Demarkationslinien zwischen den Teilmengen und Schnittpunkten innerhalb der Sozialen Arbeit und zwischen ihr und den benachbarten Disziplinen und Professionen neu vermessen werden. Zwar sind inzwischen Begriffe (die professionellen und disziplinären Bahnsteige) besetzt und neue Strukturen in der Entwicklung (siehe Curricula in BA und MA Studiengängen, Anerkennung als Fachwissenschaft durch die Kultusministerkonferenz, lebendige Diskurse u.a. im Rahmen der Deutschen Gesellschaft für Soziale Arbeit, zunehmende empirische Forschung), jedoch fehlt noch eine theoretische Basis für diesen Prozess. Will man sich nicht in Streitigkeiten über die Besetzung oder Verteidigung traditioneller Claims bzw. Domänen verzetteln, bräuchte es eines gemeinsamen Fokus auf die gemeinsamen Grundlagen der wissenschaftlichen Reflexion und professionellen Interventionen.

Insofern plädiere ich abermals für eine Metawissenschaft von den sozialen personenbezogenen Dienstleistungen, die von der Anlage weit über die bisherigen Diskurse zur Dienstleistungs- und Kundenorientierung (vgl. Olk/Otto 2003) hinausgeht. Im Unterschied zu 1996 sind inzwischen durchaus tragfähige Fundamente für das Haus der Sozialarbeitswissenschaft in einer Siedlung sozialer personenbezogener Dienstleistungen entstanden. Der Rohbau steht, aber die Innenarchitektur ist noch nicht abgeschlossen und es gibt noch keinen akzeptierten Flächennutzungsplan, welcher die Lage der Wege, Kreuzungen und Vernetzungen innerhalb dieser Siedlung festlegt.

Für die Theorieentwicklung stellen sich für mich Aufgaben auf zwei Ebenen. Zum Einen auf einem allgemein Abstraktionsniveau für die Entwicklung einer individual- und sozialwissenschaftlichen Elemente verknüpfenden Metatheorie von den personenbezogenen, sozialen Dienstleistungen und zum Anderen für die Entwicklung eines theoretischen Rahmens Sozialer Arbeit, welcher geeignet ist, die Kernfunktionen Sozialer Arbeit so überzeugend zu beschreiben, dass er die Grundlage für eine neue Systematisierung von Generalisierung und Spezialisierung in diesem Bereich bilden könnte.

Auf der ersten Ebene gehören dazu eine systematische, differenzierte und vergleichende Analyse und Beschreibung der Gemeinsamkeiten und Unterschiede aller sorgenden, helfenden erziehenden, beratenden, therapierenden und bildenden Professionen. Im Zentrum steht dabei eine vergleichende Analyse der Dynamiken und der Bedingungsfaktoren ihrer jeweiligen Interventionsformen sowie die Identifikation von handlungsfeldspezifischen Variablen für die Prozesse der Problemdefinition, Planung, Steuerung und Evaluation.

Außerdem geht es um die Analyse der Bedingungen und Wechselwirkungen von Interventionen, die sowohl auf die Beeinflussung psychischer und sozialer Systeme ausgerichtet sind und sich dabei primär kommunikativer Mittel bedienen. Eine solche Theorie müsste m.E. vor allem eine handlungstheoretische Perspektive bzw. Komponente aufweisen und weit über die Grenzen eines sich lediglich als kritische Theorie des Sozialen verstehenden Ansatzes hinausgehen. Dazu gehört, das soziale Probleme nicht nur identifiziert, erklärt und eine grundsätzliche Veränderung sozialer Makro- und Mesosysteme gefordert wird. Dies halte ich eber für ein zynische Verkürzung oder Beschränkung in der Theoriebildung, die meist nur die Ratlosigkeit der Professionellen verstärkt und bei ihnen allenfalls ein schlechtes Gewissen hinterlässt, weil sie sich ständig in Widersprüche begeben müssen, die sie selbst nicht wirklich aufheben können. Eine solche Handlungstheorie Sozialer Arbeit müsste sich also stärker mit den konkreten Bedingungen des Gelingens und Scheiterns von Interventionen in diese Systeme auseinandersetzen. Dafür gibt es durchaus einige interessante Ansätze und Arbeiten wie beispielsweise bei Staub-Bernasconi (2007), von Spiegel (2004) oder Heiner (2007).

Die Frage, mit welchem wissenschafts- und erkenntnistheoretischen Paradigma man sich dieser Theoriebildung annähert, ob man sich hierbei beispielsweise eher eines systemtheoretisch-konstruktivistischen oder eines systemisch-ontologischen Ansatzes bedient, halte ich dabei für zweitrangig und eher für ein heuristisches Problem. Produktiv scheint mir im Sinne eines pluralistischen Wissenschaftsverständnisses eher die Vielfalt und das Aufgreifen von Ambivalenzen und Paradoxien zu sein als der Versuch, ein in sich völlig widerspruchsfreies in sich geschlossenes und umfassendes Theoriegebäude zu errichten.

Literatur

Bommes, Michael/Scherr, Albert (2000): Soziologie der Sozialen Arbeit. Eine Einführung in die Formen und Funktionen organisierter Hilfe. Weinheim und München: Juventa
Brühl, Albert (2004): Fallgruppen der Sozialarbeit (FdS) als Antwort auf die Einführung der Diagnosis Reletad Groups in Akut- Krankenhäusern. Baden-Baden: Nomos
Buchinger, Kurt (2008): Ideen zur Grundlegung einer Beratungswissenschaft. In: supervision 4/2008, Schwerpunktheft Beratungswissenschaft, S. 3-11

Effinger, Herbert (1996): Sozialarbeitswissenschaft als Teildisziplin einer Wissenschaft personenbezogener Dienstleistungen im Wohlfahrtsdreieck. In: Merten, Roland/Som-merfeld, Peter/Koditek, Thomas (Hg) (1996): Sozialarbeitswissenschaft – Kontroversen und Perspektiven. Neuwied, Kriftel, Berlin: Luchterhand, S. 185-207

Effinger, Herbert (2009): Case Management ist Konfliktmanagement. In: Wendt, Wolf Rainer/Löcherbach, Peter (Hg.): Standards und Fachlichkeit im Case Management. Heidelberg: E-conomica Verlag

Engelke, Ernst (2004): Die Wissenschaft Soziale Arbeit. Werdegang und Grundlagen. Freiburg i.B.: Lambertus

Erath, Peter (2006): Sozialarbeitswissenschaft. Eine Einführung. Stuttgart: Kohlhammer

Gahleitner, Silke/Hahn, Gernot (Hg) (2008): Klinische Sozialarbeit. Zielgruppen und Arbeitsfelder. Bonn: Psychiatrie-Verlag

Geißler-Piltz, Brigitte/Mühlum, Albert/Pauls, Helmut (2005): Klinische Sozialarbeit.

Heiner, Maja (2007): Soziale Arbeit als Beruf. Fälle-Felder-Fähigkeiten. München: Reinhardt

Kähler, Harro (2005): Soziale Arbeit in Zwangskontexten. Wie unerwünschte Hilfe erfolgreich sein kann. München und Basel: Reinhardt

Klüsche, Wilhelm (1999) (Hg.): Ein Stück weitergedacht …. Beiträge zur Theorie- und Wissenschaftsentwicklung der Sozialen Arbeit. Freiburg i.B.: Lambertus

Lutz, Ronald (2008): Perspektiven der Sozialen Arbeit. In: APuZ 12-13/2008., S. 3-10

Maus, Friedrich/Nodes, Wilfried/Röh, Dieter (2008): Schlüsselkompetenzen der Sozialen Arbeit. Schwalbach/Ts: Wochenschauverlag

Merten, Roland (1997): Autonomie der Sozialen Arbeit. Zur Funktionsbestimmung als Disziplin und Profession. Weinheim und München: Juventa

Merten, Roland (2008): Sozialarbeitswissenschaft – Vom Entschwinden eines Phantoms. In: Bielefelder Arbeitsgruppe 8 (Hg.): Soziale Arbeit in Gesellschaft. S. 128-135. Wiesbaden: VS Verlag

Nodes, Wilfried (2007): Masterstudiengänge für Soziale Arbeit. München: Reinhardt

Olk, Thomas/Otto, Hans-Uwe (Hg.) (2003): Soziale Arbeit als Dienstleistung. Grundlegungen, Entwürfe und Modelle. München: Luchterhand

Sommerfeld, Peter/Hüttemann, Matthias (Hg.) (2007): Evidenzbasierte Soziale Arbeit. Hohengehren: Schneider Verlag

Soziale Arbeit (2007): Schwerpunkt Case Management, Nr.11-12/2007

Spiegel, Hiltrud von (2004): Methodisches handeln in der Sozialen Arbeit. München und Basel: Reinhardt UTB

Staub-Bernasconi, Silvia (2007): Soziale Arbeit als Handlungswissenschaft. Bern, Stuttgart, Wien: Haupt

Wendt, Wolf Rainer/Löcherbach, Peter (Hg.) (2006): Case Management in der Entwicklung. Stand und Perspektiven in der Praxis. Heidelberg: Economica

Prozesse der Professionalisierung in historischer und gegenwartsorientierter Perspektive

Zum aufgewerteten disziplinären und professionellen Selbstverständnis der Sozialen Arbeit

Wilfried Ferchhoff

1 Genese der klassischen Professionen

Mit der Entstehung von modernen Professionen im alten Europa traten berufsständische Begründungen eines sozialen Status in den Vordergrund und weichten dadurch auch die Prominenz von Standeszugehörigkeiten auf. Neben Eigentum und Grundbesitz als zentrale Dimensionen der Unabhängigkeit bürgerlichen Handelns wurden die entstehenden klassischen Professionen ebenfalls unabhängig von Standeszugehörigkeiten, vor allem durch spezifische Sachbindungen und Wissenssysteme. Man kann auch sagen: Bedeutsam für die Herausbildung der modernen klassischen Professionen in historischer Perspektive waren die Aufweichung und Auflösung der integrierten Gelehrtenkultur des 18. und 19. Jahrhunderts sowie die Ausdifferenzierung von wissenschaftlichen Disziplinen und professionellen Handlungssystemen (Stichweh 1994: 287).

Und mit der Aufweichung oder Auflösung der ständischen Gesellschaft wurden Eigentum und Professionszugehörigkeit zu entscheidenden Wegbereitern und Kernelementen der bürgerlichen Gesellschaft. Eine solche „funktionale Äquivalenz von Eigentum und Professionszugehörigkeit konnte und kann man alternativ auch als Konflikt oder zumindest als Konkurrenzbeziehung beschreiben, sofern das in der gewerblich-geschäftlichen Welt dominierende Selbstinteresse als gesellschaftlich defizient erfahren wurde und insofern die Professionen unter dem Gesichtspunkt gedacht wurden und bis heute werden, dass sie diese Defizite zu kompensieren erlauben. Eine solche als Antagonismus oder als Kompensationsverhältnis gedachte Beziehung von Geschäftswelt und Professionen wurde seit dem frühen 19. Jahrhundert immer wieder beschrieben. Und interessanterweise lag das Ausgangsmotiv der Professionstheorie als einer sozialwissenschaftlichen Theorie in einer „gedanklichen Option dieses Typs" (Stichweh 1996: 55).

Auf diese Weise hatte auch *Talcott Parsons* den Professionen eine eher gemeinwohl- bzw. kollektivitätsorientierte Struktur zugewiesen, die dem Typus der individualisierten Selbstorientierung im wirtschaftlichen Handeln entgegenstehen soll.

In einer auf Parsons zurückgehenden strukturfunktionalistischen Perspektive der Professionssoziologie ging man davon aus, dass Professionen im Zusammenhang der modernen gesellschaftlichen Entwicklung sozialkulturelle, integrative Funktionen der Normenkontrolle und der Werteverwirklichung erfüllten. Die Erzeugung von Wahrheit, die Herstellung von sozialem Konsens und die Bereitstellung von Therapie waren die zentralen gesellschaftlichen Problemstellungen, die Professionen in der modernen Gesellschaft bearbeiteten. Im Unterschied zur Geschäftswelt wurden den Professionen ein institutionalisierter Altruismus zugeschrieben (Stichweh 2005: 37). Um diese gesellschaftlichen Funktionen erfüllen zu können, waren sie, so Parsons (1978), in einer Art gesellschaftlichen *Vertragsbeziehung* in einem *professionellen complex* zwischen Markt und Staat angesiedelt. Indem die Professionen zentrale Wertvorstellungen der Gesellschaft bearbeiteten und Dienstideale gegenüber den Adressaten – gerade auch im Kontext einer strukturellen Asymmetrie zwischen Professionellen und Klienten – wahrten, wurden ihnen, so die Logik dieser funktionalistischen Perspektive, prinzipiell ungewiss bleibendes „Vertrauen, Autonomie in der Berufsausübung, Freiheit von sozialer Kontrolle durch Laien (und), Schutz gegen unqualifizierten Wettbewerb" (Rüschemeyer 1973: 250) gewährt. Hinzu kamen Privilegien für die Professionsmitglieder wie ein „beträchtliches Einkommen und hohes Prestige gegen kompetente Leistung und das glaubwürdige Versprechen der Selbstkontrolle" (Rüschemeyer: ebenda.). So gesehen entwickelten Professionen einen neuen Strukturtypus, der zwischen dem ökonomischen Marktmechanismus, dem öffentlichen Mechanismus der kollektiven, tendenziell egalitären Leistungserbringung und -verteilung (Gemeinwohlorientierung) und dem – vor allem auf *Wahrheit, Richtigkeit, Gültigkeit* und *Intersubjektivität* zielenden – Wissenschaftsmodell lag. Vom ökonomischen Marktmodell wurde die Freiheits- und Auswahlfunktion bzw. der Individualismus des Kunden resp. Klienten übernommen, von der Gemeinwohlorientierung das Dienstideal und der Berufsethos, vom Wissenschaftsmodell die Orientierung an wissenschaftlichen Wissensbeständen. Allerdings konnten etwa die wissenschaftlichen Wissensbestände in den Professionen nicht jenseits der Gemeinwohlorientierung und nicht jenseits eines personenbezogenen, habituellen, affektiv getönten und emotional geprägten *Adressaten- resp. Klientenbezuges* entwickelt werden.

Die immer wieder behauptete Autonomie und oftmals vorschnell kritisierte „Interesselosigkeit" der Professionen gründete sich auf die so genannte Unabhängigkeit der Professionen (etwa gegenüber der Anfälligkeit für ökonomische und politische (ehemals auch religiöse) Funktionalisierungen und Übergriffe in der Lebenspraxis von Klienten) sowie – noch stärker – auf das Faktum des Verfügens über einen spezifischen Wissenskorpus. Und dieser besondere Wissens-korpus betrifft einen zentralen Aspekt des menschlichen Lebens im Rahmen der Gesellschaft. Dies wurde in der Regel die *Zentralwertbezogenheit* der Professionen genannt – die Beziehungen des Menschen zu Gott (Theologie), zu sich selbst (Medizin), zu anderen Menschen (Recht) zur Bildung und Erziehung (Pädagogik). Diese *alten* klassischen *old established* Professionen (Theologen, Ärzte, Juristen, Pädagogen etc.) nahmen und nehmen zum Teil bis heute die zentrale, nahezu ganzheitliche Funktion einer institutionalisierten, stellvertretenden Interpretation gesamtgesellschaftlich verbindlicher Deutungen (eben die *Zentralwertbezogenheit der Professionen*) von Rechtsnormen, Moralvorstellungen, Gerechtigkeit, Glück, Seelenfrieden, Gesundheit, Bildung etc. wahr. Mitglieder von Pro-fessionen besaßen stets die Reputation, mit ihrem gesellschaftlich-politischem Mandat, das ihnen auch im Außen- und Innenverhältnis Autonomie bescherte, aber auch mit ihren Sonderwissensbeständen – wo die alltagsweltlichen Selbstregulierungsmechanismen nicht mehr ausreichten und versagten – in die Privatsphäre anderer einzugreifen und gleichzeitig für die Öffentlichkeit gesellschaftliche Wertregulierung zu betreiben und verbindliche Deutungen durchzusetzen (Dewe/Ferchhoff u.a. 2001). Diesen Privilegien entsprach und entspricht professionsintern ein Berufsethos für die Gläubigen, Patienten, Klienten, Adressaten. Teilnehmer, Schüler usw. (Baumert/Kunter 2006: 474).

Für diese klassischen Professionen galt zudem bis in die jüngere Vergangenheit, dass ihre professionellen Wissenssysteme einen hohen Allgemeinheitsanspruch in dem Sinne besaßen, dass ihre Zuständigkeitsbereiche feld- und sachspezifisch sehr weit gefasst waren. Es wurde ihnen ein hohes Maß an „General-zuständigkeit" auch für „sachgebietsferne Tätigkeiten" zugesprochen (Combe/ Helsper 1996: 15; Daheim 1992: 21ff.). Ihr dominantes professionelles Handeln war in gewisser Weise kontext- und situationsunabhängig. Die aus der ständischen Struktur der Gesellschaft herausgelöste Unabhängigkeit der Professionen, die so gesehen gesellschaftliche Enthierarchisierungsprozesse in Gang setzten, tendierten eingedenk ihrer Generalzuständigkeit selbst für sachgebietsferne Tätigkeitsfelder dazu, „im Inneren der Professionen die Rolle eines Allgemeinpraktikers zu erhalten, und sie blockierten ... auf diese Weise Prozesse schnell fortschreitender funktionaler Differenzierung, als deren Protagonist sie für einen historischen Übergangszeitraum ... auch erscheinen konnten" (Stichweh 1996: 54 f.).

2 Professionen und professionelles Handeln in der heutigen Gesellschaft

Im Zuge der weiteren Ausdifferenzierung einer größeren Zahl von Funktionssystemen in einer – systemtheoretisch formuliert – funktional differenzierten Gesellschaft zeichneten sich die professionalisierten Funktionssysteme im Anschluss an Niklas Luhmann dadurch aus, „dass das Verhältnis von Leistungs- und Komplementärrollen als Professionellen-Klienten-Verhältnis institutionalisiert" wurde (Stichweh 1996: 60). Diese professionellen Leistungsrollen im System hatten und haben es also mit individualisierten Klienten zu tun.

Hierbei handelte es sich um das Rechtssystem, das Gesundheitssystem, das Erziehungssystem, die Religion etc. In diesen ausdifferenzierten professionellen Funktionssystemen hatte sich jeweils eine bestimmte Hierarchie des professionellen Handelns etabliert, die die anderen Arbeitsvollzüge der anderen Berufsgruppen im System kontrollierte. Die anderen Berufsgruppen im System waren und sind daher einer bestimmten Leitprofession (bspw. Krankenschwestern und Krankenpfleger im Medizinsystem) untergeordnet. Hinzu kam, dass die professionellen Leistungsrollen im System nicht nur kontrolliert und monopolisiert wurden, sondern dass diese auch einen disziplinären Wissenskorpus verwalteten, der ein spezifischer Teil der europäischen universitären Wissenschaftstradition war und bis heute ist.

Eine „Sonderstellung nahm und nimmt in dieser Hinsicht allerdings die Lehrerschaft ein, die zwischen den disziplinären Wissenssystemen der modernen Wissenschaft und der Pädagogik als einer Handlungslehre steht, die sich mit der Reflexion und den ‚Techniken' der Erziehung von Personen und der Vermittlung von Wissen befasst und die insofern eine unhintergehbare Ambiguität der Orientierungen aufgeprägt bekommt (Stichweh 1996: 61). Zudem weisen die nur begrenzt steuerbaren Techniken der Erziehung ein strukturelles „Technologiedefizit" (Luhmann/Schorr 1982: 15) auf und sind mit einer Vielzahl von Ungewiss-heitshorizonten belastet. Darüber hinaus nehmen in den professionalisierten Funktionssystemen neben der jeweiligen Leitprofession und neben dem spezifischen Verwalten und Applizieren eines bestimmten Wissenskorpus die Ausbildung von Komplementärrollen eine schon erwähnte individualisierte Dimension ein. Es handelt sich immer im professionellen Kontext um individualisierte Adessaten/Klienten, die auf eine Unterstützung durch die professionellen Leistungsrollenträger angewiesen sind. Im Rahmen dieser professionellen Bearbeitung handelt es sich in der Regel gerade nicht um alltägliche, sondern eher um existenz- und bestandssichernde Probleme – gleichwohl die Professionellen konzeptionell und berufspraktisch im Rahmen der nicht-alltäglichen Bearbeitung, den alltagsweltlichen Bezügen ihrer individualisierten Adressaten besondere Aufmerksamkeit widmen (müssen).

Angesichts der häufig interaktiven Dichte und Intimität des Kontaktes zwischen Professionellem und Klienten kommt der nur begrenzt steuerbaren Interaktionsebene zwischen

Professionellen/Klienten-Interaktionen (einerseits qua Fach- und Fallwissen allgemeines Theorieverstehen und andererseits intuitive persönliche Erfahrung und Urteilskraft) eine besondere Bedeutung zu. Dies trifft auch dann noch zu, wenn die professionelle Tätigkeit unter Abwesenheit der Klienten geschieht – was empirisch häufig vorkommt und professionsintern oftmals besonders wertgeschätzt und belohnt wird. Denn auch bei Abwesenheit des Klienten findet stets eine Hinführung auf die Professionellen/Klienten-Interaktion statt. Die erarbeiteten Ergebnisse werden *übermittelt* und *angewendet*, wobei der Klient *aktiv* und/oder *passiv* mitwirkt. „Eine Folge dieser Hinführung auf Interaktion ist, dass die professionellen Wissenskulturen, so sehr sie auch textbezogene Wissenskulturen sein mögen (bspw. als juristische Hermeneutik von Rechtstexten), doch gleichzeitig immer auch orale Kulturen bleiben müssen und Leistungsrollenträger auch unter dem Gesichtspunkt ihrer Eignung für dieses strukturelle Moment (interaktive Dichte und kommunikative sprachliche Vermittlung/Hinzuf. der Verfasser) selegiert werden" (Stichweh 1996: 62f.).

Moderne Professionen beziehen sich nicht mehr vollends – so noch ganz dezidiert im Sinne der soziologisch-strukturfunktionalistischen Analysen von Parsons – auf die gesamte Gesellschaft (Parsons 1939), sondern in der funktional differenzierten Gesellschaft sind sie als Leistungsrolle eines Funktionssystem ausdifferenziert (vgl. Stichweh 1996; Kurtz 2003).

In einer gesellschaftstheoretischen Beobachterperspektive sind Professionen in der gegenwärtigen Gesellschaft also solche Berufsgruppen, die die unterschiedlichen Formen der Inklusion (der personalen Teilnahme an Gesellschaft) im Kontext einzelner Funktionssysteme wie dem Gesundheits-, dem Rechts-, dem Religions- und dem Erziehungssystem in Interaktionssituationen mit Klienten stellvertretend deuten, verwalten und bearbeiten. Die Professionellen wie Ärzte, Rechtsanwälte, Seelsorger und Pädagogen fungieren dabei als verberuflichte Leistungsrollen dieser Sozialsysteme. In einer solchen Theorieperspektive kann von Professionalisierung „überall dort die Rede sein, wo eine signifikante kulturelle Tradition (ein *Wissenszusammenhang*), die in der modernen Gesellschaft in der Form der Problemperspektive eines Funktionssystems ausdifferenziert worden ist, in *Interaktionssystemen* handlungsmäßig und interpretativ durch eine auf diese Aufgabe spezialisierte Berufsgruppe für die Bearbeitung von *Problemen der Strukturänderung, des Strukturaufbaus und der Identitätserhaltung von Personen* eingesetzt wird" (Stichweh 1992: 43).

So gesehen sind Professionen Berufe eines besonderen Typs und unterscheiden sich unter anderem von nicht professionellen Berufen dadurch, dass sie die Berufsidee reflexiv handhaben, „also das Wissen und das Ethos eines Berufs bewusst kultivieren, kodifizieren, vertexten und damit in die Form einer akademischen Lehrbarkeit überführen. Die reflexive Handhabung der Berufsidee schließt professionelle Einsozialisation mit entsprechenden Habitualisierungen, gelebten Reflexionspotentialen und das „Wissen um den sozialen Anspruch ein, der sich mit dem jeweiligen Beruf verbindet, und sie bezieht sich insofern auf die jetzt erreichbar gewordenen gesellschaftlichen Positionen und Attribute" (Stichweh 1996: 51). Was die professionell Handelnden in der Regel auszeichnet (vgl. hierzu: Ferchhoff/Kurtz 1998: 12ff.), ist, dass sie über ein häufig akademisches wissenschaftliches Wissen verfügen, das aber in entscheidender Hinsicht insuffizient ist. Die komplexe Handlungsstruktur und die prinzipiell ungewisse Interaktionsdynamik einer Situation erlauben es nicht, dass das im Verhältnis zur Überkomplexität der Situation unzulängliche wissenschaftliche Disziplin-, Theorie- und Forschungswissen problemlos und unilinear von den Professionellen *angewendet* werden kann. Deshalb kommen für die Professionellen noch ganz andere, namentlich unbestimmte, nicht vollends standardisierbare, pragmatische und eher subjektive Komponenten im methodisch-professionellen Umgang mit der Bearbeitung von Ungewissheit zum Zuge: *Empathie, Sensibilität, Fremdverstehen, Lebenserfahrung, gesunder Menschenverstand, hermeneutische Zugänge,* „Intuition, Urteilsfähigkeit, Risikofreudigkeit und Verantwortungsübernahme" (Stichweh 1994: 296). Denn professionelle Praktiker müssen mit Ungewissheiten – anders als etwa wissenschaftliche Forschung, die ihrerseits und in ihrer Logik den Zweifel an der Gewissheit ins Zentrum der Erkenntnisgewinnung rückt – souverän umgehen und auch ohne wissenschaftlich abgesicherte Erkenntnisse entscheiden. Professionelle können nicht wie Gelehrte oder Wissenschaftler die gleiche Einstellung aufrechterhalten. Sie können ihr Handeln nicht aufschieben, nur weil kein unbestreitbarer Beweis der Richtigkeit der *Diagnose* oder der methodischen Bearbeitung und Behandlung vorhanden ist (Freidson 1975: 142; Dewe/Ferchhoff 1987: 162).

Im Gegensatz zur wissenschaftlichen Analyse ist das professionelle Handeln daher durch eine *pragmatische* Orientierung und eine *klinische* Mentalität charakterisiert, die auch bei unzureichender Daten- und Erkenntnislage unter permanentem Handlungs- und Entscheidungsdruck handeln muss und dabei einen *epistemologischen und ontologischen Individualismus* nahe legt. Allerdings sind die im Rahmen der professionellen Handlungslogik tätigen Berufsgruppen angesichts der oftmals existentiellen Betroffenheit und Nöte von Klienten dazu gezwungen, strukturelle Ungewissheiten, die qua Strukturlogik des professionellen Handelns vorhanden sind, auszuschließen, um nicht die Vertrauensbasis zwischen Professionellen und Klienten zu gefährden und zu erschüttern.

Die in face-to-face Situationen zwischen Professionellem und Klienten ablaufende kurativierende, wiederherstellende und vermittelnde professionelle Arbeit kann grundlegend gerade nicht technokratisch gelöst werden. Dies gilt natürlich nur, wenn man Demokratie voraussetzt und die Adressaten/Klienten nicht durch aufgenötigte Lösungen entmündigt. Professionelles Handeln kann dann die Klientenprobleme auch nicht primär kausaladäquat im Sinne von Ableitungen, Rezeptologien etc. bearbeiten und versuchen, quasi „einzig richtige" Problem*lösungen* bereitzustellen. Denn für moderne Professionen ist die 'Kategorie der Vermittlung' ihrer Sachthematiken und das Verstehen dieser Sachthematiken von den Klienten zentral. Wenn dies aber überhaupt nicht intendiert ist und die Probleme von den Professionellen technologisch gelöst werden, kann auch keine „Strukturänderung, Strukturaufbau und Identitätserhaltung der Personen" (Stichweh 1992) erzielt werden.[1] Professionelle im hier verstandenen Sinne bearbeiten ihre Probleme eher sinnadäquat in der Form von Sinnauslegung, Therapie etc. und versuchen keine Problem*lösungen,* sondern Problem*deutungen* anzubieten (vgl. Oevermann 1981; Dewe;Ferchhoff u.a. 1986). Professionelles Handeln zeichnet sich in diesem Sinne nicht durch Technologieorientierung und dogmatische Regelbefolgung aus, sondern durch ein Fallverstehen, für das wissenschaftliches Wissen nur ein notwendiges Element darstellt. Ergänzt werden muss dies durch Erfahrungswissen und hermeneutische Sensibilität für den Fall. *Wissenschaftliches Wissen ist so gesehen nur eine Komponente professionellen Handelns. Hinzu kommen beruflich habituelles Erfahrungswissen und die persönliche Identität des Handelnden.* Die professionelle Praxis nutzt das wissenschaftliche (Theorie)Wissen in gewisser Weise autonom. Der praktische Umgang erfolgt im Sinne einer *Eigenlogik der Praxis* und kann nicht vom Wissenschaftssystem gelenkt, gesteuert oder präjudiziert werden. Damit entfällt auch die häufig

---

1   Auf Seiten der Adressaten geht es für die Professionellen darum, die Autonomie der Lebenspraxis wertzuschätzen, insbesondere auch dann, wenn sie beschädigt ist, die Subjekte selbststeuernd in den Lebensverhältnissen im Sinne ihrer (Lebensbewältigungs-)Möglichkeiten zum selbstverantwortlichen Handeln in ihrer biographischen Entwicklung zu unterstützen (Lutz 2008: 10).

unterstellte „Überlegenheit" des theoretisch-disziplinären, wissenschaftlich gewonnenen Wissens gegenüber dem professionellen, berufspraktischen und dem Alltagswissen. Hinzu kommt, dass mit wissenschaftlichem (Theorie)Wissen auch nicht die Praxis weder durch emanzipatorische noch durch sozialtechnische Wissensbestände verbessert werden kann. Schließlich scheint es insgesamt fraglich, ob wissenschaftliches (Theorie)Wissen überhaupt direkt praxisrelevant sein kann. Was an dieser Problematik allerdings sichtbar wird, ist analytisch betrachtet eine qualitative viergliedrige Differenz zwischen dem disziplinären-wissenschaftlichen Wissen, dem berufspraktischen-professionellen Handlungswissen und dem Alltagswissen der Professionellen und dem Alltagswissen ihrer Adressaten.

3   Profession, Organisation und ökonomische Effizienz – Tendenzen der Deprofessionalisierung

Seit den 60er Jahren des 20. Jahrhunderts schienen strukturell gesehen Deprofessionalisierungstendenzen an der Tagesordnung. Die klassischen Professionen gerieten immer mehr in den Sog der Aufweichung eines tendenziell geschlossenen monoprofessionellen Funktionssystems. Im Rahmen einer solchen Logik hatten die aufstrebenden neuen Professionalisierungskandidaten mit ihren Wissenssystemen und Kompetenzen nur dann ein Chance in den Horizont der Professionen aufgenommen zu werden, wenn sie bereit waren, sich in die Hierarchie professioneller Arbeit in subordinierter Position einzufügen, die als Hierarchie von der Leitprofession des betreffenden Funktionssystems kontrolliert und geleitet wird" (Stichweh 2005: 41).

Ein besonderes Dilemma der Professionen besteht heute darin, dass neben den beiden Ansprüchen: *professionsethische Gemeinwohlverpflichtung* und *ökonomische Effizienz,* die gleichzeitig an sie gestellt werden, auch noch weitere Anforderungen auf sie zukommen. Heutige Professionen haben es mit ganz unterschiedlichen Erwartungshaltungen, im Hinblick auf ihre Leistungsfähigkeiten (verschiedene, mehrfach adressierte Publika, Adressaten, diffuse Öffentlichkeit, Anstellungsträger etc.) zu tun (vgl. Pfadenhauer 2003: 87).

Hinzu kommt: „Im Lichte der Idee der Wissensgesellschaft erscheinen die professionellen Bildungsaufwendungen kaum noch als herausragende Leistung. Insbesondere legitimieren sie keine dauerhafte Anmaßung besonderer Privilegien. Die professionelle Selbstverpflichtung auf Uneigennützigkeit und das Gemeinwohl schließlich kann öffentlich kaum glaubhaft vermittelt werden, wenn der professionelle Akteur sich gleichzeitig als ökonomisch denkender Kostenminimierer präsentieren muss" (Dröge 2003: 266). Darüber hinaus kommt es zu weiteren Balanceakten, die zuweilen in der einschlägigen Professionsliteratur als Professionalisierungshindernisse gekennzeichnet wurden und werden, namentlich die strukturellen Widersprüche zwischen Profession und Organisation. Professionelles Handeln ist interaktiv an Einzelfällen orientiert, während organisatorisches bzw. bürokratisches Handeln in der Logik des generalisierten Verwaltungshandelns stattfindet, das ihrerseits die professionellen Standards der klassischen Professionen (Juristen, Ärzte, Theologen) unterminiert.

In der Vergangenheit wurden diese widersprüchlichen Handlungsanforderungen als *doppeltes Mandat* oder als Widerspruch von *Hilfe und Kontrolle* immer wieder umschrieben. Professionen wiesen in historischer Perspektive eine gewisse *antiorganisatorische Präferenz* aus. So gesehen tolerierten die klassischen Professionen nur in sehr engen Grenzen formalisierte interne Hierarchien. Sie orientierten sich als tendenziell *Freie Berufe* in die Richtung von *Individualpraktikern* – auch wenn Professionelle als Angestellte in Organisationen tätig waren, entzogen sie sich den organisationsinternen Kontrollen und unterliefen die organisatorischen Routinen und kognitiven Vereinheitlichungstendenzen. In der professionellen Organisationsform ist im Gegensatz zur bürokratischen das Kollegium eine polykratische Struktur, eine Gruppe von Gleichen, ein kollektiver Zusammenschluss jenseits hierarchischer Strukturen. Die kollegiale Organisationsform setzt nicht auf das administrative, hierarchischen Anweisungen folgende Linienprinzip, sondern auf Loyalität, die dem Berufsstand verpflichtet ist und nicht der Domäne Organisation gelten. Sie setzt auf die Autonomie in der Berufsausübung, Selbstregulation, prinzipiellen(s) Kollegenrespekt und -vertrauen sowie auf kollegiale Kontrollformen und auf informelle Sanktionsformen bei grobem Fehlverhalten von Professionellen. Der Import und der Einschluss von Professionellen kann das Linienprinzip in bürokratischen Organisationen unterminieren. Die an „Autoritäten an Personen" gewöhnte „Befehlskette der Bürokratie" im hierarchischen System von Ämtern konkurriert mit dem – gerade nicht an generalisierten Regeln orientierten, sondern auf die individuelle und Bearbeitung von Einzelfällen ausgerichteten – selbstbestimmten professionellen Handeln. Auf diese Weise konkurrieren professionelle berufsspezifische Loyalitäten mit bürokratisch-organisationsspezifischen und können mit diesen in Konflikt geraten. In der Folge kann es zu Streitigkeiten, Unzufriedenheiten oder Ängstlichkeiten kommen (Klatetzki/Tacke 2005: 14).

Und auch im Zuge der „Vergesellschaftung der Wissenschaft" und des öffentlichen Legitimationsverlustes von Wissenschaft gerät das wissenschaftsgestützte selbstbestimmte Handeln der Professionellen in Organisationen unter Druck. Wissenschaftliches Wissen muss seinen Überlegenheitsanspruch gegenüber anderen Wissensformen aufgeben. Es verliert seinen traditionellen Vertrauens- und Glaubwürdigkeitsbonus und kann im Zuge wissensgesellschaftlicher und massenmedialer Dauerkritik immer weniger die Sonderstellung und Privilegienstruktur des professionellen Handelns legitimieren. Auch wissenschaftliches Wissen kann nicht mehr für bestimmte privilegierte gesellschaftliche Gruppen reserviert werden. Die „Orthogenilität des Wissens" tritt als „Prinzip funktionaler Differenzierung der Gesellschaft immer deutlicher hervor. Auf diese Weise werden nahezu allen beruflichen Gruppen „eine Kompetenz" zugeschrieben, die „spezifisch in dem Wissen, das diese Gruppen verwalten (und sei es tacit knowledge) ihre Grundlage hat. Die Professionalisierung eines Jeden (Wilensky 1964) ist aber offensichtlich das Ende der Professionen" (Stichweh 2005: 42).

Während die klassischen Professionen im Hinblick auf ihre Wissensbasis Glaubwürdigkeitsverluste hinnehmen mussten und im Prozess ihrer Universalisierung ausgehöhlt wurden, gewannen betriebswirtschaftlich-ökonomische Kriterien Dominanz im Zusammenhang professionellen Handelns. Die neue Zauberformel hieß und heißt bis heute *Qualität*. Und Wissenssysteme wurden aus der Strukturlogik der Professionssysteme herausgenommen und in organisatorischen Regelsystemen der Qualitätssicherung verortet. Dies führte zur „Institutionalisierung von Evaluation und Rechnungsprüfung" sowie zu „Qualitätskontrollen hinsichtlich erbrachter professioneller Leistungen (Stichweh 2005: 41). Die tendenziell unbestimmbaren, nicht standardisierbaren und nicht routinisierbaren professionellen Verfahrensweisen der Diagnose, des kognitiven Schlussfolgerns und der Behandlung treffen auf professionsabstinente, formalisierte und vordefinierte bürokratisierte Kategorien. Vorgegebene Qualitätsstandards, Verfahrensweisen, Richtgrößen, Verfahrensvorschriften, Effizienzerfordernisse können die professionellen Kernkompetenzen bspw. die Kunst des (Be-)Urteilens angesichts von Mehrdeutigkeiten und Deutungsalternativen unterminieren. Es kommt auch zu einer Verschiebung der professionellen kollegialen Kontrolle. Der kollektive Individualismus wird durch formale Verfahren (Evaluationen, Qualitätskontrollen, Zielvereinbarungen etc.) nicht allein durch fachfremde Administratoren substituiert. Auch kooperierende Professionelle stellen sich im Lichte des Nachlassens der Legitimationskraft von Wissenschaft/Disziplin und Profession durchaus reflektiert, aber zuweilen auch nicht reflektiert in den mindestens deprofessionalisierenden – oder sogar das „nahende Ende oder den Totengräber der Professionen" anzeigenden – Dienst des Managerialismus (Klatetzki 2005: 262ff.).

4   Soziale Arbeit: Eine professionelle Aufwertung jenseits einer eigenständigen Sozialarbeitswissenschaft vor dem Hintergrund der Deprofessionalisierung der klassischen Professionen

Wenn die klassischen Professionen in einen deprofessionellen Sog geraten, wie kann dann vor diesem Hintergrund die – historisch stets umstrittene – Profession Soziale Arbeit verstanden werden? Zunächst kann man im weiten Feld der Sozialen Arbeit auf den Ebenen von Interaktion und Organisation sehr wohl *professionelles Handeln in Interaktionskontexten auf der Grundlage einer professionellen Wissensbasis* konstatieren, welches dem Handeln in den old-established – professions der Ärzte, Rechtsanwälte, und Seelsorger funktional äquivalent ist.

Wie die klassischen Professionen befasst sich auch die Soziale Arbeit auf der Grundlage von Wissenschafts(-wissen) „typischerweise" mit der „Bewältigung kritischer Lebensereignisse sowie den Problemen und Gefährdungen menschlicher Lebensführung" (Ferchhoff/Kurz, 1998: 20). Soziale Arbeiter arbeiten u.a. in Organisations- und Managementkontexten wie auch in der psychosozialen Beratung. Sie überprüfen und vermitteln Rechtsansprüche auf sozialstaatliche Leistungen, sie betreiben methodisch unterstützt Einzelfallhilfe, Gruppenpädagogik und Gemeinwesenarbeit. Soziale Arbeiter sind als Schulsozialarbeiter tätig, sie initiieren außerschulische Bildungsangebote und Lernprozesse, treten als Heimpädagogen in die Rolle der professionellen Bezugspersonen ein (ebenda: 18).

Aber im Unterschied zu den klassischen Professionen ist leicht zu sehen, dass sich der Versuch einer klaren inhalts- und feldbezogenen Definition der Sozialen Arbeit als nahezu unmöglich erweist, wenn man sich anschaut, was Soziale Arbeiter faktisch tun. Die Pluralität und Heterogenität der inhaltlichen Praxis erfordert einen besonderen professionellen Wissenstypus. Dieser Wissenstypus ist neben generalisiertem Wissen und diffuser Allzuständigkeit vor allem auch feld- und fallbezogen profiliert durch ein hohes Maß an interner Spezialisierung, die bereits im Studium beginnt (ebenda, 20). Die Basis einer solchen Spezialisierung ist jenseits von Leitdisziplinen vornehmlich ein interdisziplinäres sozial- und humanwissenschaftliches Grundwissen, das ebenfalls im Studium erworben wird: Das Grundwissen der Sozialen Arbeit muss nicht nur den Zusammenhang zwischen gesellschaftlichen Lebensbedingungen und individuellen bzw. kollektiven Formen der Lebensbewältigung (unter Leitbegriffen wie: Erziehung, Sozialisation, Biographie, Lebensführung, soziale Ungleichheit der Ressourcenausstattung, soziale Ausgrenzung, strukturelle Diskriminierung, Devianz, Netzwerkorientierung usw.) einbeziehen, sondern auch die Diskussion um gegenwärtige gesellschaftliche Wandlungsprozesse. Die sich rapide verändernden Lebensbedingungen und Lebensformen bedingen Wandlungen im Feld der gesamten personenbezogenen Dienstleistungen, einschließlich einer weiter zunehmenden Differenzierung des Handlungsfeldes Sozialer Arbeit. Vor diesem Hintergrund ist eine reflexive Professionalisierung erforderlich. Soziale Arbeiter müssen in der Lage sein, ihr berufliches Handeln im Kontext gesellschaftlicher Veränderungsdynamiken zu verorten sowie Veränderungen in den verschiedenen Handlungsfeldern zu erforschen, d.h. im besten Sinne reflexive Praxisforschung betreiben.

„So gesehen kann eine Auseinandersetzung mit den ethisch-normativen Dimensionen des professionellen Handelns und seinen immanenten Widersprüchen (z. B: doppeltes Mandat) sowie eine fallbezogene Selbstreflexion", insbesondere in bezug auch auf das alltagsweltliche Spannungsfeld Nähe und Distanz (Dörr/Müller 2008) und die Dimensionen Persönlichkeit und Fachlichkeit, stattfinden (Dewe/Ferchhoff u .a. 2001) was den Sozialen Arbeiter – im Unterschied zum Soziologen bzw. Psychologen – als einen der helfenden Praxis verpflichtenden „menschenwissenschaftlichen Generalisten" kennzeichnet" (Ferchhoff/Kurz 1998: 20).

Aber oberhalb des Basiskonsensus besteht keine Einigkeit darüber, welches konkrete Wissen welcher wissenschaftlich(en) Disziplinen – etwa durch das Nadelöhr oder im Medium einer eigener Sozialarbeitswissenschaft – in welchem Umfang und in welcher Relationierung denn erforderlich sei, um Sozialer Arbeiter zu werden sowie welche praktischen und habituellen Fähigkeiten und Fertigkeiten zwingend oder fakultativ zu erwerben sind. Eine solche Einigkeit scheint zumindest mit dem Blick auf die konkrete Berufspraxis auch gar nicht erreichbar. Vor diesem Hintergrund wäre es erforderlich, die Frage, nach der Gemeinsamkeit dessen, was Soziale Arbeit genannt wird, auf einer relativ abstrakt-generellen Ebene zu beantworten.

Wenn die Ebene einer von der konkreten Vielfalt des praktischen Berufshandelns abstrahierende Reflexion betreten wird, dann erhebt sich die Frage nach der zentralen Problemstellung Sozialer Arbeit, von der eine entsprechende Theoriebildung ausgehen kann. Und hierbei unterscheiden sich miteinander konkurrierende Überlegungen (Ferchhoff/Kurz 1998: 21). Die institutionellen Unterschiede einer ausdifferenzierten Praxis wiederholen sich auf einer abstrakten Reflexionsebene. Aber es geht nicht anders. Nur so kann die Praxis der Sozialen Arbeit theoretisch reflektiert werden. Denn die Frage, woran es Einzelnen und Gruppen in modernen Gesellschaften mangelt und wie ihnen zu helfen sei, ist wohl mit dem Blick auf verschiedene Handlungsfelder bzw. Lebenslagen jeweils (situations-) spezifisch, also für das weite Feld der Sozialen Arbeit gerade nicht *eindeutig* zu beantworten.

An welcher wissenschaftlichen Leitdisziplin sich die Theorie der Sozialen Arbeit und die Ausbildung für die Soziale Arbeit orientieren? Auch die Beantwortung dieser Frage ist unklar. Die Theoriebildung und die Forschung der Sozialen Arbeit kann perspektivisch als ausdifferenzierte wissenschaftliche Disziplin mit tendenziell eigener kognitiver Identität verstanden werden, der ein reflexives Wissenstandsverständnis zugrunde liegt und die sich nicht nur als Ausbildungswissenschaft sondern durchaus als eigenständige theoretische Auseinandersetzung mit der Genese und Entwicklung sozialer Problemlagen sowie der Formen ihrer professionellen Bearbeitung befasst und zwar in dem oben genannten Sinn der Differenzierung unterschiedlicher Wissenssphären, dass das berufliche Handeln theoretisch betrachtet und kommentiert, „aber aufgrund der nicht aufhebbaren Differenz von Disziplin und Profession nicht primär seitens der Theorie gesteuert werden kann" (Ferchhoff/Kurz 1998: 22). In der Sozialen Arbeit wurde allerdings bis in die jüngste Vergangenheit meistens unhinterfragt die Praxisrelevanz der sozialwissenschaftlichen Theoriebildung von vornherein linear unterstellt. Ihr Selbstverständnis als nichtreflektierte Handlungswissenschaft liegt zumeist darin begründet, dass sie verwendungsorientiert meint, rationalitäts-, vernunft- oder erfolgsbezogen im Dienste, im Sinne bzw. in der Verantwortung zwecks

Verbesserung der Praxis zu wirken. Allerdings ist auch daran zu erinnern, dass im Gegensatz zur disziplinär-wissenschaftlichen Analyse das professionelle Handeln durch eine pragmatische Orientierung und eine *klinische Mentalität* charakterisiert ist, die auch bei unzureichender Daten- und Erkenntnislage unter permanentem Handlungs- und Entscheidungsdruck steht, also handeln muss und dabei einen „epistemologischen und ontologischen Individualismus" nahe legt. Aber auch die Auffassung, dass Theorien handlungsanleitend für die Praxis seien, scheint ungebrochen gerade auch von zahlreichen Management-Verfechtern geteilt zu werden" (Kleve 2007: 403). Dabei ist die zentrale Vorstellung bzw. Ausgangsüberzeugung die, dass Praxis durch Wissenschaft nicht nur angeleitet, sondern auch verbessert und schließlich auf das Rationalitätsniveau der Wissenschaft selbst gehoben werden könne. Die kognitive Überlegenheit von wissenschaftlich-disziplinären gegenüber dem praktischen Handlungswissen wird dabei unterstellt. „Und im Rahmen einer solchen wissenschaftszentrierten Sichtweise gibt es keinen Rationalitätsbruch zwischen wissenschaftlichen und außerwissenschaftlichen Handlungszusammenhängen. „Wissenschaftliches Wissen ist aber nur eine Komponente sozialarbeiterischen Handelns. Hinzu kommen beruflich habituelles Erfahrungswissen und die persönliche Identität des Handelnden." (Ferchhoff/Kurz 1998: 23)

Da der praktische Umgang im Sinne einer *Eigenlogik der Praxis* erfolgt, kann dieser nicht vom Wissenschaftssystem gelenkt oder gesteuert werden. Die Differenz von Disziplin und Profession vorausgesetzt, hätte sich disziplinäres Wissen nicht vordergründig an Ausbildungs- und (vermeintlichen) Praxisbedürfnissen zu orientieren. Disziplinäres Wissen hätte vielmehr die Differenz zwischen Disziplin und Profession, zwischen Forschung und Handeln aufzunehmen und nicht voreilig mit disziplinärem Wissen zuzuschütten (Tenorth 1989). Es geht also darum, dass das disziplinäre Wissen nicht die berufspraktische Vermittlungsleistung des Professionellen vorwegnimmt, sondern sich diesem als ein eigenständiges Reflexionsangebot zur Verfügung stellt.

5   Soziale Arbeit und neue reprofessionelle Perspektiven

Da der grundsätzliche Problembezug der Sozialen Arbeit – vermeintlich anders als bei den klassischen Professionen – sich auf wenig eingrenzbare, lebensweltnahe diffuse soziale Problemlagen bezieht, berührt ihr Problembezug gerade nicht nur spezifische, partikularisierte Ausschnitte des menschlichen Lebens in ihrer zwischensystemischen oder zwischenweltlichen Position. Soziale Arbeit bearbeitet sowohl die Sphären der alltäglichen Lebenswelt als auch die öffentlichen institutionalisierten Sphären. Überall dort, wo die Problemlösungen der klassischen Professionen nicht ausreichen, die Schwierigkeiten der Adressaten zu komplex, zu diffus und nicht grenzziehend eindeutig fassbar sind, stoßen allerdings auch die traditionellen klassischen Professionen an ihre Grenzen. oftmals tritt dann im besten Fall zwischenweltlich vermittelnd Soziale Arbeit auf den Plan. Insofern kann Soziale Arbeit auch als Profession *neuen Typs* (Schütze: 1992) aufgefasst werden, die den klassischen professionellen Kriterien nicht genügen kann, aber auch nicht will. Ihr reprofessionalisiertes Markenzeichen wäre der Umgang mit den strukturell nicht aufhebbaren Paradoxien sowie insbesondere die Ambivalenz, sich zwischen den unterschiedlichen disziplinären Perspektiven souverän bewegen und wechselseitig von einer Perspektive in eine andere übergehen zu können. Soziale Arbeit könnte so gesehen eine – auch für zukünftige, ehemals klassische Professionen durchaus wegweisende – reprofessionelle Perspektive aufweisen, die mit ihrer alltäglichen Lebensweltaffinität, ihrer Uneingrenzbarkeit und Diffusität sowie ihrer ganzheitlichen, netzwerkaffinen und empowermentorientierten Allzuständigkeit so umgeht, dass die vielen Widersprüchlichkeiten, Ambivalenzen und Paradoxien des beruflichen Tuns nach heutigen professionellen Umgangsweisen angemessener sind als die ehemals und immer noch zu hochgeschätzten partikularistisch-klassischen. Im Unterschied zu den traditionellen klassischen Professionen scheint der Profession der Sozialen Arbeit dieser heute zweifellos notwendige Umgang mit Paradoxien und Ambivalenzen *in die Wiege* gelegt. Und genau dieser Umstand könnte es sein, den sie den klassischen Professionen voraus hat. Die gesellschaftliche Bedeutung der Sozialen Arbeit hat – ohne dass die Berufsausübenden davon wissen und geschweige denn: profitieren – bereits eine besondere, den heutigen Phänomenen angemessene *Form* des professionellen Handelns hervorgebracht. (Ferchhoff/Kurz 1998: 25), die allerdings bis in die jüngere Vergangenheit hinein in der Öffentlichkeit, in der disziplinären Verortung und auch von den Berufsausübenden selbst stets – angesichts der ausschließlichen Orientierung an den idealisierten Indikatoren und Normen der klassischen Professionen – und im Horizont der Begrenzung, der Minderwertigkeit und des Scheiterns gedeutet und beurteilt wurde.

Überzieht man das professionelle Selbstverständnis dahingehend, wie es oftmals geschieht, nur in der Hilfe für Adressaten, Kunden und Klienten etc., dann ist dieses Selbstverständnis mit einer paradoxalen Struktur infiziert, wenn etwa ausgeblendet oder nicht genügend reflektiert wird, dass es immer auch um Normenkontrolle, um den Auftrag der Institution, der Politik, der Gesellschaft oder auch um den eigenen Auftrag des Professionellen geht. Die Paradoxie tritt dann offen zu Tage, wenn bspw. die gutgemeinte Hilfe scheitert und dem Professionellen oder dem Klienten dafür die Schuld zugewiesen wird. Die Paradoxien werden angemessen beschrieben: etwa im alteuropäischen Deutungshimmel des professionellen Alltags, mit dem Doppelauftrag von Hilfe und Kontrolle, von Nähe und Distanz, von Persönlichkeit und Fachlichkeit, von Institutionsauftrag und Klientenauftrag oder im systemtheoretischen Fahrwasser: etwa von Inklusion/Exklusion oder mit dem Schema Integration/Desintegration.

Im Rahmen einer solchen reprofessionellen, stellvertretenden Vermittlungsposition zwischen Wissenschaft und alltäglicher Lebenspraxis kann professionalisiertes Handeln in einer solchen Lesart als quasi widersprüchliche Einheit von universalisierter Regelanwendung auf mehrperspektivischer wissenschaftlicher Grundlage, inklusive der tendenziellen Neutralitätsverpflichtung und hermeneutischem Fallverstehen aufgefasst werden. Professionelles Handeln hat die Dialektik zwischen *Entscheidung* und *Begründung* auszuhalten und auszutarieren. Das professionelle Handeln teilt mit der wissenschaftlichen Perspektive den gesteigerten Begründungszwang, steht aber gleichzeitig wie das alltagspraktische Handeln unter permanentem Entscheidungszwang. Im Rahmen der Entscheidungsfindung werden dem Professionellen im Sinne des Entscheidungsdrucks *der Mut zur Entscheidung* in Form von pragmatischen Abkürzungsstrategien (häufig ohne sichere wissenschaftliche Abstützung) abverlangt. Professionalität wird aber nicht als heroische Einzelleistung – gleichwohl in der Sozialen Arbeit diese heroischen Einzelleistungen jenseits von Team, Supervision etc. empirisch häufig vorkommen – konzipiert, sondern als institutionalisierte Professionalität habituell in einem symbolischen Netz von Orientierungen, Methoden, settings und approbierten Lösungen abgesichert (vgl. Oevermann 1981; Schütze 1992; 1996). So gesehen wird im Konzept der lebenslagen- und lebensweltbezogenen Professionalisierung mittels stellvertretender Deutung die Anwendung des universalisierten wissenschaftlichen Regel- und Methodenwissens nur als eine – freilich nicht hintergehbare, zumeist entscheidungsvorbereitende, zuweilen aber auch nachträglich entscheidungsbegründende – Dimension des professionellen Handelns betrachtet, die erst subjekt- und problemspezifisch in einer fallverstehenden Kunstlehre und Hermeneutik real wirksam werden kann, die trotz ihrer Grundlage in alltagsweltlichen Lebenszusammenhängen und Handlungskompetenzen als „systematische Erkundungs- und Analyseverfahren besonders eingeübt werden muss und zu ihrer geordneten Anwendung im beruflichen Handlungsvollzug der Verinnerlichung zunächst expliziter Verfahrensprozeduren der Untersuchung und entsprechender Sozialisationsprozeduren bedarf" (Schütze 1992: 133). Dennoch: Soziale Arbeiter müssen selbst methodengeschult angesichts der mangelnden Standardisierbarkeit und spezifischen Unterdeterminierung des beruflichen Handelns in „Situationen der Ungewissheit und des Risikos ohne die Möglichkeit einer eindeutigen Abstützung im (situations- und personenunabhängigen) wissenschaftlichen Wissen und daher ohne (sichere) technologische Lösung der Aufgabe dennoch handlungsfähig (...) bleiben" (Tenorth 1986: 295/296). Methodisches Handeln in der Sozialen Arbeit ist geleitet von einem Methodenverständnis, das einen nicht-technokratischen, quasi entmethodisierenden Umgang mit Methoden (Olk 1986: 209) aufweist. Folgt man diesen Kriterien, dann agiert der professionalisiert Handelnde zwar idealtypisch auf der Basis eines auf „kognitive Rationalität" gegründeten Wissens, doch ist zugleich seine hermeneutische Kompetenz des Handeln-Könnens das *Medium*, in dem Ersteres überhaupt *problemorientiert* und *aufgabenzentrier* sowie im Kontext einer *stellvertretenden Deutung* wirksam werden kann, ohne die – im Grenzfall lediglich kontrafaktisch zu unterstellende – Autonomie des lebenspraktischen Entscheidungshandelns des Adressaten/Klienten zu zerstören. Der Maßstab für die jeweilige Angemessenheit professionalisierten Handelns im Rahmen einer Intervention ist demnach darin zu sehen, inwieweit eine professionelle Unterstützung der Lebenspraxis die – zumindest – kontrafaktisch gesetzte Autonomie des Handelns auf Seiten der Erziehungs- bzw. Hilfsbedürftigen respektiert, praktisch fördert bzw. wiederherstellt. Das Prinzip dieser selbstreflexiven professionellen Intervention jenseits von Bevormundung, Unterordnung und Zwang ist mehr als ein geworfener Notanker für eine sozialarbeiterische Professionalität und liegt in dem Können, die Adressaten, die *Sich-selbst-nicht-(mehr)-helfen-können* bei der Bearbeitung ihrer sie bedrängenden lebenspraktischen Schwierigkeiten und Probleme so zu unterstützen, dass qua Rekonstruktion verschiedener subjektiver und sozialer Sinnwelten – etwa in der Anerkennung brüchiger Strukturen der sich wandelnden Lebenswelten sowie der Pluralität von Normen, Wertvorstellungen, Lebensformen und Lebensstilen – für sie *neue* Perspektiven und Deutungshorizonte eröffnet und ihnen alternative Entscheidungswege zwecks *Behandlung* und *Lösung* angeboten und auch im Einverständnis mit ihnen gefunden werden.

Professionelle sozialarbeiterische Hilfebeziehungen sind in der Logik dieses *lebenslagen- und lebensweltorientierten Konzepts der stellvertretenden Deutung* daraufhin angelegt, dass sie zwar mit lebensweltlicher Empathie in Intimitätsbereiche verstehend eindringen, gleichsam aber angesichts der Befreiung vom Druck des *unmittelbaren Handelnmüssens* ohne allzu großen menschlichen Verschleiß im Sinne einer professionellen Abstinenz eingegangen und damit auch wieder verlassen werden können. Zudem scheint auch die Aufgabe der professionell notwendigen Distanz und die Erwartung von allzu großer *Nähe* am falschen sozialen Ort nicht zwangsläufig den helfenden Ertrag im Rahmen der (Mit-)Menschlichkeit des Lebens zu erhöhen. In dieser Hinsicht braucht man paradoxerweise also auch „Distanz zur Hilfe" (Tenorth 1989: 809), um überhaupt *helfen* zu können. Darüber hinaus sind die Sozialarbeiter insbesondere dann vom *Ausbrennen* bedroht, wenn sie von der alltäglichen Lebenspraxis ihrer Klienten soweit vereinnahmt werden, dass keine Differenz und keine Distanz mehr besteht zwischen dem eigentlich professionellen Beziehungshandeln und dem alltagsweltlichen, persönlich-intimisierten Beziehungshandeln nach dem Eltern-Kind- oder Gatten- bzw. Lebensgefährten-Modell.

Resümierend bleibt festzuhalten, dass das hier skizzierte lebenslagen- und lebenswelt-bezogene Konzept der *Professionalisierung der stellvertretenden Deutung* in der Sozialen Arbeit sich auf die paradoxe *Vermittlungs-* und *Binnenstruktur professionellen Handelns* bezieht. Die zentrale Frage lautet dann auch: Unter welchen – in sozialarbeiterischer Perspektive limitierten – Bedingungen können und sollten die Adressaten oder Klienten es wagen, ihre häufig überlebensnotwendige Widerständigkeit gegenüber Veränderungsansinnen aufzugeben und sich in eine tendenzielle Abhängigkeit von Professionellen zu begeben, ohne dabei bezüglich ihrer lebenspraktischen Autonomie Schaden zu nehmen und zugleich noch praktische Unterstützung bei der Bearbeitung der sie aktuell bedrängenden individuellen, sozialen und materiellen Handlungsprobleme zu finden (Dewe/Ferchhoff/Peters/Stüwe 1986; Olk 1986). Nicht unerwähnt bleiben sollte aber auch, dass Sozialarbeiter die – wenn auch nur kontrafaktisch unterstellte – „Autonomie ihrer Klientel unter bestimmten Umständen qua Berufsauftrag nicht respektieren können" (Olk/Otto 1989, XXVI). Für diese selbst pädagogischen Bearbeitungsstrategien nicht zugänglichen empirischen *Fälle* würde freilich das hier in erster Linie in den Arbeitsfeldern mit deutlich beratenden, bildenden und rehabilitativen Handlungselementen rekonstruierte Professionskonzept nur graduell Erklärungskraft besitzen. Die berufliche – nicht die in dem vorgestellten Sinne professionelle – Leistung von Sozialarbeitern besteht allerdings immerhin darin, „das permanente, gesellschaftlich aber nicht tolerierte, sondern in neue (ebenfalls scheiternde) Versuche übersetzte Scheitern des Versuchs auszuhalten, in Adressaten (und Klienten) die Prämisse zu habitualisieren, (ihre Autonomie zu bewahren), ihr Leben selbst zu gestalten, für die angesichts der Strukturprinzipien der Gesellschaft Eigentätigkeit nicht erfolgreich ist" (Tenorth 1989: 817).

Dennoch: das lebenslagen- und lebensweltbezogene Konzept der Professionalisierung der stellvertretenden Deutung könnte gerade angesichts der zumeist faktischen Asymmetrie der Rollenbeziehungen im Kontext der Stellvertretungsposition von Sozialarbeitern dafür sensibel machen, die möglichen schädlichen Wirkungen der Interventionen in die lebenspraktischen Handlungszusammenhänge von Klienten tatsächlich ernst zu nehmen. Mit anderen Worten: derartige problematische Wirkungen von *Hilfe* können in der Logik dieses Konzepts nur dann im doppelten Mandat von Selbsthilfe und Selbstkontrolle unter die Kontrolle von Professionellen und Adressaten sozialer Hilfen gleichermaßen gebracht werden, wenn es denn gelingt, in der unmittelbaren Interaktionsbeziehung zwischen Professionellen und Klienten die praktische Anerkennung der Entscheidungs- und Handlungsautonomie der Adressaten jenseits expertokratischer Verunreinigungen sicherzustellen, und durch permanent mitlaufende Prozesse reflexiver Selbstthematisierung und Kontrolle ein gleichsam kontextgebundenes Einverständnis über Art, Sinn und Zielperspektive des professionellen Problembearbeitungsprozesses herzustellen (Dewe/Ferchhoff/Radtke 1992). Wenn die professionellen Sozialarbeiter angesichts der die Klienten bedrängenden lebenspraktischen Probleme in deren Lebenspraxis intervenieren (müssen), ist sicherzustellen, dass jenseits prinzipiell nicht aufhebbarer struktureller Gewaltformationen und jenseits von Zwangsinterventionen, Anbefohlensein und gesellschaftlicher Normensicherung zumindest kontrafaktisch die Autonomie der Erziehungs- und Hilfebedürftigen nicht durch Bevormundung und Unterordnung verletzt wird. In einer solchen lebensweltorientierten Vorstellung von Professionalisierung geht es also darum, dass Sozial Arbeit eine stellvertretende, in gewisser Hinsicht auch distanzierte Position gegenüber der Lebenspraxis der Klienten einnimmt und über einen weiteren Wissens- und Deutungshorizont verfügt als die Adressaten und die Klienten selbst, und dass das Bereitstellen und Einsetzen dieser mehrperspektivischen Sichtweisen im Berufsvollzug die Klienten befähigen, ihre – kontrafaktisch stets schon unterstellte oder zumindest für möglich gehaltene – selbständige Lebensführung etwa qua Aktivierung oder Reaktivierung alltagsweltlicher Ressourcen zu befördern oder wieder zu erlangen. Aber auch hier gilt es daran zu erinnern, dass viele Aufgabenstellungen der modernen Sozialen Arbeit nicht ausschließlich und allein im Medium direkter sozialarbeiterischer Interaktionen bearbeitet und gedeutet werden können – die sozialarbeiterische Interaktionslogik ist eingebettet in gesellschaftliche Strukturen und Organisationsstrukturen, die – gerade wenn daten- und wissensgestützte Begründungen für das berufliche Handeln nicht geliefert und keine gesellschaftliche Legitimationen und Lizenzierungen erworben werden können und kein professioneller Habitus ausgebildet wird – inzwischen in der Logik einer ökonomischen Rationalität nicht immer zwangsläufig professionelles Handeln ermöglichen (können). Die Strukturen professionellen Handelns können (müssen allerdings nicht) überlagert oder untergraben werden, vornehmlich in den Funktions- und Strukturlogiken der Ökonomisierung des Sozialen und der Neuen Steuerung durch Autonomie hemmende, professionsinadäquate ökonomische, sozialrechtliche, sozialpolitische, sozialplanerische und sozialverwalterische Aspekte (Ferchhoff/Kurtz 1998: 22; vgl. etwa: wie professionelles Handeln und Management und die Ökonomisierung der Sozialen Arbeit sich nicht ausschließen müssen; Sommerfeld/Haller 2003: 61ff.). Dennoch: Das hier rekonstruierte lebenslagen- und lebensweltorientierte Professionalisierungsmodell der stellvertretenden Deutung führt nicht unmittelbar zu neuen „professionellen Ratschlägen" für Berufspraktiker, wohl aber möglicherweise zu *heilsamen* Einsichten in die Möglichkeiten und Grenzen der sozialarbeiterischen Semantik, in die Möglichkeiten und Grenzen des Voluntarismus sozialarbeiterischer Konstruktionen und somit auch in die Möglichkeiten und Grenzen jenseits idealisierter Wunschkonstruktionen der eigenen beruflichen Tätigkeit.

Literatur

Baumert, Jürgen/Kunter, Mareike (2006): Stichwort: Professionelle Kompetenz von Lehrkräften. In: Zeitschrift für Erziehungswissenschaft. 4, 2006, 469-520

Daheim, Hansjürgen (1992): Zum Stand der Professionssoziologie. Rekonstruktion machttheoretischer Modelle der Profession. In: Dewe, Bernd/Ferchhoff, Wilfried/Radtke, Frank-Olaf (1992): 21-35

Albrecht, Günter/Daheim, Hansjürgen/Sack, Fritz (1973) (Hrsg.): Soziologie, Sprache, Bezug zur Praxis, Verhältnis zu anderen Wissenschaften. Opladen. Westdeutscher-Verlag

Combe, Arno/Helsper, Werner (1996) (Hrsg.): Pädagogische Professionalität. Historische Hypotheken und aktuelle Entwicklungstendenzen. Frankfurt/Main. Suhrkamp-Verlag

Combe, Arno/Helsper, Werner (1996): Einleitung: Pädagogische Professionalität. Historische Hypotheken und aktuelle Entwicklungstendenzen. In: Dieselben (1996): 7-48

Dewe, Bernd/Ferchhoff, Wilfried/Peters, Friedhelm/Stüwe, Gerd (1986): Professionalisierung. Kritik. Deutung. Soziale Dienste zwischen Verwissenschaftlichung und Wohlfahrtsstaatskrise. Frankfurt/Main.

Dewe, Bernd/Ferchhoff, Wilfried/Radtke, Frank-Olaf (1992) (Hrsg.): Erziehen als Profession. Oplasen. Leske + Budrich

Dewe, Bernd/Ferchhoff, Wilfried/Scherr, Albert/Stüwe, Gerd (2001): Professionelles soziales Handeln (3. Auflage). Weinheim-München. Juventa-Verlag.

Dörr, Margret/Müller, Burkhard (Hrsg.) (2008): Nähe und Distanz. Ein Spannungsfeld pädagogischer Professionalität, Weinheim-München. Juventa-Verlag

Dröge, Kai (2003): Wissen – Ethos – Markt. Professionelles Handeln und das Leistungsprinzip. In: Mieg, Harald/Pfadenhauer, Michaela (2003): 249-266

Ferchhoff, Wilfried/Kurtz, Thomas: (1998): Professionalisierungstendenzen der Sozialen Arbeit in der Moderne. In: Neue Praxis. 2. 1998. 12-26

Freidson, Eliot (1975): Dominanz der Experten. Zur sozialen Struktur medizinischer Versorgung (Medizin und Sozialwissenschaften 3), München. Piper-Verlag

Gouldner, Alvin W. (1980): Die Intelligenz als neue Klasse. Sechzehn Thesen zur Zukunft der Intellektuellen und zur technischen Intelligenz. Frankfurt am Main/New York. Campus-Verlag

Klatetzki, Thomas (2005): Professionelle Arbeit und kollegiale Organisation. Eine symbolisch-interaktionistische Perspektive. In: Klatetzki, Thomas/Tacke, Veronika (2005): 253-283

Klatetzki, Thomas/Tacke, Veronika (2005): Einleitung. In: Dieselben (2005): 7-30

Klatetzki, Thomas/Tacke, Veronika (2005) (Hrsg.): Organisation und Profession. Wiesbaden. VS Verlag für Sozialwissenschaften

Kleve, Heiko: Soziale Arbeit und Ambivalenz. Fragmente einer Theorie postmoderner Professionalität In: Neue Praxis.. 4. 1999. 368-382

König, René/Tönnesmann, Michael (1965) (Hrsg.): Probleme der Medizinsoziologie. Sonderheft 3 der Kölner Zeitschrift für Soziologie und Sozialpsychologie

Kurtz, Thomas (2003): Gesellschaft, Funktionssystem, Person, Überlegungen zum Bedeutungswandel professioneller Leistung. In: Mieg, Harald/Pfadenhauer, Michaela (2003): 89-107

Lutz, Ronald (2008): Perspektiven der Sozialen Arbeit. In: Aus Politik und Zeitgeschichte 1. 2008. 1-10

Merten, Roland (1997): Autonomie der Sozialarbeit. Zur Funktionsbestimmung als Disziplin und Profession, Weinheim-München. Juventa-Verlag

Mieg, Harald/Pfadenhauer, Michaela (2003) (Hrsg.): Professionelle Leistung – Professionelle Performance, Konstanz. Universitätsverlag

Luhmann, Niklas/Schorr, Karl Ernst (1986):Zwischen Intransparenz und Verstehen. Fragen an die Pädagogik, Frankfurt/Main. Suhrkamp-Verlag

Luhmann, Niklas/Schorr, Karl Ernst (1988): Reflexionsprobleme im Erziehungssystem. Frankfurt/Main. Suhrkamp-Verlag

Oevermann, Ulrich (1981): Professionalisierung der Pädagogik. Professionalisierbarkeit pädagogischen Handelns. Mitschrift eines Vortrags im Sommer Semester 1981 an der FU Berlin.

Olk, Thomas (1986): Abschied vom Experten. Sozialarbeit auf dem Weg zu einer alternativen Professionalisierung, Weinheim-München. Juventa-Verlag

Olk, Thomas/Otto, Hans-Uwe (1989): Perspektiven professioneller Kompetenz. In Dieselben (1989): IX-XXXII

Olk, Thomas/Otto, Hans-Uwe (1989) (Hrsg.):: Soziale Dienste im Wandel, Band 2. Entwürfe sozialpädagogischen Handelns Neuwied 1989. Luchterhand

Parsons, Talcott (1939): The Professions and Social Structure. In: Social Forces 17. 1939. 457-467.

Parsons, Talcott (1965): Struktur und Funktion der modernen Medizin. In: König, René/Tönnesmann, Michael (1965), Sonderheft 3 der Kölner Zeitschrift für Soziologie und Sozialpsychologie. 10-57

Parsons, Talcott (1978): Action Theory and the Human Condition . New York. Free Press

Parsons, Talcott (1978): Research with Human Subjects and the Professional Complex'. In: Derselbe: (1978): 35-65

Pfadenhauer, Michaela (2003): Macht – Funktion – Leistung: Zur Korrespondenz von Eliten- und Professionstheorien. In: Mieg, Harald/Pfadenhauer, Michaela (2003): 71-87

Rüschemeyer, Dietrich (1973): Professions. Historisch und kulturell vergleichende Überlegungen. In: Albrecht, Günter/Daheim, Hansjürgen/Sack, Fritz (1973): 250-260

Schütze, Fritz.: Sozialarbeit als „bescheidene" Profession. In: Dewe, Bernd/Ferchhoff, Wilfried/Radtke, Frank-Olaf (1992): 132-170

Schütze, Fritz: Organisationszwänge und hoheitsstaatliche Rahmenbedingungen im Sozial-wesen. Ihre Auswirkungen auf die Paradoxien des professionellen Handelns. In: Combe, Arno/Helsper, Werner (1996): 183-275

Sommerfeld, Peter/Haller, Dieter: Professionelles Handeln und Management. In: Neue Praxis 1. 2003: 61-89

Stichweh, Rudolf (1992): Professionalisierung, Ausdifferenzierung von Funktionssystemen, Inklusion. Betrachtungen aus systemtheoretischer Sicht. In: Dewe, Bernd/Ferch-hoff/Wilfried/Radtke, Frank-Olaf (1992): 36-48

Stichweh, Rudolf (1994) (Hrsg.): Wissenschaft, Universität, Professionen. Soziologische Analysen. Frankfurt/Main. Suhrkamp-Verlag

Stichweh, Rudolf (1994): Professionen und Disziplinen: Formen der Differenzierung zweier Systeme beruflichen Handelns in modernen Gesellschaften. In: Derselbe: (1994): 278-336

Stichweh, Rudolf (1996): Professionen in einer funktional differenzierten Gesellschaft. In: Combe, Arno/Helsper, Werner (1996): 49-69

Stichweh, Rudolf (2004): Wissenschaftsgesellschaft und Wissenschaftssystem, Manuskript, Luzern

Stichweh, Rudolf (2005): Wissen und die Professionen in einer Organisationsgesellschaft. In: Klatetzki, Thomas/Tacke, Veronika (2005.): 31-44

Tenorth, Heinz.-Elmar (1986): „Lehrerberuf s. Dilettantismus". Wie die Lehrprofession ihr Geschäft verstand. In: Luhmann, Niklas/Schorr, Karl Ernst (1986): 275-322

Tenorth, Heinz-Elmar (1989): Professionstheorie für die Pädagogik? In: Zeitschrift für Pädagogik, 6. 1989. 809-824

Wilensky, Harold (1964): The Professionalization of Everyone? In: American Journal of Sociology 71. 1964. 137-158

Annäherung durch Wandel. Praxis, Lehre und Wissenschaft Sozialer Arbeit im Kaleidoskop des Alltags[*]

Albert Mühlum

Das Karussel

Mit einem Dach und seinem Schatten dreht sich
eine kleine Weile der Bestand
von bunten Pferden, alle aus dem Land
das lange zögert, eh es untergeht.

Zwar manche sind an Wagen angespannt,
doch alle haben Mut in ihren Mienen;
ein böser roter Löwe geht mit ihnen
und dann und wann ein weißer Elefant
....

Rainer Maria Rilke

Sehr geehrte Damen und Herren, liebe Kolleginnen und Kollegen,

30 Jahre Fachhochschule – 30 Jahre Soziale Arbeit – Lebensgeschichte von uns allen. Wer erinnert sich dabei nicht des bunten Reigens von Personen und Geschichten des „gleichen Bestands", um mit Rilke zu sprechen. Wer kennt nicht – im (Rück-)Blick auf die Hochschule und den fachlichen Diskurs – die bunten Pferde, die roten Löwen, die mutigen Mienen und eben auch manchen weißen Elefanten?

Ich will sie hier nicht aufzählen, will Ihnen an diesem Festtag aber auch keinen wissenschaftlichen Vortrag zumuten, keine Folien, nicht einmal Laptop und Beamer. Sie haben nur mein Wort und Ihre Imagination. Die werden Sie brauchen, weil ich kleine Geschichten anbiete, die wie Drehungen im Kaleidoskop unserer Kindertage Bilder inspirieren sollen. Kaleidoskop ist ein fernrohrähnliches Spielzeug, bei dem sich beim Drehen bunte Glassteinchen zu Mustern und Bildern formen. Also: Bildhafte Annäherungen an das Thema.

1   Annäherung an den Beruf

Von Sozialarbeit sprechen heißt, von Schwierigkeiten zu sprechen, von Problemen und Krisen, aber auch von Chancen und Lösungen. 30 Jahre FH sind gewiss 30 Jahre Variationen zum Thema „Was ist Sozialarbeit?"

Anstelle mehr oder weniger bekannter, mehr oder weniger überzeugender Antworten hier eine etwas ungewöhnliche Perspektive.

Der kleine Prinz trifft einen Sozialarbeiter (nach Wolfang Gernert):

„Guten Tag", sagte der kleine Prinz. „Guten Tag", sagte der Sozialarbeiter. „Was machst Du da?" fragte der kleine Prinz den Sozialarbeiter, der in seinem Büro hinter einem Berg Akten am Schreibtisch saß und mit Papieren hantierte. „Ich berate Menschen bei all ihren Problemen", sagte der Sozialarbeiter nicht ohne Stolz, „hast du Probleme?" fragte er. „Nein, wa-

---

[*]   Festvortrag FH-Emden, 16.1.2004

rum?" entgegnete der kleine Prinz. „Fast alle haben heute Probleme", stellte der Sozialarbeiter fest. „Ich spreche mit ihnen, und wenn sie ihre Probleme ebenso sehen wie ich, dann schicke ich sie weiter – zu einem Therapeuten, zu einem Arzt oder einem Psychologen". „Das ist aber seltsam: und woher weißt du, was die Menschen brauchen, kennst du sie alle genau?" fragte der kleine Prinz. „Du siehst, ich habe zu tun", antwortete der Sozialarbeiter, dem diese Frage nicht gelegen kam... Der kleine Prinz wiederholte: „Und woher weißt du, was die Menschen brauchen?" Denn er verzichtete nie auf die Beantwortung einer Frage. „Ich bin selbst ein Mensch", antwortete der Sozialarbeiter knapp, „und außerdem habe ich an einer Hochschule studiert", fügte er hinzu, um das Gespräch von sich aus zu beenden. Der kleine Prinz wurde lebhaft: „Dass du ein Mensch bist, das sehe ich. Aber was hast du studiert – etwa Menschenkunde?" „Nein, vieles Wichtige: Soziologie, Politik, Pädagogik, Psychologie, Recht, Verwaltung und Methodenlehre..., einen Grundkurs in Statistik und Computerkunde, und schließlich besuchte ich einen Supervisor – das ist ein Berater-Berater". „Oh", sagte der kleine Prinz etwas kleinlaut. „Das ist ja sehr viel. Aber was hat das alles mit dem Menschen zu tun?" Und im Fortgehen begriffen fügte er leise hinzu: „Wenn ich Probleme hätte, würde ich einen langen Spaziergang machen und mich anschließend mit einem meiner Freunde unterhalten".

Ich hoffe, dieser Sozialarbeiter war kein Absolvent Ihrer FH; ich hoffe weiter, dass die berufliche Sozialarbeit mehr bzw. anderes anzubieten hat; und ich hoffe schließlich, dass wir die Lösung *nicht* in der *Inkompetenzkompensationskompetenz* sehen, wie Odo Marquard (1995) mit ironischem Blick auf die Philosophie, sondern in belegbaren Fähigkeiten und Fertigkeiten. Die verbreitete Sprachlosigkeit der Sozialarbeit, die Unfähigkeit, das eigene Tun zu beschreiben, zu dokumentieren, zu begründen hat allerdings auch mit uns Lehrenden zu tun.

2   Annäherung an die gesellschaftliche Funktion

Von Sozialarbeit sprechen heißt auch, ihren Auftrag und Stellenwert in der Gesellschaft zu klären. Offenbar eine unendliche Geschichte. Ich erinnere mich z.B. an den Fürsorgetag 1968 oder 69, so hieß das damals, der die Reduktion der Sozialarbeit auf die Sanitäterrolle beklagte: Wunden zu verbinden, die auf dem Kampfplatz des Kapitalismus geschlagen werden, ohne den Kampf selbst beeinflussen oder gar beenden zu können. Die ethischen und politischen Implikationen eines solchen Verständnisses drängen sich auf – heute verstärkt im Zeichen der Globalisierung und der Verwerfungen des Sozialstaats.

Mein 2. Bild:

Von Königin Victoria wird berichtet, wie sie einst beim Ausritt die Slumbezirke Londons streifte und – erschrocken über das unerwartete Elend – ihren Fächer vor die Augen hielt. Der *Fächer der Königin* als Symbol für die verbreitete Einstellung: Was ich nicht weiß, macht mich nicht heiß. Eine andere Königin, Marie-Antoinette, soll am Vorabend der Revolution auf die Klage, das Volk habe kein Brot mehr, geantwortet haben „sollen sie doch Kuchen essen".

Nun ist der Spott auf Königinnen wohlfeil. Wie aber reagieren wir – drinnen und draußen – auf Armut und Benachteiligung? Ich behaupte: überwiegend mit Angst und Abwehr, wobei der Fächer der Königin viele Formen annehmen kann.

Eine Sozialarbeit aber, die den Fächer beiseite schiebt, macht sich unbeliebt, wird zum personifizierten *schlechten Gewissen* der Gesellschaft, die sie mit ihren Problemen konfrontiert. Paradoxer Weise dient sie gleichzeitig der Entlastung und Rechtfertigung, weil sie sozialen Sprengstoff entschärft und Systemloyalität fördert und so zum *guten Gewissen* des Sozialstaats beiträgt (Mühlum 2001).

Der Mythos von Scylla und Charybdis ist – neben dem des Sysiphos – <u>die</u> Metapher der Sozialarbeit (Kähler 1996). Wie kaum eine andere Profession ist sie *Zerreißproben* ausgesetzt, sitzt *zwischen den Stühlen* und gerät *zwischen die Fronten*. Vermutlich sind die strukturellen Ambivalenzen sogar konstitutiv für sie, wie Heiko Kleve (2000) für die Sozialarbeitswissenschaft der Postmoderne argumentiert, – was ihre fragile Identität aber nur z.T. erklärt (Mühlum et al. 1997).

Gewiss wäre es vordergründig, der Sozialarbeit selbst die Schuld daran zu geben, weil sie sich immer wieder auf hoffnungslose Aufgaben einlässt. Aber auch dies ist nur zu bekannt: Blaming the Victim. Viel ergiebiger wäre es, die gesellschaftlichen Antinomien zu analysieren, die dahinterstehen, um zu begreifen, dass Sozialarbeit wie auch Sozialpolitik noch im Falle ihres Scheiterns eine entlastende Funktion haben, – in einer Gesellschaft, die selbst untergründig in die Gemengelage sozialer Probleme verstrickt ist, die zu lösen sie sich anschickt (Nothelle-Wildfeuer 1999, Bourdieu 1997).

Die Kontroversen um Pädagogisierung, Moralisierung, Ökonomisierung und Politisierung sozialer Anliegen lassen den Konflikthorizont von Diskriminierung und Sozialdisziplinierung auf der einen und Autonomie- und Emanzipationsbestrebung auf der anderen Seite erkennen. (Stichwort: Annäherung durch Wandel).

3   Annäherung an die Theorie

Seit es beruflich ausgeübte Sozialarbeit gibt, gibt es das Nachdenken über Ursachen und Zusammenhänge sozialer Nöte. Trotz fortwährender Generierung von Wissen mit unterschiedlichem theoretischem Gehalt und Anspruch lässt die Disziplinbildung zu wünschen übrig. Der Schlüssel für die Weiterentwicklung und Systematisierung liegt ohne Zweifel in der *Sozialarbeitsforschung*, die erfreulicherweise in jüngster Zeit an Breite und Tiefe gewinnt. Daran sind die Kollegen und Kolleginnen dieser Hochschule aktiv beteiligt.

3. Bild: Die Schaulustigen und der Elefant (nach Nossrat Peseschkian)

Man hatte einen Elefanten zur Ausstellung bei Nacht in einen dunklen Raum gebracht. Die Menschen strömten in Scharen herbei. Da es dunkel war, konnten die Besucher den Elefanten nicht sehen, und so versuchten sie, seine Gestalt durch Betasten zu erfassen. Da der Elefant groß war, konnte jeder Besucher nur einen Teil des Tieres greifen und es nach dem Tastbefund beschreiben. Einer der Besucher, der ein Bein des Elefanten erwischt hatte, erklärte, dass der Elefant wie eine starke Säule sei; ein zweiter, der die Stoßzähne berührte, beschrieb den Elefanten als spitzen Gegenstand; ein dritter, der das Ohr des Tieres ergriff, meinte, er sei einem Fächer nicht unähnlich; der vierte, der über den Rücken des Elefanten strich, behauptete, dass der Elefant so gerade und flach sei wie eine Liege.

Auch Forscher und Sozialarbeiter tappen nicht selten im Dunkeln, und <u>wie</u> sie dieses zu durchdringen versuchen, entscheidet wesentlich über die Qualität ihrer Erkenntnis. Das

Bemühen um tiefere Einsicht zielt vor allem auf Erklärungswissen und Veränderungswissen (das ohne Wertewissen allerdings ins Leere läuft). Auch dies kommt in den sozialarbeitswissenschaftlichen Beiträgen Ihres Kollegiums zum Ausdruck. Im übrigen besteht an Theorien bzw. theoretischen Ansätzen kein Mangel. Mangelhaft blieb in der 30jährigen Geschichte aber die inhaltliche Abstimmung und Kooperation.

Teresa Bock beklagte schon in den 80er Jahren, die Wissenschaftsbemühungen fingen immer wieder bei 0 an um bei 0,1 zu enden – ohne aufeinander aufzubauen oder wenigstens Bezug zu nehmen. Dieses Manko wiegt umso schwerer, als im modernen Wissenschaftsverständnis einzig die Gemeinschaft der Forschenden und Lehrenden die Auctoritas ist, die über Zuschnitt, Vorgehensweise und Inhalte des Untersuchungsbereiches befindet, also z.B. darüber, wie Erkenntnisgewinnung organisiert und neues Wissen generiert oder welche Wissensbestände dem „Body of Knowledge" zugerechnet werden sollen. Hier muss an die Deutsche Gesellschaft für Sozialarbeit als Wissenschaftliche Gesellschaft, aber auch an das vom Kollegen Mührel initiierte Internet-Portal „Sozialarbeitswissenschaft" erinnert werden, dessen Bedeutung in diesem Zusammenhang nicht hoch genug geschätzt werden kann.

4   Annäherung an die Ausbildung

Erkenntnisbemühungen der angedeuteten Art und ihre Vermittlung an zukünftige Sozialarbeiter und Sozialpädagoginnen sollten vor allem die Lebenswirklichkeit der Adressaten und das berufliche Handeln im Blick haben. Nun kennen alle den wechselseitigen Vorwurf einer „Theorieignoranz der Praxis" und einer „Praxisirrelevanz der Theorie". Genau besehen handelt es sich oft 'nur' um die fehlende Passung, wie folgende Begebenheit zeigt:

4. Bild:

In einer Schulklasse wurde gefragt, weshalb der Riese Polyphem mit seinem Felsbrocken das Schiff des Odysseus wohl verfehlt hat. Der Lehrer griff zu einer naturwissenschaftlichen Erklärung und erläuterte, dass zum räumlichen Sehen zwei Augen erforderlich sind und dass Polyphem daher mit seinem Zyklopenauge die Entfernung nicht richtig habe abschätzen können. Daraufhin meldet sich ein aufmüpfiger Schüler mit dem Hinweis, dass Odysseus ihm dieses Auge doch ausgebrannt habe. Die Antwort des irritierten Lehrers: „Ja, das kommt noch hinzu!"

Fehlende Passung ist ein zentrales Problem der Bezugswissenschaften und jener Kollegen, die unbeirrt der Logik ihrer Herkunftsdisziplin folgen, ohne sich auf den Fokus Sozialarbeit einzulassen. Eine Antwort darauf war die Studienreform, die sich nun in den Stufenabschlüssen BA und MA fortsetzt – diesmal eher ein Exempel für „Wandel durch Annäherung". Der Rückzug des Staates soll durch Evaluation und Akkreditierung kompensiert werden, also Peer-Reviews, die aber ihrerseits gemeinsame Vorstellungen von Qualität und Standards voraussetzen. Dabei ist nicht so sehr das Wissen, sondern das Können und die professionelle Haltung das Problem.

Eine Weisheit der Dakota-Indianer lautet: Wenn Du ein totes Pferd reitest, steig ab. Das mag eine Weisheit sein, professionell ist es nicht. Profis handeln anders, z.B. sie

- diskutieren, ob das Pferd wirklich tot ist
- gründen eine Selbsthilfegruppe für Tote-Pferde-Reiter
- ändern die Kriterien für den Tod eines Pferdes
- suchen internationale Standards für den Beritt toter Pferde
- bieten Motivationskurse für tote Pferde und/oder ihre Reiter an....

Ernsthafter ist der ethische Konflikt, der die Ökonomiedebatte beherrscht und im Grundwiderspruch von mitmenschlich solidarischem und wirtschaftlich vernünftigem Handeln in Brechts *Parabelstück* „Der gute Mensch von Sezuan" zum Ausdruck kommt. Die Ausbildungsgeschichte reflektiert solche Antinomien unablässig, – was Schieflagen in der Berufsgeschichte durch Überbetonung eines Pols keineswegs ausschließt. Schon hier lässt sich vermuten, dass die geschilderten Widersprüche existentielle Bedeutung haben, dass die Spannung wohl ausgehalten werden muss und dass eine bescheidene „Lösung" darin liegen mag, das jeweils am stärksten gefährdete Ziel vorrangig zu verfolgen, was nicht mit einem standpunktlosen „sowohl als auch" zu verwechseln ist. Denn auch das zeigt die Geschichte: Wem alles <u>gleich</u> gültig ist, der wird *gleichgültig* gegenüber Menschen, Macht und Moral – wahrlich eine schlechte Voraussetzung für helfende Berufe.

Versuchen wir, die Bilder durch eine weitere Drehung des Kaleidoskops zu verknüpfen: 5. Bild: Das „Soziale Rad"

Stellen Sie sich bitte die Praxis, Lehre, Forschung und Wissenschaft der Sozialen Arbeit als Speichen eines Rades vor. Das Rad zwingt dazu, weiter nachzudenken über die Nabe, den Kern, um den sich das Ganze dreht: Vorstellungen von der Natur des Menschen, von sozialer Gerechtigkeit und einem gelingenden Leben – also philosophisch-anthropologische Aspekte; und über die Lauffläche, etwa Institutionen und Sachverhalte, die die Speichen verbinden und damit Gestalt und Funktion des Rades erst ermöglichen.

Ich will die Analogie nicht übertreiben, und doch drängen sich weitere Fragen auf: beispielsweise nach dem Drehmoment und der Ladung, wer schiebt und wer zieht, wer lenkt, wer bremst und wer gerät am Ende unter die Räder? (Erinnerungen an Hermann Hesse „Unterm Rad" sind durchaus naheliegend).

Jedenfalls steht das Rad für eine runde Sache, für Ganzheit, Bewegung, Dynamik.

Und ich darf – schon fast als Resumée – feststellen: Kolleginnen und Kollegen dieser Hochschule haben es bewegt und voran gebracht. Erlauben Sie daher bitte mit Blick auf das Kollegium noch einige fachwissenschaftliche Hinweise.

5   Annäherung an eine Sozialarbeitswissenschaft

Begrifflich und systematisch steht hinter dem Streit um SAW die – historisch begründete – Trennung von Sozialarbeit und Sozialpädagogik und deren disziplinäre Repräsentanz. Ganz offensichtlich ist die Disziplinwerdung nicht allein von Erkenntnisleistungen abhängig, sondern auch von gesellschaftlichen Interessen, von Macht und Durchsetzungsvermögen, d.h. es sind nicht wissenschafts*theoretische* sondern wissenschafts*politische* Gründe, die der Kontroverse zugrunde liegen. So suchte z.B. die Sozialpädagogik ihrer prekären Situation innerhalb der Erziehungswissenschaft mit der Ausweitung des Gegenstandsbereiches zu begegnen, während umgekehrt die Sozialarbeit im Interesse der Selbstbehauptung und Selbstrekrutierung der Lehrenden ihre Disziplinbildung voran treibt.

Um Missverständnissen vorzubeugen: Für SozialarbeitswissenschaftlerInnen handelt es sich keineswegs nur um ein semantisches Problem oder um Statusfragen. Vielmehr gibt es fachliche und wissenschaftssystematische Gründe, den Sozialarbeitsfokus zu betonen. So ist z.B. die Funktionslogik des Hilfesystems nicht pädagogisch, sondern sozialpolitisch bestimmt, und in globaler Perspektive sind sozialpädagogische Aspekte und Handlungsfelder stets Teil des umfassenden Social Work und nicht umgekehrt. Die SAW ist insofern auch eine Chance, sich aus der erziehungswissenschaftlichen Subordination zu lösen und dennoch (sozial-) pädagogische Aspekte zu integrieren. Auch hier ist Annäherung durch Wandel angesagt.

So wurde nun endlich die *Fachwissenschaft Soziale Arbeit* – von HRK und KMK formell anerkannt – als Kern des Studiums. Sie soll das Aufgabenfeld in seiner ganzen Breite abdecken, der Profession dienen und international anschlussfähig sein, damit die Sozialarbeit anderen Professionen „auf gleicher Augenhöhe" begegnen kann.

Wie jede Wissenschaft will sie systematisch Wissen über ihren Erkenntnisbereich gewinnen. Als Handlungswissenschaft bearbeitet sie jenen Ausschnitt gesellschaftlicher Wirklichkeit, der mit ihrer Berufspraxis korrespondiert. Dazu muss sie unterschiedliche Typen von Wissen bereitstellen: „Faktenwissen", darauf gestützte „Theorien" und daraus gewonnenes „Interventionswissen", und sie muss die eigene Perspektive und das erzeugte Wissen benennen und kommunizieren. Als Disziplin gewinnt sie in dem Maße an Bedeutung, in dem sie Forschung und Theoriebildung auf den Fokus Soziale Arbeit konzentriert.

- *Sozialwissenschaft* ist sie wegen des Untersuchungsgebiets des sozialen Lebens;
- *Wirklichkeitswissenschaft* weil sie von empirischen Sachverhalten ausgeht;
- *Handlungswissenschaft* da sie auf Beeinflussung und Veränderung zielt;
- *Querschnittswissenschaft* weil sie ohne einzelwissenschaftliche Beschränktheit die Verknüpfung eigener Theorien mit den Erkenntnissen der Nachbardisziplinen anstrebt. Sie basiert darüber hinaus auf Wertvorstellungen und Veränderungsabsichten, ist also notwendigerweise normative Wissenschaft.

Die Etappen der *Theorie- und Wissenschaftsgeschichte* will ich nur andeuten:
Alltagserfahrung und „praktische Vernunft" gelten schon in den beruflichen Anfängen als notwendige aber keinesfalls hinreichende Bedingung für eine qualifizierte Sozialarbeit.

- **1. Theoriephase (ca. 1910-1935):** Die frühen „Berufstheorien" stehen gewiss nicht für umfassende Theorien aber für eine leidenschaftliche Suche nach Erklärungswissen, das den Beginn jeder Wissenschaft markiert. Die
- **2. Theoriephase (ca. 1950-1972)** kommt nach der Zäsur durch Nationalsozialismus und Kriegsfolgen nur mühsam in Gang. Trotzdem wurde eine kritische Reflexion schon ab 1955 von Herbert Lattke als *Sozialarbeitswissenschaft* eingefordert. Die
- **3. Theoriephase (ca. 1973-1991)** fällt mit der Reformbewegung nach 1968 zusammen und ist danach eng mit der Professionalisierung verbunden.

Da sich unter dem Problemdruck des gesellschaftlichen Wandels die personalen Dienste stetig ausweiten, verstärken sich auch die Bemühungen um eine theorie- und forschungsgestützte Lehre und wissenschaftliche Emanzipation.

Können die 70er Jahre rückblickend mit dem programmatischen Buchtitel „Theorie der Sozialarbeit" (Rössner 1973), die 80er Jahre mit „Praxisforschung in der Sozialen Arbeit" (Heiner 1988) umschrieben werden, ist „Soziale Arbeit als Wissenschaft" (Engelke 1992) bzw. „Sozialarbeitswissenschaft" (Wendt 1994) der Leitbegriff, der sich in den 90er Jahren durchsetzt. Dadurch gewinnt die Entwicklung im letzten Jahrzehnt als **4. Theoriephase (ab 1992)** ihre eigene Dynamik (vgl. Quellentexte in: Mühlum (Hg.): Sozialarbeitswissenschaft – Wissenschaft der Sozialen Arbeit. Freiburg 2004).

Ohne diesen Theoriediskurs zu vertiefen kann als Übereinkunft festgehalten werden: Die SAW beinhaltet – wie alle Sozialwissenschaften – eine Stufenfolge. Ausgehend von einer spezifischen gesellschaftlichen Praxis (Praxis der Sozialen Arbeit), ist systematisch gewonnenes Erklärungs- und Interventionswissen notwendig (Theorien der Sozialen Arbeit), das eine Handlungslehre begründet. Hinzu kommen Reflexionen über dieses theoretische Bemühen (Metatheorie) und Grundsätze der Erkenntnisgewinnung (Methodologie), die zusammen die Disziplin konstituieren.

Grundsätzlich sind zwei mögliche Wege der Disziplinbildung zu unterscheiden: das sogenannte klassische und das additive Wissenschaftsprogramm. Der „klassische" Ansatz operiert mit Erkenntnisobjekt, Kategoriensystem und Erkenntnisgewinnung mit sozialarbeiterischem Fokus, das summative Wissenschaftskonzept dagegen hält alles Wissen über den Gegenstandsbereich, das wissenschaftlichen Ansprüchen genügt, zusammengenommen für den „Body of Knowledge" eines eigenen Forschungs- und Erkenntnisbereiches, der mit wissenschaftlichen Methoden weiterzuentwickeln ist. Dieses Verständnis setzt sich zunehmend durch, weil es nicht nur die Integration theoretischer Beiträge aus den Nachbardisziplinen, sondern auch des internationalen Social Work vereinfacht. Es scheint darüber hinaus der zu allen Zeiten beschworenen Ganzheitsbetrachtung der Sozialen Arbeit (Alice Salomon: Einheit der Person) am ehesten zu entsprechen, zumindest aber dem professionsspezifischen *Doppelfokus* von Person und Situation (Person-in-Environment) bzw. Sozialverhalten und Sozialverhältnissen.

Um Missverständnisse zu vermeiden: Das Plädoyer für Sozialarbeitswissenschaft will die sozialpädagogische Theorielinie (Thole 2002, Otto/Thiersch 2001) keineswegs ausschließen, es handelt sich vielmehr um ein Ergänzungsverhältnis, das neu justiert werden muss. Wobei das Theorie- und Wissenschaftsverständnis *beider* Theorietraditionen bisher unzureichend geklärt ist und weiterer systematischer Aufarbeitung bedarf (Rauschenbach/Züchner 2002, Staub-Bernasconi 2000). Mit dieser kritischen Feststellung sind die Perspektiven und das Programm für die nähere Zukunft schon angedeutet.

Ausblick: Auf dem Weg zur transdisziplinären multiparadigmatischen Disziplin

Die Notwendigkeit einer eigenen Disziplin für Soziale Arbeit wird nicht mehr bestritten, strittig ist allenfalls die Einschätzung des erreichten Entwicklungsstandes und die Zuordnung von Sozialpädagogik- und Sozialarbeitstheorien im Wissenschaftssystem. In der Sache sind beide mit der theoretischen Bearbeitung von Problemen bzw. Erschwernissen des Alltags und seiner Bewältigung sowie den darauf bezogenen sozialprofessionellen Aktivitäten befasst, weshalb die Subsumtion unter dem gemeinsamen Dach einer *Wissenschaft der Sozia-*

len Arbeit nahe liegt. Deren künftige Ausgestaltung ist allerdings weitgehend offen. Als Anhaltspunkte für die disziplinäre Weiterentwicklung können der *Paradigmenvergleich* von *Rita Sahle* (2004/2002) und die *Literaturstudie* von *Göppner/Hämäläinen* (2004) dienen.

I. Die Studie von *Rita Sahle* ist der erste systematische Paradigmenvergleich seit (1979). Ausgehend von vier Komponenten der modernen Paradigma-Theorie (*Schurz/Weingartner* 1998) – theoretisch, empirisch, methodologisch und programmatisch – unterzieht sie die fünf wichtigsten Schulrichtungen bzw. Paradigmen der Sozialen Arbeit einer kritischen Prüfung: 1. Alltagsparadigma (*Hans Thiersch*), 2. Systemisches Paradigma (*Silvia Staub-Bernasconi*), 3. Lebensführungsparadigma (*Reiner Feth*), 4. Ökosoziales Paradigma (*Wolf Rainer Wendt*) und 5. Subjekttheoretisches Paradigma (*Michael Winkler*). So schwierig die Rekonstruktion der Paradigmen ist, die sich in „Schulen" ausdifferenzieren, so klar ist das Ergebnis des akribischen Vergleichs, in dem Sahle belegt, dass die Disziplin theoretisch gereift und auf dem Weg zur multi-paradigmatischen Wissenschaft ist.

Sahle zeigt aber auch Probleme. Da ist z.B. die Strukturierung des Verhältnisses von Individuum und Gesellschaft, das kaum systematisch bearbeitet ist, es mangelt an erkenntnistheoretischer Fundierung und vor allem wird die schwach ausgebildete empirische Basis („eklatantes Empiriedefizit") aller Paradigmen beklagt. Dabei gerät auch das *eigentümliche Missverhältnis* von ausholenden gesellschaftstheoretischen Erklärungen und der meist dürftigen Thematisierung des autonomen Individuums in den Blick. Die Mikroebene sollte nicht nur deshalb stärker einbezogen werden, weil die sozialberufliche Praxis noch überwiegend personorientiert arbeitet, z.B. in der Sozialpädagogik i.e.S. und der klinischen Sozialarbeit („direct practice"), sondern auch dort, wo die Logik von Markt und Management die Soziale Arbeit dominiert. Gerade in der sozialinstitutionellen und sozialräumlichen Perspektive müssten makrotheoretische Hypothesen systematisch mit mikrotheoretischen Annahmen zur Lebenspraxis verknüpft werden, wie dies in neuen Theorien zur Dienstleistungsproduktion versucht wird (vgl. Wendt 2002, Olk/Otto 2003).

II. Die Literatursammlung von *Göppner/Hämäläinen* (2003) ist mit 1.200 Titeln zur SAW einerseits ein Beleg für die Vitalität der Entwicklung und der wissenschaftlichen Gemeinschaft, zeigt andererseits aber auch die Spannweite und Heterogenität dessen, was als Sozialarbeitspraxis und Sozialarbeitswissenschaft verstanden wird. Die beiden Autoren leiten daraus Schlüsselstellen der Sozialarbeitsdisziplin ab, die vom Wissenschaftsverständnis bis zur Theorie-Systematik und vergleichenden Forschung reichen. Im übrigen kann ihrer Überzeugung nach nur eine wissenschaftstheoretische Fundierung die Disziplin aus dem „Dilemma zwischen Additivismus und Paradigmatismus" befreien. Genauer werden erkenntnistheoretische, wissenschaftstheoretische und handlungstheoretische Erfordernisse beschrieben, die zur Fundierung der Wissenschaft notwendig sind. Im Interesse der Praxisrelevanz sind *Erklärungsmodelle*, *Wirkungsmodelle* und *Handlungsmodelle* zu entwickeln, deren Wirksamkeit empirisch überprüft werden müsste.

So wie die Sozialarbeitspraxis für die Bearbeitung der Ambivalenzen funktionaler Differenzierung zuständig ist und biologische, psychische und soziale Aspekte berücksichtigen muss, so ist die SAW für *Heiko Kleve* (2003) nur „mehrdeutig" vorstellbar – d.h. transdisziplinär zwischen herkömmlichen Disziplinen *und* zwischen Theorie und Praxis operierend, – als „Koordinationswissenschaft" für interdisziplinäre Zugänge auf soziale Probleme. Eine andere Argumentationslinie führt *Werner Obrecht* (2004) zu einem ähnlichen Verständnis: Sozialarbeitswissenschaft als integrative Handlungswissenschaft, die professionelles Wissen integriert und dafür geeignete Metatheorien braucht (= „transdisziplinäre Integration von Wissen").

Folgerungen

In der Verständigung der Scientific Community über die *Erkenntnisgewinnung mit sozial-arbeiterischem Fokus* scheint sich das spezifische Wissenschaftsverständnis als transdisziplinäre Disziplin oder „Querschnittswissenschaft" durchzusetzen. Ihre Anschlussfähigkeit für sozial- und verhaltenswissenschaftliche Theorien ist Chance und erkenntnistheoretische Herausforderung zugleich. Dazu passt – wegen der Komplexität des Wirklichkeitsausschnittes, auf den sich die SAW bezieht – ein multiparadigmatisches Konzept, das nicht länger von *einem* (be-) herrschenden Paradigma ausgeht, vielmehr konkurrierende Paradigmen (an-) erkennt, die im Ringen um stets „bessere" Erklärungen koexistieren und sich im produktiven Wettbewerb gegenseitig befruchten können. Wenn die Soziale Arbeit wirklich der *Person in ihrem sozialen Kontext* gerecht werden will, muss sie um eine Verknüpfung der makro- und mikrotheoretisch akzentuierten Erkenntnisdimensionen bemüht sein und konsequent den Weg zur multiparadigmatischen Wissenschaft beschreiten.

Vielleicht wurde die Sozialarbeitswissenschaft zu lange als klassische Einzelwissenschaft verstanden, die der Logik der arbeitsteiligen Ausdifferenzierung des Wissenschaftssystems folgend sich auf einen eng definierten Ausschnitt der Wirklichkeit („Erkenntnisobjekt") spezialisiert, statt die Nutzung und „Übersetzung" des segmentierten Wissens der Sozial- und Verhaltenswissenschaften (einschließlich der Beiträge aller an der Sozialarbeitslehre beteiligten Disziplinen) zur Kernaufgabe zu machen, – was ihrem Selbstverständnis, ihrer gesellschaftlichen Funktion und den strukturellen Rahmenbedingungen der Profession durchaus entspräche. Allerdings kann sich die Sozialarbeitswissenschaft nicht auf die „Integration des Sozialwissens" der Bezugswissenschaften beschränken, sondern muss den sozialarbeitswissenschaftlichen Fokus selbstbewusst und eigensinnig bearbeiten, wenn sie ihrem Auftrag und Selbstverständnis treu bleiben will. Auf dieser Grundlage wären Integration und Interdisziplinarität eine Zukunftsaufgabe, die angesichts der wachsenden Unübersichtlichkeit, ja „Unordnung des Wissens" nur über „die Realisierung der Idee einer praktizierten Transdisziplinarität des Wissens" wieder zu einer tragfähigen Ordnung führt (Jürgen Mittelstraß 1998). Die Sozialarbeitswissenschaft könnte so zu einem Wissenschaftsmodell der Zukunft werden.

Schlussbetrachtung

Kaleidoskop, gr./nlat.:„Schönbildschauer", nicht zu verwechseln mit Schönfärberei. Eher gefällt mir die Nähe zu positivem Denken und zur Freude an den einfachen Dingen des Lebens. Deshalb auch meine – augenzwinkernde – Anleihe beim sog. Alltagsparadigma. Vielleicht folgt daraus die Einsicht, dass sich der Stress in einer Multiproblemfamilie, das Chaos der Politik, die Hektik der Sozialarbeit und unser „ganz alltäglicher Wahnsinn" nur graduell unterscheiden. Dies enthebt uns aber nicht der Aufgabe, zur Verbesserung des Verhaltens und der Verhältnisse beizutragen – eine uralte und immer aktuelle Erkenntnis der Sozialarbeit.

(Literaturangaben in Mühlum (Hrsg.): Sozialarbeitswissenschaft – Wissenschaft der Sozialen Arbeit. Freiburg 2004)

Social Work as a Social Science Discipline: Some Methodological Considerations

Antonin Wagner

Introduction

The methodology of social sciences addresses questions concerning interpretation, confirmation, and explanation that arise in relation to theories of human society. If social work educators and practitioners are serious about reclaiming science and establishing their field of research as a scientific endeavor, they have to think about the methodological foundations of their discipline.

Methodology fulfills the modest but still important task of establishing certain rules and requirements which are insufficient to guide the scientist unerringly to truth, but necessary to prohibit some wrong-headed moves. Some of these rules are purely formal in nature, such as the rule that you cannot deduce an universal law from a finite number of observations. Other rules represent material requirements in that they reflect special features of a particular subject matter and therefore are domain specific. This is especially true for social sciences and may have to do with the special complexity of human society as the social scientist's subject matter.

In the present paper, I would like to discuss three methodological rules which have played a dominant role in social sciences: methodological individualism, institutional instrumentalism, and the rule regarding the role of value-judgments in social science disciplines. The question I am asking is whether these methodological rules are important in guiding social scientists to find the truth or whether they have been mainly introduced to increase the respectability of social science disciplines in comparison to the overarching explanatory theories of natural sciences. If the latter should be the case, social work researchers may be well advised to question the applicability of these rules to their field by defining their own methodological principles, satisfying the contents of their own explanatory models and not those of the theories developed in an alien field.

1 Challenging methodological individualism

According to the principle of methodological individualism, the ultimate constituents of the social world are individual people. Every social situation, institution, or event is the result of a particular configuration of individuals, their dispositions, situations, beliefs, and resources (Watkins, 1992: 734). Therefore, methodological individualism asserts that explanations of social, political or economic phenomena can only be regarded as adequate if they are stated in terms of the beliefs, attitudes and decisions of individuals (Blaug, 1991: 49). According to this methodological conviction, social theory should abstain from any propositions about wholes that are more than the sum of propositions about their constituent parts.

Methodological individualism contrasts with sociological holism or organicism. Recognizing the limited scope of methodological individualism, more and more philosophers of science interested in social sciences turn away from a positivist view and emphasize the need of a more holistic paradigm of understanding social reality. According to this holistic view, social systems constitute „wholes" at least in the sense that some of their large-scale behavior is governed by macro laws which are *sui generis* and not to be explained as mere regularities resulting from the behavior of interacting individuals (Watkins, 1992: 734). Individuals are shaped by their social environment and individual decision making is deeply affected and can be explained to a significant extent by collective processes and structures. Although individual decisions do matter, they often are merely secondary, rather than primary – let alone exclusive – explanatory factors of social and economic phenomena.

In this line of thinking, more and more theoreticians in fields such as social work research hold that social collectives (local communities, ethnic groups, bureaucratic organizations and social movements) have purposes of their own and functions that cannot be reduced to the beliefs, attitudes and actions of the individuals that make them up (Wagner, 1995: 598). Their research findings remind us that not self-contained individuals, but persons intrinsically related to one another are the prevailing figures of societal life.

By emphasizing the social or communal character of a person, social work theoreticians and researchers contribute (together with other social scientists) to promoting „Person-in-Community" as a new metaphor of understanding human nature. The metaphor of „Person-in-Community" differs fundamentally from the abstraction of an individual or autonomous self, especially as embodied in the neoclassical model of *Homo oeconomicus*. „Person-in-Community" as a metaphor of understanding human nature is turning the archetype of methodological individualism – embodied in the *Homo oeconomicus* of neoclassical economics – on its head, emphasizing the fact that the „Person-in-Community" is tied to the family, the local community, an ethnic group and other social collectives.

The individualistic view of society has its historical roots in seventeenth-century social contract theory. The central feature of this tradition is the primacy of individual rights of freedom, as opposed to principles of belonging and obligation. Social-contract theory therefore views human beings as free and self-sufficient individuals whose good lies in the concatenation of rationalistic choices. As one scientist points out (Elshtain, 1995: 104), „within a society of choice-making *Robinson Crusoes*, disconnected from essential ties with one another, any constraint on individual freedom is seen as a burden".

An alternative view of society is a society framed by a „social compact". In contrast to the standpoint of an individualistic social-contract theory, social-compact theory introduces the „Person-in-Community" (the „compact self") as a historical being who acknowledges that he or she has many debts and obligations. Nevertheless, the „Person-in-Community" is very much an individual, an individual, however, who does not stand as an isolate but as a being emerging out of a common ground, „with its rough edges and ill-defined boundaries, its ties that bind, its hold that paradoxically releases us into a wider world" (Elshtain, 1995: 108).

Emphasizing the social (or better: societal) character of human existence would seem to make „Person-in-Society" at least as good a metaphor of understanding human nature as does „Person-in-Community". There is however a significant denotative difference (Daly and Cobb, 1989: 169) between the social and the communal character of human existence. The social (or societal) character of existence is based upon participation of the citizen in the state. By contrast, the communal character of human existence draws from participation in the community. Both forms of participation rest upon a sense of mutuality and shared destiny and not on pure self-interest as participation in the market does. However, participation in the state is coercive, whereas members of a community choose to belong. Communities are groups committed not only to exchanging marketable goods, or forced by government to maintain unilateral transactions – such as paying taxes – in a state-type setting, but engaged in a shared destiny and imbued with a sense of mutuality.

2 Overcoming an instrumentalist conception of society

Methodological individualism, in addition to focusing on self-contained human beings as the main actors in society, also tends to underestimate the significance of institutions as the necessary context for the development of individuals in society. If institutions play a role at all, they are seen – at best – as instruments for the efficient pursuit of individual satisfaction and – at worst – as constraints on human life. The accepted methodology of social sciences therefore does not only have an individualistic but also an instrumental bent, reducing institutions to mere arrangements for the mutual convenience of individual actors. In the last couple of years, however, more and more researchers and theoreticians in our field are trying to overcome the instrumentalist view of society and discover (or re-discover) the role played by institutions in social life.

The (theoretical) consequences of an instrumentalist conception of society are best exemplified by a new strand of economic thinking labelled as „new institutional economics" (NIE). Contrary to a common understanding, NIE has not resulted from a deliberate criticism of the instrumentalist view of neoclassical economics. In the opposite: the foundations of the NIE are the traditional ones of neoclassical theory, namely methodological individualism and its famous cornerstones: stable preferences, rational choice, self-interest and equilibrium structures of interaction (Furubotn and Richter, 1984). Government – possibly the most influential institutions of modern societies – is seen by the NIE as a constraint to individual freedom, whereas in a genuinely institutionalist perspective it would appear as a *conditio sine qua non* of democracy. Even corporations as the leading economic institution of capitalism are being denied a value *per se* in modern economic life, but are understood as purely instrumental in minimizing transaction costs and therefore as mere means for the pursuit of individual satisfaction.

Dissenting with this instrumentalist view, I would like to emphasize – in accordance with the tradition of „old-fashioned" institutionalism – that the achievements of democratic life rest in large measure upon the maintenance of strong institutions that support civic attitudes. It is therefore my view that institutionalism should affect our teaching and the process of curriculum building in schools of social work. Institutions function as normative patterns that define purposes and practices of life, patterns embedded in and sanctioned by customs and laws. Institutions are complex wholes that guide individual activity and sustain identity by assigning responsibility to the individual human being. Institutional patterns exert a profound influence on the thinking and aspirations as well as the behavior of individuals. The institution of the family for example gives sense and purpose to the lives of its members by providing role identities to spouses, parents, children, and siblings. Similarly, other institutions such as the church, the school, the capitalist corporation or the club give their members' life meaning and possibilities for realizing themselves. Therefore, institutions ought to be regarded as the infrastructure of a democratic society (Sullivan, 1995: 177).

Institutions however are abstractions. In real life they live and grow through particular organizations and associations. Only when they are embodied in organizations can institutions function as the chief source of individual and collective identity. The key variable in predicting the future of modern societies is the willingness and capacity of citizens to cooperate actively in the strengthening of their associational life. By attracting substantial investment of human energy and commitment, community development and similar organizational efforts promoted by social work theory and practice lead to institutional renewal and act as catalysts for engendering civic virtues. Therefore, social work theory – and the kind of practice it engenders – play a key role in initiating an „upward spiral in which civic 'endowment' generates more civic virtue among citizens who in turn further develop their stock of trust, shared goals, and mutual respect" (Sullivan, 1995: 179).

3   The moral dimension of social work research

This essay on the methodology of social work research would be incomplete were it not to address the most difficult methodological question yet confronting social sciences: the question dealing with the relationship between social sciences and morality, a relationship which according to Hirschman (1981) is characterized by a „durable tension".

The tension between morality and social sciences goes back to the principle of *Wertfreiheit* stated by Max Weber. The methodological norm of *Wertfreiheit* prescribes that social sciences are constituted by factual propositions exclusively and do not contain any normative propositions or value judgments. In his many essays on questions of method, Weber discusses the role of value judgments in the social sciences, arguing that social inquiry is hindered unless questions about empirical facts and questions about how such facts should be evaluated are firmly distinguished. In Weber's view therefore, the social inquirer qua scientist must set aside any partisan moral or political views that she/he happens to hold.

There is no doubt that the logical status of factual, descriptive statements is different in kind from that of normative statements. It is nevertheless questionable whether this logical distinction should be used as a methodological principle to draw a dividing line between science and nonscience. On the contrary: human behavior in a social context being the subject matter of social sciences (and the subject matter of our explanatory models in social work), value judgments in our field constitute a critical element of a scientific discourse. Without assumptions as to the meaning of human behavior, no conclusions can be drawn from „raw" social facts alone. This makes drawing a demarcation line between noncontroversial facts and controversial values a futile endeavor.

Again, neoclassical economics is a good example for demonstrating the tension which exists between moral and social sciences. In the past, moral discourse was not necessarily dissociated from economic theory. In *The Theory of Moral Sentiments*, written before the *Wealth of Nations*, Adam Smith contended that capitalism could corrupt the soul. Compassion and social pressure, the father of free markets hoped, might eventually check avarice, although society made him pessimistic. However, soon after Smith the topic of economic analysis moved away from moral and ethical discourse to a value-sanitized mathematical exercise (Neff, 1996: 25). In *Teachings From the Worldly Philosophy*, Robert Heilbronner (1996) depicts the development of economic thought as a steady movement of inquiry from political economy to economics – that is, from investigations that unashamedly recognize the value-laden elements in their analytical concepts, to expositions that ignore, or worse, are unaware of their presence. The attempt at objectivity in economics has been paid for dearly in relevance, as the discipline favors rigorous problem solving over asking of qualitative questions.

By contrast to economics, theoretical thinking in our field should take a different course. One of the distinct features of social work as a scientific discipline is the role played by values, norms and commitments as an element of its disciplinary matrix. Already the language used in the context of our research is clearly value-laden. Terms such as „empowerment" or „entitlement" are not just descriptive concepts, but involve powerful prescriptive assumptions about the responsibility of organizations and human beings who act as „Persons-in-Community". It is my allegation, therefore, that mainly social work theoreticians – more than other social scientists – have contributed in recent years to discovering (or rather re-discovering) the moral dimension of social sciences.

Conclusion

I hope that our discussions during this conference may contribute to rethinking some of the methodological principles which for a long time have governed a positivist strand of thinking in social sciences: methodological individualism, an instrumentalist view of society, and the separation between moral argument and scientific discourse. It is especially this last rule of method which may negatively impact the process of curriculum building in our field and contribute to increasingly make social work theory and social practice irrelevant in societal life. In concluding his essay on „Morality and the Social Sciences", Hirschman (1981: 305) visualizes a kind of social science „that would be very different from the one most of us have been practicing: a moral-social science where moral considerations are not repressed or kept apart, but are systematically commingled with analytic argument, without guilt feelings over any lack of integration."

I wish that we as social work theoreticians, educators and researchers could join Hirschman – without guilt feelings – in his provocative way of practicing social sciences, thereby overcoming this durable tension between morality and scientific discourse.

References

Blaug, M. (1991): *The Methodology of Economics or How Economists Explain*, Cambridge: Cambridge University Press.

Daly, H., Cobb, J. B. (1994): For the Common Good. Redirecting the Economy Toward Community, the Environment, and a Sustainable Future, Boston: Beacon Press.

Dugger, W. M. (1992): Underground Economics. A Decade of Instituionalist Dissent, London.

Elshtain, J. B. (1995): „The Communitarian Individual", in: *New Communitarian Thinking: Persons, Virtues, Institutions and Communities*, ed. by A. Etzioni, Charlottesville and London: University Press of Virginia: 99-109.

Furubotn, E. G. and Richter, R. (1984): „The New Institutional Economics", in: Zeitschrift für die gesamte Staatswissenschaft/Journal of Institutional and Theoretical Economics, 140, 1-6.

Heilbronner, R. (1996): Teachings from the Worldly Philosophy, Norton.

Hirschman, A. O. (1981): „Morality and the Social Sciences: A Durable Tension", in: A. O. Hirschman, *Essays in Trespassing*, New York: Cambridge University Press.

Neff, G. (1996): „Economics With a Human Face, in: *The Nation*, 262,23,25-27.

Sullivan W. M. (1995): „Institutions as the Infrastructure of democracy", in: *New Communitarian Thinking: Persons, Virtues, Institutions and Communities*, ed. by A. Etzioni, Charlottesville and London: University Press of Virginia: 170-182.

Wagner, A. (1995): „Communitarianism: A New Paradigm of Socioeconomic Analysis", in: *Journal of Socio-Economics*, 24, 4: 593-605.

Wagner, A. (1997): „Methodology and Communitarianism", in: *Voluntas, 8, 1: 64-70.*

Watkins, J. (1992): „Methodological Individualism and Social Tendencies", in: *The Philosophy of Science*, ed. by R. Boyd, P. Gasper and J.D. Trout, Massachusetts Institute of Technology.

Postmoderne Sozialarbeitswissenschaft
Zur Praxis und Wissenschaft in Ambivalenz und Vielfalt

Heiko Kleve

Ausgangspunkte

Die Debatte über die Sozialarbeitswissenschaft hält nun bereits knapp zwei Jahrzehnte an. Sicherlich lassen sich immer noch die von *Roland Merten* einst (1996) herausgestellten zwei Dimensionen des Diskurses unterscheiden: die *wissenschafts- bzw. professionspolitische* und die *wissenschaftstheoretische* Dimension.

Wissenschaftspolitisch hat die Soziale Arbeit auf dem Weg zu einer normalen Wissenschaft einige Fortschritte gemacht. Sie ist in den Curricula der entsprechenden Studiengänge inzwischen als *Fachwissenschaft Soziale Arbeit* verankert und bildet damit vielerorts bereits den Kern des Sozialarbeitsstudiums. Weiterhin ist durch die Einführung von Bachelor- und insbesondere von Masterstudiengängen die Möglichkeit erreicht worden, dass Sozialarbeiterinnen und Sozialarbeiter ein akademisches Studienniveau erreichen können (den Masterabschluss), welches sie für Tätigkeiten in höheren, öffentlichen Dienst und diesem äquivalente Tätigkeiten, Leitungsfunktionen oder in der Wissenschaft, etwa in der Lehre und Forschung qualifiziert. Zwar sind die universitären Möglichkeiten, in Soziale Arbeit zu promovieren, noch rar, aber diese sind an einigen deutschen Hochschulen (etwa an der Universität Duisburg-Essen) ebenfalls vorhanden. Auch gibt es mittlerweile Fachhochschulen, deren Vertreter das Promotionsrecht einfordern (etwa an der Hochschule Neubrandenburg) und die in den entsprechenden Landesministerien nicht nur auf taube Ohren stoßen.

In diesem Beitrag wollen wir uns jedoch nicht weiter mit der Wissenschaftspolitik und der Frage nach der Anerkennung der Sozialarbeitswissenschaft beschäftigen, sondern in die Richtung der wissenschaftstheoretischen Dimension blicken. Es geht hier um die Frage, wie die Wissenschaft der Sozialen Arbeit beschaffen ist und wie sich diese Beschaffenheit vor allem im Studium und in der Praxis der Sozialen Arbeit offenbart. Die These, die dabei vertreten wird, lautet, *dass die Fachwissenschaft der Sozialen Arbeit als eine postmoderne Disziplin bewertet werden kann, die Konzepte zur Orientierung in ambivalenten und unübersichtlichen Situationen benötigt.* Solche Konzepte sollen hier skizziert werden. Was das im Einzelnen heißt, wird in drei Schritten verdeutlicht: *Erstens* wird (zugegeben: etwas holzschnittartig) die Unterscheidung modern/postmodern konturiert, um die Soziale Arbeit als eine postmoderne Profession und Disziplin einordnen zu können. *Zweitens* wird die ambivalente Praxis der sozialarbeiterischen Profession veranschaulicht und insbesondere ein Konzept vorgestellt, das Modell des negierten Tetralemmas, welches die Orientierung in solch widersprüchlichen bzw. dilemmatischen Konstellationen ermöglicht. *Drittens* werden schließlich vier Navigationshilfen angeboten, um in der äußerst heterogenen wissenschaftlichen Landschaft der postmodernen Sozialen Arbeit ein wenig Orientierung zu erlangen. Diese Hilfen können zugleich als Wege betrachtet werden, die es erlauben, die Sozialarbeitswissenschaft zu praktizieren.

Die Unterscheidung modern/postmodern

Die Begriffe „modern" und „postmodern" werden hier nicht als Bezeichnungen für zeitliche Epochen verwendet, sondern als Synonyme für spezielle Gemüts- und Geisteshaltungen (vgl. *Lyotard* 1988: 294; *Welsch* 1992), man könnte auch sagen als Bezeichnungen für bestimmte Formen der Reflexion und Bewertung von Phänomenen. Um dies gleich auf die Soziale Arbeit zu beziehen, wollen wir unser Augenmerk auf das Phänomen der immer wieder als defizitär bewerteten Identität der Sozialen Arbeit richten. Die Frage, was denn *das Eigentliche* der Sozialen Arbeit in ihrer Praxis und ihrer Wissenschaft sei, lässt sich offenbar nach wie vor nicht klar beantworten.

So bezeichnet etwa *Peter Pantucek* (2007: 38) diese Debatte als einen „Evergreen", der verdeutlicht, dass die „professionelle Identität [...] notorisch theoretisch ungeklärt [bleibt]". Die Situation ist offenbar auch heute noch ähnlich wie in den 1990er Jahren, als *Franz Hochstrasser* (1997: 160) formulierte, dass „Identität [...] gesucht [wird], insbesondere von den Berufsmenschen im Sozialbereich. Deswegen wird so viel über Identität gesprochen und geschrieben und die Identitätskonzepte sind unzählbar." Daher komme „[ü]berall, wo sich Sozialarbeiter treffen oder wo über Sozialarbeit geschrieben wird, [...] auf die eine oder andere Art die Identitätsproblematik des Berufes zur Sprache", wie *Peter Lüssi* (1992: 23) Anfang der 1990er Jahre schrieb. „Ja es gehört schon fast zur beruflichen Identität des Sozialarbeiters, ein Identitätsproblem zu haben" (ebd.).

Die Unterscheidung von modern und postmodern kann hier veranschaulicht werden, weil wir aus einer modernen Perspektive diese Identitätsproblematik als Schwäche bewerten würden. Aus einer postmodernen Sicht jedoch können wir diese Situation als eine Stärke oder – vorsichtiger formuliert: als eine Normalität ansehen, die uns Chancen der konstruktiven Gestaltung unseres Berufs- und Wissensfeldes erlaubt. Wie dies insbesondere *Zygmunt Bauman* (1991) in seinem inzwischen zum Klassiker avancierten Werk *Moderne und Ambivalenz* zeigt, unterscheidet sich der postmoderne vom modernen Gemütszustand besonders an dem Punkt, wo es um den Umgang mit Unbestimmtheit, mit Unsicherheit, ja vor allem mit Ambivalenz und Widersprüchlichkeit geht.

Die Soziale Arbeit ist nun – und das zeigen nicht nur postmoderne Studien zum Thema (etwa *Kleve* 1999/2007; 2000; 2007; *Wirth* 2005), sondern schon der Mainstream sozialarbeiterischer Selbstbeschreibungen (vgl. zusammenfassend etwa *Mühlum* u.a. 1997: 181ff.) – eine potentiell schwer zu bestimmende, eine vielfältige, eine in sich widersprüchliche Profession. Das Gleiche kann auch für die Wissenschaft der Sozialen Arbeit konstatiert werden. Eine moderne Herangehensweise an diese Problematik würde diesen Zustand als zu behebendes Defizit betrachten, würde das zu erreichen suchen, was die Soziale Arbeit bisher scheinbar nicht verkörpert: eine klare und eindeutige Identität. Im Gegensatz dazu akzeptiert die postmoderne Perspektive diese Offenheit und Heterogenität. Sie sieht ohnehin alle Identitäten als etwas Vorläufiges an, als Mogeleien bzw. als Simulationen. Treffend wird dies von *Gilles Deleuze* (1968: 11) formuliert, für den „[a]lle Identitäten nur simuliert und wie ein optischer ‚Effekt' durch ein tieferliegendes Spiel erzeugt [werden], durch das Spiel von Differenz und Wiederholung".

Wenn man an dieser Stelle der Sozialen Arbeit ein Defizit attestieren kann, dann ist es wohl nur jenes, dass sie die Simulation von Identität, die Produktion oder – besser: Konstruktion einer selbstbewussten und starken Selbstbeschreibung – insbesondere im Kontakt mit anderen Professionen oder politischen Interessenvertretern – (noch) nicht so gut versteht wie andere Professionen. Wichtig für die Soziale Arbeit wäre aber, dass sie den simulierten Charakter ihrer Selbstbeschreibungen, die konstruktivistische Verfassung ihrer Identitäten nicht vergisst. Denn das, was die Soziale Arbeit ausmacht, was sie als eine besondere Profession in der modernen Gesellschaft kennzeichnet, ist ja gerade ihre Offenheit, ihre Flexibilität, wenn man so will: nicht ihre Festigkeit, sondern ihre Flüssigkeit, sich unterschiedlichsten sich oft verändernden Kontexten immer wieder erneut anpassen, ja anschmiegen zu können. Daher haben *Theodor M. Bardmann* (1996) und der Autor dieses Beitrags (siehe *Kleve* 2000) Soziale Arbeit auch – provokativ – als eine Profession ohne Eigenschaften bezeichnet, eben als eine Profession, die wie die Romanfigur von *Robert Musil Der Mann ohne Eigenschaften* keine feste Identität besitzt, sondern je nach Kontext vielfältige Identitätswechsel realisiert.

In zwei aus meiner Sicht herausragenden empirischen Studien konnte diese postmoderne Verfassung der Sozialen Arbeit inzwischen bestätigt werden, und zwar in den Arbeiten von *Thomas Harmsen* (2004) und *Jan Kruse* (2004).

Nach der qualitativen Auswertung von 16 Interviews mit Sozialarbeiterinnen und Sozialarbeitern verschiedener Arbeitsfelder gelangt *Harmsen* unter der Überschrift „Flexibilität als Kennzeichen postmoderner Professionalität" (ebd.: 319) zur folgender Zusammenfassung seiner Ergebnisse: „Soziale Arbeit stellt sich als eine flexible Profession dar, der es an einer eindeutigen Identität mangeln muss. Sie reagiert in ihrer Handlungspraxis auf komplexe, sich permanent verändernde Problemlagen und veränderte gesellschaftliche und politische Rahmenbedingungen bzw. wird präventiv tätig. Der damit verbundene Prozesscharakter findet sich auch in einer wenig festgelegten, flexibel handhabbaren professionellen Identität wieder" (ebd.: 319f.).

Kruse hat zwölf Praktikerinnen und Praktiker befragt – allerdings nicht nur Sozialarbeiterinnen und Sozialarbeiter, sondern auch Fachkräfte aus der Informations- und Computerbranche. Für ihn zeigen sich zwischen den Professionellen dieser beiden Bereiche erstaunliche Gemeinsamkeiten: Die Professionalisierung sowohl der Sozialen als auch der informatisierten Arbeit laufen auf die Koppelung von Arbeit und Ambivalenz hinaus. Demnach ist die Soziale Arbeit womöglich nicht so sehr mit den klassischen (modernen) Professionen (Ärzte, Juristen, Priester, Psychologen/Psychotherapeuten) zu vergleichen, sondern eher mit neueren, etwa der IT-Branche: „Die Soziale Arbeit und die IuK[Information und Kommunikation; H.K.]-Dienstleistungsarbeit basieren (bei grundsätzlich bestehenden Unterschieden) auf den gleichen axialen Handlungsmodi der *Erfahrung* (im Sinne des subjektivierenden und erfahrungsgeleiteten Arbeitshandelns), der *Kommunikation* (im Sinne der Kommunikationsarbeit) und des *Netzwerkes* (im Sinne des Netzwerkhandelns). Innerhalb dieser drei Handlungskategorien existieren allerdings zahlreiche Ambivalenzen, die jedoch wiederum nicht nur für die Soziale Arbeit typisch sind, sondern auch die IuK-Dienstleistungsarbeit auszeichnen. Insofern ist der ‚postmoderne' Entwurf Sozialer Arbeit von *Kleve* […], in dem er die fachliche Bewältigung von Ambivalenzen als das zentrale Professionalitätsmerkmal formuliert, auch nicht nur für die Soziale Arbeit gültig, sondern wohl für alle Berufe in der ‚postmodernen Gesellschaft': ‚*Arbeit und Ambivalenz*' werden in dieser Paarung zu einem universellen Thema" (*Kruse* 2004: 339; Hervorhebungen im Original).

Im Anschluss an die Studien von *Harmsen* und *Kruse* könnten wir die Konstitution der Sozialen Arbeit sehr deutlich nicht als das Problem, sondern als die Lösung eines Problems bewerten. Die offene Identität der Sozialen Arbeit, ihr widersprüchlicher Charakter resultiert aus ihrer gesellschaftlichen Stellung *zwischen* unterschiedlichen Systemen und Professionen. Wie ich dies an unterschiedlichen Orten (siehe insbesondere *Kleve* 1999/2007; 2000; 2007) bereits verdeutlicht habe, kann die Soziale Arbeit als Profession beschrieben werden, die die Folgeprobleme gesellschaftlicher Modernisierung auf zwei Ebenen bearbeitet: *Erstens* greift die Soziale Arbeit all jene Probleme auf, die die primären Funktionssysteme der Gesellschaft (vor allem Wirtschaft, Recht, Politik, Erziehung/Bildung, Religion, Wissenschaft) produzieren, aber selbst nicht lösen können und mithin in ihre gesellschaftliche Umwelt auslagern (exkludieren). Diese Probleme inkludiert die Soziale Arbeit stellvertretend. *Zweitens* bezieht sich Soziale Arbeit auf jene nicht klar eingrenzbaren Schwierigkeiten von Menschen, die sich den klaren Spezialisierungen der klassischen Professionen entziehen, die also nicht (nur) medizinisch, juristisch, religiös oder psychologisch gelöst werden können, sondern alle diese Dimensionen gleichermaßen oder keine dieser Dimensionen betreffen. In diesem Sinne kommen *Michael Bommes* und *Albert Scherr* (2000: 57ff.) zur Schlussfolgerung, dass Soziale Arbeit tätig wird, wo die Hilfsbedürftigkeit der Menschen so gelagert ist, dass diese nicht eindeutig spezifiziert und kategorisiert werden kann.

Vielleicht noch etwas genauer gesagt könnten wir dies als den *doppelten Generalismus* Sozialer Arbeit bezeichnen (vgl. ausführlich dazu *Kleve* 2000: 94ff.): *Zum einen* ist Soziale Arbeit *universell generalistisch*, wenn wir ihre inzwischen in unterschiedlichsten Arbeitsfeldern differenzierte und gesellschaftsweite Organisation betrachten. Nahezu überall, durch alle Lebens- und Sozialbereiche hindurch können wir heute Sozialarbeiterinnen und Sozialarbeiter antreffen. *Zum anderen* kann Soziale Arbeit als *spezialisiert generalistisch* gelten, weil Sozialarbeiterinnen und Sozialarbeiter tätig sind, wenn es um unspezifische Probleme geht, um Lebensschwierigkeiten von Menschen, die nicht, nicht mehr oder noch nicht mit den Spezialperspektiven der klassischen Professionen bearbeitet werden können, die mithin biologisch-körperliche, psychische und soziale Dimensionen des Menschlichen gleichermaßen betreffen.

Hinsichtlich der Sozialen Arbeit können wir also, zusammenfassend gesagt, deshalb von einer postmodernen Profession sprechen, weil hier die klassischen Kriterien der Kategorisierung und Abgrenzung versagen. Es zeigt sich klar das, was *Heinz-Günter Vester* (1993: 31f.) als *Postmodernisierung* bezeichnet: „ein Prozeß der Pastichebildung. Anders als der Modernismus mit seiner Differenzierungsideologie, deren Auswüchse Schubladendenken, Berührungsängste und Vernichtung des Fremd- und Andersartigen sind, sieht der Postmodernismus in der Überschreitung und Überlappung von Differentem etwas Positives, Begrüßenswertes. Der Modernismus hat einen Horror vor dem Eklektizismus, der Postmodernismus erhebt die Durchmischung von Unterschiedlichem zum kreativen Prinzip."

Professionelle Praxis – Kultivierung von Ambivalenz durch das Tetralemma

Die offene Identität der Sozialen Arbeit, ihre doppelt generalistische Perspektive hat ihr in der heutigen Gesellschaft einen enorm bedeutenden Stellenwert eingebracht, einen Stellenwert, der dazu führte, das *Hans Thiersch* (1992) und *Thomas Rauschenbach* (1999) das gerade vergangene 20. Jahrhundert als „das sozialpädagogische Jahrhundert" bezeichnen konnten. Gerade weil wir in einer Gesellschaft von Spezialisten leben, eben in einer funktional differenzierten, einer arbeitsteilig organisierten Gesellschaft, werden Experten gebraucht, die Verbindung und Vermittlung stiften, wo ansonsten Trennung und Spaltung dominieren. Sozialarbeiterinnen und Sozialarbeiter sind daher im besten Falle das, was *Richard Münch* (1995) „Kommunikationsvirtuosen" nennt, mithin keine Fachspezialisten, sondern Experten für die kommunikative Vermittlung, Verbindung, Verknüpfung der getrennten, separierten Perspektiven. *Matthias Müller* (2008) sieht eine solche Profession mit der Schwierigkeit konfrontiert, dass sie polyglott, also vielsprachig kommunizieren können, dass sie sich in den zahlreichen professionellen, lebensweltlichen und funktionssystemischen Diskursen und Sprachen der Gesellschaft gut auskennen und letztlich (häufig vermittelnd) mitsprechen muss.

Dies bedeutet freilich auch, dass Soziale Arbeit eine Profession ist, die in zahlreichen Konflikten steht, in widersprüchlichen Situationen, in Kontexten, die von unterschiedlichsten Erwartungen und Ansprüchen tangiert werden. Postmoderne Soziale Arbeit heißt auch, sich dieser Ambivalenzen, dieser Doppel- oder Mehrfachorientierungen bewusst zu werden, sie zu reflektieren (siehe ausführlich *Kleve* 1999/2007) und Wege zu finden, akzeptierend und konstruktiv mit solchen ambivalenten Spannungen umzugehen (siehe weiterführend *Kleve* 2007a). So steht Soziale Arbeit etwa zwischen den Anforderungen einer lebensweltorientierten Gestaltung ihrer Angebote und der ökonomischen Ver- bzw. Abrechenbarkeit derselben. Sie steht weiterhin zwischen der sozialen Bedingtheit oder gar der gesellschaftlichen Verursachung der Probleme ihrer Klienten und der individuellen Aktivierung ihrer Adressaten, damit diese die Lösung ihrer Probleme (wieder) selbst (verantwortlich) in die Hände nehmen können. Oder – und dies ist eine zentrale Ambivalenz der Profession – sie bietet Hilfe an, um letztlich Nicht-Hilfe im Sinne von Selbsthilfe zu erreichen beim Wissen, dass jede Hilfe auch die Nebenfolge in sich birgt, die Selbsthilfepotentiale der Klienten eher zu verschütten als zu stärken.

Damit sind nur drei von zahlreichen Ambivalenzen Sozialer Arbeit benannt. Der moderne Gemüts- und Geisteszustand empfindet derartige Widersprüchlichkeiten als Übel, die es zu beseitigen gilt, er agiert hier mit der Forderung: *entweder* die eine Seite der Ambivalenz *oder* die *andere*. Mit der postmodernen Reflexionsform können wir anders ansetzen, wir agieren mit dem *Sowohl-Als-Auch*. Sozialarbeiterinnen und Sozialarbeiter gehen dann konstruktiv mit Ambivalenzen um, so die These, wenn sie es schaffen, den beiden Seiten der jeweiligen Ambivalenz gleichermaßen gerecht zu werden. Dementsprechend fordert *C. Wolfgang Müller* (1999: 12): „Wir alle müssen wissen, müssen können oder müssen lernen, mit Gefühlen umzugehen, die angesichts ambivalenter Situationen angemessen sind". Er sieht gar die „Kultivierung gemischter Gefühle als sozialpädagogische[n] Beitrag zur Post-Moderne" (ebd.).

Bei einer derartigen Kultivierung können uns freilich professionelle Verfahren oder Methoden helfen, etwa das Modell des negierten Tetralemmas (vgl. für den Bereich der Sozialen Arbeit bereits *Kleve* 2006b; 2007a: 43ff.; 2007b), das ich als eine äußerst gewinnbringe Möglichkeit erachte, „gemischte Gefühle" konstruktiv zu entfalten und angemessene Handlungsstrategien in ambivalenten Situation zu kreieren. Dieses Modell wurde im Kontext der Systemischen Aufstellungsarbeit von *Matthias Varga von Kibéd* und *Insa Sparrer* (2005: 77) in Anlehnung an fernöstliche Denkweisen entwickelt: „Das Tetralemma ([...] ‚vier Ecken' im Sinne von vier Positionen oder Standpunkten) ist eine Struktur aus der traditionellen indischen Logik zur Kategorisierung von Haltungen und Standpunkten. Sie wurde im Rechtswesen verwendet zur Kategorisierung der möglichen Standpunkte, die ein Richter zu einem Streitfall zwischen zwei Parteien einnehmen kann. Er kann der einen Partei recht geben oder der anderen Partei oder beiden (jeder hat recht) oder keiner von beiden. Diese vier Positionen wurden von buddhistischen Logikern [...] um die Negation des Tetralemmas (die sogenannte vierfache Negation [und auch dies nicht – und selbst das nicht, H.K.] erweitert."

Wie mit dieser Definition bereits sichtbar wird, befreit uns die Idee des Tetralemmas aus der Zweiwertigkeit, aus der Binarität. Ein Tetralemma erlaubt es, in einer ambivalenten, einer vermeintlich zweiwertigen Situation mehr als jene beiden Pole zu sehen, zwischen welchen wir uns hin- und hergerissen fühlen. Es erweitert den Blick und wir werden gewahr, dass es eben nicht nur die Möglichkeit gibt, *entweder* das Eine *oder* das Andere zu betrachten, sondern dass es mindestens zwei weitere, zumeist ausgeblendete Pole gibt, nämlich den dritten Pol, Gemeinsamkeiten zwischen *beiden* ambivalenten Polen zu suchen, und den vierten Pol zu überlegen, was *weder* für das Eine *noch* für das Andere spricht. Das ist zunächst die einfache Tetralemma-Struktur, also

1. das Eine,
2. das Andere,
3. Beides (verborgene Gemeinsamkeiten und Verbindungen) und
4. Keines von Beiden (ausgeblendete Kontexte der Ambivalenz).

Das erweiterte bzw. negierte Tetralemma führt eine fünfte Position ein, die darin besteht, *alle vier Tetralemma-Positionen zu negieren*, um zu fragen, ob es noch ganz andere Möglichkeiten als die bisher betrachteten geben könnte; und selbst diese dann gefundenen Möglichkeiten gilt es schließlich ebenfalls infrage zu stellen:

5. Die Negation aller Position und auch die Negation der Position, die alle Positionen negiert bzw. „...all dies nicht, und selbst das nicht" (etwas ganz Anderes jenseits der Ambivalenz).

Allein schon die gedankliche Vergegenwärtigung der möglichen, ja erweiterten Positionen innerhalb von ambivalenten Situationen kann befreiend wirken. Denn es wird nun deutlich, dass durchaus dritte, vierte und sogar fünfte Wege möglich sind, während bisher lediglich zwischen zwei Richtungen gependelt wurde. Allerdings ist es ratsam, das Tetralemma-Modell systematisch einzusetzen, um innerhalb widersprüchlicher Situationen, die die bekannten gemischten Gefühle erzeugen, alternative Wege, neue Handlungsideen und ungeahnte Optionen zu erzeugen. Dieses systematische Vorgehen kann in Anlehnung an Varga von Kibéd und Sparrer als *Tetralemma-Wanderung* bezeichnet werden.

Während einer Tetralemma-Wanderung werden gedanklich, im Gespräch mit einem unterstützenden Gegenüber oder in Form einer Systemischen Aufstellung, die auch mit Stellvertretern realisierbar ist (siehe ausführlich dazu etwa *Kleve* 2006c; 2008), die einzelnen Positionen intensiv durchlaufen (siehe zu einer exemplarisch durchlaufenen Ambivalenz am Beispiel von Hilfe und Nicht-Hilfe Kleve 2007a: 50f.). Dabei haben sich verschiedene Fragestellungen als unterstützend erwiesen, die im Folgenden näher erläutert werden.

Zu Beginn einer Tetralemma-Wanderung muss deutlich sein, um welche Ambivalenz es sich handelt, welche beiden Pole für *das Eine* und *das Andere* stehen. Zunächst wird das Eine betrachtet; hier ist es ratsam, jenen Pol als das Eine zu bezeichnen, welcher präferiert wird. Dann bieten sich Fragen an, die zunächst erhellen, was für diese Seite spricht, welche Effekte die Entscheidung für diese Seite mit sich bringen könnte. Wenn ausführlich – auch hinsichtlich der Gefühle, die mit dem Einen einhergehen – nachgedacht oder gesprochen wurde, erfolgt der Wechsel zum Anderen; diesbezüglich werden die gleichen Fragen beantwortet: Was spricht für das Andere? Welche Effekte hätte eine Entscheidung für das Andere? Welche Gefühle entstehen bei diesem vertieften Betrachten des Anderen?

Danach kann die dritte Position eingenommen werden: *Beides*. Nun wird nach übersehenen Vereinbarkeiten gefragt. Dazu eignen sich insbesondere Fragen, die nach möglichen Scheingegensätzen, nach Kontexttrennungen und paradoxen Verbindungen fragen: Sind die gegensätzlichen Standpunkte möglicherweise auf einer anderen Betrachtungsebene bzw. aus einer bestimmten Perspektive vereinbar? (*Scheingegensatz I.*) Gibt es (weitere) übersehene Gemeinsamkeiten, die das Eine und das Andere miteinander verbinden? (*Scheingegensatz II.*) Sind das Eine und das Andere möglicherweise zeitlich nacheinander oder räumlich nebeneinander vereinbar? (*Kontexttrennung.*) Stehen das Eine und das Andere möglicherweise in einem sich gegenseitig bedingenden Verhältnis zueinander, indem das Eine das Andere voraussetzt – und umgekehrt? (*Paradoxe Verknüpfung.*)

Der vierte Schritt der Wanderung führt zum Pol *Keines von Beiden*; hier werden insbesondere Fragen nach übersehenen Kontexten gestellt: Wann entstand der Gegensatz und wodurch? Was steht dahinter? Wodurch wurde der Gegensatz zu einer wichtigen Frage? (*Vergangener Kontext.*) In welchen Situationen (Kontexten) taucht der Gegensatz auf, und in welchen Situationen (Kontexten) spielt er keine Rolle? (*Möglicherweise ausgeblendeter gegenwärtiger Kontext.*) Was ist wann und wo außer des Gegensatzes wichtig? (*Weitere ausgeblendete Kontext.*) Angenommen der Gegensatz spielt keine Rolle mehr, worum wird/könnte es dann gehen? (*Zukünftiger Kontext.*)

Schließlich führt die Wanderung zur fünften Position: ... *all dies nicht – und selbst das nicht!* Diese Position stellt eine Verneinung der bereits betrachteten vier Pole dar *(... und auch dies nicht)* und verneint auch diese Verneinung *(– und selbst das nicht!)*. Hier geht es um die Suche nach etwas ganz Anderem, nach etwas, was bisher noch nicht angesprochen, was vielleicht systematisch ausgeblendet wird, obwohl es hilfreich sein könnte, um zu neuen kreativen und konstruktiven Ideen zu gelangen. Um solche Aspekte aufzuspüren, können die folgenden Fragen helfen: Was wurde bisher noch nicht gesagt oder bemerkt? Gibt es noch etwas ganz anderes Bedeutungsvolles? Lassen sich Situationen denken, in denen das Dilemma/die Ambivalenz zum Lachen führt? Wenn ja, welche? Was würde das verändern? Wie gelingt angesichts der durch die Tetralemmawanderung enorm angereicherten Komplexität der Sprung zum Handeln?

Nach dem Durchlaufen der fünften Position könnte die Wanderung zu Ende sein. Möglicherweise sind bereits neue und brauchbare Ideen und Handlungsoptionen hinsichtlich der ursprünglich empfundenen Ambivalenz entstanden. Sollte dies noch nicht der Fall sein, kann ein erneutes Betreten der einzelnen Positionen – ausgehend von der Frage, ob sich in der Beobachtung (Beschreibung, Erklärung, Bewertung) irgendetwas verändert hat – sinnvoll sein. So kann nach dem *Neuen* gesucht werden, das die erste Tetralemmawanderung bereits produziert hat: Was entsteht an Ideen, Gedanken, Gefühlen und Körperempfindungen bei einem erneuten Hineinversetzen in: das Eine und in das Andere. Was hat sich verändert? Was entsteht an Ideen, Gedanken, Gefühlen und Körperempfindungen bei einem Kontakt aus der Position des Einen mit dem Anderen – und umgekehrt? Was entsteht an Ideen, Gedanken, Gefühlen und Körperempfindungen beim erneuten Durchgang durch die nächsten Positionen und jeweiliger Kontaktaufnahme mit den anderen Positionen?

Wissenschaftliche Praxis – Reflexion und Systematisierung von theoretischer Vielfalt

Das Modell des Tetralemmas können wir klar der postmodernen Theorieperspektive zuordnen. Denn hier geht es schließlich um das, was *Jacques Derrida* (1972) als Dekonstruktion bezeichnet hat und was als zentrales Verfahren postmoderner Denkströmungen gilt. Eine Dekonstruktion wird verstanden als das Aufblenden der Ambivalenzen, die sich hinter den vermeintlichen Eindeutigkeiten verbergen. Der Dekonstrukteur hält, wie *Dirk Baecker*

(2004: 14) hinsichtlich einer soziologischen Grundhaltung formuliert, „jede Eindeutigkeit für einen Fehler". Denn „[e]s gibt eigentlich nichts, was [...er...] nicht sofort als ambivalent betrachten könnte" (ebd.). Mit *Dietmar Kamper* (1999) können wir jedoch diese Ambivalenzreflexion lediglich als eine *erste* Dekonstruktion verstehen, die die strikte Zweideutigkeit der Phänomene (im Tetralemma: das Eine und das Andere) offenbart. Dann lässt sich zudem eine *zweite* „stringente" Dekonstruktion realisieren (vgl. ebd.: 101), die „die Auflösung der strikten Ambivalenz" (ebd.) erlaubt – ohne jedoch bei einer vereinfachten Eindeutigkeit, bei der Ausblendung von Polen der Ambivalenz zu landen. Im Tetralemma sind das die Positionen Beides, Keines von Beiden und die fünfte Position als Negation aller vorigen Positionen. Eine solche zweite Dekonstruktion geht *erstens* von dem Wissen aus, dass „die Geschichte des Entweder/Oder zu Ende ist und daß in einer Phase des Übergangs der Ruck vom Sowohl/Als auch zum Weder/Noch geleistet werden muß" (ebd.). *Zweitens* interessiert sich eine solche Dekonstruktion für die verborgenen Werte jenseits der beiden Pole einer Ambivalenz, sozusagen für die „dritten Wege". Diese zweite Dekonstruktion ist das „Hören auf die Wiederkehr des ausgeschlossenen Dritten" (ebd., S. 107).

Auch der Umgang mit Theorien in der Sozialen Arbeit sollte sich vom Entweder-Oder-Denken verabschieden. Nach wie vor können wir jedoch die Vorstellung finden, dass es ein eindeutiges und klares Feld von Theorien der Sozialen Arbeit gibt bzw. geben kann, das das Handeln in der Praxis reflektieren und leiten könne. Im Gegensatz zu dieser Vorstellung zeigt die Praxis, dass es eine Vielzahl von sozialarbeitsrelevanten Theorien gibt, die von Praktikerinnen und Praktikern je nach situativer Brauchbarkeit und Passung genutzt werden. Seit ca. fünf Jahren bin ich in Deutschland und Österreich in unterschiedlichen Masterstudiengängen als Dozent für Theorien Sozialer Arbeit tätig. Ich beginne die Lehrveranstaltungen zumeist mit einer Evaluation des Theoriewissens der Teilnehmerinnen und Teilnehmer und bin jedesmal erstaunt, welche zahlreichen theoretischen Perspektiven dabei genannt und zum Teil erklärt werden können. Der Großteil dieser Theorien stammt jedoch nicht aus der Sozialen Arbeit selbst, sondern aus ihren Bezugswissenschaften, aus der Psychologie, der Pädagogik, der Soziologie oder der Politologie (siehe zu einem Überblick solcher Theorien etwa *Klüsche* u.a. 1999: 82ff.).

Ausgehend von einer postmodernen Gemüts- und Geisteshaltung wollen wir diese Situation nicht (mehr) als defizitär bewerten, sondern akzeptieren. Der Sozialarbeitswissenschaft kann jedoch hier die Aufgabe zugeschrieben werden, die Heterogenität der sozialarbeitsrelevanten Theorien zu systematisieren. Mit der postmodernen Perspektive der Sozialen Arbeit können wir das Einlassen auf die Vielfalt sozialarbeitsrelevanter Theorien einüben und nach Möglichkeiten suchen, um in dieser Pluralität und Heterogenität Orientierung zu finden. Insofern kann die Sozialarbeitswissenschaft auch als eine *Orientierungswissenschaft* bewertet werden, die im unübersichtlichen Feld der sozialarbeitsrelevanten Theorien Überblick zu schaffen versucht. Für diese Orientierungsaufgabe habe ich bereits an andere Stelle Möglichkeiten offeriert (siehe *Kleve* 2006a und demnächst dazu *Kleve/ Wirth* 2009), die hier in vier Punkten knapp zusammengefasst werden sollen:

Erstens können wir sozialarbeitsrelevante Theorien gruppieren in

- Theorien *über* die Soziale Arbeit,
- Theorien *in* der Sozialen Arbeit und
- Theorien *der* Sozialen Arbeit.

Als Theorien über die Soziale Arbeit können sozialwissenschaftliche oder -philosophische Theorien aufgefasst werden, in denen Soziale Arbeit neben anderen gesellschaftlichen Sphären thematisiert wird. Beispielsweise können die bekannten soziologischen Theorien von *Ulrich Beck* (Theorie reflexiver Modernisierung), *Jürgen Habermas* (Theorie des kommunikativen Handelns) oder *Niklas Luhmann* (Theorie selbstreferentieller sozialer Systeme) als solche Theorien verstanden werden; in ihnen wird auch Soziale Arbeit neben zahlreichen anderen Phänomenen bzw. Systemen der Gesellschaft verhandelt.

Theorien in der Sozialen Arbeit sind dieser Differenzierung zufolge Ansätze, die von professionellen Fachkräften in ihrer Praxis als Reflexions- oder Handlungsfolie genutzt werden. Hier fallen insbesondere pädagogische Theorien und vor allem psychologische Konzepte ins Auge, etwa die Psychoanalyse, die systemische Theorie der Familie, die Bindungstheorie, die Lerntheorie und viele andere mehr.

Theorien der Sozialen Arbeit sollen nun die Konzepte genannt werden, die aus dem Feld der wissenschaftlichen Sozialen Arbeit heraus für dieses Praxis- und Wissenschaftsfeld entwickelt wurden. Ausgehend von der aktuellen Theoriediskussion sind hier beispielsweise die Lebensweltorientierung nach *Hans Thiersch*, die Sozialraumorientierung nach *Wolfgang Hinte* bzw. *Frank Früchtel* und *Wolfgang Budde* oder die sozialarbeiterische Systemtheorie in ihren verschiedenen Spielarten, aber freilich auch die hier präsentierte postmoderne Theorie der Sozialen Arbeit zu nennen.

Zweitens lassen sich Theorien systematisch auf ihre Aussagekomplexe hin untersuchen. Diesbezüglich kann uns das Schema von *Kurt Eberhard* (1999) helfen, nach dem Theorien dreierlei Wissen offerieren:

- *phänomenales* Wissen (Beschreibungen),
- *kausales* Wissen (Erklärungen) und
- *aktionales* Wissen (Handlungsoptionen).

Nahezu jede Theorie bezieht sich auf spezifische Phänomene der empirischen Welt, also der Praxis und nutzt dazu eigens für diese Phänomene konstruierte Fachbegriffe, um zu beschreiben. Theorien konstruieren weiterhin Kausalitäten, also Ursache-Wirkungs-Zusammenhänge, um die Dynamik der Phänomene zu erklären. Und schließlich lassen sich daraus Handlungsoptionen ableiten, die die Phänomene beeinflussen können. Wie ich hier nicht weiter erläutern kann (siehe ausführlich etwa *Kleve* 2006a), offenbart sich damit ein Kreislauf von Theorie und Praxis: Theorien bestimmen mit ihren begrifflichen Konstruktionen letztlich, was wir überhaupt in der Praxis beobachten können; und die Praxis regt mit ihren vielfältigen Aufgaben, die sie uns stellt, mit ihren Problemen, die wir zu lösen versuchen, die Produktion von Theorien erst an. Jedenfalls hat es sich nach meiner Erfahrung (insbesondere auch in der Arbeit mit Studierenden) als sehr brauchbar erwiesen, sozialbeitsrelevante Theorien systematisch mithilfe dieser drei Dimensionen (phänomenale, kausale und aktionale Ebene) zu dekonstruieren und jeweils auf ihre Kerne hin zu reduzieren.

Drittens lässt sich ausgehend von der Erfahrung, dass Soziale Arbeit – wie oben skizziert – spezialisiert generalistisch tätig ist, schlussfolgern, dass sich dies in den Theorien widerspiegeln wird. Demnach können wir davon ausgehen, dass Sozialarbeiterinnen und Sozialarbeiterinnen Theorien nutzen, die ihnen etwas zu den drei Ebenen des Menschlichen vermitteln können:

- zur *biologischen* bzw. *körperlichen* Ebene,
- zur *psychischen* bzw. *kognitiven* und *emotionalen* Ebene und
- zur *sozialen* bzw. *kommunikativen* Ebene.

Die bio-psycho-soziale Orientierung der Sozialen Arbeit kommt also auch in der Theorie-wahl von Sozialarbeiterinnen und Sozialarbeitern zum Tragen. Hier ist denkbar, dass professionelle Fachkräfte Theorien nutzen, die jeweils eine der genannten Ebene thematisieren. So würde es zu einer *multidisziplinären* Theorienutzung kommen. Je nach Brauchbarkeit werden Ansätze herangezogen, die das Körperliche, das Psychische oder das Soziale problematisieren bzw. reflektierbar machen. Oder es werden *transdisziplinäre* Ansätze benutzt (etwa die Systemtheorie in ihren unterschiedlichen Spielarten), die es erlauben, alle Ebenen gleichermaßen und sogar mit identischen Begrifflichkeiten zu betrachten.

Und *viertens* kann schließlich die soziale Ebene weiter differenziert werden, um Theorien hinsichtlich ihres diesbezüglichen Beschreibungs-, Erklärungs- und Handlungsange-bots abzuklopfen, und zwar in:

- die *interaktionstheoretische* Dimension,
- die *organisationstheoretische* Dimension und
- die *gesellschaftstheoretische* Dimension.

Als Interaktionstheorien können Ansätze gelten, die etwas zur unmittelbaren Kommunikati-on zwischen Anwesenden aussagen, die sich also auf Face-to-Face-Situationen beziehen. Soziale Arbeit agiert freilich als eine solche Kommunikation, z.B. innerhalb eines Bera-tungskontaktes. Aber auch die Beobachtung und Erklärung von Interaktionen etwa in Fami-lien oder Gruppen sind Gegenstand sozialarbeiterischen Interesses. Daher benötigt die Praxis theoretische Instrumente, um über diese Dimension zu reflektieren bzw. Handlungsoptionen zu generieren. Daneben ist Soziale Arbeit selbstredend eine organisierte Praxis, die in forma-len, rechtlich strukturierten und bürokratisch verwalteten Institutionen, eben in Organisatio-nen abläuft. Daher ist freilich organisationstheoretisches Wissen obligatorisch, um in diesem Feld erfolgreich agieren zu können. Und schließlich vollzieht sich Soziale Arbeit unter ge-sellschaftlichen Rahmenbedingungen, die das tangieren, was als sozialarbeiterische Organi-sation und Interaktion gestaltbar ist. Sozialarbeiterinnen und Sozialarbeiter benötigen daher ein von Theorien angereichtes Bild von der Gesellschaft, in der sie tätig sind.

Mithilfe der genannten vier Systematisierungsebenen lassen sich alle sozialarbeitsrele-vanten Theorien untersuchen und befragen und vor allem hinsichtlich der Spezifität der Sozialen Arbeit rekonstruieren und bestenfalls konstruktiv miteinander verbinden (siehe weiterführend dazu *Kleve/Wirth* 2009).

Fazit

Postmoderne Sozialarbeitswissenschaft – und dies sollte deutlich geworden sein – ist eine Perspektive, die sich zwar klar in Abgrenzung zu einer modernen Gemüts- und Geisteshal-tung verortet und dies auch inhaltlich begründet. Aber die postmoderne Perspektive ist nicht so sehr als inhaltlich festgeklopftes Lehrwissen zu verstehen, sondern eher als eine Suche nach Möglichkeiten, um in einem Feld konstruktiv zu agieren, das hinsichtlich seiner Praxis mit Ambivalenz und in Bezug zu seiner Wissenschaft mit theoretischer Unübersichtlichkeit konfrontiert ist. Sozialarbeiterinnen und Sozialarbeiter benötigen vor allem passende Verfahren, die es ihnen ermöglichen, die von Arbeitsfeld zu Arbeitsfeld sowie von Kontext zu Kontext jeweils recht unterschiedlichen und ambivalenten Anforderungen der Praxis sowie der vielfältigen Theorienutzung konstruktiv zu gestalten. Bei der Entwicklung solcher Verfahren versucht die postmoderne Sozialarbeitswissenschaft den professionellen Fachkräften ein anregender Partner zu sein.

Literatur

Baecker, Dirk (2004): Wozu Soziologie. Berlin: Kadmos.

Bardmann, Theodor M. (1996): Eigenschaftslosigkeit als Eigenschaft. Sozialarbeit im Lichte der Kybernetik des Heinz von Foerster. In: ders.; Sandra Hansen: Die Kybernetik der Sozialarbeit. Ein Theorieangebot. Aachen: Kersting: S. 15-33.

Bauman, Zygmunt (1991): Moderne und Ambivalenz. Das Ende der Eindeutigkeit. Frankfurt/M.: Fischer (1995).

Bommes, Michael; Albert Scherr (2000): Soziologie der Sozialen Arbeit. Eine Einführung in Formen und Funktionen organisierter Hilfe. Weinheim/München: Juventa.

Deleuze, Gilles (1968): Differenz und Wiederholung. München: Fink (1992).

Derrida, Jacques (1972): Positionen. Graz/Wien: Passagen (1986).

Eberhard, Kurt (1999): Einführung in die Erkenntnis- und Wissenschaftstheorie. Stuttgart: Kohlhammer.

Harmsen, Thomas (2004): Die Konstruktion der professionellen Identität in der Sozialen Arbeit. Theoretische Grundlagen und empirische Befunde. Heidelberg: Carl-Auer-Systeme.

Hochstrasser, Franz (1997): Multiple Identitäten in der Sozialen Arbeit. In: ders. u.a. (Hrsg.): Die Fachhochschule für Soziale Arbeit. Bildungspolitische Antwort auf soziale Entwicklungen. Bern/Stuttgart/Wien: Haupt: 155-182.

Kamper, Dietmar (1999): Ästhetik der Abwesenheit. Die Entfernung der Körper. München: Fink.

Kleve, Heiko (1999/2007): Postmoderne Sozialarbeit. Ein systemtheoretisch-konstruktivisti-scher Beitrag zur Sozialarbeitswissenschaft. Wiesbaden: VS Verlag für Sozialwissenschaften.

Kleve, Heiko (2000): Die Sozialarbeit ohne Eigenschaften. Fragmente einer postmodernen Professions- und Wissenschaftstheorie Sozialer Arbeit. Freiburg/Br.: Lambertus.

Kleve, Heiko (2006a): Die Praxis der Sozialarbeitswissenschaft. Anregungen für die Lehre und Reflexion von Theorien. In: Sozialmagazin 5.2006. 14-22.

Kleve, Heiko (2006b): Soziale Arbeit in der Postmoderne. Sozialarbeiterische Ambivalenzen als ethische Dilemmata. In: Susanne Dungs u.a. (Hrsg.): Soziale Arbeit und Ethik im 21. Jahrhundert. Ein Handbuch. Leipzig: Evangelische Verlagsanstalt 2006: 108-124.

Kleve, Heiko (2006c): Systemische Aufstellungen in der Sozialen Arbeit. Plädoyer für ein effektives Reflexions- und Interventionsinstrument. In: Soziale Arbeit 11.2006. 415-421.

Kleve, Heiko (2007a): Ambivalenz, System und Erfolg. Provokationen postmoderner Sozialarbeit. Heidelberg: Carl-Auer-Systeme.

Kleve, Heiko (2007b): Das Tetralemma – Ein Modell zur Reflexion und Bewältigung sozialarbeiterischer Ambivalenzen. In: Siegen:Sozial 1.2007: 47-51.

Kleve, Heiko (2008): Vom Einschließen des Ausgeschlossenen. Systemische Aufstellungsarbeit und ihr Nutzen für die Theorieentwicklung Sozialer Arbeit. In: Sozialmagazin 3.2008. 43-53.

Kleve, Heiko; Jan Volker Wirth (2009): Die Praxis der Sozialarbeitswissenschaft. Eine Einführung. In Vorbereitung.

Klüsche, Wilhelm u.a. (1999): Ein Stück weitergedacht... Beiträge zur Theorie- und Wissenschaftsentwicklung der Sozialen Arbeit. Freiburg/Br.: Lambertus.

Kruse, Jan (2004): Arbeit und Ambivalenz. Die Professionalisierung Sozialer und Informatisierter Arbeit. Bielefeld: transcript.

Lüssi, Peter (1992): Systemische Sozialarbeit. Praktisches Lehrbuch der Sozialberatung. Bern: Haupt.

Lyotard, Jean-François (1988): Eine post-moderne Fabel über die Postmoderne oder: In der Megalopolis. In: Robert Weimann u.a.: Postmoderne – globale Differenz. Frankfurt/M.: Suhrkamp (1991): 291-304.

Merten, Roland (1996): Zum systematischen Gehalt der aktuellen Debatte um eine autonome ‚Sozialarbeitswissenschaft'. In: Ria Puhl (Hrsg.): Sozialarbeitswissenschaft. Neue Chancen für theoriegeleitete Soziale Arbeit. München/Weinheim: Juventa: 83-99.

Mühlum, Albert u.a. (1997): Sozialarbeitswissenschaft. Pflegewissenschaft. Gesundheitswissenschaft. Freiburg/Br.: Lambertus.

Müller, C. Wolfgang (1999): Die Kultivierung gemischter Gefühle als sozialpädagogischer Beitrag zur Post-Moderne. Vorlesung aus Anlaß des Symposiums zum 70. Geburtstag von Wilfried Gottschlach in der Technischen Universität Dresden am 9. Dezember 1999, Ms. Berlin.

Müller, Matthias (2008): Polyglotte Kommunikation. Soziale Arbeit und die Vielsprachigkeit ihrer Praxis. Heidelberg: Carl-Auer-Systeme.

Münch, Richard (1995): Vom Fachspezialisten zum Kommunikationsexperten. Der Strukturwandel der Berufsarbeit und seine Auswirkung auf das Universitätsstudium. Düsseldorf: Heinrich Heine Universität.

Pantucek, Peter (2007): Sozialraumorientierung und Professionalisierung: eine österreichische Perspektive. In: Dieter Haller u.a. (Hrsg.): Jenseits von Tradition und Postmoderne. Sozialraumorientierung in der Schweiz, Österreich und Deutschland. Weinheim/München: Juventa: 38-49.

Thiersch, Hans (1992): Das sozialpädagogische Jahrhundert. In: Thomas Rauschenbach; Hans Gängler (Hrsg.): Soziale Arbeit und Erziehung in der Risikogesellschaft. Neuwied/Kriftel/Berlin: Luchterhand: 9-23.

Varga von Kibéd, Matthias; Insa Sparrer (2005): Ganz im Gegenteil. Tetralemmaarbeit und andere Grundformen Systemischer Strukturaufstellungen – für Querdenker und solche, die es werden wollen. Heidelberg: Carl-Auer-Systeme.

Vester, Heinz-Günter (1993): Soziologie der Postmoderne. München: Quintessenz.

Welsch, Wolfgang (1992): Topoi der Postmoderne. In: Hans Rudi Fischer u.a. (Hrsg.): Das Ende der großen Entwürfe. Frankfurt/M.: Suhrkamp: 35-55.

Wirth, Jan Volker (2005): Helfen in der Moderne und Postmoderne. Fragmente einer Topographie des Helfens. Heidelberg: Carl-Auer-Systeme.

Probleme der Sozialen Arbeit als Handlungswissenschaft und Bedingungen ihrer kumulativen Entwicklung

Werner Obrecht

1 Geringe Kumulativität der Entwicklung und Tendenzen der Entstrukturierung

Die Sozialarbeitswissenschaft (SAW) hat sich – nach einer weit über ein Jahrzehnt dauernden und eine enorme Zahl von Publikationen umfassenden Kontroverse – um die Jahrhundertwende auch im deutschsprachigen Raum als autonome Disziplin (mit einem eigenständigen Studiengang auf Fachhochschulebene) zu etablieren vermocht (Mühlum, 2004). Inzwischen gibt es eine imponierende Zunahme an Forschungen (Engelke, Maier, Steinert, Borrmann & Spatscheck, 2007; Maier, 1999) und eine beachtliche Produktion von Monografien und Readern zu verschiedenartigsten Themen der Wissenschaft Soziale Arbeit. Gleichwohl fehlen noch immer Zeichen der Entwicklung eines Minimums breiter geteilter meta-, objekt- und handlungswissenschaftlicher Kernvorstellungen, die Ausgangspunkt einer kumulativen Entwicklung der SAW sein könnten, ja es mehren sich Hinweise auf Trends mit einer entgegengesetzten Richtung. Die nachfolgende Skizze einer Auswahl von thematischen Trends in der SAW bleibt mangels systematischer Studien zum Stand der Disziplin impressionistisch; gleichwohl dürfte sie jedoch den Schluss aufdrängen, dass die deutschsprachige SAW fachlich bisher nur wenig über den Akt ihrer Proklamierung hinausgekommen ist (für eine noch pessimistischere Einschätzung vgl. Merten, 2008).

1.1 Profession: Professionsbegriff

SAW ist jene Handlungswissenschaft, auf deren Wissen sich die Profession der Sozialen Arbeit (SA) stützt. Wie eine Sichtung der Literatur zeigt (Silvia Staub-Bernasconi, 2009), wird im deutschsprachigen Bereich in der SAW auch zu Beginn des 21. Jhd. nach wie vor die Frage kontrovers diskutiert, ob die Soziale Arbeit eine Profession sei, sein soll oder sein könne. Darin drücken sich noch immer die *alten lokalen* Zweifel an den fachlichen Möglichkeiten der Disziplin und an den strukturellen Möglichkeiten der Profession aus (vgl. dazu Silvia Staub-Bernasconi, 2006) und leisten ihren Beitrag zur self-fulfilling prophecy entwicklungspessimistischer Sichtweisen.

1.2 Curricula: Die thematische Orientierung von Masterstudiengängen an FHS

Im vergangenen Jahr hat der DBSH eine Untersuchung der 111 eingerichteten Masterstudiengänge im Bereich der Sozialen Arbeit vorgelegt, von denen 87 an FHS etabliert wurden (Nodes, 2007: 207, zitiert nach Merten 2008: 131ff.). Von diesen 87 Lehrgängen werden von den Hochschulen nur ein gutes Fünftel (19) in Sozialer Arbeit (MA Soziale Arbeit) angeboten. Gegenüber der Situation vor 10 Jahren entspricht dies einer deutlichen Verschlechterung, während im gleichen Zeitraum MA-Abschlüsse mit Schwerpunkt Sozialmanagement deutlich zugelegt haben (ibid: 131f.). Wilfried Nodes, der stv. Geschäftsführer des DBSH, kommentiert diesen Befund wie folgt: „Die Fachhochschulen sind zurzeit selbst führend darin, über sehr diversifizierte Masterabschlüsse die Soziale Arbeit an ihren „Rändern" zu öffnen und damit die Bezugnahmen auf den eigenen Kern „Soziale Arbeit" zunehmend aufzugeben" (ibid: 162).

1.3 Disziplin und Lehre

1.3.1 Basiswissenschaftlich bzw. objekttheoretisch

1.3.1.1   Soziale Systeme: Gesellschaft(sbild)

In einer kürzlichen erschienene Studie hat Michael Nollert auf den dramatischen Wandel sozialwissenschaftlicher Lehren hingewiesen, die in der Literatur und Lehre der heutigen SAW zur Darstellung gelangen und auf deren Grundlage sozialarbeiterische Praxis strukturiert und legitimiert wird (Nollert, 2008).

Danach kam es in der Soziologie der 1980er und 90er Jahre – in der Folge postmoderner konstruktivistisch-relativistischer Theoriemoden und im Zuge der weltweiten neoliberalen Verwaltungsreform – zu einer gegen den internationalen Konsens über die Wissensbasis der Sozialen Arbeit (IFSW, 1997; S. Staub-Bernasconi, 2001; Silvia Staub-Bernasconi, 2009) gerichteten Entwicklung: der Abkehr der Thematisierung von vertikaler Differenzierung moderner Gesellschaften. Dies geschah zugunsten von Lehren, welche die subjektive wie sozialdynamische Bedeutung der wohl unübersehbar zu nennenden vertikalen sozialen Ungleichheit innerhalb unserer Gegenwartsgesellschaften leugnen oder ignorieren. Sie tun dies, indem sie stattdessen moderne Gesellschaften konzeptualisieren

- als seit dem Beginn der Moderne von vertikaler auf funktionale Differenzierung „umgestellt" sehen (Luhmann 1984);
- als punkto vertikaler Differenzierung, Lebenslauf und Lebensform (Familie) entstrukturiert und damit „individualisiert" (Beck (1984);
- als Ansammlungen von strategisch ihren subjektiven Nutzen maximierende Egoisten (diverse Rational-Choice-Modelle);
- als differenziert in Individuen, die den Kernbereichen der Gesellschaft zugehören (Inklusion) oder nicht (Exklusion);
- als aus einer Menge von subkulturellen Milieus bestehend.

Diese individualistischen Behauptungen des postmodernen „Diskurses" über eine angeblich auf funktionale Differenzierung „umgestellte" oder eine in einer akuten Entstrukturierung befindlichen Gesellschaft erfreuten sich zwar einer enormen massenmedialen Verbreitung, blieben aber immer das Produkt empirisch unkontrollierter Spekulation. Systematische und vergleichende Forschungen im Bereich der Soziologie und der Sozialepidemiologie verweisen die horizontalistischen Sichtweisen des postmodernen „Diskurses" ins Reich politischer Mythen: Zwar gibt es in allen gesellschaftlichen Bereichen unserer Gesellschaften seit den 70er Jahren einen beschleunigten und von einem Kulturwandel begleiteten Strukturwandel, jedoch keine Anzeichen einer Auflösung der Sozialstruktur, weder im Bereich der Familie (z.B. Levy, Widmer & Kellerhals, 2002), der Geschlechterdifferenzierung (z.B. Krüger & Levy, 2000), noch des Lebenslaufs (z.B. Widmer, Kellerhals & Levy, 2004) oder gar der Bedeutung von Arbeit als Quelle von Einkommen und sozialer Identität und damit von Schichtung im Sinne der ungleichen Verteilung von Gütern (z.B. Coradi Vellacott, 2007; Kohler, 2005; Levy, Joye, Guye & Kaufmann, 1997; z.B. Spellerberg, 1996).

Nichts spricht wohl deutlicher für die ungebrochene faktische Relevanz von Schichtung wie die enormen Effekte sozialer Ungleichheit (bei einer systematischen statistischen Kontrolle des Lebenshaltungsniveaus, der Ernährungsweise und des Zuganges zu medizinischer Versorgung) auf die psychische und physische Gesundheit (z.B. Marmot, 2004; Marmot & Wilkinson, 2006 [1998]) – vom Dauerthema der Illegitimität der stetig wachsenden ungleichen Verteilungen von Einkommen und Vermögen einmal abgesehen.

Ein Korrelat der postmodernen Leugnung sozialer Schichtung und namentlich der Erkennbarkeit der Welt sind die konstruktivistischen Lehren sozialer Probleme in der Sozialen Arbeit, nach denen es gar keine sozialen Probleme, sondern nur individuelle oder kollektive „Konstruktionen" von Problemen gibt (Godenzi, 1997; Schetsche, 2000; Sidler, 1999). Nicht an die Möglichkeiten von Wissenschaft glaubend und die Welt statt für real, für eine beliebige (kontingente) „kulturelle Konstruktion" haltend, haben diese Lehren – in der Begrifflichkeit C.W. Mills (Mills, 2000 [1958]) ausgedrückt – die realen strukturellen „troubles" von sozialen Akteuren gegen öffentliche soziale „issues" ausgespielt. Damit wurde das genuine Thema der Sozialen Arbeit, die realen Probleme von Menschen, zurückgedrängt zu Gunsten der wertenden Sichtweisen gesellschaftlicher Gegebenheiten ihrer Auftraggeber wie auch der Analyse der politischen Konflikte um solche Sichtweisen.

Dazu fehlt in einer erkenntnisrealistischen Sicht jeder Anlass und gibt es objektivierbare soziale Probleme wie soziale Deklassierung (tiefer Status), ungleicher Tausch, Unvollständigkeit der Statuskonfiguration (Exklusion), schwache soziale Bindungen bis hin zu struktureller Einsamkeit, die als nachweisbare Stressoren mit langfristigen und schwerwiegenden gesundheitlichen Folgen wirken (Marmot, Wilkinson op. cit.). Eine *erklärende* Theorie sozialer Probleme als Theorie der Beziehung zwischen Individuum und Gesellschaft, wie sie als Ziel der Sozialen Arbeit seit jeher und neuerdings in Form der „International Definition of the Social Work Profession" (IFSW, 2005) zugrunde liegt, wurde damit nicht entwickelt (vgl. dagegen Obrecht, 1998, 2009b).

1.3.1.2   Menschliche Individuen (Menschenbild)

Die Modelle menschlicher Individuen, die implizit oder explizit in den Bezugswissenschaften der SAW, wie der Psychologie, den verschiedenen Sozialwissenschaften, der Betriebswirtschaftslehre u.a.m. benutzt werden, modellieren in der Regel (1) eine willkürliche Auswahl von Aspekten von Individuen, deren Beziehung zu einem (modellierten) Ganzen – und damit untereinander – ungeklärt bleibt, sind (2) meist auf die Repräsentation der mentalen Struktur und Prozesse beschränkt („Sinnsysteme", „Deutungsmuster", Entscheidungen u.a.), die (3) nicht als Gehirnprozesse, sondern als Vorgänge in einem unkörperlichen geistigen Medium verstanden werden und sie sind (4) meist frei von nichtkognitiven Mechanismen der Motivation wie auch (5) von solchen des Handelns im Sinne emotio-kognitiv gesteuerter neuromotorischer Operationen, die über kausale Prozesse auf die Zielobjekte der Handlung und andere Dinge wirken. Kurz, die gegenwärtige deutschsprachige SAW hat bis heute noch nicht auf die Revolution der kognitiven und sozialen Neurowissenschaften (Harmon-Jones & Winkielman, 2008) der vergangenen 20 Jahre reagiert, welche uns ‚Seele' und ‚Geist' als emergente *konkrete* und *gesetzmäßige* Vorgänge im menschlichen Organismus verstehen lässt. Sie orientiert sich vielmehr an pseudowissenschaftlichen (homo oeconomicus) und geistes- und kulturwissenschaftlichen Akteurmodellen (Hermeneutik, Phänomenologie, vgl. dazu Reckwitz, 2000), deren Kernvorstellungen in der idealistischen Philosophie des 19. und frühen 20. Jhd. wurzeln und die überwiegend als Gegenentwurf zum *damaligen* positivistischen Wissenschaftsverständnis entwickelt worden sind (Pauen, 2007), einem Verständnis von Wissenschaft, von dem uns nun fast ein Jahrhundert wissenschaftstheoretische Entwicklung und Diskussion trennen (Bunge, 1967, 1996).

Menschen sind aber konkrete Ganzheiten (Systeme) und keine Ansammlungen von untereinander unverbundenen, entkörperlichten mentalen „Strukturen" und (Teil)Prozessen. Sie sind vielmehr selbstregulierte Biosysteme, deren Regulation auf bio-, biopsychischen und biopsychosozialen Werten (= organismische Soll-Zustände) beruht (Changeux, Antonio R. Damasio, Singer & Christen, 2005) und deren Verhalten primär durch auf Abweichungen von diesen Werten beruhende Bedürfnisspannungen motiviert wird (Grawe, 2004; Obrecht, 2009b) und auf die Reduktion der aktuellen Bedürfnisspannungen gerichtet ist. Gesteuert wird dieses Verhalten über Bilder des Selbst in seiner Umwelt (Kuhl, 2001), die das Gehirn laufend erzeugt. Diese bilden auch die Grundlage für Handlungen – seien sie spontan (intuitiv) oder geplant (selbstbewusst) –, die auf die Veränderung eines oder mehrere Dinge gerichtet sind. Dabei ist das Gehirn ein soziales Organ (Harmon-Jones & Winkielman, 2008; Ploog, 1997) und sind Menschen *von Natur aus soziale Wesen (Massey, 2002)* deren konkretes, über Neuromechanismen gesteuertes Verhalten *primär* durch intuitive (arationale) Prozesse motiviert wird, wobei *sozialen Motiven vom Moment der Geburt an eine überragende Bedeutung zukommt* (Marmot & Wilkinson, 2006 [1998]). Menschen sind also, negativ und bezogen auf die klassischen sozialwissenschaftlichen Modelle formuliert, *primär* weder durch bewusste Kognitionen im Sinne von Zielen oder Präferenzen motiviert, wie in den *utilitaristischen* Akteurmodellen postuliert (neoklassische Ökonomie, M. Weber), noch durch Normen wie in den *normativen* Akteurmodellen (Durkheim, Parsons) oder durch Sinn- und Deutungsmuster der poststrukturalistischen und interpretativen Akteurmodelle der Kulturwissenschaften (Oevermann, Bourdieu, Schütz, Geertz, Taylor), sondern durch im Rahmen von zentralnervösen Regelungsprozessen auftretende Bedürfnisspannungen (Burton, 1990; Obrecht, 2009b; Obrecht & Staub-Bernasconi, In Vorbereitung; Scheff, 2006).[1] Und die Versagung sozialer Bedürfnisse und nicht die Abweichung von kollektiv definierten Normen ist die Quelle von sozialen Problemen, wie wir sie im Alltag empfinden und wie sie die KlientInnen sozialer Arbeit beschäftigen.

1.3.2   Allgemeine Handlungstheorie

Methoden können definiert werden als (Systeme von) Regeln (Vorschriften), die – bei gegebenen *Zielen Z* eines *Akteurs* und unter der Voraussetzung einer sachgerechten Anwendung – die Wirksamkeit von *Handlungen* im Hinblick auf die Erreichung von Z gewährleisten oder wahrscheinlich machen, wobei das Z in der Erhaltung oder Veränderung des Zustandes oder der Zustandsänderungen mindestens eines konkreten Dinges (Systems) besteht. Die Anwendung einer Methode im Sinne der Ausführung veränderungswirksamer Handlungen mit einer beabsichtigten Wirkung verlangt dabei nach einer Reihe von voraus-

---

1   Zur Entwicklung dieser Abfolge von Modellen in der Theoriegeschichte der Sozialwissenschaften vgl. Reckwitz, 2000

gehenden und nachfolgenden kognitiven Operationen oder anders gesagt einer Allgemeinen normativen Handlungstheorie der Bearbeitung praktischer Probleme. Zu den Operationen gehören die Beschreibung situativer Fakten sowie deren Erklärung, Prognose, Bewertung, die Formulierung eines praktischen Problems, eines darauf Bezug nehmenden Ziels und eines die gewählte Methoden nutzenden Handlungsplanes, die Ausführungskontrolle und Evaluation. Im Unterschied zu überlieferten oder erfundenen Faustregeln kann eine professionelle Methode als eine Methode definiert werden, die sich auf eine (erklärende) wissenschaftliche Theorie stützt. Professionelle sind in dieser Sicht Menschen, die im Rahmen einer Allgemeinen normativen Handlungstheorie praktische Probleme durch die Anwendung professioneller Methoden bearbeiten (Obrecht, 1996, 2009a)

So kann grob der Kern einer Handlungswissenschaft und die Natur des von ihr produzierten spezifischen Professionswissens umschrieben werden (Obrecht, 2009a). Die sozialarbeitswissenschaftliche Literatur scheint allerdings gegenwärtig weitgehend frei von systematischen praxeologischen Überlegungen.[2] Während vereinzelt die Ausdrücke „Handeln" oder „Handlung" (oder Wortzusammensetzungen auf ihrer Basis) in der Stichprobe überhaupt fehlen, treten sie in anderen Publikationen als nicht analysierte Ausdrücke im Zusammenhang mit weiteren Termen des „intentionalen Vokabulars" auf, namentlich aber mit „Ziel" und „Methode". Ein Korrelat der Orientierung an Begriffen des gesunden Menschenverstandes ist das Fehlen irgendeines Verweises auf handlungstheoretische Arbeiten in Disziplinen anderer Wissenschaften oder der Philosophie. Anders gesagt ist der theoretische Kernbereich der Handlungswissenschaft Soziale Arbeit leer. An seiner Stelle wird, *wenn überhaupt,* über Handeln im diffusen Modus des Alltagsdenkens gesprochen, das sich auf die unsystematische phänomenale Nennung von *handlungsvorbereitenden* kognitiven Prozessen beschränkt. Dies gilt namentlich auch für die in einer großen Zahl von Varianten auftretenden und mindestens auf Mary Richmond (Richmond, 1917) zurückgehenden Phasenmodelle des Handelns (für eine ganze Auswahl von Beispielen vgl. Erath, 2006), die heute wieder unter dem Stichwort „Soziale Diagnose" vermehrt diskutiert werden (Heiner, 2004; Pantucek, 2009)[3].

Angesichts der Diffusität des erfahrungsbezogenen ‚intentionalen Vokabulars‘ überrascht es nicht, dass es auch nicht zur Entwicklung eines klaren Methodenbegriffes kommt, indem dieser meist nicht hinreichend von der AHT unterschieden wird und seine Beziehung zu anderen handlungstheoretischen Operationen wie Pläne ungeklärt bleibt.[4]

Der wohl wichtigste analytische Grund für diese fatale Schwäche der sozialarbeitswissenschaftlichen Literatur dürfte die geisteswissenschaftliche Ausrichtung der meisten Autoren sein, die das Fehlen des Begriffs eines konkreten Dinges (Systems) und entsprechend des Begriffs von Gesetzmässigkeiten im Aufbau und Verhalten von Dingen erklärt und damit das Fehlen des Begriffes einer (wirksamen) Handlung. Das damit verbundene Fehlen eines nomologischen Theorie- und Erklärungsbegriffs führt sodann dazu, dass es zwischen dem, was in solchen Lehren diffus als „Theorie" (vgl. Abschn. 1.3.3) bezeichnet wird, und dem konkreten Handeln (der Praxis) keinen Zusammenhang gibt. Am Ende der Kette steht das, was Dewe zu recht als allgegenwärtige Theorie-Praxis-Rhetorik beklagt (Dewe, 2008).

---

2   Diese Aussage stützt sich auf eine Durchsicht des Indexes, Kapitelüberschriften und gegebenenfalls einschlägige Seiten von 10 bekannten Publikationen der SAW sowie zweier Lexika.

3   Hier finden sich allerdings, etwa bei Engelke (2003: 410) oder Hosemann, auch noch Vulgärformen der Phasenmodelle: Was war und ist los? Warum ist das so? Was ist zu tun? (Hosemann & Geiling, 2005: 174).

4   Vgl. Galuske, 1998; allgemein zum begrifflichen Chaos und zu einem Lösungsvorschlag ohne allgemeine Handlungstheorie vgl. Kreft & Müller, 2008.

Die Folge auch dieser Leerstelle ist fatal: Sie öffnet dem Eindringen von fachfremden Zielen und gewandten Methoden und Auffassungen der Sozialer Arbeit wie gegenwärtig vor allem aus der Betriebswirtschaftslehre und namentlich in Form von Case Management und organisationsorientierter, statt fachlicher Qualitätskontrolle, Tür und Tor. Deren Hauptkennzeichen sind, dass sie professionelle Arbeit mit Klienten auf der Basis einer tragfähigen Arbeitsbeziehung durch verwaltungs-, organisations- und finanztechnische Verfahren substituieren, die nicht auf nomologischen Theorien der praktischen und namentlich sozialen Probleme der Klientele beruhen und so zur strukturellen Deprofessionalisierung der Sozialen Arbeit beitragen.

1.3.3 Metatheorie

Die Bedeutung metatheoretischer Fragestellungen für die SAW ergibt sich aus den drei übergeordneten Grundproblemen der SAW und von Handlungswissenschaft im Allgemeinen, nämlich

1. der Frage nach einem den Zielen einer *Handlungswissenschaft* angemessenen Wissenschaftsbegriff (Obrecht, 2007) und dem Begriff einer Handlungswissenschaft (zum Letzteren vgl. Abschnitt 1.2.2);
2. dem extremen Grad *der Fragmentierung ihres objekt- bzw. bezugswissenschaftlichen Wissens,* das in einer Vielzahl von voneinander isolierten und in sich selber fragmentierten Disziplinen entwickelt wird und der damit zusammenhängenden Frage seiner angemessenen theoretischen Integration zu einer Theorie des Verhältnisses von Individuum und Gesellschaft, die eine Theorie menschlicher Individuen und eine Theorie sozialer Gebilde involviert (Obrecht 1996; 2009);
3. der Frage nach der *Natur professionellen Wissens und Handelns*, die jene nach der Rolle von basiswissenschaftlichem Wissen im Handlungswissen einschließt (Obrecht, 2009a).

Alle hier angesprochenen Probleme sind wegen ihrer disziplinübergreifenden Allgemeinheit philosophischer Natur und involvieren zu ihrer Bearbeitung einen philosophischen, d.h. transdisziplinären Bezugsrahmen (Obrecht, 2005).

Während das Problem der Fragmentierung als ein disziplinäres Kernproblem und damit das Erfordernis eines transdisziplinären Bezugsrahmens in anderen HW deutlich gesehen wird[5], ist dieses Thema in der SAW, sieht man von seiner systematischen Behandlung im Systemtheoretischen Paradigma ab (z.B. Obrecht, 2009, In Vorbereitung), nur von wenigen Autoren und dann meist in einer rhetorischen Form aufgenommen worden (Büchner, 2007). In einem besonderen Licht erscheint das Nichteintreten der SAW auf diese ihre Kernfrage durch den Umstand, dass wichtige Nachbardisziplinen, mit deren Professionen die Professionellen der SA kooperieren müssen, an der Entwicklung integrativer biopsychosozialer Modelle des Menschen arbeiten. In ein paar Jahren, so muss erwartet werden, werden die Sozialtätigen in der durch Fachfremde geführten Praxis wohl auch darin nachsozialisiert werden müssen (Ackermann, 2006).

---

5   Für die Gerontologie vgl. Baltes & Mittelstraß, 1992; für die Psychiatrie vgl. Guimón, Fischer, Zbinden & Goerg, 1998; Koukkou, 2008; für die Medizin vgl. SN, 2009.

Aber nicht nur ‚Metatheorie‘ bleibt ein Anathema in der SAW; auch der im Titel der Disziplin auftretende Begriff ‚Wissenschaft‘ und der in den verschiedenen „Ansätzen" allgegenwärtige Begriff ‚Theorie‘ sowie der neuerdings viel benutzte Begriff der ‚Forschung‘ erfahren kaum eine seriöse Klärung im Kontext einer elaborierten und wissenschaftsbezogenen Wissenschaftstheorie – sie bleiben in den meisten Publikationen Worthülsen[6]. Was den Term ‚Theorie‘ betrifft, kommt eine Studie zum Schluss (Rauschenbach & Züchner, 2002), dass in der SAW-Literatur bis heute beispielsweise ungeklärt sei,

> „ob es sich im Falle von Theorien lediglich um ein diffuses Gegenüber zur Praxis handelt – und in diesem Sinne dann mehr oder weniger alles Theorie ist –, oder ob Theorien nicht vielmehr eine ganz bestimmte Sorte von wissenschaftlichen Aussagen kennzeichnen müssten. (…) Bis heute kaum geklärt (…) die Konturen, Gemeinsamkeiten und Unterschiede etwa zwischen Theorie und Forschung (…), zwischen Theorie und Wissenschaft, zwischen Theorie und Begriffen bzw. Ideen oder auch zwischen Theorie und konzeptionellen Entwürfen. Nicht selten finden sich diese verschiedenen Dimensionen und Ausprägungen wissenschaftlichen Tuns, die alle etwas miteinander zu tun haben, aber keineswegs alle gleichzusetzen sind, bis zur Unkenntlichkeit unter dem Sammeletikett ‚Theorie‘ vermengt."

Wissenschaftliche Forschung hat ihren Ausgang in theoretischen Problemen und zielt auf deren Klärung durch die Untersuchung von problemrelevanten Fakten. Wo der Theoriebegriff schwach ist, ist entsprechend mit einem diffusen Forschungsbegriff zu rechnen. Und in der Tat: Die Autorinnen und Autoren eines Bandes über aktuelle SAW-Forschung wurden nach dem Beitrag ihrer Forschung zur Theoriebildung gefragt (Sommerfeld, 2007). Ein Grossteil der Autorinnen vermochte diese Frage entweder nicht zu beantworten oder hat eine unbrauchbare oder aber eine nicht hinreichend präzise Antwort gegeben (zur Rolle von Forschung für die Theoriebildung vgl. Silvia Staub-Bernasconi, 2007).

Vergleichbares wie für die Begriffe Theorie und Forschung gilt, wie angedeutet, für die Verwendung des Begriffes ‚Wissenschaft‘. Reife Wissenschaften sind gekennzeichnet durch einen klaren Wissenschaftsbegriff, der exemplifiziert ist in den paradigmatischen Theorien und der deshalb für die meiste Zeit implizit bleiben kann. Niemandem würde es jedoch einfallen, in deskriptiven oder theoretischen Aussagen entkörperlichte Objekte wie ‚Wissensvorräte‘, ‚Deutungsmuster‘ o.ä. einzuführen, wie sie in der SAW unkontrolliert herumgeistern (Reckwitz, 2000; Reichertz, 1988) oder gar explizit die Existenz von Immateriellem zu postulieren (Engelke, 2003: 229). In unreifen und neuen Disziplinen mit unklaren „Gegenständen" wie der SAW ist der Verzicht auf einen expliziten Bezug zu einem im Kontext einer *elaborierten* Wissenschaftstheorie definierten Wissenschaftsbegriff jedoch in hohem Masse entwicklungshemmend, ganz zu schweigen von der Proklamation nicht nur eines (berechtigten) *methodischen und theoretischen Pluralismus* unter der Kontrolle eines klaren Wissenschaftsbegriffes, sondern auch noch eines *wissenschaftstheoretischen Pluralismus* oder kurz, des Prinzips des Anything goes (ibid. 210f.). Wie soll die SAW zu wissenschaftlichen Theorien kommen, wenn niemand bereit ist, zu sagen was das ist, oder eine Wissenschaft sein, wenn alles Wissenschaft, Theorie oder eine Methode ist und Fragen und Einwände müßig sind, auch gegen diese Art von Antirationalismus?

---

6   Im Extremfall erscheinen metatheoretische Ausdrücke in Titeln oder Kapitelüberschriften, ohne dass der Inhalt auch nur entfernt etwas mit Wissenschaftstheorie (Merten, 1996), Metatheorie (Erath, 2006) oder (wissenschaftlicher) ‚Theorie‘ zu tun hat.

2 Bedingung der Konsolidierung der Sozialarbeitswissenschaft: Disziplinärer Kern, analytische Präzision und Kohäsion

Disziplinen sind soziale Systeme, die sich über die Fokussierung einer Klasse von Objekten (ihre Gegenstände bzw. ihr ‚Materialobjekt), eine Klasse von zu bearbeitenden Fragen (ihre Problematik bzw. ihr Formalobjekt) sowie einen transdisziplinären Standard zu deren Bearbeitung von anderen Disziplinen abgrenzen, wobei zu diesen Standards solche der begrifflichen Klarheit, der (internen und externen) logischen Konsistenz, der thematischen Kohärenz und der empirischen Wahrheit gehören. Dies gilt für Basis- wie für alle Formen von Angewandten Wissenschaften. Wenig weist, wie im Vorangehenden deutlich wurde, darauf hin, dass die SAW vermehrt die Merkmale einer Disziplin entwickelt – manches spricht für eine entgegengesetzte Entwicklung. Will die SAW ihrer Stagnation oder gar Desintegration etwas entgegensetzen, kommt sie nicht darum herum, eine Diskussion über ihren substantiven Kern sowie die Standards ihrer Bearbeitung zu führen. Der substantive Kern einer Disziplin ist das disziplinäre Wissen, das als Antwort auf eine Reihe von expliziten Fragen verstanden werden kann (2.1) und das bestimmten Kriterien genügt (2.2) (vgl. hierzu auch Hollstein-Brinkmann & Staub-Bernasconi, 2005).

2.1 Kernfragen der Sozialarbeitswissenschaft

Die nachstehenden knapp drei Dutzend Fragen folgen einer möglichst einfachen Gliederung; sie können differenziert und ergänzt und die Gliederung kann verfeinert werden.

a) Handlungswissenschaftliche Fragen der Sozialarbeitswissenschaft

1. Welches ist die Grundstruktur sozialarbeitswissenschaftlichen Wissens und in welchem Verhältnis steht diese zu der Grundstruktur anderer Handlungswissenschaften und Professionen?
2. Was sind die Gegenstände (oder das „Realobjekt") der Sozialen Arbeit: Individuen, soziale Systeme, beides oder etwas Drittes?
3. Welches sind die praktischen Probleme, die die Soziale Arbeit bearbeitet, d. h. was ist ihre Problematik (oder ihr „Materialobjekt"): Exklusion, soziale Probleme oder etwas Drittes?
4. Was sind menschliche Individuen, was soziale Systeme (und im Besonderen Gesellschaft) und in welchen Beziehungen stehen sie zueinander?
5. Was sind soziale Probleme und welcher Dynamik unterliegen sie: Gesellschaftliche Definitionen (Konstruktionen), Probleme der Einbindung von Akteuren in die Struktur sozialer Gebilde oder etwas Drittes?
6. In welcher Beziehung stehen kollektive Definitionen gesellschaftlicher Probleme zu den durch Soziale Arbeit bearbeiteten sozialen Problemen und welches sind die Bedingungen, Gründe und Folgen einer Nichtübereinstimmung?
7. Was sind die Werte, die der Sozialen Arbeit zugrunde liegen und auf die hin sie orientiert ist?
8. Welches sind die Mittel der professionellen Form der Bearbeitung sozialer Probleme: spezielle Fertigkeiten, eine besondere Form der Beziehung zu Klienten, die Nutzung standardisierter Verfahren, eine professionelle Form der Bearbeitung oder eine Kombination?

9. Was ist eine „sozial(arbeitswissenschaftlich)e Diagnose" und wo liegen ihre Gemeinsamkeiten und Unterschiede zu den Verfahren der Lösung praktischer Probleme anderer Professionen?

10. Was sind Methoden, welche Methoden der SA gibt es und in welcher Beziehung stehen sie zu sozialen und anderen Arten von Problemen?

11. Welches sind die Wertvorstellungen und ethischen Normen, welche die Beziehung zwischen Organisation, Sozialarbeiter/in und Klienten strukturieren sollen?

12. Welche Funktion erfüllt Soziale Arbeit gegenüber ihren Klienten? Welche Funktionen erfüllt sie gegenüber der Gesellschaft?

13. Was sind Menschenrechte und inwiefern, wenn überhaupt, ist Soziale Arbeit eine Menschenrechtsprofession?

b) Metatheoretische Fragen zu Basis- und Handlungswissenschaften

14. Wenn die Wirklichkeit die Gesamtheit all dessen ist, was es gibt: Woraus besteht die Wirklichkeit: aus Materie (konkreten Dingen), entkörperlichten Ideen, Ereignissen (statt materiellen oder ideellen Objekten), Information, Energie oder einer Kombination?

15. Was sind, falls deren Existenz postuliert wird, Systeme, welche Arten von Systemen gibt es, worin unterscheiden sie sich und wie sind sie, wenn überhaupt, miteinander verknüpft?

16. Wie können wir die Wirklichkeit (Wirkliches) erkennen und wissen und welche Formen von Wissen gibt es?

17. Was sind Werte und welche Arten von Werten können unterschieden werden?

18. Welches sind die Kriterien für gutes Wissen und gibt es allgemeine Regeln für seine Entwicklung?

19. Was im Besonderen ist Wissenschaft bzw. was ist eine wissenschaftliche Disziplin?

20. Was sind Theorien, worauf beziehen sie sich, was leisten sie und was im Besonderen ist eine Erklärung?

21. Was sind Basiswissenschaften, Angewandte und Handlungswissenschaften und in welchem logischen Verhältnis stehen sie zueinander?

22. Welches ist, falls es eine gemeinsame Struktur gibt, die Grundstruktur handlungswissenschaftlichen Wissens?

23. Was ist Transdisziplinarität und welche Rolle spielt sie, wenn überhaupt, in der Sozialen Arbeit/SAW?

24. Was ist eine Handlung, welche Arten von Handlungen gibt es und worin unterscheiden sich im Besonderen nichtprofessionelle und professionelle Handlungen?

25. Welches sind Qualitätskriterien für professionelle Handlungen?

26. Welches ist die Beziehung zwischen „Theorie" und „Praxis" und im Besonderen welche Rolle, wenn überhaupt, spielen basiswissenschaftliche Theorien im Handeln?

27. Was ist ein Paradigma?

c) Fragen zum Begriff der Profession und zur Professionalisierung und Professionalität der Sozialen Arbeit

28. Was ist eine Profession, was Professionalisierung?

29. Was ist Soziale Arbeit – eine Ideologie, eine Tätigkeit, ein Beruf oder eine Profession?

30. Was ist Professionalität und gibt es allgemeine Professionalitätskriterien oder sind sie sozialarbeitsspezifisch?
31. Welchen gesellschaftlichen Prozessen verdankt die Soziale Arbeit ihre Institutionalisierung und wovon hängt die Form dieser Institutionalisierung ab?
32. Welches sind gegenwärtig im deutschsprachigen Raum die wichtigsten kognitiven und praktischen Probleme der Sozialen Arbeit als Profession?
33. Im Besondern: welches sind die wichtigsten Hindernisse der Professionalisierung der Sozialen Arbeit, welches sind deren wichtigsten Antriebe?
34. Was ist interprofessionelle Kooperation: ein muddeling-through oder ihrerseits eine professionellen Methode und was sind die Bedingungen für eine solche Kooperation?
35. Welches sind die Gemeinsamkeiten und die Unterschiede der SAW und SA zu anderen Handlungswissenschaften und Professionen?

Soweit die Liste mit den wichtigsten *elementaren* Fragen, die eine ernst zu nehmende sozialarbeitswissenschaftliche Konzeption der Sozialen Arbeit beantworten muss.

Diese Kernfragen der SAW ergeben sich alle aus der Eingangsfrage der dritten Gruppe (F28), sofern deren Antwort lautet, dass Soziale Arbeit eine Profession sei und falls man Professionen als Systeme von in geeigneter Form ausgebildeten Personen versteht, die praktische Probleme mit Hilfe von Verfahren bearbeiten, die sich auf wissenschaftliches Wissen stützen. Dabei gehen diese Fragen offenkundig weit über das hinaus, was man vom Modus des gehobenen Alltagsdenkens, wie es die Praxis und Teile der aktuellen SAW kennzeichnet, erwarten würde. Außerdem kann mit Hilfe einer einzigen Forderung in Bezug auf die Standards der Bearbeitung dieser Fragen, nämlich der semantischen Forderung nach begrifflicher Klarheit, gezeigt werden, dass sie nicht unabhängig voneinander beantwortet werden können. Vielmehr muss die bisher ignorierte theoretische Integration ein primäres Ziel der Sozialarbeitswissenschaft sein. Dies ist das Thema der folgenden Abschnitte.

2.2 Weshalb sozialarbeitswissenschaftliches Grundlagenwissen systematisch (präzise) und systemisch (kohärent) sein muss

2.2.1 Systematik: Begriffliche Präzision

Im Alltagsdenken – aber auch in weiten Teilen der gegenwärtigen SAW – bleiben Begriffe undefiniert oder aber ihre Bedeutung wird über empirische Exemplare oder Metaphern statt im Kontext von wissenschaftlichen Theorien und im Rahmen von Definitionsketten bestimmt. (Für ein Beispiel „praxisorientierter" Ad-hoc-Definitionen rund um den Methodenbegriff vgl. Kreft & Müller, 2008). Demgegenüber werden an die in aller Regel transempirischen handlungswissenschaftlichen Begriffe wie ‚System', ‚Struktur', ‚Eigenschaft' ‚Prozess', oder ‚Deutungsmuster', ‚Verstehen', Erklären', Methode', ‚Plan', ‚Handlung' oder ‚Profession' wesentlich mehr Anforderungen gestellt. Die Komplexität des Problems ergibt sich namentlich aus zwei Umständen: Erstens kann die Bedeutung eines Begriffes (des Definiens) nur in Abgrenzung gegenüber jener anderer Begriffe sowie in Termini weiterer Begriffe (der Definienses) definiert werden, die ihrerseits nach einer Definition verlangen, d.h. im Kontext von Begriffsketten und Systemen von Begriffen. Zweitens kann über solche formale Präzision hinaus die inhaltliche Angemessenheit der einzelnen Begriffe nur im

Kontext von logisch konsistenten Systemen von Aussagen, d.h. von empirisch geprüften Theorien evaluiert werden.

Das Fehlen von oder die mangelnde Orientierung an gehaltvollen und thematisch einschlägigen Theorien ist der Grund, weshalb unreife Wissenschaften wie die gegenwärtige SAW durch Diffusität und – als Folge davon – durch theoretische Konfusionen gekennzeichnet sind und weshalb es auch, obwohl dies immer wieder versucht wird (Engelke, 2003; Klüsche, 1999), unabhängig von guten metatheoretischen und wissenschaftlichen Theorien nicht gelingen kann, den Gegenstand und die Problematik der SAW und der SA zu bestimmen.

Soviel zur Notwendigkeit eines Minimums an Systematik und dem, was ein solches Ziel impliziert, nämlich die Entwicklung oder Nutzung gehaltvoller und empirisch geprüfter Theorien. Der nächste Abschnitt soll zeigen, dass jedoch eine einzelne Theorie und auch basiswissenschaftliche Theorien allein dabei nicht reichen und dass die verschiedenen Theorien systematisch miteinander verknüpft sein müssen.

2.2.2 Kohärenz (epistemische Systemizität)

Eine Konzeption oder ein Paradigma der SAW kann seiner handlungswissenschaftlichen Natur wegen weder ein Haufen loser Items sein noch eine „allumfassende Einheitstheorie". Die folgenden Überlegungen sollen vielmehr zeigen, dass ein Paradigma der Sozialarbeitswissenschaft, innerhalb dessen die Kernfragen der SAW beantwortet werden, einer ganzen Reihe verschiedenartiger Theorien bedarf, die jedoch untereinander kohärieren.

Wenn wir, um die Kernfragen zu beantworten, ihre Begriffe zu definieren versuchen, werden wir sehen, dass deren Definienses im Rahmen von Theorien definiert werden müssen, die zu ganz verschiedenen wissenschaftlichen und philosophischen Disziplinen gehören. Anders gesagt verknüpft jede Definition eines Begriffes, der zu einer bestimmten Theorie einer bestimmten Disziplin gehört, über die Definitionskette ihrer Begriffe die Theorie des Ausgangsbegriffes mit Theorien anderer Disziplinen. Nebenbei zeigt dies: die disziplinäre Differenzierung ist willkürlich und alle Disziplin sind auf andere angewiesen, dies so sehr, dass fehlende Bezüge zu Nachbarwissenschaften ein Indikator für Pseudowissenschaftlichkeit ist (Bunge, 2001) .

Beispiel 1: Mit Blick auf die Ziele von Wissenschaft kann der wissenschaftstheoretische Begriff *„(Basis)Wissenschaft'* definiert werden als die Untersuchung von Fakten im Hinblick auf ihre Beschreibung, Erklärung und Prognose. (Bunge, 1996). Der Ausdruck ‚Fakten' ist dabei, wie auch seine Definienses, kein *wissenschaftstheoretischer*, sondern ein *ontologischer* Begriff. Der Ausdruck ‚Faktum' wiederum ist definierbar als ‚Zustand' und ‚Zustandsänderungen' eines ‚konkreten Dinges'. Ein ‚konkretes Ding' schließlich ist alles, was zu einer ‚Veränderung' fähig ist, d.h. das mehr als zwei Zustände haben kann (Bunge & Mahner, 2004).

Beispiel 2: Definiert man a) *Profession* als System von Professionellen, b) Professionelle als Individuen, die professionelle Methoden nutzen, um praktische Probleme zu bearbeiten und c) professionelle Methoden als Methoden, die auf wissenschaftlichen (nomologischen) Theorien basieren (Obrecht, 2006) involviert der Professionsbegriff erstens ontologische Begriffe wie ‚System', ‚Zustand' und ‚Zustandsänderung' u.a.m. Dies ist konsistent mit der Vorstellung von Professionellen, die, selber konkrete Systeme, über ihre (geplanten) Handlungen (= Verän-derungen an der Oberfläche als Folge interner Veränderungen) andere Dinge wie namentlich Klienten und Klientinnen verändern. Zweitens involviert er den Begriff der

Wissenschaft, der nebst ontologischen Begriffen (vgl. Bsp. 1) erkenntnistheoretische wie beschreiben oder erklären, logische wie Widerspruchsfreiheit und semantische wie Referenz, Sinn, Bedeutung und Wahrheit involviert.

Beispiel 3: Der „Begriff ‚soziales Problem' involviert folgende Begriffe mit folgenden Quellen: (1) den Begriff des sozialen Systems und den der sozialen Struktur als emergente Eigenschaft sozialer Systeme, (2) den Begriff menschlicher Individuen als Biosysteme einer besonderen Art, (3) den Begriff der Position von Individuen innerhalb der Struktur sozialer Systeme als emergente soziale Eigenschaften von Individuen, (4) den Begriff menschlicher und im Besonderen sozialer Bedürfnisse und (5) die Begriffe des praktischen und des kognitiven Problems. Der Begriff des praktischen Problems ist dabei definiert innerhalb der erklärenden Handlungstheorie; der Begriff des kognitiven Problems innerhalb der erklärenden und der normativen Handlungstheorie, der Bild-Code-Theorie und der Wissenschaftstheorie des ratio-empirischen Wissenschaftlichen Realismus; der Begriff des sozialen Bedürfnisses innerhalb der biopsychosozialen Theorie menschlicher Bedürfnisse; die Begriffe soziales System und soziale Struktur, soziale Position (z. B. Rollen-Status), Statuskonfiguration und der sozialen Integration innerhalb der einer erklärenden soziologischen Theorie und schließlich sind die Begriffe ‚System', ‚Struktur', Eigenschaft', ‚Emergenz' definiert im Rahmen des systemistischen Ontologie Mario Bunges. Ferner involvieren die auf Individuen bezogene Bedürfnistheorie, Bild-Code-Theorie und Handlungstheorie ihrerseits den biologischen Begriff des Biosystems und die (integrative) psychobiologische Theorie der Struktur und Funktionsweise des Nervensystems. Allein über den Begriff des sozialen Problems werden damit mindestens acht verschiedene Theorien miteinander verknüpft, die einer ganzen Reihe von Disziplinen entstammen, nämlich den wissenschaftlichen Disziplinen der theoretischen Biologie, der Psychobiologie (Gehirnfunktionen), der Psychologie (Kognitionspsychologie, Motivationspsychologie, Handlungspsychologie), der Soziologie sowie den philosophischen Disziplinen der Ontologie, der Wissenschaftstheorie und der Praxeologie. Dabei beziehen sich die wissenschaftlichen Theorien auf Systeme, die dreien der fünf unterscheidbaren Wirklichkeitsbereiche angehören, nämlich dem biologischen, dem (bio)pychischen und dem sozialen (Obrecht, 2001, 2009b).

Anerkennt man das sich auch aus dem Kommunikationserfordernis professionellen Wissens ergebende semantische Ideal wohl definierter Begriffe zusammen mit dem logischen Erfordernis kontextueller Definition von theoretischen Begriffen, lässt sich über nur wenige Schritte verstehen, weshalb a) der Versuch, SAW „praxisnah" und durch die Bearbeitung isolierter Themen zu entwickeln, scheitert; dass b) das Theorieideal der SAW jedoch nicht das einer „Einheitstheorie" sein kann, sondern das eines Systems von meta-, objekt- und handlungstheoretischen Theorien; dass c) entsprechend transdisziplinäre Integration ein unverzichtbares Erfordernis ist und keine Forderung, die sich nur im Rahmen eines bestimmten „Paradigmas" ergibt; dass deshalb d) die Mindestanforderung an die Metatheorien innerhalb eines Paradigmas der SAW lautet, dass sie die Objekt- und Handlungstheorien eines „Ansatzes" zu integrieren vermögen und dass e) von einem Paradigma der SAW nur dann gesprochen werden kann, wenn die betreffende Lehre ein System von logisch kohärenten Theorien im genannten Sinne ist. Zur Wissenschaftlichkeit eines Ansatzes innerhalb der Sozialen Arbeit gehört ferner, dass die objektwissenschaftlichen Theorien erklärende, logisch konsistente und empirisch wahre Theorien sind und die speziellen Handlungstheorien auf solchen Theorien beruhende effektive Methoden.

Soweit der Versuch zu erklären, weshalb die Bestimmung der Begriffe der Kernfragen – sollen sie nicht diffus und voller Konfusionen bleiben – nur im Rahmen eines Systems von Theorien möglich ist: Systematik setzt epistemische Systemizität voraus. Nicht weniger gilt auch das Umgekehrte: testbare Theorien involvieren präzise Begriffe oder anders gesagt: epistemische Systemizität setzt Systematik voraus.

3 Abschließende Bemerkungen

Man mag einwenden, dass eine systematische Verknüpfung von meta-objekt- und handlungswissenschaftlichen Theorien im hier geforderten Sinn überhaupt nicht möglich sei. Dass sie möglich ist, belegt allerdings die Konzeption Sozialer Arbeit, die unter der Bezeichnung Systemtheoretisches Paradigma der SAW oder auch „Zürcher Schule" bekannt ist, deren Beschreibung jedoch den Rahmen dieser Arbeit sprengt (vgl. jedoch die hier zitierten Arbeiten von Staub-Bernasconi und Obrecht).

Die Entwicklung und breitere Akzeptanz von echten sozialarbeitswissenschaftlichen Paradigmen ist für das Überleben der Disziplin und damit der Profession entscheidend. Damit gewinnt die SAW eine spezifische Konfiguration von eigenen Fragen, an die ein *intra*disziplinärer Diskurs anknüpfen und eine kumulative Entwicklung anschließen können. Der wissenschaftliche Gehalt und die Breite dieses Diskurses wird darüber bestimmen, wie weit der kolonialisierende und chaotisierende Diskurs über Soziale Arbeit durch Vertreter von einander gegenseitig ignorierenden oder gar bekämpfenden „Bezugswissenschaften" zurückgedrängt werden kann, so dass weiterer Raum für genuine Wissenschaft Sozialer Arbeit entsteht und mit ihr die dringend benötigte qualifizierte handlungswissenschaftliche Wissensbasis der Profession. Dass eine solche Entwicklung nicht ohne scharfe Kontroversen möglich ist, liegt in der Natur von Wissenschaft als kritischem (antidogmatischem) Zugang zu Wissen. Da die SAW nur überlebt, wenn sie eine endogen getriebene Dynamik zu entwickeln vermag, sollte die Diskussion über die Kernfragen der Disziplin und die Bedingungen, die ein Paradigma der SAW zu erfüllen hat, mit allen Mitteln gefördert und nicht etwa vermieden oder gar denunziert werden. Sie wird nicht zuletzt auch den Sinn dafür stärken müssen, dass die Disziplin geschwächt wird, wenn alles den Status eines Paradigmas beanspruchen kann, was den Ausdruck im Titel führt. Zusammenfassend ist die Entwicklung verschiedener Paradigmen im Sinne eines Wettbewerbs lebhaft zu begrüssen. Ein Paradigmenpluralismus ist aber ein Mittel und kein Ziel; ein rationales Ziel einer Disziplin kann nur die Entwicklung eines möglichst systematischen, allgemeinen und tiefen Verständnisses der Probleme sein, auf deren Untersuchung sie gerichtet ist.

Literatur

Ackermann, F. (2006). Beruf, Disziplin, Profession? Ein kurzer Überblick über qualitative Studien zur Professionalisierung Sozialer Arbeit. Eingesehen am 16. Mai 2006 unter: http://www. qualitative-sozialforschung.de/profession.htm#oben.

Baltes, P. B., & Mittelstraß, J. (Hsg.). (1992). Zukunft des Alterns und gesellschaftliche Entwicklung. Berlin 1992: De Gruyter.

Bunge, M. (1967). Scientific Research, 2 Volumes. (Eine aktualisierte Ausgabe ist 1998 erschienen unter dem Titel „Philosophy of Science". 2 Volumes: Part I. From Problem to Theory; Part II.

From Explanation to Justification. New Brunswick-London: Transaction Publishers). Heidelberg, N.Y., Tokyo: Springer.

Bunge, M. (1996). Finding Philosophy in Social Science. New Haven & London: Yale University Press.

Bunge, M. (2001). Diagnosing Pseudoscience. In M. Bunge (Ed.), Philosophy in Crisis: The Need for Reconstruction (pp. 161-190). Buffalo – New York: Prometheus Books.

Bunge, M., & Mahner, M. (2004). Über die Natur der Dinge. Materialismus und Wissenschaft. Stuttgart: Hirzel.

Burton, J. (1990). Conflict: Human Needs Theory. New York: St. Martin's Press.

Büchner, S. (2007). Transdisziplinarität als Grundprinzip einer Sozialarbeitswissenschaft Annäherungen an die Chancen und Grenzen eines schillernden Konzepts Sozialer Arbeit in vergleichender Perspektive. Erscheint in: Schmocker, Beat & Büchner, Stefanie (Hsg.). Werner Obrecht: Das Systemtheoretische Paradigma der Sozialen Arbeit als Disziplin, Ausbildung, Profession und Praxis. Luzern: Interact.

Changeux, J.-P., Antonio R. Damasio, Singer, W. & Christen, Y. (Eds.). (2005). Neurobiology of Human Values. Berlin – Heidelberg – New York: Springer.

Coradi Vellacott, M. (2007). Bildungschancen Jugendlicher in der Schweiz. Zürich: Rüegger.

Dewe, B. (2008). Wissenschaftstheorie und Empirie – ein Situationsbild: Reflexive Wissenschaftstheorie, kogniti-ve Identität und Forschung (in) der Sozialpädagogik. In Bielefelder Arbeitsgruppe (Hsg.), Soziale Arbeit in Gesellschaft (pp. 197-119). Wiesbaden: VS Verlag für Sozialwissenschaften.

Engelke, E. (2003). Die Wissenschaft Soziale Arbeit. Werdegang und Grundlagen. Freiburg/Br.: Lambertus.

Engelke, E., Maier, K., Steinert, E., Borrmann, S. & Spatscheck, C. (Hsg.). (2007). Forschung für die Praxis. Zum gegenwärtigen Stand der Sozialarbeitsforschung. Freiburg i.Br.: Lambertus.

Erath, P. (2006). Sozialarbeitswissenschaft. Eine Einführung. Stuttgart: Kohlhammer.

Galuske, M. (1998). Methoden der Sozialen Arbeit. Eine Einführung. Weinheim und München: Juventa.

Godenzi, A. (Hsg.). (1997). Konstruktion, Entwicklung und Behandlung sozialer Probleme. Freiburg i.Ue.: Universitätsverlag Freiburg.

Grawe, K. (2004). Neuropsychotherapie. Göttingen, Toronto, Zürich: Hogrefe.

Guimón, J., Fischer, W., Zbinden, E. & Goerg, D. (1998). Therapeutic practice profiles, theoretical models and re-presentatioins of the psychiatry of Swiss psychiatrists. Schweizer Archiv für Neurologie und Psychiatrie, 149(1), 41-50.

Harmon-Jones, E. & Winkielman, P. (Eds.). (2008). Social Neuroscience: Integrating Biological and Psychological Explanations of Social Behavior. New York: The Guilford Press.

Heiner, M. (Hsg.). (2004). Diagnostik und Diagnosen in der Sozialen Arbeit – Ein Handbuch. Gelsenkirchen: VSTP Verlag Soziale Theorie und Praxis.

Hollstein-Brinkmann, H. & Staub-Bernasconi, S. (Hsg.). (2005). Systemtheorien im Vergleich – Versuch eines Dialogs. Wiesbaden: Verlag für Sozialwissenschaften.

Hosemann, W., & Geiling, W. (2005). Einführung in die systemische Soziale Arbeit. Freiburg i.Br.: Lambertus.

IFSW. (1997). Internationale ethische Standards für SozialarbeiterInnen (1976). In DBSH (Hsg.), Professionell handeln auf ethischen Grundlagen. Berufsethische Prinzipien des DBSH (pp. 8-11). Essen: Deutscher Berufsverband für Sozialarbeit, Sozialpädagogik und Heilpädagogik, Bundesgeschäftsstelle.

IFSW. (2005). International Definition of the Social Work Profession. Adopted by the IFSW General Meeting in Montréal, Canada, July 2000. http://www.ifsw.org/en/ p38000208.html.

Klüsche, W. (Hsg.). (1999). Ein Stück weitergedacht. Beiträge zur Theorie- und Wissenschaftsentwicklung der Sozialen Arbeit. Freiburg i.Br.: Lambertus.

Kohler, U. (2005). Statuskonsistenz und Entstrukturierung von Lebenslagen. Empirische Untersu-chung zweier Individualisierungshypothesen mit Querschnittsdaten aus 28 Ländern. Kölner Zeitschrift für Soziologie und Sozialpsychologie, 57, 230-253.

Koukkou, M. (2008). Von Menschenbildern und Hirnmodellen. Soziale Medizin(2), 56-60.

Kreft, D. & Müller, C. W. (2008). Konzepte, Methoden, Verfahren und Techniken in der Sozialen Arbeit – Ein praxisorientierter Ordnungsversuch für das Handeln nach den Regeln der Kunst. Theorie und Praxis der Sozialen Arbeit(2), 134-143.

Krüger, H. & Levy, R. (2000). Masterstatus, Familie und Geschlecht. Vergessene Verknüpfungslogi-ken zwischen Institutionen des Lebenslaufs. Berliner Journal für Soziologie(3), 379-401.

Kuhl, J. (2001). Motivation und Persönlichkeit. Göttingen, Bern, Toronto, Seattle: Hogrefe.

Levy, R., Joye, D., Guye, O. & Kaufmann, V. (1997). Tous égaux? De la stratification aux représen-tations. Zürich: Seismo. Deutsche Kurzfassung: (1998) Alle gleich? Soziale Schichtung, Verhal-ten und Wahrnehmung. Zürich, Seismo.

Levy, R., Widmer, E. & Kellerhals, J. (2002). Modern Families or Modernized Family Traditional-ism? Master Status and the Gender Order in Switzerland. Electronic Journal of Sociology, 6(4), http://www.sociology.org/content/vol006.004/lwk.html? PHPSESSID=f001dfc004ba003dfcb06 8ff077ab003efbb980e001c.

Maier, K. (Hsg.). (1999). Forschung an Fachhochschulen für Soziale Arbeit. Bestandesaufnahme und Perspektiven. Freiburg i.Br.: Kontaktstelle für praxisorientierte Forschung e.V.

Marmot, M. (2004). The Status Syndrome. How social standing affects our health and longevity. New York: Henry Holt & Company.

Marmot, M. & Wilkinson, R. (2006 [1998]). Social determinants of health. Oxford: Oxford Univer-sity Press.

Massey, D. S. (2002). A Brief History of Human Society: The Origin and Role of Emotion in Social Life. American Sociological Review, 67(1), 1-29.

Merten, R. (1996). Wissenschaftstheoretische Dimensionen der Diskussion um Sozialarbeitswissen-schaft. In R. Merten, P. Sommerfeld & T. Koditek (Hsg.), Sozialarbeitswissenschaft – Kontro-versen und Perspektiven (pp. 55-92). Neuwied, Kriftel, Berlin: Luchterhand.

Merten, R. (2008). Sozialarbeitswissenschaft – vom Entschwinden eines Phantoms. In Bielefelder Arbeitsgruppe (Hsg.), Soziale Arbeit in Gesellschaft (pp. 128-135). Wiesbaden: VS Verlag für Sozialwissenschaften.

Mills, C. W. (2000 [1958]). The Sociologica Imagination. Oxford – New York: Oxford University Press.

Mühlum, A. (Hsg.). (2004). Sozialarbeitswissenschaft – Wissenschaft der Sozialen Arbeit. Freiburg i.Br.: Lambertus.

Nodes, W. (Hsg.). (2007). Masterstudiengänge für die Soziale Arbeit. Herausgegeben vom Deutschen Berufsverband für Soziale Arbeit e.V. (DBSH). München: Ernst Reinhardt Verlag.

Nollert, M. (2008). Soziale Entstrukturierung als Mythos – Fallstricke des „individualistic turn" für die Soziale Arbeit. Schweiz. Zeitschrift für Soziale Arbeit, 4(1), 81-97.

Obrecht, W. (1996). Ein normatives Modell rationalen Handelns. Umrisse einer wert- und wissens-theoretischen Allgemeinen normativen Handlungstheorie für die Soziale Arbeit. In SASSA (Hsg.), Das Theorie-Praxis-Problem als Problem der Ausbildung in Sozialer Arbeit (pp. 31-70). Luzern: Schweizerische Arbeitsgemeinschaft der Höheren Fachschulen für Soziale Arbeit.

Obrecht, W. (1998). Umrisse einer biopsychosozialen Theorie menschlicher Bedürfnisse. Geschichte, Probleme, Struktur, Funktion. (4. erw. Aufl.). ISMOS. Wien: Wirtschaftsuniversität Wien

Obrecht, W. (2001). Das Systemtheoretische Paradigma der Sozialen Arbeit als Disziplin und als Profession. Eine transdisziplinäre Antwort auf die Situation der Sozialen Arbeit im deutschspra-chigen Bereich und die Fragmentierung des professionellen Wissens. Zürcher Beiträge zur The-orie und Praxis Sozialer Arbeit, Bd. 4. September.

Obrecht, W. (2005). Ontologischer, sozialwissenschaftlicher und sozialarbeitswissenschaftlicher Systemismus. Ein integratives Paradigma der Sozialen Arbeit. In H. Hollstein-Brinkmann & S.

Staub-Bernasconi (Hsg.), Systemtheorien im Vergleich – Versuch eines Dialogs (pp. 93-172).
    Wiesbaden: Verlag für Sozialwissenschaften.
Obrecht, W. (2006). Interprofessionelle Kooperation als professionelle Methode. In B. Schmocker
    (Hsg.), Liebe, Macht und Erkenntnis. Silvia Staub-Bernasconi und das Spannungsfeld Sozialer
    Arbeit (pp. 408-445). Freiburg i. Br.: Lambertus.
Obrecht, W. (2007). Was ist Wissenschaft? Die naturalistische Sicht des Wissenschaftlichen Realis-
    mus. Deutsche Gesellschaft für Soziale Arbeit.
Obrecht, W. (2009a). Die Struktur professionellen Wissens. Ein integrativer Beitrag zur Theorie der
    Professionalisierung. In R. Becker-Lenz, S. Busse, G. Ehlert & S. Müller (Hsg.), Professionali-
    tät und Professionalisierung in der Sozialen Arbeit. Standpunkte – Kontroversen – Perspektiven.
    Wiesbaden: VS Verlag für Sozialwissenschaften.
Obrecht, W. (2009b). Was braucht der Mensch? Grundlagen der biopsychosoziokulturellen Theorie
    menschlicher Bedürfnisse und ihre Bedeutung für eine erklärende Theorie sozialer Probleme.
    Luxemburg: Ligue Médico-Sociale.
Obrecht, W. (In Vorbereitung). Grundzüge des Systemtheoretischen Paradigmas der Sozialen Arbeit
    als handlungswissenschaftliche Disziplin, Profession und Praxis. Erscheint in: Schmocker, Beat
    (Hsg.). Werner Obrecht: Das Systemtheoretische Paradigma der Sozialen Arbeit als Disziplin,
    Ausbildung, Profession und Praxis. Luzern: Interact.
Obrecht, W. & Staub-Bernasconi, S. (In Vorbereitung). Menschliche Bedürfnisse, soziale Probleme,
    soziale Integration und Soziale Arbeit.
Pantucek, P. (2009). Soziale Diagnostik: Verfahren für die Praxis sozialer Arbeit. Wien- Köln –
    Weimar: Böhlau.
Pauen, M. (2007). Gott schütze mich vor meinen Freunden oder: Der Grösste Feind der Geisteswissen-
    schaften sind die Geisteswissenschaften selbst. In L. Heidbrink & H. Welzer (Hsg.), Das Ende der
    Bescheidenheit. Zur Verbesserung der Geistes- und Kulturwissenschaften. München: C.H. Beck.
Ploog, D. (1997). Das soziale Gehirn des Menschen. In H. Meier & D. Ploog (Hsg.), Der Mensch und
    sein Gehirn (pp. 235-252). München: Piper.
Rauschenbach, T., & Züchner, I. (2002). Theorie der Sozialen Arbeit. In W. Thole (Hsg.), Grundriss
    Soziale Arbeit. Ein einführendes Handbuch (pp. 139-160). Opladen: Leske + Budrich.
Reckwitz, A. (2000). Die Transformation der Kulturtheorien. Zur Entwicklung eines Theoriepro-
    gramms. Weilerswist: Velbrück.
Reichertz, J. (1988). Verstehende Soziologie ohne Subjekt. Kölner Zeitschrift für Soziologie und
    Sozialpsychologie, 40(2), 207-221.
Richmond, M. (1917). Social Diagnosis. New York: Russell Sage Foundation.
Scheff, T. J. (2006). Universal Human Needs? After Maslow. In G. Jones Overland (Ed.), Sociology
    at the Frontiers of Psychology (pp. 19-39). Newcastle UK: Cambridge Scholars Press.
Schetsche, M. (2000). Wissenssoziologie sozialer Probleme. Grundlegung einer relativistischen Prob-
    lemtheorie. Opladen: Westdeutscher Verlag.
Sidler, N. (1999). Problemsoziologie. Eine Einführung. Freiburg i.Br.: Lambertus.
SN. (2009). Medizintheorie. http://de.wikipedia.org/wiki/Medizintheorie.
Sommerfeld, P. (2007). Der Beitrag der Forschung zur Theoriebildung in der Sozialen Arbeit. In E.
    Engelke, K. Maier, E. Steinert, S. Borrmann & C. Spatscheck (Hsg.), Forschung für die Praxis.
    Zum gegenwärtigen Stand der Sozialarbeitsforschung (pp. 333-346). Freiburg im Breisgau:
    Lambertus Verlag.
Spellerberg, A. (1996). Soziale Differenzierung durch Lebensstile. Berlin: Edition Sigma.
Staub-Bernasconi, S. (2001). Transnationalisierung der Sozialen Arbeit – Montreal und die Folgen.
    Bericht und Nachgedanken zur Joint Conference of IASSW (International of Schools of Social
    Work) und IFSW International Federation of Social Workers), Montreal/Quebec, Canada, 30.
    Juli-3. August 2000. Mitteilungen der Deut-schen Gesellschaft für Soziale Arbeit (1), 5-12.

Staub-Bernasconi, S. (2006). Theoriebildung in der Sozialen Arbeit. Stand und Zukunftsperspektiven einer handlungswissenschaftlichen Disziplin – ein Plädoyer für „integrierten Pluralismus. Schweizerische Zeitschrift für Soziale Arbeit, 1(1), 10-36 .

Staub-Bernasconi, S. (2007). Forschungsergebnisse und ihre Bedeutung für die Theorieentwicklung, Praxis und Ausbildung. In E. Engelke, K. Maier, E. Steinert, Borrmann Stefan & S. Christian (Hsg.), Forschung für die Praxis. Zum gegenwärtigen Stand der Sozialarbeitsforschung (pp. 19-46). Freiburg/Br.: Lambertus.

Staub-Bernasconi, S. (2009). Der Professionalisierungsdiskurs zur Sozialen Arbeit (SA/SA) im deutschsprachigen Kontext im Spiegel internationaler Ausbildungsstandards – eine verspätete Profession. In R. Becker-Lenz, S. Busse, G. Ehlert & S. Müller (Hsg.), Professionalität und Professionalisierung in der Sozialen Arbeit. Standpunkte – Kontroversen – Perspektiven. Wiesbaden: VS Verlag für Sozialwissenschaften.

Widmer, E., Kellerhals, J. & Levy, R. (2004). What Pluralization of the Life Course? An Analysis of Personal Trajectories and Conjugal Interactions in Contemporary Switzerland. In H. Kriesi, P. Farago, M. Kohli & M. Zarin (Eds.), Journée nationale du PRN „Demain la Suisse". Berne.

Soziale Arbeit als Handlungswissenschaft

Silvia Staub-Bernasconi

1 Einleitung: Promotion ohne Disziplin, Profession ohne Kompetenzen, unklarer Wissenschaftsbegriff – nach bald 50 Jahren seit der Gründung von Fachhochschulen/Universities of Applied Sciences

Um sich über den Stand der Disziplin ins Bild zu setzen, dürfte es angemessen sein, sich an einem Qualifikationsrahmen Soziale Arbeit (QR SArb, 2006) zu orientieren, der im Rahmen des Bolognaprozesses entstanden ist. Er dürfte im Hinblick auf Akkreditierungsverfahren den Takt angeben. Dabei ist folgendes zu entdecken:

Promotion ohne Disziplin?

Der Titel des Schlussabschnittes eines Dokumentes, das an den genannten *Qualifikationsrahmen Soziale Arbeit* zum dritten Studienzyklus anschließt und die Anforderungen an ein Promotionsstudium festhält, stellt die Frage: „Promotion ohne Disziplin?" Dazu folgender Kommentar: „Angesichts der Tatsache, dass die Soziale Arbeit bisher in Deutschland nicht disziplinär als universitäre Wissenschaft verankert ist, stellt sich die Frage der Umsetzung eines QR-Profils zur Promotion in besonderer Weise". Um diesem Problem zu begegnen, hätten „die fachhochschulischen Standorte wissenschaftlicher Ausbildung, Entwicklung und Forschung in steigender Anzahl über institutionalisierte Kooperationen mit Universitäten im Ausland eingerichtet … . Dort wird Soziale Arbeit als universitäres Fach gelehrt und Promotionen finden an entsprechenden Lehrstühlen/Fakultäten statt." Das Eingeständnis „Promotion ohne Disziplin?" ist zumindest auf eine sympathische Weise ehrlich. Es bringt auf den Punkt, dass das Studium in Sozialer Arbeit – und erst recht ein Doktoratsstudium – nicht ein Studium in „irgendetwas anderem" sein kann – ein Sachverhalt, der sich vor allem bei den kooperativen Promotionen zwischen Fachhochschulen und Universitäten im Verfahren der Einzelbetreuung ergibt. Der Sachverhalt ist nicht im Hinblick auf die Studieninhalte für Promotionen relevant, sondern muss ebenso für ein Regelstudium, die Berufsidentität der AbsolventInnen sowie die Rekrutierungspolitik von Lehrenden zu denken geben.

Profession ohne Bestimmung von Kompetenzen?

Dieweil die Disziplin Sozialer Arbeit in Deutschland als noch ungefestigt dargestellt wird, könnte man erwarten, dass sich an Fachhochschulen als *Universities of Applied Sciences* in fünf Jahrzehnten zumindest erste konsensuale Vorstellungen über professionelle Kompetenzen entwickelt haben. Im *Qualifikationsrahmen Soziale Arbeit* für den Bachelor- und Masterlevel wird aber einleitend festgehalten, dass „auf eine Kompetenzdiskussion u.a. verzichtet (wird)" (S. 12) – und dies ausgerechnet im Rahmen der Bolognareform, die das Thema „Beschäftigungsfähigkeit" derart hochhält. Der pragmatische Grund für diesen Weg liege „in der besonderen Situation der Fachbereiche Sozialer Arbeit in Deutschland. Der

Level für Masterabschlüsse muss erst gesichert werden, da freilich jeder Fachbereich für sich in Anspruch nimmt, auch bisher vollständige Qualifikationen für die Soziale Arbeit vermittelt zu haben. … Der Ausweis von z.B. vermittelten Kompetenzen im Kontext der Selbstbeschreibung der Studiengänge für die Akkreditierung bleibt jedem Fachbereich unbenommen (und sinnvoll)" (S. 12). Dieser Verzicht wiegt insofern schwer, als sich eine Profession in Bezug auf einen, mit bestimmtem Wissen, speziellen Arbeitsweisen/Methoden verbundenen Zuständigkeitsbereich ausweisen können müsste. Er ist auch deshalb schwer nachvollziehbar, weil davon ausgegangen und versprochen wird, dass „beiden Levels … selbstverständlich unterstellt (wird), dass sie die Befähigung zu einem jeweils *vollständigen ‚Vollzug' professioneller Sozialer Arbeit* anzeigen" (S. 11). (Herv. StB.) Hier wird also davon ausgegangen, dass man innerhalb von drei Jahren zu einer vollwertigen Profession ausbilden kann.

Wissenschaft/Forschung ohne klaren Wissenschaftsbegriff?

In Bezug auf das für eine wissenschaftliche Disziplin und Profession grundlegende Wissenschafts- bzw. Forschungsverständnis, scheint man sich auf eine Definition geeinigt zu haben, die alles Mögliche mit einschließt: „Das Wort ‚Forschung' wird (gemäß des Glossars der Dublin Descriptors) verwendet, um eine große Bandbreite von Aktivitäten abzudecken, deren Kontext häufig auf ein Studienfach bezogen ist; der Begriff bezeichnet hier ein sorgfältiges Studium oder eine sorgfältige Untersuchung, die auf einem systematischen Verstehen und einem kritischen Bewusstsein von Wissen beruht. Das Wort wird unter Einbeziehung der Spannbreite von Aktivitäten verwendet, die originelles und innovatives Arbeiten im gesamten Spektrum akademischer, professioneller und technologischer Felder, inklusive der Geisteswissenschaften, traditioneller, performativer und anderer kreativer Künste fördern. Es wird nicht in einem limitierten oder restriktiven Sinn verwendet oder lediglich bezogen auf eine traditionelle ‚wissenschaftliche Methode'." (QRSArb, Anschlussdokument zum Promotionslevel). Hier versteht man sich – offenbar unter Absetzung von einer „traditionellen Wissenschaft/Methode" – als wissenschaftliche Avantgarde, die alle möglichen Tätigkeiten zulässt, von denen man annimmt, dass sie eng oder locker mit einer zur Zeit noch undefinierten Disziplin und Profession Sozialer Arbeit (vgl. oben) zusammenhängen.

Dieser Sachverhalt ist darum erstaunlich, weil, sofern man sich heute zurecht nicht mehr auf das lange Zeit gültige Statusabsicherungsmodell der klassischen drei Professionen Medizin, Jurisprudenz und Theologie/Seelsorge beziehen will, zu einer – Profession im Sinne eines „Kompetenzmodells" (Heiner 2004) – zumindest Konturen einer Disziplin, die Bestimmung professioneller Kompetenzen und deren wissenschaftliche Begründung gehören müsste. Alle drei Unterlassungen führten offensichtlich zu dem, was Merten (2008) sowie Nodes (2007) dargestellt haben, allem voran zu einer großen Zahl von Masterstudiengängen, die ohne den Titel „Soziale Arbeit (SA/SP)" oder „Sozialarbeitswissenschaft" auskommen, und gleichzeitig zu einem Überhang an Sozialmanagementausbildungen auf der Masterstufe. (Sozialmanagement ist aber eine Profession, die Führungsaufgaben im Rahmen von Organisationen zu übernehmen hat). Sie verweisen aber auch auf ein hintergründiges Problem, nämlich dass bis heute in den Fachkreisen kein Konsens darüber besteht, ob Soziale Arbeit (SA/SP) überhaupt eine Profession und Disziplin ist (Staub-Bernasconi 2009). Ich betrachte es allerdings nicht als Ziel dieses Beitrags, nach *Erklärungen* für diese Sachverhalte zu suchen (vgl. dazu u.a. Amthor 2000, 2006, Staub-Bernasconi

2007, 2009). Mein Versuch gilt einem Beitrag zur *Klärung* dieser Fragen vor dem Hintergrund der erkenntnis- und handlungsleitenden Fragestellungen einer Handlungswissenschaft (Staub-Bernasconi 2007).

Als *Profession* definiere ich eine komplexe bis hoch komplexe, erwerbsbezogene Tätigkeit, die sich für ihre Entscheidungen und ihre Handlungskompetenz auf wissenschaftliche Begründungen und einen Ethikkodex bezieht und im Fall der Sozialen Arbeit die Aufgabe hat, dem Auftrag zur Lösung, Milderung oder Prävention von praktischen sozialen Problemen seitens ihrer AdressatInnen/Klientel wie seitens der Gesellschaft aufgrund eines „professionellen Urteils" gerecht zu werden. Insofern lässt sich Soziale Arbeit als eine Handlungswissenschaft unter vielen – nämlich Medizin/Sozialmedizin, Jurisprudenz, (Sozial)Psychiatrie, (Sozial)Politik, Pädagogik/Erziehungswissenschaft, Psychotherapie, Pflegewissenschaft, Betriebswirtschaftslehre, Sozialmanagement, usw. – definieren. Im Unterschied dazu lösen Grundlagen- oder Bezugswissenschaften kognitive Probleme.

Als *Beruf* definiere ich in Kürze eine einfache bis komplexe, erwerbsbezogene Tätigkeit, die aufgrund eigener oder/und fremdverordneter Zielsetzungen ein bewährtes, lehr- und erlernbares Verfahren oder ganzes Methodenrepertoire bereithält, das aufgrund bisheriger Erfahrungen mehrheitlich zielführend ist (vom Handwerker bis zum Casemanager). Berufe können sowohl Eigen- wie Fremdinteressen verfolgen; etliche sind an eine Berufsethik gebunden, andere nicht.

Nicht nur Wissenschaft, sondern auch eine Handlungswissenschaft entwickelt sich entlang von Fragestellungen. Ob die genannten Professionen diese implizit oder explizit thematisieren, kommunizieren, lehren oder praktisch beantworten, sie alle beziehen sich auf kognitive Operationen im Hinblick auf eine spezifische, vermittel- und erlernbare Wissensproduktion, -selektion und -konfiguration, die sich im Hinblick auf einen bestimmten Gegenstand „herumorganisiert". Begründbar sind sie im Zusammenhang mit einer Allgemeinen, normativen Handlungstheorie (vgl. hierzu ausführlich Obrecht 1996). Diese Fragen beziehen sich auf eine

- philosophisch/metatheoretische Ebene (Was ist Wirklichkeit, Erkenntnis, Ethik, Wissenschaft usw.?);
- eine transdisziplinäre, objekttheoretische Ebene (Was sind die Einheiten, Strukturen und Prozesse/Verhaltensweisen, die mittels Biologie, Psychobiologie/Psychologie, Sozialpsychologie, Soziologie, Ökonomie, Politologie, Ethnologie/Kulturwissenschaften theoretisch/wissenschaftlich entdeckt und erklärt werden können?);
- auf eine Allgemeine Handlungstheorie (Wie lässt sich das Handeln menschlicher Subjekte unter Bezugnahme auf ihre zu lösenden kognitiven wie praktischen Probleme beschreiben und erklären?);
- und schließlich – auf der Basis von speziellen Problemdefinitionen: was sind die speziellen Handlungs- bzw. Veränderungstheorien im Hinblick auf die intendierten Problemlösungen? (vgl. dazu ausführlich Obrecht 2001: insbesondere S. 20).

Die *philosophisch-metatheoretischen Fragestellungen* sollen hier zugunsten der Darstellung der handlungswissenschaftlichen Fragen nur äußerst knapp skizziert werden (für differenzierte Ausführungen vgl. Obrecht 2001). Was die *philosophischen Voraussetzungen* betrifft, so wird davon ausgegangen, dass es eine Realität unabhängig davon gibt, ob wir sie wahrnehmen/beobachten, erforschen oder bewerten und dass diese Realität durchgängig, d.h. über alle Wirklichkeitsebenen hinweg aus Systemen und Teilsystemen besteht. Dies gilt also sowohl für den physikalischen, biologischen, als auch für den psychischen, sozialen und kulturellen Wirklichkeitsbereich. Zu dieser Realität gehören also auch die von Menschen subjektiv interpretierten konzeptuellen Systeme. Diese Interpretationen sind aufgrund des begrenzten menschlichen Wahrnehmungsvermögens immer unvollständig; und bezüglich des wahrgenommenen und interpretierten Realitätsausschnittes können sie annäherungsweise angemessen oder verzerrt, lückenhaft, ideologisch oder schlicht falsch sein. Wissenschaft ist entsprechend eine Erkenntnisform, welche nach der Übereinstimmung von Sachverhalten als Faktischem und menschlichen sowie kulturell geteilten Deutungsmustern fragt und dazu bestimmte ethische, korrespondenztheoretische Wahrheitskriterien und höchst unterschiedliche, gegenstandsangemessene Forschungsmethoden entwickelt hat. Das Ziel wissenschaftlichen Forschens ist die Entdeckung von Gesetzmäßigkeiten – als stabile Verbindung zwischen Merkmalen von Elementen –, welche die Stabilität, den Wandel und den Zerfall von physikalischen Systemen erklären. Dabei sind Gesetzmäßigkeiten nicht universell oder gar „ewig"; sie beschränken sich auch nicht auf die „Natur" (Descartes, Dilthey), sondern beziehen sich auch auf die Entstehung, den Wandel menschlicher Gesellschaften und Interpretationensysteme (Identitäten, Ideengeschichte, Kultur). Und vor allem sind sie historisch, d.h. sie gelten nur so lange als die beobachteten Einheiten, z.B. die sogenannte „Kernfamilie" in modernen Gesellschaften, existieren. Glaubenssysteme religiöser, aber auch politisch-weltanschaulicher, ideologischer Art haben bzw. beanspruchen hingegen das „Privileg", nichts empirisch beweisen zu müssen, was zu einer Immunisierung gegenüber jeder menschlichen und gesellschaftlichen Realität führen kann.

Nach diesen Ausführungen beschränke ich mich in diesem Beitrag auf die Darstellung eines zentralen Aspektes einer Sozialarbeitswissenschaft, das heißt die eingangs erwähnten erkenntnis- und handlungstheoretischen Leitfragen:

- Was ist der *Gegenstand* einer Wissenschaft Sozialer Arbeit? Was sind die realen Sachverhalte bzw. Probleme, welche Soziale Arbeit notwendig machen und wie werden sie von den Betroffenen sowie gesellschaftlichen Akteuren beschrieben (interpretiert) oder auch nicht thematisiert?
- Welches einzel- wie *transdisziplinäre Grundlagen- bzw. Bezugswissen* ist für die Erklärung der Entstehung, Entwicklung und aktiven Veränderung der Sachverhalte, die den Gegenstand Sozialer Arbeit ausmachen, notwendig? Im Besonderen: Welche gesellschaftlichen Rahmenbedingungen – angefangen beim lokalen und nationalen Kontext bis hin zur Weltgesellschaft – sind hier relevant?
- Sofern klar ist, was beschreibend zu problematisieren und zu erklären ist, welches ist der erwünschte Sachverhalt, das heißt, aufgrund welcher *Werte* kann er beschrieben werden, und welche konkreten *Ziele* im Sinne von Soll-Zuständen wie -prozessen ergeben sich daraus?
- Welche *Akteursysteme* – mit welchen *Ressourcen* – kommen für die Problemlösung in Frage?
- Was sind die *speziellen Handlungstheorien* der Profession Sozialer Arbeit, genauer: wie lassen sich Forschungsergebnisse aus den Bezugswissenschaften und Evaluationsprozessen in Handlungsleitlinien mit der Angabe von methodischen Verfahrensweisen transformieren?

Die Antworten unterscheiden sich nach *Wissensformen*, die untereinander relationiert werden müssen. Dabei handelt es sich um Bilder (Beschreibungen), Theorien (Erklärungen), erwünschte Bilder (Bewertungen/Werte) und deren Operationalisierung im Hinblick auf Ziele; ferner Bilder von Akteuren und Ressourcen sowie Pläne und Vorstellungen über Handlungsvollzüge im Sinne von einfachen bis hoch komplexen Verfahrensweisen.

Die *Grundlagen- oder Bezugswissenschaften* beantworten die ersten beiden Fragestellungen, d.h. sie beschreiben und erklären Sachverhalte, formulieren auf dieser Basis eventuell auch Trends oder Prognosen als Antwort auf die Frage, wie sich ein bestimmter Sachverhalt, eine bestimmte Problemkonstellation weiterentwickeln dürfte. *Handlungswissenschaften* beziehen sich auf die von den Bezugswissenschaften ermittelten Antworten. Sie führen aber zusätzlich Bewertungen im Sinne einer wertgeleiteten sowie ethisch-normativen Kritik des „Bestehenden" und Vorstellungen über erwünschte Realität ein. Sie bestimmen ein planendes und handelndes Subjekt oder Kollektiv, das mittels Ressourcen und speziellen Handlungstheorien einen definierten Sollzustand herbeiführen soll. Ob die beabsichtigte Wirkung wie geplant, nur teilweise oder gar nicht eintritt, muss in einem Selbst-, oder besser Fremdevaluationsverfahren ermittelt werden, in welches auch die Frage gehört, ob der Aufwand in einem vertretbaren Verhältnis zum erreichten Ziel steht.

2 Soziale Arbeit und die Fragen einer normativen Handlungswissenschaft

Im Folgenden geht es um die Darstellung der zentralen Fragestellungen der „normativen Handlungswissenschaft Soziale Arbeit". Sie hat, auf welche Theorien, Werte und Methoden sie sich auch bezieht, die folgenden Fragen zu beantworten (für die dargestellten Inhalte vgl. Staub-Bernasconi 2007).

2.1 Zum Gegenstand einer Wissenschaft Sozialer Arbeit – oder wie lassen sich Soziale Probleme beschreiben?

Um den Gegenstand Sozialer Arbeit zu bestimmen, gibt es in der einschlägigen Fachliteratur eine ganze Palette von Angeboten:

- Viele Darstellungen rekurrieren auf an sich notwendige, aber für eine Disziplin/Profession nicht hinreichende historische Problem-, AkteurInnen-, Handlungsfelder-, Zielgruppen- und Institutionengeschichte des Sozialwesens im weiten und der Sozialen Arbeit im engen Sinn;
- Oder man beginnt mit Fallbeispielen und/oder den historisch entstandenen Methoden und Techniken Sozialer Arbeit, was heißt, dass man die Verberuflichung, den *Beruf* zum Gegenstand macht;
- Ein anderer, vor allem auf dem universitären Niveau häufig gewählter Ausgangspunkt sind „Grand Theories" der Sozialwissenschaften – in der Regel eine Gesellschaftstheorie mit umfassendem Anspruch (Marx, Durkheim, Parsons, Bourdieu, Luhmann, Foucault, neuerdings auch Sen usw.), um daraus den historischen wie aktuellen *gesellschaftlichen Ort* der Sozialen Arbeit als professionell-pragmatische Tätigkeit unter Handlungszwang zu beschreiben. Dabei wird hier, im Unterschied zur zweiten Variante, die theoretisch differenzierte Berücksichtigung von Individuen, im besonderen der AdressatInnen Sozialer Arbeit, oft vernachlässigt; oft sind sie willenlose Objekte von gesellschaftlich definierten Funktionen oder von Herrschaftsansprüchen;

- Ein weiterer Ausgangspunkt ist die Gegenstandsbestimmung von Sozialer Arbeit als Vollzugsorgan von Recht und Sozialpolitik, wodurch professionelles Handeln auf Rechtstatbestände und/oder bestimmte, von der (Sozial)Politik beachtete soziale Kategorien beschränkt bleibt und große Adressatengruppen wie Working Poor, Zugewanderte, Flüchtlinge ohne Aufenthaltsbewilligung, Sans Papiers, bis vor kurzem Alleinerziehende, Kinder usw. gar nicht ins Blickfeld geraten;
- In der deutschen Theoriediskussion sehr verbreitet ist die Bestimmung der allgemeinen, positiv oder kritisch/negativ konnotierten *gesellschaftlichen Funktion* Sozialer Arbeit (Hilfe und Kontrolle/Repression; Erziehung/Bil-dung; Integration, neu: Inklusion/Exklusion; Herrschaft versus Anwaltschaft), also eine Art Top-down-Modell der Theoriekonstruktion (Staub-Bernasconi 2007: S. 113-132);
- Ein weiterer Zugang zum Gegenstand Sozialer Arbeit sind gesellschaftliche Diskurse über soziale Probleme, begleitet von der Frage, welche Problemdefinitionen sich machtmäßig als Sozialpolitik durchsetzen oder liegen bleiben und damit reale soziale Probleme (re)privatisiert werden (so beispielsweise die Individualisierung von Erwerbslosigkeit, die erneute Unterscheidung von würdigen und unwürdigen Armen aufgrund ihrer wirtschaftlichen Verwertbarkeit usw.);
- Die radikalste Form des Umgangs mit dem Gegenstand Sozialer Arbeit ist eine, zusammen mit dem Neoliberalismus auftretende „Fast-Food-Variante" (James 2004) als Ablehnung jeder Problemformulierung als „Defizitorientierung", der Verzicht auf Erklärungen, um marktgemäß im Direktgang nach „Kundenwünschen" zu fragen und zu klären, ob diese dem organisationellen Angebot entsprechen; falls ja, kommt es zu einer Vereinbarung oder einem formellen Vertrag über die gegenseitigen Leistungen, falls nein, wird der Adressat, die Adressatin weg- oder an andere Instanzen weitergewiesen.

Als erstes ist festzuhalten, dass all diese Themen und Fragestellungen im Rahmen einer allgemeinen Systemtheorie sinnvoll sind und deshalb einen spezifischen Ort in einer Disziplin Sozialer Arbeit haben, sei es als Institutionen- oder Theoriegeschichte der Profession; sei es als aktuelle gesellschaftliche, insbesondere bildungspolitische, ökonomische oder politische Rahmenbedingungen; als Funktionsbestimmungen von Trägern; als öffentliche Diskurse über die Definition von Problemen und ihre (sozial)politische oder rechtliche Bearbeitung; als Methoden und Techniken usw. Aber die Entstehung und Legitimation von Professionen entstand, historisch betrachtet, im Zusammenhang mit Schmerz-, Leid-, Sinnlosigkeitserfahrungen, sozialen Nöten, ge- oder zerstörten Lernprozessen und sozialen Beziehungen, aber vor allem auch Unrechtserfahrungen. Nahezu alle verweisen auf die sozialstrukturelle Beschaffenheit und die damit zusammenhängenden Dynamiken/Prozesse horizontaler und vertikaler Beziehungen als bedürfnisversagend, lernbeeinträchtigend, diskriminierend oder gar als ausschließend. Ich habe diese Problematiken – im Sinne von Oberbegriffen – als soziale Ausstattungs-, Austausch- sowie horizontale wie vertikale Machtstrukturprobleme konzeptualisiert (Staub-Bernasconi 1998, 2007).

Eine Profession, die sich auf „das Soziale" als „problematische Beziehungen zwischen Individuum und Gesellschaft" bezieht (vgl. die international konsensuale Definition Sozialer Arbeit[1]), wird diese Themen sowohl aus der Sicht der Betroffenen, d.h. von „vulnerable

---

1   „Soziale Arbeit ist eine Profession, die sozialen Wandel, Problemlösungen in menschlichen Beziehungen sowie die Ermächtigung und Befreiung von Menschen fördert, um ihr Wohlbefinden zu verbessern. Indem sie sich auf Theorien menschlichen Verhaltens sowie sozialer Systeme als Erklärungsbasis stützt, interve-

individuals and groups" wie auch aus der Sicht problemartikulierender, gesellschaftlicher Akteure zum Ausgangspunkt ihrer Reflektion und Aktion machen.

2.2 Wie lassen sich Soziale Probleme theoretisch-transdisziplinär erklären?

Bis heute ist die Diskussion nach einer verbindlichen Leit- als zentrale Bezugswissenschaft für die Soziale Arbeit nicht verstummt. Theoriehistorisch betrachtet waren es (praktische) Theologie, christliche Soziallehre, (Sozial)Ökonomie, Psychiatrie, Recht, Sozialpolitik, Soziologie, Pädagogik/Erziehungswissenschaft u.a. – im Prinzip alles normative Handlungstheorien bzw. -wissenschaften. So stellt sich die Frage, welche Theorieebenen und Themenstellungen dieser Handlungswissenschaften für eine Sozialarbeitswissenschaft, deren Gegenstand soziale Probleme sind, überhaupt relevant sind: ist es – am Beispiel der Erziehungswissenschaft – die als Philosophie bezeichnete Ebene (mit Autoren wie Herbart, Kant, Schleiermacher, Dilthey, Natorp, Troeltsch, Litt, Nohl, Makarenko, ferner philosophische Anthropologie usw.)? Ist es die objekttheoretische Ebene vor oder nach der realistischen Wende (aufgrund der letzteren beispielsweise menschliche Entwicklungs-, Lern- und Sozialisationstheorien oder pädagogische Psychologie; oder sind es Horkheimer, Habermas, Beck oder Bourdieu, Bildungs- und Organisationstheorien für den Schulbereich)? Ist es der Fokus auf Methoden der Erziehung und Bildung im weiten oder auf Didaktik im engen, schulpädagogischen Sinn? Mit anderen Worten: Welche theoretisch-philosophischen Ansätze, Fragestellungen und Wissensinhalte einer Erziehungs- oder Gesundheits- oder allgemeinen Geisteswissenschaft sollen für eine Sozialarbeitswissenschaft als verbindlicher Begründungszusammenhang erklärt werden? Was, wenn Erziehungswissenschaft an einem dualistischen Menschen-, Gesellschafts- und Wissenschaftsbild (Materie versus Geist; Erklären versus Verstehen) festhält? Umgekehrt wäre darauf hinzuweisen, dass sich sowohl Erziehungs- als auch Sozialarbeitswissenschaft – wenngleich in unterschiedlicher Gewichtung und Reichweite – auf Theorien über menschliche Bedürfnisse, psychobiologische, emotionale, kognitive, moralische Entwicklungsmuster/Lernprozesse, ferner Sozialisationsformen, Vergesellschaftungsprozesse und Kulturmuster usw. berufen müssen, um ein Leben unter schwierigen gesellschaftlichen Bedingungen zu beschreiben und zu erklären. Dies baut Brücken, ohne dass entschieden werden müsste, welches die Leitwissenschaft zu sein hat.

Im Rahmen einer Handlungswissenschaft Soziale Arbeit gibt es für die Erklärung Sozialer Probleme keine primäre Präferenz für eine bestimmte Grundlagen- bzw. Bezugswissenschaft. Der Entscheid für deren Berücksichtigung hängt vom Ausgangsproblem ab. Immer kommen alle Grundlagenwissenschaften in unterschiedlicher Gewichtung in Frage. Geht es um die psychischen und sozialen Folgen von Krankheit und Behinderung, werden biologische und psychobiologische/psychische Erklärungen mindestens so relevant sein wie soziale und kulturelle, die sich auf den gesellschaftlichen Umgang mit Krankheit und Behinderung beziehen. Geht es um die psychischen und sozialen Folgen von Migration und Diskriminierung, werden kulturelle, gesellschaftliche, sozialpsychologische Erklärungen für die daraus entstehenden Probleme vorrangig sein. Die Befürchtung, dass sich die Sozialarbeitswissenschaft in Bezugsdisziplinen „auflöst", ja von ihnen „kolonisiert" wird, hat

---

niert Soziale Arbeit im Schnittpunkt zwischen Individuum und Umwelt/Gesellschaft. Dabei sind die Prinzipien der Menschenrechte und sozialer Gerechtigkeit für die Soziale Arbeit von fundamentaler Bedeutung." (In: Supplement des International Journal of Social Work, 2007)

nur dann eine reale Grundlage, wenn der Gegenstand Sozialer Arbeit unklare, unpräzise, undifferenzierte bzw. viel zu allgemeine theoretische Konturen aufweist. Dieses Problem stellt sich m.E. vor allem bei einem lebensweltorientierten Ansatz.

2.3 Wie lassen sich Soziale Probleme wertbezogen und professionsethisch bewerten?

Alltägliche wie wissenschaftliche Beschreibungen und Erklärungen von sozialen Proble-men müssen im Rahmen dieser Fragestellung einer *kritischen philosophisch-ethischen Bewertung* standhalten. Aber auch umgekehrt: Philosophische Theorien – beispielsweise über individuelles Wohlbefinden oder gar Glück oder über soziale Gerechtigkeit als zentra-le *Wertsetzungen* Sozialer Arbeit (vgl. die internationale Definition im Anhang) – müssen die Vielfalt alltäglicher Urteile und Begründungen sowie die Forschungsergebnisse zu diesen Werten nicht nur zur Kenntnis nehmen, sondern mitberücksichtigen. Es geht um die Vermeidung sowohl des naturalistischen wie des kulturalistischen Fehlschlusses (vgl. hier-zu ausführlich Miller 2008).

Die Orientierung der Profession an Menschenwürde und Menschenrechten mit all ih-ren philosophischen, religiösen, ethischen, realwissenschaftlichen Implikationen ist neueren Datums. Ihre bildungsbezogenen und rechtlichen Um- und Durchsetzungsimplikationen sind gewiss eine große Herausforderung für die Disziplin und Profession Sozialer Arbeit (vgl. das Manual des UN-Centre of Human Rights 1992, Staub-Bernasconi 2008, die Euro-paratsempfehlungen von 2001/2003 in Bezug auf die Europäische Sozialcharta, die neuen Ausbildungsrichtlinien von IFSW/IASSW von 2007 sowie des Council of Social Work Education 2008). Philosophische Wohlbefindens- wie Gerechtigkeitsvorstellungen, aber vor allem die Menschenrechte als international anerkannte Minimalethik, bilden die Basis für die Beurteilung der Legitimität versus Legalität von nationalen und lokalen Gesetzge-bungen sowie des Völkerrechts und der entsprechenden Verfahrensbestimmungen.

Auf der Ebene *operationalisierter Wert- und damit Zielsetzungen* geht es zum einen um die Ermöglichung von individueller Bedürfnisbefriedigung, zum anderen um sozialen Wandel als Veränderung der sozialen Regeln von Interaktions- und Machtstrukturen, die mehr soziale Gerechtigkeit oder weniger Ungerechtigkeit bewirken. Dies beginnt bei klei-nen Systemen (Familien, Gruppen, lokales Gemeinwesen), berücksichtigt aber auch größe-re soziale Systeme (Organisationen, nationale, eventuell internationale Ebene) – und zwar dort, wo sie der Sozialen Arbeit zugänglich sind. Soziale (Re)Integration oder Inklusion als allgemeinste Zielsetzung Sozialer Arbeit ist dann angezeigt, wenn gleichzeitig versucht wird, die sozialen Regeln, die zu Diskriminierung, Ausbeutung, Repression, struktureller und direkter Gewalt sowie zu einem Ausschluss geführt haben, zum öffentlichen, sozialpo-litischen Thema zu machen und Initiativen entstehen, den AdressatInnen zur Einlösung ihrer Rechte, insbesondere Sozialrechte zu verhelfen (Gil 2006).

Ethikkodices halten für die Profession die wichtigsten Werte und ethischen Leitlinien für den Umgang mit den AdressatInnen, den KollegInnen, den Arbeitgebern, der Profession und der Gesellschaft fest. Eine Profession hat – im Unterschied zum beruflichen Doppel-mandat – drei „Auftraggeber", nämlich die Klientel, die Träger als Repräsentanten der Gesellschaft und die Profession selber. Dieses dritte Mandat besteht in erster Linie aus wissenschaftsbasierten und dem Ethikkodex verpflichteten Interventionen. Diese können mit den ersten beiden übereinstimmen oder auch erheblich divergieren, wodurch sich die Notwendigkeit eigenbestimmter Aufträge ergeben kann.

2.4   Welches sind die Akteure und Akteursysteme, die auf eine Veränderung in Richtung
Zielerreichung hinwirken sollen und was sind die dazu notwendigen Ressourcen?

Die Mehrniveaunalität des sozialen Wirklichkeitsbereiches, insbesondere seine Differenzierung in sozialräumliche wie organisationelle Teilsysteme von der sozialen Mikro- bis zur
Weltgesellschaftsebene und entsprechend die Betrachtung dieser sozialen Ebenen als Handlungsfelder ist seit Beginn der Professionalisierung ab etwa 1890 ein Spezifikum Sozialer
Arbeit (vgl. dazu Hering 2002, Staub-Bernasconi 2007). Sie ist also nicht erst das Produkt der
fortschreitenden Globalisierung von Wirtschaft, Politik, Wissensproduktionssystemen. Sie
trägt heute dem Umstand Rechnung, dass nahezu alle sozialen Probleme – wie Armut, Er-
werbslosigkeiten, Obdachlosigkeit, Migration, Flucht, Rassismus, Sexismus, Frauen- und
Kinderhandel, Kriege, Neokolonialismus, Postkonfliktgesellschaften usw. – nicht nur eine
weltweite Verbreitung aufweisen, sondern auch ihre Entstehung auf die Struktur und Dynamik der Weltgesellschaft zurückzuführen ist. Entsprechend braucht es für wirksame Veränderungen ein arbeitsteiliges, mehrniveaunales Akteurnetzwerk, das je nach Ausgangsproblem
und dessen Ursachen Soziale Arbeit mit Individuen, Familien, Kleingruppen, lokalen und
nationalen Gemeinwesen sowie Organisationen untereinander organisiert und koordiniert.

Neben diesen teilweise professionellen Akteurnetzwerken gibt es aber auch
- *interprofessionelle Teams,* regelmäßige Fallkonferenzen – deren Mitglieder unterschiedliche professionelle, d.h. diagnostische und methodische Kompetenzen einbringen, oder/
  und
- VertreterInnen verschiedener *sozialer Träger (Trägerkonferenzen) in einem bestimmten*
  Sozialraum (Quartier, Stadtteil oder größeren Gemeinwesen) mit bestimmten Ressourcen und einer Form von problem-/methodenbezogener Arbeitsteilung (vgl. hierzu Borrmann 2005 für Soziale Arbeit mit rechten Jugendcliquen, Stövesand 2006 für eine ge-
  meinwesenbezogene Arbeit im Zusammenhang mit häuslicher Gewalt);
- Oder es stellt sich die Frage der Zusammenarbeit mit *sozialen Bewegungen, politi-*
  schen AktivistInnen, Freiwilligen, Ehrenamtlichen, Mitgliedern von Staats- und
  Nichtregierungs-, Profit- und Nonprofitorganisationen in einem Arbeitsfeld, das sich
  heute als Dritter Sektor zwischen Markt, Staat und familiärem/nachbarschaftlichem
  (lebensweltlichem) Kontext bezeichnet.

Man kann diese „Akteur- oder Interventionssysteme" auch als wichtige soziale und perso-
nelle Ressourcen betrachten, die aber durch weitere Ressourcen (z.B. motivationaler, kognitiver, kompetenzbezogener, finanzieller, informationeller, rechtlicher Art) sowohl seitens
der AdressatInnen als auch seitens der Professionellen und ihrer privaten wie öffentlichen
Träger ergänzt werden müssen.

2.5   Was sind die speziellen Handlungstheorien (Arbeitsweisen/Methoden) zur Milderung,
Lösung oder Prävention Sozialer Probleme?

Auch wenn die Ziele des Wissenschafts*systems* idealtypischerweise mit Wahrheitsfindung
und diejenigen der Professionen mit Wirksamkeit charakterisiert werden können (Stichweh
1994), so schließt dies nicht aus, dass *Individuen* in ihren Köpfen, genauer ihren Gehirnen
und den damit zusammenhängenden psychischen Funktionen und Zuständen beides, also die

Fragestellungen einer „Disziplin" und „Profession" in Verbindung bringen *können* – im Falle von Professionellen sogar *müssen*. Unter dem neoliberalen Regime, dem auch das Wissenschaftssystem mehr oder weniger unterworfen wird, ist diese Unterscheidung insofern obsolet geworden, als wissenschaftliches Wissen über Gesetzmäßigkeiten je länger je mehr auf seine Wirksamkeit und möglichst rasche Verwertbarkeit im Hinblick auf bestimmte wirtschaftliche sowie politische Ziele und Interessen relevant geworden ist.

Eine Handlungswissenschaft hat bei der Bestimmung von „Methoden" als *spezielle Handlungstheorien alle Antworten auf die bisherigen Fragestellungen zu berücksichtigen* und miteinander zu verknüpfen. Diese Relationierungsleistung bezeichne ich als *transformativen Dreischritt:* Dazu folgendes Beispiel, das auch zeigen soll, dass Sozialarbeitswissenschaft bei knappen Forschungsressourcen auf Forschungsergebnisse aus anderen wissenschaftlichen Kontexten rekurrieren kann (Staub-Bernasconi 2006)

1. Schritt: Die Formulierung des Problems und der Fragestellung sowie die Kenntnisnahme des Forschungsstandes zur Beschreibung und Erklärung von Situation und Problem – Die Relationierung der Antworten auf die Was-Frage mit denjenigen zur Warum-Frage

> Ausgangsproblem ist das soziale Problem der Erwerbslosigkeit in einer industrialisierten, modernen Dienstleistungsgesellschaft und die Frage: Wie bewältigen Individuen ihre Erwerbslosigkeit und inwiefern beeinflusst die Art der Bewältigung die Chancen, wieder eine Erwerbsarbeit zu finden?

Aufgrund der Analyse von 223 Studien aus unterschiedlichen westlichen Ländern (Mohr/ Richter 2008) kann als gesichert gelten,

- dass Erwerbslosigkeit eine Verschlechterung des Befindens bewirkt und
- dass psychische Labilität nur in wenigen Fällen die Ursache, hingegen erwiesenermaßen eine Folge von Erwerbslosigkeit ist.

Unter den Erwerbslosen war der Anteil psychisch beeinträchtigter Personen doppelt so hoch wie in der Gruppe der Erwerbstätigen. Psychosomatische Beschwerden treten überdies bereits bei Arbeitsplatzunsicherheit, auch bei sogenannten „survivors" nach einer Entlassungswelle auf.

Welche Hypothesen wurden empirisch überprüft?

1. Hypothese zum Zusammenhang zwischen Erwerbslosigkeit und psychischer Beeinträchtigung
- Je länger die Erwerbslosigkeit, desto eher treten negative psychische Folgen auf, nämlich
  - ein beeinträchtigtes Selbstwertgefühl,
  - Depressivität,
  - Angstsymptome,
  - das Leiden an der gesellschaftlichen Stigmatisierung (zwischen 1986 bis 2003 nahmen die Personen von 13 % auf 25 % zu, die nicht wollen, dass ihre Erwerbslosigkeit in ihrem sozialen Umfeld bekannt wird)
- Je kürzer die Erwerbslosigkeit, desto weniger psychische Beeinträchtigungen.

2. Hypothese zum Zusammenhang zwischen eingeschränkten finanziellen Mitteln und psychischer (Nicht)Bewältigung

- Je größer die Reduktion der finanziellen Mittel bei Erwerbslosigkeit, und je größer die damit zusammenhängende Einschränkung der Bedürfnisbefriedigung, desto eher treten negative psychische Folgen auf.

3. Hypothesen zum Zusammenhang zwischen Erwerbslosigkeit, kognitiven Kompetenzen und psychischer Beeinträchtigung

- *Wenn* Erwerbslose fähig sind, ihre Situation kognitiv zu restrukturieren, darin auch positive Aspekte zu entdecken (z.B. einen neuen Stellenwert der Familie, brachliegende Kompetenzen), und
- *wenn* sie über problembezogene Bewältigungsstrategien verfügen (z.B. einen Handlungsplan aufstellen und umsetzen können, solche Kompetenzen am Arbeitsplatz gelernt haben),
  dann verringert sich die Wahrscheinlichkeit einer psychischen Beeinträchtigung.

4. Hypothese zum Zusammenhang zwischen psychischer Beeinträchtigung und der (Un)Fähigkeit, erfolglose Bewerbungen zu verarbeiten

- Wenn die psychische Beeinträchtigung hoch ist, dann haben Erwerbslose keine ausreichenden psychischen Ressourcen, Misserfolge durch erfolglose Bewerbungen ohne Selbstwertschädigungen zu bewältigen.

Zusammenfassend:
Je länger die Dauer der Erwerbslosigkeit, je größer die finanziellen und damit verbundenen Bedürfniseinschränkungen, desto größer die Beeinträchtigung der psychischen Gesundheit, d.h. jener Ressource, welche die Person für den Widereinstieg benötigt.

**2. Schritt: Formulierung von handlungstheoretischen Hypothesen –
Die Relationierung der Antworten auf die Wer- mit der Was- und
Warum-Frage**
Wenn „man" (d.h. ein zu bestimmendes, „aktives" Subjekt)" Langzeiterwerbslosigkeit verhindern kann, dann besteht die Wahrscheinlichkeit eines erfolgreichen Widereinstiegs ins Erwerbsleben.

Wenn „man" die finanzielle Lage von Erwerbslosen so gestalten kann, dass sowohl biologische, psychische als auch soziale Bedürfnisse angemessen befriedigt werden können, dann besteht die Wahrscheinlichkeit eines erfolgreichen Widereinstiegs ins Erwerbsleben.

Wenn „man" bei Erwerbslosen kognitive Lernprozesse und Fähigkeiten stärken oder entwickeln kann, dann besteht die Wahrscheinlichkeit einer erfolgreichen Vermittlung in den Arbeitsmarkt.

Wenn „man" Erwerbslosen hilft, Misserfolge bei der Stellensuche emotional und kognitiv zu verarbeiten, dann besteht die Wahrscheinlichkeit einer erfolgversprechenderen Stellensuche.

3. Schritt: Formulierung von Handlungsleitlinien – Die Relationierung der Antworten auf die Wer- mit denjenigen auf die Womit- und Wie-Frage auf der Basis des 1. und 2. Schrittes

- Vermeide Langzeitarbeitslosigkeit!
- Vermeide die Reduzierung der finanziellen Mittel auf ein Bedürfnisbefriedigung verletzendes Existenzminimum!
- Zeige verschiedene Kompensationsmöglichkeiten zur Bedürfnisbefriedigung auf, die nicht auf Geld angewiesen sind! (Ressourcenerschließung)*
- Versuche, psychisch beeinträchtigte „Erwerbslose" bei der Neuinterpretation und -bewertung ihrer Situation zu unterstützen (u.a. durch die Thematisierung des Stigmas) und fördere die Entwicklung kognitiver, problembezogener Bewältigungsstrategien! (Methoden der Bewusstseinsbildung; Arbeit am Selbstbild/Identität; an neuen Handlungskompetenzen, Hilfe bei der Planung einer Tages-, Wochenstruktur; Einübung von Bewerbungsgesprächen usw.)*
- Begleite und fördere die emotionale und kognitive Verarbeitung von Misserfolgen bei der Stellensuche!
- Bei Langzeitarbeitslosigkeit, zunehmender psychischer Beeinträchtigung und durchgängigem Misserfolg bei Bewerbungen, suche – zusammen mit dem Erwerbslosen und seinem sozialen Umfeld – nach sinnvollen, lebenswerten Alternativen jenseits des Arbeitsmarktes und begleite diese oder sorge für deren Begleitung durch Bezugspersonen, Freiwillige u.a.!

Die in der Sozialen Arbeit entwickelten und weiter zu entwickelnden Methoden als konkrete Verfahren der Umsetzung von Handlungsleitlinien (für die hier aufgeführten vgl. Staub-Bernasconi 2007: 271-418) haben hier ihren Platz. Zugleich zeigen die aufgeführten Forschungsergebnisse, dass ein Case- oder Fallmanagement, das nur Ressourcen, die man bei der Klientel der Sozialen Arbeit oft mit der Lupe suchen muss, organisiert und Leistungsvereinbarungen erstellt, an den psychischen Bewältigungsproblemen vorbeiorganisiert.

Die wertbezogene wie ethische Beurteilung sowohl des als soziales Problem definierten Sachverhaltes als auch der Handlungsleitlinien

Was im dargelegten transformativen Dreischritt, der alle Fragestellungen – mit Ausnahme der wertbezogenen – miteinander verknüpft, implizit vorausgesetzt wurde, ist, dass Erwerbslosigkeit und psychische Beeinträchtigung negativ und Reintegration in den ersten oder zweiten Arbeitsmarkt positiv zu bewerten, also erwünscht sind. Die diesbezüglichen Werte und Ziele können wie folgt formuliert werden:

- *Werte:* Gut sind individuelle Teilhabe an gesellschaftlichen Gütern (Bildung, hier Beschäftigung und Einkommen) – Menschenrechtlich: Recht auf (Erwerbs)Arbeit sowie menschliches Wohlbefinden;
- *Ziele:* Individuelles (psychisches) Wohlbefinden dank gesellschaftlicher Reintegration in das Wirtschaftssystem und dadurch Wiedergewinnung gesellschaftlicher Anerkennung;

Die formulierten Handlungsleitlinien und die daran anknüpfenden Verfahren/Methoden unterstehen nicht der Beliebigkeit und Willkür, sondern sind aufgrund der empirischen Forschungsergebnisse nachvollziehbar und, weil auf bestimmten Gesetzmäßigkeiten beruhend, erfolgversprechend. Unethisch werden sie dann, wenn z.B. depressive Erwerbslose wegen „fehlenden Willens" für die Nichterfüllung von Forderungen mit der Kürzung der Sozialhilfe bestraft werden oder wenn Erwerbslose auf Stellensuche geschickt werden, es aber für ihr ursprünglich oder über Weiterbildung/Umschulung erworbenes Qualifikationsprofil gar keine Stellen gibt und sie „auf Teufel komm raus" aus der Erwerbslosenstatistik verschwinden müssen.

Die weiterführenden Fragen sind hier: Ob die Hypothesen und mithin ermittelten Gesetzmäßigkeiten nur dann gelten, wenn Erwerbslose die Befriedigung ihrer Bedürfnisse nach Sinn, sozialer Mitgliedschaft, Anerkennung und sozialer Gerechtigkeit ausschließlich von der Reintegration in eine Erwerbsarbeit und mithin in die Schichtungsstruktur einer modernen Gesellschaft abhängig machen? Oder: ob und unter welchen Bedingungen Wohlbefinden und soziale Integration auch in anderen Lebenskontexten und sozialen Systemen möglich ist? Eine wichtige Rahmenbedingung hierzu wäre eine sozialpolitisch gewährleistete bedürfnisbezogene Existenzsicherung (z.B. als bedingungsloses Grundeinkommen) oder/und eigene innovative Tätigkeiten, die ebenfalls, zumindest teilweise existenzsichernd sein müssten (Maier 2008).

3. Der professionelle Umgang mit dem Wissensvorsprung in der Interaktionsbeziehung zwischen Professionellen und AdressatInnen

Wissenschaftsbasierte Arbeitsweisen und Ethikkodex sind nur die eine Seite von Professionalität. Ebenso konstitutiv für die Ausübung einer Profession ist die Gestaltung der Interaktionsbeziehung und Verständigung zwischen Professionellen und AdressatInnen der Sozialen Arbeit. Darüber ist schon vieles – oft unter dem Titel „helfende Beziehung" – geschrieben worden. Ich versuche abschließend deshalb noch die Frage zu beantworten, wie Professionelle nicht kolonisierend mit ihrem Wissensvorsprung umgehen können. Denn von Professionellen wird zu Recht erwartet, dass sie dank ihres Studiums mehr wissen als diejenigen, die vorübergehend oder dauernd auf Unterstützung, Hilfs- bzw. Lernprozesse angewiesen sind. Schön (2005) hat dazu zwei Varianten beschrieben, eine autoritativ experto- oder technokratische, die ohne Rücksicht auf Unsicherheiten, Wissenslücken, Zweifel auskommt und eine partizipativ-demokratische, die ich hier kurz wiedergebe:

Der „Reflektierende Praktiker", die „reflektierende Praktikerin":
- Auch hier wird zu Recht von ihm/ihr erwartet, dass sie mehr wissen, als die Adressaten der Sozialen Arbeit, aber sie sind nicht der oder die einzigen in der Situation, die über situations- und problem-, erklärungs- und veränderungsrelevantes Wissen verfügen; das Wissen der Klientel sowie der Mitglieder ihres sozialen Umfeldes ist für die Problemlösung ebenso relevant;
- Sie behandeln ihr Wissen als Angebot auf dem Stand des aktuellen, aber dank neuer Erkenntnisse möglicherweise zu revidierenden Wissens – mithin als Aufforderung, etwas auf dieser Basis zu versuchen;
- Ihre Unsicherheiten, ihr Nicht-Wissen, ihre intuitiven Vermutungen ohne Rekursmöglichkeit auf empirische Evidenz sowie die Hinterfragung des Wissens durch die AdressatInnen sind eine Quelle bzw. der Ausgangspunkt gemeinsamen Lernens in einer Kooperationsbeziehung;

- Sie versuchen im Rahmen dieser Kooperationsbeziehung die Gefühle, Irritationen, Überlegungen, Problemdefinitionen und -erklärungen der AdressatInnen nicht nur zu verstehen, sondern zu berücksichtigen, aber vor allem respektieren sie diese im Wissen, dass sich Überzeugungen nur über neue, interpretierte Erfahrungen und daraus folgende Lernprozesse verändern lassen;
- Sie ermöglichen den AdressatInnen die Entdeckung, dass die Berücksichtigung bestimmter Gesetzmäßigkeiten Chancen, Alternativen, Handlungsfreiräume zur Veränderung der aktuellen krisenhaften Situation und ihrer Interpretation eröffnet, so dass sie auch Respekt vor und Vertrauen in dieses Wissen entwickeln können;
- Die Umsetzungsschritte werden reflektierend begleitet und laufend gemeinsam evaluiert.

Im Rahmen der Beziehung zwischen „Reflektierendem Praktiker" und AdressatInnen Sozialer Arbeit ist das Wissen ein Angebot, eine Chance und Hoffnung, dass aufgrund der Kenntnis von Gesetzmäßigkeiten und der darauf bezogenen Einübung neuer Denk- und Handlungsgewohnheiten – begleitet von Empathie, emotionaler wie kognitiver Unterstützung, Respekt – ein Weg aus der Problemsituation gefunden werden kann. (Gegenseitiges) Verstehen ist hier ein Vorgang im Rahmen einer Interaktion. Aber um zu verstehen, muss man auch erklären können. Die Krisenbewältigung erfolgt nicht stellvertretend (Oevermann 1996), sondern zuerst als gedankliche oder/und übungsmäßige Vorwegnahme in einem geschützten Setting oder, wenn es sich um Soziale Arbeit mit Gemeinwesen handelt, beispielsweise in einer Spur-, Arbeits- oder Forschungsgruppe. Das Wissensgefälle – der Vorsprung an Definitionsmacht – dient hier der Befreiung von psychischen, sozialen und kulturellen Zwängen. Aber der Adressat darf auch seine, aus der Sicht wissenschaftlichen Wissens „falschen Hypothesen" und problematischen Vorschläge zur Problemlösung durchsetzen, sofern er nicht andere gefährdet oder – meist nicht beabsichtigt oder vorausgesehen – sich selber schadet. Das, was aus dieser Interaktion wird, ist wiederum eine Quelle gemeinsamen Lernens. Es geht also um einen demokratischen Umgang mit einem Wissensvorsprung, ohne diesen oder gar wissenschaftliches Wissen per se zu relativieren oder gar zu leugnen.

Auch dann, wenn Hilfs- und Lernbeziehungen in einem rechtlich strukturierten Zwangskontext stattfinden, bleiben diese Vorstellungen relevant. Denn auch ein demokratischer Rechtsstaat verfügt über das Recht zur Erzwingung von Pflichten (Familien-, Steuer-, Erbschafts-, Wirtschafts-, auch Bildungspflichten) sowie die staatliche Pflicht der Strafverfolgung bei Gewalt gegenüber Leib und Leben, terroristischen Vergehen usw. Diese Beispiele für die Erzwingung bestimmter Verhaltensweisen zeigen, dass nicht jede staatliche, bestimmten Trägern des Sozialwesens delegierte Kontrollfunktion von vornherein abzulehnen ist, wenn auch aufgrund des dritten Mandates kritisch zu hinterfragen ist. In jedem Fall gehört es zur professionellen Kompetenz, mit den AdressatInnen (in diesen Fällen auch als potentielle „TäterInnen") – unter Einbezug ihrer biographischen Macht-/Ohnmachtserfahrungen – ein Gespräch über die (Il-)Legitimität von Macht, Zwang und Strafe zu führen (vgl. hierzu Staub-Bernasconi 2007:374-418).

Schlussbemerkung

Sobald man die Grenzen des deutschsprachigen Fachkontextes verlässt, ist Sozialarbeitswissenschaft kein „Phantom" (Merten 2008), sondern sehr real (Staub-Bernasconi 2009);

ein Blick ins *world wide web* zeigt über eine Million Einträge über Fachzeitschriften in Sozialer Arbeit. Erstaunlich ist hingegen, dass dies im deutschen Sprach- und Fachkontext bis heute nahezu durchgängig ignoriert wird. Erstaunlich ist ebenfalls die Hartnäckigkeit, mit welcher man gegen jede Evidenz immer noch diskutiert, ob Soziale Arbeit „nur" ein Berufsfeld oder eine eigene Disziplin, ob sie „nichts als angewandte Ethik", eine Ansammlung von pragmatischen Methoden und Techniken oder eine Disziplin ist, die sowohl Wahrheits- wie Wirksamkeitskriterien zu berücksichtigen hat. Insofern wäre es an der Zeit, Licht in die schwarzen Löcher der „Disziplinlosigkeit", der fehlenden Klarheit über die Schlüsselkompetenzen und damit Zuständigkeiten dieser Profession sowie eines Wissenschaftsbegriffs, der dem „Anything goes" sehr nahe steht, zu bringen und dabei zu entdecken, dass diese doch nicht so schwarz sind wie man auf den ersten, flüchtigen Blick annehmen könnte.

Literatur

Amthor, R.C. (2006): Quo Vadis, Wissenschaft Soziale Arbeit?, In: Sozialmagazin, 31. Jg., S. 45ff.

Bartosch, U./Maile, A./Speth, Ch. (2006): Qualifikationsrahmen Sozialer Arbeit (QR SArb) und Anschlussdokument zum dritten Studienzyklus.

Borrmann, St. (2005): Soziale Arbeit mit rechten Jugendcliquen, VS Verlag für Sozialwissenschaften, Wiesbaden

Gil, D.G. (2006): Gegen Ungerechtigkeit und Unterdrückung. Konzepte und Strategien für Sozialarbeiter, Kleine, Bielefeld.

Heiner, M. (2004): Professionalität in der Sozialen Arbeit, Stuttgart

Hering, S. (2002): die Geschichte der Sozialen Arbeit in Europa (1900-1960), Budrich, Opladen.

James, A. L. (2004): The McDonaldization of Social Work – or ‚Come Back Florence Hollis, All Is (or Should Be) Forgiven', In: Lovelock, R./Lyons, K./Powell, J. (Eds.): Lovelock, Robin,/Lyons, Karen/Powell, Jackie (eds.) Reflecting on Social Work – Discipline and Profession, Aldershot/UK: Ashgate. S. 37-54.

Maier, Konrad (2008): Soziale Arbeit in der Krise der Arbeitsgesellschaft", FEL Verlag Forschung, Entwicklung, Lehre, Freiburg 2008

Merten, R. (2008): Sozialarbeitswissenschaft – vom Entschwinden eines Phantoms, In: Bielefelder Arbeitsgruppe (Hg.): Soziale Arbeit in Gesellschaft, VS Verlag für Sozialwissenschaften, S. 128-135.

Miller, D. (2008): Grundsätze Sozialer Gerechtigkeit, Campus, Frankfurt/New York

Mohr, G./Richter, P. (2008): Psychosoziale Folgen von Erwerbslosigkeit und Interventionsmöglichkeiten, In: Aus Politik und Zeitgeschichte, Nr. 40-41: S. 25-32

Nodes, W. (Hg.) (2007): Masterstudiengänge für die Soziale Arbeit, DBSH, Reinhardt, München.

Obrecht, W. (1996): Ein normatives Modell rationalen Handelns. Umrisse einer wert- und wissenstheoretischen Allgemeinen normativen Handlungstheorie für die Soziale Arbeit, In: SASZ (Hg.): Das Theorie-Praxis-Problem als Problem der Ausbildung, Luzern: S. 31-70

Obrecht, W. (2001): Das Systemtheoretische Paradigma der Sozialen Arbeit als Disziplin und Profession. Zürcher Beiträge zur Theorie und Praxis Sozialer Arbeit, Zürich

Oevermann, U. (1996): Theoretische Skizze einer revidierten Theorie professionalisierten Handelns, in: Compe, A./Helsper, W. (Hg.): Pädagogische Professionalität, Frankfurt/M.

Schön, D.A. (2005): The Reflective Practicioner. How Professionals Think in Action, Aldershot/England

Staub-Bernasconi, S. (2005): Forschungsergebnisse und ihre Bedeutung für die Theorieentwicklung, Praxis und Ausbildung, In: Engelke, Ernst/Maier, Konrad/Steinert, Erika et al. Hg.): Forschung für die Praxis. Zum gegenwärtigen Stand der Sozialarbeitsforschung, Freiburg/Br.

Staub-Bernasconi, S. (2007): Soziale Arbeit als Handlungswissenschaft, UTB/Haupt, Bern/Stuttgart/ Wien.

Staub-Bernasconi, S. (2008): Menschenrechte in ihrer Relevanz für die Soziale Arbeit als Theorie und Praxis, In: Widersprüche, H. 107, S. 9-32

Staub-Bernasconi, S. (2009): Der Professionalisierungsdiskurs zur Sozialen Arbeit (SA/SP) im deutsch-sprachigen Kontext im Spiegel internationaler Ausbildungsstandards. Eine verspätete Profession?, In: Becer-Lenz, R./Busse, S./Ehlert G./Müller S. (Hg.): Professionalität und Professionalisierung in der Sozialen Arbeit, VS Verlag für Sozialwissenshaften, Wiesbaden

Stichweh, R. (1994): Wissenschaft, Universalität, Professionen, Suhrkamp, Frankfurt/M

Stövesand, S. (2006): Mit Sicherheit Sozialarbeit. Gemeinwesenarbeit als innovativer Ansatz zur Prävention und Reduktion von Gewalt im Geschlechterverhältnis, Universität Hamburg, Hamburg.

UNITED NATIONS (1992): Human Rights. Teaching and Learning about Human Rigts, IFSW/IASSW, New York

Soziale Arbeit als Wissenschaft von Entwicklungsprozessen

Tilly Miller

Vom Strukturparadigma zum Prozessparadigma

Historisch lässt sich die Moderne als Struktur-Epoche begreifen, in der Systemstrukturen und Hierarchien als die dominanten Kontextbedingungen für Entwicklungsprozesse zu betrachten sind. Max Weber beschreibt die Strukturkomponenten der Moderne insbesondere mit den Begriffen Nationalstaat, Parlamentarismus, Verwaltung, Bürokratisierung und Beamtentum, Strukturen des modernen Kapitalismus, rationales Recht und rationale Organisation der Arbeit, strukturelle Differenzierung und Spezialisierung von Gesellschaft und Kultur (Weber 1980: 815ff.). Damit einher gehen intellektuelle Sinnkonstruktionen, um entweder der eigenen Lebensführung Sinn zu verleihen oder die auf eine „kollektiv-ethisch-revolutionäre Weltveränderung" angelegt sind (Weber 1980: 308). Wahrnehmen und Handeln vollziehen sich vor dem Hintergrund ideologischer Sinnstrukturen und verschiedener Weltanschauungen sowie von Strukturen einer modernen Staatsorganisation.

Insgesamt herrscht die Vorstellung von der Lenkungsmöglichkeit von Prozessen wie auch die Möglichkeit der Strukturveränderung durch entsprechende Programme.

Selbst die Anfänge der systemischen Familientherapie, beispielsweise die Mailänder Schule, bergen die Annahme, durch entsprechende Interventionsstrategien Systeme regeln zu können (vgl. Kriz 1998: 54f.).

Die Nachmoderne[1] lässt sich im Vergleich dazu durch den Prozess-Begriff charakterisieren. Vernetzung, Dynamik, Flexibilität, Veränderung und permanente Strukturanpassung an neue Ausgangslagen im Rahmen von Selbstorganisation und Autopoiesis gelten als die grundlegenden Aspekte des prozessualen Geschehens. Manuel Castells (2001) beschreibt in seinem Konzept der Netzwerkgesellschaft die besonderen Modi und damit einhergehend den drastischen sozialen, technologischen, wirtschaftlichen und kulturellen Wandel und dessen Wirkungen auf Individuen und Gesellschaft.

Gleich, ob es sich um gesellschaftliche Entwicklungen, um Organisationsentwicklung, Teamentwicklung oder um menschliche Entwicklungen handelt: Prozesse des Entwickelns und immer wieder neu Formierens stehen im Mittelpunkt. Strukturen, das können formale Ordnungsstrukturen wie auch Denk- und Kommunikationsstrukturen sein, stellen zwar die Rahmenbedingungen dar, innerhalb deren sich Prozesse vollziehen, jedoch weicht die traditionelle Strukturbeharrlichkeit zunehmend einer Strukturflexibilität. In der Praxis abzulesen ist dies an der Daueraufgabe von Identitätsentwicklung und Lebenslangem Lernen im Rahmen von Individualisierung[2] und Globalisierung, ebenso an der Permanenz von Organisationsentwicklungsprozessen und gesellschaftlichen Strukturveränderungen durch Differenzierung und zunehmende Vernetzung von Systemen.

Beziehungen, Kommunikation und Interaktion sind die treibenden Kräfte einer Dynamik des permanenten Wandels. Von den personalen und sozialen Systemen setzt dies ein

---

1   Andere Begriffe dafür: Postmoderne (Welsch 2002); Reflexive Moderne (Beck u.a. 1996)
2   Die von Georg Simmel, Soziologe (1858-1918), grundgelegte und von Ulrich Beck und Heiner Keupp angeregte Individualisierungs-Diskussion ist mittlerweile kaum noch zu überschauen.

hohes Maß an flexibler Anpassung voraus und diese wiederum wirkt zirkulär auf die Veränderungsprozesse zurück und beschleunigt diese.

Die Stabilität von Systemen, so lässt sich folgern, hängt mehr von Prozessen und den damit einhergehenden Anpassungsfähigkeiten der Systeme ab als von der Etablierung von Langzeitstrukturen (vgl. Probst 1987).

Die Folgen für Menschen und soziale Systeme treten deutlich hervor. Menschen müssen sich neben den natürlichen, biologischen und rollenbedingten Entwicklungsprozessen beschleunigten Veränderungsprozessen auf den verschiedenen Systemebenen stellen. Soziale Systeme brauchen ein hohes Anpassungspotenzial, um sich im Rahmen von sozialstrukturellen und globalisierten Wandlungsprozessen immer wieder neu zu formieren und zu stabilisieren. Konkret muss Altes über Bord geworfen, Neues, Brauchbares gefunden und integriert werden. Einzigartig im Vergleich zu früheren sozio-kulturellen Bedingungen ist die Geschwindigkeit, in der sich Veränderungen und Entwicklungen vollziehen. Kulturelle, soziale, technische und ökonomische Rahmungen bestimmen, in welchem Ausmaß und in welcher Beschleunigung Veränderungen zu meistern sind (vgl. Hartmut 2008). Entwicklungen werden auf der personalen Ebene somit zum permanenten lebensbegleitenden wie auch zuweilen existenziellen Thema und zur Herausforderung, die mit Chancen und Brüchen einhergehen. Soziale Arbeit hat darauf ihren Blick zu richten, will sie die Bewältigungskompetenzen im Alltag stärken, soziale Probleme vermeiden, mindern und lösen wie überhaupt Teilhabe schaffen sowie Chancen und Perspektiven eröffnen.

Bei jedem Entwicklungsprozess müssen Entscheidungen seitens der Betroffenen gefällt werden; Entscheidungen über das Ziel, über den Weg, über das, was über Bord geworfen werden soll, seien es überkommene Gewohnheiten, Denk- und Verhaltensweisen, seien es Ordnungen und Strukturen, oder auch soziale Bezüge und Bindungen, weil sie nicht mehr tauglich sind; es braucht Entscheidungen über den zu zahlenden „Preis", den eine Entwicklung womöglich fordert und Perspektiven, um den Aufwand und Nutzen ausloten zu können. Entwicklung bedeutet loslassen zu können, um sich in etwas Neues einzulassen. Aus dem Sprachgebrauch von Vertretern der Postmoderne und Konstruktivisten schöpfend, ließe sich sagen, es geht beim Entwickeln um Prozesse des Sich-neu-Findens und neu-Konstruierens im Kontext sozialer Wirklichkeiten. Das Sich-neu-Finden ist gleichsam Teil der Identitätsarbeit von Personen und Systemen. So plausibel solche Aussagen klingen mögen, so existenziell zeigen sich Entwicklungsprozesse im konkreten Vollzug, wenn sie mit der Schwierigkeit des Aufgebens, Loslassens, Trennens und des Verlustes einhergehen.

Entwicklung als Forschungsinhalt der Sozialen Arbeit

Das Thema Entwicklung und Wandel beschäftigt Disziplinen wie beispielsweise die Psychologie (Kriz 1998), die Kultur- und Wirtschaftswissenschaften, die Biologie, die Thermodynamik (Prigogine 1998), die Chaosforschung (Küppers 1997), die Systemwissenschaften und zuforderst die Evolutionswissenschaft (Riedl 1982; Riedl/Delpos 1996).

Die Wissenschaft der Sozialen Arbeit zeigt sich darauf bezogen eher noch in den Anfängen. Die Schwerpunkte in der sozialarbeitstheoretischen Forschungs- und Entwicklungsarbeit seit den letzten Jahrzehnten waren andere. So ist es gelungen, Gegenstandsbereiche der Sozialen Arbeit zu benennen; das systemische/systemtheoretische Paradigma hat sich als Leitparadigma herauskristallisiert, ohne andere Paradigmen, z.B. das Lebenswelt orientierte, zu verdrängen. Auf der Basis sozialarbeitstheoretischer Konzepte und ethischer

Leitlinien konnte sich die Soziale Arbeit als Disziplin etablieren.[3] Diese Leistungen sind nicht genug zu honorieren und anzuerkennen.

Soziale Arbeit will Menschen und Systeme unterstützen, um mehr Teilhabe (Miller 2001), mehr Lebensqualität und einen gelingenderen Alltag (Thiersch u.a. 2002) zu erwirken bzw. die Ausstattungs-, Austausch-Kriterien und Machtdimensionen zwischen Mensch und seiner Umwelt zu verbessern (Staub-Bernasconi 1994). Soziale Arbeit zielt auf Hilfe und Unterstützung in schwierigen Lebenssituationen, auf die Gestaltung professioneller Hilfesysteme, auf die Gestaltung einer professionellen Ausbildung und auf die Mitgestaltung gemeinwesenorientierter und gesellschaftlicher Entwicklungen. Soziale Arbeit ist de facto eine Profession der Initiierung und Begleitung von Entwicklungsprozessen. Und selbst dort, wo z.B. aufgrund von Altersgebrechlichkeiten und Krankheit irreversible Tatsachen geschaffen sind, will Soziale Arbeit die psycho-sozialen Befindlichkeiten stärken. So geht es um die Stärkung von Bewusstseinsprozessen, die Veränderung von Mustern im Denken, Fühlen und Handeln wie auch von Beziehungsmustern und die Veränderungen von Strukturen und Umweltbedingungen.

So gesehen bewegt sich Soziale Arbeit in der Praxis häufig in einem Zwischenraum zwischen *Gegenwart* und *Zukunft*, gleich ob im Rahmen präventiver Arbeit oder konkreter Problembearbeitung.

Jedoch dort, wo im Spannungsfeld psychosozialer Problematiken Entwicklungshürden Krisen und suboptimale Lebensbedingungen zu bewältigen sind, brauchen Professionelle *Prozesskompetenz*, um Veränderungen und Entwicklungen flankieren und unterstützen zu können.

Vor diesem Hintergrund liegt es nahe, dass sich die Wissenschaft Sozialer Arbeit mit Prozessen beschäftigt, insbesondere mit der professionellen Gestaltung von Entwicklungsprozessen, gleich ob auf der Persönlichkeitsebene, Gruppen-, Organisations-, Netzwerk- oder Gemeinwesenebene. Sie hat Fragen zu beantworten, beispielsweise:

- Wodurch kennzeichnen sich Entwicklungsprozesse und was ist der Unterschied zwischen Veränderung und Entwicklung?
- Lassen sich Entwicklungsprozesse in Phasen und Typiken darstellen?
- Wie können Entwicklungsprozesse professionell begleitet werden und wodurch kennzeichnet sich eine Prozesskompetenz der Fachkräfte?
- Gibt es feld- und adressatenspezifisches Wissen in Bezug auf Entwicklungs- und Hilfedynamiken?
- Wie lässt sich Entwicklungswissen sinnvoll mit anderem Wissen und weiteren Modellen verbinden?

So gesehen hat Sozialarbeitswissenschaft die Aufgabe, theoretisches Wissen über Entwicklungsprozesse für die professionelle Praxis aufzuarbeiten und nutzbar zu machen. Aus professioneller Sicht reicht es keinesfalls aus, dass erfahrene HelferInnen mit Hilfe ihrer Menschen- und Problemkenntnis, ihrer intuitiven Kompetenz und mit Hilfe ihrer Berufserfahrung mehr oder weniger routiniert durch die Entwicklungsdynamiken ihrer Adressaten und deren relevanten Systemen navigieren. BerufsanfängerInnen tun sich diesbezüglich besonders schwer. Professionelles Tun setzt Reflexion und das theoretische Durchdringen von

---

3   Einen Überblick dazu geben u.a. Bango 2001; Engelke 2002, 2004; Hosemann 2006; Merten u.a. 1996, Merten 2000; Mühlum 2004.

Problemen, Handlungen und Prozessen voraus, auf die professionelle Deutungen und Handlungen folgen.

Evident ist demzufolge eine sozialarbeitswissenschaftliche Beschäftigung mit Entwicklungsprozessen.

Als sozialpädagogisch und politikwissenschaftlich geprägte Sozialarbeitstheoretikerin beschäftige ich mich seit Jahren mit der „Dramaturgie von Entwicklungsprozessen" (Miller 2006). Der Fokus liegt zunächst auf den *personalen* Entwicklungsprozessen. Mit Hilfe eines interdisziplinär generierten Entwicklungsbegriffs und von dokumentierten Autobiografien, die persönliche Entwicklungen aufzeigen und die nah an der psychosozialen Praxis sind, arbeitete ich inhaltsanalytisch, interpretativ und verstehend ein Phasenmodell heraus, um Typiken von Entwicklungsdynamiken aufzuzeigen. Darauf bezogen benenne ich Folgerungen für die professionelle Unterstützung und Voraussetzungen für Prozesskompetenz. Eine Weiterführung mit Blick auf Empowerment und Entwicklungsphasen erfolgte durch meinen Beitrag „Empowerment im Spagat menschlicher Entwicklungsprozesse" (Miller 2008).

Diese Hinweise gelten für den interessierten Leser, denn im Rahmen dieses Beitrages können lediglich einzelne Ergebnisse aufgegriffen werden.

So werde ich im Folgenden den Akzent auf den Entwicklungsbegriff und seine Bedeutung für die Praxis und Wissenschaft der Sozialen Arbeit legen, werde kurz auf die Entwicklungsphasen eingehen und den weiteren Forschungsbedarf benennen.

Zum Begriff der Entwicklung

Das Denken in Prozessen hat eine lange Tradition. Bereits die Vorsokratiker um 700 vor Chr. beschäftigten sich mit Fragen der Entwicklung und des Wandels. Vor allem mit Charles R. Darwin wurde das Denken in Entwicklungsprozessen wieder aufgegriffen als Kontrapunkt zum mechanischen Denken eines Descartes. Im 18. und 19. Jahrhundert erreichte der Entwicklungsgedanke in den Natur- und Sozialwissenschaften einen ersten Höhepunkt (vgl. Küppers 1997). In der Thermodynamik begann man um die Wende zum 20. Jahrhundert sich mit irreversiblen Dynamiken zu beschäftigen (vgl. Küppers 1997a). Prigogine (1985), ein berühmter Vertreter der Thermodynamik, bezeichnete diese Entwicklung als den Umschwung einer Wissenschaft des Seins zu einer Wissenschaft des Werdens. Man wollte Prozesse des Wandels bzw. Entwickelns verstehen und erklären.

Die Systemtheorien erfassen mit den Begriffen Struktur, Prozess, Anpassung und Emergenz die Veränderungsthematik. Ungleichgewichte und Instabilitäten des Systems führen zu Systementwicklungen (vgl. Cranach 1990). Die Thermodynamik arbeitet mit dem Begriff der Bifurkation heraus, dass Systeme die Wahl zwischen mehreren stabilen und instabilen Zuständen haben; die Wahl der Verzweigung hängt mit Prozessen der Selbstorganisation zusammen und von der Wahl der vorhergehenden Verzweigungen (vgl. Coveney/Highfield 1994). Luhmann (1984: 75) spricht von „wahrscheinlichen" und „unwahrscheinlichen" Prozessen und auch Prigogine sieht die Möglichkeit für gewisse Voraussagen für Entwicklungsprozesse gegeben.

Die neuen Zustände können eine hohe Stabilität oder auch Instabilität zeigen. Prigogine benützt für die Bezeichnung von Ordnungen mit hoher Stabilität auch den Begriff der „dissipativen" Strukturen. Deren wichtiges Merkmal ist unter anderem, dass Systeme in einem permanenten Austausch mit ihrer Umwelt stehen.

Die systemtheoretischen und thermodynamischen Zugänge verweisen grundsätzlich auf die *Elastizität* von Systemen im Kontext von Veränderungen. Diese Elastizität birgt verschiedene Modi:

- Störungen können vom System entweder aufgefangen und ausbalanciert werden, so dass die bisherige Ordnung aufrechterhalten werden kann oder
- es wird vorübergehend auf einen neuen Modus zurückgegriffen, um dann doch wieder in den alten Zustand einzupendeln oder
- es wird tatsächlich ein Veränderungsprozess vollzogen.

Ervin Laszlo (1998: 56f.) weist darauf hin, dass Veränderungen dann ausgelöst werden, wenn sich Prozesse bis zu einem kritischen Punkt entwickeln. Langsam wachsende Verbesserungen seien eher selten und würden ein System in der Regel nicht gravierend verändern. In allen offenen Systemen fänden sich Mechanismen, die darauf angelegt seien, drohende Veränderungen abzuwehren.

Transferiert man das Gesagte in den Bedeutungszusammenhang Sozialer Arbeit, lässt sich Folgendes feststellen:

- Krisen und Problemverdichtungen sind als Voraussetzung für Entwicklungsprozesse zu betrachten. Chaotische Entwicklungen, um diesen populär gewordenen Begriff aufzugreifen, sind Teil von Entwicklungsprozessen, die einen Wendepunkt markieren können.
- Welche Verzweigung im Prozess genommen wird, hängt von den inneren Dispositionen und der Umwelteingebundenheit des Systems ab. Annahmen über Verläufe sind möglich.
- Personen und Systeme bergen Veränderungsresistenzen, d.h. es gibt systeminhärente Mechanismen, die darauf gerichtet sind, alte Bewältigungsformen und -muster aufrechtzuerhalten.

Wie eine Person mit Veränderungsprozessen letztlich umgeht, hängt von der inneren Disposition und von der Umwelteingebundenheit ab – ein Theorem, das von Autopoiesis-Konzepten und der modernen Gehirnforschung flankiert wird.[4]

Wie kennzeichnen sich nun aber Entwicklungsprozesse und was ist der Unterschied zwischen *Veränderung* und *Entwicklung*?

Entwicklung aus einer systemtheoretischen und evolutionären Perspektive betrachtet geht einher mit *Komplexitätsaufbau* und *Informationszuwachs* zum Zwecke der besseren Anpassung zwischen Systemen und ihrer Umwelt (vgl. Heiden 1997). Es entsteht eine neue Qualität der Austauschprozesse und eine neue Qualität der Selbstorganisation. Entwicklung bedeutet quantitativ einen Komplexitätszuwachs an Information und qualitativ eine bessere System-Umwelt-Balance auf einem insgesamt komplexeren Niveau. Der Unterschied der Begriffe *Veränderung* und *Entwicklung* lässt sich vor diesem Hintergrund konturieren: Entwicklung ist Veränderung – jedoch Veränderung ist nicht gleich Entwicklung. Es gibt viele Veränderungen, die mehr belastend als förderlich sind, die mehr einschränken als differenzieren und weiten. Ein gesunder Mensch, der in die Sucht abgleitet, macht eine Veränderung durch, jedoch keine Entwicklung. Sein Fokus wird durch die Sucht immer einge-

---

4   Vgl. Maturana/Varela 1991; Luhmann 1993; Roth 1994, 2001, 2003; Spitzer 2007.

schränkter und undifferenzierter. Alltagshandlungen und Bewusstseinsprozesse werden auf die Sucht hin eingeschränkt.

In den Sozial- und Humanwissenschaften greifen namhafte Autoren auf diesen Entwicklungsbegriff zurück. John Dewey (1988: 21f.) spricht beispielsweise von der zeitweiligen Disharmonie von inneren Antriebskräften des Organismus und äußeren Lebensbedingungen, die Entwicklungen erzeugen. Ist die Störung und Disharmonie überwunden und ist das Leben reicher geworden, kann von einem gelungen Prozess die Rede sein. Ist durch den Prozess keine „höhere Stufe" erreicht, würde das Leben lediglich fortbestehen, sozusagen ohne Qualitätssprung. Carl Rogers (1959) verweist auf die Entwicklung des menschlichen Organismus, der darauf gerichtet ist, die angeborenen Möglichkeiten zu entfalten. Konkret geht es um die Ausdifferenzierung von Organen und körperlichen Funktionen, aber auch um die Befriedigung grundlegender Bedürfnisse und die Entwicklung von Fähigkeiten und Fertigkeiten. Diese Ausdifferenzierung führt nach Rogers zur freieren Entfaltung und Unabhängigkeit des Menschen. Im Konzept der Moralentwicklung von Lawrence Kohlberg (1996) und im Konzept der kognitiven Entwicklung von Jean Piaget (2003) stoßen wir ebenfalls auf ein Entwicklungsverständnis im Sinne von Wachstum und Differenzierung. Bekannt geworden ist auch Maslows Bedürfnispyramide, die nichts anderes als ein Entwicklungsmodell nach dem hier aufgezeigten Verständnis darstellt (2002). Gilbert J.B. Probst beschreibt mit Entwicklung die „Veränderung der *Fähigkeiten* und des *Potentials* eines Systems". Auf der individuellen Ebene erweitern sich die Fähigkeit und Möglichkeit der Bedürfnisbefriedigung. Entwicklung sei qualitativ zu sehen und gehe vor allem einher mit Wissen, Verstehen, Weisheit, Motiven, Erkennen und Werten (Probst 1987: 88).

Entwicklung in dem hier verstandenen Sinne ist einerseits ein Prozess und andererseits ein Resultat hinsichtlich des Erreichens eines neuen Zustandes mit höherer Informationskomplexität, Austausch-, Anpassungs- und Selbstorganisations- und Lebensqualität.

Entwicklungsphasen

Die Auswertung der Autobiografien im Rahmen meiner Forschungsarbeiten auf der Grundlage des hier aufgezeigten Wissenschaftsverständnisses ermöglicht die Generierung eines Entwicklungsmodells, um Entwicklungsprozesse in Phasen einzuteilen. Konkret lassen sich vier Phasen und deren Merkmale beschreiben:

- Die Up-and-Down-Phase
- Die Verdichtungs- und Wendephase
- Die Entwicklungsphase
- Die neue Entwicklungsstufe

Im Rahmen dieses Beitrags ist es mir nicht möglich, differenziert auf die einzelnen Phasen einzugehen (siehe Miller 2006). Die Unterschiede bei den einzelnen Phasen zeigen sich vor allem in Bezug auf Wahrnehmung, Bewusstheit, Urteilen und Handeln der Betroffenen. Die *Up-and-Down-Phase* kennzeichnet sich durch die Problemdichte. Zu beobachten ist der Modus des Sich-Treiben-Lassens, des Sich-Gehen-Lassens, des Sich-Verschanzens, der Rückzug in so genannte Nischen. Wahrnehmen, Bewusstheit und Verhalten sind eng an die Problemsituation gebunden. HelferInnen stoßen hier auf Phänomene des nicht Könnens, nicht Wollens, nicht Wissens, nicht Vertrauens, nicht Wahrnehmens, was die professionellen Handlungs- und Interventionsmöglichkeiten sehr einschränkt. In dieser Phase sind Abwärtsspiralen hinsichtlich der Problemverstärkung beobachtbar, die zum Teil bedrohliche Ausmaße erreichen können, wie dies teils bei Menschen mit Suchtkrankheit oder Gewaltausrichtung der Fall ist. Die weiter oben beschriebene Aussage der Theoretiker, dass Prozesse mit der Wahl der vorhergehenden Verzweigungen und der Selbstorganisation zusammenhängen und dass durchaus Annahmen über Verläufe gemacht werden können, bestätigt sich in dieser Phase, wenngleich die Prozessdynamiken immer wieder mit neuen Wendungen einhergehen.

In jeder Phase stehen andere Entwicklungsaufgaben und -herausforderungen an, die Konsequenzen für die helfende Praxis aufwerfen (Miller 2006). So kann die *Verdichtungs- und Wendephase* eine sehr labile Phase darstellen, in der Betroffene ein tragfähiges Unterstützungsnetz brauchen, um ihren Entwicklungsweg gehen zu können. Gerade eine auf Empowerment gerichtete Praxis erhält durch das Phasenmodell Impulse und einen geschärften Blick, um vor allem überzogene Erwartungen an die Adressaten zu vermeiden (Miller 2008).

Die eigentliche Entwicklungsarbeit erfolgt in der so genannten *Entwicklungsphase* und auch hier zeigt sich kein linearer Fortschritt, sondern die Themen Ambivalenz und Rückfall in den alten Modus begleiten den Entwicklungsprozess. Entwicklung erfolgt spiralförmig. Insgesamt lässt sich sagen, dass Lern- und Entwicklungsmöglichkeiten dort eine Chance haben, wo Sinnperspektiven, Vertrauen und tragfähige Beziehungen, Orientierung und Raum für Erkunden und Ausprobieren gegeben sind. Die auf die Bedürfnisse und die Modi der jeweiligen Phase abgestimmten Hilfeprozesse können Lernen und Entwickeln nachhaltig unterstützen. Dies setzt aber voraus, dass die Professionellen über Entwicklungswissen verfügen, und dass sie eine darauf bezogene Wahrnehmungs-, Deutungs- und Handlungskompetenz entwickeln.

Die *Neue Entwicklungsstufe* kennzeichnet sich durch eine neue Architektur des Bewusstseins und neuer Arrangements im Kontext Person-Umwelt. Die neue Stufe zeigt emergente Merkmale, d.h. es sind neue Elemente und Muster integriert, die zuvor in der entsprechenden Form noch nicht gegeben waren. Auch diese Stufe ist nur vorübergehend, so lange, bis die entwickelten Routinen einer Veränderung bedürfen.

Entwicklungen können leicht vollzogen werden, wie auch leidvoll. Je nachdem, um welche Problemschwere einerseits und welche Ich-Stabilität und Resilienz andererseits gegeben sind. Lösungen und das Finden neuer Perspektiven und Wege brauchen vor allem Geduld und den richtigen Zeitpunkt. Schnelle Lösungen gibt es eher selten. In Entwicklungen muss man sich hineinbewegen, langsam, vorsichtig, zuweilen mutig und zuweilen ängstlich. Sich in einen Entwicklungsprozess zu begeben, heißt sich neu zu modellieren. Aus einer systemischen Perspektive kommt es auf die tragenden Person-Umwelt-Beziehungen an, die solche Prozesse unterstützen oder behindern und auf der Helfer-Adressaten-Ebene kommt es darauf an, mit welcher professionellen Verständigkeit Entwicklungsprozesse begleitet werden.

Forschungsbedarf

Das Entwicklungsthema im Kontext Sozialer Arbeit birgt forschungsmäßig noch viele Fragen. Um die Prozesskompetenz weiter zu stärken und zu professionalisieren, ist es m.E. notwendig,

- mehr Wissen über die Besonderheiten von feld- und adressatenspezifischen Entwicklungsprozessen zu entwickeln[5],
- die förderlichen und hemmenden Bedingungen für Entwicklungsprozesse durch Konzepte, Strukturen und Ressourcen helfender Institutionen kritisch zu untersuchen,
- mehr Wissen über die Art des Widerstandes und von Blockaden zu erforschen auch mit Blick auf das Können, Wollen, Wissen, Vertrauen und Selbstwert von Adressaten,
- das Methodenrepertoire für die professionellen HelferInnen weiter zu differenzieren,
- Wissen zu generieren, um Entwicklungsprozesse auf der Gruppen- und Netzwerkebene, auf der Organisations-[6] und Gemeinwesenebene professionell zu begleiten.

Im Zuge der Wissenschaftsentwicklung Sozialer Arbeit wurde großes Augenmerk auf das Systemwissen gelegt, das eine zentrale Basis für die Soziale Arbeit als Disziplin mit transdisziplinärer Ausrichtung darstellt. Die Fundierung des Systemswissens mit Hilfe der Theoriebasis von Niklas Luhmann bietet zwar keinen hinreichenden aber einen grundlegenden und meines Erachtens unverzichtbaren Wissenskanon für das reflektierte professionelle Handeln (vgl. Kleve 2003; Merten 2000; Miller 2001). Auf der Grundlage des Systemwissens gilt es nun eine Weiterentwicklung hin zum Entwicklungswissen anzustreben.

Literatur

Bango, Jenö (2001): Sozialarbeitswissenschaft heute. Stuttgart: Lucius & Lucius

Beck, Ulrich/Giddens, Anthony/Lash, Scott (1996): Reflexive Modernisierung. Eine Kon-troverse. Frankfurt/M.: Suhrkamp

Castells, Manuel (2001): Der Aufstieg der Netzwerkgesellschaft. Teil I der Trilogie Das Informati-onszeitalter. Opladen: Leske + Budrich

Coveney, Peter/Highfield, Roger (1994): Anti-Chaos. Der Pfeil der Zeit in der Selbstorganisation des Lebens. Reinbek: ro ro ro

Cranach, Mario von (1990): Eigenaktivität, Geschichtlichkeit und Mehrstufigkeit. Eigenschaften sozialer Systeme als Ergebnis der Evolution der Welt. In: Witte, Erich H. (Hrsg.) (1990): 13-49

Dewey, John (1988): Kunst als Erfahrung. Frankfurt/M.: Suhrkamp

Engelke, Ernst (2002): Theorien der Sozialen Arbeit. Eine Einführung. 3. Auflage Freiburg: Lambertus

Engelke, Ernst (2004): Die Wissenschaft der Sozialen Arbeit. 2. Aufl. Freiburg: Lambertus

Gerdelmann, Hermann (2006): Motivationsbehandlung für alkoholauffällige/-kranke Straftäter in JVA – Ein integrativer Ansatz im Strafvollzug. In: Petzold, Hilarion u.a. (2006): 421-447

Hartmut, Rosa von (2008): Beschleunigung. Die Veränderung der Zeitstruktur in der Moderne. Frankfurt/M.: Suhrkamp

Heiden, Uwe an der (1997): Chaos und Ordnung. Neue Sicht alter Probleme. In: Witte, Erich H. (Hrsg.) (1997): 97-121

Heiner, Maja u.a. (1994): Methodisches Handeln in der Sozialen Arbeit. Freiburg: Lambertus

Hochreiter, Gerhard (2006): Choreografien von Veränderungsprozessen. Zweite, völlig überarbeitete Aufage Heidelberg: Carl-Auer

Hosemann, Wilfried (Hrsg) (2006): Potenziale und Grenzen systemischer Sozialarbeit. Freiburg: Lambertus

---

5   Interessante Zugänge liefert beispielsweise Hermann Gerdelmann (2006) mit Blick auf alko-holauffällige/-kranke Straftäter im Strafvollzug.

6   Gerhard Hochreiter (2006) gibt in seinem Buch „Choreografien von Veränderungsprozessen" interessante Impulse für die professionelle Begleitung von Organisationsentwicklungsprozessen. Es bleibt aber der Eindruck eines dringenden Forschungsbedarfs.

Kleve, Heiko (2003): Sozialarbeitswissenschaft, Systemtheorie und Postmoderne. Grundlegungen und Anwendungen eines Theorie- und Methodenprogramms. Freiburg: Lambertus

Koch, Sigmund (Hrsg.) (1959): Psychology: a study of a science. Vol. III: Formulations of the person an the social context. New. York: Mc Graw-Hill

Kohlberg, Lawrence (1996): Die Psychologie der Moralentwicklung. Frankfurt/M.: Suhrkamp

Kriz, Jürgen (1998): Chaos, Angst und Ordnung. 2. Aufl. Göttingen: Vandenhoeck & Ruprecht

Küppers, Günter (1997a): Chaos: Unordnung im Reich der Gesetze. In: Küppers, Günter (Hrsg.) (1997b): 149-175

Küppers, Günter (1997b): Chaos und Ordnung. Formen der Selbstorganisation in Natur und Gesellschaft. Stuttgart: Reclam

Laszlo, Ervin (1998): Systemtheorie als Weltanschauung. Eine ganzheitliche Vision unserer Zeit. München: Eugen Diederichs Verlag

Luhmann, Niklas (1984): Soziale Systeme. Frankfurt/M.: Suhrkamp

Luhmann, Niklas (1993): Soziologische Aufklärung 5. Konstruktivistische Perspektiven. 2. Auflage Opladen: Westdeutscher Verlag

Maslow, Abraham H. (2002): Motivation und Persönlichkeit. 9. Aufl. Reinbek bei Hamburg: Rowohlt

Maturana, Humberto R./Varela, Francisco J. (1991): Der Baum der Erkenntnis. Bern, München: Goldmann

Merten, Roland (Hrsg.) (2000): Systemtheorie und Soziale Arbeit. Opladen: Budrich

Merten, Roland/Sommerfeld, Peter/Koditek, Thomas (Hrsg.) (1996): Sozialarbeitswissenschaft – Kontroversen und Perspektiven: Luchterhand

Miller, Tilly (2001): Systemtheorie und Soziale Arbeit. Entwurf einer Handlungstheorie. 2. überarb. u. erw. Auflage Stuttgart: Lucius & Lucius

Miller, Tilly (2006): Dramaturgie von Entwicklungsprozessen. München: Lucius & Lucius

Miller, Tilly: Empowerment im Spagat menschlicher Entwicklungsprozesse. In: Forum Sozial. 01.2008. 15-19

Mühlum, Albert (Hrsg.) (2004): Sozialarbeitswissenschaft. Freiburg: Lambertus

Petzold, Hilarion/Schay, Peter/Scheiblich, Wolfgang (Hrsg.) (2006): Integrative Suchtarbeit. Wiesbaden: VS Verlag

Piaget, Jean (2003): Meine Theorie der geistigen Entwicklung. Hrsg. von Reinhard Fatke. Weinheim u.a.: Beltz

Prigogine, Ilya (1985): Vom Sein zum Werden. 2. überarb. u. erw. Aufl. München: Piper

Prigogine, Ilya (1998): Die Gesetze des Chaos. Frankfurt/M., Leipzig: Insel TB

Probst, Gilbert J.B. (1987): Selbst-Organisation. Berlin, Hamburg: Paul Parey

Riedl, Rupert (1982): Evolution und Erkenntnis. München, Zürich: Piper

Riedl, Rupert/Delpos, Manuela (Hrsg.) (1996): Die Ursachen des Wachstums. Unsere Chancen zur Umkehr. Wien: K & S

Rogers, Carl R. (1959): A theory of therapy, personality, and interpersonal relationsship als developed in the client centered framework. In: Koch, Sigmund (Hrsg.) (1959): 184-256

Roth, Gerhard (1994): Autopoiese und Kognition. Die Theorie H. R. Maturanas und die Notwendigkeit ihrer Weiterentwicklung. In: Schmidt, Siegfried (Hrsg.) (1994): 256-286

Roth, Gerhard (2001): Das Gehirn und seine Wirklichkeit. Frankfurt/M: Suhrkamp

Roth, Gerhard (2003): Fühlen, Denken, Handeln. Überarb. Neuauflage Frankfurt/M.: Suhrkamp

Schmidt, Siegfried (Hrsg.) (1994): Der Diskurs des Radikalen Konstruktivismus. Frankfurt/M.: Suhrkamp

Spitzer, Manfred (2007): Lernen. Gehirnforschung und die Schule des Lebens. Neuausgabe Heidelberg, Berlin: Spektrum Akademischer Verlag

Staub-Bernasconi, Silvia (1994): Soziale Probleme – Soziale Berufe – Soziale Praxis. In: Heiner, Maja u.a. (1994): 11-101

Thiersch, Hans/Grunwald, Klaus/Köngeter, Stefan (2002): Lebensweltorientierte Soziale Arbeit: In: Thole, Werner (Hrsg.) (2002): 161-178

Thole, Werner (Hrsg.) (2002): Grundriss Soziale Arbeit. Ein einführendes Handbuch. Opladen: VS Verlag

Weber, Max (1980): Wirtschaft und Gesellschaft. Besorgt von Johannes Winkelmann. 5. rev. Aufl. Studienausgabe. Tübingen: Mohr

Welsch, Wolfgang (2002). Unsere postmoderne Moderne. 6. Aufl. Berlin: Akademie Verlag

Witte, Erich H. (Hrsg.) (1990): Sozialpsychologie und Systemtheorie. Beiträge des 4. Hamburger Symposions zur Methodologie der Sozialpsychologie. Braunschweig: Braunschweiger Studien

Perspektiven einer Praxeologie Sozialer Arbeit

Wolfgang Preis

1 Einleitung und Problemstellung

Die Entwicklung der Sozialarbeitswissenschaft wurde in den vergangenen Jahrzehnten stark durch die Diskussion metatheoretischer Fragen geprägt. Praxeologische, methodologische und technologische Fragestellungen wurden nach der grundlegenden Kritik an den „klassischen Methoden" der Sozialen Arbeit wegen fehlender theoretischer Fundierung als „unwissenschaftlich" verdrängt (vgl. Ney 2008) oder mit dem Hinweis auf die Einmaligkeit des Einzelfalls und die Verschiedenheit der zahlreichen Praxisfelder zumindest vernachlässigt. Mit der zunehmenden Ökonomisierung Sozialer Arbeit ist die Frage nach der Leistungsfähigkeit sozialarbeiterischen Handelns wieder stärker in den Mittelpunkt des Interesses gerückt.

2 Grundfragen einer Praxeologie Sozialer Arbeit

Der Begriff der Praxeologie (griech.) wird im hier zu behandelnden Verwendungszusammenhang als *„Wissenschaft von den Bedingungen der Leistungsfähigkeit der Handlungen"* (vgl. Kotarbinski 1966) bezeichnet. Das Kompositum „Praxeologie" verweist nach Petzold (vgl. 2003, 28) auf das Simplex „Praxis", welches ein konkretes Tun bezeichnet und das Simplex „Logos", das in diesem Kontext ein „vernunftbestimmtes Wissen" bezeichnet. Praxeologie kann damit auch als angewandte Logik des Handelns verstanden werden.

Praxeologien können nach Petzold (vgl. 2007, 281) als *methodengegründete* oder *theoriegegründete Praxeologien* bestimmt werden: Methodengegründete Praxeologien sind aus einem Praxiswissen entstanden, aus dem sich Theorien von zunehmender Komplexität entwickelt haben, welche wiederum in die Praxis zurückwirken. Theoriegegründete Praxeologien lassen sich als eine theoriegeleitete, systematische Praxis bestimmen, in welcher Praxis und Theorie sich in reflektierter Weise forschungsgestützt durchdringen. Zwischenformen und Übergänge sind in unterschiedlichen Entwicklungsstadien von *Methoden* und *Verfahren* möglich.

Die Praxeologie als eigenständige Disziplin untersucht die Gesetzmäßigkeiten des leistungsfähigen Handelns unter dem Gesichtspunkt der Adäquatheit der Mittel zur Erreichung eines bestimmten Zwecks und der Handlungsalternativen nach der „Logik der rationalen Wahl", indem auf eine Maximierung der Präferenzen abgestellt wird (vgl. Hartfiel, Hillmann 1994, 687).

3 Entwicklungslinien in der Sozialen Arbeit

Die Methodenentwicklung in der Sozialen Arbeit war und ist stark durch gesellschaftliche Megatrends beeinflusst. Theorien und Konzepte aus den Bezugswissenschaften wurden und werden häufig unreflektiert in die eigenen Praxis- und Handlungsvollzüge eingefügt. Entsprechend dieser „Tendenz von Sozialarbeiter/innen zur Anpassung an vorgegebene oder auch nur vermutete Rollen und Professionalitätsmuster" spricht Terbuyken (1997) von einer „Chamäleonexistenz" Sozialer Arbeit. Göppner (2006, 40) unterscheidet drei Gruppen der Methodenentwicklung, die nach seiner Meinung alle keine befriedigende Lösung des Methodenproblems darstellen:

- Importmodelle, die für andere Praxisbereiche entwickelt wurden (z.B. nondirektive Gesprächsführung nach Rogers)
- Handlungswissen in Form von Fertigkeiten und Kompetenzen bzw. Check-Listen
- Unterkomplexe „Professionsmodelle" im Rahmen einer „Bankbeamtenlogik".

Nach Phasen der Pädagogisierung, Psychologisierung, Politisierung und Verrechtlichung ist gegenwärtig ein zunehmender Import von betriebswirtschaftlichen Methoden in der Sozialen Arbeit zu beobachten. Soziale Arbeit kann durch die Übernahme bezugswissenschaftlicher Ansätze inzwischen zwar auf einen umfangreichen Fundus von methodischen Handlungskonzepten zurückgreifen, durch die verschiedenen wissenschaftstheoretischen und methodischen Zugangsweisen tritt jedoch das Problem der Kompatibilität auf. Zum besseren Verständnis der Problematik werden nachfolgend vier Grundrichtungen methodischen Handelns kurz skizziert.

4   Grundrichtungen methodischen Handelns

4.1   Soziale Arbeit als kommunikative Beziehungsarbeit

Nach dem Verständnis Sozialer Arbeit als kommunikative Beziehungsarbeit ist eine vertrauensvolle Beziehung zwischen Helfer/innen und Hilfesuchenden ein unabdingbares Fundament einer jeden Hilfeleistung. Die „helfende Beziehung" unterscheidet sich in wesentlichen Teilen von anderen persönlichen oder beruflichen Beziehungen. Die Hilfesuchenden sind nicht nur „Konsument/innen", sondern gleichzeitig aktiver Teil und „Co-Produzent/innen" im Hilfe- und Unterstützungsprozess. Ohne ihre aktive Mitwirkung ist eine nachhaltige Hilfe nicht möglich. Ein wichtiges Mittel der Beziehungsgestaltung ist die subjektorientierte, kommunikative Verständigung. Sie beinhaltet eine argumentative Konsensfindung und dialogische Willensbildung.

4.2   Soziale Arbeit als Sinnverstehen

Nach dem Verständnis der Sozialen Arbeit als Sinnverstehen wird versucht, unter Rückgriff auf interpretative Verfahren die Einmaligkeit eines Falles zu erfassen. „Unabhängig davon, ob im einzelnen eine biographische Fallanalyse (vgl. Schütze 1993), eine Fallrekonstruktion (vgl. Kraimer 2000), eine sozialpädagogische (vgl. Uhlendorff 1997, 1997a, 1999) oder biographische Diagnostik (vgl. Hanses 2000, 2002; Dern/Hanses 2001) oder eine ethnographische Perspektive (vgl. Schütze) favorisiert wird, gemeinsamer Bezugspunkt kann bei allen methodischen Differenzen in einem veränderten Diskurs zum Fallbezug in der Sozialen Arbeit ausgemacht werden. (…) Gesucht wird eine verstehende Perspektive, in der die

Komplexität, Kontextualität, Situativität als auch die *Konkretheit* und die *Eigensinnigkeit* des Falles zu erfassen ist" (Hanses 2001, 6).

4.3 Soziale Arbeit als kritische Praxis

Nach dem Verständnis Sozialer Arbeit als kritische Praxis steht jede menschliche Handlung, auch wenn sie noch so privat erscheint, in einem politischen Kontext. Der Mensch ist, ob er will oder nicht, in jedem Augenblick seines Lebens ein politisches Wesen. Im Menschwerdungsprozess erscheint Bewusstsein als reflexives Wissen und deshalb als potentiell kritisch (vgl. Mädche 1995, 133). Durch die bewusste Auseinandersetzung mit sozialen, ökonomischen und politischen Widersprüchen und die Suche nach Lösungen für die erkannten Probleme werden Wege zur Verbesserung des Sozialverhaltens und der Sozialverhältnisse möglich. Soziale Arbeit stellt damit ein Instrument dar, um jene Fähigkeiten der Hilfesuchenden zu entwickeln, die geeignet sind, sie aus ihrer Unmündigkeit zu befreien und damit einen Beitrag zur Selbst- und Weltveränderung zu leisten. Sie verlangt nach reflexiven Methoden, um diese Zusammenhänge für soziale Fachkräfte und Betroffene gleichermaßen bewusst zu machen.

4.4 Soziale Arbeit als Sozialtechnologie

Nach dem Verständnis Sozialer Arbeit als Sozialtechnologie sollte die Sozialarbeitswissenschaft als technologische Disziplin möglichst exakte Aussagen über Mittel und Wege zu bestimmten Zielen machen (vgl. Rössner 1975, 40 zit. n. Engelke 1992, 242). Der Begriff der Sozialtechnologie hat in der Sozialen Arbeit eine lange Tradition. Bereits Natorp hat in seiner vielfach aufgelegten „Sozialpädagogik" (1899) den Begriff „soziale Technik" eingeführt (vgl. Natrop 1974). „Otto (vgl. 1971) forderte, dass das praktische Handeln aus dem wissenschaftlich erzeugten Wissen abgeleitet werden solle, um auf diese Weise die Praxis schrittweise auf die rationale Ebene der Wissenschaft anzuheben" (Spiegel, v. 2006, 55).

5 Diskussionslinien

Gegen alle der beschriebenen Grundrichtungen methodischen Handelns werden in der Fachdiskussion gewichtige Einwände erhoben. Die Gründe für diese Einwände beruhen häufig auf unterschiedlichen wissenschaftstheoretischen Grundpositionen, was nicht selten zu polarisierenden Diskussionen führt. Neben sehr grundsätzlichen Bedenken hinsichtlich der Möglichkeiten und Voraussetzungen eines Theorie-Praxis-Transfers in der Sozialen Arbeit werden gegen die beschriebenen Grundrichtungen insbesondere folgende Einwände erhoben:

Das Verständnis Sozialer Arbeit als helfende Beziehung führt nach Ansicht vieler Kritiker/innen zu einer Überhöhung der Beziehungsgestaltung. Damit würden die eigene Persönlichkeit sozialer Fachkräfte und eine Tendenz zur theorielosen, sozialromantisch verklärten, persönlichen Beziehungsarbeit in den Mittelpunkt des methodischen Interesses gerückt. Diese Auffassung verkenne, dass Soziale Arbeit immer in einen gesellschaftlichen Auftrag und institutionell definierte Konditionalprogramme eingebunden sei.

Gegen das Verständnis Sozialer Arbeit als interpretatives Sinnverstehen wird die mangelnde empirische Überprüfbarkeit der Deutungen kritisiert. Begriffe wie „Alltagsorientierung" und „Lebenswelt" könnten als gehaltlose Leerformeln je nach Vorverständnis der sozialen Fachkräfte beliebig ausgelegt werden. Mit der mangelnden begrifflichen Präzision sei eine unzureichende empirische Überprüfbarkeit verbunden.

Kritische Positionen in der Sozialen Arbeit stehen unter einem Ideologieverdacht. Mit der Forderung einer „Sozialarbeit von unten" durch die Mobilisierung der von sozialer Ausgrenzung Betroffenen würden diese zum Werkzeug klassenkämpferischer Ideen gemacht. Die von sozialen Problemen betroffenen Menschen hätten jeweils einen individuellen Leidensdruck, der auch individuell betrachtet bzw. behandelt werden müsse.

Gegen sozialtechnologische Verfahren wird argumentiert, Soziale Arbeit dürfe sich nicht auf die entindividualisierende Bearbeitung sozialen Verhaltens und sozialer Zusammenhänge beschränken. In einem „rationalistischen Schematisierungsdenken" komme ein „sozialtechnologisch-funktionalistisches Professionsverständnis" zum Ausdruck, nach dem sich Soziale Arbeit an genau berechenbaren und zuverlässig reproduzierbaren Geschehensabläufen orientieren solle. Dieser Auffassung liege das Bild einer Reparaturwerkstatt zugrunde, in der Soziale Arbeit mithilfe vorgefertigter Methoden und Techniken die Klienten wieder in Ordnung bringe. Da dies unmöglich sei, müsse in der Sozialen Arbeit ein „Technologiedefizit" hingenommen werden.

In der Außenwahrnehmung der Sozialen Arbeit führt diese diffuse Situation zum Vorwurf der mangelnden Leistungsfähigkeit. Für Luthe (2006, 106) liegt es auf der Hand, „dass soziale Arbeit ein ‚Können behauptet, was sie nicht können kann'. Helfen wird als reale Möglichkeit unterstellt – ansonsten würde Sozialarbeit nicht vorkommen –, während gleichzeitig die Undurchführbarkeit dieser Aufgabe eingeräumt werden muss." Er erinnert in diesem Zusammenhang „an das mittlerweile schon gewohnheitsmäßig vorgebrachte ‚Technologiedefizit' sozialer Arbeit als Schutzmantel gegenüber Effizienzerwartungen jeglicher Art" (Luthe ebd.). In diesem Sinne argumentiert auch Luhmann (vgl. Luhmann/Schorr 1979, 348 zit. n. Erath 2006, 71), der aufgrund des komplexen Bewertungshorizonts und des zu hohen Individualisierungsgrades derartiger Tätigkeiten Zweifel an der Wirksamkeit sozialarbeiterischen Handels äußert. Sozialarbeit und Erziehung beabsichtigen nach Luhmann (vgl. 1992, 116; zit. n. Erath 2006, 72) somit etwas, „was gar nicht in ihrer Macht liegt". Nach Baecker (vgl. 1994, 108, zit. n. Erath 2006, 72) bedeutet dies, dass der Erfolg einer Intervention vom Zufall abhängt.

6   Handlungstheoretische Grundlagen

6.1 Professionelles Handeln als Basisbegriff

Den Ausgangspunkt der nachfolgenden Überlegungen bildet der Begriff des professionellen Handelns. Will man ihn näher bestimmen und praktisch begründen, dann empfiehlt es sich, auf den Gegenstand der Sozialarbeitswissenschaft zurückzugreifen. Gegenstand der Sozialen Arbeit ist nach dem hier zugrunde liegenden Verständnis die *Vermeidung, Beseitigung und Verminderung psychosozialer Problem- und Mangellagen*. Die Praxis der Sozialen Arbeit ist dadurch gekennzeichnet, dass soziale Fachkräfte (Professionelle) in der Interaktion mit anderen Menschen (Betroffenen) zu willentlich gesetzten Zwecken geeignete Mittel zur Bewältigung psychosozialer Problem- und Mangellagen rational wählen. Entscheidend für diese Kennzeichnung sind dabei zunächst die Begriffe „Handeln" (Zwecksetzung und Mittelwahl) und „Instrumentalverhalten" (Mittelwahl bei gegebenen Zwecken). Die Zwecksetzung des Handelns resultiert aus der beruflichen Aufgabenstellung. Der allgemeine Zweck professionellen Handelns kann als problemlösendes Handeln beschrieben werden. Aus praxeologischer Perspektive sollte die Wahl der Mittel zur Erreichung eines bestimmten Zwecks nach der „Logik der rationalen Wahl" erfolgen. Um dieser Forderung im konkreten Einzelfall gerecht zu werden, erscheint es notwendig

- den jeweiligen Zweck professionellen Handelns,
- die spezifischen Mittel zur Zweckerfüllung und
- die konkrete Zweck-Mittel-Kombination

zu bestimmen. Dies erscheint jedoch leichter gesagt, als getan. Probleme lassen sich gerade dadurch kennzeichnen, dass die Wege zu ihrer Lösung nicht ohne weiteres erkennbar bzw. verfügbar sind.

6.2 Problemlösungsbarrieren

Im Hinblick auf den jeweiligen Zweck professionellen Handelns, die spezifischen Mittel und die konkrete Zweck-Mittel-Kombination lassen sich mit Dörner (1976) drei wesentliche „Problemlösungsbarrieren" identifizieren, die sich aus der Beziehung der Merkmale „Zielklarheit" und „Bekanntheit der Mittel" ergeben:

Barrieretypen (nach Dörner)

Klarheit der Ziele / Bekanntheit der Mittel	Hoch	Gering
Hoch	Interpolations-Barriere	Dialektische Barriere
Gering	Synthese-Barriere	Dialektische und synthetische Barriere

Quelle: Dörner 1976, zit. n. Heeg (1993, 10)

Bei einer Interpolations-Barriere sind Zielzustand und Mittel, die vom Anfangs- zum Zielstand führen, bekannt. Unbekannt ist jedoch die richtige Ziel-Mittel Kombination, da verschiedene Alternativen zur Verfügung stehen (wie z.B. beim Schach). Eine Synthese-Barriere liegt vor, wenn der Zielzustand bestimmt ist, die richtigen Mittel jedoch unbekannt sind. Neben der spezifischen Kombination fehlt auch das Wissen über die richtigen Mittel, oder sie sind zwar bekannt, werden aber nicht in Erwägung gezogen. Herrscht Unklarheit über den anvisierten Zielzustand, so besteht eine dialektische Barriere. In einem dialektischen Prozess müssen die Zielvorstellungen nach und nach konkretisiert werden. Die unterschiedlichen Barrieretypen können auch in Kombination miteinander gleichzeitig auftreten. Welcher Barrieretyp gerade wirksam wird, kann nicht unabhängig von den „Problemlöser/innen" beantwortet werden (vgl. Heeg 1993, 11). Neben den objektiv gegebenen

Merkmalen einer Situation spielt immer auch die Problemlösungskompetenz der betreffenden Personen eine Rolle.

6.3 Probleme der Zweckbestimmung

Die sozialarbeiterische Praxis lässt sich als das über Normen und Zwecke vermittelte Handeln von Personen oder Gruppen zur Befriedigung von Bedürfnissen in (historisch entstandenen) konkreten gesellschaftlichen Situationen verstehen. Da nun Personen oder Gruppen
unterschiedliche Zwecke verfolgen, können Konflikte bei der Zweckbestimmung auftreten
(vgl. Braun, Schreyögg 1997, 190). Soziale Arbeit findet regelmäßig in einem Spannungsfeld unterschiedlicher Erwartungen von Kostenträgern, Leistungserbringern, Betroffenen
und Gesellschaft statt. Die Zwecksetzung erfolgt vielfach nicht allein auf der Grundlage
wissenschaftlich definierter Rationalitätskriterien – wie auch immer diese zu bestimmen
sein mögen – sondern auf der Basis von häufig konfligierenden politischen, rechtlichen und
institutionellen Interessen und Vorgaben.

6.4 Mittelwahl

Die Wahl der Mittel bzw. Verfahren sollte der Zweckbestimmung folgen. Sie ist instrumental
für die gesetzten Zwecke. Im Hinblick auf die allgemeine Zweckbestimmung sozialarbeiterischen Handelns, die Problemlösung, erscheint aber auch dies im Einzelfall nicht ohne weiteres möglich. So vielfältig wie die möglichen Probleme sind, mit denen Soziale Arbeit konfrontiert wird, so vielfältig ist das Spektrum von denkbaren Problemlösungsverfahren. Vor
dem Hintergrund einer wahren Methodeninflation in der Sozialen Arbeit hängt die Entscheidung, welche Methoden wann zum Einsatz kommen, von einer Vielzahl von bewussten und
unbewussten Faktoren ab. Ein wesentlicher Entscheidungsfaktor ist hierbei die persönliche
Präferenz sozialer Fachkräfte. Je nach eigenen Vorlieben bzw. Fortbildungshintergründen
werden bestimmte Methoden bevorzugt. Dabei besteht die Gefahr, dass die Probleme den
Methoden angepasst werden, und nicht umgekehrt die Methoden den Problemen.

6.5 Zweck-Mittel-Kombination

Die Probleme einer rationalen Bestimmung des Interventionszweckes und der geeigneten
Mittelwahl werden durch eine prinzipiell unbegrenzte Anzahl von möglichen Zweck-
Mittel-Kombinationen noch verstärkt. Sozialarbeiterisches Handeln beinhaltet damit ein
Handeln unter Unsicherheit. Es wird beeinflusst von den situativen Bedingungen der jeweiligen Fallkonstellation, einem überkomplexen Handlungskontext und Systemrationalitäten,
die für den Einzelnen kaum durchschaubar sind. Der Handlungsdruck der Praxis verlangt
von den sozialen Fachkräften, auch unter suboptimalem Informationsstand eine Entscheidung zu treffen. Was vermeintlich rational und fachlich begründet erscheint, erweist sich
bei genauerem Hinsehen als mehr oder weniger formalisierte Handlungsroutinen, die Entscheidungsprozesse bahnen und vorstrukturieren. Die richtigen bzw. angemessenen Zweck-
Mittel-Relationen sind für viele sozialarbeiterischen Interventionen alles andere als eindeutig festgelegt.

6.6 Bedeutung für die Praxis

Auf die Praxis der Sozialen Arbeit bezogen bedeutet dies:

- Sozialarbeiterisches Handeln kann nur als kollektives, hochgradig arbeitsteiliges Phänomen verstanden werden. Die Überkomplexität sozialer Problemlagen, die Einbettung in widersprüchliche politische, institutionelle und ökonomische Systeme und der unmittelbare Handlungsdruck, dem soziale Fachkräfte ausgesetzt sind, verlangen nach einem Handeln in Unsicherheit.
- Die richtigen bzw. angemessenen Zweck-Mittel-Relationen professionellen Handelns lassen sich theoretisch zwar als Akt planvoller und damit selbstbewusster Handlungen im Hinblick auf ein explizites Ziel rational begründen, praktisch werden sie allerdings durch intervenierende Variablen beeinflusst. Soziale Fachkräfte müssen ihr Handeln im Hinblick auf eine Vielzahl von Zweck-Mittel-Konflikten ausbalancieren. Was zu tun ist, liegt nicht mehr aus logisch rationalen Gründen auf der Hand, sondern muss in einem sozialen Aushandlungsprozess bestimmt werden (vgl. Vogd 2004).
- Da innerhalb einer Sozialeinrichtung verschiedene Entscheidungsträger/innen an einer Hilfegewährung beteiligt sind, aber nicht von einer Gesamtrationalität der beteiligten Subsysteme und Mitarbeiter/innen ausgegangen werden kann, erfolgt die Bestimmung der Zwecke und die Wahl der Mittel auch *nicht fachlich autonom.*
- Aus diesen Gründen müssen Soziale Fachkräfte hochgradig kontextsensitiv agieren. Dabei tritt das formale deklarative Wissen gegenüber dem in die Handlungspraxis eingelassenen prozeduralen Wissen häufig in den Hintergrund (vgl. Vogd 2004).
- Wissenschaftliche Theorien Sozialer Arbeit, die in dem Bemühen um wissenschaftliche Stringenz und theoretische Widerspruchsfreiheit die komplexen und widersprüchlichen Handlungsbedingungen Sozialer Arbeit nur unzureichend berücksichtigen, können keine handlungsleitende Wirkung entfalten.

7   Perspektiven einer Praxeologie Sozialer Arbeit

Zu klären bleibt, welchen Beitrag eine Praxeologie Sozialer Arbeit zur Überwindung der beschriebenen Probleme leisten könnte. Bei der Untersuchung dieser Frage soll nicht die Entdeckung wesentlich neuer Erkenntnisse im Vordergrund stehen, sondern es geht in erster Linie um die Klärung, ob und inwieweit sich aus den vorhandenen Wissensbeständen ein brauchbares Anwendungswissen extrahieren lässt. Ein integriertes Handlungsmodell Sozialer Arbeit sollte in Anlehnung an *Göppner* (vgl. 2006, 35) weder disziplinär noch paradigmatisch verkürzt werden, sondern prinzipiell offen bleiben für alle theoretischen Ressourcen, die potentiell zur Verbesserung des methodischen Instrumentariums nützlich sein könnten. In diesem Sinne wurde nachfolgend versucht, alle der beschriebenen Grundformen professionellen Handelns in ein Orientierungsschema methodischer Verfahren einzuordnen.

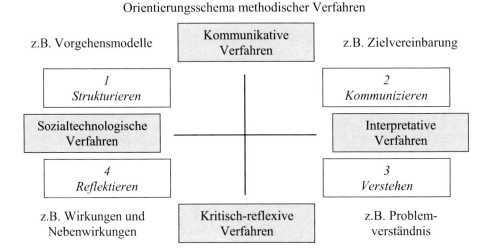

Orientierungsschema methodischer Verfahren

7.1 *Bedeutung von Sozialtechnologien*

Die Bedeutung von Sozialtechnologien in der Sozialen Arbeit ist heftig umstritten. Bei dem immer wiederkehrenden Hinweis auf das vermeintliche Technologiedefizit in der Sozialen Arbeit wird übersehen, dass auch komplexe Problemlösungsverfahren bestimmten Regeln und Gesetzmäßigkeit unterliegen. Auch wenn jeder Fall in der Sozialen Arbeit als individuell und einzigartig zu betrachten ist, basiert der Problemlösungsprozess nicht auf einem irrationalen Geschehen, bei dem die allgemeinen Regeln der Logik und Prozesssteuerung außer Kraft gesetzt werden. Als rationale Handlungswissenschaft ist die Soziale Arbeit insoweit rational, als sie vernünftige Problemlösungen ermöglichen soll. In diesem Sinne setzt professionelles Handeln theoretische Erkenntnis in Gesetze, Regeln, Strukturen und verallgemeinerbare Vorgehensmodelle der Problemlösung voraus.

7.2 *Bedeutung kommunikativer Verfahren*

Die Ebene der „Kommunikation" berücksichtigt den Aushandlungscharakter der Hilfeleistungen. Da soziale Fachkräfte aufgrund der oben beschriebenen Handlungsbedingungen nicht alleine über Zweck und Mittel entscheiden können, sondern eine Problemlösung immer nur auf der Basis einer kommunikativen Verständigung möglich ist, sind Hilfeleistungen nicht als individuelles Tun, sondern als interaktives Geschehen zu betrachten. In ihrem Kern sind subjektorientierte, dialogische Verfahren als Beziehungsangebote zu verstehen. Ohne eine tragfähige und vertrauensvolle Beziehung und die Schaffung einer positiven emotionalen Atmosphäre nützen auch die besten Interventionsstrategien nichts (Hackney, Cornier 1982, zit. n. Hofer 1996, 16).

7.3 Bedeutung interpretativer Verfahren

Die Bedeutung interpretativer Verfahren besteht insbesondere darin, dass die Orientierung an der Lebenswelt und den Alltagserfahrungen der Betroffenen zu einem „Verständnis" der den Problemlagen zugrunde liegenden Problematik führt. Wir leben alle immer schon mit einem Vorverständnis von der Welt und von uns selbst. Dieses Vorverständnis darf nicht einfach als lästiges Hindernis bei der Problemlösung beiseite geschoben werden, sondern ist eine notwendige Voraussetzung, um unsere Handlungs-, Sicht- und Verhaltensweisen zu verstehen. Unter einem Verzicht auf Vollständigkeit, Wahrheit und ontologische Letztge-wissheit liefern uns die Deutungen und Alltagserfahrungen der Hilfesuchenden unterschied-liche Beschreibungen sozialer Wirklichkeit. Sie ermöglichen uns die verschiedenen Sicht-weisen in unterschiedlicher Weise zu erfassen und damit unseren eigenen (begrenzten) Erkenntnishorizont zu erweitern.

7.4 Bedeutung kritisch-reflexiver Verfahren

Um die Abhängigkeit der Resultate professionellen Handelns von ihren Randbedingungen zu klären und abschätzen zu können und eine kritiklose Übernahme faktisch verfolgter Zwecke und importierter Methoden und Verfahren zu vermeiden, muss dem Handeln eine Reflexion über dessen Gründe, Folgen und Nebenfolgen vorangegangen sein. Sowohl die Zwecke als auch die ihrer Realisierung dienenden Aktivitäten, also auch die Mittel, sollen einer „vernünftigen" Bestimmung zugänglich sein. Der Begriff der „Zweckrationalität" umfasst dabei nicht nur den geeigneten Einsatz von Mitteln zu unbegründet gesetzten Zwe-cken, sondern auch die Zwecke selbst sind darauf hin zu prüfen, ob ihre Verfolgung „sinn-voll" erscheint. Zur Einschätzung der Legitimität der Handlungen sind ethische Maximen zu formulieren. Die Bedeutung solcher Maximen mit hinreichend hohem Allgemeinheits-grad liegt darin, dass auf sie zurückgegriffen werden kann, ohne sie im Einzelnen wieder erarbeiten zu müssen und dass ein Komplex solcher allgemeiner Maximen eine geeignete Begründung einzelner Maßnahmen bilden kann. Dies entspricht dem Modell der Sozialen Arbeit als kritischer Prinzipienwissenschaft.

7.5 Multiparadigmatische und methodenintegrative Perspektive

Die vorgestellten Grundrichtungen methodischen Handelns schließen sich nach diesem Verständnis nicht gegenseitig aus, sondern ganz im Gegenteil, sie ergänzen sich in idealer Weise! Die spezifischen Schwächen der jeweiligen Verfahren werden durch die jeweils anderen Verfahren kompensiert. Professionelles Handeln erfordert demnach eine multipa-radigmatische und methodenintegrative Perspektive. Die eigentliche Schwierigkeit bei der Entwicklung einer Praxeologie Sozialer Arbeit besteht darin, differenziert herauszuarbeiten, welche Theorien, Methoden und Instrumente an welchen Stellen professionellen Handels in welcher Weise fruchtbar gemacht werden können. Obwohl sich in der Praxis die verschie-denen Grundformen professionellen Handelns durchdringen und überlagern, erscheint eine Systematisierung der theoretischen Ansätze dringend geboten, um eine theoretische Belie-bigkeit zu verhindern.

7.6 Konturen einer Praxeologie Sozialer Arbeit

Da Wissenschaft und Praxis im Kern unterschiedliche Handlungslogiken ausweisen, kann die Basis einer Praxeologie Sozialer Arbeit nur die komplexe berufliche Praxis sein. Dabei darf es nicht darum gehen, die Praxis an in sich geschlossene, widerspruchsfreie Theoriegebäude anzupassen, sondern im Gegenteil darum, Theorien zu entwickeln, die der Komplexität und Widersprüchlichkeit der Praxis gerecht werden bzw. aufzuzeigen, wo die Grenzen der Möglichkeiten eines theoriegeleiteten Handelns liegen. Aus diesem Grund ist eine Praxeologie Sozialer Arbeit zu entwickeln, die einerseits planmäßige, rationale Strategien enthält und andererseits auch solche, die nicht-rationale, kreative Problemlösungen ermöglicht. Um beide Aspekte angemessen berücksichtigen zu können, erscheint eine Unterscheidung zwischen singulärer und generalisierter Praxis notwendig.

7.6.1 Singuläre und generalisierte Praxis Sozialer Arbeit

Mit dem Hinweis auf die vorgebliche Einmaligkeit und Eigensinnigkeit eines jeden Einzelfalles lassen sich alle Bemühungen um generalisierbare methodische Aussagen zunichte machen. Dabei wird meines Ermessens ein undifferenzierter und letztlich falscher Praxisbegriff zugrunde gelegt. Genauso wenig, wie es *die* Theorie der Sozialen Arbeit gibt, gibt es *die* Praxis der Sozialen Arbeit! Wir kennen vielmehr eine unüberschaubare Anzahl von singulären Einzelfallbearbeitungen, an ganz verschiedenen Orten, in ganz verschiedenen Arbeitsfeldern, in denen jeweils unterschiedliche methodische Vorgehensweisen praktiziert werden. Werden theoretische Aussagen zur Praxis der Sozialen Arbeit gemacht, so ist jeweils zu überprüfen, ob sich diese sich auf eine *„singuläre Praxis"* oder eine *„generalisierte Praxis"* beziehen.

7.6.2 Makro- und Mikromethodik

Mit der theoretischen Unterscheidung zwischen singulärer und generalisierter Praxis geht auf der methodischen Ebene eine Unterscheidung zwischen Makro- und Mikromethodik einher. Aufgabe der Makromethodik ist es, allgemeine, d.h. fallunspezifische Aussagen zum methodischen Vorgehen in der Sozialen Arbeit zu entwickeln. Eine theoretische Grundlage für diesen Bereich bilden technologische oder instrumentelle Theorien. Im Unterschied zu nomologischen Theorien sind sie als „Um-Zu-Aussagen" („um Ziel z zu erreichen, kann ich x tun") formuliert und haben damit eine handlungsleitende Funktion (vgl. Patry, Furlan 2004, 7). In der Praxis der Sozialen Arbeit haben sich verschiedene Phasenmodelle und Heuristiken zur iterativen Fallbearbeitung bewährt. Sie begründen sich in der Auffassung, dass professionelle Hilfe nur auf der Grundlage einer intersubjektiv und logisch nachvollziehbaren Systematik der Handlungsschritte möglich ist. Mit Blick auf die Entwicklungen in anderen Disziplinen sind die Möglichkeiten einer sozialtechnologisch begründeten Prozesssteuerung und Prozessoptimierung in der Sozialen Arbeit bei weitem noch nicht ausgeschöpft. Der Vorwurf, mit der Einführung von Sozialtechnologien sei eine Entindividualisierung Sozialer Arbeit verbunden, verkennt den Unterschied zwischen Makro- und Mikromethodik. Die Frage, wann und wie Sozialtechnologien eingesetzt werden, ist eine Frage der methodischen Sensibilität und ethischen Reflexion auf der Ebene der Mikromethodik. Diese hat zur Aufgabe, Hinweise und Handlungsempfehlungen zu fallspezifischen singulären Vorgehensweisen zu geben. Hier ist mit Hilfe von interpretativen Verfahren an den Alltagserfahrungen und Deutungsmustern der Betroffenen anzuknüpfen. Nicht durch „besserwisserische Wahrheitsverkündungen" werden die Betroffenen erreicht, sondern durch einfühlsame Bezugnahmen auf die jeweils individuellen lebensgeschichtlichen Deutungsmuster und Sinnkonstruktionen. Da sich die Besonderheiten von singulären Einzelfällen niemals vollständig theoretisch erfassen lassen, kann es in diesem Bereich nur darum gehen, allgemeine handlungsleitende Prinzipien und Maximen zu entwickeln.

7.6.3 Theorie-Praxis-Transfer

Von der Frage nach der Qualität wissenschaftlichen Wissens ist die Frage nach dem *methodischen Umgang* mit wissenschaftlichem Wissen zu unterscheiden. In der praktischen Fallbearbeitung steht nicht die Frage nach der *Wahrhaftigkeit* des Wissens im Vordergrund methodischen Handelns, sondern die Frage nach der *Anschlussfähigkeit*. Wissenschaftlich geprüftes Wissen bleibt für soziale Fachkräfte und Hilfesuchende gleichermaßen irrelevant, solange es nicht in vorhandene Wissensbestände eingeordnet werden kann. In Anlehnung an das systemtheoretische Konstrukt der binären Codierung kann das Begriffspaar „Anschlussfähigkeit" und „Nicht-Anschlussfähigkeit" zur Beurteilung der „methodischen Brauchbarkeit" von Wissen herangezogen werden. Wissen, das zwar „richtig", aber nicht anschlussfähig ist, d.h. dessen Nutzwert für die sozialarbeiterische Praxis nicht erkannt wird, vermag regelmäßig keinen Beitrag zur Problemlösung zu leisten. Da zudem eine *vollkommene Anwendung* wissenschaftlicher Lehrsätze nur durch ein übermenschliches Wesen geleistet werden könnte (Wandel 1979, 57), sind den Möglichkeiten eines Theorie-Praxis-Transfers auch dadurch Grenzen gesetzt.

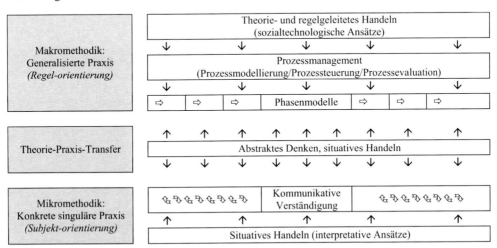

Erst eine differenztheoretische – gleichzeitig aber methodenintegrative – Perspektive erlaubt eine umfassende Analyse der Leistungsfähigkeit der unterschiedlichen Handlungsansätze in der Sozialen Arbeit. Nur wenn es gelingt, differenziert herauszuarbeiten, wie sich die Komplexität und Widersprüchlichkeit der Praxis durch theoriegeleitetes Handeln erfassen und reduzieren lässt bzw. wo die Grenzen einer Theorieorientierung liegen, wird der Nutzwert von Theorien für die Praxis verdeutlicht. In diesem Sinne verbirgt sich hinter dem vermeintlichen Technologiedefizit der Sozialen Arbeit in Wirklichkeit ein Forschungsdefizit.

8 Schlussbemerkung

Eine Verbesserung der Leistungsfähigkeit professionellen Handelns ist nach dem hier entwickelten Verständnis nur auf der Grundlage einer multiparadigmatischen und methodenintegrativen Perspektive möglich, bei der strukturierende, kommunikative, deutende und reflexive Anteile professionellen Handelns gleichermaßen ihren Platz haben. Es kann nicht darum gehen, einzelne Handlungsansätze durch polemisierende und polarisierende akademische Reflexionen zu entwerten, sondern bei allen legitimen theoretischen Differenzen erscheint es dringend geboten, nach gemeinsamen Schnittstellen der verschiedenen Handlungsansätze zu suchen. Eine theoretisch stringente Deduktion von Theorien und Konzepten schließt Variabilität im praktischen Handeln nicht aus. Ausgehend von einer Analyse der verschiedenen Formen professionellen Handelns sollte geklärt werden, wie die Wissensstruktur von Praktiker/innen erfasst und beschrieben werden kann. Auf diesem Wege sind theoretische Konzepte und Konstrukte zu generieren, die sich als *methodengegründete Praxeologie* zu Theorien von zunehmender Komplexität entwickeln, in denen die verschiedenen Handlungsansätze ihren Platz haben. Neben dieser von der Praxis zur Theorie orientierten Definition des Theorie-Praxis-Verhältnisses sind auch von der Theorie zur Praxis entwickelte *theoriengegründete Praxeologien* zu entwickeln, bei denen umgekehrt, ausgehend von potentiell relevanten wissenschaftlichen Theorien, der Frage nach deren Auswahl, Anwendbarkeit und Anwendung für die sozialarbeiterische Praxis nachgegangen wird.

Literatur

Braun, Wolfram; Schreyögg, Georg (1977): Betriebswirtschaftslehre als rationale und empirische Handlungswissenschaft. In: Köhler, Richard (Hrsg.) „Empirische und handlungstheoretische Forschungskonzeptionen in der Betriebswirtschaftslehre. S. 189-208. Stuttgart
Dörner, Dietrich (1976): Problemlösen als Informationsverarbeitung. Stuttgart, Berlin, Köln, Mainz.
Engelke, Ernst (1992): Soziale Arbeit als Wissenschaft. Eine Orientierung. Freiburg
Erath, Peter (2006): Sozialarbeitswissenschaft. Eine Einführung. Stuttgart
Göppner, Hans-Jürgen (2006): Sozialarbeitswissenschaft – was hat die Praxis davon? Oder: Wie kann Soziale Arbeit wissen, dass sie gut ist? In: Sozialmagazin 2006, 31. Jrg., H. 4, S. 34-46
Hanses, Andreas (2001): Soziale Arbeit: Dienstleistung oder Fallbezug? [Internet]. Verfügbar unter: www.ibl.uni-bremen.de/publik/vortraege/200203hanses.pdf [28.12.2008]
Hartfiel, Günter; Hillmann, Karl-Heinz (1994): Wörterbuch der Soziologie. Stuttgart
Heeg, Franz J. (1993): Projektmanagement. München
Kotarbinski, Tadeusz (1966): Was sind praxeologische Sätze? In: Alsleben, Kurd; Wehrstedt Wolfgang: Praxeologie. Quickborn
Luhmann, Niklas; Schorr, K.E. (1982): Das Technologiedefizit der Erziehung und die Pädagogik.
Luthe, Ernst-Wilhem (2006): Warum Sozialtechnologie? In: NDV 2/2006 S. 106 ff.
Mädche, Flavic Clarici (1995): Kann Lernen wirklich Freude machen? Der Dialog in der Erziehungskonzeption von Paulo Freire. München.
Natorp, Paul (1974): Sozialpädagogik Besorgt v. Richard Pippert [7. Aufl.] Paderborn

Ney, Paul (o.J.). „Methodisches Handeln als Sozialtechnologie? Zur Professionalisierungsfrage der Sozialen Arbeit. [Internet]. Verfügbar unter: www.sozialearbeit.at/data/documents/ney_sozial-technologie.pdf [28.12.2008]

Orth, Ilse; Petzold, Hilarion G. (2007): „Theoriearbeit, Praxeologie und Therapeutische Grundregel" In: Hilarion Petzold, Peter Schay und Wolfgang Ebert (Hrsg.): Integrative Suchttherapie, Theorie, Methoden, Praxis, Forschung 2., überarbeitete Auflage

Otto, H.-U. (1971): Zum Verhältnis von systematisiertem Wissen und praktischem Handeln in der Sozialarbeit. In: Otto, H.-U./Utermann, K. (Hg.): Sozialarbeit als Beruf. Auf dem Weg zur Professionalisierung? München, S. 87-98.

Patry, Jean-Luc; Furlan, Nicole (2004): Poppers Theorien und die Arbeit mit Hochbegabten. [Internet]. Verfügbar unter: www.sbg.ac.at/erz/salzburger_beitraege/fh_2005/ Patry&Furlan.pdf [28.12.2008]

Petzold, Hilarion G. (2003): Interdisziplinär beraten – sich ergänzen: Überlegungen zur „Beratung" als Disziplin und Praxeologie in der modernen Wissensgesellschaft. www.donau-uni.ac.at/ imperia/md/content/studium/umwelt_medizin/psymed/artikel/ beratung1.pdf

Rössner, Lutz (1975): Theorie der Sozialarbeit. Ein Entwurf. München, Basel

Schütze, F. (1993): Die Fallanalyse. Zur wissenschaftlichen Fundierung einer klassischen Methode der Sozialen Arbeit. In: T. Rauschenbach & F. Ortmann & K. M. (Hg.): Der sozialpädagogische Blick. Lebensweltliche Methoden in der Sozialen Arbeit. München: Juventa. 1993, S. 191-221.

Terbuyken, Gregor (1997): Verstehen und Begleiten. Konzeptuelle Überlegungen zum Selbstverständnis von SozialarbeiterInnen in der Psychiatrie. In: Soziale Arbeit 2/1997, S. 38-48

Vogd, Werner (2004): Ärztliche Entscheidungsprozesse des Krankenhauses im Spannungsfeld von System- und Zweckrationalität. Eine qualitativ rekonstruktive Studie unter dem besonderen Blickwinkel von Rahmen (»frames«) und Rahmungsprozessen. Berlin [Internet]. Verfügbar unter: www.userpage.fu-berlin.de/~vogd/vogdhabil.pdf [04.01.2009]

Wandel, Fritz (1979): Pädagogik, Technologie oder Praxeologie. Kastellaun/Hunsrück

Soziale Differenzierung im Kontext der Globalisierung

Ueli Mäder

Die Schweiz ist ein reiches Land. Sie verfügt über viele Millionäre. Der große Reichtum konzentriert sich auf wenige Familien und Personen. In der Schweiz leben auch eine halbe Million der Bevölkerung (7,5 Mio.) in Haushalten von Erwerbstätigen, die weniger als das Existenzminimum verdienen. Über 200'000 Personen sind auf Sozialhilfe angewiesen. Bei den Vermögen und den verfügbaren Einkommen hat sich in den letzten Jahren die Kluft zwischen den obersten und untersten zehn Prozent verschärft. Die Zunahme der sozialen Ungleichheit erhöht die soziale Brisanz, was mehr zu ergründen ist. Die soziale Differenzierung dokumentiert Prozesse der Globalisierung. Sie reproduziert und spezifiziert alte soziale Ungleichheiten. Wichtig ist, dass die Soziale Arbeit das weiter thematisiert und theoretisiert. Die Betonung des Individualisierungstheorems lenkt teilweise von strukturellen Bezügen ab. Ich komme im Folgenden von der Empirie zur Theorie.

1   Reichtum

Rund 120'000 Millionärshaushalte verfügen in der Schweiz (7,5 Mio Ew.) über die Hälfte der gesamten Privatvermögen in der Schweiz. Diese drei Prozent der Steuerpflichtigen haben so viel Nettovermögen wie die restlichen 97 Prozent. Laut Eidgenössischer Steuerverwaltung (2006) besitzen 163'000 Millionäre mit 540 Milliarden Franken insgesamt mehr als die restlichen 4,2 Millionen Steuerpflichtigen. 68 Prozent der Steuerpflichtigen haben weniger als 100'000 Franken steuerbares Nettovermögen. Zusammen besitzen sie sechs Prozent des gesamten Vermögens. Wie das Wirtschaftsmagazin „Bilanz" (21/2008) berechnet, verfügten die 300 Reichsten in der Schweiz im Jahr 1989 über 86 Milliarden Franken und im Jahr 2008 über 459 Milliarden Franken. Jeder zehnte Milliardär der Welt wohnt 2008 in der Schweiz. Ein großer Teil des Reichtums wird vererbt. Etwa die Hälfte der 300 Reichsten der Schweiz ist durch Erbschaften reich geworden. Die Familie bildet noch immer das Zentrum der Weitergabe ökonomischen Reichtums (Schilliger 2007). Aufgrund des Schweizer Erbrechts, das sehr stark zugunsten der Wohlhabenden ausgerichtet ist, gelingt es Familiendynastien, *ihren* Reichtum über Generationen weiterzugeben. Drei Viertel der vererbten Vermögen bleiben innerhalb der reichsten zehn Prozent (Stutz 2007). Von den 40 Milliarden Franken, die im Jahr 2009 vererbt werden, gehen über die Hälfte an Millionäre. *Wichtig* ist auch die Börse. Sie hat in den letzten Jahren vielen dazu verholfen, ihr Vermögen zu vermehren. Die Reichen konnten ihr Vermögen auch in schlechten Börsenjahren stärker vermehren als der Durchschnitt der Bevölkerung. Das Nettofinanzvermögen (ohne Liegenschaften) stieg im Jahr 2006 um 11,4 Prozent auf 37,6 Billionen Dollar. Das sind rund 45.000 Milliarden Franken. Das Wachstum war auch gut doppelt so hoch wie jenes der Weltwirtschaft (5,4%). Soviel zu den Zahlen. Ebenso wichtig ist das, was hinter ihnen steckt.

Wir führten im Rahmen einer Vorstudie (Mäder/Streuli 2002) vertiefende Gespräche mit dreißig Reichen. Dabei interessierte, wie sich sozialer Wandel vollzieht und in den Lebensgeschichten, Haltungen und biographische Wendungen dokumentiert. Bei der Auswahl orientierten wir uns zunächst an den dreihundert Reichsten, die wir einfach typologisierten. Zur ersten Gruppe zählen Angehörige aus Familien der ehemaligen Aristokraten und Patrizier; zur zweiten Mitglieder von Familien, die mit der Industrialisierung reich geworden sind. Die dritte Gruppe ist mit dem wirtschaftlichen Aufschwung der Nachkriegszeit in der zweiten Hälfte des zwanzigsten Jahrhunderts entstanden. Als vierte nahmen wir Softwaremillionäre hinzu, die von den Möglichkeiten der Informations- und Kommunikationstechnologie profitierten. Wir berücksichtigten dabei auch Personen, die ihr Kapital dank dem Börsenboom der 1990er Jahre vermehren konnten. Bei den Gesprächen stand die Frage nach der Sozialverträglichkeit des Reichtums im Vordergrund. Dabei interessierten auch Unterschiede zwischen dem alten und neuen Reichtum. Alte Reiche lassen sich beispielsweise nur ungern mit einer Luxuslimousine ablichten. Es genügt ihnen, reich zu sein und ihr Geld gewinnbringend anzulegen. „Das alte Velo genügt", sagen sie zu ihren eigenen Kindern. Bei neuen Reichen ist das anders. Sie tragen ihren Reichtum eher zur Schau. Einzelne protzen sogar damit. Die goldene Armbanduhr scheint an Symbolwert zu gewinnen. Aber es gibt auch recht unkonventionelle Reiche, wie folgende Beispiele andeuten.

„Wer arbeitet, hat keine Zeit zum Geld verdienen", sagte uns ein Reicher. Er tut dies offenbar geschickt und ist stolz darauf, hohe Geldbeträge am Fiskus vorbei zu führen. Der autonomen Szene stellt er Häuser zur Zwischennutzung zur Verfügung. Hauptsache, die Jugendlichen sind gegen den Staat. Selbst wohnt dieser *Herr C.* im südlichen Ausland. In der Schweiz gehören ihm „ein paar Strassenzüge". Er zählt zu den neueren Reichen, die vom Wachstumsboom der sechziger Jahre des zwanzigsten Jahrhunderts profitieren konnten. Herr C. ist vorwiegend mit Spekulationsgeschäften im Immobiliensektor reich geworden und konnte seine Gewinne dank dem rechtzeitigen Umstieg auf den Handel mit Aktien weiter verbessern. Anders *Herr D..* Er ist bald 80-jährig und melkt jeden Morgen seine Kühe selbst. Umzonungen haben vor ein paar Jahrzehnten den Wert seines Landes um mehrere Millionen Franken erhöht. Der Landwirt wollte aber kein Land abtreten. Er ließ lediglich auf einer kleinen Parzelle etwas bauen, das seinen künstlerisch tätigen Töchtern, die fleißig privatisieren, ein Auskommen ermöglicht. Selber hilft er dem Pächter, täglich etwa acht Stunden, und lebt mit seiner Frau im „Stöckli". Ein weiteres Beispiel ist *Herr F.* Er ist fünfzigjährig und besitzt mehrere Dutzend Häuserblocks. Sein weitgehend ererbtes Vermögen liegt über hundert Millionen Franken. An einer Vermehrung des Geldes ist er nicht interessiert. Herr F. ist Single und spendet regelmäßig größere Beträge für gute Zwecke. Er bereiste alle Kontinente, war mehrmals in Indien und hat gesehen wie das ist, wenn man kein Dach über dem Kopf hat. Drei Jahre lang hat Herr F. das Privatisieren gut ausgehalten. Dann fragte er sich: Was tun? Herr F. bewarb sich auf ein paar gewöhnliche Stellen. Ein Versicherungsunternehmen übertrug ihm, dem studierten Anglisten, eine ausführende Tätigkeit im Bereich Internationale Kontakte. Niemand weiss von seinem Geld.

Heute kommt, so Wirtschaftsethiker Peter Ulrich, ein neuer Führungstyp in die Chefetagen. Bis in die achtziger Jahre haben Firmenchefs Massenentlassungen eher als letzten Ausweg aus einer Notsituation betrachtet. Wer Arbeitnehmerinnen und Arbeitnehmer auf die Straße stellen musste, fühlte sich als Versager. Seither brüsten sich jüngere Führungskräfte mit der Durchsetzung von Entlassungen. Es gibt offenbar Reiche und Reiche: Stolze Reiche, die machtbewusst, manchmal sogar protzend, mit ihrem Einfluss umgehen, und verschämte Reiche, die ihren Reichtum verbergen und ihr Licht unter den Scheffel stellen; es gibt großzügige Reiche und „knausrige" Reiche. Die alten Reichen verstecken ihr Geld. Sie sind humanistisch gebildet und zeigen sich nicht nur in der Oper. Sie spielen auch selber Geige. Die neuen Reichen zeigen gerne ihr Geld. Sie lassen ohne weiteres mit sich über ein Sponsoring verhandeln, das beiden Seiten nutzen muss. Bei den alten Reichen gilt: man gibt, aber sagt nichts. Und in allen vier Gruppen der Reichen gibt es auch solche, die so oder ähnlich sagen: Mir macht das Angst. Wenn sich der Reichtum konzentriert und das gesellschaftliche Korrektiv aufweicht, besteht die Gefahr, dass sich vermehrt autoritäre Kräfte durchsetzen, die den sozialen Zusammenhalt gefährden.

Ich fasse nun thesenartig zusammen, was uns bei den Gesprächen mit Reichen aufgefallen ist. (1) Viele Reiche verfügen über ein Selbstverständnis, das selbstbewusst wirkt. Ihr Selbstvertrauen deutet auf eine gut ausgestattete Grundsicherheit hin. (2) Reiche geraten allerdings öfters in Situationen, die folgenschwere Entscheidungen erfordern und Krisen auslösen können. Das hängt mit der Verwaltung des Reichtums und der beruflichen Position zusammen, aber auch mit der persönlichen Tendenz, offensive Strategien zu wählen, die eher konfliktiv sind. (3) Reiche stellen sich, auch wenn sie nach weiterem Reichtum trachten, durchaus immer wieder die Frage nach dem Sinn des Lebens. Gerade weil sie scheinbar fast alles haben (können), erhält sie ein besonderes Gewicht. Die einen setzen sich philosophisch damit auseinander. Sie lieben es, im trauten Kreis oder wenn immer möglich darüber zu diskutieren. Andere leiden, schier depressiv, unter der Ungewissheit und dem Bewusstsein der Endlichkeit. Christlich motivierte Reiche wissen, dass der Mensch nicht vom Brot allein lebt. Sie kennen den Bibelspruch, nach dem „eher ein Kamel durch ein Nadelöhr geht, denn ein Reicher in den Himmel kommt". (4) Kinder von Reichen haben besondere Gründe, sich ab und zu recht einsam zu fühlen. Die einen wachsen auf einer schönen Insel auf, auf der sie aber nicht ewig verweilen können; andere erleben schon früh turbulente Stürme, die tendenziell Mechanismen der Abschottung fördern. (5) Reiche sind bezüglich vieler Lebensfragen eher aufgeschlossen. Sie legen bei ihren Lebensentwürfen viel Wert auf eine gute Ausbildung. Eine erhöhte Sensibilität ist gegenüber ökologischen Fragen feststellbar. (6) Reiche sind kulturell besonders interessiert und engagiert. „Alte Reiche" fördern vorwiegend traditionelle Einrichtungen wie die Oper und das klassische Theater. „Neue Reiche" unterstützen gerne avantgardistische Projekte. (7) Auch die soziale Frage liegt vielen Reichen am Herzen. Menschen, die unverschuldet in Not geraten, sollen gezielt unterstützt werden. Wer reich ist, soll freiwillig dazu beizutragen. Große Skepsis besteht gegenüber staatlich verordneter Umverteilung. (8) Reiche Menschen favorisieren das Primat der Wirtschaft. Sie haben grosses Vertrauen in die Marktkräfte. Dem Staat billigen sie eine bloss korrektive Ordnungsfunktion zu. Was sozio-ökonomische Vorstellungen betrifft haben Reiche, auch wenn sie persönlich gerne in neue Technologien investieren, eher wertkonservative Haltungen. (9) Reiche schreiben die Vermehrung ihres Reichtums überwiegend persönlichen Fähigkeiten zu. Sie attestieren das auch Personen, die hauptsächlich viel geerbt haben. Wer reich ist, scheint daran ein persönliches Verdienst zu haben. Reiche haben – teilweise aufgrund ihrer materiellen Ressourcen – das Gefühl, über aussergewöhnliche Fähigkeiten zu verfügen. (10) Reiche Menschen verbindet – bei allen Unterschieden – eine innere Verwandtschaft. Sie erkennen sich gegenseitig am Habitus und den feinen Unterschieden, auch wenn sie nur wenig voneinander wissen.

2   Armut

Die neuere Armutsforschung befasst sich mit Fragen der Integration und des Ausschlusses. Die beiden Begriffe deuten an, dass die Armutsfrage weit über den finanziellen Kontostand und die materielle Versorgung hinaus reicht. Relationale und soziale Bezüge stehen im Vordergrund. Neue soziale Differenzierungen verändern im Kontext der Individualisierung alte Klassen- und Schichtkonzepte. Aber wie? Geschieht dies in ergänzender oder ersetzender Weise? Kennzeichnen Prozesse der (Des-)Integration und des Ausschlusses eine neue soziale Frage, die weniger stark durch die materielle Not geprägt ist als die alte? Und was bedeutet das für die Sozialhilfe? Der Ausschluss gilt weithin als neue soziale Frage des 21. Jahrhunderts. Er dokumentiert eine besondere Form der sozialen Ungleichheit. Aber sind damit frühere Klassenanalysen passé, welche die alte soziale Frage als Arbeiter/innen- und Armutsfrage verstanden? Aus unserer Studie über die Sozialhilfe (Kutzner 2009) geht hervor, wie eng Prozesse der Integration und des Ausschlusses miteinander verknüpft sind und die Armutsfrage prägen. Zum einen gibt es neue Formen der sozialen Integration durch den beruflichen Ausschluss, weil Betroffene mehr Zeit für sich und ihre sozialen Beziehungen haben. Zum andern gibt es auch neue Formen des sozialen Ausschlusses durch die berufliche Integration in prekäre Arbeitsbereiche.

Die Sozialhilfe soll ihre Anstrengungen auf Sozialhilfeabhängige konzentrieren, die noch intakte Chancen haben, im ersten Arbeitsmarkt eine Beschäftigung zu finden. Wer zu dieser ersten Gruppe gehört, erhält weniger Mittel für den erweiterten Grundbedarf, aber mehr Geld, wenn die Erwerbsintegration zustande kommt. Die finanziellen Anreize erweitern den individuellen Handlungsspielraum bei der Kombination zwischen der Erwerbsarbeit und der ergänzenden Sozialhilfe. Etliche Sozialhilfeabhängige schätzen das. Sie fühlen sich ernst genommen, stärker beachtet und akzeptieren mögliche finanzielle Einbussen. Andere Sozialhilfeabhängige fühlen sich durch privatisierte Risiken mehr gestresst. Sie erleben unter diesen Bedingungen selbst die erfolgreiche Erwerbsintegration als Ausschluss. Denn diese Integration findet primär im Niedriglohnsektor statt, was soziale Beziehungen belastet und zu einem (Teil-)Ausschluss durch Integration führen kann. Eine zweite Gruppe bilden die Personen, die zwar nicht mehr für den ersten Arbeitsmarkt infrage kommen, aber für den zweiten, geschützten Arbeitsmarkt oder für Gegenleistungsmodelle. Bei den Gegenleistungen hängt die Unterstützung von der Bereitschaft ab, eine sozial, kulturell oder ökologisch relevante Arbeit zu verrichten. Eine dritte Gruppe bilden Sozialhilfeabhängige, die sich laut Sozialhilfe weder in den ersten Arbeitsmarkt integrieren können, noch in der Lage sind, als Gegenleistung für ihre Unterstützung gemeinnützige Tätigkeiten zu verrichten. Sie erhalten das Geld nun mit weniger Auflagen. Den einen entspricht diese Vereinfachung. Sie können auf pro forma Bewerbungen verzichten und mehr das tun, was sie gerne tun. Der Ausschluss aus der Erwerbsarbeit gibt ihnen die Möglichkeit, sich um ihre soziale Integration zu kümmern. Der Ausschluss fördert also ihre Integration. Das scheint widersprüchlich zu sein, hat aber eine eigene Logik. Dazu ein Beispiel: Ein Journalist, der psychisch erkrankt ist, kann nun dank der Verortung in diese „Gruppe der Abgeschobenen" interessante Geschichten schreiben, statt „Kurzmeldungen für den Medienmarkt zu produzieren". So seine Erklärung. Andere, die zu dieser dritten „Gruppe der Ausgemusterten" gehören, suchen verzweifelt einen „richtigen Job". Sie wehren sich gegen die vorgenommene Kategorisierung, die sie als Stigmatisierung erleben. „Ich will Arbeit und keine Rente", sagt eine gut fünfzigjährige Bezügerin von Sozialhilfe. Sie spricht mehrere Sprachen, hat schon zwei Bücher publiziert und versteht nicht, warum ihr „die Behörden eine richtige Arbeit verwehren". Sie erlebt den Ausschluss nicht als Chance zur sozialen Integration, obwohl sie gerne Bilder malt und ausstellt, aber das „lieber nur als wirkliche Freizeitbeschäftigung".

In einer früheren Armutsstudie (Mäder 1991) untersuchten wir bereits die Dynamik zwischen Integration und Ausschluss. Wir beurteilten damals die Dynamik zwischen Integration und Ausschluss teilweise anders als in unseren neuen Studien über working poor (Kutzner 2004) und über die Sozialhilfe (Kutzner 2009). Damals überwog der Eindruck, bei den Armutsbetroffenen seien insbesondere die working poor als erwerbstätige Arme relativ gut integriert. Sie bräuchten wie Alleinerziehende vorwiegend Geld, um ihre existenziellen Bedürfnisse zu befriedigen. In unserer neuen Studie über working poor stellen wir indes eine Kumulation sozialer Probleme fest, die sich mit anhaltender Abhängigkeit ergibt und selbst bei zunehmender Erwerbsintegration – gleichzeitig – gegenläufige Ausschlusstendenzen verstärkt. Konkret: Wir analysierten die soziale Lage von 260 aktuellen und 140 ehemaligen working poor. Bei diesen ehemaligen working poor, die mittlerweile ihre finanzielle Situation verbesserten, erzielten rund 25 Prozent mehr Einkommen dank Weiterbildung. Weitere 25 Prozent erhöhten ihr Salär, weil sie zusätzliche Jobs zu vorwiegend prekären Arbeitsbedingungen annahmen. Weitere 25 Prozent stabilisierten ihre Situation über eine Sozialversicherung (AHV, IV). Die restlichen 25 Prozent steigerten ihr Einkommen durch die Veränderung der Lebensform, beispielsweise durch Heirat (mit Doppelverdienst) oder durch endende Unterstützungspflichten (Auszug von Kindern). Bei allen erwähnten Gruppen konnten sich viele Einzelpersonen und Familien auch deshalb finanziell verbessern, weil sie in kleinere, günstigere Wohnungen (in Quartieren mit hoher Verkehrsdichte) zügelten. Sie verbesserten ihre finanzielle Lage, indem sie ihre Wohnsituation verschlechterten. Die Integration im einen Bereich basierte auf dem Rückzug bzw. Ausschluss aus einem andern. Bei der früheren Basler Armutsstudie (1991) fiel uns auch ein starker innerer Rückzug sozial Benachteiligter auf. Viele der interviewten Armutsbetroffenen fühlten sich relativ stark für Verhältnisse verantwortlich, die primär gesellschaftlich verursacht sind. Wir erklärten uns diesen Rückzug durch den hohen gesellschaftlichen Individualisierungsgrad und die verbreitete Tabuisierung der Armut. Das Schweigen führt dazu, dass Betroffene nach aussen den Anschein erwecken, alles sei in bester Ordnung, auch wenn sie selbst einen hohen Leidensdruck verspüren. Heute weisen etliche Anzeichen darauf hin, dass sich resignative Haltungen und depressive Verstimmungen teilweise auch in Empörung verwandeln. Das mag mit Schlagzeilen über „abgehobene Managerlöhne" und mit der persönlichen Wahrnehmung sozialer Ungleichheit zu tun haben. Wenn Eltern erleben, wie ihre Kinder keine Lehrstelle finden, während andere sehr hohe Saläre erzielen, empfinden sie Wut. Diese kann sich unterschiedlich auswirken. Die Empörung kann die Bereitschaft fördern, sich mehr für eigene Interessen einzusetzen. Sie kann aber auch die Gefahr erhöhen, Halt bei autoritären und populistischen Kräften zu suchen, die eine rigide Ordnungsruhe mit strukturellen Ausgrenzungen anstreben.

3   Feine Unterschiede

In der Sozialstrukturforschung verlagert sich der Blick von Schichtmodellen zu mehr horizontalen sozialen Differenzierungen (Geissler 2002, 537). Die Klassenmodelle des 19. Jahrhunderts unterschieden die Werktätigen vom Bürgertum nach dem Kriterium der Verfügungsgewalt über die Produktionsmittel. Analysen sozialer Klassen (Max Weber) und Schichten (Theodor Geiger, Ralf Dahrendorf, u.a.) differenzierten in der ersten Hälfte des 20. Jahrhunderts Menschen(gruppen) weiter nach ihren äußeren Lebensbedingungen (Beruf, Qualifikationen, Einkommen, Besitz) sowie nach inneren psychischen Merkmalen. Der

Blick galt dabei nach wie vor primär den vertikalen Ungleichheiten. Das änderte sich während den 80er Jahren des 20. Jahrhunderts mit den Modellen sozialer Lagen, die – nebst materiellen Ressourcen – das subjektive Wohl (Lebenszufriedenheit) stärker einbezogen. Die horizontalen Ungleichheiten und Differenzierungen stehen auch bei den Modellen sozialer Milieus im Vordergrund, die sich während den 1990er Jahren verbreiteten (Diezinger und Mayr-Kleffel 1999). Große Bedeutung kommt hierbei der gemeinsamen Wertorientierung und dem Lebensstil zu. Die Lagen- und Milieuanalysen verweisen auf wichtige Differenzierungen. Sie scheinen – trotz großer sozialer Ungleichheit – die Klassen- und Schichtmodelle zu verdrängen. „Von Klassen und Schichten zu Lagen und Milieus" – heißt der Untertitel einer Analyse von Stefan Hradil (1997).

Diesen Gegensatz bringen auch die unterschiedlichen Modelle von Gerhard Schulze und Pierre Bourdieu zum Ausdruck. Schulze kommt in seinem Buch „Die Erlebnisgesellschaft" (2000) zu dem Schluss, dass die Suche nach Glück die Sorge um das materielle Überleben abgelöst hat und die horizontal strukturierten Erlebnismilieus eine immer größere Bedeutung erlangen. Das Erlebnis-orientierte Denken ersetzt laut Schulze das Produktorientierte. Beim Erlebnis-orientierten geht es mehr um den subjektiven-, beim Produktorientierten um den materiellen Nutzen. Der Hobbygärtner löst mit seinem Ziergarten die Bäuerin mit ihren Kartoffeln ab. Dem Reich der Notwendigkeit folgt das Reich der Freiheit, der Leistungsorientierung die Personenorientierung, dem Haben das Sein. Der Alltag wird zur Lebensbühne und zur Verlängerung der Innenwelt. Symbolwelten scheinen frei wählbar. Gesellschaft verkommt zur Episode. Pierre Bourdieu (1982) sieht das anders. Die äußeren Faktoren prägen die Denk- und Handlungsmuster bzw. den Habitus eines Menschen. Es gibt nach wie vor soziale Klassen. Doch diese sind nicht bloß ökonomisch geprägt. Es gibt auch feine Unterschiede, die sich über Titel, Kleidung, Sprache, Manieren und den Geschmack äußern. Der Lebensstil ist nicht frei wählbar oder beliebig. Er folgt vielmehr dem sozialen Rang. Die feinen Unterschiede äußern sich darin, wie man grilliert oder den Hauseingang schmückt. Wenn der Direktor dieselben Jeans trägt wie der Arbeiter, ist das nicht dasselbe. Der Direktor kann auch den Liftboy am Arm fassen und fragen, wie es ihm geht. Umgekehrt ist das kaum möglich. Und falls es da und dort geschieht, sind damit die sozialen Unterschiede keineswegs ausgeräumt. Ich finde es wichtig, dass die Sozialarbeitstheorie den Ansatz von Bourdieu prominent berücksichtigt. Auch als Gegengewicht zu Schulze, der vor allem in sozialpädagogischen Schriften häufig rezipiert wird.

4   Kontext Globalisierung

Weltweite Verflechtungen kennzeichnen die Globalisierung: wirtschaftlich, gesellschaftlich, politisch, kulturell. Sie eröffnen ein sozialräumliches Gesellschaftsbild, das weder territorial, noch national gebunden ist. Die Globalisierung ist ein altes Phänomen. Rund drei Viertel der Erdoberfläche wurden während den letzten fünfhundert Jahren europäisch kolonisiert. Neu sind der rasante Anstieg des Welthandels und der Finanzströme. Die Bedeutung der Wirtschaft nimmt zu. Und politische und gesellschaftliche Korrektivs verlieren an Verbindlichkeit. Das führt zu Verunsicherungen und stärkt autoritäre Kräfte. Der Welthandel und die Finanzströme sind zentrumsorientiert. Sie klammern weite Teile der Bevölkerung aus. Während die Preise für industriell gefertigte Güter tendenziell steigen, sinken – im Vergleich – jene für Rohstoffe und Primärgüter. Weil sich die Austauschbedingungen verschlechtern, erzielen viele „Entwicklungsregionen" mit mehr Exporten weniger Erlös. Die verschärfte

Standortkonkurrenz zwischen den reichen Zentren erhöht den Rationalisierungsdruck und die Erwerbslosigkeit. Das wirtschaftliche Wachstum belastet auch die Umwelt. Ein Fünftel der Menschen verbrauchen in Industrieländern vier Fünftel der Weltenergie. Der Treibhauseffekt und die Erwärmung der Erdoberfläche lassen den Meeresspiegel ansteigen. Sie zwingen Millionen von Menschen zur Migration. Theorien der Modernisierung nehmen an, dass der Wohlstand allmählich ins „Hinterland" sickert. Doch der erhoffte Effekt lässt auf sich warten. Die Zentralisierung der Wirtschaft berührt politische Grundlagen wie das Territorialprinzip (feste Grenzen), das Souveränitätsprinzip (staatliches Gewaltmonopol) und das Legalitätsprinzip (verbindliches Vertragswesen). Die Aufweichung bestandener Prinzipien erhöht die Verunsicherung und den Ruf nach einer starken Hand, die für Ordnung sorgen soll. Rasche Veränderungen und komplexe gesellschaftliche Strukturen verlocken dazu, Halt in Vereinfachungen zu suchen. Mit der Globalisierung formieren sich neue fundamentalistische Strömungen, aber auch zivilgesellschaftliche Bewegungen, die sich vernetzen und für den sozialen Zusammenhalt engagieren.

Konzepte einer sozialen Globalität plädieren für eine gerechtere Weltwirtschaftsordnung. Sie schlagen vor, die Preise für Rohstoffe an jene für industriell gefertigte Güter anzupassen. Nach Berechnungen der Vereinten Nationen (UN) genügte den „Entwicklungsländern" die Hälfte des Mehrerlöses, um ihre existenziellen Bedürfnisse zu befriedigen. Stabile Abnahmequoten und Preise könnten helfen, die Produktion aufzufächern und die Abhängigkeit von einzelnen Exportgütern zu mindern. Diese Vorschläge gehen davon aus, dass die Zentralisierung der Wirtschaft ein politisches Korrektiv braucht. Typologien einer „Transnationalen Demokratie" unterscheiden Ansätze einer zentral-demokratischen Weltordnung mit universalen Beschlüssen von einem liberal-demokratischen Pluralismus, der an bestehende staatliche Vereinbarungen anknüpfen will. Kommunitäre Ansätze zielen darauf ab, zivilgesellschaftliche Einrichtungen zu stärken. Soziologe Ralf Dahrendorf will keine Weltregierung, sondern eine bessere Kooperation staatlicher und zivilgesellschaftlicher Institutionen. Er plädiert (in: Pongs 1999, 87) für eine „Bürgergesellschaft", in der die Assoziationen der Menschen wichtiger sind als der Staat, der ein Grundeinkommen mit verbindlichem Minimal-Lohn garantieren müsse, was kontrovers diskutiert wird. Die einen befürchten einen demotivierenden Einfluss auf die Erwerbsarbeit, andere erhoffen sich eine Entlastung sozial Benachteiligter. Wenn es nicht gelingt, der ausgeprägten Wettbewerbsfähigkeit ein starkes Element des sozialen Zusammenhalts hinzuzufügen, befinden wir uns laut Dahrendorf auf dem Weg in ein autoritäres 21. Jahrhundert. Die Globalisierung stärke sowohl borniert nationalistische und provinzialistische Kräfte als auch viel versprechende gemeinschaftliche und regionale Zusammenschlüsse. Menschen, die sich bedrängt fühlen, ziehen sich nach Richard Sennett (1998) zurück oder flüchten nach vorn. Wer über genügend Ressourcen verfügt, ist eher in der Lage, seine Kräfte gezielt einzusetzen. Eine gute Ausstattung mit sozialem und kulturellem Kapital (Ausbildung und Beziehungen) kann dazu beitragen, Horizonte zu erweitern. Eine sozial verträgliche Globalität strebt den sozialen Ausgleich an. Ohne internationale Vereinbarungen im Sinne der Menschenrechte (Recht auf Existenzsicherung) besteht die Gefahr, dass soziale Not und Spannungen zunehmen. Gelingt es, soziale Desintegration zu vermindern, dürften sich auch die wirtschaftliche und politische Stabilität festigen. Die Soziale Ungleichheit ist daher auch für die Sozialarbeitswissenschaft und ihre Theorien von zentraler Bedeutung.

5   Soziale Arbeit

Nach dem zweiten Weltkrieg erlebten in der Schweiz breite Bevölkerungskreise einen materiellen Aufschwung, der den „sozialen Kitt" zu fördern schien. Seit den rezessiven Ein-
brüchen der siebziger Jahre steigen jedoch die Lebenshaltungskosten (für Nahrung, Mieten,
Gesundheit) stärker als Teile der unteren Einkommen. Das System der sozialen Sicherheit,
das zwar relativ gut ausgebaut ist, hält mit dem Wandel der Lebensformen (Zunahme von
Alleinlebenden und Alleinerziehenden) nicht Schritt. Es geht von Voraussetzungen aus, die
je länger desto weniger zutreffen. Wir haben weder Vollbeschäftigung mit kontinuierlichen
Erwerbsbiographien, noch mehrheitlich traditionelle Familien, bei denen ein Einkommen
für einen Haushalt ausreicht. Für die Soziale Arbeit ist es daher wichtig, sich intensiv und
grenzüberschreitend mit sozialen Ungleichheiten und dem strukturellen Ausgleich auseinander zu setzen. Es gilt, Dynamiken zwischen sozialer Not und Spannung nicht nur zu
dekonstruieren, sondern ursächlich zu ergründen, um so konkrete Handlungsperspektiven
zu entwickeln.

Soziologe Ulrich Beck (1986) nimmt an, dass die Menschen im Übergang zur reflexiven Moderne in der Lage sind, künftige Entwicklungen mehr zu antizipieren und entsprechende Korrekturen einzuleiten. Wer die Umwelt schädigt, realisiere, dass die Folgen seines Handelns auf ihn zurück fallen. Die Täter werden zu Opfern. Der Smog hält sich an
keine nationalstaatlichen Grenzen. Das Bewusstsein, dass es fünf vor zwölf Uhr ist, verändert die Welt. Soweit die optimistische Variante. Marianne Gronemeyer (1976) ist weniger
zuversichtlich. Sie weist darauf hin, wie Bedrohungen oft zu irrationalen Handlungen führen. Wer das Wasser am Hals hat oder mit dem Rücken zur Wand steht, flüchtet nach vorn
oder verkriecht sich ins Schneckenhaus. Er versucht allenfalls die eigene Haut zu retten, ist
aber kaum in der Lage, sich für übergreifende Interessen einzusetzen. Diese Zusammenhänge sind mehr zu analysieren. Denn soziale Benachteiligungen werden oft über lange
Zeit hingenommen. Sie motivieren nicht von sich aus zu Veränderungen. Der Mangel verstellt manchmal den Blick. Betroffene interpretieren Defizite als persönliches Versagen,
nicht als Unrecht. Wichtig ist somit die Vermittlung des Bewusstseins, dass eine missliche
Situation kein Schicksal, sondern veränderbar ist. Die Analyse gemeinsamer Betroffenheit
entlastet von persönlichen Schuldgefühlen, die bei sozial Benachteiligten unter Bedingungen der Vereinzelung besonders ausgeprägt sind. Viele Arme empfinden ihre Ohnmacht
immer noch als individuelle Schwäche. So lassen sich gesellschaftliche Probleme einfacher
auf jene abwälzen, die unauffällig bleiben (wollen). Wenn sie die Lage akzeptieren, laufen
sie weniger Gefahr, bei einem weiteren Versuch der Veränderung nochmals zu scheitern.
Wer sich mit dem Vorhandenen abfindet, schützt sich gegen weitere Enttäuschungen. Der
Pakt mit dem Verzicht macht ihn aushaltbar. Dagegen helfen Erfahrungen gelungener Lebenspraxis. Das Zutrauen in eigene Kompetenzen erfordert kleine Schritte. Grosse Ziele
sind in kleine zu transformieren, die sich in absehbarer Frist erreichen lassen. Die Erfahrung motiviert, dass Veränderungen möglich sind. Sie lenkt den Blick vom scheinbar Un-
abdingbaren zum Möglichen. Die innerlich blockierende „Du solltest-Anforderung" verwandelt sich in eine „Ich kann etwas-Haltung". Sie knüpft an vorhandene Interessen und
Fertigkeiten an.

Ulrich Beck stellt eine Ablösung der Solidarität aus Not fest, die Durkheims mechani-
scher Solidarität ähnelt, durch eine Solidarität aus Angst. Als weitere Möglichkeit diskutiert
er eine Solidarität aus Vernunft. Sie entspricht der freiwilligen Solidarität, die das frühere
Entweder-Oder-Denken überwindet, Ambivalenzen zulässt und das verbindende *und* bzw.

sowohl als auch mehr betont. Die reflexive Modernisierung erzeugt allerdings Erschütterung. Sie bringt die Frage aufs Tapet, wie viel Auflösung ein Mensch erträgt. Sie schärft auch den Blick für prinzipielle Alternativen. Anstelle der traditionalen Sicherheit entsteht in der modernen *Gesellschaft der Ichlinge* die demokratische Kultur eines rechtlich sanktionierten Individualismus. Sie bietet den Menschen auch mehr Freiheiten. Laut Beck (1997) leben die *Kinder der Freiheit* allerdings in einer Welt, in welcher der als sicher geglaubte Wohlstand erodiert. Der rasche und weitreichende gesellschaftliche Wandel verändert die Grundlagen des Lebens. Das verunsichert viele Menschen. Sie fühlen sich durch die mögliche Freiheit bedroht. Früher sorgten Religion und Erwerbsarbeit (Wirtschaftswachstum, Massenkonsum) für den sozialen Zusammenhalt, der heute über die Ausweitung politischer Freiheiten anzustreben ist. Freiheit ist nicht nur Auflösung, sondern auch Quelle des Zusammenhalts. Ulrich Beck (1997, 382) postuliert eine Selbstintegration der Individuen. Ein wichtiges Merkmal der *zweiten Moderne* ist, dass die politischen Freiheitsrechte, die ursprünglich als Beteiligungsformen für den engen Bereich des politischen Handelns konzipiert waren, mehr und mehr in allen Feldern gesellschaftlichen Handelns konfliktvoll geltend gemacht werden. Die Individuen ergreifen ihre politischen Freiheitsrechte und organisieren sich selber. Sie zeigen, dass nebst dominanten strukturellen Bedingungen auch starke subjektive Momente die Moderne kennzeichnen und vielfältige soziale Differenzierungen die Dispositionen für das menschliche Handeln beeinflussen.

Zwangsgeborgenheiten und enge soziale Kontrollen prägen kleinräumige, gemeinschaftliche Lebensweisen. Sie machen verständlich, weshalb viele Menschen städtische Freiheiten und sachlich distanzierte Sozialbeziehungen favorisieren. Diese erweisen sich aber als recht brüchig und kühl. Das mag die Bereitschaft fördern, wieder verbindlichere soziale Beziehungen einzugehen, und zwar nicht wie früher aus Angst oder Not, sondern frei gewählt und aus dem Bewusstsein, dass Risiken zu mindern sind. Neue Komplexitäten erfordern und fördern ein Differenzierungsvermögen, das pluralistische Strukturen berücksichtigt. Ältere Identitätskonzepte basierten auf relativ einheitlichen sozialen Voraussetzungen. Die viel gepriesene Authentizität strebte eine möglichst umfassende persönliche Kongruenz (zwischen Anspruch und Wirklichkeit) an. Heute ist es unabdingbar, Identitäten zu entwickeln, die vielfältige Widersprüche zulassen und in der Lage sind, mit Offenheiten umzugehen, ohne alles offen zu lassen und in Beliebigkeit abzudriften. Neue Identität zeichnet sich durch die Bereitschaft aus, Ambivalenzen einzugestehen. Sie entsagt jener bedrückenden Gemütlichkeit, die trügerisch Halt verspricht. Sie ist auch weniger gefährdet, soziale Differenzierungen zu homogenisieren. Und sie orientiert sich an einer Ethik, die ein Abdriften in Beliebigkeit zu verhindern sucht.

Das Ethos einer „subsidiären Solidarität" (Opielka 2004) beruht auf einem demokratischen Handlungsprinzip, das die Selbstinitiative favorisiert. Ansatzweise äussert sich das Prinzip in neuen sozialen Bewegungen. Wichtige Kennzeichen sind der Schutz der Schwachen und die gegenseitige Hilfe. Die „subsidiäre Solidarität" zielt auf eine „Subsidiarisierung des Alltags" ab. Die Subjektwerdung ist die Voraussetzung für das Ethos einer „subsidiären Solidarität". Dazu gehören die Selbstbestimmung, die nicht entfremdete Arbeit, die Einmischung in die Politik, der Zusammenschluss von Betroffenen, vielfältige Formen der Vernetzung, der ökologische Konsum sowie ein Wertewandel, der weg von der einseitig materialistischen Orientierung führt. Die „subsidiäre Solidarität" impliziert eine gesellschaftliche Solidarität. Sie setzt bei den einzelnen an, die sozial eingebunden und zur aktiven Solidarität mit andern zu befähigen sind. Grundlage sind aber gesellschaftliche Strukturen, die soziale Verbindlichkeiten garantieren. Als „solidarische Subsidiarität" bezeichnet Michael Opielka auch

Konzepte einer alternativen Sozialpolitik, die in der Tradition frühbürgerlicher und sozial-romantischer Sozialutopien eine solidarische Selbsthilfe und Selbstorganisation proklamie-ren. Vom Staat verlangen sie eine soziale Infrastruktur, welche die Selbst- und Gemein-schaftshilfe unterstützt. Die „solidarische Subsidiarität" fördert ein „engagement" und „commitment" im Sinne einer ergänzenden Verpflichtung und Verbindlichkeit. Sie postuliert eine Autonomie, die sozial verknüpft ist und jenem sozial entpflichteten Liberalismus wider-spricht, der das Gemeinwohl einseitig aus dem Eigennutz ableitet. In der Praxis erweist sich das oft als schwierige Gratwanderung. Wichtig sind daher theoretische Fundamente. Dazu gehören auch Sozialstrukturanalysen, die sich an räumlichen Verortungen orientieren und soziale Differenzierungen nicht vornehmlich in einer horizontalen Optik analysieren.

6   Sozialer Konstruktivismus

Bei theoretischen Verortungen stellt sich immer auch die Frage normativer Orientierung. Das zeigt sich etwa in der Konfliktforschung, die für die Soziale Arbeit von zentraler Be-deutung ist. Ältere Ansätze der Konfliktforschung, wie sie etwa Johan Galtung (1975) oder Dieter Senghaas (1977) vertreten, betonen strukturelle Ursachen. Neuere Ansätze konzent-rieren sich hingegen mehr darauf, Konfliktdynamiken zu analysieren. Sabine Fischer und Astrid Sahm (2005) beschreiben Veränderungen der normativen Grundlagen. Nach ihrer Analyse tritt die Existenz normativer Grundlagen bei der jüngeren, systemtheoretisch inspi-rierten Generation bei weitem nicht so explizit hervor wie bei der älteren Generation, die der Kritischen Theorie verpflichtet ist. Während die ältere Generation vor allem für eine inhaltliche Ausgestaltung des Friedens eintritt, richtet die jüngere Generation ihre Auf-merksamkeit „von diesem utopischen Ziel weg" auf pragmatische Aspekte der Gewalt. Sie entfernt sich dabei von einem Friedensbegriff im Sinne der Abwesenheit von (struktureller) Gewalt und einer „normativ aufgeladenen Verteilungsgerechtigkeit". Zur Begründung dient ein „reflexiv konstruktivistischer Ansatz", der, eigentlich radikal konstruktivistisch, den Relativismus stark betont. Während die Kritische Friedensforschung konkrete Wege der Veränderung aufzeigen will, zielt der „reflexiv konstruktivistische Ansatz" vor allem darauf ab, Akteure zu befähigen, sich aufgrund der Einsicht in die Bedingtheit der eigenen und fremden Wahrnehmungssysteme von festgefahrenen Positionen zu lösen. Die Kritik an der Kritischen Konfliktforschung versucht die „normativ aufgeladenen" Begriffe zu dekonstru-ieren. Sie interessiert sich mehr für die Dynamik der Gewalt, denn für die Ursachenfor-schung. Damit gerät auch das soziale Engagement aus dem Blick, das laut Bourdieu kein Widerspruch zum wissenschaftlichen Arbeiten und zur „reflexartigen Reflexivität" zu sein braucht. Das Besondere eines Standpunktes besteht darin, ein Standpunkt in Bezug auf einen andern Standpunkt zu sein. Er erlaubt den Forschenden, den eigenen sozialen und intellektuellen Standpunkt im Forschungsfeld kritisch zu analysieren. Ein sozial-reflexiver Konstruktivismus, wie ich ihn bezeichnen würde, berücksichtigt diese Prägung, ohne sich damit radikal-konstruktivistisch von der Praxis zu verabschieden.

   Pierre Bourdieu verbindet drei Begründer der Soziologie: Karl Marx (1818-1883), Émile Durkheim (1858-1917) und Max Weber (1864-1920). Bourdieu definiert den struk-turalistischen Konstruktivismus als das Zusammentreffen des Objektiven mit dem Subjek-tiven: „Mit dem Wort Strukturalismus oder strukturalistisch will ich sagen, dass es in der sozialen Welt selbst (…) objektive Strukturen gibt, die vom Bewusstsein und Willen der Akteure unabhängig und in der Lage sind, deren Praktiken oder Repräsentationen zu leiten und zu begrenzen. Mit dem Wort Konstruktivismus ist gemeint, dass es eine soziale Genese gibt einerseits der Wahrnehmungs-, Denk- und Handlungsschemata, die für das konstitutiv sind, was ich Habitus nenne, andererseits der sozialen Strukturen und da nicht zuletzt jener Phänomene, die ich Felder nenne" (Bourdieu 1987, 147). In dieser doppelten (objektiven und konstruierten) Dimension der gesellschaftlichen Wirklichkeit räumt Bourdieu den gegebenen Strukturen den Vorrang ein. Er unterscheidet dabei zwei Momente: ein objektivistisches und ein subjektivistisches: „Auf der einen Seite bilden die objektiven Strukturen, die der Soziologe in objektivistischer Manier, unter Ausschaltung der subjektiven Repräsentationen der Akteure, konstruiert, die Grundlage der subjektiven Repräsentationen und konstituieren die strukturellen Zwänge, die auf den Interaktionen lasten; auf der anderen Seite aber müssen diese Repräsentationen festgehalten werden, will man die individuell wie kollektiv geführten Alltagskämpfe veranschaulichen, deren Ziel die Veränderung oder der Erhalt dieser Strukturen ist" (Bourdieu 1987, 150).

Der zeitliche und theoretische Vorrang, welcher der objektiven Dimension der gesellschaftlichen Wirklichkeit zukommt, wurzelt in einer erkenntnistheoretischen Reflexion, die Pierre Bourdieu, Jean-Claude Chamboredon und Jean-Claude Passeron bereits 1968 in „Le Métier de sociologue" formulierten. Im Zentrum befindet sich der Begriff des „epistemologischen Bruchs". Gemeint ist der Bruch zwischen dem wissenschaftlichen Wissen der Soziologinnen und „der spontanen Soziologie" der sozialen Akteure. Dazu gehört das Postulat, mit „den Vorbegriffen" der sozialen AkteurInnen zu brechen, wie dies Durkheim in „Les Règles de la méthode sociologique" forderte. Bourdieus Zugang lässt sich jedoch keineswegs auf eine einfache Dichotomie zwischen wissenschaftlichem und alltäglichem Wissen reduzieren. Der Vorrang, den Pierre Bourdieu den objektiven Aspekten der gesellschaftlichen Wirklichkeit gibt, lässt ihn zuweilen auf das Begriffspaar „Schein/Wirklichkeit" zurückzugreifen, was seine Soziologie von konstruktivistischen Ansätzen etwas wegführt. Dies zeigt sich auch dann, wenn er über „die biographische Illusion" reflektiert, in der das Ich „scheinbar das Wirklichste der Wirklichkeiten" sei (Bourdieu 1986, 72). Der Gegensatz zwischen einer wahren (objektiven) Wirklichkeit und einer falschen (subjektiven) Wirklichkeit schränkt jedenfalls die Analyse der sozialen Konstruktion der Wirklichkeit ein. Er beschränkt die Dialektik zwischen dem Subjektiven und dem Objektiven. Was nun für die Frage der sozialen Differenzierung bedeutend ist: Nach Pierre Bourdieu beeinflussen externe Faktoren die Denk- und Handlungsmuster bzw. den Habitus eines Menschen, wobei die soziale Klassenlage nicht kausal determinierend wirkt. Der positivistische Traum von der perfekten epistemologischen Unschuld ignoriert laut Bourdieu die Tatsache, dass der wesentliche Unterschied nicht zwischen einer Wissenschaft besteht, die eine Konstruktion vollzieht, und einer, die das nicht tut, sondern zwischen einer, die es tut, ohne es zu wissen, und einer, die darum weiss und sich deshalb bemüht, ihre unvermeidbaren Konstruktionsakte und die Effekte, die diese ebenso unvermeidbar hervorbringen, möglichst umfassend zu kennen und zu kontrollieren. Ich sehe hier für die Soziale Arbeit einen wichtigen Ansatz, Theorie und Praxis miteinander zu verbinden.

Literatur

Beck, U. (1997): Kinder der Freiheit. Frankfurt a.M. (Suhrkamp).

Beck, U. (1986): Risikogesellschaft. Auf dem Weg in eine andere Moderne. Frankfurt a.M. (Suhrkamp).

Bilanz (21/2008): Die 300 Reichsten, Zürich.

Bourdieu, P. (1982): Die feinen Unterschiede. Kritik der gesellschaftlichen Urteilskraft. Frankfurt a.M. (Suhrkamp).

Bourdieu, P. (1993) : Comprendre, in: *La Misère du monde,* Paris (Seuil), S. 903-939.

Bourdieu, P. (1987) : Espace social et pouvoir symbolique, in: Choses dites, Paris (Minuit).

Bourdieu, P. (1986) : L'illusion biographique, Actes de la recherche en sciences sociales, 62/63.

Bourdieu, P. (1977): Pouvoir symbolique. Annales 32/3. Paris (Armand Colin).

Butler, J. (2001): Psyche der Macht. Das Subjekt der Unterwerfung. Gender Studies. Frankfurt a.M. (Suhrkamp).

capgemini, merill lynch (2006): World Wealth Report. 10th Anniversary. 1997-2006.

Castel R. (2000): Die Metamorphosen der sozialen Frage: eine Chronik der Lohnarbeit. Konstanz (Universitätsverlag).

Diezinger, A., Mayr-Kleffel, V. (1999): Soziale Ungleichheit. Freiburg i.Br. (Lambertus).

Fischer, S., Sahm A. (2005): Friedensforschung und Normativität. Positionen der jüngeren Generationen. In: E. Jahn, S. Fischer, A. Sahm (Hg): Die Zukunft des Friedens. Wiesbaden (VS Verlag), S. 49-73.

Foucault, M. (1977): Überwachen und Strafen. Frankfurt a.M. (Suhrkamp).

Fromm, E. (1980, Orig. 1941): Furcht vor der Freiheit. Stuttgart (dtv).

Galtung, J. (1975): Strukturelle Gewalt, Reinbek (Rowohlt).

Geissler, R. (2002): Facetten der modernen Sozialstruktur – Modelle und Kontroversen. In: Jäggi, V., Mäder, U., Windisch K., Entwicklung, Recht, Sozialer Wandel. S. 537-553. Bern (Lang).

Gross, P. (1999): Ich-Jagd. Frankfurt a.M. (Suhrkamp).

Gross, P. (1994): Multioptionsgesellschaft. Frankfurt a.M. (Suhrkamp).

Gruen, A. (1996, Orig. 1986): Verrat am Selbst. Stuttgart (dtv).

Hradil, S., Immerfall, S. (1997): Die westeuropäischen Gesellschaften im Vergleich. Opladen (Leske+Budrich).

Kutzner, S., Mäder, U., Knöpfel, C., Heinzmann, C., Pakoci, D. (2004): Sozialhilfe in der Schweiz, Zürich (Rüegger).

Kutzner, S., Mäder, U., Knöpfel, C. (2004): Working poor in der Schweiz. Wege aus der Sozialhilfe. Zürich (Rüegger).

Mäder, U., Biedermann, F., Fischer, B., schmassmann, H. (1991): Armut im Kanton Basel-Stadt. Social Strategies, Vol. 23., Basel (Karger & Libri).

Mäder, U., (1999): Für eine solidarische Gesellschaft. Zürich (Rotpunkt).

Mäder, U., steuli, E. (2002): Reichtum in der Schweiz. Zürich (Rotpunkt).

Schulze, G. (2000, Orig. 1992): Die Erlebnisgesellschaft. Kultursoziologie der Gegenwart. Frankfurt a.M. (Campus).

Senghaas, D. (1977): Weltwirtschaftsordnung und Entwicklungspolitik. Plädoyer für Dissoziation, Frankfurt/Main. (Suhrkamp).

Schilliger, S. (2007): Die soziale Reproduktion von Reichtum in der Schweiz. Eine Soziologie des Wirtschaftsbürgertums. In: Denknetz Jahrbuch 2007. Zürich (Edition 8), S. 122-131.

Stutz, H., Bauer, T., Schmugge, S. (2007): Erben in der Schweiz – eine Familiensache mit volkswirtschaftlichen Folgen. Chur/Zürich (Rüegger).

Teil II
Stand und Entwicklung sozialarbeitswissenschaftlicher Theorien im Kontext wissenschafts- und erkenntnistheoretischer Diskurse

Theorien sind Werkzeuge

Johannes Herwig-Lempp

Die Suche nach den richtigen Theorien für die Soziale Arbeit kann schnell in die Irre führen. Denn was ist, wenn die Frage nach den „richtigen Theorien" einfach falsch gestellt ist – weil es sie möglicherweise nicht gibt und auch gar nicht geben kann? Möglicherweise ist es hilfreicher, Theorien der Sozialen Arbeit nicht nach ihrer „Richtigkeit" und Wahrheit zu beurteilen, sondern nach ihrer Nützlichkeit, die je nach Situation und Handelndem unterschiedlich beurteilt werden kann. Ein professioneller, d.h. ein der Profession Soziale Arbeit angemessener Umgang mit Theorien wäre es somit, sie als Werkzeuge zu betrachten und sie in einer Werkzeugkiste mit sich zu führen, in der sich möglichst viele, darunter auch eine Anzahl „kleiner, handlicher" Theorien befinden, unter denen man dann in konkreten Praxissituationen auswählen kann.

Das Stöhnen über Theorie

Der Unterschied zwischen Theorie und Praxis ist in der Praxis größer als in der Theorie.

„Theorieansätze der Sozialarbeit/Sozialpädagogik (im folgenden, wie zunehmend üblich, unter dem Titel ‚Soziale Arbeit' zusammengefasst) zu erörtern, ist z.Zt. – jedenfalls in der BRD – ein schwieriges Geschäft; das hat seine Gründe in Problemen des Gegenstandes ebenso wie im Stand der wissenschaftlichen Diskussion." Mit diesem Satz beginnt Hans Thiersch (1996, S. 618) einen Aufsatz zum Thema „Theorien der Sozialen Arbeit".

„Ein schwieriges Geschäft" – Thiersch wird Zustimmung zunächst von Studierenden der Sozialen Arbeit bekommen. Die stöhnen häufig schon auf, wenn von „Theorie" die Rede ist – und die Lehrenden stöhnen auf, wenn sie die Studierenden an dieser Stelle stöhnen hören.

PraktikerInnen stöhnen vielleicht nicht, aber sie winken sehr schnell ab, wenn die Sprache auf Theorie kommt: in ihrer Ausbildung – lassen sie wissen –, ja, da wäre das meiste theoretisch gewesen. Aber das hätte nichts, aber auch gar nichts mit ihrer jetzigen Praxis zu tun gehabt, es wäre, so gesehen, unbrauchbar und überflüssig gewesen. Von der Theorie, mit der sie sich nach ihrer Erinnerung so viel beschäftigen mussten, hätten sie heute keinen Nutzen mehr, angesichts all der praktischen Probleme.

PraktikerInnen sind nicht selten der Meinung „Theorie ist, wenn man alles weiß und nichts funktioniert – und Praxis ist, wenn alles funktioniert, und keiner weiß warum" und glauben, damit das Themengebiet „Theorie und Soziale Arbeit" für sich schon abgearbeitet und erledigt zu haben.

Wir (ge)brauchen Theorien: Welche Hilfe braucht Sven Ambros?

Dabei scheint niemand (weder die Praktiker noch die Theoretiker) zu merken, dass Theorien – auch wenn sie nicht so genannt werden – im Alltag der Sozialen Arbeit eine große

Rolle spielen. Ich möchte das am Beispiel eines alltäglichen Falles aus der Praxis einer Sozialarbeiterin im Jugendamt zeigen:

Stellen Sie sich vor, Sie arbeiten im Jugendamt und zu Ihnen kommt die Familie Ambros mit Sven, einem 13-jährigen Jugendlichen (siehe Abb. 1). Er hat sowohl in der Schule als auch zu Hause Schwierigkeiten, weil er u.a. in einer Clique ist, die der Polizei immer wieder negativ auffällt. Als SozialarbeiterIn sehen Sie, dass hier eine schwierige Entwicklung droht, aber auch, dass diese nicht zwangsläufig eintreten muss. Die Familie und sogar Sven wirken interessiert an möglichen Veränderungen. Als Sie mit KollegInnen darüber sprechen, kommt die Idee auf, für Sven evtl. eine Intensive Sozialpädagogische Einzelhilfe (§ 35 SGB VIII) einzurichten.

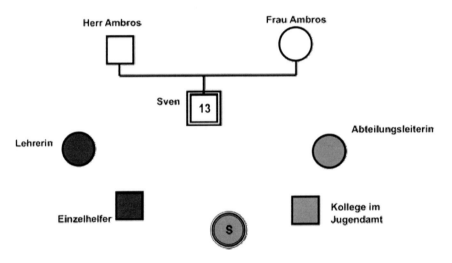

Abbildung: Welche Hilfe braucht Sven Ambros? – Die Beteiligten

Sie laden die Beteiligten – Sven, die Eltern, die Lehrerin, den möglichen zukünftigen Einzelhelfer – ein und sprechen mit allen über die Situation. Jeder stellt seine Sicht der Situation und seine Vorstellungen darüber dar, welche Hilfe und Unterstützung Sven brauchen könnte. Stark verkürzt könnte sich dies so anhören:

Sven: „Weiß nicht, ich finde nicht, dass ich schwierig bin. Ich bin natürlich gern mit meinen Freunden zusammen, aber die Lehrerin mag mich nicht. Und mit meinen Eltern gibt es viel Ärger, weil sie zu streng sind und altmodische Ansichten haben."

Mutter: „Sven bräuchte einfach mehr Verständnis von der Lehrerin, auch mehr Unterstützung in der Schule, Nachhilfe können wir uns nicht leisten."

Vater: „Sven bräuchte eine stärkere Hand, die ihn führt. Die Mutter ist zu nachsichtig, ich bin zu selten daheim."

Lehrerin: „Mir scheint, Sven bräuchte mehr Aufmerksamkeit und Zuwendung zu Hause, vor allem vom Vater."

Einzelhelfer: „Sven könnte gut Einzelhilfe brauchen, sie könnte eine wichtige Unterstützung für ihn bieten."

Sie (als MitarbeiterIn im ASD) denken: „So wie ich die Familie erlebe, eine eher normale Entwicklung, man sollte jetzt nicht dramatisieren. Vielleicht könnte ich der Familie, also Eltern und Sven gemeinsam, ein paar Beratungsgespräche anbieten."

Ihre **Vorgesetzte** würde Sie unterstützen: „Für diese Familie benötigen wir (noch) keine kostenintensive Hilfe zur Erziehung".

Ein **Kollege** von Ihnen hingegen, das wissen Sie aus der Kollegialen Beratung zu Sven und aus anderen Praxisbeispielen, findet es vordringlich, dass die Eltern eine gemeinsame Linie finden und sich nicht streiten, schon gar nicht vor Sven, und würde Erziehungsberatung für die Eltern empfehlen.

Jeder der Beteiligten hat eine mehr oder weniger andere Perspektive und eine andere Beschreibung der Situation, jeder erklärt sie sich anders und hat andere Vorstellungen über die Ursachen – und entwickelt hieraus dann wieder jeweils andere Ideen darüber, was für Sven gut sein könnte und wie sich die Situation verändern ließe. Dies bedeutet: Es existieren unterschiedliche Beschreibungen und Erklärungen darüber, was los ist, woran das Problem liegt und wie Veränderung erreicht werden kann. Die Beteiligten entwickeln unterschiedliche Theorien zur Situation. – Weniger wichtig ist, ob sich alle ausdrücklich auf wissenschaftlich genau bestimmbare Theorien beziehen. Andererseits dürfen wir voraussetzen, dass wir zumindest bei den Profis bestimmte soziologische, entwicklungspsychologische und pädagogische Theorien als Hintergrund für die eigenen Erklärungsansätze erkennen könnten.

Viele verschiedene Sichtweisen und damit auch Theorien darüber werden entwickelt, was hier das Problem verursacht und wie es gelöst werden könnte. Wer aber hat Recht? Auch wenn diese Frage sich geradezu aufzudrängen scheint (vielleicht haben Sie für sich auch schon trotz der knappen Faktenlage eine Bewertung und – vorläufige Positionierung – vorgenommen), möchte ich Sie doch einladen, diese Frage einmal zurückzustellen. Vielleicht muss es für Sie als SozialarbeiterIn zunächst ja gar nicht darum gehen zu entscheiden, welche Sichtweise und Theorie richtig ist.

Vielleicht sind Sie ja nicht ganz einig mit mir, vielleicht sind das, worauf sich die Einschätzungen der Beteiligten stützen, für Sie keine Theorien. Es klingt zu banal und nach Alltagswissen. Ich möchte daran festhalten – auch wenn keine komplizierten Begriffe, keine Namen und keine Zitate auftauchen: wir haben es hier mit Theorien oder, wenn Sie wollen, „Theorieansätzen" zu tun. Ich möchte deswegen daran festhalten, weil es nützlich sein kann, wenn Sie als SozialarbeiterIn im Jugendamt die verschiedenen Positionen aller Beteiligten als Theorien begreifen können.

Theorien als Werkzeuge

Denn wir können Theorien als Werkzeuge begreifen[1], als Instrumente, mit denen wir uns (unsere) Wirklichkeit beschreiben und erklären, – und die Grundlage für unsere Entschei-

---

1   Der Satz „Theorien sind Werkzeuge" ist eine These, ein Leitgedanke, ein Axiom, eine Definition – und keineswegs wahr. Der *Stellenwert*, den ich ihm zurechne, ist in der Formulierung „Wir können Theorien als Werkzeuge begreifen" wesentlich zutreffender beschrieben: Die Frage, was Theorien eigentlich „wirklich" sind, ist aus meiner konstruktivistischen Perspektive unsinnig, wichtiger ist, als was wir sie in welchem Kontext betrachten wollen und ob uns diese Sichtweise dann nützlich ist.

dungen darüber, wie wir handeln wollen. Sie bieten Begriffe, Definitionen, Kategorien, mit deren Hilfe wir die Welt „interpunktieren" und verstehen können. Sie zeigen uns, wie wir die Wirklichkeit beschreiben können, sie stellen Modelle dar, anhand derer wir unsere Beobachtungen machen können. Sie weisen uns darauf hin, worauf wir achten sollen, wenn wir hinsehen. Neben der Definition und Beschreibung stellen sie Zusammenhänge her, sie verbinden bestimmte Elemente, sie verdeutlichen, wie sie aufeinander einwirken und sie erklären Wirkungszusammenhänge.

Am Beispiel von Suchttheorien: Ein bekanntes Buch aus den 80er-Jahren (Lettieri/Welz 1983) stellte annähernd 50 Theorien zur Drogenabhängigkeit dar – aus den verschiedensten Disziplinen: von der Soziologie über die Psychologie, die Medizin, die Pädagogik, die Biologie etc. Und nicht etwa einen Entwurf aus jeder dieser Disziplinen, sondern jeweils mehrere. Jeder dieser Theorieansätze hat zunächst Sucht definiert und beschrieben – und anschließend für diese Beschreibung und Definition Erklärungs- und möglicherweise auch Handlungsmodelle entwickelt.

Theorien sind Werkzeuge – und wer welches Werkzeug verwendet und für nützlich hält, ist nicht so sehr eine Frage des Werkzeugs, sondern vor allem der Person und ihrer Absichten: je nachdem, was ich vorhabe und wie gut ich die einzelnen Werkzeuge kenne, mit ihrem Gebrauch vertraut bin, desto besser kann ich entscheiden, welches ich verwende.

An dieser Metapher des Werkzeugs orientiert, können wir für eine erste Antwort auf die Frage, welche Theorie Soziale Arbeit braucht, schlussfolgern: Sie braucht nicht eine, sondern mehrere Theorien, so wie man für seinen Werkzeugkasten nicht nur einen Hammer benötigt, sondern auch eine Säge, einen Schraubendreher, ein Messer – und am besten von den verschiedenen Werkzeugen unterschiedliche Ausführungen.

Und noch etwas können wir ableiten: Die Theorien sollten eher einfach sein, sollten vielfältig und leicht zu handhaben sein, man sollte in ihrem Gebrauch einigermaßen geübt sein. Multifunktionswerkzeuge sind eher unpraktisch, die Profis (also z.B. Handwerker wie Schreiner, Köche, Gärtner) verwenden sie nicht. Denn ähnlich wie Modelle und Metaphern können auch Theorien anregen zum Nachdenken, zum Verstehen, sie können uns neue Sichten und Einsichten vermitteln – aber sie „stimmen" immer nur teilweise, bezogen auf den jeweiligen Kontext, Zweck, Benutzer.

Wissenschaftsorientierte Theorien zur Sozialen Arbeit

Wenn ich die in den Sozialarbeitswissenschaften immer wieder gestellte Frage „Welche Theorie braucht Soziale Arbeit?" richtig verstanden habe, dann geht es nicht darum zu fragen, welche bestimmte soziologische oder pädagogische oder psychologische Theorie wir benötigen. Es geht vielmehr um die Frage nach einer Theorie der Sozialen Arbeit. Und hier, da dürfen Sie sicher sein, beginnt das große Stöhnen erneut.

Wir haben eine ganze Reihe von Theorien zur Sozialen Arbeit, und auf sie nimmt Thiersch (1996) Bezug, wenn er von einem „schwierigen Geschäft" spricht. Er selbst führt zum Beispiel Winkler, Mollenhauer, Staub-Bernasconi, Hans Uwe Otto oder auch sich selbst als Vertreter an (vgl. Füssenhäuser/Thiersch 2001). Engelke (1998) gibt einen umfangreicheren Überblick über 24 Theoretiker der Sozialen Arbeit (und weist auf den bemerkenswerten Tatbestand hin, dass nur 5 von ihnen Frauen sind, die Theoriebildung also bisher überwiegend von Männern geleistet wird). Sie haben mehr oder minder umfangreiche Entwürfe und Konzepte entwickelt, wie sie Soziale Arbeit, ihren Gegenstand und ihre Akteure, beschreiben und erklären. Es geht um Fragen wie: Was ist Soziale Arbeit? Was ist der Gegenstand von Sozialer Arbeit? Wer macht Soziale Arbeit – und was macht er oder sie, wenn er handelt? Wer veranlasst ihn/sie zu handeln? (Ein weiterer Überblick findet sich bei Griesehop 2008.)

Es sind Kategorisierungen, Einteilungen, Beschreibungen, die sich nicht decken und (unter „logischen" Gesichtspunkten) nicht miteinander „kompatibel" sind. Sie bestehen nebeneinander her, so wie es auch das Bild des Werkzeug impliziert. Ihr Wert besteht darin, dass sie uns unterschiedliche Beschreibungen liefern und uns dazu anregen, in unterschiedlicher Weise hinzuschauen, das Feld der Sozialen Arbeit genauer anzusehen und über unser Handeln nachzudenken.

So definiert und betrachtet z.B. Klaus Mollenhauer die Soziale Arbeit aus dem pädagogischen Blick, beschreibt ihr Ziel darin, Mündigkeit zu vermitteln. Michael Winkler sieht in der Sozialpädagogik einen Diskurs, sie ist für ihn vor allem Kommunikation. Staub-Bernasconi hat einen systemischen Zugang (nicht den einzigen – es gibt auch ganz andere systemische Ansätze in der Sozialen Arbeit), sie sieht Soziale Arbeit als zentrale Antwort auf soziale Probleme und beschäftigt sich mit Machtstrukturen. Wolf-Rainer Wendt sieht Soziale Arbeit als ökologische Aufgabe und bezieht sich auf ihren Managementcharakter. Hans Thiersch beschreibt Soziale Arbeit mit dem Konzept der Lebensweltorientierung, er möchte sich dabei an den AdressatInnen Sozialer Arbeit und ihrer subjektiven Situation ebenso orientieren wie zugleich auch an den gesellschaftlichen Bedingungen. Heiko Kleve (2000) schließlich spricht von der „Sozialarbeit ohne Eigenschaften", einer postmodernen Profession, deren kennzeichnende Eigenschaft es sei, selbst über keinerlei spezifizierende Eigenschaften zu verfügen – und dadurch neue Möglichkeiten zu eröffnen.

Die unterschiedlichen Beschreibungen sind nicht ohne weiteres vereinbar miteinander; das beginnt bei den Begriffen – mal ist von Sozialarbeit, mal von Sozialpädagogik die Rede – hört aber dort noch lange nicht auf. Sie bieten „unterschiedliche Zugänge", aber genau besehen beschreiben sie auch unterschiedliche Gegenstände. Die Vertreter selbst betonen in der Regel, dass sie keinen Alleinerklärungsanspruch haben, dass sie ihre Ansätze als Konzepte und Modelle verstehen und dass sie den Diskurs suchen, den Diskurs untereinander und mit der Praxis. Sie haben also ein postmodernes Verständnis – was nichts anderes heißt, als dass sie ebenfalls, so wie Sie als SozialarbeiterIn im Praxisbeispiel mit Sven, versuchen, verschiedene Perspektiven auszuhalten, ohne gleich zu fragen, welche „im Recht ist". Betrachtet man Theorien als Werkzeuge, so erübrigt sich die Frage nach Wahrheit und perfekter Stimmigkeit.

Den größten Nachteil dieser großen und komplexen theoretischen Konzepte sehe ich darin, dass diese Theorien bzw. ihre VertreterInnen keinen wirklichen Diskurs mit der Praxis finden, dass sie von der Praxis nicht aufgegriffen und diskutiert werden, dass man ihnen dort eher ablehnend gegenüber steht und konstatiert, dass diese Ansätze „unbrauchbar" seien für den Alltag von SozialarbeiterInnen, als Werkzeuge dort eher nicht zu gebrauchen.

In diesen Theorieansätzen wird teilweise unterschieden zwischen Sozialer Arbeit als Disziplin, also einer wissenschaftlichen Tätigkeit, und der Profession, vertreten durch diejenigen, die die Soziale Arbeit leisten. Theoriebildung und Entwicklung ist eine Tätigkeit der Disziplin – und möglicherweise haben diese Theorien also hauptsächlich für die Wissenschaft Bedeutung.

Ludger Lütkehaus, Professor in Freiburg, hat in seinem Essay über den „fehlenden Nutzen der Universitätsphilosophie für das Leben" den Philosophen Odo Marquart mit seiner spöttischen und überspitzenden Metapher zitiert: Philosophen, so Marquart, „gleichen Sockenfabrikanten, die Socken nur für Sockenfabrikanten herstellen" (Lütkehaus

2001). So manche PraktikerIn könnte auf die Idee kommen, dass dieses Zitat zuweilen auch für die SozialarbeitswissenschaftlerInnen passen könnte. Dem stimme ich nicht zu, denn tatsächlich haben die großen Theorien der Sozialen Arbeit, unter anderem für die Disziplin, eine Reihe von Funktionen, die über die reine Selbstbeschäftigung und Sinnstiftung hinaus gehen. Allerdings sind sie, soweit ich sehe, für die Profession, also im Alltag und der Praxis der Sozialen Arbeit, ohne allzu erkennbaren Nutzen.

Wir brauchen praxisorientierte Theorien zur Sozialen Arbeit

Es scheint so, als ob die PraktikerInnen die Theorien zur Sozialen Arbeit, wie sie an den Universitäten und Fachhochschulen entwickelt werden, nicht brauchen können. Und es scheint auch so, als ob die WissenschaftlerInnen den Diskurs mit den PraktikerInnen nicht wirklich benötigen.

Dies ist bedauerlich, denn die PraktikerInnen – so meine These – könnten eine praxisnahe Theorie (oder besser gleich mehrere) tatsächlich gut gebrauchen bzw. einen pragmatischeren Umgang mit Theorie (und manchmal könnten sicher auch die WissenschaftlerInnen eine praxisnahe Theorie gut verwenden).

Zunächst: auch wenn sie beim Wort Theorie zusammenzucken und die großen theoretischen Entwürfe ihnen unbekannt und unverständlich sind, so ist es doch nicht so, dass sich PraktikerInnen wie auch Studierende theoretischen Diskussionen völlig verschließen. Im Gegenteil: Sie führen solche Diskussionen mitunter sehr engagiert – als Beispiel greife ich einige der Diskussionen der letzten Jahre auf:

- über den Begriff des „Kunden" sowie über Kundenorientierung;
- zu der Frage: „was ist professionell?" – eine Frage, die immer wieder auftaucht, in Seminaren an der Hochschule, aber vor allem auch in Supervisionen und auf Fortbildungen – und obwohl man es ohne Zweifel mit Profis zu tun hat oder solchen, die es demnächst sein werden, sind diese bei dem Versuch einer Antwort oft rat- und hilflos, arbeiten sich aber an der Frage ab;
- zum Thema Qualitätssicherung: bei dem Diskurs zu Fragen wie: Was ist „gut" in der Sozialen Arbeit? Kann man – und darf man – Erfolg in der Sozialarbeit messen? Allerdings führt dort die Auseinandersetzung mittlerweile eher zum Gefühl der Ohnmacht, des Nicht-Bewältigen-Könnens, analog der Ohnmacht gegenüber elaborierten Theorien Sozialer Arbeit;
- zur Frage der Laienarbeit: kann unsere Arbeit eigentlich auch von Laien gemacht werden? Sind SozialarbeiterInnen möglicherweise bald nur noch Sozialarbeits-ManagerInnen?

Den Beteiligten ist bei diesen Diskussionen häufig nicht bewusst, dass sie hier theoretische Auseinandersetzungen führen, die mittelfristig durchaus auch Auswirkungen auf ihr Handeln haben: ob ich von „Hilfebedürftigen" oder von „KundInnen" spreche, wird gerade deswegen teilweise so engagiert diskutiert, *weil* es Auswirkungen darauf hat, wie ich den Menschen dann begegne, welche Unterstützung ich ihnen gebe und wie ich das mache.

Wir brauchen dringend Theorien der Sozialen Arbeit für die PraktikerInnen – Studierende wie Berufstätige. Ein großes Problem sehe ich darin, dass SozialarbeiterInnen häufig nicht beschreiben können, was sie machen. Auf die Frage nach dem Beruf ist eine, halb ernste, halb ironische Antwort "Ich bin *nur* Sozialarbeiter." Und ebenso ironisch sagt man schon mal, wenn man erfährt, dass die Gesprächspartnerin Ingenieurin ist: „Ach, du hast also einen *richtigen* Beruf." Die Schwierigkeit ist, dass SozialarbeiterInnen häufig nicht in aller Kürze beschreiben können, was sie tun. „Reden", „da sein für jemanden, wenn man mich braucht", „Kaffee trinken". Manche PraktikerInnen wie auch AbsolventInnen nennen „Beziehungsarbeit" und implizieren, das sei nichts, was man lernen kann. (Sie können es bei sich selbst auch so testen: Fragen Sie sich „Was können SozialarbeiterInnen gut?" – und wenn Sie Ihre Antwort mit „Sie sollten ..." beginnen, was häufig vorkommt, so überprüfen Sie, ob Sie selbst ihre Antwort auch so eröffnen würden, wenn es um Automechaniker, Architekten oder Anwälte geht).

Wenn sich SozialarbeiterInnen schwer tun, auf diese Fragen zu antworten, so heißt das nicht, dass keine Antworten möglich wären (vgl. Herwig-Lempp 2000). Sondern sie haben es einfach nicht gelernt, darauf zu antworten. Ihnen fehlen die entsprechenden – Theorien.

Nach meinem Verständnis kommt es darauf an, in wenigen Sätzen auf folgende Fragen Antwort geben zu können:

- Was ist Soziale Arbeit?
- Was tut eine SozialarbeiterIn, wie tut sie es und warum tut sie es?
- Was sind die Besonderheiten ihres Berufs?
- Was sind die besonderen Fähigkeiten und Kenntnisse von SozialarbeiterInnen?
- Was bedeutet professionelles sozialpädagogisches Handeln?

Dies ist notwendig für die Profession der Sozialen Arbeit – sowohl für die Ausbildung als auch für diejenigen, die „on the job" sind. SozialarbeiterInnen sollten sich und ihre Arbeit darstellen können:

- vor sich selbst
- vor ihren Klienten
- vor ihren Arbeitgebern
- vor den Geldgebern: Politik und Öffentlichkeit
- vor ihren Familienangehörigen

Diese Beschreibungen müssen nicht dauerhaft und immer gleich sein, es können und sollten verschiedene Theorien und damit verschiedene mögliche Antworten vorliegen. Je nach Situation können wir unseren Beruf unterschiedlich beschreiben. Die Kunst ist, nicht in einem Satz *alles* sagen zu wollen – sondern vielleicht nur, den anderen mit der eigenen Antwort zunächst interessieren zu können und neugierig zu machen. Also brauchen wir eine Auswahl von verständlichen, diskutablen oder diskursfähigen Konzepten, an denen wir uns alle abarbeiten können – die wir in Disziplin und Profession gemeinsam diskutieren, mit der Praxis vergleichen, über die wir streiten können und die auch veränderbar sind.

Diese Theorien lassen sich erarbeiten – des Weiteren kann man mit Studierenden und mit PraktikerInnen üben, die Fragen nach der Tätigkeit, nach der Besonderheit der Sozialen Arbeit zu beantworten.

Einige Vorschläge

Diese Theorien sollten einfach sein und verständlich, so dass sie diskutiert und an der Praxis und ihren Beispielen gemessen werden können.

Wir brauchen Theorien, die angenommen werden können und die erkennbaren Nutzen in der Praxis haben. Theorie und Praxis sind keine Gegensätze, sie können sich gegenseitig anregen. Theoretisch zu denken kann Spaß machen, manchmal sogar völlig frei von jedem Gedanken an Umsetzung. Die Aufgabe von den an der Hochschule Lehrenden ist es, den Studierenden (und damit den späteren PraktikerInnen) neben dem Nutzen auch ein wenig von dem Spaß an der Theorie zu vermitteln.

Kleve (2000) versteht Sozialarbeit als „eine Profession ohne Eigenschaften". Dies ist eine merkwürdig-abstrakte Beschreibung, sie ist wenig attraktiv für PraktikerInnen, auch wenn sie, wie ich für mich jedenfalls finde, intellektuell und rein akademisch gesehen sehr reizvoll sein kann: Aber wie kann man mit dieser Formulierung irgendjemanden – sei es die Öffentlichkeit, die KlientInnen, der eigenen Familie oder auch sich selbst – erklären, was man beruflich macht?

Wie also könnten einfache Antworten, einfache theoretische Konzepte auf Fragen wie diese lauten: Was tun SozialarbeiterInnen? Welche besonderen Fähigkeiten und Kenntnisse haben sie? Wodurch zeichnet sich professionelle Sozialarbeit aus? Wie kann man Beziehungen zu KlientInnen aktiv gestalten?

Bitte beachten Sie, dass diese Ansätze weder vollständig sind, noch unbedingt zueinander passen noch einen Absolutheitsanspruch haben, d.h. es darf und sollte auch andere Antworten und andere dahinter stehende Konzepte geben. Im Nachfolgenden möchte ich zeigen, welche Antworten man auf einige solcher Fragen geben könnte.

Was ist professionell?

Wir brauchen Theorien, die hierauf eine Antwort geben – ich halte es für geradezu fatal, PraktikerInnen das Konzept der „Semiprofession" als einziges zu präsentieren – nur deswegen, weil es aus Sicht der Berufs-Soziologie interessant ist. Unsere Antworten auf die Frage, was „professionell" ist, sollten pragmatisch, an den Erfordernissen der sozialarbeiterischen Praxis orientiert sein. Das heißt, sie sollten hinreichend einfach sein, um sie sich merken zu können. Dieser Begriff bringt zum Ausdruck,

- dass es sich um eine Tätigkeit handelt, die bestimmte Kenntnisse und Fähigkeiten verlangt,
- dass damit Anerkennung für die Qualität der geleisteten Arbeit ausgedrückt wird bzw. dass ein bestimmter Qualitätsstandard erwartet werden kann und
- dass jemand durch die Tätigkeit seinen **Lebensunterhalt** verdient.

Damit haben wir bereits ein kleines Konzept, an dem wir die Frage „Was ist professionell?" beantworten könnten. Und bewegen uns praktischerweise zugleich ziemlich nah an dem, was im Alltagsverständnis unter Professionalität verstanden wird.

Als weitere oder genauere Kennzeichen von Professionalität könnten wir anführen:
- die Ausbildung
- die Methoden und Werkzeuge der Profession
- die fachliche Reflexion
- die Organisation
- das Geld
- die Kundenorientierung
- die Auftragsklärung
- die Qualität der Arbeit
- die Grenzen der Zuständigkeit,

und so noch detaillierter überprüfen, wie weit wir diese Kriterien für Professionalität im Einzelfall erfüllen oder wo noch Bedarf besteht (vgl. Herwig-Lempp 1997).

Wir können nun hieraus z.B. die Kenntnisse und Fähigkeiten herausgreifen, und fragen:

Welche besonderen Fähigkeiten haben SozialarbeiterInnen?

Eine kleine Auswahl möglicher Antworten auf diese Frage (neben vielen anderen, die natürlich ebenfalls möglich wären):

SozialarbeiterInnen verfügen über **Entscheidungs-Kompetenz** – denn wenn es einerseits um möglichst viele Perspektiven geht, so sind sie andererseits in der Lage, sich zu entscheiden, irgendwann den Prozess abzuschließen (wann das ist, ist bereits eine Entscheidung) und sich für einige Perspektiven zu entscheiden.

Entscheiden heißt: bewusst entscheiden, auswählen können. Man benötigt also mehrere Möglichkeiten, die man zur Verfügung hat und die man auch als Möglichkeiten wahrnimmt. Entscheiden heißt allerdings dann auch, begründen zu können, warum man sich so und nicht anders entscheidet.

Häufig, meistens, wird man intuitiv entscheiden. Dann kann man dennoch im Nachhinein, sofern man etwa gefragt wird, begründen, warum man sich gerade so entschieden hat, warum man diese Möglichkeit gewählt hat und man kann die anderen Alternativen, die ebenfalls möglich gewesen wären, benennen. (Dazu, dass SozialarbeiterInnen tagtäglich eine Vielzahl von großen und kleinen, meistens aber immer wichtigen und folgenreichen Entscheidungen zu treffen haben, vgl. Daniel 2008).

Sie verfügen über **Kontingenz-Kompetenz**, also über die Fähigkeit, noch weitere Möglichkeiten in Betracht zu ziehen.

„Kontingent ist etwas, was weder notwendig ist noch unmöglich ist; was also so, wie es ist (war, sein wird), sein kann, aber auch anders möglich ist. Der Begriff bezeichnet mithin Gegebenes (Erfahrenes, Erwartetes, Gedachtes, Phantasiertes) im Hinblick auf mögliches Anderssein; er bezeichnet Gegenstände im Horizont möglicher Abwandlungen. Er setzt die gegebene Welt voraus, bezeichnet also nicht das Mögliche überhaupt, sondern das, was von der Realität aus gesehen anders möglich ist." (Luhman 1984, S. 152).

SozialarbeiterInnen denken weiter, sie können sich vorstellen, dass es noch andere Möglichkeiten gibt, sie haben so etwas wie einen „Möglichkeitssinn", von dem Robert Musil im „Mann ohne Eigenschaften" spricht:

„Wenn es aber Wirklichkeitssinn gibt […], dann muß es auch etwas geben, das man Möglichkeitssinn nennen kann.

Wer ihn besitzt, sagt beispielsweise nicht: Hier ist dies oder das geschehn, wird geschehn,
muß geschehn; sondern er erfindet: Hier könnte, sollte oder müßte geschehn; und wenn man
ihm von irgend etwas erklärt, daß es so sei, wie es sei, dann denkt er: nun, es könnte wahrscheinlich auch anders sein. So ließe sich der Möglichkeitssinn geradezu als die Fähigkeit definieren, alles, was ebensogut sein könnte, zu denken und das, was ist, nicht wichtiger zu nehmen
als das, was nicht ist." (Musil 2003, S. 16)

Wenn eine zerstrittene Familie zu SozialarbeiterInnen kommt und um Beratung oder Unterstützung bittet, so haben sie die Vision, dass diese Familie wieder besser zusammenleben
kann – und können der vielleicht momentan verzweifelten Familie Mut machen. Sie haben
Ideen – oder suchen nach ihnen – wie einem behinderten Menschen noch geholfen werden
kann, wohin er sich wenden könnte – oder sie sind bereit, danach zu suchen (eben weil sie
sich vorstellen können, dass es solche Hilfen geben könnte).

SozialarbeiterInnen haben **Gesprächs-Kompetenz**, sie können Gespräche strukturieren und führen, auch wenn viele Personen mit den unterschiedlichsten Interessen beteiligt
sind. Sie können die Struktur eines Gesprächs gestalten, sie wissen, wie sie ein Gespräch
aufbauen können, wie sie die verschiedenen Aufträge und Interessen der Beteiligten erfragen und verhandeln können, wie sie alle einbeziehen. Ihnen gelingt es, eine vertrauensvolle
Atmosphäre zu schaffen – und sie kennen nicht zuletzt Möglichkeiten und Wege, wie sie
ein Gespräch beenden. (All dies heißt – leider – nicht, dass sie sich dieser Kompetenz immer bewusst sind und dass sie über diese Fähigkeiten auch reflektieren, dass sie sie benennen und erläutern könnten: Es ändert aber nichts an der grundlegenden Kompetenz und
Erfahrung, über die fast alle SozialarbeiterInnen in den unterschiedlichsten Arbeitsfeldern
selbstverständlich verfügen).

Eine weitere Fähigkeit von SozialarbeiterInnen ist es, **Beziehungen** zu KlientInnen,
aber auch zu KollegInnen und KooperationspartnerInnen, so zu gestalten, dass sie den Hilfe- und Beratungsprozess bestmöglich unterstützen. Häufig wird diese Fähigkeit als etwas
beschrieben, das man hat oder auch nicht hat, auf jeden Fall aber nichts ist, was erworben
oder angeeignet werden kann. Noch wichtiger als bei der Gesprächskompetenz wäre es
allerdings hier, diese Kompetenz bewusst und reflektiert einsetzen zu können:

Beziehungsarbeit ist lernbar

Demgegenüber kann es hilfreich sein sich zu vergegenwärtigen: Beziehungsarbeit ist lernbar (vgl. Herwig-Lempp 2002), d.h. ihr liegen theoretische Überlegungen zugrunde und
damit auch die Möglichkeit, methodisch Einfluss zu nehmen, auch wenn dies häufig nicht
bewusst ist. (Im Umkehrschluss wird sehr schnell deutlich, wie man eine Beziehung negativ beeinflussen kann ...)

Beziehungen zwischen SozialarbeiterInnen und KlientInnen können von ersteren aktiv
gestaltet werden, auch wenn ihnen das selbst nicht unbedingt immer bewusst ist. Sie können durch konkretes Handeln und durch eine entsprechende Haltung, die sich dann wieder
in Handeln ausdrückt, befördert werden, z.B. durch

- die Berücksichtigung und Anerkennung der unterschiedlichen Perspektiven der Beteiligten,
- die Anerkennung und Würdigung ihrer jeweiligen Autonomie (Freiwilligkeit, wo möglich!) und ihres Eigensinns (persönliche Sicht und Interessen),
- die Berücksichtigung von Ausnahmen vom Problem,
- den Blick auf Ressourcen, Fähigkeiten, Stärken und Erfolge,
- die Frage nach Wünschen und Erwartungen und durch die Erarbeitung von Aufträgen,
- die Arbeit an der Formulierung von Zielen und Lösungsvorstellungen der KlientInnen,
- durch die gekonnte Verwendung von Komplimenten und weiteren Methoden der Wertschätzung.

Dies ist ein Beispiel für eine kleine sozialarbeiterische Theorie zur Beziehungsarbeit: Die Fähigkeit, Beziehungen herzustellen, ist nichts, von dem man lediglich sagen könnte, „der eine hat's, der andere nicht", sondern es macht deutlich, sie kann (hier in aller Kürze) theoretisch erfasst und damit auch methodisch handhabbar gemacht werden.

Sozialarbeiter als Zehnkämpfer und Perspektivenmanager

Was also tun SozialarbeiterInnen? Auch hier keine einmalige und immer gültige Antwort, sondern eine von mehreren, die möglich ist:
Am Beispiel von Sven Ambros: SozialarbeiterInnen haben mit vielen unterschiedlichen Perspektiven – von Laien und von Profis – zu tun. Sie sitzen an einer Schnittstelle, sie sind sozusagen „Perspektivenmanager". Sie sind in der Lage, Blickwinkel wahrzunehmen und gelten zu lassen, zwischen ihnen zu vermitteln, sie im Blick zu haben und sie – in ihrer Unterschiedlichkeit – auch auszuhalten. Sie koordinieren und moderieren, haben jeweils den Einzelnen und seine Interessen, seine Blickwinkel im Blick – und doch auch das große Ganze. Sie können zwischen den verschiedenen Perspektiven wechseln.
      Auf der professionellen Seite haben sie es mit vielen verschiedenen Disziplinen und Professionen zu tun. Sie sollen von allem etwas wissen, sie sollen sich auskennen – und sind in nichts davon absolute Profis, aber sie müssen Bescheid wissen. Im Grunde sind sie wie **Zehnkämpfer**, die ebenfalls in vielen verschiedenen Wettkampfdisziplinen trainiert sind und sie beherrschen, aber nicht unbedingt die Höchstleistungen bringen – und dennoch vertreten sie die Königsdisziplin der Leichtathletik. Sie sind in allen Sportarten bewandert (da in der Sozialen Arbeit überwiegend Frauen tätig sind, könnte man genauso gut vom Siebenkampf, der entsprechenden Disziplin der Frauen, sprechen).
      Vielleicht zeigt dieses Beispiel zudem, dass wir (als HochschullehrerInnen) angehenden SozialarbeiterInnen auch erkenntnistheoretische Modelle vermitteln sollten, die sich mittelbar auch auf ihre Praxis beziehen und Fragen behandeln wie: Was sind Theorien? Welchen Stellenwert haben sie? Wie kann man mit mehreren, einander ausschließenden oder zumindest nicht miteinander kompatiblen Erklärungsansätzen und Modellen umgehen?[2] Vielleicht könnten wir damit nicht zuletzt auch zu einer „Machtbewusstseinserweiterung" und einem besse-

---

2   In diesem Text zeige ich *eine* Möglichkeit hierfür auf, indem ich Theorien als Werkzeuge verstehe. Es gibt natürlich noch weitere. Wir sollten den Studierenden nicht nur unterschiedliche Theorien, sondern auch unterschiedliche Konzepte zum Umgang mit Theorien zur Verfügung stellen, damit sie unter diesen auswählen und, von Fall zu Fall, selbst entscheiden können, welche für sie gerade nützlich sind.

ren Selbstverständnis von Sozialarbeit als einer Profession, die über die Macht verfügt, das Mögliche wirklich werden zu lassen, beitragen (vgl. Herwig-Lempp 2007).

Spaß an der Theorie

Vielleicht ist das aus der Sicht der (akademischen) Disziplin und unter sog. „wissenschaftlichen" Aspekten alles ein bisschen einfach dargestellt. Ich halte dies nicht nur für sinnvoll, sondern auch für notwendig. Wir brauchen Theorien, die Lust machen auf Theorie – sowohl, weil sie als nützlich wahrgenommen werden für die Praxis und für den Alltag, als auch, weil wir als SozialarbeiterInnen durchaus auch Spaß haben können an der „abgehobenen" theoretischen Diskussion.

Nach einem sehr praxisorientieren Blockseminar zur Gesprächsführung, mit vielem Üben und wenigen theoretischen Elementen, hat eine Studentin für sich zusammengefasst: „Ich konnte hier etwas üben, was ich teilweise schon ein wenig in meinem Praktikum gemacht habe, aber jetzt kann ich es benennen, ich weiß, dass es dafür Begriffe gibt und Erklärungen, wozu man so vorgeht. Jetzt kann ich es gezielt üben und einsetzen. Und ich kann es anderen erklären." Mit anderen Worten, sie hat ein theoretisches Modell für ihr Handeln kennen gelernt. Sie war sich möglicherweise aber nicht bewusst, dass sie sich ein *theoretisches* Gerüst erarbeitet hatte.

M.E. sollten Theorien sowohl zahlreich als auch klein und überschaubar sein, also im besten Sinne „nicht-akademisch" (sofern hierunter „komplex, schwer verständlich, nur Eingeweihten zugänglich, aufwändig" verstanden werden sollte). Und am günstigsten wäre es, sie würden mit einem postmodernen Selbstverständnis und mit einem instrumentalen Verständnis von Theorie, d.h. mit einem Verzicht auf Vollständigkeit und Wahrheit, vorgetragen, diskutiert und angewandt. Dies halte ich für eine nützliche Voraussetzung für einen ergiebigen Diskurs zwischen Disziplin und Profession, und der kann mit relativ einfachen Modellen anfangen – Aufgabe der TheoretikerInnen wäre es, den Bezug zur Praxis nicht zu verlieren (und nicht etwa umgekehrt!).

Mein Traum wäre es durchaus, dass wir manchmal *stöhnen*, wenn von Theorie die Rede ist, und zwar aus Lust – sowohl aus Lust *an* der Theorie als auch aus Lust *auf* die Theorie.

Literatur

Engelke, Ernst (1998): Theorien der Sozialen Arbeit. Eine Einführung, Freiburg (Lambertus)

Daniel, Madeleine (2008): Vom Vergnügen eines Sozialarbeiters, alltäglich Entscheidungen zu treffen. Denn sie wissen, was sie tun! Diplomarbeit. Hochschule Merseburg

Füssenhäuser, Cornelia und Hans Thiersch (2001): Theorien der Sozialen Arbeit, in: Hans-Uwe Otto und Hans Thiersch (Hrsg.), Handbuch Sozialarbeit/Sozialpäda-gogik, Neuwied (Luchterhand), S. 1876-1900

Griesehop, Hedwig Rosa (2008): Theorien für die Praxis – und ihre Bedeutung für die Methoden Sozialer Arbeit, in: Sozialmagazin 7-8/2008, S. 76-85

Herwig-Lempp, Johannes (2007): Machtbewusstseinserweiterung für SozialarbeiterInnen, in: Forum Sozial Heft 4/2007, S. 34-38

Herwig-Lempp, Johannes (2002): Beziehungsarbeit ist lernbar. Systemische Ansätze in der Sozialpädagogischen Familienhilfe, in Hans-Ulrich Pfeifer-Schaupp (Hrsg.), Perspektiven systemischer Beratung. Modelle – Konzepte – Praxis, Freiburg (Lambertus), S. 39-62

Herwig-Lempp, Johannes (2000): „Mach' keine Witze – Sozialarbeiter?!". Über das Berufsfeld Soziale Arbeit, in: Astrid-Camilla Feifel-Thomas (Hrsg.), Schule – und dann? Tipps und Orientierungshilfen, Tübingen (Schwäbisches Tagblatt) S. 103-113

Herwig-Lempp, Johannes (1997): „Ist Sozialarbeit überhaupt ein Beruf?" Beitrag zu einer eigentlich überflüssigen Diskussion, in: Sozialmagazin 2/1997, S. 16-26

Kleve, Heiko (2000): Die Sozialarbeit ohne Eigenschaften. Fragmente einer postmodernen Professions- und Wissenschaftstheorie Sozialer Arbeit, Freiburg im Breisgau (Lambertus)

Lettieri, Dan J. & Rainer Welz (Hrsg.) (1993): Drogenabhängigkeit. Ursachen und Verlaufsformen, Weinheim (Beltz)

Lütkehaus, Ludger (2001): Fachgiganten und Lebenszwerge. Vom fehlenden Nutzen der Universitätsphilosophie für das Leben, in: Die Zeit 21/2001

Luhmann, Niklas (1984): Soziale Systeme, Frankfurt (Suhrkamp)

Musil, Robert (2003): Der Mann ohne Eigenschaften, Reinbek (Rowohlt)

Niemeyer, Christian (1999): Theorie und Praxis der Sozialpädagogik, Münster (Votum)

Staub-Bernasconi, Silvia (1995): Systemtheorie, Soziale Probleme, Soziale Arbeit: lokal, national, international. Oder: Vom Ende der Bescheidenheit, Bern (Haupt)

Thiersch, Hans (1996): Theorie der Sozialarbeit/Sozialpädagogik, in Dieter Kreft und Ingrid Mielenz (Hrsg.): Wörterbuch Soziale Arbeit, 4. Auflage Weinheim u. Basel (Beltz), S. 618-623

Dieser Text stellt eine überarbeitete und aktualisierte Version des Textes „Welche Theorie braucht Soziale Arbeit" dar, der in Sozialmagazin 2/2003 erschienen ist.

Metatheoretische Überlegungen zu einem integrativen Theorieansatz für die Sozialarbeitswissenschaft als Auseinandersetzung mit Tillmanns Modell der Trajektivität

Dieter Röh

1   Einleitung

Dieser Beitrag verspricht einen integrativen Theorieansatz für die Wissenschaft der Sozialen Arbeit und die als generalistisch zu verstehende Profession Sozialer Arbeit mit Hilfe einer Synthese, die dazu beitragen soll, die Besonderheit der Sozialarbeitswissenschaft in der „Subsumtion" (Mühlum 2001, 13) von Sozialarbeit und Sozialpädagogik unter den Begriff der „Sozialen Arbeit" metatheoretisch zu begründen. Genau genommen, handelt es sich dabei weniger um einen neuen Theorieansatz als vielmehr um auf der Metaebene angesiedelte Gedanken hinsichtlich eines Modells zur Theoriegenerierung für die Soziale Arbeit. Des weiteren enthält der hier aufgezeigte Weg auch Elemente einer gegenstands- und funktionsbezogenen Professionstheorie, die grundsätzlich von der Möglichkeit einer Vollprofessionalität und einer Wissenschaft der Sozialen Arbeit ausgeht. Wie kann ein solcher Anspruch eingelöst werden, ohne eine eklektizistische Position zu vertreten? Mithilfe des metatheoretischen Rahmens der Trajektivität (Tillmann 2007) soll der Versuch unternommen werden, eine Basis für die Theoriebildung der Sozialen Arbeit zu beschreiben, aus der sich im Weiteren handlungstheoretische Folgerungen und merkmalsanalytische Begründungsoptionen für die Profession der Sozialen Arbeit ergeben. Dabei nutze ich zwar die Grundidee der Trajektivität, werde jedoch auf die weiteren Kategorien Tillmanns, wie z.B. Dressate, Missbrauch, nicht zurück greifen, sondern die Trajektivität in der Verbindung von Individuum (Verhalten) und Umwelt (Gesellschaft, Verhältnisse) bestimmen.

Ist ein solcher Versuch nicht schon per se zum Scheitern verurteilt? Kann eine solche omnipotente Perspektive überhaupt noch in Zeiten post-strukturalistischer Philosophien möglich und sinnvoll eingenommen werden? Kann es überhaupt so etwas wie eine aristotelische Einheit innerhalb der Theoriebildung geben?

Entgegen der bisweilen vielfach vorherrschenden Ablehnung „ganzheitlicher" bzw. „einheitlicher" Theorien[1] und der damit einhergehenden Hypothese, es könne solche auf volle, ganze Identität ausgerichtete Projekte in der Wissenschaft überhaupt nicht mehr geben, wird hier im Sinne des kritischen Realismus an der Prämisse festgehalten, dass es möglich ist, die Dinge (und damit auch Theorien) so zu erfassen, dass sie gleichermaßen als existent und veränderbar, als ontologisch und flexibel gelten. Aus diesem Grund ist dieser Theorieversuch natürlich nur ein vorläufiger, denn er bleibt dem Anspruch des kritischen Realismus nach der Transformation des Bestehenden verpflichtet. Er ist allerdings kein konstruktivistischer, geht er doch von der Möglichkeit einer Erfassung des realen Wesens einer Theorie bzw. eines professionellen Gegenstandes aus.

---

[1]   Die bereits vorliegenden „ganzen" Theorien stammen m.E. aus der Alltags- bzw. Lebenswelttheorie (*Grundwald/Thiersch* 2004), dem emergenten Systemismus (*Staub-Bernasconi* 2007, *Obrecht* 2001) und der Lebensbewältigungstheorie (*Böhnisch* 2002), ein früher Ordnungsversuch stammt von *Mühlum* (2001).

Für die Beschreibung einer solchen Metatheorie muss zunächst die derzeitige Lage der Theoriebildung in der Sozialarbeitswissenschaft und der gegenwärtige Diskurs zum Professions-Status zur Kenntnis genommen werden (2.), um sodann die Begründung für die Notwendigkeit eines integrativen Ansatzes präsentieren (3.) und schließlich mithilfe des Trajektivitäts-Modells (4.) den integrativen Theorieansatz selbst präzisieren zu können (5.).

In diesem Sinne ist dieser Theorieentwurf inhaltlich und programmatisch durchaus als existentialistisch zu bezeichnen. In einer neueren Lesart der Kritischen Theorie versucht der critical realism (Ziegler 2008) den in der letzten Zeit dominierenden post-ontologischen Erkenntnistheorien samt ihrer konstruktivistischen Varianten (Kleve 2003) einen eher vermittelnden Blick auf Erkenntnismöglichkeit und Erkenntnisgewinnung entgegen zu setzen. Der kritische Realismus möchte die Wirklichkeit als in drei Sphären verstanden wissen: Zum einen handelt es sich dabei um die empirische Wirklichkeit, die durch Erfahrungen, Beobachtungen und Messungen erschlossen werden kann. Des weiteren wird eine Welt der sozialen Konstellationen konstatiert, die sich auch nicht-empirischer Erkenntnis bedient. Schließlich wirken in einem dritten Bereich als Teil der Wirklichkeit auch die sog. „deep dimensions", die mit ihrer die Phänomene der sozialen Wirklichkeit konstituierenden oder ermöglichenden Kraft sozusagen eine ontologische Basis auf der Grundlage struktureller und kontextueller Bedingungen bilden. Die im Ansatz an die phänomenologischen Kategorien des „Wesens" und der „Erscheinung" erinnernde Konzeption entspricht dabei einer realistischen Sicht auf die Wirklichkeit, die so einerseits konstitutiv-wirklich und andererseits konstruiert-wirklich verstanden werden kann. Zu überwinden wäre dadurch eine einseitige entweder konstruktivistische oder strukturalistische Sicht und eingeführt wäre eine Möglichkeit der Konvergenz von Essenz und Existenz, wie es weiter unten noch detaillierter wird auszuführen sein. Kessel (2008: 54) sieht damit verbunden auch die Aufgabe, sich hinsichtlich der Theoriegenerierung in den Wissenschaften eines neuen Programms zu bedienen:

„[…] Entsprechende Forschungskonzeptionen stehen damit vor der Herausforderung, nicht nur Modelle der Verbindung quasi-fixer Pole zu denken, sondern die Verbindungen selbst." (*Kessl* 2008, 54)

Wenn es also um die Verbindungen geht, die innerhalb post-strukturalistischer Möglichkeiten bleiben und trotzdem Züge einer ontologisch-materialistischen Theorie der Sozialen Arbeit tragen, dann müssten diese in ihrer Verwobenheit miteinander thematisiert werden. Die oben angeführte These Kessls, es ginge um die Verbindungen selbst ebenso wie um die Pole, findet sich dabei in der Trajektivitäts-Annahme Tillmanns wieder. Es stellt sich daher die Frage, wie einerseits die Originalität und damit die Eigenheiten der jeweils theoretischen Anleihen gewahrt und andererseits eine integrative, d.h. verbindende Theorie Sozialer Arbeit formuliert werden kann. Sahle (2004: 329) resümiert hierzu, dass unterschiedlichste Theorieansätze der Sozialarbeitswissenschaft in einem Punkt übereinstimmen, nämlich in der Lokalisierung des Problems der Alltagsbewältigung im „Raum *zwischen* Individuum und Gesellschaft [kursiv i.O.]", allerdings bedauert sie die häufig in den Ausführungen doch dominierende Charakterisierung der limitierenden Faktoren, die aus der sozialen Umwelt stammen, gegenüber der Rolle des autonomen Individuums.

„Um die spezifischen Mechanismen des Bewältigens und Nicht-Bewältigens der Forderungen des Alltags aufzudecken, muss der Fokus der Erklärungen und Beschreibungen stärker die Mikroebene einbeziehen. Er muss das Zusammenspiel der personalen und sozialen Determinanten der Alltagsschwierigkeiten beleuchten und makrotheoretische Hypothesen mit mikrotheoretischen Annahmen zur Lebenspraxis verschränken." (Sahle 2004: 329)

Stärker auf die zweite Forderung bezugnehmend, möchte ich die Annahme Sahles, dass die eine große Übereinstimmung hinsichtlich der Lokalisation des Gegenstandes der Sozialen Arbeit im „Dazwischen" von Person und Umwelt besteht, nutzen und sie mit der Idee eines trajektiven Theorieentwurfs verbinden.

2 Die gegenwärtige Lage der Theoriebildung in der Sozialen Arbeit und der Diskurs um den Professions-Status

Wie andere theoriesystematische Ansätze auch, will auch ich an dieser Stelle von der Paradigmen-Beschreibung Sahles (2004) ausgehen, um die wesentlichen Theoriefamilien zunächst kurz zu erfassen:

- Das Alltagsparadigma
- Das systemische Paradigma
- Das Paradigma der alltäglichen Lebensführung
- Das ökosoziale Paradigma
- Das subjekttheoretische Paradigma

In dieser Aufstellung fehlt m.E. lediglich das kritische Paradigma in der Folge marxistischer (Brandt 1996), hegemonialkritischer (z.B. Hirschfeld 1995) und dia-lektisch-materialistischer Theorien sowie als Ergänzung zum systemischen Paradigma die konstruktivistischen Ansätze (Kleve 2003).

Die Darstellung *Sahles* ist allerdings fundiert genug, um sie an dieser Stelle als Grundlage für die weiteren Ausführungen aufzunehmen, ohne die einzelnen Paradigmen bzw. die damit verbundenen Theorien detailliert vorzustellen.

Die Theoriebildung selbst scheint derzeit ohne weitere grundsätzliche Impulse auszukommen, vielmehr befinden wir uns momentan theoriegeschichtlich in einer Phase der Konsolidierung und Anwendung von Ideen und Theoriegebäuden. Ohne vom Ende der Theorieentwicklung sprechen zu wollen, kann doch ein gewisses Resümee bzgl. der Theorie-Neubildung gezogen werden. Als Fazit dessen soll hier der Versuch unternommen werden, eine die verschiedenen Theorieansätze verbindende Metatheorie zu formulieren, die sowohl den Fragen zum Gegenstand und zur Funktion der Profession als auch zur Sozialarbeitswissenschaft selbst gerecht werden kann. Wenn davon ausgegangen werden kann, dass wissenschaftstheoretisch betrachtet am Anfang einer jeden Theorieinnovation ein zu lösendes Problem steht, dann scheint zum jetzigen Zeitpunkt nicht ein partielles Problem ungelöst, sondern in der momentan von Diversifizierung, Differenz und Pluralität gekennzeichneten Welt vor allem die Verbindung zwischen verschiedenen Sichtweisen.

3 Warum ein integrativer Theorieansatz in der Sozialen Arbeit?

Diese verschiedenen Sichtweisen auf die Welt, die sich innerhalb der Sozialen Arbeit vor allem in psychologischen, pädagogischen, medizinischen, soziologischen, politologischen, ästhetischen und weiteren Theorien zeigen, können philosophisch gesehen unterschiedlichen Sphären der Wirklichkeit zugeordnet werden. Dazu gibt es mehrere Vorschläge, von denen ich hier nur drei erwähnen möchte:

a.   *Karl Popper* nahm in seiner Drei-Welten-Theorie an, es gäbe die physikalische Welt, die Welt der subjektiven Wahrnehmung und des Bewusstseins und die Welt der geistigen und kulturellen Gehalte, die vom Einzelbewusstsein unabhängig existieren können (z. B. Inhalte von Büchern, Theorien und Ideen).
b.   Eine weitere Möglichkeit wäre das biopsychosoziale Modell des Menschen, welches die somatische, die psychische und die soziale Realität des Menschen miteinander verbinden will (*Thure von Uexküll*).
c.   Schließlich will das sozialökologische Modell von *Urie Bronfenbrenner* die Wirklichkeit von Menschen als auf mindestens fünf Ebenen (Mikro-, Meso-, Exo-, Makro- und Chronoebene) bestehend verstanden wissen.

Alle drei Theoriebezüge weisen Parallelen zum Person-in-Umwelt-Modell (Person-in-Environment-Model) der Sozialen Arbeit auf. Allgemeiner und durch Rückgriff auf zwei philosophische Kategorien formuliert stellt sich darin die Frage, wie die idealtypisch zu verstehende „*Existenz*" (das Äußerliche, die Umwelt, die Struktur) und die „*Essenz*" (das Innerliche, die Handlungen, das Fühlen und Denken) von Menschen aufeinander bezogen bzw. in einer integrierten Theorie miteinander verbunden werden können. Die Existenz, die sich z.B. in gesellschaftlichen Strukturen abbildet, und die Essenz, die sich in der notwendigen, vom Menschen erwarteten Lebensführung verdeutlicht, können als zusammengehörige Teile der Wirklichkeit und gleichermaßen als Gegenstandsbereiche der Sozialen Arbeit verstanden werden. In einem ersten Zugriff wäre daher die „Existenz" des Lebens sozialarbeiterisch und die „Essenz" des Lebens sozialpädagogisch zu bearbeiten.

Verknüpft man diese Erkenntnisse mit der gegenwärtig von den meisten Vertretern der Sozialarbeitswissenschaft akzeptierten Definition des Auftragsgegenstandes als die Bearbeitung von Sozialen Problemen, so wäre in der Folge zu begründen, warum sich sowohl sozialarbeiterische, auf die soziale Sicherung der Existenz abzielende (z.B. durch sozioökonomische und sozio-ökologische Interventionen) als auch sozialpädagogische, auf die Gestaltung der Essenz abzielende (z.B. auf die individuelle Handlungsmuster der Menschen gerichtete Interventionen wie Bildung, Therapie und Erziehung) zu einem gemeinsam wirksamen Handeln einer Sozialen Arbeit vereinen lassen müssten. Erkenntnistheoretisch scheint daher der kritische Realismus als Hintergrundfolie am besten geeignet, da er sowohl strukturelle Gegebenheiten, z.B. die Einkommensverteilung in Folge der kapitalistischen Produktionsweise, als auch handlungsbezogene Prozesse, z.B. die sozialen Interaktionen zwischen Jugendlichen und Erwachsenen, mit einbeziehen kann. Ein dynamischer Ontologie-Begriff, wie ihn der kritische Realismus nutzt, kann dabei helfen, sowohl die Dynamik der Strukturen selbst als auch deren Beeinflussbarkeit durch menschliches Handeln zu erkennen. Schon die Engel'sche Devise, dass die Menschen ihre Geschichte selbst machen würden, jedoch in einer sie umgebenden Welt, kann als theoretischer Beleg für diese Doppelseitigkeit der Wirklichkeit gelten. Was läge also näher, als auch die Entstehung sozialer Probleme als von zwei Seiten beeinflusst zu betrachten?

Mit Kessl können wir daher festhalten, dass

"die Aufgabe einer radikal-relationalen Sozialforschung […] also darin [besteht], nicht nur zwei Pole (z.B. Handlung und Struktur oder Individuum und Gesellschaft) in Beziehung zu bringen und diese Pole aber unter der Hand als quasi-substantiell anzunehmen, sondern den analytischen Fokus auf die Relationen selbst, die wiederum die Pole erst (re)produzieren, zu richten." (Kessl 2008: 63)

Diesem Gedanken fügt *Kessl* einen programmatischen Aufruf hinzu:

"Wenn dem so ist, können analytische Rekonstruktionen wie systematische Selbstbeschreibungen Sozialer Arbeit allerdings […] nicht schlicht als ‚subjektorientiert‘ oder ‚gesellschaftsbezogen‘ – oder gar beides – konzeptionell verankert werden." (Kessl 2008: 65).

Vielmehr seien die inneren Verbindungen, die die analytisch zuvor getrennten Teile wieder synthetisieren, zu beschreiben und somit weder alleine makro- (z.B. durch soziopolitologische Theorien) noch allein mikroanalytisch (z.B. durch psycho-pädagogische Theorien) zu betrachten, um nicht die Fehler zu begehen, die in der jüngeren Geschichte der Disziplin immer wieder zum Kampf um die Vorherrschaft als Leitdisziplin führten. Der schmerzhafte Prozess des Loslassens seitens der „Bezugswissenschaften“ um den hegemonialen Zugriff auf die Soziale Arbeit korrespondiert mit dem „Erwachsenwerden“ einer noch jungen Wissenschaft der Sozialen Arbeit (Röh 2006).

4　Tillmanns Modell der Trajektivität

Jan Tillmann (2007) legt unter dem Titel „Trajektivität – Anstöße für eine Metatheorie der Sozialarbeitswissenschaft“ einen Ordnungsentwurf für das Gesamt der bisherigen theoretischen Bemühungen in der Sozialen Arbeit als Disziplin vor und versucht dabei insbesondere, die verschiedenen Theorien mit Begriffen der kritischen Theorie und der Psychoanalyse in einen Zusammenhang zu bringen. Auf der Grundlage dieses Entwurfes möchte ich die Idee der Trajektivität aufgreifen und in einem erweiterten Sinne anwenden, ohne allerdings den kategorialen Bezugsrahmen der Psychoanalyse und Ökonomie zu übernehmen.

Zu Beginn seiner Ausführungen diagnostiziert Tillmann Spaltungstendenzen in der Wissenschaft entlang der Dichotomien „Leib-Seele“, „Wirklichkeit-Idee/Bewusstsein“ und „Sein-Nichts“, die – unreflektiert – zu folgenden Dressaten führen: Der Rivalität der Begriffe untereinander, dem Versuch, sie in eine Hierarchie zu bringen und diese Hierarchie mit sexuellen Stereotypen in Verbindung zu bringen. So wird der Idealismus als männlich und der Materialismus als weiblich codiert, der Idealismus ggf. über den Materialismus gestellt und damit z.B. begründet, weshalb die geistige Arbeit der körperlichen überlegen sei. Mit Dressaten meint Tillmann verschiedenste Verformungen der Wirklichkeit zu einer dann als „natürlich“ angenommenen Realität mit entsprechenden Einschränkungen in der Wahrnehmung und dem Handeln im Alltag.

Dem gegenüber sieht Tillmann im Modell der „Trajektivität“ ein Scharnier zwischen sonst gegensätzlichen, rivalisierenden Begriffen, Theorien und Modellen. Am Beispiel der Verbindung von Subjektivität und Objektivität erläutert er dessen Wirkungsweise:

"Trajektivität wird so zu einem wissenschaftstheoretischen Begriff der Sozialarbeitswissenschaft. Er umfasst Reflexion und Handlung als einen Prozess, in dem Subjektivität und Objektivität in sich gegenseitig regulierender Korrespondenz stehen, die die jeweilige Kontextgebundenheit berücksichtigt. Wird der traditionelle Begriff Objektivität in trajektive Obhut genommen, so wird seine latente Subjektivität, seine Überholbarkeit und Relativität, deutlich. Wird der in der Wissenschaft geschmähte Begriff Subjektivität in trajektive Obhut genommen, so zeigt er sich als eine Objektivität, die das Besondere vor seinem Untergang im Generellen beschützt und deshalb nicht in Schwärmerei ausarten kann." (Tillmann 2007: 35)

Trajektivität sei der Ausweg aus den vormodern entstandenen und in der Moderne stark gewordenen Spaltungstendenzen, die unser Bewusstsein ständig dazu zwingen, im „entweder-oder", statt im „sowohl-als-auch" zu denken.

> „Wesentlich ist, dass Trajektivität die Gegensatzpaare in Kontakt bringt, indem sie jeden Teil auffordert, den Anteil des Gegensatzes, den er in sich selbst trägt, in sich selbst aufzusuchen." (Tillmann 2007: 63)

Mit dem Bild der Fähre, die sowohl den einen Pol als auch den anderen Pol eines Begriffspaares anfahren kann, dort Menschen und Güter/Ideen aufnimmt, um diese dann zu einem anderen Pol (Hafen) zu bringen, dort zu lassen oder gegen andere Ideen zu tauschen, bietet uns Tillmann eine Möglichkeit an, unser divergierendes Denken in *„Ausschluss-Kriterien"* zu verlassen und dafür eine ganzheitliche Denkweise in *„Anschluss-Kriterien"* anzunehmen, die es z.B. der Sozialarbeitswissenschaft erlaubt, sich sowohl biologischer als auch psychischer, sozialer sowie politischer und soziologischer Fakten bzw. Analysen zu bedienen, um die Wirklichkeit des Augenblicks bzw. die Erscheinungsform eines sozialen Problems mal so und mal so zu betrachten. Jeder dieser Versuche stellt nur eine Momentaufnahme dar und ist bestenfalls eine Annäherung an die Wirklichkeit.

Insgesamt erinnert dieser Versuch einer Bestimmung der Sozialarbeitswissenschaft als „schwache Wissenschaft" (Tillmann 2007: 65) zwar an die Theoriebestimmung Kleves, der von einem ebenfalls unbestimmbaren Theoriestandpunkt der Sozialarbeitswissenschaft ausgeht, jedoch ist nach Kleve (2003: 88 ff.) das bestimmende Wesensmerkmal der Sozialarbeitswissenschaft deren ambivalente, teilweise widersprüchliche Struktur, wohingegen Tillmann (2007: 74) dieses als ein facettenreiches Panorama mit je unterschiedlichem Blickwinkel begreift. Statt Paradigmen sollte die Soziale Arbeit Perspektiven verfolgen, die ihr verschiedene Sichtweisen auf ihren Gegenstand ermöglichen: Die Sozialarbeitswissenschaft könne sich deshalb auch nicht mit „Schnitten durch die Wirklichkeit begnügen, sondern sie hat sich dem vollen Panorama zu stellen" (Tillmann 2007: 74), d.h. sie muss ebenso tiefenscharf wie im Weitwinkel um eine Perspektive bemüht sein, denn nur diese Bandbreite kann die möglichen Erscheinungsformen der sozialen Wirklichkeit angemessen erfassen. Tillmann selbst gibt Hinweise, wie sich die von Sahle (2004) beschriebenen Paradigmen bzw. Perspektiven gegenseitig befruchten könnten.

5   Grundzüge einer integrativen Theorie Sozialer Arbeit

Im Folgenden sollen nun die Grundzüge einer integrativen Theorie Sozialer Arbeit beschrieben werden. Zuvor wird in einem Vorgriff die professionelle Verortung der Sozialen Arbeit in Form einer Gegenstands- und Funktionsbestimmung in einer Skizze beschrieben.

Dem Diskurs um die Frage nach dem Professionsstatus, der Professionalität und dem Theorie-Praxis-Verhältnis in der Sozialen Arbeit wird an dieser Stelle nicht weiter nachgegangen (Dewe/Ferchhoff/Scherr/Stüwe 2001). In der Entwicklung von strukturellen, modernistischen Ansätzen, die Professionen nur anhand bestimmter Merkmale wie abgegrenzte Kompetenzdomäne, weitgehende Autonomie und autonome Entscheidungsräume, akademische Ausbildung, Betreuung mit Aufgaben grundlegender Bedeutung, kodifizierter beruflicher Ethos und spezielle Expertise definieren, hin zu kompetenztheoretischen Ansätzen (Heiner 2004: 15f), steht das folgende Professionsverständnis eher auf der Seite der Letzteren: Soziale Arbeit wird zwar stets sozialstaatlich konstituiert und generiert sowie durch sozialpolitische Programme stets aufs neue reproduziert, kann jedoch im Zuge ihrer zunehmenden Professionalisierung eine immer stärkere (relative) Autonomie (Müller 2003: 265) als Agentin des sozialen Wandels (International Federation of Social Workers) in Anspruch nehmen. In einer Gegenstandsdefinition, die Soziale Probleme gleichermaßen als gesellschaftlich und professionell definiert (Klüsche 1999), bekommt sie in Anlehnung an *Staub-Bernasconi* eine durch Selbstmandatierung begründete Selbständigkeit im Rahmen einer Menschenrechtsprofession, die es innerhalb sozialstaatlicher Programmatiken und institutioneller Sachzwänge des marktkonformen Sozialwirtschaftens zu behaupten gilt (vgl. für ein vierfaches Mandatsverständnis: Röh 2006).

Damit nimmt Staub-Bernasconi eine völlig andere Position hinsichtlich der Rolle von Sozialer Arbeit in der Gesellschaft ein als beispielsweise Luhmann (1973) bzw. in der Folge vor allem Bommes/Scherr (2000), die in der Sozialen Arbeit kein eigenständiges Funktionssystem in der Gesellschaft sehen. Für eine wiederum andere, Soziale Arbeit durchaus als eigenständiges Funktionssystem begreifende, Theorie spricht sich Baecker (2000) aus.

Für die Annahme, dass sich Soziale Arbeit als Subsumtion von Sozialarbeit und Sozialpädagogik verstehen lässt, lassen sich viele Hinweise finden. In der bislang deutlichsten Form entspricht dieses Verständnis der professionstheoretischen Konstruktion Böhnischs (2002), da er Soziale Arbeit als durch zwei Elemente bestimmt sieht, nämlich zum einen durch eine sozialpolitische Komponente und zum anderen durch die Lebensführungsnotwendigkeit. In einer hieran angelehnten Übersicht könnte man daher Soziale Arbeit wie folgt verstehen:

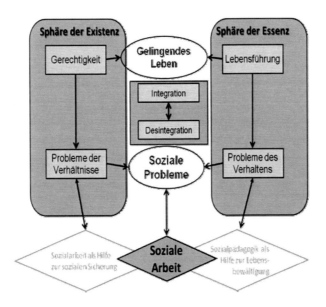

Es lassen sich also als zwei Stränge, die die Soziale Arbeit konstituieren (die Sozialarbeit und die Sozialpädagogik) insofern bestimmen, als sie zwei unterschiedliche Logiken repräsentieren, die bislang unvereinbar schienen: Sozialarbeit steht auf einer ontologischen Basis für die Frage nach der sozialen Gerechtigkeit, mithin also der Existenz menschlichen Daseins, und Sozialpädagogik für die Frage nach der guten Lebensführung und somit der Essenz des menschlichen Daseins. Beide Ausgangspunkte konvergieren in der Genese sozialer Probleme ebenso wie in deren Bearbeitung. Soziale Probleme sind nämlich niemals nur Probleme des Verhaltens und auch niemals nur Probleme der Verhältnisse. Vielmehr kann gerade die Soziale Arbeit genügend Belege aus der Praxis anführen, dass sich beide Problemfaktoren gegenseitig beeinflussen, vielleicht sogar bedingen. Diese Erkenntnis kann theoriegeschichtlich bis auf Alice Salomon bzw. Mary Richmond zurückgeführt werden:

> „Alle Fürsorge besteht darin, daß man entweder einem Menschen hilft, sich in der gegebenen Umwelt einzuordnen, zu behaupten, zurecht zu finden – oder daß man seine Umwelt so umgestaltet, verändert, beeinflußt, daß er sich darin bewähren, seine Kräfte entfalten kann. Persönlichkeitsentwicklung durch bewußte Anpassung an seine Umwelt – oder der Umwelt an die besonderen Bedürfnisse und Kräfte des betreffenden Menschen." (Salomon 1927: 60)

Der darin enthaltene Fähigkeitenansatz erinnert u.a. an die Nussbaum'sche Konzeption einer guten Lebensführung (Nussbaum 1999) oder auch an das Salutogenese-Modell von Antonovsky (1997), in der sich gleichermaßen die Verhaltensaspekte (im Kohärenzgefühl operationalisiert) und die Verhältnisaspekte (in den Generalisierten Widerstandsressourcen) finden lassen.

Die Wissenschaft der Sozialen Arbeit sollte es sich in der Zukunft zur Aufgabe machen, dieser Wechselwirkung als trajektiver Verbindung von Verhalten und Verhältnissen nachzuforschen, sie in ihren Prozessen und Wirkungen besser zu verstehen, um somit das hier beschriebene integrative Theorieverständnis auch empirisch belegen zu können. Sie müsste dazu weit mehr erreichen können, als die bislang in ihrem Einfluss noch starken disziplinären Elemente der Sozialwissenschaften, der Psychologie, der Medizin, des Rechts und der Ästhetik „nur" auf den Gegenstand und die Praxis Sozialer Arbeit anzuwenden. Wissenschaftliche Bemühungen in der Sozialen Arbeit sollten mehr sein als sozialpsychologische, sozialmedizinische, sozialrechtliche oder sozialpädagogische Modifikationen der ursprünglichen Disziplinen. Nicht mehr desselben, sondern mehr vom Neuen. Den sicherlich brauchbarsten Ansatz bislang liefert die allgemeine Handlungstheorie von Obrecht (2003), der in diesem Zusammenhang auch die Idee einer integrativen Theorie verfolgt und gleichzeitig fragt: „Was ist theoretische Integration?", „Welche Formen der Integration gibt es?", um nicht einem Additivismus zu verfallen. Die bekanntermaßen von ihm formulierte Antwort hierauf lautet, dass nur nomologische Theorien, die „symbolische Systeme mit konkreten Systemen als Referenten" (Obrecht 2003: 145) begreifen, dazu dienen können, uns ein wirklichkeitsnahes Bild der Wirklichkeit zu verschaffen. Damit entspricht der Nomologismus dem kritischen Realismus, der – wie oben bereits beschrieben – ebenfalls eine ontologische Sicht einnimmt.

Die curricularen Inhalte einiger Studiengänge Sozialer Arbeit entsprechen bereits diesem integrativen Verständnis, da sie die sozialarbeitswissenschaftlichen Inhalte nutzen, um Studierenden eine Basis für ihre berufliche Identität in theoretischer, methodischer und ethischer Hinsicht zu vermitteln. Damit ist die Lehre paradoxerweise der Grundlagentheorie und der Forschung voraus und letztere müssen sich in nächster Zukunft verstärkt bemühen, die notwendigen Schritte nachzuholen.

Die nicht-additive, integrative Nutzung der bezugswissenschaftlichen Erkenntnisse, fokussiert und verdichtet durch eine dezidiert sozialarbeitswissenschaftliche Perspektive, wie sie oben als die Konvergenz von Verhalten und Verhältnissen beschrieben wurde, würde eine tatsächliche Emergenz und damit einen Mehrwert durch die Sozialarbeitswissenschaft im Kanon der modernen Wissenschaften erzeugen. In der – mit Tillmann gesprochen – trajektiven Verbindung von individualistischen und strukturalistischen Theorien, von Erklärung bezüglich der Eigenarten von Individuen wie auch der Eigenarten von Gesellschaften könnte der Schlüssel für deren Veränderung liegen. Darin läge der originelle und originäre Beitrag einer Wissenschaft der Sozialen Arbeit.

6   Resümee

Dieser Beitrag hat versucht zu zeigen, wie sich ein integrativer metatheoretischer Ansatz der Sozialen Arbeit verstehen und begründen lässt und zu welchen Konsequenzen er die Wissenschaft der Sozialen Arbeit führt. Die dabei eingenommene erkenntnistheoretische Perspektive eines kritischen Realismus anerkennt die ontologische Verfasstheit der Wirklichkeit, nach der wir es zwar mit konkreten Dingen zu tun haben, gleichzeitig jedoch auch mit deren Variabilität, Flexibilität und Veränderbarkeit. Keine andere wissenschaftstheoretische Basis entspricht dem Gegenstand Sozialer Arbeit mehr, solange dieser in der Bearbeitung Sozialer Probleme besteht, die wiederum als Verhaltens- und Verhältnisprobleme gleichermaßen verstanden werden. Die bislang traditionell zugeordneten professionellen Ansätze der Sozialarbeit und der Sozialpädagogik konvergieren zur Sozialen Arbeit, die – um den Gegenstand bearbeiten zu können – ein integratives Theorieverständnis benötigt, für die Lehre ebenso wie für die Forschung in einer Wissenschaft der Sozialen Arbeit, die ihren besonderen Stellenwert in einer sozialen Gesellschaft der Zukunft darstellen muss.

Literatur

Antonovsky, Aaron (1997): Salutogenese: Zur Entmystifizierung der Gesundheit. Tübingen: dgvt-Verlag

Baecker, Dirk (2000): „Stellvertretende" Inklusion durch ein „sekundäres" Funktionssystem: Wie „sozial" ist die soziale Hilfe? In: Merten, R. (Hrsg.): Systemtheorie Sozialer Arbeit. Neue Ansätze und veränderte Perspektiven. Opladen: Leske + Budrich: 39-47

Böhnisch, Lothar (2002): Lebensbewältigung. Ein sozialpolitisch inspiriertes Paradigma für die Soziale Arbeit. In: Thole, W. (Hrsg.): Grundriss Soziale Arbeit. Opladen: Leske + Budrich: 199-214

Bommes, Michael; Scherr, Albert (2000): Soziale Arbeit, sekundäre Ordnungsbildung und die Kommunikation unspezifischer Hilfsbedürftigkeit. In: Merten, R. (Hrsg.): Systemtheorie Sozialer Arbeit. Neue Ansätze und veränderte Perspektiven. Opladen: Leske + Budrich: 67-86

Brandt, Eberhard (1996): ... und keiner sieht, daß der Kaiser nackt ist... – Über Ideologie und das Ideologische in der Sozialarbeit. Hamburg: Argument-Verlag

Dewe, Bernd; Ferchhoff, Wilfried; Scherr, Albert; Stüwe, Gert (2001): Professionelles soziales Handeln. Soziale Arbeit im Spannungsfeld von Theorie und Praxis. Weinheim: Juventa-Verlag

Heiner, Maja (2004): Professionalität in der Sozialen Arbeit. Theoretische Konzepte, Modelle und empirische Perspektiven. Stuttgart: Verlag W. Kohlhammer

Hirschfeld, Uwe (1999): Soziale Arbeit in hegemonietheoretischer Sicht. Gramscis Beitrag zur politischen Bildung Sozialer Arbeit. In: Forum Kritische Psychologie, 40. Hamburg: Argument-Verlag: 66-91

International Federation of Social Workers: Definition Sozialer Arbeit. [www.ifsw.org; 27.12.2008]

Kessl, Fabian (2008): „Real ist real und ist nicht real." – Notate zu aktuellen Konjunkturen eines kritischen Realismus. In: Widersprüche, Heft 108. 53-70

Kleve, Heiko (2003): Sozialarbeitswissenschaft, Systemtheorie und Postmoderne. Grundlegungen und Anwendungen eines Theorie- und Methodenprogramms. Freiburg i.Br.: Lambertus Verlag

Klüsche, Wilhelm (1999): Ein Stück weitergedacht... Beiträge zur Theorie- und Wissenschaftsentwicklung der Sozialen Arbeit. Freiburg i.Br.: Lambertus Verlag

Luhmann, Niklas (1973): Formen des Helfens im Wandel gesellschaftlicher Bedingungen. In: Otto, H.-U.; Schneider, S. (Hrsg.): Gesellschaftliche Perspektiven der Sozialarbeit. Bd. 1, Neuwied: Luchterhand-Verlag: 21-43

Mühlum, Albert (2001): Sozialarbeit und Sozialpädagogik: ein Vergleich. 3. überarbeitete und aktualisierte Auflage, Frankfurt am Main: Dt. Verein für öffentliche und private Fürsorge

Mühlum, Albert; Bartholomeyczik, Sabine; Göpel, Eberhard (1997): Sozialarbeitswissenschaft, Pflegewissenschaft, Gesundheitswissenschaft. Freiburg i.Br.: Lambertus-Verlag

Müller, Burkhard (2003). Selbstbestimmung und professionelle Autonomie. In: Neue Praxis 3+4/2003: 265-269

Nussbaum, Martha (1999): Gerechtigkeit oder das gute Leben. Frankfurt a.M.: Suhrkamp

Obrecht, Werner (2001): Das Systemtheoretische Paradigma der Disziplin und der Profession der Sozialen Arbeit. Eine transdisziplinäre Antwort auf das Problem der Fragmentierung des professionellen Wissens und die unvollständige Professionalisierung der Sozialen Arbeit. Hochschule für Soziale Arbeit Zürich

Obrecht, Werner (2003): Transdisziplinäre Integration in Grundlagen- und Handlungswissenschaften. In: Sorg, R. (Hrsg.): Soziale Arbeit zwischen Politik und Wissenschaft. Münster: LiT-Verlag: 119-172

Röh, Dieter (2006): Die Mandate der Sozialen Arbeit. In wessen Auftrag arbeiten wir? Soziale Arbeit, Jg. 55, Heft 12: 442-449

Röh, Dieter (2006): Wie hilft man einem pubertierenden Kind? Gedanken zum momentanen Verhältnis zwischen der Sozialen Arbeit und ihren bezugswissenschaftlichen Eltern: eine polemische (Selbst-)Kritik. In: Sozialmagazin, Jg. 31, Heft 7/8: 52-53

Sahle, Rita (2004): Paradigmen der Sozialen Arbeit – ein Vergleich. In: Mühlum, A. (Hrsg.): Sozialarbeitswissenschaft. Wissenschaft der Sozialen Arbeit. Freiburg i.Br.: Lambertus-Verlag: 295-332

Salomon, Alice (1927): Sociale Diagnose. Berlin: Carl Heymann

Tillmann, Jan (2007): Trajektivität. Anstöße für eine Metatheorie der Sozialarbeitswissenschaft. Hannover: Blumhardt Verlag

Ziegler, Holger (2008): Kleine Verteidigung ontologischer Theorien in der Sozialen Arbeit. Widersprüche, Heft 108. 43-52

Use After Reading

Einschätzungen zum Stand der Theorieentwicklung in der Sozialen Arbeit, zu ihren aktuellen Perspektiven sowie den daraus entstehenden Herausforderungen für die Lehre

Christian Spatscheck

1   Zum Stand der Theorieentwicklung in der Sozialen Arbeit

Eine Analyse der aktuellen Lage der Theorieentwicklung in der Sozialen Arbeit gibt meines Erachtens zunächst Anlass zu einer positiven Beurteilung der Lage. Nicht zuletzt angesichts der folgend genannten Gründe scheint die Einschätzung der Sozialen Arbeit als eine „Erfolgsgeschichte" (vgl. zur Profession Rauschenbach 1999; Züchner 2006; zur Beschäftigtenstatistik Maier/Spatscheck 2005; 2006) auch hinsichtlich der Theoriedebatte gegeben.

a) Die eigenständige Theorieentwicklung der Sozialen Arbeit ist mittlerweile weit entwickelt und ausdifferenziert. Hier lässt sich eine beeindruckende Vielzahl von Strömungen und Paradigmen vorfinden, von denen meines Erachtens vor allem folgende Theorieansätze zu nennen sind:

- Das Paradigma der Lebensweltorientierung nach *Hans Thiersch*, auch bekannt als Alltagsparadigma
- Hermeneutisch-verstehende Ansätze nach Klaus Mollenhauer, *Michael Winkler* oder *Burkhard Müller*
- Das Systemtheoretische Paradigma Sozialer Arbeit (SPSA) nach *Silvia Staub-Bernasconi, Werner Obrecht, Kaspar Geiser* u.a.
- Systemtheoretisch-konstruktivistisch bzw. postmodern geprägte Ansätze Sozialer Arbeit nach *Heiko Kleve, Björn Kraus, Wilfried Hosemann, Michael Bommes/Albert Scherr* oder *Dirk Baecker*
- Das Bewältigungsparadigma nach *Lothar Böhnisch*, auch implizit vertreten bei *Wolfgang Schröer* und *Christian Reutlinger*
- Das Care Paradigma nach *Margrit Brückner*
- Die Reflexive Sozialpädagogik, vertreten durch Hans-Uwe Otto, *Bernd Dewe, Werner Thole* und *Michael Galuske*
- Kritische Ansätze der Sozialen Arbeit, vertreten etwa von *Timm Kunstreich, Manfred Kappeler, Manfred Liebel, Richard Sorg* und *Heinz Sünker* oder neuere poststrukturalistisch-kritische Ansätze, vertreten etwa durch *Fabian Kessl* sowie im englischen Sprachraum durch *Karen Healy* oder *Stephen Webb*
- Vergleichende Darstellungen verschiedener Theorieansätze, etwa von *Ernst Engelke, Sabine Hering, C. W. Müller, Peter Erath* und *Michael May* oder im englischen Sprachraum von *Malcolm Payne*

Ebenso ließen sich weitere relevante Methodiktraditionen finden, insbesondere:

- sozialpädagogisch-hermeneutische oder biografisch-fallrekonstruktive Verfahren zum methodischen Fallverstehen, etwa nach *Burkhard Müller, Uwe Uhlendorf/Klaus Mollenhauer, Ulrike Loch* oder *Birgit Griese/Hedwig Rosa Griesehop*
- Eklektische Formen des Methodenverständnisses mit Anleihen aus verschiedenen Theoriekonzepten, etwa vertreten durch *Hiltrud von Spiegel, Maja Heiner* oder *Peter Pantucek*

Einige der genannten Theorieansätze beinhalten eindeutige und umfassende Methodikkonzepte, manche verbleiben eher auf metatheoretischen Sichtweisen und stellen nur geringe Handlungsbezüge her. Die am Ende genannten Methodenkonzepte wiederum beschränken sich vor allem auf handlungstheoretische Fragen und verweisen meist nur implizit auf metatheoretische Bezüge. Zusammenfassend zeigt diese Aufzählung eine umfassende Paradigmenvielfalt der Theorieentwicklung im deutschsprachigen Raum, die auch in internationaler Perspektive sehr anschaulich ausfällt (vgl. exemplarisch Payne 2005a; Healy 2005; Beckett 2006; Davies 2007).

(b) Es gibt eine weit entwickelte „Scientific Community" in der Sozialen Arbeit. Fachdiskussionen finden in zahlreichen Fachbüchern, einem vielschichtig entwickelten Angebot von Fachzeitschriften sowie auf Kongressen und Symposien statt. In der Deutschen Gesellschaft für Soziale Arbeit (DGfS) und der Sektion Sozialpädagogik der Deutschen Gesellschaft für Erziehungswissenschaften (DGfE) finden sich zwei Berufsständische Organisationen einer wissenschaftlichen Sozialen Arbeit, die in unterschiedlichen Sektionen oder Theorie-AG's systematisch an einem Austausch und der Entwicklungen über Theorien arbeiten. Neben diesen Gesellschaften arbeitet auch der Deutsche Berufsverband Soziale Arbeit (DBSH), die Deutsche Vereinigung Soziale Arbeit im Gesundheitswesen (DVSG) sowie der Fachbereichstag für Soziale Arbeit (Zusammenschluss der Fachbereiche für Soziale Arbeit an Fachhochschulen) an der politischen Interessensvertretung der Praxis und Ausbildung der Sozialen Arbeit. Bislang verliefen viele dieser Aktivitäten noch sehr getrennt voneinander, insbesondere auf regionaler Ebene werden jedoch zunehmend abgestimmte Aktivitäten sichtbar. Auf internationaler Ebene sind die International Federation of Social Workers (IFSW), der Council of Social Welfare (CSW) und die International Association of Schools of Social Work (IASSW) als berufsständische Interessenvertretung tätig.

(c) Eine eigenständige Forschung in der Sozialen Arbeit findet statt; noch vor zehn Jahren wäre dies nicht so eindeutig feststellbar gewesen (vgl. Steinert/Sticher-Gil/Sommerfeld/Maier 1998). In den letzten Jahren wurde im Bereich Soziale Arbeit eine beeindruckende Vielzahl von Forschungsprojekten durchgeführt, die mit qualitativen und quantitativen Forschungsmethoden arbeiten und auch in ihrer Qualität nicht mehr den Forschungsprojekten aus anderen sozialwissenschaftlichen Bereichen nachstehen (vgl. Otto/Oelerich/ Micheel 2003, Schweppe/Thole 2003; Schrapper 2004; Engelke/Maier/Steinert/Borrmann/Spatscheck 2007; sowie für den englischsprachigen Raum: Fortune/Reid 1998; Thyer 2001; Kirk/Reid 2002).

(d) Die Entwicklung von Theorien der Sozialen Arbeit hat eine nun über 100jährige Geschichte aufzuweisen, diese ist sowohl national als auch international seht gut entwickelt und dokumentiert (vgl. Engelke 2004; Staub-Bernasconi 2007; Hering/Münchmeier 2008; Engelke/Borrmann/Spatscheck 2008; international vgl. Soydan 1998; Hering/Waaldijk 2002; Payne 2005b).

(e) Die Akademisierung der Sozialen Arbeit hat statt gefunden. Seit den 1970er Jahren wurden die Studiengänge Sozialarbeit und Sozialpädagogik an Fachhochschulen und Universitäten etabliert. Die neue Rahmenprüfungsordnung für einen Fachhochschulstudiengang „Soziale Arbeit" (vgl. HRK/KMK 2001) lieferte Fachhochschulen den Anlass, ihre Studiengänge klarer auf eine Fachwissenschaft „Soziale Arbeit" auszurichten und die alte Trennung von Sozialarbeit/Sozialpädagogik hinter sich zu lassen. Der „Qualifikationsrahmen Soziale Arbeit" des Fachbereichstags Soziale Arbeit (vgl. Bartosch u.a. 2006) leistet orientierende Definitionen und Klassifizierungen von Qualifikationen (Kompetenzbereichen) und findet Anwendung bei der Entwicklung und Gestaltung vieler BA- und MA-Studiengänge der Sozialen Arbeit. Noch nicht erreicht wurde das Promotionsrecht für den Studienbereich Soziale Arbeit an Fachhochschulen, hier müssen weiterhin kooperative Lösungen zwischen Fachhochschulen und Universitäten gefunden werden.

Auch wenn die Wissenschaftlichkeit der Sozialen Arbeit nicht überall geteilt wird (vgl. etwa Scherr: in Thole 2005) kann angesichts der skizzierten Lage berechtigterweise von einer positiven Entwicklung der Wissenschaft Soziale Arbeit ausgegangen werden. Die weitere Theorie- und Wissenschaftsentwicklung ist mit neuen Herausforderungen konfrontiert, die im Folgenden diskutiert werden sollen.

2   Zukünftige Perspektiven der Theorieentwicklung in der Sozialen Arbeit

Jenseits positiver Entwicklungen in der Theorieentwicklung der Sozialen Arbeit erscheinen meines Erachtens folgende Herausforderungen für die nahe Zukunft vorzuliegen.

(a) Das Erreichen einer *systematischen Theorieentwicklung*. Die Pluralität und Ausdifferenzierung der verschiedenen Theorieansätze führt zu vielschichtigen Entwicklungen. Einige VertreterInnen arbeiten sehr konstruktiv am Umgang mit der Vielfalt der Theorien, jedoch kommt es auch immer wieder zu unsachlichen Debatten, bei denen die sachliche Auseinandersetzung verlassen wird. Viele Theoriedebatten zeichnen sich auch durch „Zitierkartelle" und eine gewisse Ignoranz gegenüber anderen Paradigmen aus. In diesen Fällen findet keine konstruktive und systematische Weiterentwicklung von Theorien statt, stattdessen fließt viel Energie in unnötige Nebenschauplätze der Profilierung.

Verstärkt wird diese Entwicklung durch eine weiter anhaltende Uneinigkeit über wissenschaftstheoretische Grundfragen. So verbleibt der Gegenstand Sozialer Arbeit in der Theoriedebatte oft ungeklärt (vgl. etwa soziale Probleme, Bildung, Subjektentwicklung, Aktivierung, Bewältigung, Kritik etc.). In ontologischer Hinsicht bleibt offen, welche Seinszustände für die Soziale Arbeit relevant sind (vgl. etwa Dinge vs. Konstrukte). In erkenntnistheoretischer Hinsicht bleibt vor allem die Frage ungeklärt, ob Wahrheit erkannt werden kann (vgl. etwa systemische Realisten vs. systemische Konstruktivisten) und ob eine Wissenschaft der Sozialen Arbeit eher erklären (Realwissenschaften) oder eher verstehen (hermeneutische Ansätze) sollte.

Die Rolle der beteiligten Wissenschaftsdisziplinen (etwa Pädagogik, Soziologie, Psychologie, Biologie, Politik, Recht, Medizin etc.) bleibt bei der Theorieentwicklung ungeklärt. Hier sind Konzepte zu erkennen, die einzelne Disziplinen zur Leitdisziplin Sozialer Arbeit erklären (z.B. sozialpädagogische Ansätze), während andere Paradigmen von transdisziplinären (z.B. Systemtheoretisches Paradigma der Sozialen Arbeit) oder interdisziplinären Ansätzen (z.B. Bewältigungsparadigma) ausgehen.

Zudem läuft die Theorieentwicklung in der Sozialen Arbeit Gefahr, von einer Geschichtsblindheit erfasst zu werden. Oftmals gerieten TheoretikerInnen der Sozialen Arbeit in Vergessenheit (z.B. *Ilse von Arlt*) oder es werden Thesen formuliert, die später erneut in ganz ähnlicher Form als „neu" dargestellt wurden (z.B. die Überlegungen von *Juan Luis Vives* zur Aktivierung von Armen oder die Konzepte zur Sozialen Diagnose von *Mary Richmond*). Eine Kenntnisnahme und Anerkennung von Erkenntnissen aus bereits vorliegenden Ansätzen würde die Theorieentwicklung an dieser Stelle verbessern und unnötige Wiederholungen vermeiden.

(b) Die *empirische Forschung* der Sozialen Arbeit steht weiterhin vor großen Herausforderungen. Ihr wird trotz zahlreicher, nach wissenschaftlichen Kriterien gut durchgeführter Forschungsprojekte noch immer die inhaltliche Qualität abgesprochen oder ein unzureichender Umgang mit Forschungsmethoden vorgeworfen (vgl. exemplarisch Hornstein 1985). Hier wird die Notwendigkeit deutlich, solche Einwände anhand der Vielzahl der bereits vorliegenden qualitativ hochwertigen Forschungsprojekte zu entkräften (vgl. Schweppe/ Thole 2003; Schrapper 2004) sowie durch eine hohe Qualität der Forschung auch in Zukunft zu widerlegen

Darüber hinaus scheint die Forschungsförderung für die Soziale Arbeit noch längst nicht ideal gewährleistet. Noch immer arbeiten sehr viele Forschungsprojekte in der Sozialen Arbeit in sehr prekären Arrangements und erhalten nicht die nötige Förderung für gute Arbeitsbedingen (vgl. Maier in Engelke et al. 2007: 271-279).

(c) Der *Theorie-Praxis-Transfer* stellt weitere Herausforderungen für die Soziale Arbeit bereit. Noch immer ist bei praktizierenden SozialarbeiterInnen und Studierenden eine große Theorieskepsis zu vernehmen, diese ist in Studien auch belegt (vgl. Ackermann/Seeck 1999; Schweppe/Thole 2005). Der Habitus der Forschenden und der Praktizierenden der Sozialen Arbeit scheint nicht immer vereinbar; wie Theorie und Praxis inhaltlich zusammen kommen, verbleibt oft ungeklärt (vgl. von Spiegel 2006). Angesichts dieser Unklarheiten und der Rollenunterschiede begründet sich eine Kritik der Praxis darüber, dass Theorien zu wenig „Nützlichkeit" für die alltägliche Arbeit aufweisen würden. Gleichzeitig werfen Forschende und Lehrende den PraktikerInnen oft vor, zu unsystematisch und zu wenig wissenschaftsbasiert zu arbeiten. Ohne weitere Vermittlung lässt sich dieses Spannungsfeld nicht auflösen.

(d) Die Perspektive der *Internationalität* ist in der Sozialen Arbeit noch nicht ausreichend gegeben (vgl. Borrmann/Spatscheck/Klassen 2007). Der überwiegende Teil der Theorieentwicklung findet in nationalen Kontexten statt. Ein international vergleichender Austausch über Theorieinhalte und Theorieentwicklung kommt zu kurz. Hinsichtlich der Gegenstandsbereiche der sozialen Probleme finden deren internationale Dimensionen sowie Aspekte der Interkulturalität in der Theorieentwicklung oft nur geringe Berücksichtigung. Um dieser Kurzsichtigkeit zu entgehen, müsste ein transnationales Verständnis Sozialer Arbeit entwickelt werden (vgl. Homfeldt/Schröer/Schweppe 2006; 2008).

(e) Die *Kritikfunktion* von Theorien wird zu wenig genutzt. Theorien könnten noch stärker zur Reflexion über die gesellschaftlichen Funktionen und Aufgaben der Sozialen Arbeit genutzt werden. Hier scheinen momentan vor allem das Spannungsfeld von Professionalität und Ökonomisierung (vgl. Nadai et al. 2005; Spatscheck et al. 2008) sowie die Aspekte von Ethik und Menschenrechten (vgl. Staub-Bernasconi 2003; 2007) zentrale Herausforderungen zu sein.

3   Herausforderungen für die Lehre

Im Folgenden soll die Fragestellung verfolgt werden, wie die genannten Herausforderungen innerhalb der Lehre der Sozialen Arbeit an Hochschulen produktiv aufgegriffen werden könnten.

(a) Durch eine *systematische Lehre* von Theorien Sozialer Arbeit. Angesichts der paradigmatischen Vielfalt sollte die Lehre möglichst vielschichtig gestaltet werden. Dabei müssten sowohl Überblicke über verschiedene Theorieansätze (z.B. historische Überblicke, Betrachtungen und Vergleiche aktueller nationaler und internationaler Ansätze) gegeben werden als auch Vertiefungen zu speziellen Ansätzen (z.B. zum Systemtheoretischen Paradigma der Sozialen Arbeit, zu sozialpädagogisch-hermeneutischen Ansätzen, zu systemisch-konstruktivistischen Ansätzen, zu kritischen Ansätzen, etc.).

Beim Vergleich verschiedener Paradigmen sollten verschiedene Erkenntniswege und -theorien, die Gegenstandsfrage Sozialer Arbeit, ontologische und ethische Fragestellungen sowie historisch-kritische Fragen thematisiert werden (vgl. Engelke 2004). Die Frage der Rolle der verschiedenen Disziplinen kann durch ein transdisziplinäres Konzept (vgl. Klüsche 1999; Engelke 2004) beantwortet werden, in dem die Erkenntnisse aus verschiedenen Bezugsdisziplinen systematisch zum Gegenstand der Sozialen Arbeit herangezogen werden, ohne eine der Disziplinen zu bevorzugen oder diese in ein hierarchisches Verhältnis zu einander zu stellen.

Für einen vergleichend-reflektierten Einsatz von Theorien und Methoden in der Lehre plädiere ich im Rückgriff auf *Malcolm Payne* (2005a: 32ff.) und *Hiltrud von Spiegel* (2006) für folgende Qualitätskriterien beim Umgang mit Theorien der Sozialen Arbeit:

- **Reflexivität:** Das Wissen aus Theorien und Methoden sollte reflexiv auf verschiedene Kontexte bezogen werden können. Dabei müsste die eigene Rolle als Akteur im Geschehen reflektiert werden. *Hiltrud von Spiegel* (2006: 58) sieht eine reflexive Professionalität als zentrale Voraussetzung für die Fähigkeit zur Verknüpfung von wissenschaftlichem Wissen und praktischer Handlungsfähigkeit.
- **Reflektierte Kriteriengeleitetheit:** Verwendete Theorie- und Methodenkonzepte sollten von den Anwendenden bezüglich ihrer Inhalte, Denktraditionen und Unterschiede erkannt und in methodischen Ablaufzusammenhängen schlüssig eingesetzt werden können. Im Sinne einer forschungsbasierten Wissenschaft sollten hier auch empirische Studien ihre Berücksichtigung finden.
- **Kritisches Denken:** Theorien bieten wichtige Orientierungshilfen für den bewussten Umgang mit Sprache und Denken sowie zur kritischen Reflektion des beruflichen und gesellschaftlichen Umgangs mit Macht, Modellen, Werten und Normen und sollten hierzu aktiv eingesetzt werden.

Diese drei Kriterien können letztlich nur umgesetzt werden, wenn Studierende in die Lage kommen, ihre eigene „Person als Werkzeug" eigenverantwortlich und bewusst einzusetzen (vgl. von Spiegel 2006). Ein gelebtes Spannungsfeld dieser drei Ansprüche bietet Raum für vergleichende Auseinandersetzungen mit verschiedenen Theorie- und Methodenkonzepten. Bei solchen Analysen können unterschiedliche Theorie- und Methodentraditionen integrativ und vergleichend zusammengeführt werden.

(b) *Forschungskompetenzen* sollten bereits grundlegend in Bachelor- und vertiefend in Masterstudiengängen der Sozialen Arbeit vermittelt werden. Aufbauend auf Wissen über Forschungsmethoden und erkenntnistheoretische Grundlagen sollten Forschungserkenntnisse über den Gegenstandsbereich, über die AdressatInnen sowie über handlungsbezogene und ethische Fragestellungen thematisiert werden.

Das in der aktuellen Fachdiskussion vielschichtig diskutierte Projekt einer Evidence-based Practice (vgl. Webb 2001; Payne 2005a; Sommerfeld/Hüttemann 2007) könnte im Sinne einer empiriegestützten Theorieentwicklung zu einem Verbund von Evidence-based Theories ausgebaut werden (vgl. Staub-Bernasconi in Engelke et al. 2007). Dazu müsste auch die Theorieentwicklung systematischer und konsequenter als bisher auf empirische Forschung gestützt werden. Neben der Rezeption und Analyse von Forschungsprojekten könnten Studierende durch Projektphasen im Studium sowie in Abschlussarbeiten gute Gelegenheiten erhalten, bereits im Studium eigene Forschungsprojekte begleitet durchzuführen und einen vertrauten Umgang mit Forschungsorientierung und forschungsgestützter Theorieentwicklung erreichen.

(c) Der *Theorie-Praxis-Transfer* müsste im Studium vor allem in zwei Bereichen verbessert werden. Das Zusammenwirken von wissenschaftlichen Erkenntnissen und praktischem Handeln könnte anhand des zuvor im Abschnitt 3a) vorgestellten Modells zum reflexiven, kriteriengeleiteten und kritischen Umgang mit Theorien verbessert werden.

Für die Annäherung von Theorie und Praxis wäre das Konzept der „integrierten Praxisforschung" (vgl. Sommerfeld/Maier 2003) von besonderem Interesse, hier kommen die Interessen der Forschenden und der Praktizierenden besonders nah zusammen, ohne dass ein Bereich dominieren würde. Diese Form von Forschung wird auch als „Modus 2"-Forschung beschrieben (vgl. Gibbons et al. 1994). Während im traditionellen Verständnis von Forschung akademische Belange und die disziplinäre Wissensproduktion hierarchisch über die Anliegen aus der Praxis gestellt werden (Modus 1), finden im „Modus 2" von Forschung die Belange von Theorie und Praxis in gleichberechtigter Weise ihre Anerkennung und ergänzen sich idealerweise gegenseitig.

(d) Eine stärkere *Internationalität der Lehre* würde die Horizonte der Theorierezeption, -diskussion und -entwicklung erweitern. Hierzu müsste auch im deutschen Sprachraum die Lehre insbesondere in englischer Sprache verstärkt realisiert werden. Die Erfahrung von KollegInnen, die diesen Schritt wagen zeigt, dass viele Lehrende und Studierende gut in der Lage sind, in englischer Sprache und mit englischer Fachliteratur in Lehrveranstaltungen zu arbeiten. Gelingt ein neugieriges und experimentelles Herangehen, werden Lehrveranstaltungen in englischer Sprache oft als große Bereicherung empfunden. Hier fällt es leicht, die vorliegende Literatur über Theorien und Forschungsergebnisse aus dem internationalen Bereich einfließen zu lassen und einen selbstverständlicheren Umgang mit neuen Quellen zu erreichen.

Ergänzt werden sollte die Lehre durch internationale Kooperationen im Hochschulbereich. Austauschprogramme, Studienfahrten, Projekte und Hochschulpartnerschaften bieten weiterhin gute Möglichkeiten für die Förderung des internationalen fachlichen Austauschs. Auch Austauschprogramme für Lehrende und gemeinsame internationale Forschungs- und Lehrprojekte bereichern das Feld der Internationalisierung von Wissenschaft, Lehre und Praxis.

(e) Theorien können im Rahmen von Lehre und Praxis immer als *Kritikpotenziale* verstanden werden. Angesichts kontroverser Interessenlagen und gesellschaftlichen Entwicklungen der Ökonomisierung müssen die fachlichen Ansprüche der Sozialen Arbeit im Feld der konkurrierenden Interessen der Akteure herausgearbeitet und verteidigt werden (vgl. Spatscheck 2005; 2007; Spatscheck et al. 2008). Soziale Arbeit kann hier keine neutrale Rolle einnehmen, angesichts ihres „Tripelmandates" (vgl. Staub-Bernasconi 2007) müsste neben dem klassischen Spannungsfeld „Hilfe vs. Kontrolle" auch das Mandat der Professionalität als dritter Bezugspunkt berücksichtigt werden.

In der Auseinandersetzung zwischen Herrschaft und Emanzipation (vgl. Kappeler 1999, Bröckling/Lemke/Krasmann 2000; Spatscheck 2006) können Theorien Erklärungen, Analysen und Orientierungen bieten, um die Rollen von sozialen Akteuren und AdressatInnen kritisch zu hinterfragen. Soziale Arbeit kann im Rückgriff auf die Internationale Definition der IFSW sowie theoretisch fundiert durch das Systemtheoretische Paradigma der Sozialen Arbeit als *eine* Menschenrechtsprofession verstanden werden, die die Würde ihrer AdressatInnen achten, schützen und gemeinsam mit ihnen einfordern sollte (vgl. Staub-Bernasconi 1995; 2003; 2007).

Soziale Arbeit sollte sich nicht nur kritisch bezüglich gesellschaftlicher Machtverhältnisse positionieren sondern auch immer wieder bereit sein, ihre eigenen machtbezogenen Anteile zu reflektieren und dabei auch ihren eigenen Umgang mit Macht und Sprache zu hinterfragen (vgl. Healy 2000).

4   Fazit

Aktive und reflexive Auseinandersetzungen mit wissenschaftlich begründeten Theorien Sozialer Arbeit bilden unabdingbare Grundlagen für Professionalität. Die Theorielandschaft bietet eine Vielzahl von differenzierten Modellen, die für die Auseinandersetzung in Wissenschaft, Praxis und Lehre bereit stehen. Durch ergänzende Erfahrungen in Forschung und Theorieentwicklung können Studierende ihre Zugänge zum wissenschaftlich begründeten Handeln verstärken. Für die Lehre könnte letztlich die Entwicklung eines „forschenden Habitus" ein Leitziel sein, bei dem Neugierde und begründetes wissenschaftliches Arbeiten zusammenfinden. In diesem Sinne würde theorie- und forschungsbasierte Fachlichkeit immer den bewussten Einsatz aller rationalen und emotionalen Fähigkeiten der Fachkräfte bedeuten.

Wenn es gelingt, Soziale Arbeit zu einer theoretisch fundierten, wirksam helfenden, bildenden und erziehenden Profession zu machen, die in empirisch begründeter Weise, gepaart mit Verständnis und dialogischem Zugang, positive und förderliche soziale Verhältnisse gestalten kann, dabei umfassendes professionelles Wissen mit einer verantwortlichen, kritischen und solidarischen Grundhaltung verbinden kann, wäre sicher ein sehr hohes fachliches Ideal erreicht.

Literatur

Bartosch, Ulrich/Maile, Anita/Speth, Christine et al. (2006): Qualifikationsrahmen Soziale Arbeit (QR SArb). Version 4.0. Im Internet unter: http://www.hrk.de/bologna/de/download/dateien/ QR_SArb.pdf, Zugriff vom 04.12.2008
Beckett, Chris (2006): Essential Theory for Social Work Practice. London, Thousand Oaks, New Delhi: Sage

Borrmann, Stefan/Spatscheck, Christian/Klassen, Michael (Hrsg.) (2007): International Social Work. Social Problems, Cultural Issues and Social Work Education. Opladen, Farmington Hills: Barbara Budrich Publishers

Bröckling, Ulrich/Lemke, Thomas/Krasmann, Susanne (Hrsg.) (2000): Gouvernementalität der Gegenwart. Studien zur Ökonomisierung des Sozialen. Frankfurt a.M.: Suhrkamp

Davies, Martin (Hrsg.) (2007): The Blackwell Companion to Social Work. Oxford: Blackwell, 3. Auflage

Engelke, Ernst (2004): Die Wissenschaft Soziale Arbeit. Werdegang und Grundlagen. Freiburg i.Br.: Lambertus, 2. Auflage

Engelke, Ernst/Borrmann, Stefan/Spatscheck, Christian (2008): Theorien der Sozialen Arbeit. Freiburg i.Br.: Lambertus, 4. Auflage

Engelke, Ernst/Maier, Konrad/Steinert, Erika/Borrmann, Stefan/Spatscheck, Christian (Hrsg.) (2007): Forschung für die Praxis. Zum gegenwärtigen Stand der Sozialarbeitsforschung. Freiburg i.Br.: Lambertus

Fortune, Anne E./Reid, William J. (1998): Research in Social Work. New York: Columbia University Press, 3. Auflage

Gibbons, Michael/Limoges, Camille/Nowotny, Helga/Schwartzman, Simon/Scott, Peter/Trow, Martin (1994): The new Production of Knowledge. The Dynamics of Science and Research in Contemporary Societies. London: Sage

Healy, Karen (2000): Social Work Practices: Contemporary Perspectives on Change. London: Sage

Healy, Karen (2005): Social Work Theories in Context. Creating Frameworks for Practice. Houndsmills: Palgrave

Hering, Sabine/Müchmeier, Richard (2008): Geschichte der Sozialen Arbeit. Eine Einführung. Weinheim: Juventa, 4. Auflage

Hering, Sabine/Waaldijk, Berteke (Hrsg.) (2002): Die Geschichte der Sozialen Arbeit in Europa. Opladen: Leske und Budrich

Homfeldt, Hans Günther/Schröer, Wolfgang/Schweppe, Cornelia (2006): Transnationalität, soziale Unterstützung, agency. Nordhausen: Bautz

Homfeldt, Hans Günther/Schröer, Wolfgang/Schweppe, Cornelia (Hrsg.) 2008: Vom Adressaten zum Akteur: Soziale Arbeit und Agency. Opladen: Barbara Budrich

Hornstein, Walter (1985): Die Bedeutung erziehungswissenschaftlicher Forschung für die Praxis der Sozialen Arbeit. In: neue praxis 6 (15). 463-477.

HRK/KMK (2001): Rahmenordnung für die Diplomprüfung im Studiengang Soziale Arbeit – Fachhochschulen. Im Internet unter: http://www.kmk.org/hschule/ros/ rosozarb.pdf, Zugriff vom 03.03.2002

Kappeler, Manfred (1999): Rückblicke auf ein sozialpädagogisches Jahrhundert. Frankfurt a.M.: IKO

Kirk, Stuart A./Reid, William J. (2002): Science and Social Work. A Critical Appraisal. New York: Columbia University Press

Klüsche, Wilhelm (Hrsg.) (1999): Ein Stuck weiter gedacht. Beiträge zur Theorie und Wissenschaftsentwicklung der Sozialen Arbeit. Freiburg i.Br.: Lambertus

Maier, Konrad/Spatscheck, Christian (2005): Sozialarbeit/Sozialpädagogik am Ende einer langen Wachstumsphase? In: NDV 5/2005. 165-172

Maier, Konrad/Spatscheck, Christian (2006): Wider das ritualisierte Klagelied über die schlechten Arbeitsmarktchancen für SozialarbeiterInnen. In: Sozial Extra 11/2006. 26-33

Nadai, Eva/Sommerfeld, Peter/Bühlmann, Felix/Krattiger, Barbara (2005): Fürsorgliche Verstrickung. Soziale Arbeit zwischen Profession und Freiwilligenarbeit. Wiesbaden: VS Verlag

Otto, Hans-Uwe/Oelerich, Gertrud/Micheel, Heinz-Günther (Hrsg.) (2003): Empirische Forschung und Soziale Arbeit. Ein Lehr- und Arbeitsbuch. München: Reinhardt

Payne, Malcolm (2005a): Modern Social Work Theory. Palgrave, London, 3. Auflage.

Payne, Malcolm (2005b): The Origins of Social Work: Continuity and Change. London: Palgrave

Rauschenbach, Thomas (1999): Das sozialpädagogische Jahrhundert: Analysen zur Entwicklung sozialer Arbeit in der Moderne. Weinheim: Juventa

Schrapper, Christian (Hrsg.) (2004): Sozialpädagogische Forschungspraxis: Positionen, Projekte, Perspektiven. Weinheim: Juventa

Schweppe, Cornelia/Thole, Werner (Hrsg.) (2003): Sozialpädagogik als forschende Disziplin. Theorie, Methode, Empirie. Weinheim: Juventa

Sommerfeld, Peter/Maier, Konrad (2003): Inszenierung des Sozialen im Wohnquartier. Darstellung, Evaluation und Ertrag des Projektes „Quartiersaufbau Rieselfeld". Freiburg i.Br.: FEL

Sommerfeld, Peter/Hüttemann, Matthias (Hrsg.) (2007): Evidenzbasierte Soziale Arbeit. Nutzung von Forschung in der Praxis. Baltmannsweiler: Schneider

Spatscheck, Christian (2005): Soziale Arbeit im neoliberalen Kontext – Perspektiven für eine professionelle Modernisierung. In: Soziale Arbeit (DZI), 3/2005. 94-103

Spatscheck, Christian (2006): Soziale Arbeit und Jugendkulturen. Jugendarbeit und die Dialektik von Herrschaft und Emanzipation im Kontext des Systemtheoretischen Paradigmas der Sozialen Arbeit. Marburg: Tectum

Spatscheck, Christian (2007): Die neoliberale Herausforderung. Fachliche Perspektiven für die Soziale Arbeit. In: Knopp, Reinhold/Münch, Thomas (Hrsg.) (2007): Zurück zur Armutspolizey? Soziale Arbeit zwischen Hilfe und Kontrolle. Berlin: Frank & Timme. 53-64

Spatscheck, Christian/Arnegger, Manuel/Kraus, Sibylle/Mattner, Astrid/Schneider, Beate (Hrsg.) (2008): Soziale Arbeit und Ökonomisierung. Analysen und Handlungsstrategien. Berlin: Schibri

Spiegel, Hiltrud v. (2006): Methodisches Handeln in der Sozialen Arbeit. München: Reinhardt, 2. Auflage

Staub-Bernasconi, Silvia (1995): Systemtheorie, soziale Probleme und Soziale Arbeit: lokal, national, international. Bern: Haupt

Staub-Bernasconi, Silvia (2003): Soziale Arbeit als (eine) „Menschenrechtsprofession". In: Sorg, Richard (Hrsg.) (2003): Soziale Arbeit zwischen Politik und Wissenschaft. Münster: LIT. 17-54

Staub-Bernasconi, Silvia (2007): Soziale Arbeit als Handlungswissenschaft. Bern: Haupt

Steinert, Erika/Sticher-Gil, Brigitta/Sommerfeld, Peter/Maier, Konrad (Hrsg.) (1998): Sozialarbeitsforschung: was sie ist und leistet. Freiburg i.Br.: Lambertus

Thole, Werner (Hrsg.) (2002): Grundriss Soziale Arbeit. Opladen: Leske und Budrich

Thyer, Bruce A. (Hrsg.) (2001): The Handbook of Social Work Research Methods. Thousand Oaks, London, New Delhi: Sage

Webb, Steven (2001): Some Considerations on the Validity of Evidence- based Practice in Social Work. In: British Journal of Social Work, 31. 57-79

Züchner, Ivo (2006): Aufstieg im Schatten des Wohlfahrtsstaates. Expansion und aktuelle Lage der Sozialen Arbeit im internationalen Vergleich. Weinheim: Juventa

Handlungstheorie der Profession oder Theorie der Wohlfahrt?

Erörterungen zum Gegenstandsbereich der Wissenschaft Sozialer Arbeit

Wolf Rainer Wendt

Während andere Wissenschaften vom Menschen wie die Medizin, die Psychologie oder auch die Soziologie ihren Objektbereich – Physis, Psyche, Gesellschaft – unabhängig vom beruflichen Handeln ausweisen, erforschen und reflektieren, besteht für die Soziale Arbeit die Schwierigkeit, von der Problematik, mit der sie sich beschäftigt, auf dasjenige individuelle und gemeinsame Ergehen von Menschen zu kommen, das sozial erstrebt und auf das hin mit oder ohne Zutun der Profession gearbeitet wird. Ihr kann eine Theorie der Wohlfahrt und der Wohlfahrtsproduktion eine positive Bestimmung des Einsatzfeldes Sozialer Arbeit liefern. Damit wird für ein Erkenntnismodell plädiert, das nicht auf berufspraktisches Wollen und Können, sondern auf soziale Daseinsvorsorge und darin auf ein breites lebenspraktisches Bewältigungswissen abstellt und es für den Kompetenzbereich Sozialer Arbeit bereitstellt. Der wohlfahrtstheoretische Ansatz ersetzt nicht eine Handlungstheorie der Profession; er orientiert sie auf die Ökologie individuellen und gemeinsamen Auskommens von Personen, Gruppen und des Gemeinwesens, dem sie angehören; besseres Ergehen, die Sorge darum und die Arbeit daran eingeschlossen.

Am Anfang war die Praxis, dazu kam die Theorie. Der Grund für die Praxis Sozialer Arbeit liegt nicht in Intentionen ihrer Profession vor, sondern in einer gesellschaftlichen Aufgabenstellung. Wissenschaftlich ist nicht vorgebildet worden, wie sozial gehandelt werden kann. Zustände im Gemeinwesen und des Ergehens von vielen Menschen in ihm bewogen und bewegen zum Handeln. Wie es sich mit jenen Tatbeständen faktisch und normativ verhält, das erfasst und reflektiert die *Wissenschaft* – bevor sie zu der *Kunstlehre* kommt, wie professionell in der Praxis zu handeln ist. Die Absicht auf ein soziales *Werk* hat zur Entwicklung des zu ihm nötigen *Werkzeugs* geführt, weshalb eine Theorie der Arbeit und des Handelns im Aufgabenfeld für die Erklärung der Sache und die Orientierung auf sie nicht genügt. Wohin gewirkt wird, ist im offenen Raum der Betätigung und nicht an ihr zu erkennen. Von dieser These ausgehend, soll gezeigt werden, dass der Gegenstandsbereich der Wissenschaft Sozialer Arbeit unabhängig vom professionellen Handeln begriffen werden muss, nicht zuletzt um dessen Position gegenüber den Zuständigkeiten oder Ansprüchen anderer Humanberufe bestimmen zu können.

Woran gearbeitet wird

Historisch betrachtet waren es Bürger in der Zeit der Aufklärung, die sich in ihrer Handlungswelt (Praxis) zu ihren zivilen Belangen der gesellschaftlichen Belange annahmen, ja diese „von Haus aus" überhaupt erst konstituierten. Gegenstand ihrer Bemühungen waren

Zustände im Gemeinwesen und im Zusammenleben seiner Angehörigen. Moderner ausgedrückt: Engagierte Bürger kümmerten sich um das Dasein und die Lebensführung armer und Not leidender Mitbürger und sie taten es in Sorge um die Verhältnisse der Gesellschaft, die öffentlich zu verantworten waren. Mit dieser doppelten Aufgabenstellung in Zuständen und Nöten gelangen wir zu einer substanziellen Definition des Gegenstandsbereiches der Sozialarbeitswissenschaft. Eine materiale Bestimmung des Gegenstandes Sozialer Arbeit und ihrer Wissenschaft geht hinter das problembezogene Handeln zurück auf das Ergehen und Zurechtkommen (auf ein „gutes Leben") von Menschen in ihren und den allgemeinen Verhältnissen.

Was zu bearbeiten ist, hat man schon entschieden wenn überlegt wird, *wie* man es tun kann. Wie zu handeln ist (*how to work*) und welche Strategien und Operationen geeignet sind, um soziale Probleme zu lösen, stellt sich als Frage für die Profession erst, nachdem längst die Aufgabe (*what to work on*) gegeben ist, deren Bearbeitung sich die Profession annimmt. Die „besondere Art des Umgangs mit Menschen, Dingen und Ideen" (Staub-Bernasconi 1986), die der professionellen Sozialen Arbeit eigen ist, hat Voraussetzungen, die nicht in dieser Arbeit, nicht in diesem Handeln zu finden sind. Ihre Theorie kann darauf nicht bauen.

Das *Materialobjekt* der Sozialarbeitswissenschaft sind Situationen, die – so wie sie sind – zivil nicht hingenommen werden können. Das *Formalobjekt* unserer Wissenschaft sind auf diese Situationen bezogene Bewältigungs- und Unterstützungsmöglichkeiten (Wendt 1994, 14). Sozial nimmt man sich vor, Zustände zu ändern und zu bessern. Agiert wird in tatsächlichen Zusammenhängen, z. B. in Verhältnissen, die durch Standesunterschiede, Bildungsmängel, sichtbare Notlagen usw. gekennzeichnet sind. In der Gesellschaft beschäftigt man sich mit ihnen und diskutiert Handlungsoptionen. Die problematischen Gegebenheiten legen nahe, dass ihnen mit professioneller Sozialer Arbeit oder mit einem anderen beruflichen oder administrativen Einsatz oder mit bürgerschaftlichem Engagement abgeholfen wird. Die soziale Profession kann ihre Expertise in die Entscheidungsfindung einbringen, ob und inwieweit sie – in Form von Einzelfallhilfe, von Gruppenarbeit oder Gemeinwesenarbeit – gebraucht wird. Aber die Soziale Arbeit muss sich in ihrer Wissenschaft mit den objektiven Gründen und mit Kriterien befassen, die das professionelle Handeln – in der einen oder anderen Form – zweckmäßig sein lassen und es rechtfertigen. Dazu gehört die Abgrenzung von anderem helfenden und Probleme lösenden Handeln, von dessen Zweckmäßigkeit und Rechtfertigung.

Der Einsatz von Handlungswissenschaft

Die Bedürftigkeit von Menschen und ihrer Gemeinschaft unterstellt, kann man sich wie in der Praxis so in der Theorie auf die Art und Weise der Abhilfe dieser Bedürftigkeit konzentrieren. E. Martin hat die Frage „Was ist Handlungswissenschaft? (Unterschied zu den Basiswissenschaften)" in Rücksicht auf *W. Obrecht* und *S. Staub-Bernasconi* wie folgt beantwortet: „*Handlungswissenschaftler/innen* arbeiten an kognitiven Problemen im Zusammenhang mit der Lösung von praktischen Problemen, im Fall der Wissenschaft Soziale Arbeit jener von sozialen Problemen. Eine Handlungswissenschaft zeigt auf, wie die Welt bzw. Dinge dieser Welt verändert werden können. Sie begründet die Wissenschaft und davon abgeleitet die Kunst, Ziele auf die wirksamste Weise zu verwirklichen. Das Ergebnis von Handlungswissenschaft ist Interventionswissen, das ein zentrales Mittel ist, um die Realität zu verändern" (Martin 2006, 229).

S. Staub-Bernasconi und *W. Obrecht* rekurrieren auf eine *Allgemeine normative Handlungstheorie*, „die nicht nur auf Erklärungen, sondern auch auf Bewertungen und Entscheidungen über Zielsetzungen sowie professionsethisch vertretbares Handeln aufbaut" (Staub-Bernasconi 2007, 202). Diese Theorie vermittele „die allgemein anwendbaren Denk- und Planungsschritte im Rahmen einer Handlung, die zum gesetzten Ziel führen soll" (a.a.O., 204). Es gehe hier um die „mentalen Operationen, die im Verlauf eines zu lösenden, mildernden sozialen Problems durchzuführen sind, nämlich zu beschreiben, erklären, prognostizieren, bewerten, Ziele zu setzen, zu planen und zu handeln" (ebenda). Das Problem stellt die Realität dar. Bleibt die Frage, ob es sie ist bzw. wie es sie erfasst.

Im Kern ist die Handlungstheorie *instrumentell* angelegt. Die Soziale Arbeit erscheint als ein Handeln, das in verschiedenen Situationen gebraucht und eingesetzt wird, um der „Vulnerabilität" von Menschen zu begegnen und um soziale Probleme zu lösen. Demgemäß ist das handlungswissenschaftlich gewonnene „Interventionswissen" nach E. Martin ein „Mittel, um die Realität zu verändern". Das Instrument setzt seinen Gegenstand und die Kenntnis von ihm voraus, aber die Theorie kommt nicht auf ihn, sondern nur auf die Praxis des Umgangs mit ihm zu sprechen. Es wird *zirkulär* vorgegangen: Die Theorie hält einen disziplinären Bezugsrahmen des professionellen Handelns für gegeben, den die Profession mit den Problemen, die sie bearbeitet, schon mitbringt. Der Auftrag impliziert und begründet seinen Gegenstand. Über den Begriff von ihm wird im praktischen Zugriff entschieden. Mit anderen Worten: Von den personen- und situationsbezogenen Handlungszusammenhängen einer begonnenen oder schon eingerichteten Arbeit kommen wir nicht ohne weiteres zu ihrer Rechtfertigung außerhalb dieser Arbeit.

Das Ergehen der Gesellschaft und ihrer Angehörigen

Soziale Arbeit befasst sich mit sozialen Problemen. Darüber besteht in der Profession Einigkeit. Tatsächlich liegt aber die Problematik, die als soziale erkannt ist, nicht in der Definitionsmacht der Sozialen Arbeit, und die Profession bestimmt auch nicht die Bewertung und Gewichtung von Problemen. Den wissenschaftlichen Begründungsanspruch kann folglich die Vorgabe der Problematik nicht befriedigen. Wenn bei den „Grundbegriffen" der Sozialarbeitswissenschaft im Makro-Modul 1 des Kern-Curriculums Sozialer Arbeit (Engelke u. a. 2005) „soziale Probleme; Armut/Erwerbstätigkeit, Bildungsarmut/Analphabetismus, Lernen bei struktureller Marginalität, Deprivation, Unrechtserfahrung, soziale Abweichung/Kriminalität; Familienkonflikte; psychosoziale Folgen von Behinderung, Scheidung; Folgen von Migration ..." und weitere aufgezählt werden, sind wir nicht bei den Gründen dieser Probleme und nicht bei den Kriterien angekommen, warum diese Probleme ausgewählt und weshalb sie mit dieser Benennung hervorgehoben sind. Zweifellos kommen sie nicht je für sich, sondern in gesellschaftlichen Lebenszusammenhängen und Verhältnissen vor. Dieser Objektbereich stellt die Grundlage dar, auf der das Auftreten und die Bewältigung von sozialen Problemen erörtert werden können.

Im Unterschied etwa zur Medizin und zur Psychologie wird nicht im disziplinären Rahmen der Sozialen Arbeit ausgemacht, welche Probleme generell Gegenstand der Bearbeitung sind. Ob sie in der Praxis fallweise vorliegen und dringend zu behandeln sind, obliegt der sozialprofessionellen Prüfung; ihr kategorialer Zuschnitt aber erfolgt in einer fortwährenden gesellschaftlichen und sozialpolitischen Diskussion. Insoweit besteht keine professionelle Autonomie und es obliegt der *Disziplin* der Sozialen Arbeit, ihr eine eigenständige Erkenntnis zu besorgen, will sie nicht anderen Disziplinen die Sachverhaltsermittlung überlassen und von dort her ihre Wissensbasis beziehen.

Das 19. Jahrhundert über gab es eine andauernde wechselseitige Bezugnahme in der Entwicklung der Sozialwissenschaft(en) und der organisierten Wohltätigkeit. Musterhaft hierfür ist das Verhältnis der britischen *Association for the Promotion of Social Science* zur Londoner *Charity Organisation Society* (COS), analog nachfolgend das Verhältnis der *American Social Science Association* zu den *Charities* in den USA (Wendt 2008, 264 u. 338 ff.). Die COS entfaltete ihre Praxis zu einer „scientific charity", um sich von einer bloß gutwilligen und wirklichkeitsblinden Wohltätigkeit zu entfernen, und baute dabei auf Theoriediskurse in der Wissenschaftlervereinigung zu denjenigen Tatbeständen, derer sich die COS problemlösend annahm. Die Sozialwissenschaftler befassten sich mit gesellschaftlichen Zuständen und Prozessen, während die COS auf die individuelle Lebensführung der Armen sah und ihren Zustand durch Charakterstärkung und Selbstzucht heben wollte.

Heute eingebettet in ein *Versorgungsgeschehen* bzw. in ein, wie es in Großbritannien heißt, *social care work*, hat Soziale Arbeit teil an den Arrangements, in denen Menschen in problematischer Lage – bei Behinderung, Krankheit, Pflegebedürftigkeit, Überlastung, Fehlverhalten, materiellem oder immateriellem Unvermögen – ihre Situation bewältigen können bzw. ihr Auskommen haben. Das professionelle Handeln erfolgt hier und überall in Rücksicht auf die Selbstsorge betroffener Menschen und auf anderweitige Hilfemöglichkeiten. Die Entscheidung über Wohlfahrt obliegt diesem Handeln nicht; es trägt nur in bestimmter Weise zu ihr bei.

Soziale Arbeit finden wir eingeschaltet zwischen dem Ergehen einzelner Menschen und Personengruppen und dem Ergehen des Gemeinwesens als eines sozialen Körpers, dem jene angehören. Die Differenz von *individuellem* Ergehen und *sozialem* Wohl bestimmt die besondere Art und Weise des Umgangs mit Problemen, die der sozialen Profession eigen ist. Aus der bezeichneten Differenz ergeben sich wechselseitige Ansprüche, denen im Sozialleistungssystem – konkret in der Kinder- und Jugendhilfe, in der Eingliederung von Menschen mit Behinderungen, in der Beschäftigungsförderung, in der Altenhilfe usw. – nachgekommen wird. Die faktische und normative Beschaffenheit der Differenz zu erkunden, obliegt der Wissenschaft der Sozialen Arbeit. Wussten die Mitwirkenden in der *scientific charity* des 19. Jahrhunderts normativ, dass das Wohl von Armen in der Annahme der bürgerlichen Tugenden und also in einer charakterlichen Besserung zu suchen sei, sprechen die Fakten heute eine andere Sprache und sind deshalb notwendig Gegenstand der Forschung und Reflexion, mit der die Wissensbasis Sozialer Arbeit ausgestattet wird.

Das Profil des professionellen Handelns zu pflegen ist ein legitimes Anliegen der Sozialarbeitswissenschaft. Indes verschafft sie ihm nicht die nötige Erkenntnis, Orientierung und Klärung, wenn sie an ihm haften bleibt. Eine Lösung kann darin bestehen, zwischen einer „Theorie der Sozialen Arbeit und des Sozialwesens" und einer „Theorie für die professionelle Ausübung Sozialer Arbeit" zu unterscheiden, wie *S. Staub-Bernasconi* angeregt hat (Staub-Bernasconi 2006, 28 ff.). Dann dürfte zur „Theorie des Sozialwesens" allerdings nicht in erster Linie die Diachronie der Entfaltung dieses Handlungsbereiches gehören, sondern müsste sein Objektbereich in den Blick genommen werden. Der erste Satz der IFSW-Definition der Sozialen Arbeit lautet: „The social work profession promotes social change, problem solving in human relationships and the empowerment and liberation of people to enhance well-being." Die Wissenschaft ist gefordert, für das Streben nach „well-being" die nötigen Klärungen zu leisten, worin es denn besteht und wie es zu differenzieren ist.

Das zivile Wohlfahrtskonzept

Soziale Arbeit ist mit Rat und Tat mit der Förderung von sozialer Wohlfahrt bzw. der Qualität des Lebens von Menschen befasst. Damit ist nicht nur ein faktisches Befinden, sondern auch ein normativer Charakter gegeben, denn Wohlfahrt „hat Wert". Wenn wir uns im Ergehen von Menschen wissenschaftlich auf den Begriff der Wohlfahrt beziehen, finden wir allerdings kein einheitliches Konzept vor. Historisch machte den Anfang ein Verständnis vom „gemeinen Wohl" (bonum commune). Der absolute Staat und seine Policey nahmen sich dessen an. Mit dem Gemeinwohl verband sich und von ihm schied sich im 18. Jahrhundert das in den Gesellschaften der Bürger diskutierte Wohl des Einzelnen. An diesem Wohl lässt sich tüchtig arbeiten. Wohlfahrt erscheint unter dem Blickwinkel industriösen Bemühens als ein komplexes Produkt. Die soziale Profession spielt eine Rolle im *Prozess der Herstellung und des Unterhalts von Wohlfahrt*. Wird deren Zustandekommen wie ihr Ausbleiben wissenschaftlich erörtert, kann diese Erörterung die Angemessenheit der zu leistenden Arbeit begründen.

Die Wohltätigkeit von Bürgern für arme Mitbürger legte die Erforschung der Gründe von *Armut*, ihrer Formen und der Möglichkeiten nahe, Armut und Not zu beheben. Die zivil organisierte unmittelbare Armenpflege nötigte von Anfang an zu einer Individualisierung im Umgang mit den Betroffenen. Wer sich mit dem Ergehen von einzelnen Menschen beschäftigt, befasst sich auch mit ihrem *Elend* individuell. Die sozialprofessionelle Kunstfertigkeit hat sich bekanntlich an der Arbeit „case by case" ausgebildet. Aus der Negativität persönlichen und sozialen Elends folgt nachgerade die Notwendigkeit, mit einzelnen Personen oder in einer Gruppe auf eine für sie erreichbare Wohlfahrt zu sehen. Sie unterliegt im heutigen Verständnis in der individuellen Lebensführung der *Selbstbestimmung* des Einzelnen. Was aber ein gelingendes Leben heißt, Scheitern bedeutet und Not ausmacht, darüber wird kommuniziert. Diese Seiten des Befindens werden sozial beurteilt und bewertet. Zu den Fakten kommen die Normen. Soziale Arbeit gründet auf einer Erkenntnishaltung – auf „das Wahrnehmen von Bedürftigkeit" – und impliziert insofern ein „ethisches Ansinnen", weshalb *Th. Schumacher* sie als „ethische Wissenschaft" dargestellt hat (Schumacher 2007, 180).

In erster Linie jedoch ist *Wohlfahrt* eine ökonomische bzw. wirtschaftswissenschaftliche Kategorie (volkswirtschaftlich gerichtet auf Wohlstandsmaximierung in der Bevölkerung). Während damit das materielle Ergehen von Menschen erfasst ist und sich an es im 20. Jahrhundert Maßgaben des Lebensstandards anlegen ließen, hat man im Bereich der sozialen und gesundheitlichen Versorgung begrifflich dem *Wohlbefinden* (well-being) den Vorzug gegeben. *Well-being* gibt primär die subjektive Seite des individuellen Ergehens an und erlaubt eine intersubjektive Spiegelung und Verständigung über ein Befinden, seinen Wert und die Möglichkeiten, es zu ändern und zu bessern. (Vgl. zur Gegenüberstellung von *welfare* und *well-being* Jordan 2008.) Insoweit Soziale Arbeit aber gehalten ist, nicht die Person („der Mensch als Fall") zum Objekt ihrer Bemühungen zu machen, kann die subjektive Befindlichkeit nicht über Ziele und Zwecke des professionellen Einsatzes entscheiden. Die überindividuellen Kriterien von Wohlfahrt bleiben für eine rationale Bewirtschaftung persönlichen und gemeinschaftlichen Wohlergehens nötig.

Für die individuelle Erfahrung von Wohlfahrt lässt sich das Konzept der *Lebensqualität* heranziehen. Seit etwa 1970 gehört es zum wissenschaftlichen Diskurs. Lebensqualität hat subjektive und objektive Aspekte. Das Aufkommen dieses Begriffs bedeutet wohlfahrtspolitisch eine Abkehr von einer bloß quantitativen Bemessung eines erreichten oder anzustrebenden Niveaus individueller und gesellschaftlicher Lebenshaltung. Einbezogen werden alle inneren und äußeren Determinanten, die materiellen und die immateriellen Seiten der Lebenslage und der Lebensgestaltung. Die individuelle Erfahrung von Lebensqualität ist in den letzten Jahrzehnten in der Wohlfahrtsforschung in den Vordergrund gerückt: Objektive Lebensbedingungen verbinden sich nach *W. Zapf* in einer Typologie von „Wohlfahrtspositionen" mit subjektivem Befinden: „Unter Lebensbedingungen verstehen wir die beobachtbaren, ‚tangiblen' Lebensverhältnisse: Einkommen, Wohnverhältnisse, Arbeitsbedingungen, Familienbeziehungen und soziale Kontakte, Gesundheit, soziale und politische Beteiligung. Unter subjektivem Wohlbefinden verstehen wir die von den Betroffenen selbst abgegebenen Einschätzungen über spezifische Lebensbedingungen und über das Leben im Allgemeinen. Dazu gehören insbesondere Zufriedenheitsangaben, aber auch generelle kognitive und emotive Gehalte wie Hoffnungen und Ängste, Glück und Einsamkeit, Erwartungen und Ansprüche, Kompetenzen und Unsicherheiten, wahrgenommene Konflikte und Prioritäten" (Zapf 1984, 23).

Fassen wir „Lebensqualität als multidimensionales Wohlfahrtskonzept" (Noll 2000, 3) auf, bleibt offen, inwieweit sie Gegenstand der Wissenschaft Sozialer Arbeit sein kann bzw. inwieweit ihr Forschungs- und Reflexionsbereich sich mit den Domänen anderer humanwissenschaftlicher Disziplinen schneidet, so dass sich erst transdisziplinär im Anwendungshorizont sozialprofessionellen Handelns ergibt, was hier zu untersuchen, zu konzipieren und zu begreifen ist. Beschäftigt mit der Herstellung und dem Unterhalt von Wohlfahrt (insbesondere dort, wo sie ausbleibt), ergibt sich für die Soziale Arbeit ein Zuschnitt für ihren Sektor *Forschung und Entwicklung*. Der Objektbezug ist dann danach bemessen, was in Sozialer Arbeit produziert werden soll und kann. Die Soziale Arbeit hat *eine Produktionstheorie* verdient. Eine Produktionstheorie befasst sich mit Handlungsresultaten und bestimmt damit, worauf ein Handeln zielt und was es bewirkt.

Wohlfahrtsproduktion

Soziale Arbeit zielt auf ein besseres Ergehen von Menschen. Mit ihnen zusammen erfolgt eine personenbezogene Wohlfahrtsproduktion. Damit ist allgemein ein „Umwandlungsprozess von Ressourcen in Endprodukte für die individuelle Wohlfahrt" gemeint (Glatzer 2001, 230). Wohlfahrtsproduktion erfolgt in unterschiedlichen Akteurskonstellationen auf der sozialpolitischen Makroebene, durch erwerbswirtschaftliche Unternehmen, auf der intermediären Ebene der organisierten Wohlfahrtspflege und auf der Mikroebene der Familien und Einzelpersonen in ihren Haushalten (vgl. Kaufmann 2005, 231 f.). In diese „gemischte Wohlfahrtsproduktion" lässt sich die sozialprofessionelle Leistungserbringung einordnen. Und zwar nicht nur auf der Ebene der direkten Interaktion mit Klienten, sondern auch auf der organisatorischen Ebene (u. a. per Sozialmanagement) und auf der Ebene des zivilen und politischen Eintretens für die Herstellung von (mehr) Gerechtigkeit und Teilhabe sowie in Formen von Gemeinwesenentwicklung. Ein Verständnis von Wohlfahrtsproduktion spielt auf allen Ebenen der Sozialwirtschaft eine wesentliche Rolle und ist deshalb von mir in der Sozialwirtschaftslehre verschiedenenorts behandelt worden. (Wendt 2002, Wendt 2003, Wendt 2004).

Der Anschluss der Sozialarbeitswissenschaft an dieses Produktionskonzept erlaubt ihr, den Zusammenhang von persönlichem und sozialem Ergehen wahrzunehmen. Denn das Konzept beinhaltet die „gleichzeitige Steigerungsfähigkeit individueller und kollektiver

Wohlfahrt" (Kaufmann 2005, 257), insofern die eine zur anderen beisteuert. Das professionell und interaktiv zu leistende Werk stellt sich somit unabhängig von der Kontingenz ihres Gelingens in vielen Einzelfällen als ein – ständig wissenschaftlich zu begleitendes – *Entwicklungsprojekt* dar. Versteht man mit *F.-X. Kaufmann* „unter *Wohlfahrtsproduktion alle diejenigen Aktivitäten, die zur Erhaltung und Entwicklung von Humanvermögen beitragen*, so gewinnt man ein normatives Kriterium, das unabhängig von Marktpreisen und politischen Präferenzen hochgradig zustimmungsfähig sein dürfte" (ebenda). Dass die soziale Profession das Aktivitätsspektrum nicht allein ausfüllt, mindert ihre produktive Rolle nicht.

Zu heben und zu wahren ist die Qualität des sozialen Lebens in Zuständen ihres Mangels und seines Leidens. Die nötige Arbeit erfolgt ausgedehnt und vielfältig. *Th. Klie* und *P.-St. Roß* haben wohlfahrtspluralistische Arrangements mit der Idee der Zivilgesellschaft verbunden. „Letztere vermag ersteren einen orientierenden Rahmen zu verleihen – während umgekehrt das WelfareMix-Konzept die zivilgesellschaftliche Idee in die sozialpolitische Realität hinein ausbuchstabiert. Ein sinnvoller Gesamtansatz ergibt sich folglich dann, wenn die Theorie des Wohlfahrtspluralismus als analytisches und die Idee der Zivilgesellschaft als normatives zu einem strategischen Konzept zusammengeführt und mit Arbeitsansätzen wie Case Management, Quartiersmanagement, prozessorientierter Sozialplanung usw. als Handlungskonzepten kombiniert werden" (Klie/Roß 2007, 97). Soziale Arbeit erscheint danach als ein Prozess innerhalb von (zivilen und politischen) Prozessen und sollte sich in ihnen auch wissenschaftlich verorten können – angefangen bei der Verortung im lokalen Gemeinwesen und seinem sozialen Geschehen.

Beweglich im Sozialraum

Im Unterschied zu anderen humanberuflichen Disziplinen sieht sich die Sozialarbeitswissenschaft den Problemzusammenhängen in einem ausgedehnten Feld, paradigmatisch im *Sozialraum*, gegenüber. Er besteht aus einer Menge von Akteuren, die immer schon sorgend für sich und für andere handeln. Ihre Aktivitäten und die Bedingungsgefüge, in denen sie erfolgen, lösen und schaffen Probleme. In den Milieus des Zusammenlebens sind informelle Ressourcen vorhanden und die formellen Dienste eingebettet, die lokal für Abhilfe sorgen sollen. Sozialräumlich verteilt finden wir auch die einzelnen Probleme, mit denen die Professionellen beschäftigt sind, in den Bearbeitungskontexten des engeren und weiteren Gemeinwesens vor. Sie haben ein Umfeld, das in der Praxis zumindest diskursiv zu berücksichtigen ist, in der theoretischen Erörterung aber unabdingbar Gegenstand sein muss, um das Herkommen und die Veranlagung der einzelnen Probleme studieren, erforschen und verstehen zu können.

Der engere und weitere Sozialraum ist Aktions-, Begegnungs-, Versorgungs-, Erlebnis-, Bildungs- und Gestaltungsraum – und in jeder dieser Hinsicht auch der Möglichkeitsraum für professionelle Soziale Arbeit – soweit sie ihn sich als „Spielraum" zu erschließen weiß und nicht institutionell und funktional festgeschrieben bleibt. Der Statik von Dienstleistungsstrukturen steht im Sozialraum die Dynamik im Wandel von persönlichen und gesellschaftlichen Lebensverhältnissen gegenüber. Das Studium dieses Wandels in der Mikrosphäre von Milieus ergibt Anregungen für Innovationen in den Infrastrukturen der Versorgung bzw. für die beweglich zu leistende Arbeit.

Aufgabe der Theorie ist es auch, die Problembearbeitung in den Zustand des Gemeinwesens und in das Ergehen einzelner Menschen zurückzustellen. Soziale Arbeit ist beidem – dem Zustand und dem Ergehen – verpflichtet. Sie schließt an die Art und Weise an, in der

sich Menschen einzeln und gemeinsam informell und in der sich gesellschaftliche Institutionen formell um die Besserung von Zuständen und um die Bewältigung von Nöten und
Krisen kümmern. Der wissenschaftliche Diskurs der Profession bewegt sich seit den Zeiten
von *Jane Addams* und *Alice Salomon* im Strom solcher Bemühungen und in Bahnen der
„Wohlfahrtspflege". Das professionelle Wirken ist eines in Teilhabe an ihr, der Einmischung in die gesellschaftliche Praxis von Gerechtigkeit und Solidarität, in die sozialstaatliche Regulierung von Lebensverhältnissen, von Inklusion und Vermeidung von Exklusion.
Was das jeweils heißen und wie das stattfinden kann, muss im Einzelnen untersucht und
beschrieben werden. Jedenfalls hat die Wissenschaft der Sozialen Arbeit mit dem Geschehen in der sozialen Wohlfahrtspflege einen Horizont der Forschung und Entwicklung vor
sich, in dem sie selbständig navigieren kann.

Der ökosoziale Handlungsrahmen

Wegen der Abhängigkeiten und Wechselwirkungen im sozialen Ergehen entspricht ihm
eine *Ökologie* des sozialen und individuellen Zurechtkommens eher als eine Wohlfahrts-
ökonomik, die in ihrer quantitativen Aufrechnung von Nutzensteigerungen und Nutzen-
minderungen über die Qualität von Zuständen des Lebens miteinander hinwegsieht. Indem
sich Soziale Arbeit existentiellen Problemen von Menschen in der Gesellschaft widmet, ist
sie auf das ganze Lebensfeld verwiesen, in dem diese Probleme konkret vorkommen und in
dem sie sich lösen oder bewältigen lassen. Eine ökologische Orientierung des Denkens und
Handelns in der Sozialen Arbeit (Wendt 1982, Wendt 1990, vgl. Matthies/Narhi/ Ward
2001) sucht diesem Auftrag nachzukommen. Sie versetzt die Profession wissenschaftlich in
einen Referenzrahmen objektiver Verhältnisse, in denen und an denen mit den Beteiligten
gewirkt wird. Leitbegriffe des ökosozialen Herangehens sind

- Haushalten (und ein darauf bezogenes Management)
- Selbstorganisation (Autopoiesis)
- Bewältigung (und Unterstützung)
- Ressourcen (und ihre Allokation)
- (auf Nachhaltigkeit ausgerichtete) Bilanzierung
- Nischen (als Verortung von Kompetenzen und Verwirklichungsmöglichkeiten)
- Lebenslagen (mit ihren Versorgungserfordernissen)
- Vernetzung (informell und formell)
- Kommunität in der Gestaltung des Zusammenlebens

(vgl. Wendt 1990, 21 ff.).

Im ökosozialen Herangehen ist zunächst nicht die Soziale Arbeit, sondern die „naturwüchsige" Art und Weise im Blick, in der Menschen ihr materielles und immaterielles Auskommen finden und dabei auch die damit verbundenen Schwierigkeiten bewältigen. Im
Unterschied zu Naturverhältnissen sind Sozialverhältnisse bewusst gestaltbar. Sie sind von
uns zu verantworten. Wir sind die Produzenten des Sozialen. Aber nicht jeder für sich allein, sondern in Produktionsverhältnissen, die wiederum Sozialverhältnisse sind. In ihnen
bestehen mehr oder weniger Verwirklichungsmöglichkeiten. Mit ihnen ziehen Eltern ihre
Kinder auf, die dann im negativen Fall in Folge der Familienverhältnisse und damit ver-
bundener Umstände und Auseinandersetzungen zum Beispiel Misshandlungen ausgesetzt

sind und zu Straßenkindern werden. Oder die „Bildungsferne" solcher Verhältnisse bedingt einen Mangel an „Employability" junger Menschen, den man dann mühsam in der Jugendsozialarbeit und auf Wegen der Grundsicherung für Arbeitsuchende zu beheben trachtet. Im positiven Fall bieten Räume der Freizeitgestaltung die Chance für soziale Eingliederungsprozesse. Oder man pflegt Nachbarschaftsverhältnisse, um in ihnen informelle Möglichkeiten der Unterstützung von Familien, bei Behinderung oder im Alter nutzen zu können.

Der ökosoziale Ansatz fußt auf einer *Ressourcenökonomik*. Die Sozialarbeitswissenschaft hat sich mit dem Herkommen, der Erschließbarkeit und Umsetzung, der Pflege und der Nutzung der Ressourcen wohlfahrtsbezogenen Wirkens allgemein und des professionellen Wirkens im besonderen zu befassen. In der humandienstlichen Praxis ist man angewiesen auf die Mechanismen der Allokation von Ressourcen, und sei es nur der schlichten Bereitschaft von Menschen zur Hilfe. Professionelle Unterstützung baut auf Organisation, die wiederum Mittel für ihren Unterhalt braucht und diese aus dem größeren Gemeinwesen bezieht, dem sie angehört und in dem sie funktioniert. In der Sozialen Arbeit lässt sich mit Erfolg nur disponieren in Kenntnis der Zuweisung bzw. Erschließbarkeit von Mitteln, die in dieser Arbeit zum Einsatz kommen können.

Die Orientierung auf die Ressourcen, die in Sozialer Arbeit verfügbar sind, wird ergänzt – wie bereits ausgeführt – durch eine Orientierung auf *Produktion*, einen Vorgang, in der die Möglichkeiten des Faktoreinsatzes zur Ausbringung von Leistungen genutzt werden, die zum Wohlergehen von Menschen und zur Wohlfahrt der Gesellschaft beitragen. Soziale Arbeit stellt einen Produktionsprozess dar, der mit seinem Sachziel auf eine spezifische Bedarfsdeckung gerichtet ist. Wie sie in Sozialer Arbeit erfolgt, ist nicht isoliert zu verstehen, sondern hingeordnet auf Prozesse des Sorgens, in denen Personen, Familien und andere Lebensgemeinschaften den Risiken des Daseins begegnen und sich um das eigene und gemeinsame Ergehen, um Lebensbewältigung und Problemlösungen kümmern. Wer professionell Sozialarbeit leistet, erbringt sie im Rahmen einer Versorgung, die von dafür bestimmten formalen Diensten und Einrichtungen betrieben wird. Insgesamt finden wir diese Versorgung in einem *Wohlfahrtsregime* etabliert, welches mit seinen politischen und rechtlichen Vorgaben die Produktionsweise im Sozialwesen regiert. Die Sozialarbeitswissenschaft kann sich kritisch mit den *Wohlfahrtskonzepten* in der Regie sozialer Umverteilung und Leistungserbringung beschäftigen und ihnen die Empirie tatsächlichen Ergehens von Menschen gegenüberstellen. Unsere Wissenschaft befindet sich hier in einer kritischen Position: zwischen der subjektiven Perspektive des Wohls, um das die einzelne Person besorgt ist, und den sozialpolitischen Vorhaben in der „Pflege" der Wohlfahrt der Bevölkerung.

Wofür gesorgt wird

Im Horizont der Sorge in privaten Lebenskreisen und in der öffentlich eingerichteten Versorgung sieht sich die Wissenschaft der Sozialen Arbeit gefordert, das professionelle Sorgehandeln im Verhältnis zu anderen Formen von *Care* zu bestimmen, abzugrenzen und zu erklären. In Großbritannien und auch in anderen Ländern Europas findet sich Sozialarbeit heute in einem weiten Rahmen von *social care practice* wieder, wozu mannigfaltige Dienstleistungen von der frühkindlichen Erziehung bis zur Palliativpflege im Alter gehören, eingeschlossen die Eigensorge der Menschen, gemeinschaftliche Selbsthilfe, freiwillige Unterstützung und bürgerschaftliches Engagement (Platt 2007, Payne 2009). *Care* und *caring* werden zweck- und wirkungsgerichtet gedacht, so dass zu untersuchen und dazulegen ist, was Soziale Arbeit in diesem Kontext zur Zweckerfüllung beiträgt.

Die Beteiligten an Aktivitäten der Sorge und des Versorgens begegnen sich im jeweiligen Aufgabengebiet, in dem sie auf Erfordernisse des materiellen und immateriellen Auskommens, der Pflege oder der Erziehung, der Rehabilitation und Eingliederung, der Krisenbewältigung und Konfliktlösung usw. eingestellt sind. Man kann von *Arenen der Sorge* sprechen. „Social care is undertaken in a *caring arena*, where a care organization, represented by its practitioners, intersects with and intrudes upon the community, life and relationships of a person receiving care" (Payne 2009, 28). Zu den Aktivitäten und Arrangements kommen im Versorgungssystem manageriale Strukturen der Steuerung hinzu, und der formellen Versorgung gegenüber ist auch der individuellen Lebensführung der vernünftige Einsatz von Ressourcen aufgegeben.

Der soziale Handlungsraum ist zugleich ein ökonomischer Handlungsraum und kommt mit ihm paradigmatisch in einer ökologischen Grundorientierung zur Deckung. Von ihr her entfaltet sich das soziale Handeln aus der Sorge-Beziehung von Menschen, die zusammenleben und auch im größeren, schließlich globalen, Gemeinwesen aufeinander angewiesen sind und die von ihnen gestalteten Zustände zu verantworten haben. Die Aufgaben Sozialer Arbeit lassen sich in den Haushalt gemeinsamen Lebens einordnen. Auf ihn – seine Ressourcen, seine Risiken, Belastungen und Entwicklungsmöglichkeiten – orientiert sich eine nachhaltige Problembewältigung im Kleinen und im Großen. Die nötige „Umsorge" hat zur ökologisch-sozialen Ausdehnung ihre ethische und ihre ökonomische Dimension.

Die Identifikation sozialen Arbeitens mit sozialem Wirtschaften (Wendt 2004) bringt ein Eingehen der Wissenschaft Sozialer Arbeit auf individuelle und gemeinsame Lebensführung und die Bewältigungsweisen in ihr mit sich. Gleichermaßen schließt organisierte Daseinsvorsorge zur Selbstsorge der Menschen auf. In der komplexen Handlungstheorie ihrer „Mikroökonomik aus sozial-ökologischer Perspektive" führen *A. Biesecker* und *S. Kesting* das Sorgen im familiären Kontext und das Vorsorgen im größeren Gemeinwesen zusammen:

„Die beiden sorge-orientierten Handlungstypen ‚sorgendes Handeln' und ‚vorsorgendes Handeln' sind nicht mehr gesondert ausgewiesen, sondern im vorsorgenden Handeln zusammengefasst." Im familiären Zusammenhang bedeute „Sorgen" ein normengeleitetes Handeln, getragen von Verantwortungsgefühl, wohingegen *vorsorgendes* Handeln ein Handeln sei, *„das zwar das Sorgen als Grundorientierung beibehält, dieses jedoch auf den ganzen Raum der Ökonomie ausdehnt und sich dabei von der traditionell normengeprägten Handlungsgrundlage löst.* Vorsorgen schließt somit Sorgen ein" (Biesecker/Kesting 2003, 178). Als darin eingeschlossen können wir auch Soziale Arbeit betrachten. Sie erfolgt, wenn sie nicht auf einzelne Akte des Helfens reduziert wird, in einer personen- und situationsbezogenen Interaktion, die von einzelnen betroffenen Menschen über ihren Lebenskreis in das Umfeld gemeinschaftlicher Daseinsvorsorge reicht.

Leistet Soziale Arbeit „Hilfe zur Selbsthilfe", so müssen wir bei Beratung und Unterstützung in der Regel die Gegebenheit von Selbsthilfe voraussetzen, wonach die Auffassung verfehlt ist, dass helfendes Handeln erst die Selbsthilfe zustande bringt. Befasst sich die Wissenschaft mit ihr, ihrer Ökonomie und ihrem Ethos, erschließt sie der Sozialen Arbeit die wesentlichen Gegebenheiten des Feldes, in dem sie wirken kann. Die Verbindung informellen Sorgens und formeller Versorgung erlaubt eine ökonomische und ethische Grundlegung Sozialer Arbeit jenseits ihrer Befassung mit Problemen, die sich ihr bei gegebener Lage aufdrängen. Mehr als dass sie bei (der Bewältigung) einer Problemlage *helfen*, gehen Sozialprofessionelle in ihrem *sorgenden* Handeln auf das vorgefundene *Wohlfahrts-*

geschehen ein, dem die Soziale Arbeit schließlich angehört und das denn auch die Wissenschaft der Sozialen Arbeit forschend und reflektierend beschäftigen muss.

Literatur

Biesecker, Adelheid/Kesting, Stefan (2003): Mikroökonomik. Eine Einführung aus sozial-ökologischer Perspektive. München: Oldenbourg

Callo, Christian (2004): Handlungstheorie in der Sozialen Arbeit. München: Oldenbourg

Engelke, Ernst u. a.(2005): Kerncurriculum Soziale Arbeit/Sozialarbeitswissenschaft für Bachelor- und Masterstudiengänge in Sozialer Arbeit. In: Mitteilungen 1/2005 der Deutschen Gesellschaft für Soziale Arbeit

Glatzer, Wolfgang (2001): Wohlfahrt in der Wohlfahrtsgesellschaft. In. Hill, Hermann (Hrsg.): Modernisierung – Prozess oder Entwicklungsstrategie ? Frankfurt am Main: Campus: 223-238

Jordan, Bill (2008): Welfare and well-being. Social value in public policy. Bristol: Policy Press

Kaufmann, Franz-Xaver (2005): Sozialpolitik und Sozialstaat. Soziologische Analysen. Wiesbaden: VS Verlag für Sozialwissenschaften

Klie, Thomas/Roß, Paul-Stefan (2007): WelfareMix. Sozialpolitische Neuorientierung zwischen Beschwörung und Strategie. In: Klie, Thomas/Roß, Paul-Stefan (Hrsg.): Sozialarbeitswissenschaft und angewandte Forschung in der Sozialen Arbeit. Freiburg i. Br.: FEL Verlag: 67-101

Martin, Edi (2006): Die Forderung nach Wissenschaftlichkeit in der Gemeinwesenarbeit. In: Schmocker, Beat (Hrsg.): Liebe, Macht und Erkenntnis. Silvia Staub-Bernasconi und das Spannungsfeld Soziale Arbeit. Freiburg i. Br.: Interact/Lambertus: 222-241

Matthies, Aila-Leena/Narhi, Kati/Ward, Dave (eds.) (2001): The Eco-Social Approach in Social Work. Jyväskylä: SoPhi Academic Press

Noll, Heinz-Herbert (2000): Konzepte der Wohlfahrtsentwicklung: Lebensqualität und „neue" Wohlfahrtskonzepte. WZB-Paper P00-505. Berlin: Wissenschaftszentrum Berlin für Sozialforschung

Obrecht, Werner (1996): Sozialarbeitswissenschaft als integrative Handlungswissenschaft. Ein metawissenschaftlicher Bezugsrahmen für die Wissenschaft Sozialer Arbeit. In: Merten, Roland/Sommerfeld, Peter/Koditek, Thomas (Hrsg.): Sozialarbeitswissen-schaft – Kontroversen und Perspektiven. Neuwied: Luchterhand: 121-160

Payne, Malcolm (2009): Social Care Practice in Context. Basingstoke: Palgrave Macmillan,

Platt, Denise (2007): The Status of Social Care – A Review 2007. London: Department of Health

Schumacher, Thomas (2007): Soziale Arbeit als ethische Wissenschaft. Topologie einer Profession. Stuttgart: Lucius & Lucius

Staub-Bernasconi, Silvia (1983): Soziale Arbeit auf der Suche nach einer Handlungstheorie. In: Staub-Bernasconi, Silvia/Passavant, Christina/Wagner, Antonin (Hrsg.): Theorie und Praxis der Sozialen Arbeit. Entwicklungen und Zukunftsperspektiven. Bern: Haupt: 211-216

Staub-Bernasconi, Silvia (1986): Soziale Arbeit als eine besondere Art des Umgangs mit Menschen, Dingen und Ideen – Zur Entwicklung einer handlungstheoretischen Wissensbasis Sozialer Arbeit. In: Sozialarbeit 18, 10: 2-71

Staub-Bernasconi, Silvia (1998): Soziale Probleme – Soziale Berufe – Soziale Praxis. In: Heiner, Maja/Meinhold, Marianne/von Spiegel, Gertrud/Staub-Bernasconi, Silvia: Methodisches Handeln in der Sozialen Arbeit. 4 Aufl., Freiburg i. Br.: Lambertus: 11-137

Staub-Bernasconi, Silvia (2006): Theoriebildung in der Sozialarbeit. Stand und Zukunftsperspektiven einer handlungswissenschaftlichen Disziplin – ein Plädoyer für „integrierten Pluralismus". In: Schweizerische Zeitschrift für Soziale Arbeit/Revue suisse de travail social, 1/2006: 10-36

Staub-Bernasconi, Silvia (2007): Soziale Arbeit als Handlungswissenschaft. Systemtheoretische Grundlagen und professionelle Praxis. Bern: Haupt

Wendt, Wolf Rainer (1982): Ökologie und soziale Arbeit. Stuttgart: Ferdinand Enke

Wendt, Wolf Rainer (1990): Ökosozial denken und handeln. Grundlagen und Anwendungen in der Sozialarbeit. Freiburg i. Br.: Lambertus

Wendt, Wolf Rainer (1994): Wo stehen wir in Sachen Sozialarbeitswissenschaft ? Erkundungen im
  Gelände. In: Wendt, Wolf Rainer (Hrsg.): Sozial und wissenschaftlich arbeiten. Status und Posi-
  tionen der Sozialarbeitswissenschaft. Freiburg i. Br.: Lambertus: 13-40
Wendt, Wolf Rainer (2000): Vom ökosozialen Ansatz zur Sozialwirtschaftslehre. In: Soziale Arbeit,
  49, 8: 282-289
Wendt, Wolf Rainer (2002): Sozialwirtschaftslehre. Grundlagen und Perspektiven. Baden-Baden:
  Nomos
Wendt, Wolf Rainer (2003): Sozialwirtschaft – eine Systematik. Baden-Baden: Nomos
Wendt, Wolf Rainer (2004): Sozial arbeiten und sozial wirtschaften. Freiburg i. Br.: Lambertus
Wendt, Wolf Rainer (2008): Geschichte der Sozialen Arbeit 1: Die Gesellschaft vor der sozialen
  Frage. Stuttgart: UTB, Lucius & Lucius
Zapf, Wolfgang (1984): Individuelle Wohlfahrt: Lebensbedingungen und wahrgenommene Lebensqua-
  lität. In: Glatzer, Wolfgang/Zapf, Wolfgang (Hrsg.): Lebensqualität in der Bundesrepublik. Ob-
  jektive Lebensbedingungen und subjektives Wohlbefinden. Frankfurt am Main: Campus: 13-26

Theorie(n) der Sozialarbeitswissenschaft – *reloaded!*

Eine Matrix zu wissenschaftstheoretischen Skeptizismen und das Programm eines philosophisch-geisteswissenschaftlichen Neustarts

Bernd Birgmeier

Alle Wege führen ... zu den Theorien in Sozialarbeit? – eine Vorbemerkung

Jenseits aller erkenntnistheoretischer Nihilismen gilt: Je nach dem, was ein Forscher konkret zu einem in Frage stehenden Gegenstand wissen möchte, wählt er aus verschiedenen Ansätzen von philosophischen Positionen der Wissenschaftstheorie diejenige Epistemologie bzw. Metatheorie aus, die eine Durchdringung seiner spezifischen Frage an den Objektbereich am ehesten gewährleistet. Dabei kann er – angelehnt an den Kanon klassischer Erkenntnismethoden – entweder empiristisch, rationalistisch, logisch-empiristisch, kritisch-rational, historisch, phänomenologisch, positivistisch, relativistisch, pragmatisch, metaphysisch-realistisch, strukturalistisch, naturalistisch, (radikal-) konstruktivistisch, kritisch-theoretisch und/oder hermeneutisch vorgehen (vgl. Schneider 1998; Carrier 2006; Poser 2006; Chalmers 2007). Gleichgültig, welches „Meta" nun in den vielfältigen *Theorien der Sozialarbeitswissenschaft* verborgen liegt: allen Zugängen qualitativ- und quantitativ-methodischer Forschung innerhalb des Fachgebiets gemein ist die Forderung, hierüber *objektives*, d.h. nachprüfbares und gesichertes Wissen und „Wahrheiten" zu einem *Objekt* zu generieren. Eine solche, der reinen Erkenntnis verpflichtete Grundlagenforschung folgt mit den Hauptprinzipien des Beschreibens und Erklärens konkreten – nämlich streng wissenschaftstheoretischen – Regeln. Dies ist die eine Perspektive, aus der wir uns der Frage nach sozialarbeitswissenschaftlichen Theorien nähern können.

Daneben existiert in der relativ jungen Sozialarbeitswissenschaft jedoch noch eine andere, äußerst populäre Forschungsperspektive: die anwendungsbezogene oder *angewandte* Forschung. Wie es diese Nomenklatur bereits verrät, geht es in ihr offensichtlich nicht (nur) um Wahrheit, sondern um Nützlichkeit, Brauchbarkeit und um – eben – eine (zumeist auf Erfahrungen, Techniken oder „Tools" konzentrierte) Anwendbarkeit von Erkenntnissen. Was – im Einzelfall – jedoch als *nützlich* und *brauchbar* bezeichnet wird, liegt einerseits in den Händen (und damit: im Können eines „Handwerks") derjenigen, die ein – wie auch immer geartetes – individuelles Interesse an Forschung anmelden (vgl. Lüders/ Rauschenbach 2001), andererseits jedoch auch im Anwendungsdogma der Profession selbst – mit der Folge, dass zunehmend mehr auch die seit jeher von subjektiven Interessen immunologisierten Domänen der Grundlagenforschung „praxeologischen" Zwängen und Verführungen anheim zu fallen drohen und ihr Optionen für die praktische Anwendung des Wissens abverlangt werden. Doch sind solche „Sinnentwürfe" (Ströker 1994, 429) zur „angewandten" Forschung in Sozialarbeit nun wirklich an die *Disziplin*, oder nicht doch eher an die *Profession* zu adressieren, die – in der stetigen Erwartungshaltung und im Auftrag vielfältiger Mandate – soziale Probleme eben „praktisch" – und nicht vorrangig „(erkenntnis-)theoretisch" – angehen muss?[1]

---

1   „Sinnentwürfe" bezeichnen sowohl Weltanschauungen als auch Ideologien. Ich teile nicht die Auffassung C.W. Müllers (1995), die Sozialarbeitswissenschaft wäre ideologieverdächtig. Dennoch ist zwingend zwi-

Dass so manche sozialarbeitswissenschaftlichen Theorie-Betreiber ob dieser unterschiedlichen Territorial-, Einzugs- und Funktionsbereiche von Disziplin und Profession – von einigen Ausnahmen einmal abgesehen – ein eher gespaltenes Verhältnis zur Wissenschaftstheorie haben, ja: haben müssen, ist – mit Verlaub – eines der wenigen wahrhaft „logischen" Resultate aus dem aktuellen Wissenschaftsdiskurs. Und doch ist ein solches Missverhältnis zwischen subjektiven und objektiven Ansprüchen durchaus auch nachvollziehbar, denn schließlich soll es ja um die „*Bearbeitung* von gesellschaftlich und professionell als relevant angesehenen Problemlagen" (Klüsche 1999, 18; Hervorh. d. Verf.) gehen und offensichtlich nicht (nur) um objektive Erklärungen und Beschreibungen derselben. Oder etwa doch? Will die Sozialarbeitswissenschaft nun Grundlagen erforschen, die *angewendet* werden sollen; oder erst anwenden und daraus Grundlagen schaffen? Oder beides?

Soziale Arbeit als Wissenschaft im Zeitalter ohne Synthese: Rien ne va plus oder anything goes?

Je tiefer ein erkennender Mensch im Laufe seines lebenslangen Ringens *hinter* und auch *in* die Dinge geblickt hat, desto demütiger wird er, denn er hat den Schluss gezogen, dass das *Zeitalter ohne Synthese* seine Forderungen dann zu erklären beginnt, wenn der (v.a. durch eine Mystifizierung der „Praxeologien") immer bodenloser werdende Geist der Postmoderne die Felder disziplinären Wissens erfasst. Dieses Zeitalter ohne Synthese hat längst auch schon die Hauptinstanz aller Wissenschaften, die Wissenschaftstheorie, eingeholt. Galt es einst, erst dann von einer wissenschaftlichen Disziplin zu sprechen, wenn diese ihre Identität über wissenschaftstheoretische Kriterien herleiten und begründen konnte, so führt die viel beschworene „Freiheit" von Wissenschaftlern auch dazu, überaus *frei* darin zu sein, sich an wissenschaftstheoretischen Vorgaben zu orientieren oder auch nicht.

Wenn es demzufolge äußerst aussichtslos scheint, eine Disziplin nach streng wissenschaftstheoretischen Statuten zu begründen, bedient man sich bei wissenschaftlichen „Streitfällen" – zu denen die Sozialarbeitswissenschaft nun mal gehört – allzu gerne (durchaus legitimen) Kunstgriffen, mit denen zuvörderst nicht – wie üblich – den *Bedingungen der Möglichkeiten des Wissens* auf den Zahn gefühlt wird, sondern umgekehrt: *Möglichkeiten des Wissens ohne Bedingungen* beschworen werden. Dies mit der logischen Konsequenz einer Sympathisierung mit der Kritik strenger Wissenschaftstheorie! Grund genug also, das, was unverrückbar unter dem Begriff der Wissenschaftstheorie zu Buche steht, höchst skeptizistisch zu hinterfragen und – um hier eine, an einem bekannten Märchen[2] angelehnte Metapher zu bemühen – nach (Schleich-)Wegen und modi operandi[3] zu suchen, wie sich denn die scheinbar unantastbaren Wissenschafts-Wissenschaften, einschließlich ihrer offensichtlich sturen und behäbigen Regenten, überlisten ließen. Die Pläne für solcherart wissenschaftliche „Revolutionen" entstammen jedoch nicht aus etwaigen Verstecken wissenschaftlich-

---

schen Wissenschaft und Sinnentwürfen zu differenzieren: Wissenschaft als Unternehmen der Wahrheitssuche, Ideologie als Entwurf praktischer Lebensorientierung mit Wahrheitsanspruch (vgl. Ströker 1994).

2   Gemeint ist hier die Mär von „Hase und Igel".
3   Der „modus operandi" entspricht nach Bourdieu (1974) einem – auf den Habitus bezogenen – Code, mit dem eine spezifische „Kultur" erzeugt wird und der wie eine Handlungs-, Wahrnehmungs- und Denkmatrix funktioniert.

diskursanalytisch stumm und nüchtern[4] gewordener, sozialarbeitswissenschaftlicher Frei-
heits- und Widerstandskämpfer, auch nicht aus den (möglicherweise derzeit überfüllten)
Lagern „kritischer Theoretiker"[5], sondern – wen wundert es – aus den Köpfen und Federn
strenger Wissenschaftstheoretiker selbst. So hat u.a. der Wissenschaftstheoretiker Klaus
Fischer (1995) in einem viel beachteten Aufsatz konkret dafür plädiert, dass sich die Wissenschaftstheorie von ihrer Illusion zu verabschieden habe, Standards von Wissenschaftlichkeit normieren zu können. Sie (die Wissenschaftstheorie) habe die Wahl, „entweder eine
ganz *normale* Wissenschaft zu werden, die wie jede andere ihren eigenen Gegenstand, ihre
eigenen Ziele und ihre eigenen Probleme und Methoden hat, oder zu verschwinden" (1995,
254). Demnach sei die Wissenschaftstheorie eine „ganz normale" Wissenschaft – nicht mehr
und nicht weniger. Sie trete zurück in die Reihe anderer Realwissenschaften – mit dem kleinen Unterschied, dass sie ihren Gegenstandsbereich (eben) in anderen Wissenschaften sieht.
Mit diesem Ernüchterungsparadigma wäre auch die sozialarbeitswissenschaftliche Frage
nach der Relevanz der Wissenschaftstheorie geklärt: indem man sich entscheiden müsste, ob
man die Wissenschaftstheorie nun ernst nehmen will oder einfach „verschwinden" lässt!

Das allmähliche Bröckeln einer wissenschaftstheoretischen Vorherrschaft über die Realwissenschaften und Disziplinen resultiert freilich aus der dynamischen Entwicklung der
postmodernen Welt und führt zu „Fragwürdigkeiten" und Fragen, die lange Zeit nicht zu
stellen gewagt wurden; z.B. die Frage, inwiefern es überhaupt möglich und sinnvoll ist,
streng objektives Wissen im Rahmen noetischer und mimetischer Evolutionsentwicklungen
generieren zu können; oder die Frage nach dem Primat der Nützlichkeit – *nicht* der Wahrheit – von Wissen; oder die Frage nach subjektiven Bedürfnissen der Wissenschaftler selbst
und – damit verbunden – die phänomenologische Frage nach intrapersonalen Bedingtheiten
des „Wissen schaffens". Die wissenschaftshistorischen Ursprünge solcher Fragestellungen
lassen sich aus folgenden Quellen herleiten:

Die Frage nach dem objektiven Wissen – Welt 1, 2 oder 3: – Nach Popper (1971) gibt
es insgesamt drei kognitive Strukturebenen, die für das Schaffen von Wissen von Relevanz
sind. In der Physis der subjektiven Sinnesorgane, deren Eindrücke in den Hirnstrukturen
verarbeitet werden, sieht Popper die *Welt I*, den materiellen Bereich der Lebensfunktionen.[6]
Die subjektive *Welt II* ist der mentale Bereich, der sich aus der *Welt I* nährt und die Wahrnehmungen, das Fühlen und das Denken beherbergt.[7] Objektiv (und v.a. kritisch-rational)
nicht zu erklären – und für die strengen Wissenschaften daher ungreifbar – ist dagegen der
„noetische Bereich der *Welt III*, der intersubjektive Bereich der Sprache, des abstrakten
Gedächtnisses, der Belehrung aus den Erfahrungen früherer und der Weitergabe neuer
Kenntnisse an nachfolgende Generationen" (Hering 2007, 31).[8]

---

4   Ursprünglich meint der Begriff „*Diskursus*" (gr.) das Hin- und Herlaufen bzw. die Rede und Gegenrede. Gut
     möglich (und nachvollziehbar), dass disziplinäre Identitätsfindungsprozesse, die sich stets im Spagat zwischen
     x und y bewegen müssen, allmählich frustrieren und sich – in einer „Zwischenwelt" – aufzulösen drohen.

5   Im gegenwärtigen Diskurs um die Wissenschaftlichkeit der Sozialen Arbeit ist ein regelrechter Boom der
     „kritischen Theorien" und – hierüber – eine (auch möglicherweise aus diffusen Sehnsüchten nach den
     1968´ern resultierende) Renaissance (gesellschafts-)kritischer Positionierungen Sozialer Arbeit zu beobach-
     ten (vgl. May 2009).

6   Die *Welt I* – die sich in allen frühen Lebewesen entwickelt – kann wissenschaftlich-objektiv beschrieben
     werden.

7   Dieser Bereich ist nicht völlig objektiv zu erschließen und traditioneller Methodologie teilweise verschlossen.

8   Der Mensch in der *Welt III*, eine Welt des durch Erziehung ermöglichten „kulturellen Überbaus", die von
     Richard Dawkins als *Meme* bezeichnet wurde, ist allenfalls – unter Rückgriff auf die Geschichtlichkeit des
     Menschen – *verstehbar* und somit Teil *geisteswissenschaftlicher* und *philosophischer* Bemühungen.

Die Frage nach der Nützlichkeit von Wissen – Modus 2: – Heute hat Wissenschaft ein (mindestens) doppeltes Ziel: Wahrheit und Nützlichkeit. Während die Grundlagenforschung primär nach dem Verstehen von Naturzusammenhängen strebt, zielt die angewandte Forschung unmittelbar auf die Befriedigung spezifischer Bedürfnisse oder generell auf Nützlichkeit/Anwendbarkeit von Wissen für die Praxis.[9] Indem Wissenschaft damit zum unverzichtbaren Teil des Marktgeschehens (und der Marketingstrategien) geworden ist, unterwirft sie sich – ergo – immer stärker den wirtschaftlichen Kräften, mit denen ihr heute – im Anschluss an einen rein erkenntnisorientierten, galileischen *Modus 1* – der Übertritt in den sog. *Modus 2* bescheinigt werden kann.[10]

Die Frage nach den Bedingungen des Wissen Schaffens: – Eine der zentralen wissenschaftstheoretischen Fragen fokussiert das Problem, wie Theorien falsifiziert oder wie sie bestätigt werden können. Kuhn und Lakatos versuchten beide das Problem dadurch zu lösen, dass sie die Aufmerksamkeit auf die theoretischen Rahmenbedingungen lenkten, unter denen Wissenschaftler arbeiten (vgl. Chalmers 2007). Feyerabend leitete daraus Implikationen ab, die in seine „anarchistische Wissenschaftstheorie" mündeten und einem *„a-nything goes"* in der Wissenschaft huldigten – mit dem Hintergrund: es gibt keine wissenschaftliche Methode mehr; Wissenschaftler folgen ihren subjektiven Bedürfnissen![11] Der Gedanke also, so Feyerabend, die Wissenschaft könne und sollte nach festen und allgemeinen Regeln betrieben werden, wäre sowohl wirklichkeitsfern als auch schädlich.[12]

Besonders an der Sozialen Arbeit (als Wissenschaft) sind diese wissenschaftstheoretischen Ernüchterungen nicht spurlos vorüber gegangen; v.a. dann, wenn – wie es die „Newcomer-Debatte" (Staub-Bernasconi 2006, 11) in den „wilden 1990er Jahren" (Birgmeier 2003) deutlich zeigte – eine wissenschafts*systematische* Trennung nach (modernen) wissenschafts*politischen* und (traditionellen) wissenschafts*theoretischen* Identitätsbildungs- und Identitätsstiftungsabsichten nicht immer stringent eingehalten wird (vgl. Merten 1998). Auch wenn heute, nach einigem Abstand zur „heißen Phase" der Verbaldialektiken zwischen der Sozialpädagogik und der Sozialarbeit in jener Zeitspanne bereits Publikationen vorliegen, die „den Lesern den heutigen Wissenstand in dieser neuen Disziplin" (Bango 2001, IX) darzustellen versuchen, bleibt die Frage weitestgehend unbeantwortet, ob es sich mit der Sozialarbeitswissenschaft nun tatsächlich schon um eine *neue* und zum anderen um *eine* „Disziplin" handelt.

---

9   Die Praxisnähe von Wissenschaft ruft jedoch auch Bedenken hervor, dass der Anwendungsdruck auf die Wissenschaft deren Erkenntnisorientierung und deren methodologische Korrektheit in Frage stellen könnte. Zudem lasse eine von materiellen/kommerziellen Zielen getriebene Wissenschaft Objektivität und Universalität vermissen und gleite in Parteilichkeit und forschungsethisches Versagen ab (vgl. Carrier 2006).

10   Diesem *Modus 2* werden folgende Merkmale zugeschrieben: ein Primat des Anwendungszusammenhangs von Wissen; Transdisziplinarität (die disziplinäre Entfaltungslogik bestimmen Politiker, Unternehmensführungen); institutionelle Heterogenität (Forschung außerhalb von Hochschulen); gesellschaftliche Rechenschaftslegung und schließlich: veränderte Verfahren der Qualitätskontrolle (gesellschaftlich und wirtschaftlich begründete Maßstäbe treten an die Stelle herkömmlicher Beurteilungskriterien) (vgl. Carrier 2006, 155 f.).

11   Feyerabend spricht sich also gegen den Anspruch aus, dass es eine universelle, ahistorische Methode der Wissenschaft gebe, die Regeln aufstellt, die alle wissenschaftlichen Disziplinen zu erfüllen haben. Dabei meint „universell", dass die vorgeschlagene Methode auf alle Disziplinen anwendbar sein soll; „ahistorisch" will auf den zeitlosen Charakter der Methode hinweisen (vgl. Chalmers 2007).

12   Zudem sei dieser Gedanke für die Wissenschaft selbst von Nachteil, denn er vernachlässigt die komplizierten physikalischen und historischen Bedingungen des wissenschaftlichen Fortschritts. Er macht die Wissenschaft weniger anpassungsfähig und dogmatischer.

Theorie(n) der Sozialarbeitswissenschaft – ein Theorien-Paradies?

Zunächst einmal sei festgehalten: dass die Sozialarbeit eine eigenständige Wissenschaft begründen will, ist ein legitimer, ein berechtigter und ein von allen ernsthaft Beteiligten zu unterstützender Anspruch[13]. Der Wunsch und die Idee, eine autonome Wissenschaft – *neben* der Sozialpädagogik (als zweite Disziplin der *Wissenschaften Sozialer Arbeit*) – etablieren zu wollen, ist aus heutiger Sicht jedoch höchstens als eine „Vision" zu betrachten, die vor allem anderen erst einmal mit der Suche nach einem „richtigen" Verständnis von Wissenschaft und nach einem „richtigen" Verhalten der einzelnen Wissenschaftler zu beginnen hat. Denn: „Wer Wissenschaft betreibt", so gilt es für Brezinka, „*verhält sich theoretisch* und nicht praktisch" ... und auch nicht (wissenschafts-)politisch; der Wissenschaftler „will Erkenntnisse gewinnen, nicht die Welt gestalten oder Menschen beeinflussen" (1972, 21). Mit diesem Grundsatz werden aber Ambivalenzen und Bi-Polaritäten zwischen den einzelnen Akteuren – den Theoretikern einerseits, den Praktikern andererseits – innerhalb der Fachcommunities deutlich, die es – wie eingangs bereits erwähnt – beinahe unmöglich machen, eindeutig zu klären, *was* für ein Typ von Wissenschaft denn nun begründet werden soll[14] und *wem* (oder *was*) die (Sozialarbeits-)Wissenschaft primär untersteht: der Theorie *oder* der Praxis[15]? Soll sie also praktische Wissenschaft und/oder Handlungswissenschaft und/oder Erkenntnis- und/oder „Praxistheorie" sein? (vgl. Birgmeier 2003; Staub-Bernasconi 2006).

In Bezug auf Kontrareitäten zur Funktion, zum Interesse, zur Methodologie und zur Frage nach der Wissenschafts*form* der Sozialarbeitswissenschaft zeichnen sich dementsprechend auch in den *Produkten* einer (Sozialarbeits-)Wissenschaft – namentlich: in den Theorien – äußerst bunte und großflächige Landschaften ab, zumal hier meist von Theorie-Ansätzen, Theoriebildungs-„Schulen", von universellen und spezifischen Theorien gesprochen wird.[16] Und wenn wir dazu auch noch den ominösen „Stammstrauch der Theorien Sozialer Arbeit" (Engelke 2003, 440) in seiner ganzen Pracht betrachten[17], möchte man annehmen, dass es im weiten Feld der Wissenschaften wohl keine andere Disziplin gibt, die mit einem derartigen Theorien-Reichtum beschert ist wie die Soziale Arbeit! Doch dieses

13 ... dem ich mich sehr gerne anschließe – selbst, wenn die Ausführungen in diesem Beitrag – zugegebenerweise – etwas provokativ erscheinen und – dem Untertitel dieses Bandes entsprechend – weniger eine Position deutlich machen wollen, sondern vielmehr Kontroversen fokussieren, die – wenn sie denn hoffentlich gelöst werden – zur Entwicklung der Sozialarbeitswissenschaft beitragen mögen.

14 So kristallisierten sich im Blick auf die Diskussion um den Wissenschaftstypus von Sozialarbeit schon damals höchst unterschiedliche Verständnisse von „Wissenschaft" heraus; eine Sozialarbeitswissenschaft bzw. die Wissenschaft(en) (der) Soziale(n) Arbeit sollte(n) dementsprechend sein (dazu Birgmeier 2003, 66-81 u. 107 f.): eine Sozial-, Handlungs-, Verhaltens-, Interventions-, Praxis-, Querschnittswissenschaft; praktisch, angewandt, lebenspraktisch, interdisziplinär, transdisziplinär, international, technologisch, praxeologisch, integrativ, reflexiv, angewandt, synoptisch, sozialwissenschaftlich, kritisch, normativ, topisch; eine Theorie der Praxis etc. pp.

15 ... oder – wie Merten (2008, 128) feststellt: der (Wissenschafts-)Politik!

16 So nehmen neben professionalisierungstheoretischen, diskursanalytischen, psychoanalytisch orientierten sowie alltags-, lebenswelt-, lebenslagen- und lebensbewältigungsorientierten *Ansätzen* v.a. die systemtheoretischen sowie system(ist)ischen Ansätze einen breiten Raum in sozialarbeitswissenschaftlicher Theoriebildung ein (vgl. May 2008; Hollstein-Brinkmann/Staub-Bernasconi 2005). Andererseits wird eine kritisch-rational, eine alltags- und lebensweltlich, eine systemisch-prozessual und eine ökosozial-managend ausgerichtete *Schule* propagiert oder es werden mit den System-, den Gesellschafts-, den Verhaltens- und Handlungstheorien „*universelle*" Theorien beschrieben und mit Bedürfnis-, Kommunikations-, Rollentheorien etc. „*spezielle*" Theorien markiert.

17 ... der – damit den erkenntnistheoretisch bestäubten Blüten auch Raum zum Blühen bleibt – m.E. eines professionellen Zuschnitts eines wissenschaftstheoretisch geschulten „Landschaftsgärtners" bedürfte ...

(scheinbare) Theorien-Paradies in Sozialer Arbeit offenbart mithin eine äußerst fragwürdige Kehrseite; fragwürdig in jene Richtung, ob es tatsächlich „richtig" zugeht in der Theorie-Bildungspraxis! Etwas skeptisch möchte (und muss) man da schon werden; v.a. dann, wenn man einerseits die wahrhaft „theoretische" Aussagekraft dieser Theorien, also die Erkenntnisse als solche, überprüft und klassisch wissenschaftstheoretische Folien über diesen (offensichtlich) theoretisch verbürgbaren „Stammstrauch" legt. Auf der anderen Seite bieten die – in jüngster Zeit mehr als deutlich gewordenen – Tendenzen einer (Re-)Politisierung[18] und Ent-Pädagogisierung (auch der Theorien der/für Sozialarbeit) hinlänglich Grund zur Annahme, die Sozialarbeitswissenschaft verfehle allmählich die Maxime eines von Marquard so trefflich formulierten Aphorismus, der auch das anything goes in der Wissenschaft dazu anmahnt, sich zu überdenken; denn: „Der Sinn ist stets der Unsinn, den man lässt"!

Kritische – dick wissenschaftstheoretisch belegte – Zungen behaupten auch heute noch, es gäbe eigentlich nur eine einzige, wirklich „theoretische" Annäherung an die Sozialarbeit: die „Theorie der Sozialarbeit" von Lutz Rössner (1971; 1977). Streng genommen handelt es sich dabei jedoch nicht um eine Theorie, sondern – wie es Rössner selbst nennt – um einen Entwurf bzw. eine Skizze. Und dennoch: wenn wir uns an den Maximen einer – im Rahmen des Positivismusstreits vorwiegend von Popper und Albert vertretenen – empirisch-analytischen Wissenschaftstheorie orientieren, wird die Auffassung Rössners durchaus verständlich, dass allein die methodologische Basis des Kritischen Rationalismus es ermöglichte, uns zu brauchbaren wissenschaftlichen Theorien auch für den Bereich der Sozialarbeit zu verhelfen, um den (damaligen?) Tatbestand zu beheben, dass bisher keine umfassende wissenschaftliche Theorie der Sozialarbeit (bzw. Sozialarbeitswissenschaft) vorliegt. Nun: Es besteht kein Zweifel daran, dass Rössners Theorie (oder der Entwurf davon) eine wissenschaftliche Theorie der Sozialarbeit darstellt.[19] Ob und inwiefern Rössners Theorie nun tatsächlich „praktikabel" sei, ist umstritten – vor allem dann, wenn man – wie es der Lebensform eines (wissenschaftspolitisch verführten) Bios praktikus nun mal eigen ist – Forschungslogiken zu Handlungslogiken ummodelliert und – damit – wissenschaftsmethodologische Erkenntnisverfahren als Gebrauchsanleitungen für anwendungspraktische Handlungspraxen (miss-)verstehen will! Die Technik (und auch: die „Poietik") wird somit nicht nur zum Maß aller Dinge in der Praxis, sondern sie mutiert auch zum Ziel und Zweck aller Theorie![20]

Der Bios Praktikos und die Folgen für die Theoriebildung in Sozialarbeit

Der „Mythos" einer rezeptologisch verordneten, entpädagogisierten (und re-politisierten) Praxis und die darin enthaltenen Entwicklungstendenzen hin zu einer technologisierten An-

---

18 Konkret: einer Politisierung von Wissenschaft oder anders: einem Primat der Wissenschaftspolitik vor der Wissenschaftstheorie.

19 Zudem – so wird jedenfalls von Engelke (2003) behauptet – würde diese Theorie von den PraktikerInnen sehr dankbar aufgenommen, obwohl sie sich auch heftige Kritik gefallen lassen müsse wegen der Negation geschichtlicher Dimensionen in der Wirklichkeit und ihrer „Technologiezentriertheit".

20 Mit anderen Worten: eine reine, auf Erkenntnis gerichtete Theoriebildung in Sozialarbeit nach dem Rössner'schen Vorgehen wurde zwar erwünscht, um eine autonome Sozialarbeitswissenschaft in die Riege der anderen etablierten (Sozial-)Wissenschaften einzuführen. „Erkenntnis" wurde jedoch – ebenso in einer Verschiebung des Fokus vom Adressaten zum Akteur in Sozialer Arbeit – vielfach in die Zwangsjacke ihrer Anwendung und Nützlichkeit gesteckt und nach den Idealen einer technologiezentrierten Praxis-Theorie von einer Denk- in eine Handlungs-Logik „umformatiert".

wendungswissenschaft – die zugleich aber eine Absage an Prinzipien „echter" Wissenschaftlichkeit impliziert – führt uns unweigerlich (zurück) in fluide, boden- und orientierungslose
„Zwischenwelten" (vgl. Fußnote 4), in der die Geister des Theorie-Praxis-Problems innerhalb der „Debatte um Sozialarbeitswissenschaft" (Göppner/Hämäläinen 2004) – nach wie
vor – ihr Unwesen treiben. Wahrhaft „problematisch" ist dabei jedoch weder die Theorie
noch die Praxis als solche, vielmehr sind es die (problematischen) – durchaus auch von „personalen Zentren" (Merten 2008, 129) vorangetriebenen – Vorstellungen über die Strukturen,
mit denen ein *setting* zwischen Theorie und Praxis organisiert werden soll – z.B. (am ein-
fachsten?) über eine sog. *Praxistheorie*?

Der Begriff „Praxistheorie"?[21], mit dem ein Handlungsfeld (eben die Sozialarbeit) gewissermaßen einen wissenschaftlichen „Schliff" erhalten soll, gerät jedoch in diverse wissenschaftstheoretische Paradoxien. Denn: zielte eine Praxistheorie ausschließlich darauf ab
zu klären, *wie* die Praxis des Akteurs aussehen soll bzw. *wie* es ein in sozialen Berufen
Agierender machen muss, um ein bestimmtes Ereignis zu erzielen, und *was* er dafür
braucht, dann zeigt sich das praxistheoretische Programm als Technologien vermittelnd rein
methodenorientiert. Auf die institutionelle Ebene des Wissen Schaffens für Sozialarbeit
herunter gebrochen würde dies bedeuten, dass die disziplinäre wie auch die professionelle
Verfasstheit der Sozialarbeit strukturell identisch seien, wodurch die Sozialarbeitswissenschaft ein deutliches „professionsdisziplinäres" (?!) Wesen offenbarte, deren Forschung
sich darin begnügen würde, ihre jeweilige institutionalisierte Praxis, also ihre Profession
selbst zum Gegenstand zu erheben und einzig ihr beruflich-praktisches und methodisch(-
technologisches) Tun in den theoriebezogenen Wissensspeicher zu integrieren. Praxistheorien verkörpern damit ein Programm professioneller Praxishandlungen und geben vor,
durch das Entwerfen von Theorien über das Handeln von Sozialarbeitern einen Wissenschaftstypus konstruieren zu können, der sich *nicht* auf Handlungstheorien im engeren
Sinne[22] bezieht, sondern auf „Professionshandlungstheorien", die, dem Anwendungszwang
von „Praxiswissenschaften" folgend, *wirklichkeits*theoretische mit *erkenntnis*theoretischen
Wissensstrukturen vermischen und daher höchstens einer Methodenlehre, einem Handwerk
oder einer Wissenschaft der Methodik, Technik bzw. Kunst sozialarbeiterischer Intervention entsprechen. Genuin disziplinäre Referenzkriterien würden damit – überspitzt formuliert
– auch nur dann „wahr" oder „richtig" sein, wenn sie – gleichzeitig – auch den Referenzkriterien von Professionen, also der „Wirksamkeit" entsprächen.

Wirksamkeitsabhängige „Produktrelevanzen" – nach dem Motto: *wahr* ist, was *wirkt!*
– zum alleinigen Gütekriterium praxiswissenschaftlicher Erkenntnis zu verabsolutieren,
führte zu einer gefährlichen Inflationierung wissenschaftlicher Produkte im „materiellen
Verwertungsprozess" (Mittelstraß 1992, 260) und mündete letztlich darin, das, was sich in
der Praxis im Einzelfall finden lässt, (wie auch immer) theoretisch aufzuarbeiten, um es
dann in Form von konkreten Handlungsanweisungen dem Sozialarbeiter an die Hand zu
geben.[23] Eine Sozialarbeitswissenschaft als Praxiswissenschaft, die ihre Praxis bzw. eine

---

21 Die wohl verlockendste Version zur Lösung des Theorie-Praxis-Problems, die „Praxistheorie", stellt – im
    Vergleich zu den Kriterien wissenschaftlicher Theoriebildung – einen eigenen Typus von Theorie dar, bei
    dem es sich jedoch lediglich um ein Rezept zu handeln scheint, um Theorie mit Praxis identisch zu setzen.

22 Wie etwa in den Handlungswissenschaften (vgl. Straub/Werbik 1999; Lenk 1977-1984; 1989; Birgmeier
    2003; 2005; 2009; Göppner/Hämäläinen 2004; Callo 2005; Staub-Bernasconi 2006; 2007).

23 Aus diesem Grunde, der uns wieder auf den technologischen Horizont positivistischer, empirisch-
    analytischer Theorien (z.B. Rössners Theorie der Sozialarbeit) zurückführt, ist der Sozialarbeitswissenschaft
    davon abzuraten, sich alleine durch ihre reine Praxis-Bestimmung zu verabsolutieren.

Kunstlehre (*techné*) zum Gegenstand der Theorie erhebt, leugnete somit die Unverfügbarkeit von Praxis für Theorie und entpuppte sich allenfalls als ein System technologisch anwendbarer Sätze, will heißen: als ein Kompendium von Erfahrungen, Tools und Interventionstechniken, die sich der „Praktiker" anlegt und aus denen er sich in den einzigartigen Situationen der Praxis nach Bedarf Anweisungen holt. Es darf demnach also festgehalten werden: Wer Theorie mit Praxis und Praxis mit Poiesis[24] verwechselt oder identisch setzt, verheizt und entfremdet die Qualität wichtiger, doch voneinander unabhängiger struktureller Dimensionen sozialarbeiterischer Wissensbestände und Wissensschöpfungsprozesse!

Lesarten einer Sozialarbeitswissenschaft als Handlungswissenschaft und ihr philosophisch-geisteswissenschaftlicher Neustart – ein Fazit

Die Debatte um eine „Praxistheorie" zeigt deutlich, dass Theorien – in den Dienst techn(olog)ischer Nutzanwendung gestellt – nur allzu gerne (naiv) pragmatisch-technisch, d.h. auf optimale Anwendbarkeit im Sinne herstellenden Machens hin entworfen werden und dass *Praxis* zu dem wird, was eigentlich *Poiesis* heißen müsste.[25] Ob dies die korrekte und „richtige" Richtung zur Bildung von Theorien und zur Etablierung einer Sozialarbeitswissenschaft ist, bleibt m.E. sehr fragwürdig. Vielmehr sind Bemühungen dort anzustrengen, Sozialarbeit als „klassische" Handlungswissenschaft[26] (vgl. Lenk 1989) anzudenken, die – ihrem Programm gemäß – den Menschen in den Fokus ihres erkenntnis- *und* handlungsleitenden Interesses rückt und mit Hilfe philosophischer Handlungstheorien eine Versöhnung zwischen disziplinären und professionellen Wissensstrukturen der Sozialarbeit sicher stellt. Der Verweis auf eine „Versöhnung" wissenschaftsstruktureller Elemente in der Sozialarbeitswissenschaft (als Handlungs- und *nicht* als Praxiswissenschaft!) legitimiert sich alleine schon deshalb, weil eine rein sozialwissenschaftlich geleitete empirisch-beobachtungswissenschaftliche und experimentelle Erforschung und Erschließung des Praxisfeldes „Sozialarbeit" bei weitem nicht genügt, um dem Menschen (auch als Adressaten der Hilfe sozialarbeiterischer Bemühungen) gerecht zu werden – vor allem dann, wenn die Resultate solcher „Forschung" einzig den Akteuren im sozialen Feld zur Verfügung gestellt werden sollen und auf *Erklärungen* abzielen, welche Techniken ein Sozialarbeiter für sein „professionelles Handeln" zu verwenden hat. Vielmehr ist – in der Tradition (echter!) handlungstheoretischer Forschung auf einen Leitbegriff von Handlung zurück zu grei-

---

24 Nach aristotelischer Wissenschaftsaufteilung liegt die Aufgabe einer theoretischen Wissenschaft im erkennenden Betrachten der letzten Ursachen und Zusammenhänge im Kosmos, die der praktischen Wissenschaft im verantwortlichen, selbst bestimmten und ideengeleiteten Handeln des Menschen (nicht in der Praxis!) und die der poietischen Wissenschaft im Werkschaffen/herstellenden Machen (vgl. Tschamler 1998; vgl. zum Theoriediskurs in der Sozialpädagogik: Winkler 2009). Wenn Theorie demzufolge als eine Erkenntnissuche um der Wahrheit willen definiert werden kann, darf sie sich keinesfalls auf die (beinahe sakrosante; vgl. Tosel 1999) Praxis als alleinigen Wissenslieferanten verlassen; und schon gar nicht auf die Poiesis.

25 Im Kontext der Frage nach der/n *Theorie(n) der Sozialarbeitswissenschaften* erinnern solche Entfremdungseffekte stark an Wittgensteins berühmte Ofen-Metapher, denn: ähnlich, wie es bei einem Ofen müßig wäre zu fragen, wo denn nun die Kälte aufhöre und die Hitze beginne, wäre es bei *Praxistheorien* der Sozialarbeitswissenschaft ebenso naiv danach zu fragen, wo Theorie, Praxis und Poiesis beginnen … und enden!

26 Handlungswissenschaftliche Grundlagendisziplinen sind i.e.L. Philosophie, Sozialwissenschaften, Verhaltenswissenschaften und normative Wissenschaften oder – nach Lumer (1990): es ist zu unterscheiden zwischen normativen, empirischen, rationalen und philosophischen handlungstheoretischen Zweigen.

fen, der als (auch: sozialarbeitswissenschaftlicher) „Objektbereich" mit Hilfe erkenntnistheoretischer Methodologien *erklärt* und *verstanden* werden kann.[27]

Eine wissenschaftliche Erfassung des Handelns, so Lenk, ist daher stets auch mit philosophischen *Deutungen* zu verbinden, wenn – wie es ja auch in der Sozialarbeitswissenschaft der Fall sein sollte – „das alltägliche und lebensweltliche Erfassen, Beschreiben, Verstehen und Beobachten von Handlungen" (1989, 119 f.) eine bevorzugte und zentrale Rollen spielen soll. Die hinter dieser Forderung stehende Problematik verweist mithin auf den „doppelten Aspekt" des Handelns, der dem objektivierenden Zugriff einer strengen Sozialwissenschaft entgeht. Denn der Mensch nimmt seine Handlungen nicht nur wie einen außerhalb von ihm ablaufenden Bewegungsprozess bzw. wie eine „objektiv feststellbare und intersubjektiv nachprüfbare Ereignisfolge" wahr, sondern „er *erlebt* sein Handeln auch (und dies ist ein Charakteristikum des Handelns gegenüber objektiv beschreibbaren Bewegungen) als von ihm gesetzte, gewollte und zumeist bewusst initiierte zielorientierte Tätigkeit" (Lenk 1989, 120). Eine wissenschaftlich-methodologische Erfassung von Handlung kann daher nicht nur über erfahrungswissenschaftliche Handlungserklärungen – wie es ja zum Programm der Sozialwissenschaften gehört – bewerkstelligt werden; vielmehr sind neben sozialwissenschaftlich erfassbaren gesetzesstrukturellen Aspekten eben auch einer *philosophischen* Interpretation zugängliche Aspekte, d.h. also nicht exakt wissenschaftlich deutbare Aspekte, notwendig. Aus diesem „Doppelcharakter des Handlungsbegriffes" ergibt sich schließlich eine ebenso *doppelte Aufgabe* aller Handlungswissenschaften, nämlich „dass über die wissenschaftstheoretische Problematik einer Methodologie der Handlungs*erklärung* hinaus … eine *philosophisch deutende* Rekonstruktion von Handlungskonzepten zu erarbeiten ist, die philosophisch-anthropologische, lebensweltlich-kontextuelle, historische, kulturelle und weitere Einflussfaktoren berücksichtigen muss" (Lenk 1989, 120).

Das Fazit: Die Sozialarbeitswissenschaft ist – und darin ist einer Vielzahl von Sozialarbeitswissenschaftlern uneingeschränkt zuzustimmen – als *Handlungswissenschaft* zu entwickeln[28]; dies jedoch aus einer (mindestens) zweifachen Lesart heraus: einmal als „klassische", anthropologisch-erkenntnisorientierte Handlungswissenschaft (in Anlehnung an die Allgemeine bzw. Philosophische Handlungstheorie), zum zweiten in ihrer spezifischen Form als angewandte, praxisorientierte, sozialwissenschaftliche Handlungswissenschaft (in Anlehnung an u.a. Professionstheorien). Mit dieser wissenschaftstypischen Festlegung ist gleichermaßen ein Gegenstand der Sozialarbeitswissenschaft ausgemacht, der, den Handlungswissenschaften gemäß, einen spezifischen Aspekt von Handlung als anthropologische Grundkategorie des Menschen ins Licht rückt; dies jedoch nicht nur aus dem (praxiswissenschaftlichen) Blickwinkel der Akteure *in*, sondern aus dem (handlungswissenschaftlichen) Blick auf die Adressaten *von* Sozialer Arbeit[29], einem Blick auf die Adressaten und deren

---

27   Ähnlich also, wie es auch in der Soziologie der Fall ist, in der sich u.a. eine *verstehende* und eine *erklärende* Soziologie im Blick auf ein gemeinsames soziologisches Erkenntnisinteresse wunderbar ergänzen.

28   … so lange „Handlungswissenschaft" nicht – wie Martin es postuliert – missverstanden werden will als Kunst, die aufzeigen will, Ziele wirksam zu verwirklichen und deren Ergebnis es sei, „Interventionswissen" zu schaffen, „um die Realität zu verändern" (2006, 229). Und wenn Martin dann noch der „Handlungswissenschaft" aufbürdet, sie solle aufzeigen, „wie die Welt bzw. Dinge dieser Welt verändert werden können" (ebd.), so stellt dies eine – vorsichtig formuliert – definitorische „Themaverfehlung" dar, die eher an Maximen marxistischer Weltanschauungen erinnert als an wissenschaftlich und wissenschaftstheoretisch verbürgbare Erkenntnisoptionen.

29   Daher sei noch einmal darauf hingewiesen, dass es für das Wissenschaftsprogramm einer Sozialen Arbeit unabdingbar nötig ist, begrifflich zwischen Praxis und Handlung resp. zwischen Praxiswissenschaften und Handlungswissenschaften zu unterscheiden. Praxiswissenschaften, als methodische Praxis- bzw. Kunstleh-

Leben und Lebensprobleme, die durch ihre erzählbaren Geschichten deutlich werden. Sozialwissenschaften *negieren*, Geisteswissenschaften *kompensieren* die Geschichtslosigkeit der Wissenschaften vom Menschen. In den Geschichten der Menschen, in ihrer Historizität gehen die Geisteswissenschaften auf, in dem sie nach dem einzelnen Menschen in seiner historisch gewachsenen, lebensweltlichen Ganzheit fragen und nach dem, „warum" Adressaten der Sozialen Arbeit in ihren Selbstschöpfungs-, Sinngebungs- und Handlungsabsichten (individuelle und soziale) Probleme haben.

Der Mensch – auch der, den wir in der Sozialarbeit zum Gegenstand erheben müssen – *ist* seine jeweils individuelle *Geschichte*.[30] Mit diesem Grundverständnis lässt sich auch die Rolle der Philosophie im Kontext der (strengen) Wissenschaften als eine Grund- und Orientierungswissenschaft bzw. Wissenschaftstheorie bestimmen. Denn sie kann und muss – in Bezug auf ihre Geschichts- und Geschichtenverhaftetheit – auch für die Sozialarbeitswissenschaft eine dezidiert *reflexive* Funktion erfüllen. Philosophie und Geisteswissenschaften sind als „reflektierende Wissenschaften" – auch und vor allem auch in Bezug auf die „professionellen" Praxen (z.B. der Sozialarbeit) – einem „rückbezüglichen Denken" (vgl. Marquard 1981, 196 f.) verpflichtet. Die Philosophie ist dies aber – und das unterscheidet sie von den etablierten Grundwissenschaften – so, dass sie die Reflexion nicht vor der Radikalisierung zur sekundären Naivität stoppt, nämlich der reflexiven Frage: Was hat das mit mir/mit uns zu tun und mit der Lebenswelt und dem Leben, nicht sofern wir es erforschen, sondern sofern wir es selber leben müssen! Und eben weil die methodisch verfahrenden Wissenschaften – durch ihr ausklammerndes Verfahren – die Wirklichkeit in Konstrukte verwandeln und dadurch stets der Gefahr unterliegen, prächtige Reflexionsschlösser zu bauen, in denen in Wirklichkeit niemand lebt, wird die Philosophie (als „Agentur der Rückbezüglichkeit" und als fundamentale Orientierungswissenschaft) so *modern* und gerade gegenwärtig – auch für die Sozialarbeitswissenschaft (als Sozial- *und* als Geisteswissenschaft) – so nötig wie nie zuvor.

Je moderner also die moderne Welt wird und je weltfremder wir in ihr werden, desto unvermeintlicher werden auch die Geisteswissenschaften und desto wichtiger wird das Nachdenken *über* den Menschen und seine Lebensgeschichten, die dieser erzählt – vor allem

---

ren, können erkenntnistheoretisch nur wenig für eine epistemologisch gestützte Handlungstheorie beitragen. Wenn nämlich die Sozialarbeitswissenschaft unter dem Deckmantel einer „Handlungswissenschaft" an „den in der Realität angetroffenen Bedingungen, der ´sozialarbeiterischen Wirklichkeit'" festgemacht werden soll und Soziale Arbeit daher als „Wirklichkeitswissenschaft" (vgl. Klüsche 1999, 19 f.) tituliert wird, die im Kern relevantes Wissen „entsprechend den Anforderungen der praktischen Sozialen Arbeit" und für eine effizientere Handlungskompetenz seitens der Professionellen erzeugt, um „wirksamere Problemlösungen herbeizuführen", dann unterscheidet sich eine derart „formatierte" Sozialarbeitswissenschaft nicht nur „wesentlich von der Mehrzahl ihrer Bezugswissenschaften, die als reine erkenntniserzeugende Disziplinen ihren Ausgang genommen haben" (vgl. Klüsche 1999, 28 f.), sondern sie ist damit genau genommen nicht „(handlungs-)wissenschaftlich" zu verorten, insofern sie ein spezifisches Akteurshandeln technologisch und in Form von Professionstheorien einzig auf eine gelingende berufliche Praxis (und nicht auf eine „gelingende Lebenswelt") abhebt. Mit der Ignoranz adressatenspezifischer Lebenswelten von spezifisch sozialwissenschaftlich hergeleiteten Professionstheorien dreht sich neuerdings alles um das „Soll" der Handlung des *Akteurs* und beinahe nichts mehr um das geschichtlich gewordene „Ist" der (potentiellen) Handlung(sunfähigkeit) des *Adressaten*.

30   Und weil die Menschen ihre Geschichten sind, darum ist das Erzählen von Geschichten – *Narrare necesse est!* (vgl. Marquard 2001a) – unvermeintlich (vgl. ebd. 2007, 55 f.). So bestimmt Marquard die Hermeneutik in seinem Aufsatz *Frage nach der Frage, auf die die Hermeneutik die Antwort ist* (vgl. Marquard 2005) primär als ein Vergangenheitsverhältnis und als eine der Reflexion verpflichtete „Replik auf die menschliche Endlichkeit", da nur Dinge (zum Menschen), die schon da sind, wirklich verstanden und interpretiert werden könnten.

dann, wenn wir dem Adressaten der Sozialen Arbeit würdevoll und mit Achtung begegnen wollen (vgl. Mührel 2008). Die Sozialarbeitswissenschaft setzt damit – falls sie tatsächlich den ganzen Menschen in den Blickpunkt ihrer Interesses stellen möchte – auf eine Pluralität der Wissenschaften[31], die ihre Defizite wechselseitig kompensieren und auf ein Primat der philosophischen Reflexion (ihres Wissens *und* Handelns). Demnach dürfte es auch nützlich sein, sich Gedanken darüber zu machen, wie sich alle Humanwissenschaften aus ihren Isolierungen herauslösen und zur Zusammenarbeit führen lassen und wie man einem sozialarbeitswissenschaftlichen Theorie(entwick-lungs)-Programm anhand der Vorstellung eines „integrierten Pluralismus" (Staub-Bernasconi 2006, 32) gerecht werden kann, in dem beide Lesarten der Sozialarbeitswissenschaft als (sozial- *und* geisteswissenschaftliche) Handlungswissenschaft aufeinander zuzugehen bereit sind. Noch nützlicher ist es gegenwärtig jedoch, (endlich!) zu klären, was sich im Newcomer-Diskurs zur „Sozialen Arbeit als Wissenschaft" in den 1990er Jahren bereits gezeigt hat: einmal eine Lösung zur Frage nach den Begriffen Sozialarbeit und Sozialpädagogik (und deren Beziehungen zueinander); und zum zweiten eine verlässliche Verständigung darüber, was wir nun unter Wissenschaft im Allgemeinen, unter „Handlungswissenschaft" im Speziellen verstehen wollen und was nicht. Solange das babylonische Sprachgewirr konkret zu diesen Problempunkten nicht aufgelöst ist, solange werden wir uns auch in Fragen nach der/n *Theorie(n) der Sozialarbeitswissenschaft(en)* praktisch und theoretisch immer weiter im Kreis drehen.

Möglicherweise müssen wir das von einigen Vertretern des Faches (besser: der Fächer) angezielte Vorhaben letztendlich aufgeben, die Sozialarbeitswissenschaft *und* die Sozialpädagogik als *eine*, als *die* Disziplin oder Wissenschaft der Sozialen Arbeit konfigurieren zu können[32]. Daher sind die Sozialpädagogik als auch die Sozialarbeitswissenschaft, wenn es schon nicht anders geht, trotz vielfältiger gemeinsamer Interessen, wohl als zwei voneinander unabhängige, autonome Disziplinen auf ihren jeweils bevorzugten, eigenen Weg zur „Verwissenschaftlichung" zu schicken[33]. Vielleicht finden sie dann ja auch irgendwann einmal wieder zusammen – spätestens dann, wenn wir (gemeinsam!)[34] – den Verlust und das Abhandenkommen der Humanität und der Menschlichkeit in unserer Gesellschaft *erkennen*, beklagen und beweinen[35] und – wie in der Wissenschaft üblich – nach den Ursachen für solche „Entwicklungen" suchen müssen. Es bleibt zu hoffen, dass es dann nicht schon zu spät ist für ein *Mit-*[36] und nicht für ein *Gegen*einander von Disziplinen und Professionen, denen es doch – wenn ich es recht sehe – um den Menschen geht …

---

31 Darauf verweist zu Recht auch Staub-Bernasconi, indem sie festhält, dass es keine Profession geben kann, die sich als problembezogene Handlungswissenschaft auf eine einzige Grundlagendisziplin abstützt; denn schließlich kämen „(m)enschliche Probleme … nicht einzeldisziplinär daher" (2006, 26).

32 Damit ist v.a. das Missverständnis gemeint, die Sozialpädagogik (als Disziplin) wäre i.e.L. durch die insbesondere von Thiersch konzipierte Alltagswende (innerhalb der „realistischen" bzw. „sozialwissenschaftlichen" Wende in den Erziehungswissenschaften) in einer Sozialarbeitswissenschaft „aufgegangen"; vgl. dazu Reyer 2009).

33 Dies in der Hoffnung, auf beiden unterschiedlichen Wegen finden sich (dann auch: unterschiedliche) Erkenntnisse, die der Praxis (Sozialer Arbeit) dienlich sein könnten!

34 gemeinsam, dann aber doch getrennt in zwei „Elfenbeintürmen" auf die Welt und die Wirklichkeit blickend!

35 … nicht jedoch „*verstehen*" können (weil wir auf dieses Paradigma ohnehin ja nie groß Wert gelegt haben!)

36 … oder auch ein friedliches „Nebeneinander".

Literaturhinweise

Bangö, J. (2001): Sozialarbeitswissenschaft heute. Stuttgart.

Birgmeier, B. (2003): Soziale Arbeit: „Handlungswissenschaft", „Praxiswissenschaft" oder „Praktische Wissenschaft"? Eichstätt.

Birgmeier, B. (2005): Soziale Arbeit als Handlungswissenschaft. In: Sozialmag. 5/2005. S. 38-45.

Birgmeier, B. (2009): Theorie(n) der Sozialpädagogik – reloaded! In: Mührel, E./Birgmeier, B. (Hg.): Theorie(n) der Sozialpädagogik. Wiesbaden. S. 13-32.

Bourdieu, P. (1974): Der Habitus als Vermittlung zwischen Struktur und Praxis. In: (ders.): Zur Soziologie der symbolischen Formen. Frankfurt/M. S. 125-135.

Brenzinka, W. (1972): Von der Pädagogik zur Erziehungswissenschaft. Weinheim.

Callo, Chr. (2005): Handlungstheorie in der Sozialen Arbeit. München.

Carrier, M. (2006): Wissenschaftstheorie. Hamburg.

Chalmers, A. (2007): Wege der Wissenschaft. Berlin.

Engelke, E. (2003): Die Wissenschaft Soziale Arbeit. Freiburg/Br.

Fischer, K. (1995): Braucht die Wissenschaft eine Theorie? In: Journal for general Philosophy of science. Volume 26, No. 2/1995. S. 227-257.

Göppner, H.-J./Hämäläinen, J. (2004): Die Debatte um Sozialarbeitswissenschaft. Freiburg/Br.

Hering, W. (2007): Wie Wissenschaft ihr Wissen schafft. Reinbek.

Hollstein-Brinkmann, H./Staub-Bernasconi, S. (2005) (Hg.): Systemtheorien im Vergleich. Wiesbaden.

Klüsche, W. (1999) (Hg.): Ein Stück weitergedacht … Freiburg/Br.

Lenk, H. (1977-1984): Handlungstheorien – interdisziplinär. München.

Lenk, H. (1989): „Handlung(stheorie)". In: Seiffert, H./Radnitzky, G. (Hg.) (1989): Handlexikon zur Wissenschaftstheorie. München. S. 119-127.

Lüders, C./Rauschenbach, Th. (2001): Forschung: sozialpädagogische. In: Otto, H.-U./ Thiersch, H. (Hg.) (2001): Handbuch Sozialarbeit/Sozialpädagogik. Neuwied. S. 562-575.

Lumer, C. (1990): Handeln/Handlung/Handlungstheorie. In: Sandkühler, H.-J. (Hg.) (1990): Europ. Enzyklopädie zu Philosophie und Wissenschaften. Hamburg. S. 499-514.

Marquard, O. (1981): Bemerkungen zur Philosophie als „Grundwissenschaft". In: Zeitschrift für Didaktik der Philosophie 3/1981. S. 196-198.

Marquard, O. (2001a): Narrare necesse est. In: Philosophie des Stattdessen. Stuttgart. S. 60-65.

Marquard, O. (2001b): Über die Unvermeintlichkeit der Geisteswissenschaften. In: Apologie des Zufälligen. Stuttgart. S. 98-116.

Marquard, O. (2005): Frage nach der Frage, auf die die Hermeneutik die Antwort ist. In: Abschied vom Prinzipiellen. Stuttgart. S. 117-146.

Marquard, O. (2007): Die Philosophie der Geschichten und die Zukunft des Erzählens. In: Skepsis in der Moderne. Stuttgart. S. 55-71.

Martin, E. (2006): Die Forderung nach Wissenschaftlichkeit in der Gemeinwesenarbeit. In: Schmocker, B. (Hg.): Liebe, Macht und Erkenntnis. Freiburg/Br. S. 222-241.

May, M. (2008): Aktuelle Theoriediskurse Sozialer Arbeit. Wiesbaden.

May, M. (2009): Das Projekt einer kritischen Theorie Sozialer Arbeit – ein Zombi? In: Mührel, E./Birgmeier, B. (Hg.): Theorie(n) der Sozialpädagogik. Wiesbaden. S. 165-184.

Merten, R. (1998): Königsweg oder Holzweg? Sozialarbeitswissenschaft als Praxiswissenschaft. In: Archiv f. W. u. P. d. sozialen Arbeit 3/1998. S. 190-211.

Merten, R. (2008): Sozialarbeitswissenschaft – Vom Entschwinden eines Phantoms. In: Bielefelder Arbeitsgruppe 8 (Hg.): Soziale Arbeit in Gesellschaft. Wiesbaden. S. 128-135.

Mittelstraß, J. (1992): Leonardo-Welt. Über Wissenschaft, Forschung, Verantwortung. Frankfurt/M.

Mührel, E. (2008): Verstehen und Achten. Essen.

Mührel, E./Birgmeier, B. (2009) (Hg.): Theorie(n) der Sozialpädagogik – ein Theorie-Dilemma? Wiesbaden.

Müller, C.W. (1995): Vom Missverständnis der Forderung nach einer Sozialarbeitswissenschaft. In: Soziale Arbeit 9-10/1995. S. 337-342.

Popper, K. (1971): Logik der Forschung. Tübingen.

Poser, H. (2006): Wissenschaftstheorie. Stuttgart.

Reyer, J. (2009): Sozialpädagogik – Plädoyer zur Historisierung eines Inszenierungsdilemmas. In: Mührel, E./Birgmeier, B. (Hg.): Theorie(n) der Sozialpädagogik. Wiesbaden. S. 255-272.

Rössner, L. (1971): Entwurf einer Theorie der Sozialarbeit. In: AWPSA 2/1971. S. 196-223

Rössner, L. (1977): Erziehungs- und Sozialarbeitswissenschaft – Eine einführende System-Skizze. München

Schneider, N. (1998): Erkenntnistheorie im 20. Jahrhundert. Stuttgart.

Schurz, G. (2006): Einführung in die Wissenschaftstheorie. Darmstadt.

Staub-Bernasconi, S. (2006): Theoriebildung in der Sozialarbeit. Stand und Zukunftsperspektiven einer handlungswissenschaftlichen Disziplin – ein Plädoyer für „integrierten Pluralismus". In: Schweizerische Zeitschrift f. Soziale Arbeit 1/2006. S. 10-36

Staub-Bernasconi, S. (2007): Soziale Arbeit als Handlungswissenschaft. Bern.

Straub, J./Werbik, H. (1999) (Hg.): Handlungstheorie. Frankfurt/M.

Ströker, E. (1994): Probleme der Bestimmung und Abgrenzung von Wissenschaft. In: EuS 5/1994, S. 423-432.

Tosel, A. (1999): Praxis. In: Sandkühler, H.J. (Hg.): Enzyklopädie Philosophie. Hamburg. S. 1310-1312.

Tschamler, H. (1998): Theoria – Praxis – Techne – Poiesis. In: Köppel, G. (Hg.): Lehrerbildung im Wandel. Augsburg. S. 84-101.

Winkler, M. (2009): Theorie und Praxis revisited – oder: Sozialpädagogik als Handwerk betrachtet. In: Mührel, E./Birgmeier, B. (Hg.): Theorie(n) der Sozialpädagogik. Wiesbaden. S. 307-331.

„Unbegriffene Theorie – begrifflose Praxis" – Sozialarbeitswissenschaft zwischen Wissenschaftstheorie, Programmierung des praktischen Handelns und Adressatennutzen

Hans-Jürgen Göppner

Vorbemerkung

Dass Soziale Arbeit wissenschaftliche Grundlagen braucht, ist weltweit unbestritten, den Schritt zur Sozialarbeitswissenschaft hat man im deutschsprachigen Raum getan. Ein akademischer Status macht sich immer gut, aber man kann nicht eine Wissenschaft in die Welt setzen, wie man ein Baby in die Welt setzt. Wissenschaft verlangt die Anerkennung eines strengen Regimes, es müssen Anforderungen an die Qualität von Argumenten gestellt werden, die intersubjektive Gültigkeit beanspruchen wollen. Es genügt also nicht, wenn eine Gruppe von Gleichgesinnten sich zur Proklamation einer Sozialarbeitswissenschaft zusammenfindet. Eine Wissenschaft ist nur wissenschaftstheoretisch zu begründen, Sozialarbeitswissenschaft benötigt Wissenschaftstheorie als Metawissenschaft (Birgmeier 2005, Göppner und Hämäläinen 2004, 2007, Obrecht 2001, Schlittmaier 2005, Staub-Bernasconi 2007, Wagner 1995), was aber in der bisherigen Debatte eindeutig zu wenig Stellenwert hatte. Und wie das von Schiessling (1985) übernommene Zitat „begrifflose Theorie – unbegriffene Praxis" im Titel nahe legt, besteht, entgegen der üblichen Auffassung, dass „Theorie" für die Praxis gewöhnlich nicht zu gebrauchen sei, ein Zusammenspiel zwischen beiden: Wenn „Theorie" nicht verstanden hat, was Wissenschaft bedeutet, kann Praxis nicht begreifen, worauf es ankommt, wenn sie das Versprechen, das Adressatenwohl zu fördern, einzulösen versucht. Es geht um den Zustand der theoretischen Modelle und die Praxis, die sie möglich machen. Und es geht gar nicht nur um gelingende Praxis, die leicht zu Expertenherrschaft ausarten kann, es geht vor allem um Bewältigung der Adressatenprobleme. Praktiker sind naturgemäß immer überzeugt, das Richtige zu tun, unabhängig davon, ob sie Verfahrensweisen einsetzen, die empirisch etwas ändern können.

Wissenschaftstheorie

Wissenschaftstheorie beschäftigt sich mit der Selbstrekonstruktion von Wissenschaft. Daraus hofft man, Kriterien für wissenschaftliche Verfahren ableiten und von nichtwissenschaftlichen unterscheiden zu können. Aber es ist nicht so, dass man bei der Beschäftigung mit Wissenschaftstheorie den archimedischen Punkt[1] finden könnte, von dem aus man bauen kann. Man sieht sich einer Pluralität von möglichen Positionen gegenüber: radikaler, gemäßigter, sozialer Konstruktivismus, Positivismus, hermeneutische und kritisch-emanzipatorische Wissenschaftstheorie (Tschamler 1999). Man muss auch hier der

---

[1] Archimedes (gestorben 212 v. Chr.), der die physikalischen Hebelgesetze erforschte, soll gesagt haben: Gebet mir einen Punkt, wo ich stehen kann, so will ich (mit meinem Hebel) die Erde bewegen.

Versuchung widerstehen, eine als gültigen Ausgangspunkt für Sozialarbeitswissenschaft herzunehmen, weil dafür eine ausreichende Entscheidungsgrundlage fehlt, so dass notgedrungen eine von ihnen verabsolutiert werden müsste. Schlittmaier (2005) weist darauf hin, dass dies immer zu Engführungen z. B. bei der Entwicklung von Forschungsprogrammen führt und dazu, dass wissenschaftstheoretische Aussagen als objekttheoretische[2] missverstanden werden. Er macht das an Beispielen deutlich (a. a. O., 29f): die analytische (positivistische) Wissenschaftstheorie sieht das Ziel von Wissenschaft im Auffinden von Gesetzmäßigkeiten bzw. Regelmäßigkeiten, entsprechend sieht sie das soziale Leben determiniert und gesetzmäßig erklärbar; für die hermeneutische Wissenschaftstheorie ist Sinninterpretation die zentrale Methode, folglich ist soziale Praxis immer als Herstellung von intersubjektivem Sinn zu betrachten. Damit wird klar, dass es von den wissenschaftstheoretischen Positionen abhängt, welche Fragestellungen möglich sind. So betrachtet wäre es falsch, sich für eine zu entscheiden. Wenn man von einer Position als gültiger ausgeht, ergeben sich fast automatisch dazu passende objekttheoretische Ableitungen, die aber in ihrer Horizonteinschränkung nicht mehr reflektierbar sind.

Kein wissenschaftstheoretischer Fixpunkt – was nun?

Eine Festlegung auf *eine* wissenschaftstheoretische Position ist also problematisch, da man sich begründet für keine als die richtige entscheiden kann. Damit scheint auch die Hoffnung zu fallen, „die Standards von Wissenschaftlichkeit formulieren zu können" (Birgmeier 2005, 39). Das bedeutet, dass man mit unterschiedlichen Kriterien leben muss, wie eine Wissenschaft zu sein hat, und nach welchen Kriterien zwischen wissenschaftlich und nichtwissenschaftlich zu unterscheiden wäre. Man kann darin eine große Ernüchterung (z. B. Birgmeier) sehen, und achselzuckend, wie die anderen Wissenschaften auch, zum Tagesgeschäft übergehen und die Grundsatzfrage beiseite stellen.

Es gibt aber noch eine andere, eigentlich nahe liegende Denkmöglichkeit, wenn man die Argumentation weiterführt, dass jede wissenschaftstheoretische Position zu unterschiedlichen Fragestellungen auf der objekttheoretischen Ebene und zu unterschiedlichen Methoden bei ihrer Untersuchung führt. Das bedeutet: nur wenn alle Fragestellungen, die sich aus diesen unterschiedlichen Positionen ergeben, bearbeitet werden, kann sich Wissenschaft richtig entwickeln. So ist keine von ihnen entbehrlich. Wissenschaft ist in vollem Umfang nur möglich, wenn keine dieser Positionen radikalisiert wird, da die Verabsolutierung eines wissenschaftstheoretischen Programms auf der objekttheoretischen Ebene und auf der forschungsmethodischen Ebene zu Verkürzungen führt, die man allerdings nur erkennen kann, wenn man eine andere wissenschaftstheoretische Brille aufsetzt. Als Beispiel aus der Sozialarbeitsdiskussion lässt sich Munro (1998) anführen, die, nachdem sie den methodischen Privatismus der Sozialen Arbeit kritisiert hat, eine „wissenschaftliche" Lösung des Problems, den kognitiven Behaviorismus (also auf positivistischer Basis), vorschlägt. Aus dem reichhaltigen Angebot der Sozialwissenschaft bleibt nur eine Theorie übrig, so wird Wissenschaft zur Ideologie!

Dass es keinen wissenschaftstheoretischen Fixpunkt gibt, ist überhaupt nicht tragisch, im Gegenteil, durch die Unfixierbarkeit („Endgültigkeit der Vorläufigkeit" der Erkenntnis, Schmidt 2003, zit. n. Moser 2004, 15) wird das freie Spiel der Argumente erst so richtig zur

---

2   Objekttheorien sind Aussagen einer Wissenschaft über ihren Gegenstand (vgl. Engelke 2007, 231)

Normalität. Damit wird Wissenschaft erst richtig dynamisch und fruchtbar, weil jede Argumentation die Chance bekommt, kritisch hinterfragt zu werden, da keine Theorie auf Dauer Bestand haben kann. Widerspruch und Kritik sind normal, und keinesfalls der Beweis dafür, falsch gedacht zu haben. Eine zu starke Festlegung erzeugt auf der objekttheoretischen Ebene Kurzschlüsse, die sich als fortschrittsverhindernd erweisen. Da jede wissenschaftstheoretische Grundposition den Horizont der Fragestellungen, die innerhalb von ihr möglich sind, bestimmt und einengt, werden die konkurrenten Positionen als Reflexionshintergrund benötigt, um auf die eigenen „Schwachstellen" aufmerksam werden zu können. Das „Neue" betrachtet sich gerne naiverweise als Endpunkt der Entwicklung. Diese Problematik des Wandels lässt sich mit Robert Musil („Der Mann ohne Eigenschaften") am Beispiel der Stadtarchitektur veranschaulichen: *„Eine Stadt wie die unsere, schön und alt, mit ihrem bauherrlichen Gepräge, das im Lauf der Zeiten aus wechselndem Geschmack hervorgegangen ist (...). Die stolze Folge ihrer Bauten stellt nicht nur eine große Geschichte dar, sondern auch einen dauernden Wechsel in der Richtung der Gesinnung. Sie ist, auf diese Weise betrachtet, eine zur Steinkette gewordene Wankelmütigkeit, die sich alle Vierteljahrhunderte auf eine andere Weise vermessen hat, auf ewige Zeiten recht zu behalten".* (Musil 2005, 1127).

Z. B. der radikale Konstruktivismus

Am Beispiel des radikalen Konstruktivismus, der derzeit in der Sozialarbeitsdiskussion besonders durch Kleve (2007) vertreten wird, lässt sich noch weiter verdeutlichen, dass es notwendig ist, eine wissenschaftstheoretische Position anzuerkennen ohne den Fehler zu begehen, ihn in all seinen Implikationen zu dogmatisieren. Da keine Realität außerhalb des Bewusstseins existiert und da alles vom Beobachter abhängt, kann Wissenschaft nichts weiter sein als eine Anreicherung einer immer größer werdenden Menge von Theorien (Konstruktionen), die alle gleich gültig sind, empirische Forschung hat anscheinend keinen Stellenwert. Dazu lässt sich sagen, dass wir zwar nicht wissen können, ob eine Wirklichkeit außerhalb unseres Bewusstseins existiert, dass aber die Konstrukte keineswegs harmlos sind, weil sie zweifellos ihre Folgen haben: „Wenn Menschen eine Situation als real definieren, dann sind diese real in ihren Konsequenzen", dieses sogen. Thomas-Theorem (Thomas und Thomas 1928, 572) gilt nicht nur für Individuen als Akteure. Konstrukte haben die Funktion der „Antizipation künftiger Ereignisse". Sie stellen Klassen von Ereignissen dar, die die Wiederkehr des Gleichen konstruieren und Ordnungsbildung ermöglichen. Theoretische Konstrukte werden zu Wahrheitsmaschinen (Göppner 2009), wenn man unter Handlungsdruck vor Entscheidungen steht, da es dann mit dem „Aushalten von Ambivalenzen" nicht getan ist, was auch in den sehr deutlichen Festlegungen zu Methoden „effektiver" Sozialarbeit bei Kleve (übrigens ohne einen Bezug auf empirisches Material) zum Ausdruck kommt. Jede Theorie muss erst mal gleichberechtigt sein, der Radikalkonstruktivismus ist ein gutes Mittel gegen Orthodoxie jeder Art, das „Gegenmittel gegen Allheilmittel" (Acham, zit. n. Schmidt 1998, 126). Aber soll man so weit gehen, dass Theorien sich überhaupt nicht mehr bewähren müssen? Nach Schmidt (1998) kann zwar wissenschaftliche Erkenntnis nicht länger durch Objektivität im Sinne subjektunabhängiger Wahrheit legitimiert werden, was aber nicht Beliebigkeit bedeutet, da sie „als Suche nach bestmöglichen zweckgerichteten Problemlösungen" sich versteht. „Auch wenn kein objektives Maß für beste Problemlösungen zur Verfügung steht, gibt es in der Wissenschaft bewährte Kriterien gegen Beliebigkeit, angefangen von der logischen Konsistenz der Argumentation, der Einfachheit und Widerspruchsfreiheit der Theorie bis hin zur ‚empirischen Überprüfung' (…)" (a. a. O., 123). Man kann also die konstruktivistische Position gelten lassen, ohne die damit verbundene Folgenblindheit zu übernehmen.

Bestimmungselemente von Sozialarbeitswissenschaft

Vor diesem Hintergrund lassen sich einige formale Bestimmungen entwickeln:

1. Unterscheidbarkeit und Vermeidung der Selbstauflösung von Wissenschaft
2. Der Gegenstand der Wissenschaft kann immer nur ein Formalobjekt (als Fragestellung oder Perspektive) sein, das man nur auf dem Hintergrund wissenschaftstheoretischer Argumentationen gewinnen kann.
3. Eine Sozialarbeits*wissenschaft* kann nicht nur aus „Theorien" oder Wissen aufgebaut werden. Auch das würde Selbstauflösung bedeuten, da die dadurch erzeugte Beliebigkeit das Gegenteil des Anspruchs auf die Erweiterung wissenschaftlicher Wahrnehmungsfähigkeit durch Verbesserung der Modelle wäre.
4. Eine Praxis*wissenschaft* muss eine Wissenschaft bleiben. D. h. sie muss theoretische Modelle konstruieren, mit deren Hilfe eine zuverlässige Selbstprogrammierung der professionellen Akteure zum Adressatennutzen möglich wird.
5. Empirische Forschung ist die Schnittstelle zwischen „Theorie" und Praxis, mit ihrer Hilfe können theoretische Modelle korrigiert und so konstruiert werden, dass sie den Umgang mit Handlungsproblemen besser unterstützen können und den Adressatennutzen sicherer erreichen können.

1.   Unterscheidbarkeit und Vermeidung der Selbstauflösung von Wissenschaft

Wissenschaft würde ihre eigene Selbstauflösung betreiben, wenn sie nicht zeigen könnte, wodurch sie sich von Nicht-Wissenschaft unterscheidet. Besonders Engelke (2003) vertritt den Standpunkt, dass man den Leuten nicht vorschreiben kann, was sie unter Wissenschaft zu verstehen haben: „Es gibt viele Wege nach Rom, und es gibt auch viele Erkenntniswege zum Gegenstand einer Wissenschaftsdisziplin" (a. a. O., 202). Er teilt zwar die Ansicht „dass keine begründbare Entscheidung für eine der wissenschaftstheoretischen Positionen möglich ist." Aber er zieht problematische Folgerungen, die eine Selbstauflösung von Wissenschaft bedeuten würden: gemäß dem „anarchischen Prinzip" (a. a. O. 210) von Paul Feyerabend (1993) soll eine Verpflichtung auf eine bestimmte Wissenschaftstheorie vermieden werden zugunsten des „einzigen(n) Grundsatz(es), dem Wissenschaften im Interesse des Fortschritts folgen sollten (…): ‚anything goes' (‚Mach es wie du willst.')" (a. a. O., 211). Er will ein „Alleinvertretungsrecht" vermeiden und postuliert aber damit ein neues. Wird so nicht Wissenschaftlichkeit suspendiert, da die Frage wie sich Wissenschaft unterscheidet, völlig verschwindet? Gravierend sind die Folgen des „anrchischen Prinzips" für Theoriebildung und für die Programmierung des Handelns der Praktiker – müsste man nicht sagen: und es gibt noch viel mehr Wege, die *nicht* nach Rom führen!? Sollte man Adressaten der Sozialen Arbeit einer „anything-goes"-Sozialarbeit ausliefern? Humbug und Dilettantismus müssen als solche erkennbar bleiben, sonst wird nebenbei auch jede Fachlichkeit liquidiert und „Professionalität" zur hohlen Phrase. Wissenschaft muss unterscheidbar sein von subjektiven Meinungen, common sense, aber auch von Ideologie und Esoterik. Wenn Wissenschaft nicht zu markieren vermag, was sie unterscheidet, betreibt sie ihre eigene Selbstauflösung. Zwar ist der Horizont von Wissenschaft reichlich begrenzt (vgl. Kants „Funzel der Vernunft"), aber dies darf nicht als Argument für ein Nachlassen der Anstrengungen sein, das die Aufgabe der Wissenschaft, nämlich Verminderung von Beliebigkeit und Erkenntnisgewinn, konsequent zu verfolgen. Aussagen, die die Selbstauflösung von Wissenschaft bedeuten würden, sind zwar interessant, aber innerhalb des Systems Wissenschaft nicht sinnvoll. Sie können als Ausweis der Grenzen von Wissenschaft verwendet werden, aber nicht als Argument gegen Wissenschaft.

2. Der Gegenstand von Sozialarbeitswissenschaft kann nur über wissenschaftstheoretische Argumentation gewonnen werden

Ganz einfach – der Gegenstand der Sozialarbeitswissenschaft ist die Soziale Arbeit, wo ist das Problem? Aber anscheinend benötigt man eine „Klärung" des „Gegenstandes Sozialer Arbeit", die „von zentraler Bedeutung (ist), weil es ohne identifizierbaren Gegenstand weder eine Theorie noch eine Wissenschaft Sozialer Arbeit geben kann" (Staub-Bernasconi 2007, 134). Der Gegenstand Sozialer Arbeit soll sich also wohl durch Beobachtung der Praxis klären, mit welchem sich dann die Wissenschaft zu beschäftigen hat? Daraus ergibt sich die Schwierigkeit, dass man sich in einem Argumentationszirkel verstrickt, da die Praxis wiederum auch nicht voraussetzungsfrei beobachtbar ist. Man ist à la Einstein („Die Theorie bestimmt, was man beobachten kann") immer in theoriebedingter Blindheit befangen, d. h. die implizite oder explizite Theorie (mag sie noch so elaboriert sein), bestimmt, was für gültig gehalten wird. Bei der Beobachtung der Praxis zum Zweck der „Gegenstandsbestimmung" kann es passieren, dass der Stempel, den man der Sache aufdrückt, weniger mit Sozialer Arbeit etwas zu tun hat, als vielmehr die eigenen theoretischen Relevanzstrukturen reproduziert. Es ist also offensichtlich, dass der Gegenstand der Sozialarbeitswissenschaft von der Sozialen Arbeit her schwer auszumachen ist, einerseits hat diese „viele Gesichter", andererseits kann deren Beobachtung nicht voraussetzungsfrei geschehen.

Der Gegenstand kann kein Materialobjekt sein

Es wurde viel Mühe darauf verwendet, über die Suche nach dem Gegenstand das Einsatz„gebiet" von Sozialer Arbeit (wie ein Goldgräber seinen Claim) abzustecken, in dem sie fachlich zuständig ist und ihre Fachlichkeit aufzeigen kann, die professionelle Identität zu sichern und Abgrenzungskriterien von anderen Professionen bzw. Disziplinen, ja sogar eine „disziplinäre Heimat" (Haupert und Kraimer 1991) zu haben (Zusammenstellung bei Hellmann, 2007). Dabei kamen sehr verschiedene Ergebnisse heraus, so dass die beabsichtigte Einheitsstiftung nicht möglich war. Außerdem fand keine Vergewisserung, statt, auf welchen Voraussetzungen man dabei aufbaute. Der Urfehler war, dass man eine Wissenschaft für die Probleme der Praxis verzwecken wollte, mit dem Folgefehler, dass man den Gegenstand der Wissenschaft durch ein Materialobjekt bestimmen wollte. Wenn man nach dem spezifischen Klientel der Sozialen Arbeit Ausschau hält und dieses z. B. bei Menschen mit „sozialen Problemen" bzw. mit „Problemen der Alltagspraxis/Lebensbewältigung" zu finden und als Gegenstand der Wissenschaft übernehmen zu können glaubt, bezieht man sich auf ein Materialobjekt. Kennzeichnend für eine eigenständige Wissenschaft ist jedoch ihr Formalobjekt, die Perspektive, die man an einem Materialobjekt bearbeitet: z. B. der Mensch kann unter der Perspektive von Gesundheit/Krankheit (Medizin), von Erleben und Verhalten (Psychologie), von sozialen Gruppierungen und Machtverhältnissen (Soziologie), von ökonomischen Verhältnissen (Ökonomie) Gegenstand der Bearbeitung sein. Ist eine neue Wissenschaft damit zu begründen, dass ein Klientel, das „Probleme der Alltagspraxis" hat, eine solche erfordern?

Objekttheoretische und wissenschaftstheoretische Befangenheit

Meist kommt, da man die Tragweite wissenschaftstheoretischer Fragen nicht erkannte, ein objekttheoretischer Fehlschluss hinzu, der verhindert, dass das Konzept offen bleiben kann für alle theoretischen Ressourcen, sondern dazu führt, dass man eine Heimat in einem Theoriekomplex gefunden hat, von der aus konkurrierende Alternativen unverständlich und unplausibel erscheinen.

Wohin es führt, wenn man nur die scheinbar nahe liegenden Abgrenzungsfragen der Profession im Auge hat, lässt sich mit vielen Beispielen zeigen. Für den „Life Model"-Ansatz von Germain und Gitterman (1999) und den sich darauf beziehenden „ökosozialen" Ansatz von Wendt (1990) ist die „Wechselwirkung zwischen Mensch und Umwelt" der Gegenstand. Wakefield kritisiert zu recht den „dogmatischen Zirkularimus" bei Germain und Gitterman, weil „they suggest that social work, *by definition*, deals only with circular transactions" (Wakefield 1996, 13): Probleme, die innerhalb der Person zu definieren wären, im Umfeld oder in beiden zusammen, werden so eliminiert, was letztlich die Effektivität der Praxis unterminiert. Bei Wendt (1990) stellt sich die Frage, mit welcher Begründung er einfach die „Theorie des ökosozialen Ansatzes" als die gültige und „Lebensmanagement" als für die Zielgruppe zentrales Thema erklärt. Eine dialogische Philosophie der Begegnung (Mührel 2008) z. B. hat da keinen Platz mehr. Ebenfalls aufgrund einer objekttheoretischen Vorfestlegung kommen Bommes und Scherr (2000) zu der Formulierung: „Die Funktion Sozialer Arbeit kann (…) als Inklusionsvermittlung, Exklusionsvermeidung bzw. Exklusionsverwaltung beschrieben werden" (a. a. O., 107). Wenn man so definiert, verstellt man sich den Blick dafür, dass „Exkludierte" nicht nur exkludiert sind, z. B. Obdachlose haben auch noch andere Probleme. Exklusion ist eine soziologische Kategorie, die für sich allein verwendet, andere ausschließt. Auch die lebensweltorientierte Sozialpädagogik, die beanspruchte, sich durch Alltagsorientierung auszuzeichnen (und sich so von der „Defektorienierung" einer psychopathologisierenden Betrachtung abzuheben – ein Verstoß gegen die prinzipielle Offenheit!), und Leitdisziplin für Soziale Arbeit zu sein, bestimmt sich in der Tübinger Version (Thiersch 1992) objekttheoretisch und wissenschaftstheoretisch auf der Grundlage einer hermeneutischen Soziologie.

Man findet auf diese Weise schnell einen für sich selbst plausiblen Gegenstand, man lässt aber gewissermaßen trojanische Pferde ein, in Form versteckter Dogmatismen verursacht durch objekttheoretische Befangenheit. Jeder objekttheoretisch ansetzende Vorschlag macht sich zum Gefangenen der Theorie-Sprache (aber z. B. „sozial Exkludierte" sind nicht nur exkludiert, „Arme" sind nicht nur arm, „psychisch Kranke" sind nicht nur krank im medizinischen Sinn usw.), mit dem Resultat einer Vorabentscheidung darüber, welche Theorie-Modelle mitreden können und welche nicht. So kommt eine Paradigmenkrise nach

der anderen, es „beansprucht fast jede neue Theorie der Sozialen Arbeit einen Paradigmenwechsel einzuleiten" (Staub-Bernasconi 2003, 132). Aber auch die wissenschaftstheoretische Befangenheit (nur eine Position als die annehmbare) ist gefährlich. Mit der Festlegung
auf eine wissenschaftstheoretische Position werden die Fragestellungen ausgeschaltet, die
aus anderen Positionen heraus formulierbar wären. Und wenn Wissenschaft schließlich auf
das reduziert wird, was der Praxis nutzt, fehlt jedes systematische Reflexionsinstrument, es
regiert die objekt- und wissenschaftstheoretische Beliebigkeit.

Das Formalobjekt der Sozialarbeitswissenschaft

Davon heben sich Versuche ab, die objekttheoretische Ebene bei der Gegenstands-
Konstruktion zu verlassen. Für Soydan (1999) setzen sich soziale Probleme aus zwei Komponenten zusammen: „society generates social problems" und „individual generates social
problems". Er tut damit einen ersten „metatheoretischen" Schritt, da er gesellschafts- und
personbezogene Modelle nicht als Gegner gegen einander ausspielt, sondern beide zu einem
Modell synthetisiert. Staub-Bernasconi (2007) behilft sich mit der systemischen Philosophie
von Bunge, nach der „alles, was existiert, ein System oder Teil eines Systems oder Interakti-
onsfeldes ist" (a. a. O., 160). Es lassen sich so verschiedene in Wechselbeziehungen stehende Systemniveaus beschreiben, die sie als „Wirklichkeitsebenen" bezeichnet (physikalisch-
chemische, biologische, psychische, soziale und kulturelle Wirklichkeitsebene, a. a. O., 161).
Damit gewinnt sie das „systemische Paradigma" als „Metatheorie" zur Erklärung sozialer
Probleme und zur Gegenstandsklärung: „Soziale Probleme auf der Grundlage des *systemischen Paradigmas* sind sowohl Probleme von Individuen als auch Probleme der Sozialstruktur in ihrer Beziehung zu einander" (a. a. O., 182). Wissenschaftstheoretisch legt sie sich fest
aus einen „wissenschaftlichen Realismus" („eine annähernde Korrespondenz zwischen Realität und Repräsentanz von Realität" ist herstellbar, a. a. O., 237). Es bleiben Fragen offen (s.
a. Sidler 1993): Warum ausgerechnet die Systemtheorie von Bunge, warum überhaupt Systemtheorie? Warum ein „wissenschaftlicher Realismus, d. h. ein gemäßigter Konstrukti-
mus? Einen Schritt weiter kommt man mit Hilfe der Allgemeinen Handlungstheorie (Birgmeier 2003, Niemelä 2004), durch die man das Argument gewinnt, dass ein allgemeines,
umfassendes Verständnis menschlichen Handelns auf verschiedene Dimensionen (physi-
cal/ma-terial, social, mental/human) und Niveaus (having/capital, doing/work, being/need
satisfaction) (vgl. Niemelä, a. a. O., 168) zu beziehen ist und somit nicht aus *einer* wissenschaftlichen Perspektive zu erklären ist.

Auch bei diesen „metatheoretischen" Argumentationen bleibt die Frage offen, mit
welcher Begründung (über die professionspolitische hinaus) Soziale Arbeit eine Wissenschaft haben soll. Es wird ein wichtiger Argumentationsschritt übergangen, wenn man für
eine Praxis einfach eine Wissenschaft fordert. Die eigentlichen Fragen bei der Begründung
eines für Wissenschaft notwendigen Formalobjekts sind: Besteht eine Lücke im Wissenschaftssystem, die eine Sozialarbeitswissenschaft unverzichtbar macht? Welche Fragestellungen, die einer systematischen nach intersubjektiver Gültigkeit strebenden Untersuchung
bedürfen, würden unversorgt bleiben? Es muss sich eine wissenschaftstheoretische Begründung der Sozialarbeitswissenschaft und ihres Gegenstandes finden lassen – alles andere
zählt nicht! Mit der einfachen Behauptung „Soziale Arbeit ist eine grundsätzlich selbständige beziehungsweise relativ autonome Disziplin" (Engelke 2003, 58) und dem Vorhaben,
das nur möglichst wirkungsvoll publik zu machen, ist es nicht getan! Bestenfalls handelt es

sich um ein programmatisches Ziel. Auch die Arbeitsgruppe „Theorie und Wissenschaftsentwicklung" des Fachbereichstages Soziale Arbeit, die zum Gegenstandes Sozialer Arbeit
„die Bearbeitung von gesellschaftlich und professionell als relevant angesehenen Problemlagen" (Klüsche 1999, 23) und die Wissenschaft der Sozialen Arbeit als zuständig für die
„Lehre von den Definitions-, Erklärungs- und Bearbeitungsprozessen" (a. a. O., 50) eben
dieser Problemlagen erklärt, verkennt, dass man eine Wissenschaft nicht von professioneller bzw. gesellschaftlicher Relevanz abhängig machen kann.

Wissenschaftstheoretisch angelegte Gegenstandskonstruktion

Zum Gegenstand der Sozialarbeitswissenschaft kommt man nun über folgenden Gedanken-
gang. Die Fragestellung/Perspektive, die eine Wissenschaft anlegen kann, ist immer begrenzt. Das führt dazu, dass es Probleme gibt, „deren Disziplin wir noch nicht gefunden
haben" (Krüger, zit. n. Mittelstraß, 1998, 42) und „dass sich die Probleme, deren Lösung
die Wissenschaften dienen, häufig nicht einfach in einen disziplinären Rahmen fügen" (a. a.
O., 41). Damit entsteht das Problem der „zerbrochenen" Objekte, die wieder zusammenge-
fügt werden müssen. Warum sollte man menschliches Handeln ausschließlich aus neurolo-
gischen Prozessen (was gerade die große Mode ist), aus Lernprozessen, aus seiner Zugehörigkeit zu sozialen Gruppierungen oder aus seiner Abhängigkeit von gesellschaftlichen
Prozessen erklären (s. o.: das Argument aus der Allgemeinen Handlungstheorie!)? Eine
Zusammenschau, eine Beobachtung von Interdependenzen und die Möglichkeit differen-
tieller Problembeobachtung bedeuten eine erhebliche Erweiterung wissenschaftlicher
Wahrnehmungsfähigkeit. Im Hinblick auf Handlungsprobleme verschärft sich die aufgezeigte Schwierigkeit noch „weil diese sich als typisch interdisziplinär erweisen und die
Grenzen jeder methodologisch abgrenzbaren Einzelwissenschaft überschreiten. Der Ansatz
einer einzelnen Disziplin lässt unvermeidlich jeweils bestimmte handlungsrelevante Faktoren und Bedingungen (…) außer acht" (Lenk 1989, zit. n. Birgmeier 2005, 193). Es gibt
also Probleme, die multipler Art sind, und Handlungsnotwendigkeiten, für die die klassischen Disziplinen keine hinreichenden Anleitungen geben können. In diese Lücke ist historisch die Soziale Arbeit vorgestoßen. Um den multiplen Problemlagen gerecht zu werden,
benötigt sie einen wissenschaftlichen Überbau, der noch nicht in genügend brauchbarer
Form gegeben ist, es herrscht notgedrungen immer noch der „Kolonialismus der Bezugs-
Disziplinen".

Der Gegenstand der Sozialarbeitswissenschaft lässt sich mit folgenden Frageperspek-
tiven konstruieren:

Wie kann man menschliche Problemlagen und ihre Kontexte so erklären, dass kein relevanter Problemaspekt übersehen/vernachlässigt wird?

Und: Wie kann man diese Problemlagen und ihre Kontexte dadurch verändern, dass auf
alle relevanten Problemaspekte im Sinn einer „durchgehenden" Hilfe eingegangen wird?

Und: Wie können sich die Akteure der Praxis sich und ihre Kontexte so programmie-
ren, dass das Adressatenwohl empirisch nachhaltig befördert werden kann?

Es handelt sich also um eine integrative (die spezialistischen Disziplinen übergreifende) Suche nach Erklärungs- und Veränderungsmodellen für Problemlagen und ihre Kontexte auf verschiedenen System-Ebenen (mikro, mezzo, makro). Das ermöglicht eine Einordnung und Behandlung von Adressatenproblemen nach dem bio-psycho-sozialen Modell
(„sozial" hier als Kurzformel für gesellschaftlich, ökologisch, ökonomisch zu verstehen).

Diese Konstruktion des sozialarbeiterischen „Blicks" ist nun keineswegs neu, sie korrespondiert mit dem historisch entwickelten Selbstverständnis der Sozialen Arbeit als „umfassende" Profession und entspricht einem der Hauptstränge der Diskussion: „menschliches Verhalten und soziale Systeme" (die „definition of social work" der International Federation of Social Work, s. Engelke 2003, 297ff); „soziale Probleme auf der Grundlage des *systemischen Paradigmas* sind sowohl Probleme von Individuen als auch Probleme einer Sozialstruktur und Kultur in ihrer Beziehung zu einander" (Staub-Bernasconi 2007, 182); „person in environment" bei Germain und Gitterman (1998); „Veränderung des Sozialverhalten und der Sozialverhältnisse" (Mühlum 1999).

Man könnte fragen, ob die hier angestellten komplizierten wissenschaftstheoretischen Überlegungen überflüssig sind, wenn man ohne sie zu dem gleichen Ergebnis kommt? Die sich ergebende Bestätigung von anderer Seite ist zunächst einmal nicht zu verachten, diese „Fall im Feld"-Perspektive ist nicht mehr eine unter vielen, sondern bekommt privilegierten Status. Wichtiger aber ist, dass der eingeschlagene Begründungsweg zu einem Formalobjekt führt, das eine Befreiung aus praxeologischer, objekttheoretischer und wissenschaftstheoretischer Befangenheit ermöglicht und Kurzschlüssen und Engführungen entgegenwirken kann. Damit ist nebenbei auch das gewünschte Alleinstellungsmerkmal gewonnen: Sozialarbeitswissenschaft ist eine Sozialwissenschaft, die im Vergleich zu den klassischen spezialistischen Disziplinen transdisziplinär ansetzt, sie bietet damit die Möglichkeit einer integrierenden Betrachtung. Damit wird ein kategorialer Rahmen zur Verfügung gestellt, der durch den Fortschritt in der Wissenschaft theoretisch-inhaltlich gefüllt werden kann mit Fragen, die sich den Spezialisten-Disziplinen gar nicht stellen, z. B. der eines Synergie-Effekts. Dies wird ermöglicht durch die Verlagerung der Gegenstands-„definition" die wissenschaftstheoretische Ebene (und somit ihre Behandlung als Gegenstands-„konstruktion"). Auch die „Praxis" gewinnt dadurch eine Einheit in der Vielfalt, das diffuse Erscheinungsbild klärt sich als funktionelle Ausdifferenzierung und Spezialisierung unter einem Dach.

3.   Chaos als System? Theorien-Mischmasch und Wissen-Kollektionen

Wenn man nicht nur „wissenschaftliche Grundlagen" sondern eine Sozialarbeitswissenschaft will, muss man sich darüber klar sein, dass die einfache Vorstellung, Wissenschaft bestünde aus „Theorien" und aus Wissen, in eine Sackgasse führt, die letztlich die Selbstauflösung von Wissenschaft bedeutet. Theorien sind immer zueinander im Widerspruch und schließen sich gegenseitig aus. „Wissen" täuscht eine nicht vorhandene Objektivität vor, die verschleiert, dass wir immer nur Konstrukte verwenden, Modelle, die niemals die Wirklichkeit abbilden. Wissenschaft versinkt so in Beliebigkeit und erstickt letztlich in Banalität, da alles gleich gültig und somit gleichgültig erscheint. So verkommt „Theorie" zu einem Selbstbedienungsladen (Lüders 1989, 211), der Praxis bleibt nur ein unkontrollierter Eklektizismus. Wissenschaft muss darauf ausgerichtet sein, etwas Neues, einen wissenschaftlichen Fortschritt hervorzubringen, das bedeutet einerseits, immer weitere neue Theorien zu produzieren und die Pluralität zu steigern, aber auch die wissenschaftliche Wahrnehmungsfähigkeit zu steigern, indem die Modelle in Konkurrenz zu einander um Verbesserung ringen. Gegen einen Chaotismus der Theorien und des Wissens muss nach Kohäsion und Systematik gestrebt werden (Göppner und Hämäläinen 2007). „Theorien" können immer nur Theorein-Mischmasch sein und „Wissen" kann immer nur eine unsystematische Anhäufung sein.

4.   Praxiswissenschaft

Der Praxisbezug wird üblicherweise über „Praxiswissen" oder Kompetenzen (in einem amerikanischen Lehrbuch wird dies auf die Spitze getrieben, indem als „basic skill" u. a. „effective telephone communications" beschrieben wird) hergestellt, auch practice guidelines und Standards sollen diesen Zweck erfüllen. Da diese Ansätze nicht stringent auf Modelle der Problementstehung bezogen sind, errichtet man damit teilweise wissenschaftsfreie Räume bzw. Theorieräume, die in ihrer Eingeschränktheit nicht reflektiert werden können. Man behilft sich auch mit Methodenkatalogen (von Empowerment über klientzentrierte Gesprächsführung und lösungsorientiertem Ansatz bis zu Case Management u. a.), die aber durchwegs fallorientiert sind und außerdem dem Anspruch einer „durchgehenden" Hilfe nicht gerecht werden können. Mit dem „transformativen Dreierschritt" (Kenntnisnahme des Forschungstandes, Formulierung handlungstheoretischer Hypothesen und Formulierung von wissenschaftlich begründeten Handlungsleitlinien) will Staub-Bernasconi (2007, S. 252ff) eine Verbindung „vom wissenschaftlichen Bezugswissen zu professionellen Handlungsleitlinien" herstellen. Die Handlungsleitlinien (z. B. „Um die Abnahme des Gewaltverhaltens eines Jugendlichen (..) zu bewirken, ermutige ihn, über seine wahrgenommene und reale Außenseiterposition zu sprechen" (a. a. O., S. 259) stellen aber eher Handlungsziele dar, deren Umsetzung in Handlungsmodellen weiter konstruiert werden muss. Der generelle Mangel der methodischen Vorschläge ist ihre „Pseudokonkretheit" (Göppner 2008), sie reichen nicht aus für eine zuverlässige reflexive Selbstprogrammierung des Handelns der Akteure.

Im Gegensatz zu einer Grundlagenwissenschaft, die höchstens nebenbei Fragen zu ihrer Anwendung mitreflektiert, sind für Sozialarbeitswissenschaft als Praxiswissenschaft neben (transdisziplinären) Modellen zur Erklärung von Problemlagen (Erklärungsmodelle) Modelle der Bedingungen von Veränderungen dieser (Veränderungsmodelle) und Handlungsmodelle, die die signifikanten Momente bei der Durchführung konstruieren, von zentraler Bedeutung.

5.   Forschung

„Unbegriffene Theorie" und „begrifflose Praxis" bedingen sich gegenseitig. Damit der „Umweg über die Theorie" (s. Abb.) für die Praktiker attraktiv wird, ist empirische Forschung unverzichtbar (das scheint nicht selbstverständlich, z. B. *Kleve* (2007, 74) beansprucht, eine „Systemtheorie effektiver Sozialarbeit" zu bieten, ohne jedes empirische Argument). Sie ist die Schnittstelle zwischen „Theorie" (besser: Wissenschaft) und Praxis, sie macht die Korrektur der Modelle möglich, umgekehrt wird „evidenzbasierte" Praxis möglich, das Ganze wohlgemerkt nicht, um die Praxis leichter zu machen, sondern um den Adressatennutzen sicherer fördern zu können. Forschung trägt zur Modellkonstruktion in den Modellbereichen (Erklärungs-, Veränderungs und Handlungsmodelle) auf allen Systemebenen (Micro-, Mezzo- und Makro-System) bei. Der gegenwärtige Forschungsstand ist durch ein Missverhältnis mit einem überproportionalen Anteil qualitativer Studien auf der Microsystem-Ebene gekennzeichnet (Göppner 2008, Micheel 2008).

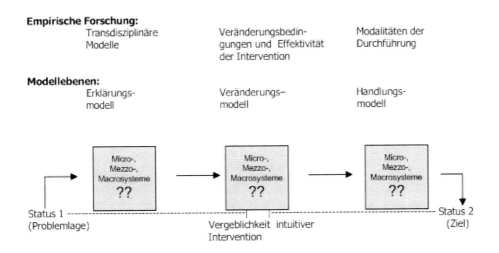

Abbildung: Der „Umweg über die Theorie" und das Profil sozialarbeitswissenschaftlicher
              Forschung

Literatur

Birgmeier, Bernd R. (2003): Soziale Arbeit: „Handlungswissenschaft", „Praxiswissenschaft" oder
    „Praktische Wissenschaft"? Überlegungen zu einer handlungstheoretischen Fundierung Sozialer
    Arbeit. Eichstätt: Diritto Publikationen
Birgmeier, Bernd R. (2005): Sozialpädagogik als Handlungswissenschaft. Wissenschaftstheoretische
    Fragen und Antworten einer handlungstheoretisch fundierten Sozialpädagogik. In: Sozialmaga-
    zin 30, 5, 38-4
Bommes, Michael und Scherr, Albert (2000): Soziologie der Sozialen Arbeit. Eine Einführung in
    Formen und Funktionen organisierter Hilfe. Weinheim: Juventa Verlag
Engelke, Ernst (2003): Die Wissenschaft Soziale Arbeit. Werdegang und Grundlagen. Freiburg/Br.:
    Lambertus Verlag
Germain, Carel B. und Gitterman, Alex (1999): Praktische Sozialarbeit. Das „Life Model" der Sozialen
    Arbeit. Fortschritte in Theorie und Praxis. Stuttgart: Enke Verlag, 3. Aufl.
Göppner, Hans-J. (2008): Forschung und Sozialarbeitswissenschaft. In: Sozialmagazin 33, 4, 48-57
Göppner, Hans-J. (2009): Zur Zukunft Sozialer Arbeit – oder: Welche Hilfe hilft? In: Sozialmagazin
    (in Vorbereitung)
Göppner, Hans-J. und Hämäläinen, Juha (2004): Die Debatte um Sozialarbeitswissenschaft. Auf der
    Suche nach Elementen für eine Programmatik. Freiburg/Br.: Lambertus Verlag
Göppner, Hans-J. und Hämäläinen, Juha (2007): Developing a Science of Social Work. In: Journal of
    Social Work 7, 3, 267-285
Haupert, B. und Kraimer K. (1991): Die Heimatlosigkeit der Sozialarbeit/Sozialpädagogik. Stellvertre-
    tende Deutung und typologisches Verstehen als Wege zu einer eigenständigen Profession. In: Pä-
    dagogische Rundschau 45, 177-196
Hellmann, Wilfried (2007): Sozialarbeitswissenschaft und Professionalisierung Sozialer Arbeit. Im
    Internet: http://www.dgsinfo.deImit17.shtml (Stand: 30.1.2007)
Kleve, Heiko (2007): Ambivalenz, System und Erfolg. Provokationen postmoderner Sozialarbeit.
    Heidelberg: Carl-Auer Verlag

Klüsche, Wilhelm. (Hrg.) (1999): Ein Stück weitergedacht. Beiträge zur Theorie- und Wissenschafts-
    entwicklung der Sozialen Arbeit. Freiburg/Br: Lambertus Verlag
Lüders, Christian (1989): Der wissenschaftlich ausgebildete Praktiker. Entstehung und Auswirkung
    des Theorie-Praxis-Konzepts des Diplomstudienganges Sozialpädagogik. Weinheim: Deutscher
    Studien Verlag
Mittelstraß, J. (1998): Die Häuser des Wissens. Wissenschaftstheoretische Studien, Frankfurt/M.:
    Suhrkamp Verlag
Micheel, Heinz-G. (2008): Empirische Forschung und Soziale Arbeit. In:Bielefelder Arbeitsgruppe 8
    (Hg.): Soziale Arbeit in Gesellschaft. Wiesbaden: VS Verlag für Sozialwissenschaften, 121-127
Moser, S. (2004): Konstruktivistisch forschen? Prämissen und Probleme einer konstruktivistischen
    Methodologie. In: Moser, S. (Hrg.): Konstruktivistisch forschen. Methodologie, Methoden, Bei-
    spiele, Wiesbaden: VS Verlag für Sozialwissenschaften, 9-42
Mühlum, Albert (1999): Positionsbestimmung zur Sozialarbeitswissenschaft. Vorüberle-gungen für
    eine Positionsbestimmung der DGS. Im Internet: http://www.fh-fulda.de/dgs/sozarbwi.htm#
    Gegenstand (Stand: 03.12.1999)
Mührel, Eric (2008): Verstehen und Achten. Philosophische Reflexionen zur professionellen Haltung
    in der Sozialen Arbeit. Essen: Die Blaue Eule
Munro, E. (1998): Understanding Social Work. An Empirical Approach. London: The Athlone Press
Musil, R. (2005): Der Mann ohne Eigenschaften. Roman/II. Aus dem Nachlaß, Reinbek bei Ham-
    burg: Rowohlt Taschenbuch Verlag, 16. Aufl.
Niemelä, Pauli (2004): THEORY OF HUMAN ACTION. Basis to Analyse Social Work Theoreti-
    cally. In: Erath, Peter, Littlechild, Brian und Vornanen, Riitta (Hrg.): Social Work in Europe –
    Descriptions, Analysis and Theories. Stassfurt: BK-Verlag Stassfurt, 161-177
Obrecht, W. (2001): Das Systemtheoretische Paradigma der Disziplin und der Profession der Sozialen
    Arbeit. Eine transdisziplinäre Antwort auf das Problem der Fragmentierung des professionellen
    Wissens und die unvollständige Professionalisierung der Sozialen Arbeit. Zürich: Hochschule
    für Soziale Arbeit Zürich, Zürcher Beiträge zur Theorie und Praxis Sozialer Arbeit Nr. 4
Schiessling, G. (1985): Begreifen wir Sozialarbeit überhaupt?: unbegriffene Theorie – begrifflose
    Praxis. In: Sozialarbeit in Österreich, 20, 66, 16-17
Schlittmaier Anton (2006): Wissenschaftstheoretische Elemente einer Praxiswissenschaft. Überle-
    gungen zur Theoriebildung im Rahmen der Sozialarbeitswissenschaft. In: Mührel, E. (Hrg.):
    Quo vadis Soziale Arbeit? Auf dem Wege zu grundlegenden Orientierungen. Essen, Verlag die
    Blaue Eule, 149-158; auch in: Sozialmagazin, 2005, 30, 3, 26-30
Schmidt, Siegfried J. (1998): Die Zähmung des Blicks. Konstruktivismus – Empirie – Wissenschaft.
    Frankfurt/M.: Suhrkamp Verlag
Sidler, N. (1993): Verlockendes aus der Alchimistenküche. Zur Handlungstheorie sozialer Arbeit von
    Silvia Staub-Bernasconi. In: Archiv für Wissenschaft und Praxis der sozialen Arbeit, 24, 1, 28-47
Soydan, Haluk (1999): The History of Ideas in Social Work. Birmingham: Venture Press
Staub-Bernasconi, Silvia (2007): Soziale Arbeit als Handlungswissenschaft. Systemtheoretische
    Grundlagen und professionelle Praxis – Ein Lehrbuch. Bern: Haupt Verlag
Thiersch, Hans (1992): Lebensweltorientierte Soziale Arbeit. Weinheim: Juventa Verlag
Thomas, William I. und Thomas, Dorothy S. (1928): The Child in America. Behavior Problems and
    Programs. New York: Alfred A. Knopf
Tschamler, Herbert (1996): Wissenschaftstheorie. Eine Einführung. Bad Heilbrunn: Klinkhardt Verlag
Wagner, Antonin (1995): Zur Debatte um eine eigenständige Sozialarbeitswissenschaft. Wissen-
    schaftstheoretische Anmerkungen. In: Soziale Arbeit, 9-10, 290-297
Wakefield, Jerome C. (1996): Does Social Work Need the Eco-Systems Perspetive? Part 1. Is the
    Perspective Clinically Useful? In: Social Service Review 70, 4, 1-32
Wendt, Wolf R. (1990): Ökosozial denken und handeln. Grundlagen und Anwendungen in der Sozi-
    alarbeit. Freiburg/Br.: Lambertus Verlag

Die Begründung der Sozialarbeitswissenschaft in den Sozialwissenschaften

Eine theoretische Reflexion

Eric Mührel

> *Mag auch das Auge des Nachtvogels die Sonne nicht sehen,*
> *es schaut sie dennoch das Auge des Adlers.*
> *Thomas von Aquin*

Mit Blick auf den Stand der Entwicklung der Sozialarbeitswissenschaft ist zunächst die Frage zu stellen, ob eine langfristige Etablierung gelingen wird. Der Beantwortung dieser Frage dient unter anderem die Bestandsaufnahme mittels der verschiedenen Beiträge in diesem Band. Wovon aber wird es abhängig sein, dass eine solche Etablierung gelingen kann? Dies wird der Ausweis der Wissenschaftlichkeit der Sozialarbeitswissenschaft sein. Die Sozialarbeitswissenschaft wird sich daher wissenschaftstheoretisch zu verorten und dabei ihre erkenntnistheoretischen Zugänge, hoffentlich in einer angemessenen Pluralität, aufzuzeigen und zu diskutieren haben. Dies ist bisher unzureichend geschehen (dazu Rittberg 2006). Für die zu führende Diskussion mag die im obigen Zitat von Thomas von Aquin angedeutete Begrenztheit menschlicher Erkenntnis, denn Menschen sind im spezifischen Sinne eben Nachteulen, zu Bescheidenheit und Gelassenheit führen. Mit diesen Vorüberlegungen also in medias res.

Bernd Rainer Birgmeier legte 2003 im Rahmen einer handlungstheoretischen Fundierung Sozialer Arbeit eine akribisch erörterte Entwicklung der Sozialarbeitswissenschaft seit Beginn der 1990er Jahre vor (vgl. Birgmeier 2003, Kap. 1 u. 2). Sein Fazit war ernüchternd, denn diese Entwicklung führte seines Erachtens nicht zur „(Er)Lösung hinsichtlich der Wissenschaftlichkeit von Sozialer Arbeit (…). Scheinbar unüberwindbare Heterogenitäten zwischen den jeweiligen Auffassungen über Wissenschaft und daher auch über die Verhältnisbestimmung zwischen Disziplin und Profession, zwischen Theorie und Praxis, zwischen Erkennen und Handeln führten in der facheigenen Diskussion bis dato nicht zu dem erhofften und lange erwarteten Konsens (ebenda. 393).“ Weit davon entfernt, abschließende Antworten auf diese Suchbewegung zu geben, war eines seiner Ziele die Systematisierung der im Diskurs aufgekommenen Antworten auf spezifische Fragestellungen, unter anderem die nach den erkenntnistheoretischen Grundlagen und metatheoretischen Bestimmungen der Sozialarbeitswissenschaft. Die folgenden Ausführungen verstehen sich als eine bescheidene Weiterführung dieser Systematisierung, indem sie nach der Begründung, und damit dem Grund, der Sozialarbeitswissenschaft fragen. Im Kontext der in und mit dem vorliegenden Band aufgeworfenen Frage nach dem Stand der Entwicklung der Sozialarbeitswissenschaft und ihrer Theorie(n) orientieren sie sich an aktuellen Entwürfen, die diese Begründung in den Sozialwissenschaften verorten (beispielhaft Erath 2006, Staub-Bernasconi 2007, Lüssi 2001, Kleve 2007). In einer theoretischen Reflexion (vgl. hierzu Mührel 2009, 188-189), die vornehmlich Fragen eines professionellen Selbstverständnisses der Sozialarbeit und die Praxis sozialarbeiterischen Handelns nicht in den Fokus nimmt, wird zum einen die Entwicklung der Sozialwissenschaften in ihren erkenntnistheoretischen Hauptlinien kurz, und damit verkürzend, dargestellt. Zum anderen wird die Verortung der Sozialarbeitswissenschaft in der Tradition der Sozialwissenschaften beschrieben und dann kritisch erörtert.

I.   Entwicklung der Sozialwissenschaften

Der Ursprung der Entstehung der Sozialwissenschaften ist im Wesentlichen in zwei Bewegungen zu finden. Dies ist zum einen der Umbruch der europäischen Gesellschaften – in seiner Auswirkung dann zeitlich versetzt übertragen auf die weltweiten Gesellschaften – ausgehend von der Renaissance mit all seinen politischen, gesellschaftlichen, wirtschaftlichen und wissenschaftlichen *Brüchen*. Diese Entwicklung erstreckt sich bis in die Gegenwart und ist sehr reich an unterschiedlichen Facetten wie beispielsweise der Industrialisierung oder den politischen Revolutionen bis hin zu der Geschichte der Menschenrechte, die an dieser Stelle nicht annähernd ausreichend erörtert werden können. Im Folgenden werden daher nur wenige, für die vorliegende Aufgabe bedeutende Schlaglichter genannt. Die zweite Bewegung ist interdependent mit der ersten und betrifft die Entwicklung *neuer* Erkenntnistheorien über Gesetzmäßigkeiten der Natur und der Gesellschaft.

Eckart Pankoke fokussiert in diesem Horizont eine für die Entwicklung der Sozialwissenschaften besonders markante Zeit: die französische Revolution. In seinem wissenschaftsgeschichtlichen Überblick über die „Sociale Wissenschaft" stellt er fest: „Die im 19. Jahrhundert konzipierten Programme einer *socialen Wissenschaft* d. h. einer *wissenschaftlichen* Distanzierung und Objektivierung *socialer* Phänomene, dokumentieren eine neue Einstellung zur gesellschaftlichen Umwelt" (Pankoke 1970, 101). Damit gemeint ist ein zur Zeit der bevorstehenden französischen Revolution neues Bewusstsein, dass die Gesellschaft nicht ein Resultat von Handlungen und Willensäußerungen einzelner Akteure auf dem Hintergrund einer „transzendenten Steuerung" durch den Willen Gottes ist, sondern das Resultat einer spezifischen Arbeitsteilung und der damit einhergehenden Machtverteilung. Nehmen wir ein Beispiel: Armut ist demnach nicht mehr das Resultat eines persönlich zu verantwortenden moralischen, physischen und psychischen Versagens in einer Gesellschaft mit sowieso angeblich von Gott gegebenen Standes- bzw. Klassenschranken, sondern ein Resultat objektiv bestimmbarer Begebenheiten einer gesellschaftlichen Wirklichkeit. Solche Erkenntnis steht in einer Wechselwirkung mit politischen und gesellschaftlichen Interessen derer, die bestehende Verhältnisse nicht länger dulden wollen und somit diese zu ändern beabsichtigen. Dies sind all jene, die in der scheidenden absolutistischen, auf vermeintlich theologischen Prämissen basierenden Gesellschaft unterdrückt und in ihrer Freiheit beschränkt wurden: Kaufleute, Bauern und Arbeiter.

Welche erkenntnistheoretischen Methoden entsprachen einer wissenschaftlichen Distanzierung und Objektivierung sozialer und gesellschaftlicher Phänomene? Hierzu wiederum Pankoke: „Erst nachdem sich das moderne wissenschaftliche Denken von dem theologischen Vorverständnis der Welt als Schöpfung und der Welt als Heilsgeschichte emanzipiert hatte, war die Bereitschaft gegeben, sich die Verhältnisse der physischen und der sozialen Welt in den rationalen Modellen aufgeklärter Weltdeutung anzueignen. Die Erfolge der emanzipierten Wissenschaft bei der Erforschung des natürlichen Kosmos ermutigten dazu, die wissenschaftliche Vernunft auch für eine Orientierung des gesellschaftlichen Verhaltens zu nutzen" (ebenda). Wenn auch die historisch betrachtete Einordnung des theologischen Verständnisses der Welt samt Schöpfungs- und Heilsgeschichte Pankokes stimmen möge, was den Kern dieses theologischen Denkens jedoch weit verfehlen mag, so stellt sich die Frage: Was auch sonst wäre möglich gewesen? Wenn wir überhaupt im Stande sind, uns ein Bild der Revolutionswirren um 1789 in ihrer Auswirkung auf ganz Europa zu machen, so wird deutlich, dass der Drang, die chaotischen Zustände in gemäßigtere, ruhigere Bahnen zu lenken, offen zu Tage tritt. Wie sollte dies sonst möglich sein als durch das Erfassen gesellschaftlicher Gesetze, die *technisch* zu handhaben sind? Die Anleihe an naturwissenschaftlichen Erkenntnismethoden war mehr oder weniger der einzige Ausweg aus den damaligen gesellschaftlichen Dilemmata.

Fassen wir an dieser Stelle zusammen: die Sozialwissenschaften, der Begriff entsteht in Deutschland um 1840 in Anlehnung an das frz. *science social* und das engl. *social science*, beanspruchen eine sich von transzendenten Bestimmungen der Gesellschaft absetzende, wissenschaftlich kontrollierte Beobachtung und Erklärung der Gesellschaft in rational bestimmbaren Gesetz- und Regelmäßigkeiten. Sie verbinden eine „*szientifische* Wissenschaftlichkeit der Naturforschung (…) mit dem praktischen Interesse an (sozio)technischer Umsetzung und gesellschaftspolitischer Wirkung" (Pankoke 1995, 1249).

Diese Doppelseitigkeit der Sozialwissenschaftlichen durchzieht ihre Entwicklung seit ihren ersten Entwürfen lange vor Beginn der Revolutionswirren in Europa zu Beginn des 18. Jahrhunderts bis in die heutige Zeit. Schon im Jahre 1700 gründet sich beispielsweise in Berlin auf Vorschlag von Gottfried Wilhelm Leibnitz eine „Académie des sciences" in Verbindung mit einem „Observatorium" zur Beobachtung von Natur und Gesellschaft mit dem Ziel der Realitätskontrolle und Weltbeherrschung. Seit diesen Anfängen ist es im Grunde nicht gelungen, eine wirklich reine Beobachtung und Erforschung der Gesellschaft zu betreiben. Denn diese Beobachtung war immer motiviert durch und gekoppelt an die gesellschaftlichen Brüche und Veränderungen, die zu neuen sozialen Bewegungen innerhalb der Gesellschaften führten. Im angehenden 19. Jahrhundert verschärften sich die praktischen Interessen durch die aufkommende Soziale Frage und das auftretende Problem der Sozialen Gerechtigkeit in den post- bzw. spätabsolutistischen europäischen Gesellschaften in einer radikal-kapitalistischen Wirtschaftsordnung (vgl. Mührel 2007). In dieser langen Geschichte sei mit Pankoke (1995, 1252 u. 1255) auf zwei in diesem Zusammenhang prägnante Entwürfe der Sozialwissenschaften hingewiesen. 1838 legt Moritz von Lavergne-Peguilhen unter dem Titel „Gesellschaftswissenschaften" eine Analyse der Bewegungs- und Produktionsgesetze vor, die auf eine Sozialforschung im Sinne einer *Bewegungswissenschaft* zielen, mittels derer die *Bewegungshebel* in der modernen Industriegesellschaft kontrolliert werden sollen (dazu Stender 2005). Fast hundert Jahre später (1930) beschreibt Hans Freyer, dann im Sinne einer sich als wissenschaftliche Disziplin etablierenden Soziologie, unter dem Titel *Soziologie als Wirklichkeitswissenschaft*: „Nur wer gesellschaftlich etwas will, sieht soziologisch etwas" (Freyer 1930, 305). Dieser Impetus von *Bewegungsanalyse* und *Bewegungshebel* sowie gesellschaftlicher Veränderung ist bis in die 1968er Revolte und die damit einhergehende sozialwissenschaftliche Wende in der Erziehungswissenschaft, der Sozialpädagogik und der Sozialarbeit erkennbar. Und er steht eventuell vor einer Renaissance im Zeichen der aktuellen globalen Finanz- und Wirtschaftkrise sowie der damit einhergehenden globalen sozialen Krise.

Die Aufmerksamkeit soll noch auf eine nicht zuletzt für das Entstehen der Sozialarbeitswissenschaft wesentliche *Bruchstelle* sozialwissenschaftlichen Denkens gerichtet sein. Im Aufkommen der Systemtheorie mit ihrer Vorstellung der Autopoiesis der Systeme Mitte des 20. Jahrhunderts erlangte der Gedanke der Unterscheidung verschiedener gesellschaftlicher Systeme, wie u. a. Politik, Ökonomie, Kultur und auch Soziale Arbeit, große Bedeutung in Wissenschaft und Politik. Damit einher gewann der Konstruktivismus als Erkenntnistheorie, der sich als Relativ des Positivismus und des kritischen Rationalismus verstand, an Einfluss.[1] Vordergründig wurde sich damit eines *Bewegungshebels* von außen für derartige Systeme enthalten. Im Rahmen der o. g. Finanzkrise muss dieses Paradigma in Zweifel gezogen werden. Denn im Kontext von *politischer* Deregulierung solcher Systeme wurde im Vertrauen auf die autopoietische Selbstregulierung der Systeme auf eine staatliche und überstaatliche Rahmensetzung verzichtet. Mit den auftauchenden Krisensymptomen steht somit auch die Systemtheorie als dahinter stehende Geisteshaltung wohl vor Erklärungsnöten. Die genannte Enthaltung von Bewegungshebeln wurde aber nicht stringent eingehalten. Als Beleg hierfür kann eine Anmerkung Niklas Luhmanns zur Sozialarbeit gelten. Mit Bezug auf die Hilfe für andere Menschen „ist die Entscheidung zu helfen oder nicht zu helfen, nicht eine Sache des Herzens, der Moral oder der Gegenseitigkeit, sondern eine Frage der methodischen Schulung und der Auslegung des Programms. Die helfende Aktivität wird nicht mehr durch den Anblick der Not, sondern durch einen Vergleich von Tatbeständen und Programm ausgelöst und kann in dieser Form generell und zuverlässig stabilisiert werden" (Luhmann 1973, 35). Hierin drückt sich die Aufgabe einer soziotechnischen Intervention (Bewegungshebel) auf der Basis objektiver, sozialwissenschaftlich eruierter Tatbestände (Bewegungswissenschaft) aus. Maßstab der Bewegung ist ein gewünschtes, (gesellschafts)politisches Programm. Gefragt werden darf dabei nur, welche Bedeutung die beteiligten Menschen noch dabei haben und was passiert, wenn sie dem Programm im Wege stehen.[2]

An diesen kurzen und damit notwendig verkürzenden Darstellungen der Entwicklung der Sozialwissenschaften wird zweierlei deutlich. Zum einen liefern sie nur einen Punkt der Betrachtung, der weit von einer systematischen und durchdringenden Perspektive entfernt ist. Zum anderen wird damit zugleich die Notwendigkeit einer historischen Forschung im Rahmen einer Sozialarbeitswissenschaft deutlich, wie sie seitens der Sozialpädagogik im Rahmen der Fachgruppe „Historische Sozialpädagogik" um Carsten Müller, Susanne Maurer, Bernd Dollinger, Franz Michael Konrad u. a. geleistet wird.

II.   Die Sozialarbeitswissenschaft in der Tradition der Sozialwissenschaften

Schon die Begriffe Sozialarbeitswissenschaft und Sozialwissenschaften weisen eine unmittelbare semantische Nähe auf. Davon abgesehen, dass eine Unterscheidung in Einzahl und Mehrzahl vorliegt, trennt die Begriffe nur der Einschub der *Arbeit* in der Sozialarbeitswissenschaft. *Arbeit* weist grundlegend auf ein Tun mit einer Wirkung hin, die nur dann in sich sinnvoll ist, wenn sie sich durch Ziel und Methode begründen und rechtfertigen lässt.[3] Die Sozialarbeitswissenschaft erweist sich somit als Wissenschaft eines *Bewegungshebels* der Veränderung von Wirklichkeit durch Sozial*arbeit*. Wenn, wie im vorherigen Kapitel ge-

---

1   Dies ist in Anlehnung an Immanuel Kant begründbar. „Ich verstehe aber unter einem Systeme die Einheit der mannigfaltigen Erkenntnisse unter einer Idee" (Kant KrV A 832/B 860). Von hier aus ist bei aller Vielfältigkeit der Verstehensweisen von *Idee* der Weg nicht mehr weit zu einer Erkenntnisgenerierung unter einer *Idee* als *Konstrukt*. Systeme sind dann Konstrukte, unter denen ich Erkenntnisgewinnung im Rahmen einer Reduktion der Komplexität von Wirklichkeit subsumiere.

2   Hierbei ist grundlegend zu fragen, ob die Adressaten der Sozialarbeit nur als Individuen einer pulverisierten und formbaren Masse oder noch als Personen verstanden werden. Zum Personenverständnis in der Sozialen Arbeit insgesamt sei auf eine aktuelle Besprechung dieser Thematik verwiesen (Mührel 2009a).

3   Der Begriff Arbeit ist selbstredend in seiner eigenen Geschichte wiederum so vieldeutig, dass eine abschließende, eindeutige Bestimmung unmöglich ist. Vgl. hierzu Mührel 2006, 19-20 und Rittberg 2006, 160-162.

schehen, die Sozialwissenschaften schon immer als Wissenschaft der sozialen Bewegungen einer Gesellschaft im Kontext eines gesellschaftlichen Interesses verstanden werden konnten, so kann die Sozialarbeitswissenschaft als eine moderne Wissenschaft eines *Bewegungshebels*, der Sozialarbeit, zur gesellschaftlichen Veränderung gelten, die sich in den Sozialwissenschaften verorten lässt. Einer solchen immanenten Logik der Sozialarbeitswissenschaft folgen die aktuellen, in der Einleitung genannten, Theorien der Sozialarbeitswissenschaft entweder explizit oder implizit. Sie verknüpfen dabei originär sozialwissenschaftliche Erkenntnismethoden wie die quantitative und vor allem die qualitative Sozialforschung mit überwiegend systemtheoretischen Paradigmen auf der Basis des Konstruktivismus als leitende Erkenntnistheorie. Gleichzeitig beinhalten sie die sich aus diesen Erkenntnissen ergebenden Tatbestände gesellschaftlicher Veränderung mittels des *Bewegungshebels* Sozialarbeit bzw. der Sozialen Arbeit. Sozialarbeit dient dann der Lösung der wissenschaftlich erkannten und analysierten *Sozialen Probleme* (vgl. Lüssi 2001, 119, Staub-Bernasconi 2007, 181)!

Eine weitere *Hebel*wirkung der Sozialarbeit samt ihrer wissenschaftlichen Reflexion durch die Sozialarbeitswissenschaft als angewandte Sozialwissenschaft ergibt sich in der Bundesrepublik Deutschland aus dem Sozialstaatsgebot (Art. 20 Abs. 1 GG). Sozialarbeit ist ein Mittel des Staates zur Umsetzung dieses Gebotes, das eine soziale Grundhaltung aller öffentlichen Organe fordert und ein menschenwürdiges Dasein aller Bürgerinnen und Bürger ermöglichen soll. Im internationalen Kontext sei auf die Definition der Sozialarbeit durch die International Federation of Social Workers (IFSW) verwiesen, die sich u. a. auf das Prinzip der Sozialen Gerechtigkeit stützt (vgl. Mührel/Röh 2008, 47). Hierdurch sind die Sozialarbeit und die Sozialarbeitswissenschaft auch in ihren Selbstverständnissen mit sozialwissenschaftlichem Denken eng verknüpft.

Als Fazit aus den wiederum verkürzten Darstellungen ergibt sich das begründete Profil der Sozialarbeitswissenschaft als eine Sozialwissenschaft, die ihren Fokus auf die wissenschaftliche Er- und Begründung des *Bewegungshebels* Sozialarbeit zur Veränderung gesellschaftlicher Lebensumstände und damit individueller Lebenslagen hat.

III. Kritik der Sozialarbeitswissenschaft

Eine polemische Kritik an der Entstehung der Sozialarbeitswissenschaft und ihrer Begründung in den Sozialwissenschaften könnte bei den wissenschaftspolitischen Motivationen dieser Entwicklung ansetzen. So ist wohl nicht ganz von der Hand zu weisen, dass eine Sozialarbeitswissenschaft, die sich vornehmlich an Fachhochschulen entwickelte, wohl gar keine andere Wahl besaß, als sich in den Sozialwissenschaften zu verorten. Nur auf diesem Wege war es überhaupt möglich, sich von einer universitär geprägten Sozialpädagogik mit ihrer Leitwissenschaft Erziehungswissenschaft – oder auch Pädagogik – zu distanzieren und einen eigenen wissenschaftsdisziplinären Raum abstecken zu wollen. Unterstützt wurde diese Vorgehensweise von der wiederum wissenschaftspolitisch motivierten Annahme, dass Wissenschaften sich in der Postmoderne nicht mehr durch Gegenstand und Methode definieren, sondern durch den *Raum*, den eine Wissenschaftsgemeinde beansprucht und einnimmt. Der Weg hierfür wird durch den Aufbau eines Zitationskartells und das hartnäckige Nichtzitieren und Nichterwähnen anderer, in diesem Falle der universitären Sozialpädagogen und Erziehungswissenschaftler, erreicht. Eine andere Möglichkeit des Raumgewinns im disziplinären Feld ist die *feindliche Übernahme* ganzer anderer Disziplinen oder einiger Teile von dieser. So subsumiert beispielsweise Peter Erath in seiner Einführung in die Sozialarbeitswissenschaft die Sozialpädagogik als Bezugswissenschaft unter eine *Allgemeine Sozialarbeitswissenschaft*. Zudem ordnet er sozialpädagogische Handlungskonzepte wie das sozialpädagogische Fallverstehen in sozialarbeitswissenschaftliche Handlungskonzepte ein. Für den Bereich der Lehre in den Studiengängen der Sozialen Arbeit an Fachhochschulen, an deren Abschluss in der Regel nun der BA Sozialpädagogik/Sozialarbeit (vorher das Diplom Sozialpädagogik/Sozialarbeit) und der MA *Social Work* verliehen wird, ist es dann nur konsequent, in die Curricula die Begriffe Sozialpädagogik und Pädagogik zu streichen. Es verwundert daher nicht, dass die Deutsche Gesellschaft für Sozialarbeit, die sich nun in Deutsche Gesellschaft für Soziale Arbeit umbenannt hat, was wissenschaftspolitisch wiederum ein äußerst gelungener Schachzug ist, in ihrem Entwurf für ein Kerncurriculum Soziale Arbeit/Sozialarbeits-wissenschaft genau auf diese Art und Weise verfuhr (vgl. DGfS 2005).[4] Sich einer solchen polemischen und zynischen Kritik anzuschließen ist jedoch immer, selbst wenn sie nicht ganz ins Leere treffen sollte, wissenschaftlich unredlich, da somit die eventuell ernst zu nehmenden wissenschaftstheoretischen und erkenntnistheoretischen Prämissen der Entwicklung der Sozialarbeitswissenschaft und ihrer Begründung in den Sozialwissenschaften nicht mehr Gegenstand einer theoretischen Reflexion sein würden. Daher sollen einige Faktoren genauer beleuchtet werden.

Erkenntnistheoretisch verwundert an den aktuellen Theorien der Sozialarbeitswissenschaft die Betonung der Notwendigkeit quantitativer wie qualitativer Sozialforschung. Ausgehend von deren Ergebnissen sollen Theorien entwickelt werden. Es ist dann aber zu fragen, warum die Ergebnisse einer solchen sich an Vorurteilsfreiheit orientierenden Forschung in einen metatheoretischen Rahmen der Systemtheorie gezwängt werden sollen (vgl. Staub-Bernasconi 2007, 157-168 und Erath 2006, Kap. 1).[5] Denn die Systemtheorie basiert auf dem Konstruktivismus als Erkenntnistheorie. Gesellschaftliche und soziale Wirklichkeit wird dabei in Systemen konstruiert, also in einer *Idee* von der Gesellschaft und des Sozialen (vgl. Anm. 1). Es spielt dabei auch keine grundlegende Rolle, ob davon ausgegangen wird, dass diese Systeme im denkenden Subjekt konstruierend *erfunden* werden oder ob sie *tatsächlich* so schon in der *objektiven Welt* vorhanden sind. Fakt ist, dass sie im Erkenntnisakt als Systeme konstruiert werden. Handelt es sich aber selbst bei den so genannten *Beobachtungen zweiter Ordnung* nicht um eine Art Selbst-Supervision der „Psychokapsel" des Konstrukteurs, der somit in seiner immanistischen Position verharrt (vgl. Capurro 1990, 75)?[6] Dient Sozialforschung dann aber nicht nur der Bestätigung der eigenen Idee samt deren subjektiven, im Konstrukteur beheimateten Interessen? Wird Sozialfor-

---

4   Weiter anzumerken ist hier, ob das vermeintliche, *wissenschaftliche Schlachtfeld* nicht schon vom Gegenüber, der Wissenschaftsdisziplin Sozialpädagogik, weiträumig aufgegeben war und ist. So wäre zu fragen, ob nicht weite Teile der Sozialpädagogik in ihrer Ausprägung der „Bielefelder Schule" schon längst Sozialarbeitswissenschaft sind, indem Soziale Arbeit insgesamt weniger als sozialpädagogische Aufgabe denn als angewandte Sozialpolitik betrachtet wird. Dient das Label Sozialpädagogik dann nur noch wissenschaftspolitisch zur Sicherung des eigenen Standes im universitären Raum? Siehe zu diesen Fragestellungen vertiefend und kritisch die Ausführungen von Jürgen Reyer in *Sozialpädagogik – Plädoyer zur Historisierung eines Inszenierungsdilemmas* (2009).

5   Zu einer grundlegenden Kritik systemtheoretischer und systemischer Ansätze in der Sozialen Arbeit siehe die Beiträge von Susanne Dungs und Markus Hundeck in diesem Band.

6   Es ließe sich daher weiterführen, dass der Konstruktivismus einem erkenntnistheoretischen Solipsismus erliegt. Die metatheoretische Vorbestimmung des Prinzips der Selbstorganisation aller Systeme, gleich ob lebend oder nicht, ist eine Homologisierung und *petitio principii*, in dem das, was bewiesen werden soll, schon immer vorausgesetzt wird.

schung so nicht immer schon implizit im Sinne des metatheoretischen Ausgangspunktes betrieben, also eben nicht ohne Vorurteile? Hierin zeigt sich wiederum die den Sozialwissenschaften innewohnende Doppeldeutigkeit von *Bewegungsanalyse* und durch Interesse geleitete *Bewegungshebel*. Dennoch sind dabei zumindest zwei erkenntnistheoretische Zugänge zur Wirklichkeit gegeben. Aber warum die Begrenzung auf diese zwei? Peter Lüssi verweist mit Bezug auf die Systemtheorie zumindest auf die Grenzen systemischen Denkens hin (Lüssi 2001, 75-76). Andere scheinen diese Grenzen nicht finden zu können oder zu wollen. So erweckt beispielsweise Silvia Staub-Bernasconi den Eindruck, nur noch systemtheoretische Prämissen in wissenschaftlichem Denken, selbst in der Ethik oder in der politischen Philosophie, als einzig wahre Erkenntnisleitung gelten lassen zu wollen. So muss dann letztlich Ethik auch systemisch sein, um gehaltvoll erscheinen zu können, und selbst ein liberaler Denker wie John Rawls wird kurzum zum Systemtheoretiker umdeklariert (vgl. Staub-Bernasconi 2006). Wird aber damit nicht das Maß an Zumutung überschritten? Insgesamt gesehen sind die beschriebenen, den Entwürfen aktueller sozialarbeitswissenschaftlicher Theorie zugrunde liegenden Erkenntnistheorien ein Indiz für die Bestimmung der Sozialarbeitswissenschaft als eine Sozialwissenschaft. Nur wird sie sich dann die Kritik gefallen lassen müssen, dass sie eben nur über ganz beschränkte, wenn auch wesentliche Zugänge zur Erkenntnis des Phänomens des Sozialen verfügt. Auf diese Kritik wird am Ende noch einmal einzugehen sein.

Wissenschaftstheoretisch betrachtet kann die Entwicklung der Sozialarbeitswissenschaft zu einer eigenständigen wissenschaftlichen Disziplin nicht abschließend bewertet werden. Birgmeier verweist in seinem Beitrag zum vorliegenden Sammelband auf die Ernüchterungen in der Entwicklung der Wissenschaftstheorie der letzten Jahrzehnte (vgl. Birgmeier 2009). An dieser Stelle sei nur darauf verwiesen, dass die Abkehr von strengen, wissenschaftstheoretischen Regeln das Aufkommen neuer wissenschaftlicher Disziplinen, z. B. der Gesundheitswissenschaft(en), sicherlich erleichtert, gleichzeitig aber eine Orientierung, was nun genau an Gegenstandsbestimmung etc… zur notwendigen Bestimmung als Wissenschaft vorausgesetzt sein muss, verloren gegangen ist. Mit diesem Umstand einher geht die Vermutung, dass die Entwicklung neuer Wissenschaften sich – tatsächlich – auf **wissenschaftspolitische** Strategien zurückführen lässt. Ob solche Strategien allerdings langfristig, bei ausbleibender wissenschaftstheoretischer Fundierung, von Erfolg gekrönt sein mögen, bleibt dahin gestellt. Befindet sich die Sozialarbeitswissenschaft daher nicht anlog der Professionsentwicklung der Sozialarbeit als Semiprofession – was an anderer Stelle wieder neu zu diskutieren wäre – im Status einer **Semidisziplin**? Beunruhigend stimmt dieser Sachverhalt, da er nahe legt, dass die Sozialarbeit und die Sozialarbeitswissenschaft eher von spezifischen **Sozialpolitiken** und **Gesellschaftspolitiken** über die Interessen der jeweiligen Akteure im Berufs- bzw. Wissenschaftsbereich dominiert werden. Auch hier lässt sich eine Analogie zur Entwicklung der Sozialwissenschaften aufzeigen. So wie nur der etwas soziologisch sieht, der gesellschaftlich etwas will, so betreibt auch nur der Sozialarbeit und Sozialarbeitswissenschaft, der ein Engagement zur gesellschaftlichen Veränderung mitbringt. Ist die Sozialarbeitswissenschaft dann nicht aber implizit immer ein Spielball politischer Interessen? Dieses *Spiel* verkompliziert sich umso mehr, wie nicht nur die Sozialarbeitswissenschaftlerinnen – wie auch Sozialarbeiterinnen – über ihre Haltung zur Gesellschaft (sozial)politische Interessen einbringen, sondern auch andere gesellschaftlicher Akteure wie die Politik, die Gewerkschaften, die Glaubensgemeinschaften und die Wirtschaft ihre spezifischen Vorstellungen und Vorgaben einfließen lassen.

Quo vadis Sozialarbeitswissenschaft? Es gibt sie im Rahmen einer sozialwissenschaftlichen Semidisziplin. Wird sie sich langfristig als eine Wissenschaft des *Bewegungshebels* Sozialarbeit zur gesellschaftlichen Veränderung etablieren? Benötigt die Sozialarbeit eine ihr zugeordnete Wissenschaft oder lässt sich anlog der Kritik Michael Winklers an der Wissenschaftlichkeit der Sozialpädagogik (dazu Winkler 2009) nicht auch Sozialarbeit als ein *Handwerk*, eine Kunstfertigkeit (*techne*) beschreiben, die sich eh nur in der Praxis lernen und durch eine Praxeologie und philosophische Reflexion verfeinern lässt? So bezeichnet Jürgen Rittberg mit Bezug auf die philosophischen und wissenssoziologischen Arbeiten von Edgar Zilsel (1976) die „Höheren Handwerker" und „Künstler-Ingenieur" wie z. B. Leonardo da Vinci oder Galilei als die Quelle der modernen Naturwissenschaft. Diese Gruppe aus Künstlern, Ingenieuren, Nautikern, Schiffsbauern, Zimmerleuten und Metallgießern widmete sich mit Pioniergeist der Forschung und Beobachtung. Das so eruierte Wissen verbanden sie mit den „Künsten der Abstraktion" der Philosophie. In diesem Zusammenspiel von Beobachtung und Abstraktion entwickelten sich dann die modernen Naturwissenschaften (vgl. Rittberg 2006, 166-168). Winkler analog folgend in der Beschreibung der Sozialarbeit als eine Kunstfertigkeit und einem „Höheres Handwerkertum" erblickt Rittberg genau darin, nun eventuell im Gegensatz zu Winkler, die Möglichkeit einer den Naturwissenschaften analogen Entwicklung der Sozialarbeitswissenschaft (vgl. ebenda). Diese müsse dann auf die beim sozialarbeiterischen Handeln beteiligten Menschen fokussiert sein und könne als eine auf die Lebenswelt der Beteiligten ausgerichtete Reflexion einer *Schule* der Lebenskunst und des gelingenden Lebens verstanden werden.

Wie hilfreich sind auf dem Hintergrund dieses Kontrapunktes einer Beschreibung der Entwicklung der Sozialarbeitswissenschaft aus dem sozialarbeiterischen Handeln heraus – im Gegensatz zu der beschriebenen Fundierung in der Tradition der Sozialwissenschaften – sozialwissenschaftlich eruierte *Bewegungshebel* als Soziotechniken, beispielsweise im Sinne der oben genannten Ausführungen Luhmanns? Greifen diese überhaupt in der Alltäglichkeit sozialarbeiterischen Handelns? Werden sie der Lebenswelt der Adressaten der Sozialarbeit und der SozialarbeiterInnen gerecht? Wirken solche *soziotechnischen Bewegungshebel* nicht in sich inhuman? Sollte daher nicht eher eine „Phänomenologie des Humanen" (Hundeck 2006, 50) Leitbild der Sozialarbeit und einer sie korrespondierenden Sozialarbeitswissenschaft sein? Mit dieser Phänomenologie des Humanen verbunden wäre eine Einbindung erkenntnistheoretischer Zugänge der Phänomenologie und der Hermeneutik in die Sozialarbeitswissenschaft im Sinne einer Offenheit für die soziale Wirklichkeit insgesamt. Ansatzpunkte wären dabei eine Phänomenologie der Aufmerksamkeit (vgl. Waldenfels 2004) im dialogischen Geschehen zwischen SozialarbeiterInnen und Adressaten sowie hermeneutische und phänomenologische Zugänge des Verstehens und Achtens der Klienten bzw. Adressaten (vgl. Mührel 2008). Diese Zugänge verorten die Profession in der Haltung der sozialarbeiterischen Akteure. Damit ermöglichen sie die Chance der Humanisierung *soziotechnischer Bewegungshebel* mittels einer Reflexivität der je eigenen Welthaltungen.

Resümierend stimme ich Birgmeier in seinen Schlussfolgerungen zum Stand der Entwicklung der Sozialarbeitswissenschaft zu (vgl. Birgmeier 2009). Diese benötigt einen Neustart im Sinne einer Wiederbelebung unterschiedlicher erkenntnistheoretischer Zugänge zur sozialen Wirklichkeit. Dieses Feld sollte gerade aus wissenschaftstheoretischen Gründen geöffnet und nicht aus wissenschaftspolitischen eingegrenzt werden. Selbst wenn dies dem ein oder anderen wieder ein wenig zu sozial*pädagogisch* klingt, was noch zu diskutieren wäre, sollte doch – bei aller Sensibilität für das mit Spannung geladene Verhältnis von Sozialpädagogik (als Wissenschaft) und Sozialarbeitswissenschaft – gefragt werden: darf nicht auch, oder muss nicht sogar, die Sozialarbeit in ihrer *sozialen* Ausrichtung auch pädagogisch sein?

IV. Ausblick: Das Auge des Adlers und die Gelassenheit der Nachtvögel

In seinem Kommentar zur aristotelischen Metaphysik führt Thomas von Aquin folgende prägnante Erörterung aus: „Mag auch das Auge des Nachtvogels die Sonne nicht sehen, es schaut sie dennoch das Auge des Adlers" (Thomas v. Aquin, 1947, 9). Dieser Satz ist eine Aussage der Bescheidenheit menschlichen Erkenntnisvermögens. Wir Menschen sind die Nachtvögel, Eulen (als Symbol für die endliche Vernunft), die das Licht, die Sonne, selber nicht zu sehen vermögen. Wir tappen in Dunkelheit. Der Adler dagegen, als das Symbol des Göttlichen, sieht die Sonne, das Licht der Erkenntnis selbst. Ohne der theologischen Bestimmung des Göttlichen folgen zu müssen, darf der Begrenztheit menschlicher Erkenntnis zugestimmt werden. Deutlich wird dies mit Bezug auf die von Thomas kommentierte Passage in der Metaphysik des Aristoteles. Dort heißt es: „Vielleicht ist nun aber die Ursache der Schwierigkeit (der Erkenntnis – Anm. E.M.), die ja von zweifacher Art sein kann, nicht in den Dingen, sondern in uns selbst; wie sich nämlich die Augen der Eulen gegen das Tageslicht verhalten, so verhält sich die Vernunft unserer Seele zu dem, was seiner Natur nach unter allem am offenbarsten ist" (Aristoteles, Metaphysik 393 b). In den vielfältigen menschlichen Zugängen zur Erkenntnis der Welt, die uns ja ganz offenbar ist, liegt gleichzeitig ihre Begrenztheit. Was für den einzelnen Menschen gilt, gilt auch für die Wissenschaften. Wissenschaften sind demnach Verbünde von Nachtvögeln bzw. Eulen, Wissenschaftlern, die ein wenig mehr zu erkennen ertrachten. Wer dies ontologisch ausdrücken möchte, wird von der Janusköpfigkeit des Seins zu sprechen haben, demnach wir immer nur die eine, uns zugewandte Seite des Seins in den Seienden erblicken dürfen; die andere ist uns abgekehrt. In diesem *Mangel* eröffnet sich das notwendige Feld des Spekulativen, des Spiegelns der verdeckten Kehrseite, *ein* Feld der Religion und der Theologie. Diese erhalten hierin ihre Berechtigung auf die durch die positiven Wissenschaften eben unbeantwortbaren Fragen der Geheimnishaftigkeit des (und unseres) Seins. Solche Reflexion dient der Bescheidenheit wissenschaftlichen Anspruchs. Diese Bescheidenheit darf zu Gelassenheit führen, auch in den Debatten über die Sozialarbeitswissenschaft.

Literatur

Aristoteles (1995): Metaphysik. Nach einer Übersetzung von Hermann Bonitz, bearbeitet von Horst Seidl, Philosophische Schriften in sechs Bänden, Bd. 5, Darmstadt

Birgmeier, Bernd Rainer (2003): Soziale Arbeit: Handlungswissenschaft. Praxiswissenschaft oder Praktische Wissenschaft. Überlegungen zu einer handlungstheoretischen Fundierung Sozialer Arbeit, Eichstätt

Birgmeier, Bernd Rainer (2009): Theorie(n) der Sozialarbeitswissenschaft – *reloaded*! Eine Matrix zu wissenschaftstheoretischen Skeptizismen und das Programm eines philosophisch-geisteswissenschaftlichen Neustarts, in: Birgmeier, Bernd; Mührel, Eric (Hg.): Die Sozialarbeitswissenschaft und ihre Theorie(n), Wiesbaden

Capurro, Rafael (1990): Zur philosophischen Dekonstruktion des Radikalen Konstruktivismus, in: Helingrath, Bernd u. a. (Hg.): Reader zur Ringvorlesung „Radikaler Konstruktivismus", Fachbereich Informatik, Univ. Dortmund, Forschungsbericht Nr. 288, S. 70-79

Deutsche Gesellschaft für Soziale Arbeit (DGfS) (2005): Kerncurriculum Soziale Arbeit/Sozial-
    arbeitswissenschaft für Bachelor- und Masterstudiengänge in Sozialer Arbeit, erarbeitet von ei-
    ner Arbeitsgruppe der Sektion der DGfS „Theorie und Wissenschaftsentwicklung in der Sozia-
    len Arbeit", in Sozialmagazin, 4/2005, S. 15-23

Dungs, Susanne (2009): Aporien der Theorieentwicklung Sozialer Arbeit angesichts der »Rückkehr
    der Natur«, in: Birgmeier, Bernd; Mührel, Eric (Hg.): Die Sozialarbeitswissenschaft und ihre
    Theorie(n), Wiesbaden

Erath, Peter (2006): Sozialarbeitswissenschaft. Eine Einführung, Stuttgart

Freyer, Hans (1930): Soziologie als Wirklichkeitswissenschaft. Logische Grundlegung des Systems
    der Soziologie, Leipzig

Hundeck, Markus (2006): Biographisches Erzählen als humane Selbstbehauptung. Postmoderne Einlas-
    sungen Sozialer Arbeit zwischen Wissenschaft und Globalisierung, in: Mührel, Eric (Hg.): Quo
    vadis Soziale Arbeit? Auf dem Wege zu grundlegenden Orientierungen, Essen, S. 41-52

Hundeck, Markus (2009): Die Angst vor der Unverfügbarkeit und der Anspruch auf Autopoiesis.
    Überlegungen zur Systemtheorie und zur Wissenschaftlichkeit Sozialer Arbeit, in: Birgmeier,
    Bernd; Mührel, Eric (Hg.): Die Sozialarbeitswissenschaft und ihre Theorie(n), Wiesbaden

Kant, Immanuel (1998): Kritik der reinen Vernunft, nach der 1. und 2. Orig.-Ausg. hrsg. von Jens
    Timmermann, Hamburg

Kleve, Heiko (2007): Postmoderne Sozialarbeit. Ein systemtheoretisch-konstruktivistischer Beitrag
    zur Sozialarbeitswissenschaft, zweite Auflage, Wiesbaden

Lüssi, Peter (2001): Systemische Sozialarbeit. Praktisches Lehrbuch der Sozialberatung, fünfte Auf-
    lage, Bern

Luhmann, Niklas (1973): Formen des Helfens im Wandel gesellschaftlicher Bedingungen, in: Otto,
    Hans-Uwe; Schneider, Siegfried (Hrsg.): Gesellschaftliche Perspektiven der Sozialarbeit, Bd. 1,
    Darmstadt und Neuwied 1973, S. 21-44

Mührel, Eric (2006): Soziale Arbeit und ihre Wissenschaften in der Postmoderne, in: Mührel, Eric
    (Hg.): Quo vadis Soziale Arbeit? Auf dem Wege zu grundlegenden Orientierungen, Essen, S.
    15-26

Mührel, Eric (2007): Die neue Soziale Frage – oder: wider die Pulverisierung des Menschen. Die
    Gedanken des Wilhelm Emmanuel Freiherrn von Ketteler über die „Arbeiterfrage und das
    Christenthum" aus 1864 im Spiegel der heutigen Sozialen Frage, in: Sozialmagazin, 12/2007,
    S. 14-25

Mührel, Eric (2008): Verstehen und Achten. Philosophische Reflexionen zur professionellen Haltung
    in der Sozialen Arbeit, zweite, überarbeitete und erweiterte Auflage, Essen

Mührel, Eric (2009): Was ich liebte. Epilog zur Bestimmung der Sozialpädagogik, in: Mührel, Eric;
    Birgmeier, Bernd (Hg.) Theorien der Sozialpädagogik – ein Theorie-Dilemma? Festschrift für
    Hans-Ludwig Schmidt zum 60. Geburtstag, Wiesbaden, S. 185-199

Mührel, Eric (Hrsg.) (2009a): Zum Personenverständnis in der Sozialen Arbeit und der Pädagogik,
    Essen

Mührel, Eric; Röh, Dieter (2008): Menschenrechte als Bezugsrahmen in der Sozialen Arbeit. Eine
    kritische Diskussion der ethisch-anthropologischen, fachwissenschaftlichen, sozialpolitischen
    und sozialphilosophischen Dimensionen, in: Widersprüche, 3/2008, S. 47-63.

Pankoke, Eckart (1970): Sociale Bewegung – Sociale Frage – Sociale Politik. Grundfragen der deut-
    schen „Socialwissenschaft" im 19. Jahrhundert, Stuttgart

Pankoke, Eckart (1995): Sozialwissenschaft; Gesellschaftswissenschaft, in: Historisches Wörterbuch
    der Philosophie, herausgegeben von Joachim Ritter und Karlfried Gründer, Bd. 9, 1249-1257,
    Darmstadt

Reyer, Jürgen (2009): *Sozialpädagogik – Plädoyer zur Historisierung eines Inszenierungsdilemmas*,
    in: Mührel, Eric; Birgmeier, Bernd (Hg.) Theorien der Sozialpädagogik – ein Theorie-Dilemma?
    Festschrift für Hans-Ludwig Schmidt zum 60. Geburtstag, Wiesbaden, S. 255-272

Rittberg, Jürgen (2006): Einige Reflexionen und kritische Bemerkungen zum Thema Sozialarbeits-
    wissenschaft, in: Mührel, Eric (Hg.): Quo vadis Soziale Arbeit? Auf dem Wege zu grundlegen-
    den Orientierungen, Essen, S. 159-170

Stender, Angela (2005): Durch Gesellschaftswissenschaft zum idealen Staat. Moritz von Lavergne-Peguilhen (1801-1870), Berlin

Staub-Bernasconi, Silvia (2006): Der Beitrag einer systemischen Ethik zur Bestimmung von Menschenwürde und Menschenrechten in der Sozialen Arbeit, in: Dungs, Susanne; Gerber, Uwe; Zitt, Renate (Hg.): Soziale Arbeit und Ethik im 21. Jahrhundert. Ein Handbuch, Leipzig, S. 267-289

Staub-Bernasconi, Silvia (2007): Soziale Arbeit als Handlungswissenschaft. Systemtheoretische Grundlagen und professionelle Praxis – Ein Lehrbuch, Bern

Thomas von Aquin (1947): Das Auge des Adlers. Brevier der Heilslehre. Zusammengestellt und verdeutlicht von Josef Pieper, München

Waldenfels, Bernhard (2004): Phänomenologie der Aufmerksamkeit, Frankfurt a. M.

Winkler, Michael (2009): Theorie und Praxis revisited – oder: Sozialpädagogik als Handwerk betrachtet, in: Mührel, Eric; Birgmeier, Bernd (Hg.) Theorien der Sozialpädagogik – ein Theorie-Dilemma? Festschrift für Hans-Ludwig Schmidt zum 60. Geburtstag, Wiesbaden, S. 307-332

Zilsel, Edgar (1976): Die sozialen Ursprünge der neuzeitlichen Wissenschaft, Frankfurt a. M.

Sozialarbeitswissenschaft in der postmoderenen Wissensgesellschaft

Jenö Bango

1.

Trotz Bemühungen der „Verwissenschaftlichung" bleibt die helfende Intervention bei sozialen Problemen und Hilfesituationen ein Aktivismus, deren Ursprung im Helfenwollen, in der angeborenen Solidarität, in Altruismus oder in Europa in der christlichen Nächstenliebe zu suchen ist. Wir stellen die Frage: welches Wissen schafft die Soziale Arbeit in unserer Wissensgesellschaft?

Sozialarbeiterisches Wissen ist Praxiswissen und Handlungswissen. Um die Wissensarten zu unterscheiden bietet uns die Fachliteratur eine erste Unterscheidung zwischen alltäglichem und wissenschaftlichem Wissen. Das sozialarbeiterische Wissen gehörte am Anfang noch zu dem ersteren, später aber – nach der methodischen, philosophischen Untermauerung – avancierte es immer mehr zum wissenschaftlichen Praxiswissen. Hier können wir weitere Präzisierung leisten: Es handelt sich um die dauernde Diskussion und Konfrontation zwischen Theorie und Praxis. Die schwierigste Aufgabe ist das „know-how". Die theoretischen Kenntnisse und die praktischen Bedürfnisse sind voneinander weit entfernt. Zu oft geht es um wechselseitige Charakterisierung von Theoretiker und Praktiker. Die Theoretiker beklagen, dass die Praktiker ihre Forschungsergebnisse nicht hinreichend benützen. Auf der anderen Seite beklagen die Praktiker sich, dass die Forscher nicht hinreichend anwendbare Resultate vorweisen können und die methodische Fundierung auf der Strecke bleibt. Anscheinend gibt es Kommunikationsprobleme. Es gibt objektive Konflikte die besagen, dass die Theorie ganz anders als die Praxis ist. Es ist schwierig einerseits die Theorie in der Sprache der praktischen Handlung zu übersetzen, andererseits ist es ebenso schwierig die praktischen Bedürfnisse so zu formulieren, damit die Theoretiker diese genügend beantworten können. Es ist also eine gesellschaftsontologische und kognitive Frage.

In der Lebenswelt kann nur das praktische Wissen Anwendung finden. Daher brauchen wir statt eines allgemeinen Wissens für konkrete Anwendungen „handelndes" oder zumindest „handlungsfähiges" Wissen. Wissen ist im jedem Fall eine Kondensierung der Beobachtungen. In der Sozialarbeit ist es also das Resultat der alltäglichen Beobachtungen der Hilfebedürfnisses und der sozialen Problemlage.

Vom Wissen zur Wissenschaft führt den Weg durch die Wahrhaftigkeit, durch die Wahrheitsfindung. Der systemtheoretische Dual wahr/falsch in der Sozialarbeitswissenschaft nach der konstruktivistischen Option wäre durch den Dual viabel/nichtviabel oder brauchbar/nichtbrauchbar ergänzt. Die moderne Wissenschaft sucht nicht mehr die absolute Wahrheit, diese bleibt eine Illusion, ebenso wie die Objektivität. Die Sozialarbeitswissenschaft ist eine angewandte oder anwendungsorientierte Wissenschaft. Das Neue und Überraschende bleibt relativ und die Anwendung des neuen Wissens bleibt eine Funktion des Gesellschaftssystems, solange ein neues Wissensparadigma dies nicht ersetzt. Kein ewiges, immer gültiges Wissen also, sonder paradigmenabhängige Selbstsubstitution.

Wir wissen zu wenig vom Wissen, es besteht offensichtlich ein Bedarf des Wissens über das Wissen. Auf dem Wege der Wissensgesellschaft wird das Wissen immer zentraler:

als Voraussetzung für die Verständigung auf gemeinsame Ziele, für die Sicherung der wirtschaftlichen Entwicklung sowie für das soziale Handeln und die gesellschaftliche Position des einzelnen. Die Frage ist aber, ob die Gesellschaft „Wissen schafft"? Bei der Beantwortung dieser Frage sind die Experten unsicher.

„Viel genauer hingegen kennen sich die befragten Experten in der Vielzahl verschiedener Sorten von Wissen aus. Da gibt es das Grund- und Basiswissen, das Allgemeinwissen, das Fachwissen, das wissenschaftliche Wissen, das explizite und das implizite Wissen, das statische und das dynamische Wissen, das Folgewissen, das vernetzte Wissen, das Erfahrungswissen, das Metawissen, das Bewältigungswissen und nicht zuletzt das Nichtwissen, dessen Bedeutung immer mehr zunehme" (Etzold 1998: 31).

Zuerst aber beschäftigen wir uns mit der Aussage, dass soziale Arbeit „Wissen schafft". Wenn dies richtig ist, sollte man die nächste Frage stellen: Was für ein Wissen schafft die sozialarbeiterische Tätigkeit? Ist dies praktisches oder intellektuelles Wissen? Oder ist das sozialarbeiterische Wissen ein Konglomerat aus vielen unterschiedlichen Wissensarten?

Um diese letzte Frage hier zu beantworten, stellen wir einmal fest, dass es heutzutage unmöglich ist, auch nur in einem Fachgebiet – oder in irgendeinem Gebiet der sich anbietenden Erkenntnismöglichkeiten – ein allumfassendes Wissen zu besitzen. Viele würden behaupten, es sei gar nicht nötig, weil unsere elektronischen Medien mit riesigen Speicherkapazitäten „alles Wissen" auffangen, registrieren, darstellen und für uns alle jederzeit abrufbar machen. Es ist eine andere Frage, dass – um Wissen abzurufen –, schon ein Wissen verlangt wird: wo, wie, wann kommen wir zum gewünschten Wissen? Surfen im Internet ist gar nicht so einfach.

Diejenigen, die die Sozialarbeiter als „spezialisierte Generalisten" (oder umgekehrt als „generalisierte Spezialisten") definiert haben, (z. B. Kleve 1999) haben sicher nicht an den altehrwürdigen, in der heutigen deutschen Sprache kaum erwähnten Ausdruck von Polyhistor gedacht. Der Polyhistor war der Universalgelehrte in der ausgehenden Renaissance, der, von einem enzyklopädistischen Trieb geführt, behauptete, alles bisherige Wissen registrieren und erzählen, d. h. weitergeben zu können. Nun, so ein Polyhistor ist der Sozialarbeiter sicher nicht. Es gibt keinen Polyhistor mehr.

Daniel Bell definiert Wissen als „Sammlung in sich geordneter Aussagen über Fakten oder Ideen, die ein vernünftiges Urteil oder ein experimentelles Ergebnis zum Ausdruck bringen und anderen durch irgendein Kommunikationsmedium in systematischer Form übermittelt werden, und den Begriff damit von der Neuigkeiten oder Nachrichten und dem der Unterhaltung abgrenzen" (Bell 1975: 180). Sozialarbeiterisches Wissen im Sinne dieser Definition ist sicher nicht Unterhaltungswissen, aber die Neuigkeiten und Nachrichten als Fakten können, müssen sogar, gesammelt werden, um zu Urteilen und Ergebnissen zu gelangen, die das Wissen über den sozialarbeiterischen (Selbst)Hilfeprozess durch ein geeignetes Kommunikationsmedium systematisch (und methodisch) übermitteln. Die neuen Urteile aus Forschung und Wissenschaft und die neue Darstellung älterer, bewährter Ansichten sind elementare Teile des sozialarbeiterischen Wissens.

2.

Das Vertrauen in das Wissenschaftssystem ersetzt in der Moderne und Postmoderne immer mehr das Vertrauen in Glaubenssysteme oder Kultursysteme. Daher ist es wichtig, die allgemeinen Merkmale des Wissenschaftssystems zu skizzieren. Es ist ein Motivationsmittel, auf dem die Wirksamkeit von kognitiver Unterstützung als generalisiertem Kommunikationsmedium über die Erwartung unmittelbarer Prüfbarkeit wissenschaftlicher Erkenntnisse hinaus beruht. Schon *Max Weber* suchte die Grenzen der „Wissensbarkeit". Er unterschied zwischen drei Stufen der Sinnkonstitution: a) Die empirischen Wissenschaften (Geschichtsschreibung, Soziologie) erforschen den „subjektiven Sinn" der Handlung, b) die normativen Wissenschaften (Rechtswissenschaft, Ethik, Logik) untersuchen die „objektiven Gültigkeit" der objektivierten Sinnzusammenhänge und schließlich, c) die Weltanschungsphilosophien suchen den metaphysisch „rechten" Sinn. In der Moderne wird dann diese Dreiteilung stufenweise aufgelöst, die hierarchische Beziehung zwischen empirischen, normativen und metaphysischen Wissen verschwindet. Die Folge der Rationalisierung bringt es mit sich, dass das im Prinzip bis zum Unendlichen dehnbare Wissen seine Grenzen dauernd kritisch überprüfen muss. (Hinner 2002)

In Deutschland hat man ja mit „the science of social work" gewisse Probleme, weil die Sozialpädagogik an den Universitäten institutionalisiert ist und mit ihr auf einer Zuordnung zur Erziehungswissenschaft bestanden wird. Erst seit einigen Jahren ist es möglich ein Doktorat in Sozialer Arbeit abzulegen.

Staub-Bernasconi sieht die Debatte um die Sozialarbeitswissenschaft international schon abgeschlossen, nur in Deutschland gibt es noch Nachhutgefechte um die Wissenschaftlichkeit der sozial Tätigen. Sie stellt sich eher die Frage und ist dementsprechend skeptisch, was unter Wissenschaft in den sozialarbeiterischen Fachkreisen zu verstehen sei. „Man setzt offenbar voraus, dass jedermann weiß, was Wissenschaft ist und dass Konsens darüber besteht, so dass sich eine präzise Definition erübrigt." (Staub-Bernasconi 1995: 13) Ihre Vorgehensweise besteht in dem oben erwähnten Aufsatz darin, dass dem Leser zuerst einen Blick über die Grenze gewährt wird, m.a.W. eine Bestandsaufnahme der Sozialarbeitswissenschaft in nicht-deutschen Universitäten und Hochschulen wird gemacht. Sie befragt einige skandinavische Professoren und nicht nordamerikanische Autoritäten, anschließend analysiert sie die Berufskodizes. Es wird – mit Ausnahme des zuletzt genannten – in erstaunlicher Klarheit ein gemeinsames Anliegen sichtbar, nämlich eine empirische, erfahrungsgesättigte Sozialarbeitswissenschaft, die einen Gegenstand – soziale oder psychosoziale Probleme – teilt und diese Probleme als erkenn- und veränderbar voraussetzt. Dabei haben sich weder die Lehrstuhlinhaber noch die Sozialarbeitenden auf verkürzte erkenntnisleitende Fragen festgelegt. Genauer: Weder beschränken sich die ersteren im Rahmen ihrer Theoriebildung und Forschung ausschließlich auf Beschreibungs- und Erklärungsleistungen noch lassen sich die letzteren – trotz Handlungs- und Entscheidungszwang – kognitiv auf instrumentelle Zweck-Mittel-Bestimmungen reduzieren.

Der Gegenstand, soziale Probleme, ist überdies so allgemein gefasst, dass in ihm die verschiedensten Probleme in historischer, kultureller, aktueller wie zukünftiger Sicht, aber auch die unterschiedlichsten, trandisziplinären Erklärungs- und Veränderungsansätze als Bezugswissen Platz finden können; und es kann davon ausgegangen werden, dass sie mehrheitlich einen realwissenschaftlichen Zugang zur Welt teilen (Staub-Bernasconi 1998).

Es geht um die Problematisierung des wissenschaftlichen Denkens, die zu einem „wissenschaftlichen Realismus" führt, um schließlich zu zeigen, dass die ethisch-moralische Ambivalenz eines jeden wissenschaftlich begründeten Handlungs- bzw. Veränderungswissens nicht auszuschließen ist. Dass die Sozialarbeitswissenschaft eine Handlungswissenschaft ist, steht bei Staub-Bernasconi außer Zweifel. Aber um dazu zu gelangen, zeigt sie uns die unterschiedlichen Wissensbasen, angefangen über den Intuitionismus, Empirismus und Pragmatismus, gefolgt durch Rationalismus, Konstruktivismus, (den Sie in eine erkenntnistheoretische und in eine wirklichkeits- theoretische Richtung aufteilt) und auf dem Wege der

Beschreibung der kommunikativen Kompetenz. „Der wissenschaftliche Realismus geht nun davon aus, dass für wissenschaftliches Denken und Arbeiten alle menschlichen Fähigkeiten, die es einem Menschen ermöglichen, die Welt ‚außen vor' und ‚innen drin' zu erkunden, zu verstehen, zu gestalten und sich darüber zu verständigen – nämlich Intuition und Erfahrung, vernunftgeleitetes Denken und Tun, mentale Konstruktionsprozesse, ferner zwischenmenschliche Verständigung – notwendig, aber nicht hinreichend sind" (Staub-Bernasconi 1998: 37). Wir würden noch dazu das Phantasieren – ein Nachbarbegriff des Intuitismus – hinfügen, das besonders für Zukunftsvorstellungen als Wissensbasis dienen kann (Bango 1998). Diese Gedanken bei *Staub-Bernasconi* sind sehr stark inspiriert von dem ontologischen Systemismus von *Mario Bunge* und sind symptomatisch für die Denk- und Argumentationsweise der „Zürcher Gruppe" (oder Schule) im Gegensatz zu „Bielefelder Schule". „Zusammenfassend lässt sich sagen: wissenschaftlicher Realismus lässt Intuition zu, lehnt jedoch Intuitionismus ab; – fordert empirische Überprüfung, ohne naiv positivistisch zu sein oder jedes wissenschaftliche Ergebnis blindlings zu akzeptieren; – lässt Praxis zu, lehnt jedoch Pragmatismus, Effizienz oder Wirksamkeit als wissenschaftliche Wahrheitskriterien ab;- fordert klare wissenschaftliche Begriffs- und Hypothesenbildung, ohne rationalistisch zu sein, d. h. sich nur auf Ideen abzustützen; – bejaht den erkenntnistheoretischen, aber nicht den wirklichkeitstheoretischen Konstruktivismus;- lässt Verständigungsprozesse und Aushandeln, aber nicht Konventionalismus und Konsens als Wahrheitskriterien zu." (Staub-Bernasconi 1998: 120)

3.

Die Sozialarbeitswissenschaft ist eine neue, postmoderne, und – nach unserer Meinung – eine postglobale Wissenschaft. „Postglobal" ist ein zeitdiagnostischer Begriff der natürlich allein noch nicht ausreicht um eine Theorie daraus zu begründen. In einer anderen Veröffentlichung von uns (Auf dem Weg zur postglobalen Gesellschaft, Berlin, Duncker&Humblot, 1998) haben wir versucht eine Theorie der Postglobalität zu skizzieren, die wir dann in einem nächsten Buch (Theorie der Sozioregion, Berlin, Logos-Verlag, 2003) präzisiert haben. In diesem Kontext ist die Sozialarbeitswissenschaft „postglobal" d. h. situiert sich in der neuen Weltrealität, die wir nicht mehr global sondern sozioregional vorstellen. In der regionalisierten Wissensgesellschaft entsteht eine „postnormale Wissenschaftlichkeit" (s. Dickson 1988, Farkas 2002, Nowotny 1993, Spiegel-Rösing 1977), die als problemlösende Strategie funktioniert in solchen Fällen, in denen die Risiken der Entscheidungen und die Unsicherheit der Systeme sehr groß sind. Dies ist der Fall für die Sozialarbeitswissenschaft. In der postnormalen Wissenschaften verlagert sich die Aufmerksamkeit von der Ebene der nicht definierbaren Unsicherheiten (s. Eigenschaftslosigkeit der Sozialarbeit bei *Kleve*) auf die Qualität der einholbaren Informationen.

Schließlich ist die Sozialarbeitswissenschaft schon heute auf dem besten Weg, im Wissenschaftssystem einen Platz als „neue Wissenschaft" zu erobern. Ihre Polyvalenz- und Differenzorientierung, ihre Aufnahmefähigkeit und Verarbeitungsmöglichkeit für Paradoxen, Tautologien und Widersprüche erlauben ihr, die aus der Zentrumslosigkeit und Reregionalisierung gegebenen neuen Komplexitäten im postglobalen Kontext erfolgreich zu reduzieren.

Die Systemtheorie inaugurierte eine stille, wissenschaftliche Revolution und dadurch positioniert auch die Sozialarbeitswissenschaft in eine neue Rolle. Dabei werden die Untersuchungsobjekte nicht mehr isolierte Menschen oder kleine Gruppen von Menschen, die soziale Probleme zu lösen haben, sondern vielmehr in einer Ganzheit der kommunizierenden Systeme zu orten sein.

Bruno Latour geht in seiner „Actor-Network-Theory" soweit, dass er statt Gesellschaft von Kollektiven spricht, wo menschliche und nicht menschliche Akteure (Aktante) d.h Technik – Natur und das Soziale sich in einem Netzwerk wechselseitig Eigenschaften und Handlungspotentiale zuschreiben. Die Frage ist, ob diese Theorie für die Sozialarbeitswissenschaft, wo menschliche und nicht menschliche Ressourcen sich begegnen, anwendbar wäre. „Im neuen Paradigma ersetzen wir das ausgediente Wort „Geselschaft" durch den Begriff Kollektiv – worunter wir den Ausdruck menschlicher und nichtmenschlicher Eigenschaften innerhalb einer „Körperschaft" verstehen" (Latour 2000: 236). Wie der radikale Konstruktivismus will die Akteur-Netzwerk-Theorie die Subjekt-Objekt Dichotomie ganz umgehen. Nicht Subjekte und Objekte, sondern Menschen und nichtmenschlicheWesen werden in der Zukunft noch stärker vermengt sein.

Die „neuen Wissenschaften", unter Führung der Systemtheorie, haben ein anderes Logikverständnis als die „alten", traditionellen, etablierten Wissenschaften. Insbesondere im Konstruktivismus – und dementsprechend in der konstruktivistisch orientierten Sozialarbeitswissenschaft – ist dies ziemlich deutlich. Mehrwertige Logik ist ein Oberbegriff für alle Systeme der Logik, in denen das Bivalenzprinzip, nach dem alle Aussagen entweder wahr oder falsch sind, nicht gilt. Häufig werden dreiwertige Logiken diskutiert, in denen Aussagen neben den Werten „wahr" (w) und „falsch" (f) noch einen dritten Wahrheitswert „unbestimmt" (u) annehmen können.

Neben dreiwertigen wurden auch andere mehrwertige Logiken (Günther 1979) intensiv erforscht, darunter solche mit unendlich viele Wahrheitswerten, die etwa durch das Kontinuum der reellen Zahlen zwischen 0 und 1 bezeichnet werden (vgl. z.B. intuitionistische Logik).

Soziale Arbeit ist jetzt heute schon ein normales, gesellschaftliches Teilsystem. Daraus folgt heute, dass die Wissenschaft der Sozialarbeit ein wissenschaftliches Teilsystem ist.

Die postmoderne Wissenschaftlichkeit ist jetzt konfrontiert mit der Kunst. Ohne die damals herrschende Rolle der Theologie übernehmen zu wollen, befindet sich die moderne Kunst in der Konkurrenz mit der modernen, ja postmodernen Wissenschaft. Einige postmoderne Wissenschaftsrichtungen wie Konstruktivismus, Dekonstruktivismus finden einen Vorgänger oder Ideenlieferant in der Kunst – Architektur und bildende Kunst für den Konstruktivismus – Literatur, Kunst des Schreibens für den Dekonstruktivismus von *Derrida* und *Lyotard*. Bei *Foucault* – aber m.E. auch bei der Altmeisterin der Sozialarbeit *Alice Salomon* finden wir Passagen, wo von Lebenskunst gesprochen wird – dies scheint mehr Gewicht zu haben als Lebensphilosophie oder Lebenswissenschaft. Man fragt sich zu unserem Thema, welche Perspektiven werden eröffnet bei einer Begegnung postmoderner Kunst und postmoderner Sozialarbeitswissenschaft?

Es scheint, als ob die Wissenschaft in jeder Epoche einen würdigen Gegner sucht und findet. In der archaischen Zeit war es der Aberglauben, den die Wissenschaft zu bekämpfen suchte, im Mittelalter wollte weder die Philosophie noch die Naturwissenschaften die Rolle der „ancilla theologiae" übernehmen. In der Zeit der Aufklärung gelangen der Positivismus und der Objektivismus als Grundidee der Wissenschaften zur Geltung. In den modernen und postmodernen Zeitaltern ist der Gegner schwer zu finden. Sicher ist, dass die „life sciences" im Augenblick ohne Konkurrenz sind und bald müssen alle Humanwissenschaften – so auch die Sozialarbeitswissenschaft – den Ergebnissen der Genforschung (Klonen,

Reproduktionsbiologie) Rechnung tragen. Dies mündet dann in eine ethische Frage ein: Wird der neue Mensch (der neue Klient, der neue Sozialarbeiter) ein geklonter „Cyborg", ein biotechnisch und kybernetisch planbares Wesen sein, eine Trivialmaschine? Der Begriff von Eugenik sollte neu bewertet werden, und statt genetische Manipulation sollte man von Züchtung reden. Züchtung wäre nach der Evolutionslehre von *Darwin* in Selektion übersetzt. „In der Zukunft werden wir wahrscheinlich in der Lage sein, Menschen ebenso zu züchten, wie wir Tiere züchten, nur wird dies auf eine weit wissenschaftliche und effektivere Art geschehen, nämlich indem wir die Gene auswählen, die wir an unsere Kinder weitergeben" (Fukuyama 2004, 129). Das Bild vom Ende des Menschen von *Fukuyama* ist eine Schreckensvision, aber kaum besser ist das Bild von Menschenpark von *Sloterdijk* (1999). Von der Menschengemeinschaft sprechen wir wie von einem zoologischen Park, der zugleich ein Themen-Park ist; die Menschenhaltung in Parks oder Städten erscheint von jetzt an als eine zoo-politische Aufgabe. Was sich als Nachdenken über Politik präsentiert, ist in Wahrheit eine Grundlagenreflexion über Regeln für den Betrieb von Menschenparks. Wenn es eine Würde des Menschen gibt, die es verdient, in philosophischer Besinnung zur Sprache gebracht zu werden, dann vor allem deswegen, weil Menschen in den politischen Themenparks nicht nur gehalten werden, sondern sich selbst darin halten. Menschen sind selbsthegende, selbsthütende Wesen, die – wo auch immer sie leben – einen Parkraum um sich erzeugen. In Stadtparks, Nationalparks, Kantonalparks, Ökoparks – überall müssen Menschen sich eine Meinung darüber bilden, wie ihre Selbsthaltung zu regeln sei.

Die Systemtheorie verlangt von uns, dass wir die Gesellschaft nicht als eine Ansammlung der Menschen betrachten, sondern als ein kompliziertes Beziehungs- und Kommunikationsnezt zwischen dem Ganzen und seinen Teilen.

Die Gesellschaft erscheint als ein kompliziertes Gewebe von Ereignissen, Menschen, Kommunikationen, in dem die unterschiedlichen Beziehungen changieren, zusammenfallen, entweichen oder neue Kombinationen entfalten und dadurch dieses Gewebe bestimmen.

Die Unschärferelation von Heisenberg ist auch in der Sozialarbeitswissenschaft gültig. Zwei Quantitäten können nicht in selber Zeit gemessen werden. Entweder bekommen wir genaue Kenntnisse von der Position der Teilchen und bleiben uninformiert über seine Bewegungsquantität oder umgekehrt. So wie in der Atomphysik kann auch in der Sozialarbeitswissenschaft der Gelehrte nicht die Rolle des objektiven Betrachters spielen, sondern ist Teil des Beobachteten. Die neue postmoderne Wissenschaft ist holistokratisch, und demokratisch nachdem die moderne Wissenschaft aristokratisch und die alte hierokratisch war.

4.

Ein ewiger enzyklopädistischer Traum der Wissenschaftler ist die Etablierung einer Universalwissenschaft. Viele sahen die Realisierung dieses Traumes in der Evolutionstheorie als „Superwissenschaft" und sehen dies heute in der allgemeinen Systemtheorie. Eine triviale Verwirklichung des Traumes war der Marxismus-Leninismus in seiner realsozialistischen Form, der vor allem die Ökonomie, die Politik und die Soziologie durch die ideologischen Universalien zu ersetzen versuchte. In unserer Zeit sind wir mit den Gefahren einer „Superwissenschaft" konfrontiert.

Es gibt Anzeichen in der letzten Zeit, dass manche Konstruktivisten die Epistemologie (statt Philosophie) als Superwissenschaft des Denkens installieren wollen. Noch deutlicher ist die universalistische Tendenz in der Biologie, die Leitwissenschaft der Postmoderne. Der

Fachausdruck „Consiliens" ist geboren. (Wilson 1998) Er bedeutet eigentlich die Überein-stimmung von Theorien, die aus unterschiedlichen Fakten induktiv abgeleitet wurden. Für den Biologen gebe es dafür einen geheimen Schaltplan: Genen – Neuronen – Gehirn und Geist. Evolutionsfördernde Verhalten seien genetisch programmiert wie Sprache, Gottes-furcht, Mutterliebe, Schönheitssinn und Inzestvermeidung. „Soziologie, Kunstwissenschaft, Ethik und Religionswissenschaft hätten nur einen Paradigma zu folgen, nämlich alles Menschliche in adaptive, „epigenetische Regeln" aufzulösen und schon wäre die Einheit des Wissens erreicht. „Die Biologie als Leiterin der Geistes- und Kulturwissenschaften?" (von Rauchhaupt 1998, 42) Im Sinne der Consiliens behauptet die Systemtheorie als „Superwis-senschaft", dass die Natur und die Gesellschaft dieselben Gesetze haben. Indirekt scheint dies schon sowohl mit den Thesen der Chaostheorie (Iteration) und mit dem Konstruktivis-mus bewiesen. Die Entdeckung oder Erfindung dieser Gesetze hat schon begonnen.

Wir befürchten, dass fürs Geistige und Soziale das Biologische allein als Erklärung nicht genügt. Von der Genetik als einer kausallogischen, linearen Abstammungserklärung auszugehen wird bei komplexen Systemen wie die Gesellschaft mit Sicherheit nicht genü-gen. Es wäre eine brutale Rückkehr zum alteuropäischen Reduktionismus, wenn Biologie allein den Sinn der Gesellschaft, der Geschichte und der Kultur bestimmen sollte.

Der Zugang zur Welt ist pluralistisch und die Wissenschaften leben vom Pluralismus und von der Vielfalt. Besonders in den Methoden kann kein Diktat einer Superwissen-schaft, sei es so faszinierend wie die moderne Biologie, vorhanden sein.

5.

Die Sozialarbeitswissenschaft pflegt die postmoderne Normlosigkeit. Daher der Name postnormale Wissenschaft. Was ist bei ihr postnormal? Die klassische Sozialarbeit war auf Normalität eingestellt, entweder die Herstellung der alten konformistischen Normalität des Durschnittsbürgers oder die Konstruktion einer neuen Normalität. Die Normalität war für die Klienten paradoxerweise die Abweichung. Die Klienten waren die Devianten – die Abweichler vom Zentrum, von der Mitte, diejenige die in aller Hinsicht ein Leben an der Peripherie geführt haben. In der Postmoderne kommt nun der Perspektivenwechsel: Devi-anz ist nicht mehr peripherisch, nicht Ausnahme, nicht ein Verhalten, was zu integrieren (resozialisieren, therapieren usw.) werden braucht, sie ist jetzt normal. Abweichung ist zur Konformität geworden, da die Normen nach denen man sich zu orientieren hat, nicht mehr existieren. Die postmoderne Gesellschaft befindet sich in einem permanent krisenhaften, instabilen Zustand, in einer Art Daueranomie. Eine Wissenschaft, die diese Tatsache akzep-tiert – Normlosigkeit wegen fehlenden absoluten Normen und wegen der Pluralität der Normen –, könnte den Namen „postnormale Wissenschaft" tragen – als Wissenschaft, die zeitdiagnostisch nach der gescheiterten Universalisierung und Zentralisierung der Normen entstanden ist. Normen sind Wahrheitsresideen – und da es keine ewigen Wahrheiten mehr gibt, gibt es auch keine Normen, die das menschliche Verhalten dauernd beeinflussen kön-nen. In der postmodernen Sozialarbeitswissenschaft wird die ständige Selbstnormierung als Leitidee fungieren.

Wir sind der Meinung, dass der soziologische Normbegriff – den die Sozialarbeit ohne weiteres übernommen hat – eine statistische Basis besitzt: was die Mehrheit tut, (50+1 %) handelt, worüber sie kommuniziert ist eine Norm, ist normal. Diese Mehrheitsdiktatur – bekannter Begriff aus der Politologie – bezogen auf die Bewertung besonders der Handlungen steht dem ethischen Wertebegriff gegenüber. Eine „postnormale Gesellschaft" ist keine Gesellschaft ohne Werte – eine postnormale Wissenschaft wie die Sozialarbeitswissenschaft hier postuliert ist eine „wertende" Wissenschaft, d. h. sie basiert auf der Verantwortung. Wertend deswegen auch, weil sich bei ihr Theorie und Praxis treffen, und beide sollten sich an Werten orientieren. Erinnert sei an den Konstruktivisten *von Foerster* und sein ethisches Imperativ: Derjenige, der seine Welt konstruiert, ist verantwortlich für diese Welt. Die Sozialarbeit biete Hilfe bei der Konstruktion der pluralen Werte ihrer Klienten, die diese Werte ständig überprüfen, adaptieren, bereichern, mit anderen Werten zu vergleichen haben.

Die Werte, die die Praxis implizit und die Theorie explizit zu vertreten hat, sind Verhaltensregeln. Werte werden also – ohne die Diktatur der Normen – in der Lebenswelt der Klienten in brauchbare, „viable" Regeln übersetz. Für den sozialen Frieden, überhaupt für ein menschliches Zusammenleben sind selbstreferentielle Regeln unentbehrlich. Die Sozialisation und die Erziehung geben ein Fundament der selbständigen Regelkonstruktion. „Erziehung tritt als absichtsvolle Kommunikation auf" (Luhmann 1994: 178). Der Grund dafür ist die Tatsache, dass das individuelle Regelfinden, also Regeln, die sich im Zusammenleben des Menschen bewähren, aus der Selbstsozialisation und aus der Erziehung entspringt. Die Erziehung vermittelt Werte, die im Prozess der Selbstsozialisation als Regel verinnerlicht werden. Luhmann folgend sollte man sagen, dass die Erziehung „als zweite Sozialisation" wirkt und eine Art „Selbstenttrivialisation" bewirkt.

Das Thema Selbstreferenz beschäftigte schon in jeder Epoche die Denker. *Augustinus* im Frühmittelalter dachte schon, dass die Suche nach der Wahrheit selbstreferentiell und interiorisiert vonstatten gehen sollte: „in interiore homini habitat veritas". *Cusanus* glaubte, dass die menschliche Realität sich quer durch die Differenz von Einheit und Pluralismus im Menschen selbst entwickelt. „Coincidentia oppositorum" ist eminent selbstreferentiell. *Descartes* plädierte für ein In-Sich-Kehren, als Grundlage jedes Philosophierens: „reditus seipsum."

Aus professioneller Hinsicht betrachtet soll der Sozialarbeiter die Regeln seiner Klienten prüfen und für eine Intervention (oder Nicht Intervention) sich entscheiden. „Während die Wissenschaft (wie gezeigt) lediglich unter einer Begründungsverpflichtung steht, befindet sich die Profession sowohl in einem Begründung- als auch – und dies ist der entscheidende Unterschied – in einem Entscheidungszwang! Letzterem ist die Wissenschaft gänzlich enthoben" (Merten 2000: 53)

Soziale Arbeit bezeichnet eine gesellschaftliche Praxis, die Sozialarbeitswissenschaft die darauf bezogene Theorie. Weil Soziale Arbeit sich mit Ausgrenzungen beschäftigt und sich mit den Exkludierten solidarisiert, wird sie selbst ausgegrenzt. In der jetzt beginnenden Epoche der postmodernen Wissensgesellschaft ist die Sozialarbeitswissenschaft ein besonderes Engagement für die humanen Werte. In der Wissensgesellschaft ist die Produktion von neuem Wissen primordial. „Nicht nur Grundlagen, sondern auch angewandte Wissenschaft betreibt originäre Forschung und erzeugt so neues Wissen… Entdeckungen von innovativen Wegen…" (Staub-Bernasconi, 2007: 240)

Literatur

Bango, Jenö (1998): Auf dem Weg zur postglobalen Gesellschaft. Verlorenes Zentrum, abgebaute Peripherie, „erfundene" Region. Berlin: Duncker&Humblot.
Bell, Daniel (1975): Die nachindustrielle Gesellschaft. Frankfurt/M.: Suhrkamp.
Dickson, David (1988): The new politics of science. Chicago: University Press.

Etzold, Sabine: Wer weiß, was Wissen ist? Experten spekulieren über die Zukunft der Gesellschaft. In: Die Zeit, 12.1998. Nr. 30. 31.

Farkas, János: Az innovációpolitika társadalmi meghatározottsága/dt. Die gesellschaftliche Bestimmung der Innovationspolitik/. In: Szociológiai Szemle, 12, 2, 2002. 77-98.

Fukuyama, Francis (2004): Das Ende des Menschen. München: Deutsche Taschenbuch Verlag.

Günther, Gotthard (1979): Die Theorie der „mehrwertigen" Logik. In: Beiträge zur Grundlegung einer operationsfähigen Dialektik, Bd. 2, Hamburg, Meiner, 110-202.

Hinner, Kajetan (2002): Wissenschaft im Zeitalter des Internet. Berlin: Logos.

Kleve, Heiko: Soziale Arbeit als wissenschaftliche Praxis und als praktische Wissenschaft. In: Neue Praxis, Heft 3. 1996. 245-252.

Kleve, Heiko (1999): Postmoderne Sozialarbeit. Ein systemtheoretisch-konstruktivisti-scher Beitrag zur Sozialarbeitswissenschaft. Aachen: Institut für Beratung und Supervision.

Latour, Bruno (2000): Die Hoffnung der Pandora, /Untersuchung zur Wirklichkeit der Wissenschaft/ Frankfurt am Main: Suhrkamp.

Merten, Roland: Sozialarbeit als Studium: einphasig oder zweiphasig? In: Archiv für Wissenschaft und Praxis der sozialen Arbeit, Heft 1. 2000. 51-73.

Nowotny, Helga (1993): Macht und Ohnmacht im neuen Europa. Wien: Universität Verlag.

Sloterdijk, Peter (1999): Regeln für den Menschenpark. Ein Antwortschreiben zu Heideggers Brief über den Humanismus. Frankfurt/M.: Suhrkamp.

Spiegel-Rösing, Ina (1977): Science, Technology and Society: a cross disciplinary perspective. London: Sage.

Staub-Bernasconi, Silvia (1995): Systemtheorie, soziale Probleme und Soziale Arbeit: lokal, national, international oder: vom Ende der Bescheidenheit. Bern: Haupt.

Staub-Bernasconi Silvia : Soziale Arbeit auf der Suche nach autonomen Paradigmen, In: Seibel - .Lorenz (Hrsg..) (1998): Soziale Professionen für ein Soziales Europa. Frankfurt/M: IKO-Verlag.

Staub-Bernasconi, Silvia: „Dritte Wege" für eine „neue Soziale Arbeit" im dritten Jahrtausend? In: SozialAktuell, 1, 2000.16-19.

Staub-Bernasconi, Silvia: Was wäre zu tun, wenn sich die Soziale Arbeit transnationalisieren würde? In: SozialAktuell, 9 2001.10-15.

Staub-Bernasconi, Silvia 2007. Soziale Arbeit als Handlungswissenschaft. Bern: Haupt.

Wilson, Edward (1998): Consilience = Einheit des Wissens. Berlin: Siedler.

Die Angst vor der Unverfügbarkeit und der Anspruch auf Autopoiesis

Überlegungen zur Systemtheorie und zur Wissenschaftlichkeit Sozialer Arbeit

Markus Hundeck

Etwas fehlt

„Ein Bewusstsein von dem, was fehlt", so betitelt Jürgen Habermas einen Artikel über Glauben und Wissen und über den Defaitismus der modernen Vernunft, in dem er der Tradition der Aufklärung und den modernen Naturwissenschaften ins Stammbuch schreibt, dass ein vermeintlich natürlicher Vernunftbegriff und eine technische Rationalität nicht in einer schwarzseherischen Skepsis gegenüber einem Anderen der Vernunft verbleiben dürfe, sondern die Rationalität der Religion ernst nehmen sollte.[1] Nur so lasse sich eine Form des Miteinanders und voneinander Lernens erreichen. *„Es geht nicht um einen schwiemeligen Kompromiss zwischen Unvereinbarem. Wir dürfen uns um die Alternative zwischen anthropozentrischer Blickrichtung und dem Blick aus der Ferne des theo- oder kosmozentrischen Denkens nicht herumdrücken. Aber es macht einen Unterschied, ob man miteinander spricht oder nur übereinander."*[2] So mag es einem gehen, der sich ebenso mit der Systemtheorie Niklas Luhmanns wie mit dem Wissenschaftsanspruch Sozialer Arbeit beschäftigt. Auch hier scheinen die Rahmenbedingungen für den Zugriff auf eine anthropzentrisch-szientistische Rationalität so festgelegt zu sein, dass sich jede andere Form der Rationalität schnell den Vorwurf der Vernunftlosigkeit einhandelt. Deshalb soll im Folgenden über das Diktum der Selbstreferentialität der Systemtheorie nachgedacht werden, die ob ihres universalen und vermeintlich tendenzfreien Programms einen bisweilen zu ungebremsten Zuspruch erfährt und damit einer Diskussion, die um ein Menschenbild und um Konzepte einer Handlungs- und Wertetheorie ringt, nicht nur zuwiderläuft, sondern auch eine Logik installiert, die eine Debatte und Argumente über Inhalte nur schwer möglich macht. Dass sich das Ringen der Sozialen Arbeit um einen Ort innerhalb der Wissenschaften diesem Impetus der Systemtheorie nach inhaltlicher Ungebundenheit im Stillen anzuschließen scheint, ist eine ernstzunehmende Tatsache, deren Gründe und Fragen im folgenden Beitrag umrissen und wahrgenommen werden sollen. Dass Jürgen Habermas als Philosoph von einem Bewusstsein spricht, dass die Lücke im Schirm der Rationalität bemerkt und sich deshalb dieses Fehlenden gewahr werden muss, ist nicht nur eine Frage nach dem rechten Gebrauch der Vernunft und dem Einhalten wissenschaftlicher Standards, sondern vielmehr auch getragen vom dem Terror unseres politischen Erlebens, das endgültig seit dem 11. September 2001 zu einem *Kampf der Kulturen* geworden ist.[3]

---

1   Vgl. Jürgen Habermas, Ein Bewusstsein von dem, was fehlt. Über Glauben und Wissen und den Defaitismus der modernen Vernunft, in: Neue Züricher Zeitung, 10. Februar 2007.

2   Ebd.

3   Siehe hierzu die Rede von Jürgen Habermas in der Frankfurter Paulskirche anlässlich der Verleihung des Friedenspreises des Deutschen Buchhandels im Oktober 2001. Ders., Glauben und Wissen, Frankfurt 2006.

Substanzbegriff und Funktionsbegriff

Die Absicht der Systemtheorie Niklas Luhmanns ist es, durch und durch ihre fachübergreifende Universalität, ihre Eigenständigkeit, ihre Ungebundenheit innerhalb des Bereichs der Soziologie[4] und von der Philosophie zu demonstrieren. Dass sich jedoch bei Luhmann gewisse Herkünftigkeiten zeigen, möchte ich anhand des Werkes *Substanzbegriff und Funktionsbegriff*[5] von Ernst Cassirer deutlich machen, das uns die Absichten und Motive Luhmanns und der von ihm entwickelten allgemeinen Systemtheorie verstehen hilft und die Frage nach der Relevanz für die Sozialarbeitswissenschaften neu formulieren kann.

Der Sache nach geht es Ernst Cassirer in seinem ersten großen systematischen Werk *Substanzbegriff und Funktionsbegriff* um eine Kritik der klassischen Begriffstheorie (ausgehend von Aristoteles), die darin bestanden hatte, dass die Funktion von Begriffen die substantiellen Formen ans Licht bringen sollte. Die Wirklichkeit stellte sich als eine in sich gegliederte Mannigfaltigkeit von Dingen und Wesensformen dar. Deshalb dienten Funktionen einerseits zur Unterscheidung und zum Vergleich von den den Dingen gemeinsamen Merkmalen und Kennzeichen und andererseits zur Bildung und zur Bestimmung eines Ordnungszusammenhangs. Dabei wurde aber stillschweigend auf eine Ontologie Bezug genommen, die der Begriffsbildung zugrunde lag. Nun hat aber die neuzeitliche Wissenschaft die Verbindung zwischen Wissenschaft und Ontologie aufgelöst und die Funktion von Begriffen liegt nun nicht mehr darin, Wesenssaussagen über die Wirklichkeit zu machen, sondern durch die konstruktive Schematisierung bzw. Anordnung der Begriffe werden anhand der Funktionen der Begriffe Aussagen über die Wirklichkeit gemacht. D.h., das Funktionalisieren von Begriffen geht einer ontologischen Grundierung der Wirklichkeit voraus. Cassirer meinte, dass die Frage eines Funktionszusammenhangs der Dinge untereinander die Frage nach der Substanz abgelöst hat. Dies bedeutet aber weiterhin, dass das Beobachten der Funktionen und die Funktionsanalyse der Begriffe (Dinge) in ihrem Zusammenhang eben verdeutlichen, dass die Begriffe nicht mehr unverbunden nebeneinander stehen, sondern ein Geflecht bilden. Cassirer nennt diese Geflechte Reihen und erst diese Reihung von Begriffen erschließt eine Region der Wirklichkeit. Cassirer betont ausdrücklich, dass diese Reihung *eine* Region und nicht *die* Wirklichkeit als Ganze offenlegt. Dies ist im Kontext der Wissenschaft deshalb relevant, weil diese Reihung eine Perspektive der Wirklichkeit zeigt und nicht die Wirklichkeit schlechthin. Cassirer folgt damit dem Impetus der neuzeitlichen Naturwissenschaften (speziell der Mathematik und der Physik), die sich die Aufgabe gestellt hatte, eine Beschreibung der Welt und der Natur frei von allen metaphysischen Annahmen und Voreingenommenheiten vorzunehmen. Ein Phänomen in der Natur, ein Körper, eine physikalische Erfahrung etc. lässt sich aber demzufolge nur dann erfassen, wenn alle lebensweltlichen und subjektivistischen Konnotationen ausgeschlossen werden und diese rein durch Raum- und Zeitbestimmungen numerisch erfasst werden.

---

4   In der allgemeinen Systemtheorie von 1984 wird der geheime Impetus Luhmanns in besonderer Weise
     offenbar, wenn er hier durch den Systembegriff die Handlungs- und Werttheorie im Sinne vom Max Weber
     und Talcott Parsons hinter sich lassen will. Ob Luhmann dies gelingt und inwieweit dieser Weg der allge-
     meinen Systemtheorie überzeugend ist, steht hier nicht zur Debatte, aber dieses Motiv eines substanzunab-
     hängigen Denkens ist für Luhmann leitend.

5   Vgl. Ernst Cassirer, Substanzbegriff und Funktionsbegriff. Untersuchungen über die Grundfragen der Er-
     kenntniskritik, Darmstadt 51980.

Allem wird das „*Ideekleid der Mathematik übergeworfen*"[6], d.h., die inhärente funktionale Begriffssprache der Mathematik wird auf die naturwissenschaftlichen Gebiete übertragen. Durch die funktionale Begriffssprache, durch Zählen, Messen, formalisieren etc., wird der Bestand an Theorien erweitert, verfeinert und immer wieder korrigiert. Die einzelnen, in sich eigenen Bereiche der Wissenschaft werden durch die Formalisierungen miteinander verbunden und beschreiben so die Erfahrungen der Wirklichkeit, die eben keine singulären Bereiche für sich sind, sondern im Geflecht der Bereiche aufeinander bezogen bleiben. Die hier beschriebene Verflechtung der Komponenten schließen eine Singularität aus und das Zueinander der verschiedenen Regionen ermöglicht eine Erkenntnis von Konstanten, die als Variable fungieren können.[7] In dieser Verflechtung wird ein singulärer Weg ebenso ausgeschlossen wie eine subjektive Deutungsübernahme. Im Weiteren bezeichnet Cassirer in seiner funktionalen Theorie der Erfahrung die einzelne Region, das Einzelne, als im Umkreis eines Systems stehend, auf das es verweist und das es repräsentiert. Es geht ihm hier nicht um das Verhältnis von Teil und Ganzem, sondern um die Logik der Reihung, um die logische Struktur des Systems selbst.

Cassirers Anliegen lassen sich kurz in zwei Prinzipien formulieren, die für die weiteren Überlegungen wichtig sind. Erstens muss die Geltung der Logik und ihrer Prinzipien unabhängig von der subjektiven Tätigkeit gedacht werden,[8] in der sie als Gegebene sichtbar wird und zweitens darf die Geltung der Logik nicht rein instrumentalistisch verstanden werden.[9] Daher ist nicht die von Erkenntnisrelationen unabhängige äußere Realität der Maßstab für die Konsistenz von Theorien, sondern deren eigene innere Kohärenz. Und weiterhin ist die Konvergenz der Reihe ein Vorhaben, die Einheit der Forschung zu garantieren und im Blick zu behalten und hierbei nicht auf das Subjekt als dem die Theorien einenden Punkt abzuzielen.

Stillschweigende Absichten

Welche Absichten verbergen sich hinter Cassirers Werk *Substanzbegriff und Funktionsbegriff* und wie lassen sie sich bestimmen? Mit dem Aufkommen der modernen Naturwissenschaft und dem Ende der Metaphysik wird der Versuch unternommen, die Welt in der Sprache der Mathematik zu beschreiben und sie damit zu objektivieren, sie universal aussagbar zu machen und die Beschreibung der Welt damit gegen ein subjektives Meinen, Glauben oder irgendein interessegeleitetes Ansinnen zu immunisieren. Mit logischen Funktionen anstatt mit substantiellen Aussagen die Natur und den Kosmos zu kommunizieren und damit zu universalisieren, ist jene Grundvoraussetzung, eine Einheit von Denken und Sein zu ermöglichen. Mit dieser Überwindung eines substantialistischen Denkens geschieht eine Funktionalisierung der Wirklichkeit, die ihren Sinn in der Erfassung und extensiven Erweiterung ihrer Potenziale sehen und sich dabei die Normen ihres Selbstprozesses nur in sich und durch sich selbst geben kann.[10] Wenn diese Beschreibung ein möglicher Hintergrund der

---

6   Vgl. hierzu Edmund Husserl, Die Krisis der europäischen Wissenschaften und die transzendentale Phänomenologie, in: Ders. Gesammelte Schriften Bd. 8. Herausgegeben von Elisabeth Ströker, Hamburg 1992, 51.
7   Vgl. Cassirer, Substanzbegriff und Funktionsbegriff, 351.
8   Vgl. Cassirer, Substanzbegriff und Funktionsbegriff, 413ff. 419ff.
9   Vgl. ebd. 422-426.
10   Hierin schon den Gedanken der Selbstreferentialität und der Autopoiesis zu entdecken, ist so abwegig nicht, denn dass sich Luhmann nicht nur auf Humberto Maturana und Francisco Varela bezieht, sondern die Systemtheorie Parsons und Luhmanns ihre Wurzel im genannten Werk Ernst Cassirers hat, ist, denke ich, nicht

Untersuchung Cassirers und zugleich auch die Dynamik szientistischen Vorgehens wiedergibt, so lassen sich m.E. darin nicht nur wichtige Motive der Systemtheorie, sondern auch der Sozialarbeitswissenschaften erkennen. Und für die Hintergründe einer Theoriebildung Sozialer Arbeit scheinen mir die Motivationen sehr aussagekräftig zu sein, decken sie doch die Exkulpierungsgründe und –versuche auf bzw. machen sie offensichtlich.

Probleme mit der Metaphysik

Ein bestimmtes Feld der Forschung scheint dort unabhängig zu sein, wo es sich von anderen Gebieten der Wissenschaften emanzipieren bzw. sich als eigenständig zeigen kann. Diese Eigenständigkeit zu erweisen hat seine Begründung möglicherweise im Ausweis gesellschaftspolitischer Relevanz oder aber im Beharren auf ideologischer Neutralität. Daher bietet es sich an, für den eigenen Bereich ein Theoriemodell zu wählen, dass diese Vorzüge der weltanschaulichen Neutralität und der Universalität in sich vereinigt, um so im Blick auf Ansprüche von Seiten der Gesellschaft gewappnet zu sein. Dass die Sozialarbeitswissenschaft dieses Ansinnen hat, liegt u.a. an dem von ihr zu bearbeitenden Feld, das geradezu eine Dekomplexierung der in ihr befindlichen Bereiche Jura, Wirtschaft, Medizin, Psychologie, Soziologie und Philosophie fordert. Diese Reduzierung von Komplexität unterschiedlicher Bereiche kann aber nur durch eine Theorieform erreicht werden, die von ihrer Struktur her solchermaßen universal ist, dass sie die universalen Ansprüche, die die Sozialarbeitswissenschaften mit sich bringen, erfüllen und bedienen kann. Helfen kann uns hier ein Aspekt, auf den Eric Mührel hingewiesen hat, dass die Einzigartigkeit Sozialer Arbeit in einer Allzuständigkeit[11] bestehe, die sich zum einen auf die Menschen in ihren Lebensaltern beziehe (von der Frühförderung über die Kinder- und Jugendhilfe bis zur Altenhilfe), zum anderen aber diese Allzuständigkeit den jeweiligen Menschen inmitten seiner Lebenswelt und seinen Lebensumständen meine.[12] Diese Allzuständigkeit muss noch nicht Universalität bedeuten, aber sie zeigt, dass die Sozialarbeit vom Beobachter aus ein Phänomen ist,[13] dass sich im Blick auf seine theoretische Selbstvergewisserung als universal angelegt erfährt und dass gerade deshalb durch die Theorie immer unter bestimmte Bedingungen gestellt wird. Was aber sind diese Bedingungen und wie lassen sie sich als solche bestimmen?

M.E. scheinen die Bedingungen zunächst solche sein zu müssen, die eben eine Universalität garantieren und eine Allzuständigkeit nicht unterminieren. Diese Bedingungen haben den Anschein, als wendeten sie sich gegen bestimmte ontologische Grundannahmen bzw. substantielle Voraussetzungen, die z.B. Begriffe nicht mehr auf ihre metaphysische Herkünftigkeit befragen, was dann aber bedeutet, dass damit ganz bestimmte Deutungsmög-

---

zu bestreiten, auch wenn Luhmann ja bekanntlich mit Verweisen und Referenzen mehr als sparsam gewesen ist bzw. immer gerne die Leser und Exegeten seines Werkes in die Irre geführt hat. Hierzu Harald Wasser, Luhmann und die Philosophie, in: information philosophie 3/2005.

11   Vgl. Eric Mührel, Verstehen und Achten. Philosophische Reflexionen zur professionellen Haltung in der Sozialen Arbeit, 2. Auflage, Essen 2008, 80ff.

12   Mührel bezieht sich hier auf eine Arbeit des spanischen Philosophen José Ortega y Gasset, Der Mensch und die Leute, indem Ortega das Subjekt als *Ich bin ich und meine Lebensumstände* fasst. Vgl. Mührel, Verstehen und Achten, 72-82; José Ortega y Gasset, Der Mensch und die Leute, in. Ders., Gesammelte Werke VI, Stuttgart 1978, 7-246.

13   Hierzu Dirk Baecker, Art. Systemtheorie, in: Hans-Uwe Otto/Günter Thiersch (Hgg.), Handbuch Sozialarbeit/Sozialpädagogik, 2. überarbeitete Auflage, Neuwied 2001, 1870-1875.

lichkeiten ausgeschlossen werden müssen. Vielleicht kommt von daher bei manchen Studien zur Sozialarbeitswissenschaft der Verdacht der begrifflichen Indifferenz auf. Das mag damit zu tun haben, dass die Begriffsarbeit innerhalb eines systemischen Theoriegebäudes keine Rolle spielt, ja nicht spielen darf, weil es nicht um Begründungszusammenhänge, sondern um Lösungsstrategien, d.h., Dekomplexierungsvorgänge geht. Der oftmals allzu selbstverständliche Umgang mit Begriffen, die als bloße Setzungen genommen werden, ohne aber deren Hintergrund und deren Genese zu beleuchten, scheint ein schwieriges Unterfangen zu sein, gerade dann, wenn Begriffe benutzt werden, die einen eindeutig metaphysischen Ursprung haben bzw. ohne diesen auch gar nicht auskommen könnten und demnach in einer metaphysischen Reduktion ihren Sinn verlieren würden. Als Beispiele, die gerade im Bereich der Sozialen Arbeit eine große Rolle spielen, seien die Begriffe Person und Würde (resp. Menschenwürde)[14], Profession, die Menschenrechte[15], der Andere[16], Dialog[17] u.a. genannt, die zeigen, dass ein systemischer Ansatz alleine nicht ausreicht, um, wie ich es oben im Anschluss an Jürgen Habermas gesagt habe, das Bewusstsein von dem Fehlenden zu beruhigen. Dies ist insofern für die Sozialarbeitswissenschaft relevant, weil sich hier im Gebrauch der Systemtheorie nicht einfach mit Äquivalenten arbeiten lässt. Die von Luhmann eingeführte Kategorie „Sinn" reicht m.E. nicht aus, um den Verdacht einer reinen Technik, einer Methode „ohne Hintergrund" zu rechtfertigen. Um auch hier den Blick noch einmal auf Luhmann selbst zu wenden, mag sein kleines Büchlein „*Vertrauen. Ein Mechanismus der Reduktion sozialer Komplexität*"[18] dienen, das schon ganz den Geist seiner späteren Werke atmet und in dem das Diktat der Alltagssprache überwunden werden soll, was auf nichts anderes als eine Überwindung der Subjektphilosophie abzielt. Die Rationalität, die sich im Phänomen Vertrauen resp. Misstrauen entdecken lässt, ist ein Mechanismus, der in Kenntnis seiner Abläufe und unter Berücksichtigung der Bedingungen, in denen er gebraucht wird, der Dekomplexierung psychischer oder gesellschaftlicher Situationen dient (zu denken wäre hier an den Bereich der Politik und der Diplomatie, aber auch der Wirtschaft, wo wir dies aktuell in der Finanzwelt und an den Börsen sehen können). Aber haben wir damit schon den Horizont dessen umrissen, in dem sich Vertrauen als das zeigt, was es ist und sein will? Auf der Ebene von Sozialarbeiterin und Klient (oder Therapeut/Klient) etwa ist doch selbst bei aller systemischen Ausleuchtung und Dekomplexierung der Situation immer noch eine verbleibende Beunruhigung, die sich im Phänomen des „*von Angesicht zu Angesicht*" zeigt, zu registrieren, die auf der Ebene des seelischen Zueinanders eine letzte Unverfügbarkeit zeigt und verdeutlicht.[19] Wäre sonst nicht für Jemanden,

---

14   Hierzu Eric Mührel (Hg.), Zum Personenverständnis in der Sozialen Arbeit und der Pädagogik, Essen 2009, und darin mein Beitrag Verstrickt-sein in Geschichten. Biographie und Person als Grundkategorien Sozialer Arbeit, 77-96.

15   Hier seien besonders auf die Arbeiten von Silvia Staub-Bernasconi hingewiesen, die die Soziale Arbeit als Menschenrechtsprofession kennzeichnet.

16   Hierzu die Arbeiten von Wolfgang Theunissen und Paul Ricoeur, die eine Sozialontologie formulieren. Auch die Arbeiten von Eric Mührel zu Emmanuel Levinas und der von ihm herausgegebene Sammelband *Ethik und Menschenbild in der Sozialen Arbeit* seien besonders erwähnt.

17   Vgl. Markus Hundeck, Alles wirkliche Leben ist Begegnung, in: Eric Mührel (Hrsg.), Quo vadis Soziale Arbeit? Auf dem Weg zu grundlegenden Orientierungen, Essen 2006, 105-116.

18   Vgl. Niklas Luhmann, Vertrauen. Ein Mechanismus der Reduktion sozialer Komplexität (= Soziologische Gegenwartsfragen NF, hgg. von L. Neundörfer, H. Schelsky, F.H. Tenbruck), Stuttgart 1968.

19   Ich möchte an dieser Stelle auf die Arbeiten von Hunter Beaumont hinweisen, der als Psychoanalytiker und Therapeut den Bereich der Seele als einen Bereich kennzeichnet, der immer ein Residuum an Unverfügbarkeit enthält. Dazu Hunter Beaumont, Auf die Seele schauen. Sprituelle Psychotherapie, München 2008, bes. 187-204 („Was nimmt die Seele wahr?").

der therapeutischer Hilfe bedarf, jeder, d.h., uneingeschränkt jeder Therapeut/Therapeutin ein wirklich helfendes Gegenüber? Mir scheint, als würde hier die Tauglichkeit des Mechanismus' der Reduktion von Komplexität überbewertet. Es gibt dieses Erleben, dass etwas nicht passt, und die Deutung dieses Erlebens ist noch nicht die Mystifizierung eines Gefühls, sondern die Ahnung der Seele, dass etwas fehlt. Dieses Fehlen kann aber zugleich ein Hinweis auf ein ‚Mehr' sein, ein ‚Mehr', dass jenseits einer Rationalisierung liegt, aber deshalb trotzdem, weil es nicht reduzierbar ist, einen Moment der Wirklichkeit behauptet, der bedeutsam ist und Bedeutung hat.

Überwindung des Subjektbegriffs und die Prämisse der Selbstreferentialität

Es kann hier nicht um eine Darstellung der Systemtheorie Niklas Luhmanns gehen, sondern um ein Nachdenken über die zwei wichtigsten Prämissen (Selbstreferentialität und Autopoiesis), die die Systemtheorie leiten und die zugleich Aussagen über deren Hintergründe und Motivationen möglich machen. Um sich diesen Prämissen aber annähern zu können, müssen bestimmte Voraussetzungen beachtet werden. Ein wesentlicher Movens, der hinter Luhmanns Modell der Systemtheorie steckt, ist die Absicht, sich von der Philosophie und der klassischen Soziologie zu emanzipieren, was weitreichende systematische Gründe hat und in der Überwindung der Subjektphilosophie ihren Ausdruck findet. Die Überwindung der Subjektphilosophie konnte aber nur mit einer sprachlichen Neuschöpfung gelingen, die in dieser Neuschöpfung auch zugleich die Alltagssprache weitesgehend in einem Sprechen mit den Bezugspunkten Ich und Du hinter sich lassen musste. Deshalb wird der Leser der Luhmann'schen Schriften auch mit einer zunehmend technizistischen Sprache konfrontiert, die, obwohl sie es vermeiden will, eine sich steigernde Substantivierung der Sprache zur Folge hat[20], und so erreicht der Charakter der Systemtheorie *„einen Komplexitätsgrad, der sich nicht mehr linearisieren lässt"*[21].

Der Begriff des Subjekts und der Begriff der Person manifestieren sich sprachlich nicht mehr in der Rede von Ich und Du, weil Systeme und im besonderen soziale Systeme nicht mehr auf einzelne Personen und deren Handlungen zurückzuführen sind, sondern nur noch als Modi von Kommunikation gelten. Damit aber hat jede Form von Substanzmetaphysik und Subjektphilosophie ihre Bedeutung verloren, weil der eigentliche Grund von Kommunikation nicht im Subjekt zu suchen ist, sondern die Systemtheorie mit ihrem Anspruch der Dekomplexierung von Systemen auf das Zueinander und das Geschehen der Systeme blickt. Und dies bedeutet im Rückschluss, dass nicht die Personen (psychische Systeme) die Elemente eines sozialen Systems ausmachen (Beziehungen untereinander usw.), vielmehr stellen die Kommunikationen, die zu einem sozialen System gerechnet werden, die Elemente des Systems dar. Die Neutralisierung des Subjekts ist der Universalisierung der Theorie geschuldet und möglicherweise einem Unbehagen, dass eine Selbstbegründung nur mit metaphysischen Zugeständnissen möglich machen würde. Es stellt sich hier nur die Frage, um welchen Preis diese Neutralisierung erkauft ist und ob ein systemischer Ansatz den Komplexionen im psychischen und emotionalen Bereich so dienlich sein kann, dass Lebensperspek-

---

20   Eine Substantivierung der Sprache bedeutet immer auch eine Nominalisierung und damit ein Umgang mit Substanzbegriffen.

21   Niklas Luhmann, Soziale Systeme. Grundriss einer allgemeinen Theorie, Frankfurt/M. 1993, 14.

tiven und Vertrauen in eigene Lebensmöglichkeiten geschaffen werden?[22] Und wie steht es mit dem Moment der menschlichen Einzigkeit und Unverfügbarkeit, die ja gerade die Würde des Menschen kennzeichnet?

M.E. hängt an der Beantwortung dieser Frage auch die Prämisse der Selbstreferentialität, die ja einen Selbstbezug intendiert und damit mindestens ein Selbst als Bezugspunkt setzt beziehungsweise als gesetzt erfährt. *Selbstreferentialität bezeichnet die Fähigkeit jedes lebendigen Systems, einen Bezug zu sich selbst in Abgrenzung zur Umwelt herzustellen.*[23] Damit ist gemeint, dass Selbstreferenz auf die Einheit des Selbst zielt, die ein Element, ein Prozess oder ein System für sich selbst darstellt. Diese Selbstreferenz ist ein Differenzierungsprozess des Systems gegen Beziehungen zur Umwelt. Luhmann bezeichnet die Selbstreferenz als eine bestimmte Operationsweise des Systems im Kontakt zur Umwelt, aber immer nur unter dem Gesichtspunkt der Einheit des Systems. Selbstreferenz beinhaltet zudem einen Modus der Selbstentscheidung, der durch interne Operationen über einen Einfluss von Außen befindet. Luhmanns Versuch, die Selbstrefentialität als eine Prämisse der Systemtheorie zu konstituieren, provoziert viele Fragen, die nicht nur an der Begrifflichkeit selber hängen, sondern auf den Hintergrund verweisen, der die Motivation zur Konstituierung der Prämisse der Selbstreferenz formuliert. Dass Luhmann den Begriff Selbstreferentialität aus dem Begriff der Selbstorganisation[24] abgeleitet und für die Systemtheorie neu gesetzt hat, ist ein Thema, dass uns hier nur am Rande interessieren muss. Jedoch ist der Terminus Selbstbezug kein Jargon und hat schon gar keinen neutralen Aussagegehalt, sondern übernimmt Setzungen, die ein klares Bekenntnis verdeutlichen und zugleich eine Angst offenbaren, die nicht so recht durch die Argumentation beruhigt werden kann. Das Selbst, das sich auf sich selbst bezieht, weckt eine Erinnerung an die *ontisch-ontologische Vorrangigkeit* des Menschen, die Martin Heidegger in seiner Fundamentalontologie als das eigentliche Merkmal des Daseins (d.i. der Mensch) beschrieben hatte.[25] Mit ontisch-ontologischer Vorrangigkeit meinte Heidegger, dass der Mensch ein Selbstverhältnis und ein Selbstverständnis hat, dass den Menschen vor allem Seienden auszeichnet. In diesem Selbst aber kulminiert jede Bezüglichkeit des Selbst und ebenso jedes Verständnis, dass das Selbst von sich selbst hat und von sich selbst erwirbt. Damit aber ist das Selbst an sich selbst ontologisch und damit kann es sich nur in und durch sich selbst begründen und aus sich selbst heraus verstehen und deuten. Wenn dem so ist, dann intendiert Luhmanns Topos der Selbstreferentialität im Blick auf ein psychisches Systeme (Mensch), ein Bewusstsein von sich selbst, das, ob nun durch Anschlussfähigkeit an andere psychische Systeme ausgezeichnet oder nicht, die Rationalität des Selbst als absoluten Schirm ausspannt, vor dem sich die Umwelt als Umwelt und die anderen Systeme als eine Rationalisierung des Selbst erweisen (Konstruktivismus)[26]. Das aber gebiert die Folgerung, dass alles außerhalb der Rationalität des Selbst reine Setzung dieser Rationalität ist. D.h., die Rationalität

---

22   Zu denken wäre an den Bereich der Schule, wo ein gewisses Maß an systemischem Arbeiten durchaus hilfreich und förderlich sein kann, aber wenn es etwa um die Stärkung des Selbstwertgefühls geht, gehört die Stärkung des Selbst-seins und die Stärkung des Vertrauens in die eigenen Möglichkeiten vielleicht zu den vorrangigen pädagogischen Zielen der Schule. Ist dann Vertrauen wirklich nur die Reduktion sozialer Komplexität?

23   Vgl. Luhmann, Soziale Systeme, 31.

24   Vgl. hierzu die Arbeiten von Humberto E. Maturana, erkennen. Die Organisation und Verkörperung von Wirklichkeit, Braunschweig 1982; und Ders./Francisco Varela, Der Baum der Erkenntnis, Bern 1987.

25   Vgl. Martin Heidegger, Sein und Zeit, Tübingen 161986, 12.

26   Über die Nähe der Systemtheorie zum Konstruktivismus ist viel geschrieben worden, ich verweise hier nur auf die Einführung von Helmut Willke, Systemtheorie, Stuttgart/New York 1991.

des Selbst ist ein Absolutismus, der ein Außerhalb dieses Schirms der Rationalität unmöglichen machen muss und nicht zulassen darf, denn diese Lücke im Schirm der Rationalität würde die Evidenz des Systems gefährden. Inhäriert die Konstruktion der Selbstreferentialität nicht zugleich auch den Modus der Selbstkontrolle und damit die Illusion einer totalen Selbstverfügbarkeit? Was bedeutet diese Möglichkeit für den Bereich der Sozialen Arbeit und der Sozialpädagogik?

Dass die Systemtheorie Luhmanns als konstruktivistische Theorie die Angst vor der Unverfügbarkeit enthält, könnte aber doch bedeuten, dass es ein ‚Mehr‘ außerhalb des Bewusstseins gibt und dass dies für den universalistischen Anspruch der Systemtheorie zumindest wissenschaftstheoretisch bedeuten kann, dass es regulative Theorien geben muss, die dieses ‚Mehr‘ oder dieses Außerhalb in den Blick nehmen müssen, weil eben auch dieses Außerhalb des Bewusstseins des Selbst im Erfahrungshorizont als unverfügbares Moment präsent und gegenwärtig ist. Die Systemtheorie geht auf der Ebene der Beziehung von psychischen Systemen (Menschen) von der Synchronizität dieser Beziehung aus, was im Terminus der Anschlussfähigkeit ausdrücklich wird. Aber ist mit dieser Synchronizität das Gesamt dieser Beziehung umfasst? Was ist mit den Erfahrungen der Asynchronizität[27], die es immer dort gibt, wo Menschen sich begegnen, wo im Gegenüber eine Uneinholbarkeit und Unverfügbarkeit aufscheint, die selbst nicht mit allen Mitteln der Rationalität aufgelöst bzw. dekomplexiert werden kann? Der Eine kann nicht über den Willen und den Lebensmut des Anderen gebieten, über das Sich-Öffnen und das unvorstellbare Maß der Güte, die der Andere vielleicht gibt, ohne gebeten worden zu sein. Was geschieht in einer Beziehung zwischen Lehrer und Schüler, in der der Lehrer sich aussetzen muss, sich als der Stärkere loslassen muss, um als Gegenüber mit dem Schüler die Situation teilen zu können? Was geschieht im Gespräch zwischen Sozialarbeiterin und Klient, in der es keine Lösungsmöglichkeiten für den „Fall" gibt und über alle positivistisch-rechtlichen Bedingungen hinaus ein Vorschuss an Vertrauen in die Zukunftsperspektive des Klienten gelegt wird? Gibt nicht gerade hier die Sozialarbeiterin die Kontrolle auf, indem sie diese in dem Wissen aufgibt, ein entsetzliches und vielleicht sogar für sie unabsehbares Risiko eingegangen zu sein? Beispiele für diese Erfahrungen der Asynchronizität, für die Erfahrung des ‚Mehr‘, für das außerhalb der Rationalität Zugängliche, ließen sich noch viele finden. Diese Erfahrungen zeigen aber auch, dass diese Momente der Unverfügbarkeit ihre eigene Rationalität besitzen, die gerade in ihrer Unberechenbarkeit besteht. Müsste nicht die Rationalität dieser Asynchronizität regulierend in die Lösungsstrategien systemischen Arbeitens integriert werden, die eben auch zugleich die Unauslotbarkeit bzw. Unverfügbarkeit im Bereich des *„Von Angesicht zu Angesicht"* erklärt? Die Entdeckung, dass es eine Lücke im Schirm der Rationalität gibt, ist Grund genug, auch die Rationalität dieser Lücke als eine Wirklichkeit anzuerkennen und in das theoretische und praktische Agieren mit einzubinden. Denn auch in vermeintlich positivistischen Kategorien wie denen des Rechts entdecken wir Orte der Unverfügbarkeit, wenn wir an den ersten Artikel des Grundgesetzes denken, der von der Unantastbarkeit der Menschenwürde[28] spricht. Hier fällt der Begriff der Menschenwürde, der in sich die Einzigkeit des je einen Menschen ebenso impliziert wie dessen Person-sein

---

27   Vgl. Eric Mührel, Zu einer Ethik der Gastfreundschaft als Fundament Sozialer Arbeit. Überlegungen in Anlehnung an das Werk E. Levinas', in: Ders., Ethik und Menschenbild in der Sozialen Arbeit, Essen 2003, 73-84, 74ff.

28   Vgl. hierzu Renate Bieritz-Harder, Menschenwürde und die Neutralität des Staates, in: Eric Mührel (Hg.), Zum Personenverständnis in der Sozialen Arbeit und der Pädagogik, Essen 2009, 11-17.

und die Singularität dessen Lebensgeschichte[29]. Dies aber heißt, dass es in diesem Sinne eine Rationalität der Unverfügbarkeit gibt, die genauso die Wirklichkeit des Menschen bestimmt und leitet wie der Anspruch auf Selbstsetzung und dem autopoietischen Entwurf des Selbst. Das aktuelle Wiederentflammen von Religiösität und deren Verneinungsformen macht dem wissenschaftlichen Habitus und dem Anspruch auf Wissenschaftlichkeit vielleicht deutlich, dass Rationalität nicht leichtfertig mit szientistischer oder technischer Rationalität gleichgesetzt werden darf, sondern dass die szientistische bzw. technische Rationalität nur *einen* Modus unter verschiedenen Modi der einen Rationalität darstellt. In diesem Zusammenhang ist ein Wort Ernst Cassirers sehr erhellend, der am Beispiel der astronomischen Theorien dieses Zusammen der verschiedenen Modi der Rationalität als einem Kontinuum und Deutehorizont veranschaulicht. *„Kein einzelnes astronomisches System, das Kopernikanische so wenig wie das Ptolemäische, sondern erst das Ganze dieser Systeme, wie sie sich gemäß einem bestimmten Zusammenhang stetig entfalten, darf uns demnach als Ausdruck der ‚wahren‘ kosmischen Ordnung gelten.“*[30]

Anspruch auf Autopoiesis

Die Unabhängigkeit der Wissenschaft von Vorgaben, die außerhalb des bestimmten rationalen Systems liegen, erhält in der Prämisse der Autopoiesis seine ganze Bedeutung. Der Begriff Autopoiesis ist zusammengesetzt aus den griechischen Begriffen autos (= selbst) und poiein (= machen)[31] und bezeichnet in der Systemtheorie solche Systeme, die sich selbst machen (reproduzieren) können und durch den Modus der Selbsterhaltung gekennzeichnet sind.[32] Dieses aus der Evolutionsbiologie (Maturana/Varela)[33] übernommene Prinzip der Autopoiesis stellt im Blick auf die Ansprüche der Wissenschaft eine Radikalisierung des Autonomiebegriffes dar. D.h., die Autonomie eines lebenden Systems behauptet sich solchermaßen als autonom, wie es sich aus den Elementen, aus denen es besteht, selbst reproduziert. Mit dieser permanenten Selbstreproduktion bleibt auch die Rationalität dem System selbst immanent, d.h., dass sich autopoietische Verwirklichung von Wirklichkeit unabhängig von systemtranszendenten Deutungen erklärt und begreift. Dieses Ansinnen von Wissenschaft intendiert ein bestimmtes Bild von Wissenschaftlichkeit und ein Menschenbild, das dem Prinzip der Erklärung, der Beschreibung und dem Handeln in der Welt zugrunde liegt. Es schreibt dem Menschen das Vermögen zu, sich in seinem Sein selbst zu erhalten und sich aus diesem Sein selbst zu erschaffen und zu erfinden. Dieses Selbstverständnis kann mit dem Ausdruck des *conatus essendi*[34] ausgedrückt werden, einer Selbst-

---

29   Vgl. Markus Hundeck, Verstrickt-sein in Geschichten. Biographie und Person als Grundkategorien Sozialer Arbeit, in: Eric Mührel (Hg.), Zum Personenverständnis in der Sozialen Arbeit und in der Pädagogik, 77-96.

30   Cassirer, Substanzbegriff und Funktionsbegriff, 427.

31   Vgl. hierzu Julius Morel u.a., Soziologische Theorie. Abriss der Ansätze ihrer Hauptvertreter, München 1993, 191.

32   Vgl. Maturana, Erkennen, 58 und Willke, Systemtheorie, 43.

33   Vgl. Maturana/Varela, Der Baum der Erkenntnis, Bern 1987. Von Beiden wurde das Konzept der Autopoiesis entwickelt und bezeichnet die Tatsache, dass es Systeme gibt, die sich selbst reproduzieren.

34   Vgl. hierzu Markus Hundeck, Conatus essendi und inkarniertes Subjekt. Ein inszenierter Dialog zwischen Baruch de Spinoza und Emmanuel Levinas, in: Josef Wohlmuth (Hg.), Emmanuel Levinas – eine Herausforderung für die christliche Theologie, Paderborn u.a. 1998, 121-141, bes. 122-129; weiterhin Hans Blumenberg, Selbstbehauptung und Beharrung, in: Hans Ebeling (Hg.), Subjektivität und Selbsterhaltung. Beiträge zur Diagnose der Moderne, Frankfurt 1996, 144-207.

mächtigkeit, die in der Erhaltung und Reproduktion des Selbst das eigene Überleben sichert und die Rechtfertigung eines Selbstverständnisses (Sinn) garantiert. Was kann aus diesem Prinzip an Erkenntnis und Einsicht in die Wissenschaft und in das Verständnis vom Menschen folgen?

Gewinnt die neuzeitliche Wissenschaft und die wissenschaftliche Aufklärung des Menschen über sich selbst und die Welt nur in der stärker werdenden Autonomisierung und der damit sich herausbildenden Autarkie gegen jeden Sinn von außen ihr Ziel? Und führt und verführt die Autopoietisierung nicht das Selbst dazu, sich den Platz an der Sonne zu sichern und damit nicht mehr der Angewiesenheit auf andere gewahr zu werden? Die Autopoietisierung als Rationalisierung, die ein Denken des ,Mehr' verweigern muss, weil es ein Verstoß gegen das eigene Prinzip wäre, endet, weil es strikte Verwirklichung von Selbstbehauptung ausdrückt, entweder im Kampf aller gegen alle oder in der Einsamkeit einer monistischen Weltauslegung des Selbst. Dies aber, meine ich, widerspricht dem Anspruch, der auch im Begriff des Sozialen steckt, nämlich im Aspekt, dass der Mensch nur *in Beziehungen* zu dem werden kann, der er als Möglichkeit ist. In den Beziehungen aber geschieht das Ereignis der Exteriorität, das Aufscheinen des ,Mehr', das sich im anderen Menschen als autopoietische Grenze offenbart und als Anspruch formuliert. Ist der andere Mensch aber eine Bedingung für die Entfaltung des Selbst[35], so bedarf das Prinzip der Autopoiesis eines Regulativs, einer Erweiterung, die die auf die Konstituierung des Selbst zielende Rationalität mit der Rationalität des Außer-dem-Selbst-sein verbindet und zusammenbringt. M.E. steht die Soziale Arbeit mit der Erfahrung, dass alle Bereiche des menschlichen Lebens in die Situation von Sozialarbeiterin und Klient hineinverwoben sind, vor der Aufgabe, sich aus der Wissenschaftlichkeit ihres eigenen Bereichs heraus um eine Rationalität zu bemühen, die sich bewusst wird, dass es ein ,Mehr' gibt. Die Rationalität der Sozialen Arbeit und ihrer Wissenschaft hat ihre Balance zwischen den Brennpunkten von Selbstbehauptung und Selbsthingabe zu finden.[36] Ich möchte hier nicht so weit wie Jürgen Habermas gehen und diese Brennpunkte als Glauben und Wissen formulieren, sondern würde meinen, dass eine gelungene Beziehung, das Leben überhaupt, nur in der balancierten Verdichtung eines Selbst gelingen kann, dass sich selbst geben, dass sich selbst aussetzen und ins Risiko der Hingabe an den Anderen entlassen kann. Hierin formuliert sich vielmehr eine Haltung, die sich als Profession versteht, d.h., als Be-Rufung[37], die Antwort ist auf den Ruf des Anderen, der um Lebensbewältigung ringt und dem die Komplexität des eigenen Lebens zur unüberwindbaren Hürde geworden ist. Autopoiesis ohne Selbsthingabe ist der risikolose Weg in die eigene Richtung und die eigene Zukunft, es ist die Mentalität des ,Self-made', die sich letztlich nicht verdankt weiß[38], es ist der Abgrund des Lebens ohne Institution, d.h., ohne die Entlastung, die durch den Anderen geschieht und geschehen muss, und gerade erst hier ihre Möglichkeit zur wirklichen Selbstentfaltung erfährt. Inwieweit sich hier eine Wissenschaft der Sozialen Arbeit befragen und von einem ,Mehr' an Rationalität inspirieren lassen

---

35   „*Der Mensch ist nicht zuerst in Beziehung zur Welt...er ist in Beziehung zum anderen Menschen.*" Vgl. hierzu Gérard Bailhache, Le sujet chez Emmanuel Levinas, Paris 1994, 156. Hier zitiert nach Uwe Bernhardt, Vom Anderen zum Selben. Für eine anthropologische Lektüre von Emmanuel Levinas, Bonn 1996, 31.

36   Hierzu Paul York von Wartenburg, Bewusstseinsstellung und Geschichte. Hg. Und eingeleitet von Iring Fetscher, Hamburg 1991; weiterhin Hundeck, Conatus essendi und inkarniertes Subjekt, 141.

37   Vgl. Markus Hundeck, Durchbrochene Kontingenz und verdankte Existenz als Perspektive sozialer Arbeit. Ein Beitrag zur Profession Sozialer Arbeit aus christlicher Sicht, in: Eric Mührel (Hg.), Ethik und Menschenbild in der Sozialen Arbeit, Essen 2003, 66-68; weiterhin Mührel, Verstehen und Achten, 62-65.

38   Vgl. Hundeck, Durchbrochene Kontingenz und verdankte Existenz als Perspektive Sozialer Arbeit, 60-64.

muss, entscheidet sie selbst in ihrem Anspruch und in den Prämissen, die sie sich gibt. Sich hierbei vom Menschen als dem Wesen der Unverfügbarkeit leiten zu lassen ist in der Umkehrung ebenso ein Anspruch auf Autonomie wie es das Prinzip der Autopoiesis ist. Nur rechnet die Rationalität des ‚Mehr' mit dieser Unverfügbarkeit und gewahrt gerade darin den Anspruch des Menschen auf Würde und Unersetzbarkeit. Ich denke, dass eine Soziale Arbeit, die sich als Menschenrechts-Profession verstehen will, von dieser Unverfügbarkeit des Menschen ihren Ausgangspunkt nehmen muss, denn in ihrem rechten Verständnis von Profession kann sie gar nicht umhin, den Menschen als denjenigen zu begreifen, der als er selbst unverfügbar ist und Geheimnis bleibt[39].

---

39   Wenn Richard von St. Viktor in der Tradition des Personenbegriffs den Menschen als das inkommunikabele Wesen bezeichnet, wird hier die Geheimnishaftigkeit angesprochen, die das Geheimnis so versteht, dass seine Geheimnishaftigkeit konstitutiv, d.h., bleibend ist. Vgl. Hundeck, Verstrickt-sein in Geschichten, 86-87.

Anmerkungen zu einer dialogischen Sozialwissenschaft

Timm Kunstreich

„Soziale Arbeit zwischen Politik und Wissenschaft" – unter diesem Titel hat Richard Sorg (2003) nicht nur eine Fachtagung dokumentiert, sondern den AutorInnen auch die Möglichkeit gegeben, die Beiträge der jeweils anderen zu kommentieren. Diese Chance nutzten unter anderem Silvia Staub-Bernasconi, Werner Obrecht und ich. Auch wenn wir drei im Grundsätzlichen (Staub-Bernasconi 2003: 205) und in vielen wichtigen Aspekten (Obrecht 2003: 199) übereinstimmen und ich die kritischen Intentionen beider sehr schätze (Kunstreich 2003: 173, 175), so gibt es dennoch zwei wichtige Positionen, in denen ich einen grundsätzlich anderen Ansatz vertrete.

Die erste Position betrifft die Konzeption von Theorie überhaupt. An anderer Stelle (2005) habe ich versucht, eine kritische Konzeption Sozialer Arbeit aus der Tradition Kritischer Theorie zu begründen, wie sie zuerst und grundlegend von Max Horkheimer (1938/1968) formuliert wurde. Von diesem Ansatz aus bleiben auch ansonsten kritische Wissenschaftler im Horizont traditioneller Theorie, wenn sie formulieren: „Wissenschaft ist, ... moralisch unschuldig und Technik ist moralisch neutral, weil jede Technologie, die zur Erzeugung eines moralisch bedenklichen Zustands oder Prozesses genutzt werden kann, sich auch zur Verhinderung ihres Eintretens eignet" (Obrecht 2003: 196, Anm. 6).

Ein derart objektivistischer Ansatz erinnert an die alte, aber immer noch gültige Kritik an „Technik als Ideologie" (Habermas 1968) und an die stringente Argumentation von Bauman gegen derartige „neutralistische" Feststellungen in seiner Erörterung der „Dialektik der Ordnung" der Moderne (1992).

Die andere Position gegen system(ist)ische Ansätze betrifft den auch von mir geteilten Ansatz, dass im sozialen Alltag alle Wissensdomänen aus kultur- analytischer Sicht (Klatetzki 1993: 53) gleichwertig und damit gleichberechtigt sind. Die Dominanz bestimmter Wissensdomänen rührt entsprechend nicht aus deren innerer Struktur, sondern aus deren hegemonialen Verortung im Herrschaftssystem her. Manche Wissensdomänen haben hier eine höhere Deutungsmacht als andere (Kunstreich 2003: 61, 71; dagegen exemplarisch: Obrecht 2003: 196 ff.; Staub-Bernasconi: 2003: 212).

Auf den ersten Aspekt gehe ich nur in soweit ein, wie er zur Diskussion des zweiten von Bedeutung ist. Meine Intention dabei ist es, einen Beitrag dazu zu leisten, eine disziplinäre Engführung in der Diskussion um eine wissenschaftlich begründete Soziale Arbeit zu vermeiden. Eine derartige Engführung tendiert meines Erachtens zu einer Sozialarbeitswissenschaft in der Gestalt eines gepflegten Gartens, mit sauberen Forschungs-Rabatten, gepflegten Bachelor- und Master-Wegen und einer ökologisch nachhaltigen Diagnostik, die in einer kleinen Kräuterecke auch die Möglichkeit für eine kritische Würzung vorsieht. Darüber hinaus erscheint mir das „Soziale" im Mainstream der Sozialarbeitswissenschafts-Diskussion zu einseitig normativ vorbestimmt und damit zu instrumentell bzw. zu methodisch handhabbar. Ähnlich wie die kritische Kriminologie ihren Ausgangspunkt nicht – wie die ätiologische – an der Frage nimmt, warum eine Person von einer Norm abweicht, sondern mit der Frage beginnt, wie die Norm entstanden ist, von der abgewichen werden kann, sollte eine kritische Konzeption Sozialer Arbeit nicht mit der Frage nach der Bearbeitung oder Vermeidung „sozialer Probleme" beginnen, sondern damit, wie Soziale Arbeit an der Konstitution des Sozialen beteiligt ist. Dabei kann eine wissenschaftlich begründete Kritik nicht hinter die „Dialektik der Ordnung" zurück, wie sie von Zygmunt Bauman (1992) meines Erachtens auch für das „Soziale" eindrucksvoll formuliert wurde. In seiner am Gramscis Hegemonie-Konzept orientierten Diskussion unterschiedlicher Wissensdomänen (oder intellektueller Tätigkeiten) weist Bauman darauf hin, dass erst durch die hegemoniale Deutung die Wissensdomänen als hierarchisch gestufte erscheinen, dass also nicht der Inhalt intellektueller Tätigkeit als Unterscheidungskriterium zum Alltagswissen taugt, sondern die hegemoniale Funktion der Intellektuellen („Alle Menschen sind Intellektuelle, aber nicht alle haben die Funktion von Intellektuellen" – Gramsci 1996: 1500; vgl. Kunstreich 2000: 8). Bauman bezieht diesen Befund ausdrücklich auf den Gegenstandsbereich der Sozialwissenschaften – das Soziale: „Die Dinge, mit denen sich Physiker oder Astronomen beschäftigen, werden zum Beispiel von Leuten, die nicht Astronomen oder Physiker sind, meist gar nicht wahrgenommen. Die Laien können sich über solche Dinge keine Meinung bilden, wenn Wissenschaftler dieses Gebietes ihnen nicht helfen, oder sie sogar belehren" (1995: 102). Zu derartigen Themen gibt es weder eine öffentliche Meinung noch „alltagsverstandesförmige" Ansichten (aaO: 103). Diese Kennzeichnung gilt allerdings nicht für Wissensdomänen, „die parasitär von Objekten und Ereignissen existieren müssen, die schon in anderen sozialen Diskursen konstruiert und vorinterpretiert sind" (ebd.), also für solche, mit denen sich Sozial- und Verhaltenswissenschaften beschäftigen, die Bauman unter einem breit gefassten Verständnis von Soziologie zusammenfasst. Die Soziale Arbeit gehört dazu. „Als Kommentatoren menschlicher Erfahrungen teilen die Soziologen ihr Objekt mit zahllosen anderen, die zu Recht beanspruchen können, die Erfahrungen aus erster Hand zu kennen. Das Objekt des soziologischen Kommentars ist eine schon erfahrene Erfahrung" (ebd.). Bauman verweist auf Schriftsteller, Journalisten, Politiker und so weiter, die sich ebenfalls mit diesem „Objekt" beschäftigen. Wenn man das Soziale als das aktuelle Beziehungsgeflecht von Akteuren versteht (vgl. Kunstreich 2000: 8ff.), gibt es keinen überzeugenden Grund, nicht alle Akteure als prinzipiell gleichberechtigt in der Kommentierung der Sozialen zu betrachten. Der Ausweg, den die traditionelle Theorie glaubte gefunden zu haben, nämlich die Akteure nach dem Vorbild der Naturwissenschaften zum Objekt zu machen, verbietet sich dann. „Sowohl was seine Erzählungen als auch was seine Objekte/Produkte angeht, ist der soziologische Diskurs nichts weiter als ein Strudel im unendlichen Fluss menschlicher Erfahrungen, aus dem er Material entnimmt und in den er Material entlädt" (Bauman 1995: 105).

Die sozialen Orte des herrschenden Diskurses sind die hegemonialen Ordnungen, die in diesem Diskurs immer wieder bestätigt und verfeinert werden. „Man hoffte, diese Soziologie würde reformerisch sein und baute sie als Regulierungswissenschaft auf. Von Anbeginn war die soziologische Erzählung [...] **monologisch** [...]; sie konstruierte die von ihr studierten Bevölkerungsgruppen als **Objekte**, die durch die Konstellation äußerer Faktoren bewegt wurden, wie Körper, die durch das Zusammenspiel physischer Kräfte bewegt wären, und sie leugnete, oder ließ außer acht, dass der ‚andere' ein anderes **Bewusstsein** war, ein Partner im Dialog" (a.a.O: 108, Hervorhebungen im Original). Diese „Soziologie der Marionetten", wie Bauman die „Regulierungswissenschaften" charakterisiert, ist dabei, ihre Bedeutung zu verlieren, „weil der politische Staat (seine existierenden und aufstrebenden herrschenden Kräfte) sich Schritt für Schritt von den großen Programmen sozial- technischer Regulierung zurückgezogen hat und die Lenkung sozialer Prozesse sowie wichtige

Aufgaben allgemeiner Sozialer Kontrolle, den Marktmechanismen überlassen wurden" (a.a.O: 112). Für die „gesetzgebende und normative Soziologie" – und damit auch die ihr entsprechende Soziale Arbeit – mag dieser Bedeutungsverlust einen „Trauerfall" darstellen, für eine kritische Theorie Sozialer Arbeit „kann dieser Abschied im gleichem Maße Befreiung bedeuten, … . Vielleicht lässt sich eine diskursive Formation (eine **dialogische** statt **monologische** Soziologie) stützen und am Leben erhalten durch einen Geist der Solidarität und Loyalität gegenüber Mitmenschen, die mit der unerbittlichen Wirklichkeit ihrer Kontingenz, dem Schrecken der Freiheit und der Verantwortung für ihre Entscheidungen konfrontiert sind" (Bauman 1995: 116f.).

Dass unter diesem Aspekt das Soziale nicht zu einem einseitigen „Prägestempel" (Dispositiv) wird, sondern zur Arena konflikthafter Auseinandersetzungen, dafür gibt Nancy Fraser am Beispiel der „davongelaufenen Bedürfnisse" eindrucksvolle Beispiele. Derartige Bedürfnisse befreien sich aus der Enge privater Dumpfheit, in die sie die herrschende hegemoniale Teilung von Privat und Öffentlich verdammt hat, und schaffen zum Teil informelle, zum Teil formelle, sowohl kleinere als auch größere gegen-hegemoniale Öffentlichkeiten – „zum Beispiel von Feministinnen, Lesben und Schwulen, Farbigen, Arbeitern und Klienten der Wohlfahrt" (1994: 242). In derartigen vielfältigen Sozialitäten (vgl. Kunstreich 2003: 56ff.) kommen „die Menschen dahin, alternative, politisierte Interpretationen ihrer Bedürfnisse zu artikulieren, da sie sich in Prozessen des Dialogs und des kollektiven Kampfes engagieren … (und es gelingt ihnen tendenziell – TK) scheinbar natürliche und vor- politische Interpretationen abzuschütteln, die ihre Bedürfnisse in der offiziellen Ökonomie und/oder Familie" umschließen (a.a.O: 243). In dieser Auseinandersetzung sind die hegemonialen Positionen bestrebt, „dialogische, partizipative Prozesse der Bedürfnisinterpretation durch monologische, administrative Prozesse der Bedürfnisdefinition zu ersetzen" (a.a.O: 240 – zu diesem Zusammenhang ausführlich und grundsätzlich: May 2009: 177ff.)

Diese Orientierungen aufnehmend habe ich versucht, „Partizipation" als Arbeitsprinzip zu formulieren, das von einer entsprechenden Option geleitet wird: „Prospektive Dialoge führen statt retrospektiver Monologe" (2001: 301). Der Vorteil derart zugespitzter Formulierungen ist, dass die Intention des Autors deutlich wird und die Sache – in diesem Fall das Arbeitsprinzip Partizipation – klare und eindeutige Konturen bekommt. Der Nachteil derartiger Schlagworte ist, dass sie komplexe Sachverhalte verkürzen und Klarheit dort vorspiegeln, wo vertiefende Analyse angebracht ist. So ist in diesem Fall mit der Handlungsoption der prospektiven Dialoge noch wenig über deren wissenschaftlichen Stellenwert ausgesagt und nur eine weitere Andeutung zu dem gemacht, was eine dialogische Sozialwissenschaft sein könnte. Im Kontext dieses Artikels kann ich ein derartiges Vorhaben natürlich nicht realisieren. Vielmehr möchte ich in den fünf folgenden „Positionsmarkierungen" versuchen, Anregungen zu geben, an der Idee einer dialogischen Sozialwissenschaft als Basis einer kritischen Sozialen Arbeit weiter zu diskutieren (vgl. Kunstreich 2009, woraus diese Vorschläge entnommen sind).

1 Monolog und Dialog als Paradigmen gedacht

Basis der Kritik eines monologischen Wissenschaftsverständnisses und des Versuchs, den Dialog auch zum erkenntnis- theoretischen Konzept kritischer Theorie zu machen, ist eine auf den ersten Blick banale Grundannahme: Ausgangs- und Bezugspunkt jeder Überlegung und jeder Handlung ist die Situation, in der es zwei oder mehrere Menschen miteinander zu tun haben und durch ihre Handlungen ein Netz wechselseitiger Beziehungen knüpfen. Versteht man dieses aktuelle Beziehungsgeflecht als das Besondere und Eigensinnige des Sozialen, so wird deutlich, dass dieses ein eigenes Emergenzniveau ist, das weder auf psychische Vorgänge noch auf gesellschaftliche Strukturen reduziert werden kann (genauer: Kunstreich 2000: 8ff.). Dass diese Grundannahme nur scheinbar banal ist, wird unmittelbar deutlich, wenn wir uns vor Augen führen, dass – egal wie stark die Situation durch ihren Kontext vorgeprägt ist – jede Situation einmalig und unwiederholbar ist. Insbesondere die Prozeßhaftigkeit, die Art und Weise, wie Akteure in Zeit und Raum ihre Beziehungen gestalten wird deutlich, wenn wir an den Beginn einer Situation denken, in der sich Menschen zum ersten Mal begegnen. Jede erste Begegnung ist stets von besonderer Qualität. Entsprechend der Eigensinnigkeit des Sozialen geht eine derartige Begegnung weder in den vorgegebenen Strukturen noch in den „inneren" Dispositionen der Situationsteilnehmer auf, ist aber die Voraussetzung dafür, beides handelnd in Raum und Zeit zu reproduzieren (vgl. Hörster/Müller 1997: 619).

Begegnen sich in einer derartigen Situation Professionelle der Sozialen Arbeit und ihren Adressaten, so realisieren beide handelnd zwei Grundoperationen: Transformierung und Relationierung (vgl. Gildemeister 1995; Kunstreich 2005: 57ff.). Transformierung meint dabei die Umwandlung dieses besonderen sozialen Ereignisses der Begegnung in eine professionelle Handlungsaufforderung; Relationierung bedeutet, die Ressourcen der Lebenswelt der Adressaten mit denen der Institutionen der Professionellen in Beziehung zu setzen. Dass dies sehr unterschiedlich sein kann, liegt auf der Hand. So lässt sich zum Beispiel ein Kontinuum denken, an dessen einen Pol die professionell zur Verfügung stehenden Ressourcen sinnvoll auf den lebensweltlichen aufbauen oder umgekehrt. Auf der anderen Seite stünde ein Pol, in dem die institutionellen Ressourcen nicht nur die lebensweltlichen missachten, sondern diese sogar zerstören. Unstrittig in der wissenschaftlichen Debatte ist, dass Transformieren und Relationieren nicht nur operative Akte sind, sondern dass sie jeweils in professionelle Selbstverständnisse eingebettet sind, die sich zu deutungsmächtigen Professionsmustern stilisieren lassen. Zwei derartige Deutungsmuster habe ich im anderen Zusammenhang ausführlich dargestellt (Kunstreich 2001a: 298ff.). Hier will ich nur die Quintessenz wiedergeben. Das dominierende Deutungsmuster ist – wenn inzwischen auch sehr ausdifferenziert und zum Teil „lebensweltlich" sensibilisiert – weiterhin das „klinische". Das andere ist das „partizipative". Verstehen wir das Monologische und das Dialogische jeweils als spezifische Paradigmen, so lassen sich – holzschnitzartig – folgende Zusammenhänge rekonstruieren:

- Das monologische Paradigma transformiert ein soziales Ereignis durch Anamnese und Diagnose in eine individualisierende Handlungsaufforderung und relationiert die Ressourcen der Institution mit denen der Lebenswelt durch Behandlung (mit entsprechenden Methoden) und versucht, durch eine darauf bezogene Evaluation einen kausalen Zusammenhang zwischen diesen drei Schritten herzustellen. Es liegt in der Logik dieser Operationen, dass das dazu notwendige professionelle Wissen als höherwertig, also als „wahrer" angesehen wird, als das derer, denen diese Operationen gelten. Das professionelle Idealbild des monologischen Paradigmas ist und bleibt der „Arzt" (vgl. z.B. Olk 1986).
- Im dialogischen Paradigma geht es zunächst darum, dass alle beteiligten Akteure ein „generatives Thema" finden, also das Thema, das zu weiteren Fragestellungen und Orientierungen führt. Entsprechende Anliegen oder Problemformulierungen führen im besten Fall zu gemeinsam geteilten Handlungsorientierungen, in jedem Fall aber zu solchen der Professionellen; Ausgangspunkt der Relationierung sind die Ressourcen der Le-

benswelt. Um diese zu stärken, wird geprüft, welche institutionellen Ressourcen hilfreich sein können. Diese Art der Relationierung wie auch die Auseinandersetzung darüber, was wie gewirkt hat, ist nur durch Verständigung möglich. Hier wird deutlich, dass eine derartige Struktur nur auf der Basis gleichwertiger Wissensdomänen plausibel ist (vgl. zu diesem Thema insgesamt die Diskussion im WIDERSPRÜCHE – Heft 88, 2003 um Diagnostik sowie den von Maja Heiner herausgegebenen Sammelband – 2004).

Während es aus der Perspektive des monologischen Paradigmas darum geht, die an die Ereignisse gebundenen Bewertungen so zu beschreiben und zu praktizieren, dass der Klient seinen ihm zugewiesenen Platz einnehmen muss oder kann, stellen sich die für die Soziale Arbeit bedeutsamen Ereignisse aus dialogischer Perspektive als Kampf um „soziale Zensuren" (Sumner 1991) dar, als Auseinandersetzung um die gerechte Platzierung der Akteure – explizit um die der Klienten (also der Unmündigen), implizit um die der Professionellen selbst. „Hilfsbedürftig", „erziehungsbedürftig", „die schwierige Jugendliche", „der Behinderte" und so weiter sind derartige soziale Zensuren. Sie geben wenig Auskunft über die generativen Themen (Freire 1973: 84) der so gekennzeichneten Subjekte, sondern sind (meist unhinterfragte) eingriffsberechtigende Deutungen der Professionellen als Praktiker hegemonialer Regierungskunst. Die legitime Verteilung der Platzierungszensuren bedarf des professionellen Monologs, der sich in Anamnese und Diagnose als jenes höhere Wissen realisiert, das zu entsprechender Behandlung berechtigt und die dafür angemessenen und notwendigen Ressourcen mobilisiert, worüber durch entsprechende Evaluation dem Geldgeber Rechenschaft abzulegen ist. Die großen Erzählungen von Prävention, Integration und Hilfe sind die Mythen, mit denen die Professionellen ihrem Tun quasi religiöse Weihen verleihen und eine patriarchale Struktur von sozialer Gerechtigkeit stabilisieren: „Ich weiß welcher Platz in der Gesellschaft gut für dich ist" ist in der Regel das Ergebnis derartiger retrospektiver Monologe (vgl. Kunstreich 2003: 62ff.).

Aus der Perspektive des dialogischen Paradigmas geht es in der Handlungssituation zunächst darum, aus dem „Universum der Themen" (Freire 1973: 85) sich auf das Thema zu einigen, dass bearbeitet werden bzw. um das es gehen soll (das „generative Thema"). In der Regel ist das die Problemformulierung bzw. Problemsetzung, aus der der Professionelle seine von ihm zu verantwortende Handlungsorientierung entwickelt. Dieser dialogischen Transformierung entspricht eine ebenso dialogische Relationierung. Beide sind im Prozess der Realisierung eng miteinander verwoben. Ob daraus Assistenz im Leben der Adressaten wird, ist nicht zuletzt eine Frage der Verständigung zwischen den Situationsteilnehmern. In derartigen „prospektiven Dialogen" ereignet sich jeweils Einmaliges, wie es Martin Buber hervorhebt: „Es kommt auf nichts anderes an, dass jedem von zwei Menschen der andere als dieser bestimmte andere widerfährt. Jeder von beiden den anderen ebenso gewahr wird und eben daher sich zu ihm verhält..., wobei er den anderen nicht als sein Objekt betrachtet und behandelt, sondern als seinen Partner in einem Lebensvorgang, sei es auch nur in einem Boxkampf. Dies ist das Entscheidende: das Nicht-Objekt-sein" (1992: 274).

2   Die Grundworte Ich – Du und Ich – Es

Dass „Dialog" nicht ein Setting ist, das von Professionellen hergestellt werden kann, sondern ein Ereignis, das „passiert", wird deutlich, wenn wir uns die Darstellungen und Konzeptionen zum dialogischen Denken und Handeln ansehen, wie die beiden Protagonisten Martin Buber und Paulo Freire sie entwickelt haben.

Martin Buber begründete seine grundlegenden Positionen zum Dialog im und nach dem 1. Weltkrieg. Das „dialogische Prinzip" wurde zu seinem „Markenzeichen" und wurde vielfältig rezipiert bzw. als Anregung für wissenschaftliche und praktische Weiterentwicklungen genutzt. Neben Paul Watzlawik ist es m.E. vor allem Paulo Freire, der das Grundanliegen Bubers, „Dialog" als das anthropologische Spezifikum des Menschen zu verstehen, eigenständig weiter geführt hat.

Bubers berühmtes Werk über das dialogische Prinzip beginnt mit einer grundlegenden, axiomatisch zu nennenden Feststellung, die danach in immer neuen Differenzierungen konkretisiert wird:

> „Die Welt ist dem Menschen zwiefältig nach seiner zwiefältigen Haltung.
> Die Haltung des Menschen ist zwiefältig nach der Zwiefalt der Grundworte, die er sprechen kann.
> Die Grundworte sind nicht Einzelworte, sondern Wortpaare.
> Das eine Grundwort ist das Wortpaar Ich – Du.
> Das andere Grundwort ist das Wortpaar Ich – Es; ...
> Somit ist auch das Ich des Menschen zwiefältig.
> Denn das Ich des Grundwortes Ich – Du ist ein andres als das des Grundworts Ich – Es" (2006: 7).

Liest man die Erläuterungen zum Grundwort Ich – Es, wird deutlich, dass es dieses (und nicht das Grundwort Ich – Du!) ist, das im professionellen Alltag der Sozialen Arbeit dominiert: „Die Welt als Erfahrung gehört dem Grundwort Ich – Es zu (10). ... Das Grundwort Ich – Es erfährt und gebraucht die Welt der Gegenstände und Objekte. Es ist die Welt der Dinge, also auch des Nützlichen und Notwendigen. Schaffen ist Schöpfen, erfinden ist finden. Gestaltung ist Entdeckung. ... Das geschaffene Werk ist ein Ding unter Dingen, als eine Summe von Eigenschaften erfahrbar und beschreibbar (14). ... (Das Grundwort Ich – Es – TK) hat nur Vergangenheit, keine Gegenwart. Mit anderem Wort: Insofern der Mensch sich an den Dingen genügen lässt, die er erfährt und gebraucht, lebt er in der Vergangenheit, und sein Augenblick ist ohne Präsenz. Er hat nichts als Gegenstände; Gegenstände aber bestehen im Gewesensein" (Buber 2006: 16).

Das Grundwort Ich – Du hingegen ist Präsenz, Unmittelbarkeit und Beziehung. „Beziehung ist Gegenseitigkeit (12). ... Alles wirkliche Leben ist Begegnung (15). ... Zwischen Ich und Du steht kein Zweck, keine Gier und keine Vorwegnahme; und die Sehnsucht selber verwandelt sich, da sie aus dem Traum in die Erscheinung stürzt. Alles Mittel ist Hindernis. Nur wo alles Mittel zerfallen ist, geschieht die Begegnung" (Buber 2006: 15f.). Aus dieser Darstellung wird deutlich, dass „Begegnung" in diesem Sinne in der Sozialen Arbeit eher die Ausnahme oder sogar eher ein Zufall ist. Das Ich – Es Grundwort hingegen ist den Mitteln und Ressourcen der Sozialen Arbeit entsprechend das Übliche und Typische.

Allerdings stehen die beiden Grundworte in einem Zusammenhang: „Das einzelne Du **muss**, nach Ablauf des Beziehungsvorgangs, zu einem Es werden. Das einzelne Es **kann**, nach Eintritt in den Beziehungsvorgang, zu einem Du werden" (a.a.O.: 37, Hervorhebung im Original).

3   Das „Zwischen" und das Soziale

Gemeinsam ist beiden Grundworten, dass sie das „Zwischen" kennzeichnen. Dieses Zwischen ist nicht etwas dem Menschen Äußerliches, sondern es ist das, was sein Menschsein konstituiert, ist – wie Buber immer wieder betont – eine anthropologische Grundtatsache.

„Von sozialen Phänomenen dürfen wir überall da sprechen, wo das Miteinander einer Vielheit von Menschen, ihre Verbundenheit miteinander gemeinsame Erfahrungen und Reaktionen zur Folge hat. Diese Verbundenheit aber bedeutet nur, dass all die einzelnen Existenzen einer gruppenhaften beschlossen und von ihr umfangen sind; sie bedeutet nicht, dass zwischen einem und dem anderen innerhalb der Gruppe eine irgend personenhafte Beziehung bestehe" (Buber 2006: 271f.). In ähnlicher Weise interpretiert Hannah Arendt (1992) das „Zwischen", wie es Joachim Weber verdeutlicht: „Das Gemeinsame der Menschen liegt nicht in den Menschen, als intersubjektiv, sondern vielmehr zwischen ihnen, also interpersonal. Es gründet sich nicht auf einer gemeinsamen Identität, sondern auf der Differenz ihres mit ihrer Einzigartigkeit verbundenen Einwirkens aufeinander" (2003: 100). Eine derart personenhafte Beziehung entsteht erst, wenn die soziale in eine zwischenmenschliche Beziehung übergeht. „Ich meine jedoch mit der Sphäre des Zwischenmenschlichen lediglich aktuale Ereignisse zwischen Menschen, seien es voll gegenseitige, sei es solche, die unmittelbar zu gegenseitigen zu steigern oder zu ergänzen geeignet sind; denn die Partizipation beider Partner ist prinzipiell unerlässlich. Die Sphäre des Zwischenmenschlichen ist die des Einander-Gegenüber; ihre Entfaltung nennen wir das Dialogische … nur in diesem ihrem leibhaften Zwischenspiel, diesem ihrem Zwischen" (Buber 2006: 275f.), realisiert sich das Zwischenmenschliche. „Dialogisches Leben ist nicht eins, in dem man viel mit Menschen zu tun hat, sondern eins, in dem man mit den Menschen, mit denen man zu tun hat, wirklich zu tun hat" (a.a.O: 167).

In Bubers Erörterung, wie dieses Zwischen als Soziales und als Zwischenmenschliches unterschieden werden kann, wird deutlich, dass das Soziale der Es-Welt, das Zwischenmenschliche der Du-Welt zu zuordnen ist (271- 276). In diesem Zusammenhang kommt Buber auch auf die Bedeutung des Erzieherischen zu sprechen. Diese Beziehung ist deshalb interessant, da Erziehung immer auf der Differenz basiert, die üblicherweise Weise als die zwischen einem „Wissenden" und einem „Unwissenden" charakterisiert wird, die im Buber'schen Sinn weder im Grundwort Ich-Du aufgehen kann, noch eine Ich-Es Beziehung sein kann – das eine wäre das Aufgeben der Erzieherfunktion, das andere Dressur. Für diese letztere Beziehung wählt Buber die Bezeichnung „Propagandist", der sich anderen Menschen „auferlegen" will. „Den sich auferlegenden Propagandisten …, geht die Person, auf die er einwirken will, als Person überhaupt nicht an; etwelche individuelle Eigenschaften sind ihm nur insofern von Belang, als er sie für die Gewinnung des anderen ausnutzen kann und zu diesem Zweck kennen lernen muss. … Das Personenhafte wird somit zwar nur auf die spezifische Verwendbarkeit hin beachtet, aber in diesen Grenzen immerhin praktisch anerkannt. Der Propaganda als solcher hingegen ist das Individuelle eher lästig… (es geht darum,) sich des anderen zu bemächtigen, indem man ihn depersonalisiert. Diese Art der Propaganda geht verschiedene Verbindungen mit dem Zwang ein, sie ergänzt oder ersetzt ihn, je nach Bedarf und Aussichten, sie ist aber letzlich nichts anderes als der sublimierte, der unmerklich gewordene Zwang. Sie setzt die Seelen unter einen Druck, der die Illusion der Autonomie ermöglicht" (a.a.O: 288).

Eine modernisierte Form der „Auferlegung" ist das Bankiers-Konzept der Erziehung, wie es Paulo Freire entwirft. Darin wird „Erziehung zu einem Akt der ‚Spareinlage', wobei die Schüler das ‚Anlage-Objekt' sind, der Lehrer aber der ‚Anleger'. Statt zu kommunizieren gibt der Lehrer Kommuniqués heraus, macht er Einlagen, die die Schüler geduldig entgegennehmen, auswendig lernen und wiederholen. Das ist das ‚Bankiers-Konzept' der Erziehung, in dem der den Schülern zugestandenen Aktionsradius nur soweit geht, die Einlagen entgegen zunehmen, zu ordnen und aufzustapeln" (Freire 1973: 57). „Je vollständiger (die Schüler) die passive Rolle akzeptieren, die ihnen aufgenötigt wird, desto stärker neigen sie dazu, sich der Welt einfach so, wie sie ist, und der bruchstückhaften Schau der Wirklichkeit, die ihnen eingelagert wurde, anzupassen" (ebd.: 59).

Der Erzieher im Buber'schen Sinne hingegen ist derjenige, der die in jedem Menschen schlummernden Fähigkeiten und Kompetenzen hervorzulocken und zu unterstützen weiß. „Jedes dieser Individuen erkennt er darauf angelegt, eine einmalige, einzige Person und damit der Träger eines besonderen, durch sie und durch sie allein erfüllbaren Seins-Auftrags zu werden. ... Er hat sich als einen Helfer der aktualisierenden Kräfte verstehen gelernt. Er kennt diese Kräfte: Sie haben auch an ihm gewirkt und wirken. Es ist dieses an ihm getane Werk, das er Mal um Mal ihnen begegnen lässt, ihnen für neuen Kampf und neues Werk zur Verfügung stellt. Er kann sie nicht auferlegen wollen, denn er glaubt an das Wirken der aktualisierenden Kräfte, das heißt, er glaubt, dass in jedem Menschen das Rechte in einer einmaligen und einzigartig personenhaften Weise angelegt ist" (Buber 2006: 289).

Das Modell des Erschließens weist die gleiche Grundstruktur auf wie das Modell der Mäeutik (Geburtshilfe) wie es z.B. Heinz Sünker (1989: 306) konzipiert hat.

In ähnlicher Weise finden wir es auch bei Paulo Freire. „Die problemformulierende Bildung begründet sich auf Kreativität und stimuliert echte Reflexion und Aktion auf die Wirklichkeit, womit sie der Berufung des Menschen als Wesen antwortet, das nur echt ist, wenn es forschend und in schöpferischer Veränderung tätig ist. ... Die problemformulierende Bildung bestätigt den Menschen als Wesen im Prozess des Werdens – als unvollendetes, unfertiges Wesen in und mit einer gleicherweise unfertigen Wirklichkeit. ... In dieser Unfertigkeit und in diesem Gewahrsein liegen die eigentlichen Wurzeln der Erziehung als ausschließlich menschliche Ausdrucksform. Der unvollendete Charakter des Menschen und der Übergangscharakter der Wirklichkeit nötigen dazu, dass Erziehung und Bildung ein fortlaufender Vorgang ist" (Freire 1973: 68).

Den Widerspruch zwischen Auferlegung und Erschließung, zwischen Bankiers – Pädagogik und problemformulierender Bildung unterstreicht Freire mehrfach, wenn er betont, dass die aktuelle Situation, in der sich Menschen befinden, so verändert werden muss, dass sie sich neu erleben können. „Je mehr nämlich die Unterdrückten dahin gebracht werden können, sich dieser Situation anzupassen, umso leichter lassen sie sich beherrschen. Um dieses Ziel zu erreichen, benützen die Unterdrücker das ‚Bankiers – Konzept' der Erziehung in Verbindung mit einem paternalistischen Sozialaktionsapparat, der dem Unterdrückten den euphemistischen Titel von ‚Wohlfahrtsempfängern' verleiht. Sie werden als Einzelfälle behandelt, als Randerscheinungen, die von den allgemeinen Normen einer ‚guten, organisierten und gerechten' Gesellschaft abweichen. Die Unterdrückten werden als pathologische Fälle der gesunden Gesellschaft betrachtet, die deshalb diese ‚inkompetenten und faulen' Leute an ihre Verhaltensformen anpassen muss, indem sie ihre Mentalität verändert. Diese Randfiguren müssen in die gesunde Gesellschaft, die sie 'im Stich gelassen haben', ‚integriert und inkorporiert' werden" (Freire 1973: 59).

Dieses Modell der Inklusion durch Exklusion ist in der Sozialen Arbeit als klinische Professionalität vielfach diskutiert, kritisiert, verworfen und verteidigt worden (vgl. May 2009).

4   Die „bedingte Mutualität" des Professionellen

In beruflichen Situationen, in denen die Kommunikation mit Menschen zentraler Bestandteil ist und die auf Bildungsprozesse orientieren, sieht Buber eine besondere Form des Ich-Du

Grundwortes, die in einer gewissen Weise bedingt oder eingeschränkt ist. Einen derartigen „bedingten Zugang" (Falck 1997: 24) beschreibt Buber für den Erzieher und den Therapeuten, was ich in diesem Zusammenhang für Professionelle der Sozialen Arbeit verallgemeinern möchte. Diese müssen, wenn sie sich dem anderen nicht „auferlegen" wollen (ihn also zum Objekt einer Verhaltensmodifikation manipulieren wollen), den anderen „voll" umfassen „und das ist eben nur in der partnerischen Haltung von Person zu Person, nicht durch Betrachtung und Untersuchung eines Objekts zu erlangen" (Buber 2006: 132). Das bedeutet, dass die Professionellen ihrem jeweiligen Gegenüber sowohl als „gegenüber Lebende" als auch als „Entrückte" erscheinen können. „Jedes Ich-Du-Verhältnis innerhalb einer Beziehung, die sich auf ein zielhaftes Wirken des einen Teils auf den anderen spezifiziert, besteht kraft einer Mutualität, der es aufgelegt ist, keine volle zu werden" (a.a.O.:132).

Diese Differenz in der Mutualität liegt allerdings nicht auf hierarchischer und damit auf der Herrschafts-Ebene, sondern ist ein Element, das sich aus der „gemeinsamen Aufgabenstellung als Medium sozialpädagogischer Tätigkeit" ergibt (Mannschatz 2003) und damit unterschiedliche, aber gleichwertige Deutungsmuster vereint. Freire unterstreicht diesen Aspekt mehrfach, wenn er darauf insistiert, dass es „die Wirklichkeit (ist), die … mit anderen Menschen zusammen verwandelt werden muss, (die) Gegenstand des Handeln (wird), nicht aber der Mensch selbst" (1973: 77). In der von Freire besonders betonten Einheit von Aktion und Reflexion als die Praxis des Dialoges spielt das „Wir", das damit konstituiert wird, eine größere Rolle, als es bei Buber sichtbar wird. Dadurch wird der Dialog zu einem politischen, denn jede Handlung spielt sich in einem thematischen Kontext ab – und reproduziert diesen zugleich, verändert, erweitert oder verkürzt ihn; Freire nennt ihn das „thematische Universum" (1973: 79). Es ist keine Situation ohne ein derartiges Universum denkbar. Freire weist plausibel nach, dass sich alle denkbaren Themen unserer Epoche auf zwei Grundthemen beziehen lassen, das eine ist „Herrschaft", das andere „Befreiung" (1973:85). Die weiteren Aspekte des Dialogs, wie Freire sie formuliert, sind also um diesen thematischen Inhalt erweitert; dem Sinn und der Intention nach lassen sie sich auch in den Buber´schen Texten wiederfinden.

„Weil Dialog Begegnung zwischen den Menschen ist, die die Welt benennen, darf er keine Situation bilden, in der einige Menschen auf Kosten anderer die Welt benennen. Er ist vielmehr ein Akt der Schöpfung. … Dialog kann freilich nicht existieren, wo es an der tiefen Liebe für die Welt und Menschen fehlt. … Andererseits kann kein Dialog ohne Demut leben. … Dialog erfordert darüber hinaus einen intensiven Glauben an den Menschen, einen Glauben an seine Macht, zu schaffen und neu zu schaffen, … Der 'dialogische Mensch' glaubt an andere, noch ehe er sie von Angesicht zu Angesicht trifft. … Sich auf Liebe, Demut und Glauben begründend, wird der Dialog zu einer horizontalen Beziehung, aus der mit logischer Konsequenz gegenseitiges Vertrauen zwischen den im Dialog Stehenden erwächst. … Dialog kann aber auch nicht ohne Hoffnung existieren. … Schließlich kann es echten Dialog nicht geben, ohne dass sich die Dialogpartner auf kritisches Denken einlassen … – ein Denken, das sich nicht vom Handeln löst, sondern fortwährend in die Zeitlichkeit eintaucht, ohne Furcht vor den damit verbundenen Risiken" (1973: 72-75). Was in dieser äußerst komprimierten Zuspitzung der Deutung des Dialogs deutlich wird, ist die politische „Aufladung", die darin besteht, das mit der Gleichberechtigung der Wissensdomänen die kontrafaktische Annahme der Gleichheit der Menschen im Sinner gleicher Rechte verbunden ist. Dass demnach der professionelle Dialog in bedingter Mutualität besteht, wird deutlich, wenn wir uns unter diesem Vorzeichen noch einmal die die Transformierung und Relationierung in Erinnerung rufen.

Auch wenn Martin Buber dieser Bereicherung des Dialoggedankens wahrscheinlich zustimmen würde, er würde dennoch darauf insistieren, dass die damit benannten Kontexte das Erleben des Ich-Du Grundwortes erleichtern könnten; sie könnten es aber nicht „herstellen", sondern es nur wahrscheinlicher machen, da alle diese Kennzeichnungen die grundlegende Gleichheit der Akteure voraussetzen bzw. diese Gleichheit praktisch realisieren. Das erleichtert zwar eine wechselseitige bedingungslose Anerkennung, dennoch würde Buber aber dabei bleiben, dass Begegnung letztlich „Gnade" ist – etwas das passiert, worauf wir keinen willentlichen Einfluss haben.

Wie lässt sich nun aber das Phänomen der „Gnade" für Atheisten oder Agnostiker übersetzen? Das wechselseitige Erleben von Ich-Du Momenten passiert häufig überraschend, „etwa im Ton eines Bahnschaffners, im Blick einer alten Zeitungsverkäuferin, im Lächeln des Schornsteinfegers, überraschend und unzeitgemäß" (Buber 2006: 167). Solche Erlebnisse rufen in Erinnerung, was das Besondere an nicht zweckorientierten Beziehungen ist, das wir in Liebes- und Freundschaftsbeziehungen erleben. Diese „engere Übereinstimmung" basiert nicht in der Identität vieler einzelner Erscheinungen und Übereinstimmungen, auch nicht in deren Summe, sondern in der „Gestalt" der wechselseitigen Begegnungen, in Form einer besonderen Art von „implizitem Wissens" (vgl. Neuweg 2001). Das Erkennen eines bestimmten Habitus, die Symbolik der Zugehörigkeit zu einer bestimmten Szene, die Vertrautheit einer bestimmten Sozialität sind quasi Ich-Du Grundworte im Unterbewussten, die bei entsprechenden Begegnungen quasi automatisch aktiviert werden (vgl. Langhanky u.a. 2004: 194ff.). In Analogie zu explizitem und implizitem Wissen könnte man hier also von explizierter und implizierter Mutualität sprechen.

Im traditionellen monologischen Paradigma stellt die Art und Weise beider Prozesse – also Transformieren und Relationieren – sicher, dass die „unvollständige Mutualität" zugleich die in diesem Ansatz so hoch geschätzte professionelle Distanz sichert. Wer allerdings das Wagnis einer professionellen Nähe im Sinne Bubers eingeht, für den stellt sich in dieser Situation die Frage nach der „unerprobten Möglichkeit" in dieser Situation. In der Praxis wird es also sehr stark davon abhängen, ob die professionelle Definitionssituation darauf verzichtet, vorab „Eintrittskarten" für den Eintritt in eine Situation zu fordern. So ist es zum Beispiel ein Unterschied, ob in einer Drogenberatungsstelle die Überlebenshilfe im Vordergrund steht, oder ob eine Beratung nur unter der Option der Ausstiegsorientierung stattfinden darf. Die jeweilige Option ist nicht nur von den institutionellen Vorgaben des Trägers abhängig, sondern im gleichen Maße auch vom professionellen Habitus. „Gemeinsames Lernen am gemeinsamen Gegenstand" (Jantzen 1997: 287; ganz ähnlich: Mannschatz 2003), nicht als Schlagwort gebraucht, sondern als selbstverständliche Praxis wird vielleicht ein Ich-Du Grundwort ermöglichen.

Will ein Professioneller in dieser Situation die Fähigkeiten und Kompetenzen der Adressatin erschließen, muss er mit ihr gemeinsam die Begrenztheiten dieser Situation überschreiten, in erster Linie die institutionellen Grenzen. Erforderlich sind also Grenzakte (Freire 1973:85). Nur dann werden bis dahin unerprobte Möglichkeiten für beide – den Professionellen und die Adressatin- erkennbar und erfahrbar. Denn: „In Grenzsituationen ist die Existenz von Menschen mitgesetzt, denen diese Situation direkt oder indirekt dient, und von solchen, deren Existenzrecht durch sie bestritten wird und die man an die Leine gelegt hat. Begreifen letztere eines Tages die Situation als Grenze zwischen Sein und Menschlicher-Sein und nicht mehr als Grenze zwischen Sein und Nichts, dann beginnen sie ihre zunehmend kritischen Aktionen darauf abzustellen, die unerprobte Möglichkeit, die mit diesem Begreifen verbunden ist, in die Tat umzusetzen" (ebd.).

5   Dialogische Optionen

Transformieren und Relationieren konstituieren nicht nur die Handlungssituation zwischen Adressaten und Professionellen, sondern auch diejenigen zwischen Professionellen und Praxisberatern bzw. Evaluatoren. Die dialogische Praxis in der Entwicklung von Qualitätskonzepten des Kronsberger Kreises (Wolff 2004) ist dafür ebenso ein Bespiel wie die Evaluation der KiFaZ in Hamburg (Langhanky u.a. 2004) nach dem Konzept der Fourth Generation Evaluation (Guba/Lincoln 1989). In beiden werden die Akteure mit unterschiedlichen Kompetenzen und Ressourcen in gemeinsame Lern- und Entwicklungsprozesse verstrickt und „erschließen" gemeinsam unerprobte Möglichkeiten. Reinhart Wolff beschreibt diesen Zusammenhang wie folgt: „Wir haben nämlich im Familiennetzwerk Hoyerswerda – angeregt von der Praxis Dialogischer Qualitätsentwicklung des Kronberger Kreises der Qualitätsentwicklung- die Erfahrung gemacht, dass sozialräumliche Bildungs- und Sozialarbeit besser gelingt, wenn einseitige Trans-fermodelle der Bildung und Hilfe (von den Professionellen zu den Laien, den Expertinnen und Experten zu den Klientinnen und Klienten, von den ‚Kompetenten' zu den ‚Inkompetenten') überwunden werden. Sich zu öffnen für Begegnung und Kontakt, gemeinsam, im Dialog, miteinander zu lernen, sich gegenseitig zu unterstützen und zu helfen, ist die Basis einer erfolgreichen und zugleich kostengünstigen Praxis."

Buber insistiert durchgängig darauf, dass das Ich-Du Grundwort kein additives Wort ist, das sich nach außen richtet, sondern dass es Bedingung für das Menschsein ist. In gleicher Weise versteht Hans Falck Membership als eine Form des ständigen Verbundenseins und des differenzierten Zugangs zueinander als anthropologische Grundtatsache (1997). Freires problemformulierende Bildung ist ein gemeinsames Lernen am gemeinsamen Projekt, wie es in der sozialpädagogischen Diskussion von Dewey bis Thiersch und Mannschatz immer wieder gefordert und vielfach praktiziert wurde und wird. Diesen und verwandten Ansätzen ist gerade von gesellschaftskritischer Seite immer wieder vorgeworfen worden, dass sie strukturelle Gewalt, kapitalistische Formbestimmtheit der gesellschaftlichen Beziehungen und tiefverwurzelte Psychodynamiken negieren bzw. unterschätzen. David Gil (2006) hat ebenso wie z.B. Sünker (1989), Jantzen (1997) oder Hekele (2005) deutlich gemacht, dass pragmatische und handlungstheoretische Ansätze nicht im Gegensatz zu gesellschaftsanalytischen stehen, sondern sehr wohl als handlungspraktisches Korrektiv fungieren können. Membership, Verbundenheit, Begegnung, Dialog und Grenzüberschreitung sind Element einer transversalen Praxis, deren Ziel es ist, schon im Schoße des Alten das Neue experimentell zu entwickeln.

„Zu einer radikalen Sozialarbeit gehört auch der Versuch, den Stil und die Qualität der beruflichen Beziehungen und der Verwaltung in sozialen Einrichtungen von vertikalen, autoritären, ungleichen Mustern in horizontale, partizipatorisch-demokratisch und egalitäre zu transformieren – soweit dies in der bestehenden Realität möglich ist. Jeder Ort in den bestehenden Settings und Institutionen, den radikale Praktiker beeinflussen können, kann transformiert werden und alternative Möglichkeiten menschlicher Beziehungen spiegeln. Auf die Weise können – quasi experimentell – Elemente alternativer Wirklichkeiten beziehungsweise Andeutungen und Ausschnitte zukünftiger Modelle und Möglichkeiten innerhalb der bestehenden Einrichtungen geschaffen werden" (Gil 2006: 142).

Dazu gehört es, Gesellschaft nicht nur „top-down", sondern in erster Linie „bottom-up" zu denken.

„Nimmt man also die empirische Vielfalt von Mitgliedschaften und Teilhabemöglichkeiten an formellen und informellen Gruppen zum *Ausgangspunkt* in der Analyse der gesellschaftlichen Prozesse, so ergibt sich ein Handlungs- oder Akteursmodell von Gesellschaft, das nicht von den hegemonialen 'Gebirgen' kapitalistischer Akkumulation und den auf strategischen Höhen angelegten Bastionen des politischen Staates und auch nicht vom feinstrukturierten Straßen- und Kanalnetz der formellen Einrichtungen der zivilen Gesellschaft gekennzeichnet wird, sondern von den Trampelpfaden, den nicht vorgesehenen Übergängen, unbewachten Plätzen und Wohnküchen vielfältiger Informeller, nur auf kürzere Zeitabschnitte angelegten Gruppierungen, die zwar untereinander in Konkurrenz und Konflikt stehen können, deren interne Strukturierung doch im Wesentlichen solidarischer Art ist" (Kunstreich 1994: 95f.).

Literatur

Arendt, H., Vita activa oder vom tätigen Leben, München 1997
Bauman, Z., Dialektik der Ordnung. Die Moderne und der Holocaust, Hamburg 1992
Bauman, Z., Ansichten der Postmoderne, Hamburg 1995
Buber, M., Das dialogische Prinzip, Gütersloh 1986/2006[10]
Falck, H., Membership. Eine Theorie der Sozialen Arbeit, Stuttgart 1997
Fraser, N., Widerspenstige Praktiken. Macht, Diskurs, Geschlecht, Frankfurt/M. 1994
Freire, P., Pädagogik der Unterdrückten, Reinbek 1973
Gil, D., Gegen Ungerechtigkeit und Unterdrückung, Bielefeld 2006
Gildemeister, R., Kunstlehren des Fallverstehens, in: M. Langhanky (Hg.), Verständigungsprozesse der Sozialen Arbeit, Hamburg 1995, S. 26ff.
Gramsci, A., Gefängnishefte, Bd. 7, Hamburg/Berlin 1996
Guba, E.G., Lincoln, Y.S., Fourth Generation Evaluation, Newbury Park/London/New Delhi 1989
Habermas, J., Technik als Ideologie, Frankfurt 1968
Heiner, M. (Hs.), Diagnostik und Diagnosen in der Sozialen Arbeit, Frankfurt 2004
Hekele, K., Sich am Jugendlichen Orientieren, Weinheim 2005
Horkheimer, M., Traditionelle und kritische Theorie, in: ders. (Hg.), Kritische Theorie der Gesellschaft, Bd. II, o. J p. O., S. 137ff.
Hörster, R., Müller, B., Zur Struktur sozialpädagogischer Kompetenz, in: A. Combe, W. Helsper (Hg.), Pädagogische Professionalität, Frankfurt 1997, S. 614ff.
Jantzen, W., Behindertenpädagogik, in: A. Bernhard/L. Rothermel (Hg.), Handbuch Kritische Pädagogik, Weinheim 1997, S. 280ff.
Klatetzki,T., Wissen was man tut, Bielefeld 1993
Kunstreich, T., Dialogische Sozialwissenschaft, in: W.Braun/M. Nauerth (Hg.), Lust an der Erkenntnis, Bielefeld 2005, S. 49ff.
Kunstreich, T., Gedanken über die Aktualität Martin Bubers, in: Krause, H., Rätz- Heinisch, R. (Hs.), Festschrift für Reinhart Wolff, Frankfurt 2009 (im Erscheinen)
Kunstreich, T., Grundkurs Soziale Arbeit, Bd 1, Bielefeld 2001; Bd 2, Bielefeld 2001
Kunstreich, T., Ist kritische Sozialarbeit möglich? In: WIDERSPRÜCHE, Heft 50, 1994, S. 85ff.
Kunstreich, T., Kommentar zu den übrigen Beiträgen, in: Sorg, R. (s.u.) S. 173ff.
Kunstreich, T., Stichwort: Kritische Theorie, historischer Materialismus, in: Otto, H.-U., Thiersch, H., Handbuch Sozialarbeit/Sozialpädagogik, München 2005[3], S. 1084ff.
Langhanky, M., Frieß, C., Hußmann, M., Kunstreich, T., Erfolgreich sozialräumlich handeln, Bielefeld 2004
May, M., Aktuelle Theoriediskurse Sozialer Arbeit, Wiesbaden 2009[2]
Mannschatz, E., Gemeinsame Aufgabenbewältigung als Medium sozialpädagogischer Tätigkeit, Berlin 2003
Neuweg, G.H., Könnerschaft und implizites Wissen, Münster, 2001
Obrecht, W., Timm Kunstreichs Theorie des Sozialen, in: Sorg, R., [s.u.], S. 181ff.

Olk, T., Abschied vom Experten, Weinheim/München 1986

Sorg, R. (Hs.), Soziale Arbeit zwischen Politik und Wissenschaft, Münster/Hamburg/Lon-don 2003

Staub-Bernasconi, S., Rückfragen an Timm Kunstreich, in Sorg, R. (Hs.), Soziale Arbeit zwischen Politik und Wissenschaft, Münster/Hamburg/London 2003, S. 205ff.

Sünker, H., Bildung, Alltag und Subjektivität, Weinheim 1989

Weber, J., Philosophie des Helfens, Münster/Hamburg/London 2003

WIDERSPRÜCHE, Neo-Diagnostik (Heftthema), Heft 88, 2003

Wolff, R., Gesundheit: Qualität im Dialog entwickeln – Qualitätsentwicklung in der Kindertagesstätte, in: 3. Niedersächsische Fachtagung 2004: Gesundheitsförderung in Kindertagesstätte und Hort, Hannover 2004

Aporien der Theorieentwicklung Sozialer Arbeit angesichts der „Rückkehr der Natur"

Susanne Dungs

In den Sozialwissenschaften haben soziozentrische Erklärungsmuster und konstruktivistische Anschauungen gegenüber bio- und neurowissenschaftlich ausgerichteten Konzepten an Bedeutung verloren. Die Lebenswissenschaften sind zu den Leitwissenschaften des 21. Jahrhunderts geworden, da sie definitive Erkenntnisse über die neurochemische Steuerung und die genetische Optimierung menschlichen Lebens und Verhaltens versprechen. Einerseits ist es angesichts dieses eklatanten Bedeutungszuwachses der Lebenswissenschaften, durch den die Natur auch in die Sozialwissenschaften zurückkehrt, wichtig, an der erkenntnistheoretischen Dekonstruktion des Naturalismus festzuhalten und die Konstruiertheit von menschlichen Realitäten hervorzuheben. Andererseits wäre es falsch, ganz auf Konstruiertheit zu setzen, weil dadurch die körperliche Natur und die äußere Umwelt des Menschen ausschließlich als kulturelle Schemata thematisiert würden. Der Ausweg kann daher weder sein, die Idee sozialer Konstruiertheit aufzugeben und zum traditionellen Naturalismus, mit dem ein dichotomes Verhältnis von Natur/Kultur, Körper/Geist, Arm/Reich, öffentlich/privat, Mann/Frau einherging, zurückzukehren, noch erscheint es angebracht, von einem soziozentrischen Pol aus, natürliche Momente bloß versatzstückhaft in die Theorieentwicklung zu implementieren.

Im Folgenden möchte ich einen *vermittelnden* Weg eröffnen, indem ich diese beiden theoretischen Engführungen für die Soziale Arbeit erläutere und ihre aporetischen Momente ausweise. Dazu beziehe ich mich exemplarisch auf zwei Theorieentwicklungen der Sozialen Arbeit, die der einen und anderen Seite zugeordnet werden können. Auf die Seite der soziozentrischen Positionen verorte ich postmoderne, konstruktivistische oder systemtheoretische Theorien Sozialer Arbeit. Auf der anderen Seite der naturalisierenden Positionen verorte ich die aktuellen Tendenzen der Naturalisierung des Sozialen, die in Genom und Gehirn die Schlüssel zur Lösung aller gesellschaftlichen und individuellen Probleme sehen. Wenn immer häufiger bio- und neurowissenschaftliche Deutungsmuster herangezogen werden, um Drogenabhängigkeit, Gewalt, Hyperaktivität, Arbeitslosigkeit, Armut usf. zu erklären, so kann es sich die Soziale Arbeit nicht leisten, diesen Trend der Re-Naturalisierung sozialer Ungleichheiten und Desintegrationen zu ignorieren. Der Sozialen Arbeit kommt im 21. Jahrhundert die Aufgabe zu, eine *Kritische Theorie der biotechnologischen Vernunft* auszugestalten.[1]

---

[1] Hinsichtlich des Heftes 105 der Zeitschrift *Widersprüche. Zeitschrift für sozialistische Politik im Bildungs-Gesundheits- und Sozialbereich,* das unter dem Titel „Von der Naturalisierung der Gesellschaft" erschienen ist, ist interessant, dass das Thema Naturalisierung darin nicht wirklich aufgegriffen wird. Entsprechend bemerken die Herausgeber in ihrem Editorial, dass schon auf dem Kongress *Natur der Gesellschaft,* zu dem das Heft erschien, der analytische Blick auf „Naturverhältnisse" oder auf die „Regierung der Gene" nicht eröffnet wurde und eine „Kritik der gentechnologischen Vernunft" nicht entwickelt wurde (vgl. ebd.: 3).

1   Konstruktivistisch-systemtheoretische Positionen in der Theorieentwicklung Sozialer Arbeit

Seit dem Buch von *Peter Berger* und *Thomas Luckmann* „Die gesellschaftliche Konstruktion von Wirklichkeit" (1969) werden die Begriffe ‚Realität' und ‚Wirklichkeit' in der Soziologie vermieden.[2] Die Welt um uns herum entsteht durch die Bedeutungen, die wir ihr geben. Dieser Prozess der Konstruktion von ‚Realität' vollzieht sich intersubjektiv. Dabei entsteht eine Pluralität von Wirklichkeiten, weil jeder und jede sich anders auf seine und ihre Umwelt bezieht und ihr andere Bedeutungen verleiht. Gerade der Bereich des Sozialen, der von Menschen gemacht ist, „ist innigster Ausdruck konstruierter Wirklichkeit" (*Schumacher* 2008: 287). „Der Begriff Konstruktion hat sich über die Jahrzehnte zu einer Art Schlüsselkategorie entwickelt, um den Seins-Status wissenschaftlich erschlossener Entitäten zu kennzeichnen. Dass die Wissenschaften die von ihnen behaupteten Sachverhalte ‚konstruieren', dass ihre Objekte ‚fabriziert' (…) werden, wird heute – über die Gräben der ‚science wars' hinweg – kaum mehr bestritten" (*Lilienthal* 2001a: 146).

Die *konstruktivistischen Ansätze der Sozialen Arbeit* stützen sich auf den Konstruktivismus (*Watzlawick*, *v. Foerster* u.a.) und auf den radikalen Konstruktivismus (*v. Glaserfeld* u.a.). Das Bewusstsein wird danach als die Widerspiegelung der materiellen Welt angesehen. Schon *Ernst v. Glaserfeld* behauptete, „dass alles Wissen (…) nur in den Köpfen von Menschen existiert und dass das denkende Subjekt sein Wissen nur auf der Grundlage eigener Erfahrungen konstruieren kann" (*v. Glaserfeld* 1997: 22). Gleichzeitig wird bekräftigt, dass die Dinghaftigkeit der Welt nicht in Frage gestellt würde. Einen Ausweg aus diesem alten erkenntnistheoretischen Streit zwischen realistischer und idealistischer Position bietet im konstruktivistischen Konzept die zentrale Stellung des Beobachters (vgl. *Hollstein-Brinkmann* 1993: 29). Beobachtung setzt zum einen voraus, dass eine Unterscheidung gemacht wird zwischen dem, der beobachtet und dem, was beobachtet wird. Zum anderen könne sowohl Internes (Beobachter, Akteur, System) als auch Externes (Beobachtetes, Umwelt, Milieu) beobachtet werden und zwischen beiden Perspektiven gewechselt werden. Da sich der Beobachter bei seiner Beobachtung nicht mitbeobachten kann, ist der Erkenntnis zunächst ein „blinder Fleck" eingeschrieben. „Etwas zu sehen, heißt stets, etwas anderes zu übersehen. Es gibt kein Sehen ohne blinden Fleck" (*Welsch* 1996: 58). Dieser Fleck lasse sich aber auflösen, indem der Beobachter selbst in den Blick genommen wird und hinsichtlich seiner Prämissen und Wertsetzungen, die er in den Erkenntnisprozess einfließen lässt, analysiert wird. Diesen Perspektivenwechsel zur Beobachtung der Beobachtung bezeichnet Luhmann als „Beobachtung zweiter Ordnung" (vgl. *Luhmann* 1990: 68). „Es ist also der Beobachter, der Korrelationen eines Systems mit seiner Umwelt konstruiert und der Beschreibungen dieser Interaktionen und der Eigenschaften des Milieus anfertigen kann" (*Hollstein-Brinkmann* 1993: 31). Die Realität kann in dieser Theorie nie losgelöst von ihrem Beobachter gesehen werden, der diese erst durch den Akt seiner Wahrnehmung konstruiert. „Die ‚Realität' wird auf diese Weise immer beobachterabhängig konstruiert. Sie ist immer relativ zu den der Beobachtung zugrunde liegenden Unterscheidungen. Statt von Wahrheit wird dann (…) von Viabilität gesprochen" (*Dallmann* 2007: 57). Darüber wird eine „Wachsamkeit gegenüber der Versuchung der Gewissheit entwickelt" (*Maturana/Varela* 1987: 263).

Auch in den Systemtheorien findet sich die konstruktivistische Idee wieder. Eine ausgearbeitete Systemtheorie Sozialer Arbeit liegt – so *Michael May* – bisher nicht vor (vgl.

---

2   Vgl. auch das Buch von Alfred Schütz und Thomas Luckmann „Strukturen der Lebenswelt" (Konstanz 2003).

May 2008: 107), es gibt jedoch eine Reihe von Ansätzen, die die soziologische Systemtheorie (*Luhmann* 1968) und den emergetistischen Systemismus (*Bunge* 1967) auf Problemstellungen der Sozialen Arbeit übertragen (*Staub-Bernasconi* 1986, 2005, *Hollstein-Brinkmann* 1993, 2005, *Kleve* 2000, *Obrecht* 2005 u.a.). Vor allem in den Praxisfeldern der Beratung und Therapie wird seit den 1980er Jahren vielfach auf konstruktivistische und systemische Theorieanteile Bezug genommen. Ursprünglich waren es naturwissenschaftliche Erkenntnisse (Systemtheorie in der Kybernetik und die General System Theorie in der Biologie), die zu einer Neuorientierung auch in den Sozialwissenschaften führten. Gemeinsam ist diesen *systemtheoretischen* oder *systemischen Ansätzen* ein Bezug auf einen allgemein gefassten Begriff von System. Das System beschreibt ein Gebilde, in dem Elemente und Merkmale über Beziehung und Struktur miteinander verkoppelt sind. Unter den Elementen werden die Bestandteile des Systems und unter den Merkmalen die Eigenschaften der Elemente verstanden. Die Beziehung gewährleistet den Zusammenhalt des Systems auf der Basis einer bestimmten Struktur (vgl. *Watzlawick/Beawin/Jackson* 1990: 116). Um ein solches Gebilde beschreiben zu können, muss es gegenüber seiner Umwelt abgegrenzt werden können (vgl. *May* 2008: 107). „Als System lässt sich demnach alles bezeichnen, worauf man die Unterscheidung von innen und außen anwenden kann" (*Luhmann* 1972: 83). Systemtheorien definieren somit ihre Gegenstände über die Unterscheidung zwischen System und Umwelt. Der Zusammenhang der Elemente oder Merkmale unterscheidet sich durch eine Grenzziehung von seiner Umwelt. Es lassen sich verschiedene Systemtypen voneinander differenzieren: technische Systeme und Maschinen, die über programmierte Input- und Outputmechanismen funktionieren, und lebende Systeme und Organismen, die autopoetisch aufgrund ihrer eigenen Struktur operieren (vgl. *Dallmann* 2007: 57). Der Mensch operiert auf der Basis von Sinn. Allerdings sind viele Kritiken der Systemtheorie der Auffassung, dass ‚der Mensch' als Gegenüber der Gesellschaft in der Systemtheorie seinen angestammten Platz verloren habe (vgl. *Gamm* 2008b: 2).

Heiko Kleve, als Hauptvertreter einer *konstruktivistisch-systemtheoretischen Theorie* Sozialer Arbeit, behauptet „dass unsere Welt der Wahrnehmungen und Kommunikationen komplex, kontingent und relativ ist" (*Kleve* 1999: 2). Wenn wir das Beobachten des Beobachtens praktizieren, indem wir unsere eigenen Sichtweisen und Einstellungen reflektieren, zeigt sich nach *Kleve*, dass es für unsere Wirklichkeiten keine Legitimationen gibt, die nicht wiederum in unserem Denken und Kommunizieren verankert wären. Eine ‚Wahrheit', die sich außerhalb unserer subjektiven und sozialen Kontexte situieren ließe, ist im konstruktivistischen Denken unmöglich (vgl. ebd.: 3).

Kleve bezeichnet den Konstruktivismus als eine *praktische* Theorie, die sich trotz ausgefeilter Abstraktionen für die Soziale Arbeit als äußerst praxisnah erweise. Sie eröffne dem Klientel Möglichkeiten, die Erfahrungen der Bodenlosigkeit, die es in der postmodernen „polykontextuellen" und „hyperkomplexen" Welt macht, erklär- und handhabbar zu machen (vgl. *Kleve* 2000). Sie zeige Lösungswege auf, ohne Lösungsmaßstäbe aufzuoktruieren. Und sie verhelfe dem Professional dazu, mit Lebensentwürfen umzugehen, die von den eigenen abweichen. Zu jeder fachlichen Einschätzung gibt es immer auch eine Alternative. Jede Beschreibung kann auch anders ausfallen. Es gibt für das Klientel und das Professional dabei keinen anderen Bezugspunkt für das Handeln als die eigenen Erkenntnisse und Kriterien (vgl. *Kleve* 1999: 5). Diese internen Schemata wiederum geben keinen Aufschluss darüber, wie die Praxis ‚wirklich' beschaffen ist, sondern nur die Erfahrung, dass das Handeln erfolgreich oder scheiternd war. „Ich bleibe also in einem erkenntnistheoretischen Zirkel gefangen, der konstruktivistisch als Selbstreferenz bezeichnet wird" (ebd.). Mit Bezug auf die neurophysiologi-

schen Forschungen von *Maturana* und *Varela* formuliert *Kleve* entsprechend: „Die sogenannte Umwelt ist ein Spiegel, in dem jeder Mensch lediglich sich selbst erlebt" (*Varela* zit. n.
Kleve 1999: 5). Das Sich-selbst-im-Spiegel-Sehen ermögliche es wiederum, die Strategien
des eigenen Denkens und Wahrnehmens zu analysieren. Mit dieser reflektierenden Analyse
geht nach *Kleve* die Möglichkeit des „Andersseins" (*Kleve* 1999: 10) und die Dekonstruktion
einer eindeutigen sozialarbeiterischen Identität einher (vgl. *Kleve* 2000: 193).

Konstruktivistisches Denken entspringt also aus dem Wissen um die Autopoiesis und
Kontingenz eigener Beobachtungen. Alle Annahmen über die Wirklichkeit sind relativ und
abhängig von psychischen und sozialen Kontexten. In der systemisch-konstruktivistischen
Beratungssituation gehe es daher darum, Problembeschreibungen zu kontextualisieren und
zu relativieren (vgl. *Kleve* 1999: 6). Trotz dieser Kontext-Relativität grenzt *Kleve* seine
Auffassung von einem „diffusen Postmodernismus" ab, da dieser Differenzen verwische,
die Pluralität von Wirklichkeitswahrnehmungen tilge und die ‚Realität' von prekären Alltagserfahrungen und gesellschaftlichen Machtverhältnissen verschleiere. Sein Ansatz recht-
fertige demgemäß nicht Beliebigkeit und Gleichgültigkeit, sondern beziehe sich auf „Inseln
situativer Verbindlichkeiten". Ferner beinhalte er eine spezifische postmoderne Gerechtig-
keitskonzeption, die nicht versuche, alle heterogenen Perspektiven unter einen Konsens
zusammen zu zwingen, sondern den Dissens aushalte. *Kleve* bezeichnet seinen Ansatz daher als einen „präzisen Konstruktivismus", der sich aktiv mit den Lebenswelten auseinan-
dersetze, die Situationen hervorbringen, unter denen Menschen leiden (vgl. ebd.: 8ff.).

Die postmoderne systemisch-konstruktivistisch-praktische Theorie von *Kleve*, die er
auch als „ambivalenzreflexive Methode" (*Kleve* 2004: 297) bezeichnet, ist in vieler Hinsicht
sympathisch und instruktiv, auch weil sie zahlreiche ethische Überlegungen mit sich führt.[3]
Dennoch möchte im Folgenden ein Unbehagen an diesen Ansätzen, in denen sich Konstruktivismus, Systemtheorie, Postmodernismus und Lebenswelt zu einem Theoriekonglomerat
verschränken, artikulieren und auf ihre Aporien aufmerksam machen. Dazu knüpfe ich an die
eingangs formulierten Sätze an, mit denen konstatiert wurde, dass die konstruktivistische
Sichtweise die soziozentrische Seite einer falsch aufgemachten Alternative zwischen Konstruktivismus und Naturalismus darstelle. Und zwar nicht, weil sie nicht in der Lage wäre,
Aspekte der natürlichen Mitwelt in die Differenz unterschiedlicher Wirklichkeitsauffassungen
mit aufzunehmen, sondern weil ihr in erkenntnistheoretischer Hinsicht der *konstruktivistische
Fehlschluss* zugrunde liegt, dass das vom Subjekt Beobachtete vor allem *intern* erzeugt wird
und weniger auf etwas *Exteriores außerhalb* des eigenen Horizonts verweise. Nichts überschreitet den Horizont subjektiver Konstruktionen. Mit seiner postmodernen Theorie des
systemischen Konstruktivismus ordnet Kleve das, „was in der Welt gesehen werden kann,
also *nicht* der Welt selbst zu, sondern deren BeobachterInnen. Die Welt wird damit ihrer
scheinbaren Objektivität beraubt" (*Kleve* 2000: 191). *Kleve* sieht exakt in dieser Einsicht die
Stärke seiner Theorie, insofern psychische oder soziale Systeme auf Unterscheidungen von
ihrer Umwelt beruhten, „deren eine Seite sie jeweils bezeichnen, bestimmen, während sie
deren andere Seite(n) unbezeichnet, unbeobachtet im Unbestimmten belassen. Genau dies
macht das Beobachten aus: nämlich etwas vor dem Hintergrund des Unbestimmten zu
bestimmen" (ebd.: 191f.). Ergebnis der Beobachtung zweiter Ordnung ist wiederum, eine
höhere Ordnung gegenüber der ersten Relation einzunehmen und das, was bisher nicht beobachtet wurde, einzublenden und zu bestimmen. Auch aus dem Unbestimmten könne etwas
Bestimmtes gemacht werden (vgl. *Kleve* 2004: 296).

---

3 Auch der Beitrag von Kleve „Soziale Arbeit in der Postmoderne. Sozialarbeiterische Ambivalenzen als
   ethische Dilemmata" (2006) ist in dieser Hinsicht aufschlussreich.

Im systemtheoretischen Verständnis *Luhmanns* wird die Welt über ein Netz kontingenter Unterscheidungen und Bezeichnungen artikuliert, die immer kontextuell begriffen werden. Dass ein Beobachter dieses und nicht jenes bezeichnen kann, verdankt sich einer Unterscheidung (einer Zwei-Seiten-Form) von Innen und Außen. Die voneinander geschiedenen Momente haben ihre Identität nach *Luhmann* nur in *Beziehung* aufeinander und nicht über eine Metaperspektive (vgl. *Lilienthal* 2001b: 269). Das Unterscheiden geschieht in der Theorie *Luhmanns* immer im Medium einer unvordenklich voraus liegenden Unbestimmtheit, die aufgrund ihrer ontologischen Unvollständigkeit der Bestimmung entzogen ist. Das System weiß sich als „Nicht-Alles" (vgl. ebd.: 269f.). Mir scheint, dass bei *Kleve* diese Luhmannsche Dekonstruktion der Metaperspektive, die es erst möglich macht, die Bestimmung auf den Horizont des Unbestimmten hin zu öffnen, nicht konsequent durchgehalten wird. Das Unterscheiden geschieht bei *Kleve* nicht im Medium einer dem Beobachter unvordenklich voraus liegenden Unbestimmtheit, sondern in einer beobachterabhängigen Bestimmtheit.

Desgleichen wird in der neuzeitlichen Erkenntniskritik von *Kant* die Frage nach der Möglichkeit der Erkenntnis des »Dings an sich« neu gestellt. *Kant* versucht den Dualismus zweier Welten (Wesen und Erscheinung) *aufgeklärt* zu überwinden. Dazu erklärt seine Transzendentalphilosophie den Gegenstand, wie er ‚wirklich' ist, für unerkennbar, entzieht ihn aber gleichzeitig der Befleckung durch die Erkenntnisschemata endlicher Menschen. Für das menschliche Wesen sei es unmöglich, die ‚Wahrheit' über das Ansichsein der Dinge zu erreichen. Der Mensch bleibe in der Endlichkeit seiner kognitiven Erkenntnisschemata befangen. Damit geht die Transzendentalphilosophie nach wie vor davon aus, dass sich allein im „Auge göttlichen Überblickswissens" das Ansichsein der Dinge unverzerrt spiegele (vgl. DDI: 95). Zwischen das Erkennen und das Absolute fällt für Kant eine schlechthin scheidende Grenze (vgl. *Hegel* 1986: 68). Nach *Gerhard Gamm* richtet sich *Kant* mit seiner Kritik zwar gegen die traditionelle Metaphysik, verlängere sie aber, indem das Ansichsein transzendental verankert wird. *Gamm* führt dies auf die Angst vor der Verunreinigung des Absoluten (des Ansich) zurück (vgl. DDI: 95). Das Sein entzieht sich dem Subjekt auf diese Weise unendlich.

Hegel geht in seiner Erkenntniskritik einen anderen Weg und spricht davon, dass bei *Kant* der *unterscheidende Begriff* unterdrückt werde (vgl. *Hegel* 1986: 16). *Kant* verleugne die *Beziehung* zwischen erkennendem Subjekt und Gegenstand. *Hegel* rückt daher die *Vermittlungsbewegung* zwischen Substanz und Subjekt in den Mittelpunkt seiner Überlegungen. Für die spekulative Dialektik gibt es in dieser Vermittlungssituation keine Möglichkeit mehr, eine Metaperspektive einzunehmen. „Die Dialektik schließt die Metasprache aus, unser Erkennen bewegt sich stets in einer durch unsere Kategorien imprägnierten Wirklichkeit" (DDI: 95). Subjektivität erscheint dann als ein von seinen sozialen Zusammenhängen nicht loszulösender Begriff. Es gibt keinen neutralen Ort, kein Außen, von dem aus sich beobachten und feststellen ließe, ob der Begriff, den wir über einen Gegenstand (Natur, Anderer, Selbst, Gesellschaft, Ding) entwickeln, mit seinem Ansichsein übereinstimmt. „Wir sind mittendrin". Wir können uns nicht außerhalb unserer begrifflichen Bestimmungen setzen, sondern nur die Eckpunkte beschreiben, anhand derer das Verhältnis der Relationen durchsichtig wird. Ausgehend von diesem „Mittendrin" eröffnet *Hegel* das Verhältnis von Substanz und Subjekt neu und gelangt zur Formel „Substanz als Subjekt" (vgl. ebd.: 107f.). Er entfaltet dies in seiner „Phänomenologie des Geistes" auch als eine *anerkennungstheoretische* Genese des Selbst (vgl. *Dungs* 2006).

Nun geht der potmoderne Konstruktivismus – seine Einsichten sind somit nicht sonderlich neu – denselben Schritt wie *Hegel*, darauf aufmerksam zu machen, dass es unser Wissen nicht ohne begriffliche Vermittlung und subjektive Zurichtung gibt.[4] Die konkrete Erfahrung ist *für uns* nicht auf unmittelbare Weise zu haben. Wünsche und Bedürfnisse sind für uns nur in interpretierter Form zugänglich. Und auch die Trennung, die *Kant* zwischen dem Ansich des Gegenstandes und dem erkennenden Subjekt annimmt, ist bei *Hegel* aufgehoben, indem das Bewusstsein *erfahren* hat, dass diese in das eigene Bewusstsein fällt. „Nur weil die Sache für es, für das Bewusstsein ist, ist sie an sich" (DDI: 93). *Hegel* möchte mit dieser Dialektik somit einerseits aufweisen, dass wir nicht umhin kommen, in unserem Begriff, den wir von einem Gegenstand entwickeln, unser *Beziehen* auf ihn (*für uns*) mit zu berücksichtigen. Andererseits bedeutet dies aber nicht – und exakt hier eröffnet sich ein Unterschied zwischen spekulativer Dialektik und postmodernem Konstruktivismus ums Ganze –, dass die Vorstellung des Ansichseins der Dinge bedeutungslos wäre. Zum Ansich wird eine Sache gerade dadurch, dass sich die Frage ihres Ansichseins für das Bewusstsein stets aufs Neue stellt. *Gamm* schreibt dazu, dass das Ansichsein des Gegenstandes „eine immanente begriffliche Vorspannung" erzeugt, die veranlasst, den Vergleich von Begriff und Gegenstand immer wieder durchzuführen. Die *Beziehung* zwischen Begriff und Gegenstand, Substanz und Subjekt ermöglicht es, beide in einer *bestimmten* Weise aufeinander zu beziehen, die aber nicht zu dem „(idealistischen) Fehlschluss" verleiten dürfe, „das Andere zum Begriff ließe sich auf die Totalität seiner begrifflichen Bestimmungen reduzieren". Die „Verfehlungslogik des Begriffs" müsse wach gehalten werden (vgl. ebd.: 94).

In meinem subjektiven Wirklichkeitsbezug ist das *Andere*, das über meine eigenen konstruierenden Beobachtungen hinausgeht, immer schon präsent. Der Konstruktivismus geht demgegenüber den Schritt, das Andere zur Konstruktion auf die *Totalität seiner Bestimmungen* zu reduzieren. In seiner Zentralstellung wird der Beobachter folglich, obwohl es sich um den soziozentrischen Pol handelt, *ohne* soziokulturelle Vermitteltheit beschrieben.[5] Indem der Beobachter seiner Überblicksposition nicht enthoben wird, wird die Vermittlungsbewegung halbiert: Das Ansichsein der Dinge wird ausgeschlossen, und die *Beziehung* (des Beobachters) zum Anderen der Konstruktion wird nicht offen gehalten. In den Worten *Kleves*: Das „System braucht s(eine) Umwelt, die ‚Dinge' um es herum, aber diese können die Zustände des Systems lediglich zur (Selbst-)Veränderung anregen" (*Kleve* 2005: 68). Auch dem Konstruktivismus entzieht sich das Sein somit unendlich, indem er ähnlich wie *Kant* einerseits (immer noch) eine Metaperspektive voraussetzt und andererseits den Vermittlungsgedanken nicht konsequent genug durchspielt, weil er von einer Dualität von Subjekt und Substanz ausgeht (vgl. ebd.: 70). Demgegenüber möchte ich diese verkürzten Deutungen des Konstruktivismus um die substanzielle Seite der Dinge und das

---

4   Die Auffassung einer von subjektiver Zurichtung abhängigen Wirklichkeit wurde schon von der Hermeneutik und vom Symbolischen Interaktionismus vertreten. Der Konstruktivismus hat allerdings die Auseinandersetzung zwischen Idealismus und Realismus, die für die Philosophie der Neuzeit bestimmend war, wieder aufgegriffen. Im Zentrum dieser Auseinandersetzung steht die Frage, inwieweit eine objektive äußere Welt vom Menschen erkannt werden kann (vgl. *Hollstein-Brinkmann*: 29f.). *Hegels Phänomenologie* versucht das Entweder-Oder dieser Frage zu unterlaufen. Schon in seinen ersten Schritten ist *Hegel* über den klassischen Gegensatz von Subjekt-Objekt, Ich-Gegenstand, Innerem-Äußerem hinaus (vgl. DDI: 134).

5   *Sascha Neumann* und *Philipp Sandermann* sind der Auffassung, dass die Beobachtung als *Beobachtung* von sozialpädagogischer Theoriebildung erst einmal genauer in den Blick genommen werden müsse. Am Beispiel der Lebensweltorientierung zeigen sie, dass sich die sozialpädagogische Theoriebildung, aufgrund einer mangelnden beobachtungstheoretischen Auslegung, ontologieträchtig gestaltet (vgl. *Sandermann/Neumnann* 2008: 24).

fundamentale Angewiesensein auf Andere/s erweitern, indem ich die Vermittlungsbewegung selbst hervorhebe.[6] Innen und Außen sind apriori in der Weise vermittelt, dass meine Deutungshoheit, gerade aufgrund der Vermitteltheit, resp. meiner *Beziehung zu Anderem*, immer schon durchbrochen ist. Der *konstruktivistische Fehlschluss* liegt folglich darin, dass das konstruierende Subjekt in seinem erkenntnistheoretischen Zirkel gefangen bleibt, weil kein Außen mehr in diesem Zirkel aufgehoben ist, das diesen durchbrechen könnte. Die gesellschaftliche, leibliche und natürliche Mit-Konstitution von Leben, die *von Außen auf mich zukommt*, fehlt im postmodernen Konstruktivismus.

Die Entmachtung einer eindeutigen Kategorisierbarkeit – um die es dem Konstruktivismus im Grunde zu tun ist – fällt mit der Evidenz des Anderen zusammen. In das Selbst- und Weltverhältnis des Menschen sind gesellschaftliche und natürliche Bezüge immer schon derart tief eingewoben, dass die zahlreichen anerkennenden, symbolischen, leiblichen Verbindungslinien zwischen Selbst zu Anderem in ihrer Totalität nicht umgriffen und beobachtend eingeholt werden können. In der konstruktivistischen Sichtweise sind die Pluralität von Sichtweisen und die Unmöglichkeit von ‚Wahrheit' zwar aufgehoben, aber die *Beziehung zu Anderem* wird gekappt. Das Selbst bleibt in seinem Universum kontigenter, relativer und komplexer subjektiver Beobachtungen selbstfereteill gefangen und monadisch isoliert. Indem die System-Umwelt-Unterscheidung nur der Erzeugung *interner* Unterschiede dient, kann Alterität nicht von *außen* in das System einbrechen. Andere und Anderes sind nur der Spiegel des Selbst. Die belebte Mitwelt und unbelebte Realität um das konstruierende Bewusstsein herum verschwinden.

Soziale Arbeit ist gefordert, ‚reale' Faktoren in Betracht zu ziehen. Menschen in ihrer sozialen und leiblichen Faktizität sind Realität. Menschen leiden unter realen sozialen Problemen (Armut, Soziale Ungleichheiten, Arbeitslosigkeit) und körperlichen und ökologischen Beeinträchtigungen. Anhand der konstruktivistischen normalisierungskritischen Debatten, die um die Auflösung des traditionellen Krankheits-, Bedürftigkeits- und Behindertenbildes bemüht sind, lässt sich dies weiter veranschaulichen. In deren Sicht sind es nicht so sehr körperliche Faktizitäten und manifeste Barrieren (z.B. bauliche Hindernisse), die dazu führen, dass jemand sich als ‚defizient' erfährt und an seiner Existenz leidet, sondern mentale Strukturen und kulturelle Schemata.[7] *Andreas Kuhlmann* bemerkt dazu: Diese Sichtweise, Krankheit und Behinderung seien ein „soziales Konstrukt" stellt generell in Abrede, „dass viele Betroffene eben tatsächlich ihre Physis (…) als hinderlich erfahren. In diesen Fällen ist es evidentermaßen der Körper, der als auffällig, aufdringlich, aufsässig erfahren wird. Er kann die Gesamtbefindlichkeit der Person in Mitleidenschaft ziehen oder aber einzelne ihrer Intentionen durchkreuzen. Nicht selten kommt es im Zuge der Bemühungen um ein neues Verständnis von Behinderung zu einer Art Romantisierung von menschlicher ‚Vielfalt'" (*Kuhlmann* 2003: 26). Der inflationäre Gebrauch der Idee der Konstruktion ignoriere die Wahrnehmung der Lebenssituation der Betroffenen, die nur unter Mühen mit ihrer körperlichen Konstitution zurecht kämen und an einer dysfunktionalen Physis oder Psyche zutiefst litten. Nach *Kuhlmann* wird mit dieser Sichtweise somit die Gefahr mitgeschleppt, die subjektiven Erfahrungen der Betroffenen, die aus der Faktizität

---

6   *Bruno Latour* überschreitet das dualistische Paradigma zwischen sozialen Akteuren und Dingen zur Gänze, indem er von einer Vermischung beider Dimensionen ausgeht.

7   Die sozialkonstruktivistischen Ansätze der Gender Studies, die differenz- und diskurstheoretischen Diskurse im Anschluss an den französischen Poststrukturalismus (*Derrida, Foucault, Bulter, Žižek* usf.), die demokratietheoretischen Ansätze (*Mouffe, Laclau* usf.) und die Alteritätsethiken jüdischer Tradition unterscheiden sich deutlich vom dargestellten postmodernen Konstruktivismus – in ihnen spielt Alterität eine große Rolle.

des Körperlichen resultieren, durch einen neuen generalisierenden und objektivierenden Blick zu ersetzen (vgl. ebd.: 26f.). Im englischsprachigen Raum etabliert sich in den letzten Jahren eine gegenläufige Debatte zum Konstruktivismus, der *critical realism*. *Fabian Kessl* möchte diesen auch im deutschen Sprachraum für die Theorieentwicklung Sozialer Arbeit verankern und fasst ihn folgendermaßen zusammen: „Critical realists argue that there is a material dimension to our lives that is, at least, partially non-discursive" (*Kessl* 2008: 57).

Auch der Satz des Kybernetikers *Heinz v. Foerster* illustriert die theoretische Engführung des Konstruktivismus: „Handle stets so, dass die Anzahl der Wahlmöglichkeiten größer wird" (*v. Foerster* 1985: 41). Mit diesem Imperativ „würde der Hauptsatz der Multioptionsgesellschaft: ,mehr von allem' maßgeblich auch für den Bereich der Ethik. Es geschähe, was ohnehin geschieht." *Gamm* nennt das „fatal. Verabsolutiert man also, wie eine Reihe der Theoretiker der Postmoderne das nahe zu legen scheinen, die Unbestimmtheit im Sinne der fatalen Strategien, verwandelt man sie in eine neue Bestimmtheit" (*Gamm* 2000b: 138).

Mit dem Rekurs auf eine *primordiale Beziehung zum Anderen* ist es mir um die Geste eines permanenten Überschreitens mitten aus dem (historischen, gesellschaftlichen, natürlichen) Kontext selbst heraus zu tun, die erst in der Lage ist, das vereindeutigende Interpretationsmonopol menschlicher Rationalität zu durchbrechen. Bei *Slavoj Žižek* lautet dies so: Das primordiale Ausgesetztsein eröffnet die eigentlich ethische Beziehung „zwischen Menschen, die die Verletzlichkeit und Begrenztheit des anderen akzeptieren und respektieren. Entscheidend ist hier der Zusammenhang zwischen der Undurchschaubarkeit des Anderen und meiner eigenen Undurchschaubarkeit für mich: Sie hängen miteinander zusammen, weil mein Dasein im primordialen Dem-Anderen-Ausgesetztsein gründet" (*Žižek* 2005: 16). Im Konstruktivismus bleibt dagegen alles (Ich/Gegen-stand, Inneres/Äußeres, Subjekt/Objekt, Kultur/Natur) in den Funktionskreis durchschauender menschlicher Vernunft gestellt und ihrer Beobachtungshoheit unterstellt. Die Hybris menschlicher Vernunft scheitert im systemisch-konstruk-tivistischen Modell gleichsam nicht an sich selbst, sondern nur an dem, wovon sie sich unterscheidet (das substantielle Gewebe präexistenter und aktueller gesellschaftlicher und natürlicher Bedingungen). Aber auch der Unterschied kann – gemäß einer fatalen Strategie – über die Beobachtung zweiter Ordnung eingeholt und einer neuen Bestimmtheit zugänglich gemacht werden. *Thomas Schumacher* hält den philosophischen Bezug des Konstruktivismus für dünn. „Ein weiter reichender wissenschaftlicher Anspruch leitet sich daraus nicht unmittelbar ab. Das umso weniger, als es in der konstruktivistischen Kritik nicht einmal um sonderlich originelle Einsichten geht" (*Schumacher* 2008: 293). Zwar erleichtert der Konstruktivismus einen offenen, behutsamen, sensiblen und wertschätzenden Umgang mit anderen Menschen, um aber zu einer solchen Haltung zu gelangen, muss er nicht unbedingt bemüht werden. Zuweilen kann er eine solche *anerkennende Bewegung* auch verstellen. Zusammengefasst gesagt: Dem Konstruktivismus mangelt es an einem ausgearbeiteten Begriff von Intersubjektivität und Intersubstantialität.

Eine andere Form der Dezentrierung des Selbst und seines Wissens und Handelns ist also notwendig, die ich mit einem lévinasianisch gelesenen Hegel angedeutet habe. Nun komme ich auf die zweite Seite der eingangs eröffneten Alternative zu sprechen, nämlich auf die naturalisierenden Positionen in der Theorieentwicklung Sozialer Arbeit.

2   Naturalistische Positionen in der Theorieentwicklung Sozialer Arbeit

Die Aporien der soziozentrischen Engführung des genannten Theoriekonglomerats sollten im Vorangegangenen über die Distanz des systemischen Konstruktivismus zur spekulativen Dialektik deutlich gemacht werden. Die Aufdeckung der Vermitteltheit der Dinge wird vom Konstruktivismus und von der Systemtheorie nicht weit genug ausbuchstabiert. Beide Ansätze bleiben – mit *Hegel* gesprochen – auf der Seite des individualisierenden Fürsichseins stecken. Auch die Lebensweltorientierung läuft mit ihrer umstandslosen Bejahung lebensweltlichen ‚Eigensinns' und ihrem Imperativ der Nichteinmischung in die Vielfalt des Alltags Anderer Gefahr, die soziale Dynamik der Missachtung fortzuschreiben (vgl. *Steckmann* 2004: 280f.). Die Akzeptanz der Autonomie der unterschiedlichsten Lebenswelten wird so weit vorangetrieben, dass auch die Maßstäbe, die nach ihrer ethischen Qualifizierung fragen ließen, relativiert, individualisiert und partikularisiert sind. *Ulrich Steckmann* bezeichnet dies als eine „moralische Abstinenz von Sozialpädagoginnen (…). Wer etwa rassistische oder sexistische Verhaltensweisen mit der gleichen distanzierten Nachsicht behandelt wie den Unfug, den seine Katze anrichtet, der zeigt kein professionelles Können, sondern offenbart eine bizarre Gleichgültigkeit gegenüber Personen" (ebd.). Nirgends – nicht im Konstruktivismus, nicht im Postmodernismus, nicht im Systemismus, nicht im Biotechnizismus – ist eine ethische Markierung auszumachen, die eine theoretische Positionsbestimmung der Sozialen Arbeit zuließe, außer der uneingeschränkten Akzeptanz der Autonomie der unterschiedlichsten Selbst- und Weltauffassungen, die aber hinter der Wucht, mit der sich der biowissenschaftlichen Technologieschub in das menschliche Selbst- und Weltverhältnis einschreibt, zurückbleibt. Was in den Ansätzen fehlt, ist der Übergang vom *Erkennen zum Anerkennen des Anderen.* „Die Einsicht in die Grenze des Verstandes ist der Anfang der Moral. (…) Dort, wo der kognitiven Aneignung der sozialen oder zwischenmenschlichen Wirklichkeit (…) eine unüberschreitbare Grenze gesetzt wird, erschließt sich der Sinn des Moralischen" (*Gamm* 2000a: 237f.). Diese Grenze bedeutet gerade nicht, die lebensweltlichen Bezüge der Beliebigkeit und Vielfalt auszuliefern, sondern umgekehrt erschließt die Anerkenntnis des aporetischen Hintergrunds (der Kognition) erst „die Möglichkeit, oder den Raum, in dem wir frei werden, etwas verantworten zu können und dann aber auch verantworten zu müssen" (ebd.: 238f.).

Mit der Biotechnologie ist die „Steigerung der Verfügungsmacht" (*Kersting* 2002) über das eigene Leben verbunden. Der Trend, sich selbst optimieren zu müssen, ist dabei eingebettet in eine allgemeine gesellschaftliche Tendenz. Er erweist sich fortschreitend als *soziale Tatsache,* als *ethische Norm* und als *gesellschaftliche Utopie* (vgl. *Gamm* 2008a), so dass er für die Gestaltung des menschlichen Selbst- und Weltverhältnisses universell wird. Die vormals ‚gegebene' unverfügbare leibliche Ausstattung der Individuen wird immer mehr zum Gegenstand bewusster, gezielter, eigenaktiver, optimierender Konstruktion.[8] Gehirn und Genom (in ihrem entindivualisierenden Ansichsein) rücken in die Schlüsselposition zur Lösung aller gesellschaftlichen und individuellen Probleme. Heinz Bude charakterisiert dies als eine „biopolitische Wende im Alltagsverstand" (*Bude* 2006: 39).

Wie passt die Tendenz der soziozentrischen Fassung, in der Selbst und Welt einem kontingenten Konstruktionsfeld ausgeliefert sind, mit der anderen Tendenz der Re-Naturali-

---

8   Vor allem feministische Autorinnen haben in diesem Zusammenhang darauf aufmerksam gemacht, dass z.B. Schönheitsoperationen ein Mittel darstellen, sich vom naturgegebenen Körper zu emanzipieren und die Kontrolle über eine fremddefinierte soziale Wahrnehmung wieder zu gewinnen (*Davis* 1995, 2003, *Maasen* 2005).

sierung zusammen? Die These ist auch hier, dass die renaturalisierenden Positionen, die sich in der Theorieentwicklung der Sozialen Arbeit neuerdings verstärkt finden, gleichsam in der Verkürzung der Vermittlungsbewegung zu suchen sind. Die verschiedenen Wissenschaften (Biologie, Medizin, Heilpädagogik, Psychologie, Soziale Arbeit etc.) greifen in ihrem wachsenden Interesse an der entwicklungsbiologischen Formierung, der neurochemischen Steuerung und der genetischen und pharmakologischen Optimierung menschlichen Lebens und Verhaltens verstärkt konstruktivistische und naturalisierende Interpretationsansätze auf (vgl. *Schumacher* 2008: 287), indem sie:

- die alten modernen Leitunterscheidungen brüchig werden lassen,
- die Vieldeutigkeit von Wirklichkeitskonstruktionen (auch des Gehirns) betonen,
- Hybride und Cyborgs reihenweise hervorbringen: Bestandteile und Eigenschaften nicht-menschlicher Wesen und Geräte werden in den Menschen eingebaut,
- die Naturschranken menschlicher Lebens-, Wahrnehmungs- und Handlungsmöglichkeiten immer weiter zurückschieben,
- annehmen, dass Gehirn und Genom alle Informationen und Bestandteile, die sie für ihr Funktionieren benötigen, aus sich selbst heraus autopoietisch konstruieren.

Konstruktivismus und Naturalismus verschränken sich in den Hybriden und Cyborgs. Auch in der Theorie von *Kleve* findet sich diese Verschränkung, indem er mit Hilfe der Neurophysiologie die „alte sozialarbeiterische ‚Weisheit'" der ‚Hilfe zur Selbsthilfe' „biologisch" umdeutet. Weil das Nervensystem operational geschlossen sei, es keinen direkten Kontakt zu seiner Umwelt habe und seine Bestandteile und Informationen autopoietisch konstruiere, könnten SozialarbeiterInnen ihre KlientInnen nicht direkt „manipulieren", sondern diese nur anregen, ihr *eigenes* Denken, Fühlen und Verhalten zu verändern (vgl. *Kleve* 2005: 68f.). Eine ähnliche Verschränkung zeigt sich in der Konstruktion des Krankheitsbildes ADHS. *Dieter Mattner* bemerkt bezogen auf die davon betroffenen Kinder eine Ausblendung der psychosozialen Lebenshintergründe als mögliche Verursacher der Verhaltensauffälligkeiten. Er bezeichnet dies daher als eine „diagnostische Blickreduzierung", die die Ursachenforschung auf Gehirn und Genom konzentriert und zu einer „Biologisierung abweichenden Verhaltens" führt (vgl. *Mattner* 2006: 55). Über diese Verschränkung hält somit zum einen ein biologisierender Konstruktivismus Einzug in die Theoriebildung (Sozialer Arbeit), zum anderen wird auch hier das Außen ausgesetzt, indem angenommen wird, dass Gehirn und Genom autopoietisch und deterministisch funktionierten.

Die weitere These, die aus der Verschränkung von Konstruktion und Biologie folgt, lautet, dass die theoretische Engführung der soziozentrischen Ansätze dem naturalisierenden Trend Vorschub leistet. Auch von der Seite der Biotechnologisierung werden unsere Wissensbestände somit erneut immunisiert. Die re-naturalisierenden Positionen entpuppen sich – obwohl sie konstruktivistische Anschauungen mit sich führen – als neuer ungleich *mächtigerer spätmoderner Essentialismus*, durch den die Natur (das Dinghafte, die Objektseite, das Determinierende) in unsere Wissens- und Handlungsgebilde zurückkehrt, und zwar nicht im Sinne der anvisierten Hegelschen Vermitteltheit, sondern *unvermittelt* als ‚bloßes Leben' (*Agamben*): identifizierte subzelluläre Zusammenhänge und durchleuchtete sich selbst organisierende neurochemische Steuerungsprozesse. Nochmals *Gamm*: Es ist das „physiologisch und medizinisch, chemisch und pharmakologisch erschlossene Sein/Leben, das auf sein (…) organisches Gegebensein zurückgenommen wird". Als ‚bloßes Leben' „enthält es partout keine ethische Markierung (mehr) darüber, wie es gelebt, wie mit ihm verfahren werden soll. Die einzige allgemein akzeptierte Definition ist des *conatus sui esse perseverandi* aus dem Geist der Biotechnologie: seine Funktionen zu optimieren, um zu seiner Selbsterhaltung beizutragen" (*Gamm* 2004: 48f.).

Durch die biotechnologische Re-Naturalisierung werden wir nach *Peter Wehling* mit einer hybriden, technisch hergestellten Natur konfrontiert. Diese ‚hybride Natur' setzt einerseits die konstruktivistische Erosion der modernen Natur-Gesellschafts-Unterscheidung und ihrer Essentials fort und eröffnet damit den postmodernen Raum kategorialer Uneindeutigkeit und normativer Vieldeutigkeit (vgl. *Wehling* 2004: 526ff.). Es gibt keine normative und keine körperliche Schranke mehr, vor der aus sich das Unverfügbare des Menschlichen eröffnete. Die Unterscheidung zwischen natürlich Gegebenem (Gnade der Geburt oder Gunst des Schicksals) und sozial Hergestelltem funktioniert nicht mehr. Angeborene Eigenschaften können immer weniger von sozial erworbenen und biotechnisch hergestellten unterschieden werden. Einerseits mutet dies wie ein Befreiungsschlag an, da Not, Leiden und Unglück technisch beherrschbar zu werden scheinen. Aber es zeigt sich andererseits, dass ‚biologische Ungerechtigkeiten', die vormals (mangels technischer Möglichkeiten) als ‚gegeben' hingenommen werden mussten und aufgrund dessen in ihrem Einfluss auf soziale Prozesse schrittweise zurückgedrängt worden waren (z.B. über Sozialversicherungssysteme und Antidiskrimierungsgesetze), zurückkehren, und zwar gerade weil sie nun der biotechnischen Gestaltungsmacht offen stehen. Die Herausbildung der Sozialversicherungssysteme im 19. und 20. Jh. hatte dazu geführt, dass gesellschaftliche Unterschiede und natürliche Ausstattung der Subjekte ihren schicksalhaften Charakter verloren und der Schwerpunkt von der individuellen Verantwortlichkeit hin zur kollektiven Gesamtschuldnerschaft und Solidarität verlagert worden war. Jetzt erleben wir eine „biopolitische Wende", durch die die ‚hybride Natur' im Kontext der Sozial- und auch der Gesundheitspolitik eine Renaissance erfährt. Exakt aus der Emanzipation vom Natürlichen – *soziozentrische Wende* – erwächst gleichzeitig der paradoxe Effekt der *Re-Naturalisierung*. Die konstruktivistische Denaturalisierung (Verkürzung der Vermittlungsbewegung) bereitet der biotechnizistischen Re-Naturalisierung den Boden. Das mit der Idee der Optimierung einhergehende Leben folgt dann nicht nur dem Diktat autonomer Selbstbestimmung[9], sondern es ist auch eine hegemoniale Struktur darin eingelassen, die aufgrund des beruflichen Erfolgs, der Karriereplanung, des Versicherungswesens etc. verstärkt zur Anwendung der Biotechnologien führen wird. Aus der hybriden Natur entspringt ein neuartiger Prozess sozialer Distinktion, der soziale Ungleichheiten mit sich führt, die nicht nur den Widerfahrnissen entstammen, denen man durch das ‚Schicksal' der biologischen Konstitution oder der sozialen Situation ausgesetzt ist, sondern darüber hinaus dem eigenaktiven, zielgerichteten biotechnologischen Selbstmanagement, das zudem durchaus an alte Leitunterscheidungen (Geschlecht, Rasse, Klasse, Nation etc.) und den daraus resultierenden sozialen Ungleichheiten anknüpfen kann.

Soziale Arbeit kann es sich nicht leisten, sich nicht intensiv mit den Engführungen und Fehlschlüssen der soziozentrischen (individualisierendes hybrides Soziales) und der naturalisierenden Seite (objektivierende hybride Natur) auseinanderzusetzen, weil von ihnen die Gefahr ausgeht, fortschreitend zu einer desintegrierten Gesellschaft zu werden. Was mir im Gegensatz zu den sozial-bio-technischen Hybriden und Cyborgs vorschwebt, ist eine im Hegelschen Sinn *vermittelte* Theoriestruktur Sozialer Arbeit, die den Ausschluss des *Außen* auf beiden Seiten aussetzt, indem sie die *anerkennende Bewegung zwischen Selbst und*

---

9   Vergleiche dazu das biomedizinische Ideal des *informed consent* (informierte autonome Entscheidung).

Anderem offen hält. „Eine (Sozial)Wissenschaft Sozialer Arbeit steht (…) vor der Aufgabe, so ließe sich im (…) Anschluss an Latour formulieren, sich den Vermittlungen selbst zu stellen" (*Kessl* 2008: 65).

Literatur

Bude, Heinz (2006): Der Schmerz der Zurücksetzung. Was steckt hinter der Frage nach der „Natur der Gesellschaft"? Lebens- und Sozialwissenschaften weisen Übereinstimmungen, aber auch grundlegende Unterschiede auf. In: Frankfurter Rundschau. 10.10.2006, S. 39.

Dallmann, Hans-Ulrich (2007: Ethik im systemtheoretischen Denken. In: Lob-Hüde-pohl, Andreas; Lesch, Walter (Hg.): Ethik Sozialer Arbeit. Paderborn, S. 57-68.

DDI: Gamm, Gerhard (1997): Der Deutsche Idealismus. Eine Einführung in die Philosophie von Fiche, Hegel und Schelling. Stuttgart.

Dungs, Susanne (2006): Anerkennen des Anderen im Zeitalter der Mediatisierung. Sozialphilosophische und sozialarbeitswissenschaftliche Studien im Ausgang von Hegel, Lévinas, Butler, Žižek. Münster.

Foerster, Heinz v. (1985): Sicht und Einsicht. Versuche zu einer operativen Erkenntnistheorie. Braunschweig/Wiesbaden.

Gamm, Gerhard (2000a): Der sprachliche Sinn der Moral. In: Ders.: Nicht nichts. Studien zu einer Semantik des Unbestimmten. Frankfurt/Main, S. 228-251.

Gamm, Gerhard (2000b): Die Unausdeutbarkeit des Selbst. Über die normative Kraft des Unbestimmten in der Moralphilosophie der Gegenwart. In: Ders.: Nicht nichts. Studien zu einer Semantik des Unbestimmten. Frankfurt/Main, S. 207-227.

Gamm, Gerhard (2004): Der unbestimmte Mensch. Zur medialen Konstruktion von Subjektivität. Berlin.

Gamm, Gerhard (2008a): Technisierung des Lebendigen – am Beispiel des menschlichen Körpers. Vortrag an der TU Darmstadt.

Gamm, Gerhard (2008b): Zwischen Mensch und Cyborg. Was es bedeutet, dass der Mensch verschwindet. Manuskript vom 04.06.2008.

Glaserfeld, Ernst v. (1997): Radikaler Konstruktivismus. Ideen, Ergebnisse, Probleme. Frankfurt/Main.

Hegel, Georg Wilhelm Friedrich (1986): Phänomenologie des Geistes. Werke Bd. 3. Frankfurt/Main.

Hollstein-Brinkmann, Heino (1993): Soziale Arbeit und Systemtheorien. Freiburg.

Hollstein-Brinkmann, Heino, Staub-Bernasconi, Silvia (2005): Systemtheorien im Vergleich. Was leisten Systemtheorien für die Soziale Arbeit? Versuch eines Dialogs. Wiesbaden

Kessl, Fabian (2008): „Real ist real und ist nicht real". Notate zu aktuellen Konjunkturen eines kritischen Rationalismus. In: Wie (selbst-)kritisch ist die Theorie Sozialer Arbeit? Widersprüche. Zeitschrift für sozialistische Politik im Bildungs- Gesundheits- und Sozialbereich. Heft 108(2008), S. 53-69.

Kleve, Heiko (1999): Konstruktivismus als praktische Theorie Sozialer Arbeit. Versuch einer Präzisierung postmoderner Theorie- und Ethikgrundlagen für Disziplin und Profession. In: GISA. Rundbrief gilde soziale Arbeit 1(1999), S. 2-17.

Kleve, Heiko (2000): Die Sozialarbeit ohne Eigenschaften. Fragmente einer postmodernen Professions- und Wissenschaftstheorie Sozialer Arbeit. Freiburg.

Kleve, Heiko (2004): Ambivalenzreflexive Theoriegenese in der Sozialen Arbeit – oder: Vom Staunen über die Selbstverständlichkeiten der anderen. In: Zeitschrift für Sozialpädagogik. 3(2004), S. 286-300.

Kleve, Heiko (2005): Der systemtheoretische Konstruktivismus. Eine postmoderne Bezugstheorie Sozialer Arbeit. In: Hollstein-Brinkmann, Heino; Staub-Bernasconi, Silvia (2005): Systemtheorien im Vergleich. Was leisten Systemtheorien für die Soziale Arbeit? Versuch eines Dialogs. Wiesbaden, S. 63-92.

Kleve, Heiko (2006): Soziale Arbeit in der Postmoderne. Sozialarbeiterische Ambivalenzen als ethische Dilemmata. In: Dungs, Susanne; Gerber, Uwe; Schmidt, Heinz; Zitt, Renate (Hg.): Soziale Arbeit und Ethik im 21. Jahrhundert. Ein Handbuch. Leipzig 2006, S. 108-124.

Kuhlmann, Andreas (2003): Ein neues Verständnis von Behinderung. Zur Kritik am medizinischen Konzept. In: Behinderung und medizinischer Fortschritt. Dokument der gleichnamigen Tagung vom 14.-16.04.2003, Bad Boll.

Lemke, Thomas (2006): Der dritte Weg. Abschied vom anthropozentrischen Paradigma: Die Soziologie muss ein neues disziplinäres Selbstverständnis jenseits von Naturalismus und Konstruktivismus entwickeln. In: Frankfurter Rundschau. 05.12.2006, S. 39.

Lilienthal, Markus (2001a): Wissenschaftsforschung als Modernitätskritik. Zu Bruno Latours „Die Hoffnung der Pandorra". In: Dialektik 2(2001), S. 143-149.

Lilienthal, Markus (2001b): Niklas Luhmann: *Soziale Systeme* (1984), *Die Gesellschaft der Gesellschaft* (1997). In: Gamm, Gerhard; Hetzel, Andreas; Lilienthal, Markus: Hauptwerke der Sozialphilosophie. Stuttgart, S. 267-289.

Luhmann, Niklas (1972): Funktionen und Folgen formaler Organisation. Berlin.

Luhmann, Niklas (1990): Die Wissenschaft der Gesellschaft. Frankfurt/M.

Mattner, Dieter (2006): ADS – Biologisierung abweichenden Verhaltens. In: Leuzinger-Bohleber, Marianne; Brandl, Yvonne; Hüther, Gerald (Hg.): ADHS – Frühprävention statt Medikalisierung. Göttingen, S. 51-69.

Maturana, Humberto; *Varela*, Francisco (1987): Der Baum der Erkenntnis. Bern, München, Wien.

May, Michael (2008): Aktuelle Theoriediskurse Sozialer Arbeit. Eine Einführung. Wiesbaden 2008.

Neumann, Sascha; Sandermann, Philipp (2008): Hellsichtige Blindheit. Zur vermeintlichen sozialwissenschaftlichen Wende der sozialpädagogischen Theorie. In: Wie (selbst-)kri-tisch ist die Theorie Sozialer Arbeit? Widersprüche. Zeitschrift für sozialistische Politik im Bildungs- Gesundheits- und Sozialbereich. Heft 108(2008), S. 11-30.

Obrecht, Werner (2005): Ontologischer, Sozialwissenschaftlicher und Sozialarbeitswissenschaftlicher Systemismus – Ein integratives Paradigma der Sozialen Arbeit. In: Hollstein-Brinkmann, Heino; Staub-Bernasconi, Silvia: Systemtheorien im Vergleich. Was leisten Systemtheorien für die Soziale Arbeit? Versuch eines Dialogs. Wiesbaden, S. 93-172.

Schlippe, Arist v.; Matthaei, Christoph (1987): Das Kind in der strukturellen und entwicklungsorientierten Familientherapie. In: Petzold, Hilarion; Ramin, Gabriele (Hg.): Schulen der Kinderpsychotherapie. Paderborn, S. 323-357.

Schumacher, Thomas (2008): Konstruktion und Wirklichkeit. Von Sinn und Unsinn einer konstruktivistischen Erkenntnishaltung in der Sozialen Arbeit. In: Neue Praxis 3(2008), S. 287-295.

Schütz, Alfred; Luckmann, Thomas (2003): Strukturen der Lebenswelt. Konstanz.

Steckmann, Ulrich (2004): Autonomie und lebensweltliche Einbettung: Hans Thiersch über Soziale Arbeit und Moral. In Zeitschrift für Sozialpädagogik 3(2004), S. 262-285.

„Von der Naturalisierung der Gesellschaft". Widersprüche. Zeitschrift für sozialistische Politik im Bildungs- Gesundheits- und Sozialbereich. Heft 105(2007).

Watzlawick, Paul; Beawin, Janet H.; Jackson, Don D. (1990): Menschliche Kommunikation. Formen, Störungen, Paradoxien. Bern/Stuttgart/Toronto.

Wehling, Peter (2004): Re-Naturalisierung sozialer Ungleichheit: eine (Neben-)Folge gesellschaftlicher Modernisierung. In: Rehberg, Karl-Siegbert (Hg.): Soziale Ungleichheit, kulturelle Unterschiede. Verhandlungen des 32. Kongresses der Deutschen Gesellschaft für Soziologie in München 2004. Frankfurt/M./New York, S. 526-539.

Welsch, Wolfgang (1996): Grenzgänge der Ästhetik. Stuttgart.

Žižek, Slavoj (2005): Die politische Suspension des Ethischen. Frankfurt/M..

Normative Implikationen sozialarbeitswissenschaftlicher Theorien – Diskussionsstand, Vorschläge, Visionen

Anton Schlittmaier

Ist es ergiebig, nach normativen Voraussetzungen von sozialarbeitswissenschaftlichen Theorien zu fragen? Wem nützt dies? Den Theoretikern, den Praktikern, allen beiden oder keinem von Beiden?

Ich gehe in diesem Beitrag davon aus, dass vorliegende Theorien der Sozialarbeitswissenschaft nicht eigens thematisierte normative Voraussetzungen machen. Dies beinhaltet auch, dass sie sich im Feld der Metaethik zur Frage nach dem Status normativer Urteile implizit positionieren.

Dies mag so sein, aber was folgt daraus? Angenommen es ließen sich den zentralen Theorien des Diskursfeldes bestimmte normative Inhalte entnehmen, besagt dies mehr als das, dass sie vorliegen? Ist eine moralische Norm, die einfach behauptet wird, geringwertiger als eine, die aufgrund einer Explikation einer Theorie entnommen wird?

Bei jeder moralischen Norm, die einfach behauptet wird, kann man fragen: Warum soll sie gelten? Die Kunst ist hier nicht, das moralische Sollen einfach auszusprechen, sondern es fundiert zu begründen. Aber ist dies angesichts der Heterogenität der philosophischen Ethik überhaupt möglich? Der Aufweis normativer Gehalte in sozialarbeitswissenschaftlichen Theorien scheint einen Ausweg aus diesem Dilemma darzustellen. Man rekurriert nicht einfach auf ein beliebiges Sollen, sondern extrahiert Normen aus einschlägigen Theorien. Was ist der Mehrwert dieses Verfahrens? Kann eine so gewonnene moralische Norm höhere Dignität beanspruchen als eine einfachhin behauptete? Doch nur, wenn den Theorien eine bestimmte Sachangemessenheit – wie immer diese aussehen mag – zugesprochen wird.

Unversehens befindet man sich auf ontologischem, erkenntnis- und wissenschaftstheoretischem Terrain: Was heißt Sachangemessenheit einer Theorie? Und mit welcher *Sache* hat es eigentlich die Sozialarbeitswissenschaft zu tun? Ist ihre *Sache* die Praxis Sozialer Arbeit oder eine unabhängig von dieser Praxis stattfindende Realität? Und weiter: Wie soll diese *Sache* theoretisch gefasst werde? Gilt vorab das Verdikt der Wertfreiheit und damit ein ausschließlich empirisches Wissenschaftsverständnis? Unter dieser Perspektive wäre jede Normexplikation überflüssig, da in der Theorie qua metatheoretischem Verdikt keine normativen Bestandteile vorkommen.

Der aktuelle Theoriebestand in der Sozialarbeitswissenschaft weist in eine andere Richtung. Entgegen dem Mainstream eines Wissenschaftsverständnisses, das normative Aussagen aus dem Korpus der Wissenschaft eskamotiert, finden sich in der Sozialarbeitswissenschaft mehrheitlich Theorien, die normative Aspekte beinhalten und ihnen in der Theoriestruktur eine bedeutsame Rolle zukommen lassen.

Dabei wird die *Sache*, um die es geht, nicht als wertneutral konstatierbarer Sachverhalt (z.B. im Sinne des Tractatus von Wittgenstein oder von Heideggers *Vorhandenem*) gefasst, sondern als an sich selbst werthaft. Ich denke, dass diese Besonderheit ein wesentliches Kennzeichen von Theorien innerhalb der Sozialarbeitswissenschaft ist. Dies gilt unabhängig davon, ob die *Sache* nun die Praxis Sozialer Arbeit oder eine unabhängig von dieser Praxis stattfindende Realität ist.

Anknüpfend an die Ausgangsfrage, was eine Explikation der normativen Gehalte der Theorien der Sozialarbeitswissenschaft erbringen kann, lässt sich auf Basis dieser ersten Überlegungen folgendes feststellen:

- Eine Theorie, die nur wertfreie Sachverhalte zulässt, kann logischerweise keine Basis für eine Wertexplikation darstellen.
- Theorien der Sozialarbeitswissenschaft sind mehrheitlich normativ und beziehen sich gemäß ihrem Selbstverständnis auf eine werthafte Sache.
- Theorien und die ihnen als Gegenstand korrelierende werthafte Sache stehen in keinem Beliebigkeitsverhältnis; erstere bringen in Satzform Inhalte der Sache mit Wahrheitsanspruch hervor.
- Eine Explikation der normativen Gehalte von Theorien erfasst – gemäß der Voraussetzung des letzten Absatzes – keine beliebigen Normen, sondern die der *Sache* angemessenen.

Metatheoretisch lässt sich hier einwenden, dass ein derartiges Wissenschaftsverständnis antiquiert ist. Dies setzt jedoch voraus, dass ein bestimmtes Wissenschaftsverständnis, nämlich das empirische Wissenschaftsverständnis, als das einzig rational zulässige akzeptiert wird.

Sozialarbeitswissenschaft steht hier vor einem Scheideweg. Die Mehrzahl der derzeit im deutschen Sprachraum diskutierten Theorien beinhalten normative Aussagen und unterscheiden sich in ihrem wissenschaftlichen Selbstverständnis stark von der empirischen Psychologie oder Soziologie.

Zwei Entwicklungen sind denkbar:

- Die Sozialarbeitswissenschaft schärft ihre derzeitige Berücksichtigung normativer Aspekte in den Strukturen ihrer Theorien; sie sucht Anschlüsse an parallele Entwicklungen in anderen handlungsbezogenen Disziplinen und nützt die Reflexionspotentiale der praktischen Philosophie, die diese in ihrer über zweitausendjährigen Geschichte aufgebaut hat.
- Die Sozialarbeitswissenschaft koppelt sich von normativen Fragestellungen ab und begreift sich ausschließlich als empirische Wissenschaft; die Brücke zur praktischen Philosophie wird damit abgebrochen und erscheint – wenn überhaupt – als externer Input einer Berufsethik, die dem Wissenschaftssystem äußerlich ist.

Natürlich sind Mittelwege denkbar. Derartiges findet sich auch in der Soziologie, in der ein Nebeneinander von kritischen und empirischen Theorien vorliegt.

Im Folgenden werde ich die Thematik anhand von Analysen einiger Theorien der Sozialarbeitswissenschaft vertiefen und weiterführen. Dabei werden Sachstand, Vorschläge und Visionen zur Sprache kommen.

Analysen – Sachstand

Welche Theorien sollen analysiert werden? Es bietet sich an, hier bekannten Darstellungen wie denen von Engelke (1999), Sahle (2004) oder Erath (2006) teilweise zu folgen. Eine Erfassung der wichtigsten Theorien ist damit sichergestellt.[1]

Alltags- und Lebensweltorientierung (Thiersch)

Die Theorie einer alltags- und lebensweltorientierten Sozialen Arbeit von Thiersch entstand in den 70er Jahren des 20. Jh. Sie hat ihre Wurzeln in hermeneutischen Traditionen, stellt allerdings selbst eine kritische Reformulierung der Hermeneutik dar (Erath 2006: 85). Es ist hier nicht der Ort, die Theorie Thierschs im Detail darzulegen, geht es doch hier um die Explikation ihrer normativen Basis.

Nach Sahle (2004: 314) begründet der alltags- und lebensweltorientierte Ansatz den Wert der sozialen Gerechtigkeit, die er als distributive Gerechtigkeit versteht, über den Selbstanspruch der Gesellschaft nach sozialer Gerechtigkeit, den Soziale Arbeit einzulösen hat. Es handelt sich hier um eine Argumentationsfigur, die wissenschaftstheoretisch in der Kritischen Theorie zu verorten ist. Die Gesellschaft bringt selbst Ideale hervor, die als Fixpunkt für Entwicklung dieser einen quasi-teleologischen Horizont geben. Während eine Berufung auf das faktisch existierende Sozialstaatspostulat der Realität äußerlich bleibt – das Sollen steht unvermittelt neben dem Sein –, begreift die Theorie der Alltags- und Lebensweltorientierung Idealität und Realität als dialektischen Zusammenhang (Erath 2006: 79). Die Wirklichkeit ist kein wertneutrales Sein im Sinne des Vorhandenen bei Heidegger. Sie ist vielmehr eine dialektische Einheit von Sein und Sollen, deren Aufteilung auf zwei divergente Pole die nachträgliche Leistung einer szientistischen Vernunft ist. Soziale Gerechtigkeit ist somit der in vollem Sinne verstandenen Wirklichkeit nicht äußerlich, sondern ist selbst ein Pol dieser Wirklichkeit, eine immanente Triebkraft, eine Möglichkeit der sozialen Wirklichkeit.

Es gibt keine ehernen Gesetze des Sozialen, die garantieren, dass die soziale Wirklichkeit eine gerechte Wirklichkeit im pathetischen Sinne wird. Soziale Gerechtigkeit ist eine Ahnung von besserer Wirklichkeit, die Menschen in Verhältnissen haben, die dieser Wirklichkeit nicht entspricht.

Noch deutlicher werden das Wissenschaftsverständnis dieses Ansatzes und die damit verknüpften impliziten normativen Voraussetzungen, wenn man die auf die Mikroebene bezogenen normativen Aussagen betrachtet. Es geht hier um „…den Entwurf glücklicherer Verhältnisse, auf ein gelingenderes Leben in dem die Menschen als Subjekte ihres Lebens in ihrer Lebenspraxis Anerkennung finden" (Sahle 2004: 314). Zentral ist hier der Begriff des *gelingenderen Lebens* oder *gelingenderen Alltags* (Engelke 1999: 332). Wie kommen wir zu

---

[1] Das Auswahlverfahren ist sehr pragmatisch und kann sicher kritisiert werden. Aber es zeigen sich deutliche Koinzidenzen: So behandelt Engelke folgende neuere Autoren: Thiersch, Winkler, Wendt und Staub-Bernasconi. Bei Erath finden sich wiederum Thiersch, Staub-Bernasconi und Wendt; hinzukommt bei Erath der sysemtheoretische Ansatz von Baecker (in dieses Feld kann man auch den Ansatz von Kleve integrieren). Sahle thematisiert nicht Autoren, sondern Paradigmen, wobei hier die Frage zu stellen ist, ob die von ihr genannten Theorien tatsächlich Paradigmen begründen. Die von Sahle behandelten Theorien sind: Das Alltagsparadigma von Thiersch, das systemische Paradigma von Staub-Bernasconi, das ökosoziale Paradigma von Wendt, das subjekttheoretische Paradigma von Winkler sowie das Paradigma der alltäglichen Lebensführung.

einem solchen Begriff? Ist dieser Begriff, der uns zuerst wesensfremd war, durch Unterrichtung nahe gebracht worden? Ist er uns also äußerlich? Kommt er also als moralische Verpflichtung durch bloße soziale Konvention zustande? Welchen normativen Status hat der Begriff des *gelingenderen Lebens oder Alltags*, der als Leitziel des Ansatzes firmiert?

Alltag ist der Begriff, dessen Analyse – im Sinne des Ansatzes – diese Fragen beantworten soll. *Alltag* ist keine eindeutige Realität. Er ist vielmehr voller Widersprüche (Engelke 1999: 331). Was heißt das? Kann eine Realität Widersprüche enthalten? Ist der Widerspruch nicht etwas, was wir nur in der Logik finden? Der *Alltag* wird in der Ambivalenz von Gegebenem und Möglichem gesehen. Er ist also mindestens zwei-, wenn nicht mehrdeutig.

Unversehens – wie schon eingangs zum Ausdruck gebracht – geraten wir in schwere philosophische Probleme: Was ist das Gegebene? Ist es die eine seiende Realität oder ist es das, was mir erscheint, also das Phänomen? Was ist das Mögliche?[2] Und in welchem Verhältnis – falls es das Mögliche ‚gibt' – stehen beide zueinander? Hier in die Details zu gehen, verbietet der zur Verfügung stehende Raum für diesen Beitrag.

Grundsätzlich bleibt hier festzustellen, dass der Alltag als Widerspruch gedacht wird und dass das Moment des Möglichen nicht nur eine beliebige, kontingente Vorstellung ist, sondern dass es einen normativen Anspruch beinhaltet, der über den Status einer bloßen Meinung hinausgeht. Der *gelingendere Alltag* ist also ein substanzielles Moment der Realität, dass dem Gegebenen gegenübersteht und für dieses ein verpflichtendes Telos bildet.

Kann die Leitkategorie des *gelingenderen Alltags* eine normative Kraft entfalten, die auch einen universellen und verpflichtenden Charakter hat? Kann jemandem, dem der gelingendere Alltag anderer Menschen gleichgültig ist, argumentativ aufgezeigt werden, dass dieses Leitziel für alle Gültigkeit hat und auch für ihn Verpflichtungscharakter hat, nämlich den zur Hilfe[3]? Eine Bejahung dieser Frage setzt voraus, dass die Theorie der Realität gemäß ist, dass die Reflexion über Alltag also dem entspricht, was Alltag ist. Aber zeigt die Reflexion nicht auch mehr als vorab da ist? Eröffnet die Reflexion nicht neue Dimensionen und setzt damit auch neue Ambivalenzen frei? Die Frage nach der Verbindlichkeit der normativen Gehalte verschiebt sich somit zur Frage nach der Verbindlichkeit der Reflexion.

Systemischer Ansatz (Baecker)

Baeckers Ansatz hat seine Grundlagen in der Luhmannschen Systemtheorie. Hier handelt es sich nicht nur um eine von der Alltags- und Lebensweltorientierung zu unterscheidende Theorie, sondern um ein anderes Paradigma.[4] Dies wird schon deutlich an Luhmanns Aussage, dass Helfen keine Sache der Moral sei (Luhmann 1973: 34). Im oben behandelten Ansatz von Thiersch stellt sich dies durchaus anders dar, da zentralen ‚Gegenständen' der

---

2   Die Frage nach dem Verhältnis zwischen Wirklichkeit und Möglichkeit findet sich bereits in der Aristotelischen Metaphysik. Im 20. Jh. hat diese Frage sehr intensiv der Philosoph Nicolai Hartmann wieder aufgenommen.

3   Ich verzichte hier auf eine weitere Erörterung in dem Sinne, ob sich durch die Kategorie des gelingenderen Lebens die Hilfe spezifizieren lässt. Ich belasse es also bei dieser ganz grundsätzlichen und damit unspezifischen Verpflichtung.

4   Im Gegensatz zu Sahle (2004: 295ff.) gehe ich davon aus, dass eine Differenz von Paradigmen nur konstatiert werden kann, wenn signifikante Gegensätze auf der Ebene der ontologischen, erkenntnistheoretischen und methodologischen Voraussetzungen vorliegen. Dies ist sicher nicht bei allen von Sahle genannten Ansätzen der Fall.

Theorie – der Gesellschaft und dem Alltag – normative Implikationen zu entnehmen sind. Aus Luhmannscher Perspektive ist ein solches Denkmuster alteuropäisch, da es eine der Sache inhärente substanzielle Eigenlogik (hier: Dialektik) unterstellt.

Ist damit ein Ansatz einer Theorie Sozialer Arbeit Luhmannscher Provenienz a priori frei von normativen Implikationen? Sowohl bei Baecker (1994: 104) als auch bei Kleve (1999) – der sein Konzept in enger Anlehnung an diese Theorie entwickelt – findet sich der Begriff der *Gerechtigkeit*. Baecker sieht ihre Bedeutung bezogen auf das System der Hilfe darin, dass einem Hang zur Selbstkontinuierung widerstanden wird und dass Möglichkeiten einer sich selbst erübrigenden Korrektur der Gesellschaft gesucht werden (Baecker 1994: 104). Hier haben wir es einmal mit einer an Gerechtigkeit orientierten Suchhaltung und sodann mit dem Konzept der *Hilfe zur Selbsthilfe* zu tun. Allerdings praktizieren beides nicht Personen, Subjekte o.ä., sondern das System der Hilfe. Auch Kleve konstatiert, dass Gerechtigkeit das Prinzip des Systems der Hilfe ist (Kleve 1999; Schlittmaier 2006).

Welchen metaethischen Status *Gerechtigkeit* in diesen Ansätzen hat, bleibt unklar. Hier hilft auch der Begriff der Autopoiesis nicht weiter. So hat Miller (1999: 113 ff.) vom Faktum der Autopoiesis auf die normative Vorgabe, dass Klienten in ihrer Eigenlogik zu respektieren sind, geschlossen. Hier liegt eindeutig ein Schluss vom Sein auf das Sollen vor, was als naturalistischer Fehlschluss zu werten ist.

In Bezug auf die Annahme, dass eine normative Idee sich aus systemtheoretischen Grundlagen Luhmannscher Provenienz ergibt, ist Vorsicht geboten. Insbesondere Luhmanns eigene Ausführungen geben hierzu Anlass (Luhmann 1990: 41; Dallmann[5] 2007: 67 f.).

Im Folgenden stelle ich Luhmanns moralkritische Position kurz dar und werfe dann die Frage auf, ob nicht die Moralkritik selbst wiederum moralisch inspiriert ist. Bei letzterem beziehe ich mich auf eine transzendentale Argumentation.

Es ist „… die vielleicht vordringlichste Aufgabe der Ethik vor Moral zu warnen" (1990: 41), so Luhmann. Die Moral wird nicht als Anwendungsbereich bestimmter Werte und Normen definiert (ebd.: 18). Stattdessen ist Moral „…eine Art von Kommunikation, die Hinweise auf Achtung oder Missachtung mitführt" (ebd.). Moral wird somit nicht substanziell über wie auch immer gefasste normative Gehalte begriffen, sondern funktional als eine bestimmte Art der Kommunikation. Als Soziologe[6] konstatiert Luhmann diese Kommunikation wertfrei und lehnt ein Verständnis von Ethik ab, das eine Bekräftigung einer bestimmten Moral darstellt[7]. Ethik ist nach Luhmann eine Beschreibung der Moral oder genauer eine Reflexionstheorie der Moral.

Eine normative Imprägnierung von Handeln führt unter Umständen zu Erhitzung und *Überengagement* (ebd.: 26). Luhmann führt an, dass es im Extremfall angesichts dieses Überengagements in früheren Epochen zu einem Duell kommen konnte. *Ethik warnt vor Überhitzung!* Ethik als Reflexion von Moral bestätigt also nicht einfach die Moral, indem sie sie anspruchsvoll begründet, sondern reflektiert darüber, ob die Einführung einer mora-

---

5   „Eine systemtheoretisch angeregte Ethik nimmt Abschied von präskriptiven Ethikmodellen und orientiert sich stattdessen an der faktischen moralischen Kommunikation und an ihren Auswirkungen" (Dallmann 2007: 68).

6   „Wenn man sich als fachidentitätsbewußter Soziologe mit theoretischen Materialien befasst, die üblicherweise von Philosophen behandelt werden, fallen einem zwangsläufig andere Sachverhalte auf" (Luhmann 1990: 9).

7   Kants Ethik bekräftigt beispielsweise eine bestimmte Moral, das Gebot der unbedingten Achtung. Die Argumentationen, die zum kategorischen Imperativ führen, beweisen quasi das, was die vorgängig vorhandene Moral schon enthält.

lischen Kommunikation in einen bestimmten Kontext gut ist. Anders: Ist es *gut*, die Unterscheidung gut/böse im gegebenen Kontext anzuführen?

Man kann nun fragen, auf welche Unterscheidung man sich bezieht, wenn man entscheiden will, ob es gut ist, moralisch zu kommunizieren. Oder anders formuliert: Auf welchen normativen Horizont bezieht man sich, wenn man entscheidet, ob moralisch kommuniziert werden soll? Die Moralkritik oder -skepsis scheint hier von anderen, höherwertigen normativen Kriterien auszugehen (Lob-Hüdepohl 2007: 7). Eine Kritik an einer konkreten Moral oder an Moral überhaupt ist immer eine Kritik im Namen einer *übergeordneten* Moral.

Insgesamt ist die Antwort auf die Frage, ob sich aus systemischen Ansätzen normative Gehalte explizieren lassen, nicht eindeutig zu geben. Die Ansätze von Baecker und Kleve konstatieren zwar soziale Gerechtigkeit als zentralen Begriff für Soziale Arbeit: „…Soziale Arbeit ist strukturell moralisch, weil sie die gesellschaftlich nicht beachteten bzw. missachteten Menschen zu achten versucht" (Kleve 1999: 72). Damit wird Praxis erfasst und ihre normativen Gehalte werden expliziert. Es stellt sich aber die Frage, ob dies im Rahmen des systemischen Denkens Luhmannscher Provenienz ohne Widerspruch möglich ist. Wird nämlich Wirklichkeit vorab wertfrei systemisch begriffen, bleibt rätselhaft, wie nachträglich die normativen Gehalte integriert werden können.

Systemtheorie (Staub-Bernasconi)

Systemische Theorien wie die eben dargelegten, die sich an Luhmann anlehnen, begreifen Systeme als Konstruktionen, die durch bestimmte Unterscheidungen prozessiert werden. Soziale Arbeit wird durch Unterscheidungen wie Hilfe/ Nicht-Hilfe, Fall/Nicht Fall usw. als System prozessiert. Realität wird von Systemen durch Beobachtung auf der Basis von Unterscheidungen (Differenz) konstituiert. Damit gibt es keine Realität unabhängig von den ‚Erkenntnisprozessen' der Systeme.

Ein ganz anderer metatheoretischer Ausgangspunkt findet sich in der Theorie von Staub-Bernasconi: „Es gibt eine Realität schon bevor und unabhängig davon, ob Menschen – insbesondere TheoretikerInnen – an sie denken oder beobachten" (Staub-Bernasconi 2002: 247). Diese vorliegende Realität bildet ein System oder eine Komponente eines Systems. Von der Beschreibung des Systems kann nicht direkt auf Soll-Aussagen geschlossen werden (ebd.: 249). Die Ziele einer Veränderung können jedoch insbesondere begründet werden „… auf der Basis von Werten, die über eine Werttheorie und Ethik zu begründen sind…" (ebd.). Welche Werttheorie wird von Staub-Bernasconi als maßgeblich angesehen, um in Bezug auf eine Realität an sich existierender Tatsachen menschliche Eingriffe als normativ gefordert auszuweisen? Die „… ethischen Gründe können … philosophisch, aber auch durch die Menschenrechte und den Berufskodex gestützt und geschützt sein" (Staub-Bernasconi 2007: 262).

Soziale Probleme werden auf eine nicht angemessene Bedürfnisbefriedigung oder einen nicht angemessenen Bedürfnisausgleich zurückgeführt (Erath 2006: 95). Inwieweit ist eine unangemessene Bedürfnisbefriedigung objektiv feststellbar? Hier sind normativ gehaltvolle *Kriterien* erforderlich. Diese werden einerseits durch die Ethik oder durch einen Bezug auf Menschenrechte begründet. Anderseits rekurriert Staub-Bernasconi auf Bedürfnisse – den Dreh- und Angelpunkt ihrer Theorie (ebd.) –, die als Grundbedürfnisse in sich selbst ihren Anspruch auf Erfüllung tragen. Das Dilemma ist hierbei allerdings, dass die

Unterscheidung zwischen Grundbedürfnissen und möglicherweise extravaganten Wünschen wiederum nur auf Basis normativer Kriterien möglich ist.

Staub-Bernasconi bezieht sich in einem neueren Beitrag zur systemischen Ethik (2006: 281) auf zahlreiche Philosophen, u.a. Nussbaum, Bunge, Rorty, Wetz, Tugendhat, Höffe. Dies zeigt das Bemühen, Anschluss an die philosophisch-ethische Diskussion zu finden. Allen genannten Philosophen geht es nach Staub-Bernasconis Interpretation darum, „... die menschlichen Grundbedürfnisse in den Rang ethisch gerechtfertigter und rechtlich schutzwürdiger Ansprüche..." (ebd.) zu erheben. Ob diese Interpretation korrekt ist, kann hier nicht entschieden werden. Auf jeden Fall liegt keine Letztbegründung vor. Diese ist aber von niemanden leistbar (ebd.: 180).

Für eine Handlungstheorie bzw. Handlungswissenschaft ist die Integration der normativen Dimension unerlässlich (Staub-Bernsconi 2007: 262). Es gilt hier nicht nur wertfrei Fakten zu konstatieren und Erklärungen zu entwickeln. In einer Handlungswissenschaft kann ohne Klärung der Fragen darüber, was sein soll, kein Problem identifiziert werden; weiter kann über die Legitimität des Einsatzes von Gesetzeswissen nur auf Basis von normativ gehaltvollen Kriterien entschieden werden.

Insgesamt ist die Ethik-Konzeption Staub-Bernasconis pluralistisch, indem sie zahlreiche Begründungsstrategien für Menschenrechte akzeptiert. Systeme sind erst einmal Fakten. Sie tragen die Werte nicht an sich; diese müssen durch Ethik begründet werden und dann sozusagen als externer Maßstab auf systemische Realität bezogen werden. Die Ethikbegründung orientiert sich dabei an Ethiktypen, die von der menschlichen Natur (Bedürfnisse) ausgehen. Ansätze wie der Kantische oder die materiale Wertethik[8] werden abgelehnt.

Ökosozialer Ansatz (Wendt)

Der ökosoziale Ansatz artikuliert dezidiert die Wertperspektive. Eine analytische und wertfreie Perspektive werden abgelehnt (Erath 2006: 107). Im Mittelpunkt steht die Mensch-Umwelt Transaktion, wobei soziale, ökonomische, kulturelle und natürliche Aspekte der Umwelt Bedeutung finden. Störungen des komplexen Wirkungszusammenhangs, der zwischen Mensch und Umwelt vorliegt, erschweren die Alltagsbewältigung und machen eine Intervention Sozialer Arbeit erforderlich.

Störungen der Transaktion zwischen Mensch und Umwelt bilden somit den normativen Anknüpfungspunkt der Theorie. Wie können Störungen identifiziert werden und welche normativen Kriterien gibt es, um sie als moralisch implizierten Anlass für Soziale Arbeit zu begreifen?

In dem Aufsatz *Ethik und professionelle Sozialarbeit* (Wendt 1991) wird die *Bewerkstelligung von Wohlfahrt* als normativer Bezugspunkt begriffen. Diese ist Grundlage für ein Ethos von Sozialarbeitern und soll die Einwirkungen auf das Mensch-Umwelt Gefüge als Veränderung eines Ist-Zustandes in einen Soll-Zustand begründen.

Im ökosozialen Ansatz bleibt die Begründung dafür, warum bestimmte Konstellationen einer Mensch-Umwelt Konstellation als veränderungsbedürftig angesehen werden diffus. Wie kann ein Ungleichgewicht festgestellt werden? Und weiter: Ist ein Ungleichge-

---

8   Diese Ansätze stellen der empirischen Welt eine andere Realität gegenüber. Bei Kant z.B. das Noumenon oder bei Nicolai Hartmann an sich existierende Werte.

wicht zugleich ein ethisch ausgewiesener Grund, um das Urteil zu fällen, dass dieser Zustand nicht sein soll?

Die Theorie beinhaltet somit die normative Dimension als zentrales Konstituens. Grundbegriffe des Ansatzes wie *Haushalt* und *Lebensführung* sind empirisch-normative Begriffe, da sie nicht nur Tatsachen abstrahierend erfassen, sondern gleichzeitig gelungene oder geglückte Formen von *Haushalt* und *Lebensführung* als anzustrebende Formen mit beinhalten.

Subjekttheoretischer Ansatz (Winkler)

Die bisher dargelegten Ansätze beziehen sich auf die Lebenswelt, das System oder den Lebensraum. Das Individuum wird dabei als eingebettet in größere Zusammenhänge gedacht. Die Bezugsgrößen Mensch und Umwelt sowie deren Relationen werden hierbei im Rahmen anspruchsvoller ontologischer Modelle[9] begriffen. Der subjekttheoretische Ansatz geht dagegen vom Subjekt aus (Sahle 2004: 310).[10] Dabei wird ein philosophisch anspruchsvoller Subjektbegriff zugrunde gelegt.

Neben den Zentralbegriff des *Subjekts* tritt der Begriff des *Ortes*. Subjekt und Ort stehen in einer wesensmäßigen Korrelation. Der Subjektbegriff macht den Begriff des Ortes erforderlich. Dem Subjekt inhäriert ein Potential zur Annahme seiner selbst sowie zur Selbsttätigkeit. Dies beinhaltet auch den Wunsch, die etablierte Subjektform zu tradieren (Winkler 1988: 336). Beschädigte Subjektivität macht eine Rekonstruktion der Subjektivität erforderlich. Hierfür sind Orte entscheidend, die den der Subjektivität anhaftenden Mängeln ein Gegengewicht bieten.

Im subjekttheoretischen Ansatz sind die normativen Kriterien deutlich greifbar. Sowohl dem Subjekt als auch dem Ort inhäriert als Möglichkeit oder Ideal eine Bestform. Ein Ort kann ungeeignet sein, um Subjektivität zu rekonstruieren und das Subjekt kann in einem de facto Zustand sein, der im negativen Sinne weit entfernt ist von den Möglichkeiten, die Subjektivität im Idealfall charakterisieren. Das Subjekt kann nicht aus sich – quasi als Substanz – seine Bestform erreichen. Es ist im Sinne einer Dialektik immer auf das Andere, den Ort, verwiesen. Es hängt konstitutiv vom Ort ab. Aber anders als in den bisher dargelegten Ansätzen (Lebenswelt, System, Haushalt usw.) kommt dem Subjekt hier eine genuine – auch grundbegrifflich gestützte – Dignität zu.

Der zentrale Ort des Normativen ist hier im Subjekt bzw. im Subjektbergriff verankert. Das Subjekt im philosophisch anspruchsvollen Sinne der neuzeitlichen Subjektphilosophie[11] trägt in sich die Kraft, es selbst zu werden. Diese dem eigenen Wesen von Anfang an

9   Es stehen sich nicht zwei getrennte Entitäten gegenüber, die dann in Beziehung treten. Beziehung wird vielmehr als vorgängige Entität verstanden, die die Rollen Subjekt und Objekt zuweist.

10   Verwiesen sei hier darauf, das der subjekttheoretische Ansatz unter dem Aspekt des zentralen Grundbegriffes ‚Subjekt‘ sicherlich gegenüber den bei der Lebenswelt, beim Haushalt oder beim System ansetzenden Theorien ein eigenständiges Paradigma bildet. Methodologisch wäre der Ansatz sicherlich im dialektischen und hermeneutischen (Rekonstruktion) Lager zu verorten und hat hier sicherlich seine ausgeprägteste Gegenstellung im systemischen Ansatz von Baecker.

11   Inwieweit Winkler in seinem Ansatz die Kritik der neuzeitlichen Subjektphilosophie – wie sie u.a. von Heidegger, Adorno, Foucault, Butler u.a. vorliegt – integriert, kann hier nicht diskutiert werden. Grundsätzlich stellt sich aber die Frage, ob ein Ausgangspunkt beim Subjekt die Kritik der Subjektphilosophie insb. des 20. Jh. angemessen integrieren kann. Somit scheinen Ansätze, die die Lebenswelt, das System oder den

entsprechende Selbstwerdung ist nur möglich und als gesolltes Ziel ausweisbar, wenn von Anfang an eine Differenz zwischen Wirklichem und Gesolltem bzw. Aufgegebenem in der Struktur des Subjekts angenommen wird.

Das Normative ist im subjektorientierten Ansatz in den Grundbegriffen enthalten. Die Realität Sozialer Arbeit ist durch diese Begriffe konstituiert und in ihrem Rahmen beschreibbar. Die normativen Gehalte sind die Voraussetzung dafür, um eine sozialpädagogisch relevante Wirklichkeit überhaupt erst wahrnehmen zu können.

Lehren aus der Praktischen Philosophie (Rentsch)

Durchgängig zeigte sich, dass die Grundbegriffe einer Sozialarbeitswissenschaft normative Gehalte haben.[12] Das heißt auch, dass die Sozialarbeitswissenschaft keine Disziplin sein kann, die sich unter wissenschaftstheoretischen Aspekten im Rahmen des Mainstreams einer wertfreien Wissenschaft verorten kann.

Soziale Arbeit als Praxis zielt nicht nur auf das Ich, das Ego, das Subjekt, den isolierten Menschen, sondern auf den Menschen in seiner Umwelt. Beide sind im konstitutiven Sinne verwoben. Eine anspruchsvolle Grundlegung einer Sozialarbeitswissenschaft muss diese Verschränkung begrifflich in ihren Grundtermini zum Ausdruck bringen. Dies ist durch mindestens drei der oben dargelegten Ansätze erfüllt [Lebenswelt (Thiersch), System (Staub-Bernasconi), Haushalt (Wendt)].

Ich möchte im Folgenden einige Grundgedanken des Ansatzes der praktischen Philosophie von Thomas Rentsch kurz nennen, um Impulse und Fragen für eine Weiterentwicklung der Konstruktion und Explikation der normativen Dimension innerhalb der Sozialarbeitswissenschaft darzulegen.

Rentschs Verständnis von Praxis erscheint in besonderer Weise geeignet, den Zusammenhang zwischen Empirischem und Normativem im Rahmen eines Ansatzes, der auf den Menschen in seiner Welt oder Umwelt rekurriert, aufzuklären.

Im Einzelnen erscheinen mir die folgenden Grundaspekte des Ansatzes von Rentsch besonders erwägenswert (Rentsch 2000):

- Ausgang von einer vollen oder ganzen Praxis: Jede szientistische Verkürzung von Praxis ist abzulehnen. Wie jede Praxis ist auch die Praxis Sozialer Arbeit keine Tatsache, die sich auf die Wechselwirkung empirisch konstatierbarer Faktoren reduzieren lässt. Praxis ist sinnhaft strukturiert und enthält ihr spezifisches Telos, das im Rahmen kritischer Hermeneutik explizierbar ist. Somit sind normative Gehalte selbst konstitutiver Bestandteil von Praxis. Von daher greift jede wertfreie Konzeption von Praxis zu kurz, da sie maßgebliche Dimensionen menschlicher Wirklichkeit ausschließt.
- Ausgang der Konstitution von Subjekten durch eine intersubjektive Realität: „Wir werden Menschen inmitten eines gemeinsamen Lebens mit den anderen" (ebd.: 159). Das Ich konstituiert sich durch Teilnahme an gemeinsamer Praxis. Zentrale Modi der Kommunikation im Rahmen Sozialer Arbeit sind somit als subjektrekonstruierende

---

Haushalt grundbegrifflich ins Zentrum stellen, besser geeignet, die Abhängigkeit des Menschen vom Anderen systematisch zu erfassen.

12 Dies gilt auch für den Ansatz von Baecker, da ohne ein Konzept der Gerechtigkeit eine Konstatierung von Sachverhalten, die einer Veränderung bedürftig sind, gar nicht möglich ist.

Praktiken zu verstehen. Diese Praktiken bilden einen „…kommunikativen Horizont apriorischer Interexistenzialität…" (ebd.: 41). Hilfe ist z.B. ein derartiges Interexistenzial und beinhaltet neben dem empirischen Inhalt auch einen normativen, der die Erfüllungsgestalt dieses Interexistenzials charakterisiert.

- Unaufhebbarkeit der Negativität: Die normative Dimension ist nach Rentsch immer auf Negativität bezogen (ebd.: 14). Zentrale Sinnbedingungen der Praxis entziehen sich der rationalen Rekonstruktion[13]. Dies gilt für die Transzendenz, die Sprache, unser eigenes Selbst aber auch für die anderen. Diese *Entzogenheit* ist konstitutiv für die normative Dimension. Das Begreifen der Grenzen der Selbsttransparenz und der Transparenz der Anderen schafft Raum für Milde und Achtung.

Die behandelten Theorien können durch einen kritischen Dialog mit den eben dargelegten Aspekten praktischer Philosophie methodologische Selbstaufklärung erfahren. Die Fragestellung dieses Beitrages, welches Verständnis der normativen Dimension den zentralen Grundbegriffen der einzelnen sozialarbeitswissenschaftlichen Theorien inhäriert, ist in den Ausführungen zu den einzelnen Theorien ansatzweise dargelegt worden. Eine weitergehende Explikation der Zusammenhänge ist an einer anderen Stelle zu leisten.[14]

Vorschläge und Visionen

Die Eingangsfrage, wem die Explikation normativer Voraussetzungen nützt, kann dahingehend beantwortet werden, dass sie eine zentrale Fragestellung der Disziplin und damit auch der Profession ist. Somit ist auch das Problem der *beruflichen Identität* zentral berührt.

Es bestätigte sich weitgehend die Eingangsthese, dass die sozialarbeitswissenschaftlichen Theorien in ihren Grundbegriffen durchwegs normative Züge tragen. Dies gilt im Besonderen für den lebensweltorientierten, den ökosozialen Ansatz sowie den subjektorientierten Ansatz. Mit gewissen Einschränkungen gilt dies auch für die Systemtheorie von Staub-Bernasconi und Baecker.

Da also die bisher vorliegenden Theorien normative Komponenten enthalten, kann davon ausgegangen werden, dass es sich hier um eine Typik der Sozialarbeitswissenschaft handelt.[15] Diese Überlegung, die auf der Analyse der wichtigsten Theorien basiert, kann systematisch durch folgendes Argument gestützt werden: Zentrale Begriffe der Sozialarbeitswissenschaft wie *Lebenswelt, Alltag, Haushalt, Bilanz, Subjekt, Bedürfnis* haben nicht nur eine empirische Komponente, sondern auch eine normative Komponente. Es sind Begriffe, die jeweils ihre Erfüllungsgestalt an sich tragen und von daher selber auf den Horizont ihrer Idealform verweisen.

Im Folgenden skizziere ich kurz – anknüpfend an die bisherigen Überlegungen – Vorschläge und Visionen zu einer künftigen Sozialarbeitswissenschaft[16] im Zusammenhang mit der hier verfolgten normativen Fragestellung:

---

13 Vgl. hiezu auch Butler, Judith (2007).
14 In einer begonnenen Untersuchung sollen die hier skizzierten Zusammenhänge ausbuchstabiert werden und einen Beitrag zur weiteren Klärung des wissenschaftstheoretischen Bezugsrahmens der Sozialarbeitswissenschaft leisten.
15 Vgl. hierzu: Schlittmaier (2005)
16 Sozialarbeitswissenschaft soll hier nicht nur auf Sozialarbeit bezogen werden, sondern auf das, was derzeit unter Sozialer Arbeit verstanden wird.

- Disziplinäre Identität: Die methodologisch reflektierte Integration normativer Gehalte in die Grundlagen der Sozialarbeitswissenschaft ermöglicht eine dezidierte Bezugnahme auf die spezifische Praxis der Profession, ihre Problemstellung sowie die Lebenspraxis ihrer Klienten. Dies ist durch zentrale Theorien der Sozialarbeitswissenschaft bereits gewährt. Was erforderlich ist, ist eine weitere reflexive Durchdringung der Wissenschaftspraxis der Sozialarbeitswissenschaft und damit ein wissenschaftstheoretisch elaboriertes Selbstverständnis, das in der Lage ist, Abgrenzungen zu anderen Disziplinen (z.B. Psychologie, Soziologie usw.) zu ziehen.

- Erfassen der ganzen Praxis: Das Kriterium einer anspruchsvollen sozialarbeitswissenschaftlichen Theorie ist, dass sie die volle Praxis erfasst. Hierzu gehört nicht nur ein szientistischer Schnitt durch die Praxis, sondern die Gesamtheit der der Praxis innewohnenden normativen Gehalte. Beispielsweise ist *Hilfe* als Interexistenzial zu begreifen, das das Handeln von Subjekten strukturiert und nicht umgekehrt als etwas, das durch kontingente subjektive Motivationen zustande kommt.

- Anlehnung an praktische Philosophie, aber nicht praktische Philosophie: Sozialarbeitswissenschaft soll von praktischer Philosophie lernen, aber nicht in Philosophie aufgehen. Zentrale Begriffe beziehen sich auf Inhalte, die empirischen Gehalt haben und von daher empirischer Forschung zugänglich sind. *Hilfe, Lebenswelt* usw. müssen Gegenstände empirischer Forschung sein. Gleichzeitig bleibt aber festzuhalten, dass diese Begriffe eben nicht in Empirie aufgehen, ihnen ein Sollensgehalt anhaftet, der überhaupt erst ermöglicht festzustellen, dass etwas der Veränderung bedürftig ist.

- Berücksichtigung der Dialektik von Mensch und Umwelt: Anspruchsvolle sozialarbeitswissenschaftliche Theorien müssen durch das Kriterium charakterisiert sein, dass sie die Entstehung des Subjekts aus sozialen Zusammenhängen begreifen. Das Mensch-Umwelt Verhältnis darf nicht verkürzend als Wechselwirkung zweier unabhängig voneinander existierender Substanzen begriffen werden. In den maßgeblichen Theorien ist dies in unterschiedlicher Ausprägung der Fall. Im Rahmen empirischer Forschung wird man diesen Anspruch aus pragmatischen Gründen teilweise zurückstellen müssen. Dabei ist jedoch dieser Abstich immer zu reflektieren und im Rahmen der Interpretation der Ergebnisse zu berücksichtigen.

Normative Fragestellungen im Kontext der Sozialen Arbeit haben sich als wesentlich für die Sozialarbeitswissenschaft erwiesen. Die bewusste Reflexion der normativen Momente in den Grundbegriffen und Theorien hat gezeigt, dass hier ein zentraler Faktor der Abgrenzung der Sozialarbeitswissenschaft zu sehen ist. Als Handlungswissenschaft ist sie auf Probleme der Praxis (Lebenspraxis der Klienten und Berufspraxis der Professionellen) bezogen. Diese können jedoch als solche nicht unabhängig von normativ gehaltvollen Begriffen und Theorien als Probleme erfasst werden. Sozialarbeitswissenschaft bleibt somit rückgebunden an Topoi der praktischen Philosophie und kann ihren Wissenschaftsstatus nicht ausschließlich über die Maßstäbe begründen, die landläufig für eine gute empirische Theorie als Rahmenvorgabe existieren.

Literatur

Baecker, Dirk (1994): Soziale Hilfe als Funktionssystem der Gesellschaft. In: Zeitschrift für Soziologie 23: 93-110

Butler, Judith (2007): Kritik der ethischen Gewalt. Frankfurt am Main: Suhrkamp

Dallmann, Hans-Ulrich (2007): Ethik im systemtheoretischen Denken. In: Lob-Hüdepohl, Andreas/Lesch, Walter (2007): Ethik Sozialer Arbeit. Paderborn u.a.: Schöning: 57-68

Engelke, Ernst (1999): Theorien Sozialer Arbeit. Eine Einführung. 2. Auflage. Freiburg im Breisgau: Lambertus

Erath, Peter (2006): Sozialarbeitswissenschaft. Eine Einführung. Stuttgart: Kohlhammer

Kleve, Heiko (1999): Soziale Arbeit als stellvertretende Inklusion. Eine ethische Reflexion aus postmodern-systemischer Perspektive In: Pantucek, Peter/Vyslouzil, Monika (1999): Die moralische Profession. Menschenrechte und Ethik in der Sozialarbeit. St. Pölten

Lob-Hüdepohl, Andreas/Lesch, Walter (2007): Vorwort. In: Lob-Hüdepohl, Andreas/Lesch, Walter (2007): Ethik Sozialer Arbeit. Ein Handbuch. Paderborn u.a.: Schöning: 7-9

Luhmann, Niklas (1973): Formen des Helfens im Wandel gesellschaftlicher Bedingungen. In: Otto, H. U./Schneider, S. (Hrsg.) (1973): Gesellschaftliche Perspektiven der Sozialarbeit. Neuwied/Berlin: Luchterhand: 21-33

Luhmann, Niklas (1990): Paradigm lost: Über die ethische Reflexion der Moral. Frankfurt am Main: Suhrkamp

Miller, Tilly (1999): Systemtheorie und Soziale Arbeit. Ein Lehr- und Arbeitsbuch. Stuttgart: Enke

Rentsch, Thomas (1999): Die Konstitution der Moralität. Transzendentale Anthropologie und praktische Philosophie. Frankfurt am Main: Suhrkamp

Rentsch, Thomas (2000): Negativität und praktische Vernunft. Frankfurt am Main: Suhrkamp

Sahle, Rita (2004): Paradigmen der Sozialen Arbeit – Ein Vergleich. In: Mühlum, Albert (Hrsg.) (2004): Sozialarbeitswissenschaft. Wissenschaft der Sozialen Arbeit. Freiburg im Breisgau: Lambertus: 265-332

Schlittmaier, Anton (2005): Wissenschaftsorientierte Elemente einer Praxiswissenschaft. Überlegungen zur Theoriebildung im Rahmen der Sozialarbeitswissenschaft. In: Sozialmagazin, 30 Jg., März 2005: 26-30

Schlittmaier, Anton (2006): Moral und Ethik in der Sozialen Arbeit. In: Sozialmagazin, 31 Jg., Februar/März 2006

Staub-Bernasconi, Silvia (2002): Soziale Arbeit und soziale Probleme. Eine disziplin- und professionsbezogene Bestimmung. In: Thole, Werner (Hrsg.) (2002): Grundriss Soziale Arbeit. Ein einführendes Handbuch. Opladen: Leske + Budrich: 245-258

Staub-Bernasconi, Silvia (2006): Der Beitrag einer systemischen Ethik zu Bestimmung von Menschenwürde und Menschenrechten in der Sozialen Arbeit. In: Dungs, Susanne u.a. (2006): Soziale Arbeit und Ethik im 21. Jahrhundert. Ein Handbuch. Leipzig: Evangelische Verlagsanstalt

Staub-Bernasconi, Silvia (2007): Soziale Arbeit als Handlungswissenschaft. Bern, Stuttgart, Wien: Haupt

Wendt, Wolf Rainer (1991): Ethik und professionelle Sozialarbeit. In: Social management, 1. Jg., Nr. 2: 29-33

Winkler, Michael (1988): Eine Theorie der Sozialpädagogik: Über Erziehung als Rekonstruktion der Subjektivität. Stuttgart: Klett

Verzeichnis der Autorinnen und Autoren

Prof. Dr. (em.) **Jenö Bango**
Katholische Fachhochschule NRW, Abteilung Aachen

PD Dr. **Bernd Birgmeier**
Katholische Universität Eichstätt-Ingolstadt

Prof. Dr. **Susanne Dungs**
Fachhochschule Kärnten

Prof. Dr. **Herbert Effinger**
Evangelische Hochschule für Soziale Arbeit Dresden

Prof. Dr. **Wilfried Ferchhoff**
Evangelische Fachhochschule Bochum, Universität Bielefeld

Prof. Dr. (em.) **Hans-Jürgen Göppner**
Katholische Universität Eichstätt-Ingolstadt

Prof. Dr. **Johannes Herwig-Lempp**
Hochschule Merseburg

HH Dr. **Markus Hundeck**
Bischöfliches Ordinariat der Diözese Regensburg

Prof. Dr. **Heiko Kleve**
Fachhochschule Potsdam

Prof. Dr. **Timm Kunstreich**
Evangelische Hochschule für Soziale Arbeit und Diakonie Hamburg

Prof. Dr. **Ueli Mäder**
Universität Basel

Prof. Dr. (em.) **Konrad Maier**
Evangelische Fachhochschule Freiburg

Prof. Dr. **Tilly Miller**
Katholische Stiftungsfachhochschule München

Prof. Dr. (em.) **Albert Mühlum**
Fachhochschule Heidelberg

Prof. Dr. **Eric Mührel**
Fachhochschule Ostfriesland, PD a. d. Katholischen Universität Eichstätt-Ingolstadt

Prof. Dr. (em.) **Werner Obrecht**
Zürcher Hochschule für angewandte Wissenschaften

Prof. Dr. em. **Hans Pfaffenberger**
Universität Trier

Prof. Dr. **Wolfgang Preis**
Hochschule Zittau/Görlitz

Prof. Dr. **Dieter Röh**
Hochschule für Angewandte Wissenschaften Hamburg

Prof. Dr. **Anton Schlittmaier**
Staatliche Studienakademie Breitenbrunn

Prof. Dr. (em.) **Richard Sorg**
Hochschule für Angewandte Wissenschaften Hamburg

Prof. Dr. **Christian Spatscheck**
Hochschule Bremen

Prof. Dr. em. **Silvia Staub-Bernasconi**
Zürcher Hochschule für angewandte Wissenschaften, Technische Universität Berlin

Prof. Dr. **Antonin Wagner**
Milano Graduate School New York

Prof. Dr. (em.) **Wolf Rainer Wendt**
Berufsakademie Stuttgart, Universität Tübingen